한국 속담 지식 지혜 라이브러리

편 역 권순우

속담은 조상으로부터 이어 받은 지적, 도덕적 유산입니다.
일찍이 아리스토텔레스는 '속담이란 누구나 손쉽게 쓸 수 있는
가장 간편한 생활용어이므로 영원히 멸망할 수 없는 옛 지신의
한 조각이다'라고 하였다. 세월히 흐름에 따라 말의 개념도 다소
바뀌고 뜻도 달라진 것도 있다. 그러나 속담은 발생, 변천하면서
민족 역사와 더불어 존속해 나가고 있다.

법문북스

속담의 발생 과정과 그 의미

　속담은 만들어 낸 이가 누구이며 언제 만들어졌는지 알 수 없다. 그러나 그 뿌리를 찾아들어가다 보면 처음에 누군가가 만들어낸 말이 점차 여러 사람들의 공감을 얻으며 그 사용이 확대되고 거기에 사상과 감정, 경험, 철학이 담기면서 속담으로 완성된 것일 터이다. 그리하여 속담에는 민족의 특성과 생활약식, 정신이 짙게 배게 되는 것이다.

　특히 속담은 민중 속에서 싹트고 자라왔기 때문에 서민적이면서도 토속적으니 성격을 강하게 지니고 있다. 또한 지금까지 시대의 변천과 맞물리면서 자연과 인간사의 희로애락, 생활환경 등이 다양한 경험들이 쌓여 점점 그 수가 늘어왔으며, 앞으로도 또한 늘어나게 될 것이다.

　물론 속담은 세월이 흐르고 사회가 변화되어 생활양식이 바뀌게 됨에 따라 그 말의 개념도 바뀌고 그 뜻이 달라지기도 한다. 그러나 속담은 한 민족의 앞서간 사람들의 삶에서 얻어진 촌철살인의 지혜로서, 그 민족의 역사와 더불어 존속해 나가는 것이다.

속담의 내용

　앞에서도 언급했듯이 속담에는 그 민족의 특성이나 정신, 생활양식 등이 반영되어 있어 한 민족의 역사나 종교, 풍속, 사회구조 등의 일면을 엿볼 수 있게 해 준다.

　'상놈이 구레나룻이 다 무엇이냐?' 하는 우리나라의 속담은 조선시대 계급하회의 일면은 보여 주는 것이며, 이런 사회구조 속에서도 우리 서민들은 다음과 같은 속담들로 양반들의 허세를 풍자하였다.

양반은 얼어 죽어도 겻불[짚불]은 안 쬔다.
양반은 물에 빠져도 개헤엄은 안 한다.
닷새를 굶어도 풍잠 멋으로 굶는다.
수염이 대 자라도 먹어야 양반이다.

　또 이런 계급사회에서도 상대적으로 약자였던 여성들의 고단한 생활상을 담은 속담들도 있다.

시집살이 못하면 동리 개가 업신여긴다.
귀머거리 삼 년이요, 벙어리 삼 년이라.
색시 그루는 다홍치마 적에 앉혀야 한다

　이런 속담들 속에는 전통과 가문이라는 굴레 속에서 삶을 숙명처럼 보내던 옛 여인들의 고된 시집살이가 여실히 드러나고 있다.
　이 외에도 남녀차별적인 사회통념이 그대로 배인 속담들도 많이 있다.

여자의 말은 잘 들어도 패가하고 안 들어도 망신한다.
여편네 아니 걸린 살인 없다.
암탉이 울면 집안이 망한다.
명태하고 팥은 두들겨서 껍질을 벗기고 촌놈하고 계집은 두들겨서 길들인다.
여편네 팔자는 뒤웅박 팔자라.

　이러한 속담들은 남성적 가치관이 지배적인 우리나라의 전통적 사회상을 적나라하게 보여 주는 것이며, 이러한 남성적 가치관은 여성들에게도 그대로 적용되어 여성 스스로가 여성을 비하시켜 사용하고 또 만들어내기도 했다. 이 밖에도 남성중심사회에게 여성의 적은 여성이라는 점을 알 수 있는 속담들도 있다.

골무는 시어미 죽은 넋이라.

며느리 늙어 시어미 된다.
시어미가 죽으면 안방은 내 차지.
부뚜막 땜질 못하는 며느리 이마의 털만 뽑는다.
예쁘지 않은 며느리가 삿갓 쓰고 으스름달밤에 나선다.

　가장 작은 사회단위인 가정에서의 며느리와 시어머니의 관계를 대립의 관계로 보여 주는 이러한 속담들은 단순히 며느리에 대한 시어머니의 미운 감정을 표현한 것뿐만 아니라 남성 중심사회에게 우리의 전통적 여성 관계를 표현하고 있다.

　속담에는 그 민족의 특성과 기질들이 잘 드러나 있음은 주지의 사실인데, 이를 테면 중국 속담 중에 '차라리 닭의 주둥이는 될지언정 소의 꼬리는 되지 않겠다.', '책 속에는 저절로 천종록이 들어 있다.' 등에는 출세 지향적이고 실리에 밝은 중국인들의 국민성이, '절약은 모든 덕의 어머니', '필요 없는 것은 한 푼도 비싸다'라는 로마의 속담에는 성실하고 근면한 로마인들의 국민성이 드러나 있다.

한국 속담에서 배우는

차 례

한국 속담에서 배우는

지식
지혜

속담풀이

가

가갸 뒷다리[뒤 재]도 모른다
반절본문의 첫 글자인 '가'와 '갸'의 세로획조차도 쓸 줄 모른다는 뜻으로, 글자를 전혀 깨치지 못하여 무식하거나, 사리에 몹시 어두운 사람을 놀림조로 이르는 말.

가게 기둥에 입춘[주련]
추하고 보잘것없는 가겟집 기둥에 '입춘대길(立春大吉)'이라 써 붙인다는 뜻으로, 제격에 맞지 않음을 비유적으로 이르는 말.

가까운 남이 먼 일가보다 낫다
이웃끼리 서로 친하게 지내다 보면 먼 곳에 있는 일가보다 더 친하게 되어 서로 도우며 살게 된다는 것을 이르는 말. [비] 먼 사촌보다 가까운 이웃이 낫다. 먼 일가와 가까운 이웃. 지척의 원수가 천 리의 벗보다 낫다.

가까운 데 집은 깎이고 먼 데 절[집]은 비친다
가까운 데 있는 절이나 집은 자잘한 흠도 잘 드러나서 좋지 않아 보이고 먼 곳에 윤곽만 보이는 절이나 집은 좋아 보인다는 뜻으로, 늘 가까이에 있는 것은 그 뛰어남이 보이지 않는 반면 멀리 있는 것은 실제보다 더 돋보이기 쉬움을 비유적으로 이르는 말.

가까운 무당보다 먼 데 무당이 영하다
흔히 사람은 자신이 잘 알고 가까이 있는 것보다는 잘 모르고 멀리 있는 것을 더 좋은 것인 줄로 생각한다는 말. [비] 먼 데 무당이 영하다. 먼 데 점이 맞는다.

가난 구제는 나라[나라님/임금]도 못한다[어렵다]
남의 가난한 살림을 도와주기란 끝이 없는 일이어서, 개인은 물론 나라의 힘으로도 구제하지 못한다는 말. [비] 가난은 나라(님)도 못 당한다.

가난 구제는 지옥 늦이라
가난한 사람을 구제하는 것은 지옥에 떨어질 징조라는 뜻으로, 그 일이 결국에 가서는 자신에게 해롭게 되고 고생거리가 되니 아예 가난한 사람을 구제할 생각도 하지 말라는 것을 비유적으로 이르는 말.

가난도 비단 가난
아무리 가난하여도 몸을 함부로 가지지 않고, 본래의 지체와 체통을 더럽히지 않는다는 말.

가난이 소 아들이라
소처럼 죽도록 일해도 가난에서 벗어날 수 없음을 이르는 말.

가난이 싸움이다
모든 싸움의 원인이 가난에 있다는 뜻으로, 가난하면 작은 이해를 놓고도 자연히 서로 다투게 되어 불화가 된다는 말.

가난이 원수
가난하기 때문에 억울한 경우나 고통을 당하게 되니 가난이 원수같이 느껴진다는 말.

가난이 죄다
가난하기 때문에 여러 가지 범죄를 저지르거나, 불행과 고통을 당하게 된다는 말.

가난이 질기다
가난하여 곧 굶어 죽을 것 같으나 잘 견디어 낸다는 뜻으로, 가난 속에서도 갖은 고생을 하며 그럭저럭 살아감을 비유적으로 이르는 말. [비] 굶어 죽기는 정승 하기보다 어렵다.

가난한 상주 방갓 대가리 같다
1. 사람의 몰골이 허술하여 볼품없어 보임을 놀림조로 이르는 말. 2. 무슨 물건이 탐탁하지 못하고 어색해 보이며 값없어 보임을 이르는 말. 3. 머리가 모시처럼 희게 되었다는 뜻으로, 오랜 세월이 지났다는 말.

가난한 양반 씻나락 주무르듯
가난한 양반이 털어먹자니 앞날이 걱정스럽고 그냥 두자니 당장 굶는 일이 걱정되어 볍씨만 한없이 주무르고 있다는 뜻으로, 어떤 일에 닥쳐 우물쭈물하기만 하면서 선뜻 결정을 내리지 못하고 있는 모양을 이르는 말.

가난한 양반 향청에 들어가듯
1. 가난한 양반이 주눅이 들어 향청에 들어갈 때처럼, 행색이 떳떳하지 못하고 머뭇거리면서 쩔쩔매는 모습을 비유적으로 이르는 말. 2. 하기 싫은 일을 마지못하여 기운 없이 함을 비유적으로 이르는 말.

가난한 집 신주 굶듯
가난한 집에서는 산 사람도 배를 곯는 형편이므로 신주까지도 제사 음식을 제대로 받아 보지 못하게 된다는 뜻으로, 줄곧 굶기만 한다는 말.

가난한 집에 자식이 많다

가난한 집에는 먹고 살아 나갈 걱정이 큰데 자식까지 많다는 뜻으로, 이래저래 부담되는 것이 많음을 이르는 말.

가난한 집 제사[제삿날/젯날] 돌아오듯

살아가기도 어려운 가난한 집에 제삿날이 자꾸 돌아와서 그것을 치르느라 매우 어려움을 겪는다는 뜻으로, 힘든 일이 자주 닥쳐옴을 비유적으로 이른 말.

가난할수록 기와집 짓는다

1. 당장 먹을 것이나 입을 것이 넉넉지 못한 가난한 살림일수록 기와집을 짓는다는 뜻으로, 실상은 가난한 사람이 남에게 업신여김을 당하기 싫어서 허세를 부리려는 심리를 비유적으로 이르는 말. 2. 가난하다고 주저앉고 마는 것이 아니라 어떻게든 잘살아 보려고 용단을 내어 큰일을 벌인다는 말.

가는[가던] 날이 장날

일을 보러 가니 공교롭게 장이 서는 날이라는 뜻으로, 어떤 일을 하려고 하는데 뜻하지 않은 일을 공교롭게 당함을 비유적으로 이르는 말. [비] 가는 날이 생일. 오는 날이 장날.

가는 년이 물 길어다 놓고 갈까

이미 일이 다 틀어져 그만두는 터에 뒷일을 생각하고 돌아다볼 리 만무함을 비유적으로 이르는 말. [비] 가는 며느리가 보리방아 찧어 놓고 가랴. 나가는 년이 세간 사랴.

가는 말에 채찍질

1. 열심히 하고 있는데도 더 빨리 하라고 독촉함을 비유적으로 이르는 말. 2. 형편이나 힘이 한창 좋을 때라도 더욱 마음을 써서 힘써야 함을 비유적으로 이르는 말. [비] 가는 말에도 채찍을 치랬다.

가는 말이 고와야 오는 말이 곱다

자기가 남에게 말이나 행동을 좋게 하여야 남도 자기에게 좋게 한다는 말. [비] 가는 떡이 커야 오는 떡이 크다. 가는 정이 있어야 오는 정이 있다. 액 하면 떡 한다.

가는 방망이 오는 홍두깨

1. 이쪽에서 방망이로 저쪽을 때리면 저쪽에서는 홍두깨로 이쪽을 때린다는 뜻으로, 자기가 한 일보다 더 가혹한 갚음을 받게 되는 경우를 비유적으로 이

르는 말. 2. 남을 해치려고 하다가 제가 도리어 더 큰 화를 입게 됨을 비유적으로 이르는 말.

가는베 낳겠다
가늘고 고운 베를 잘도 짜겠다는 뜻으로, 솜씨가 없고 무딤을 비웃는 말.

가는 세월 오는 백발
세월이 가면 나이를 먹고 늙는다는 말.

가는 손님은 뒤꼭지가 예쁘다
손님 대접하기가 어려운 터에 손님이 속을 알아주어 빨리 돌아가니 고맙게 여긴다는 것을 비유적으로 이르는 말.

가늘게 먹고 가는 똥 싸라
너무 욕심을 부리다가는 봉변을 당하기 쉬우니 제힘에 맞게 적당히 취하라는 것을 비유적으로 이르는 말.

가늘게 먹고 가늘게 살아라
검소하게 먹으면서 소박하게 살라는 뜻으로, 분수에 맞지 않게 호화로운 생활을 추구하거나 분에 넘치는 행동을 하지 말라는 것을 비유적으로 이른 말.

가락꼬치 아니면 송곳
날카로워서 잘 꿰뚫는다는 뜻으로, 판단이 아주 정확함을 비유적으로 이른 말.

가락 바로잡는 집에 가져다가 세워 놨다 와도 좀 낫다
휜 물렛가락을 가락 고치는 집에 가져다 놓았다가 다시 가져오기만 하여도 휜 것이 바로잡힌 것처럼 느껴진다는 뜻으로, 좋은 환경의 영향을 조금만 받아도 정신적으로 위안이 됨을 비유적으로 이르는 말.

가랑니가 더 문다
같잖고 시시한 것이 더 괴롭히거나 애를 먹임을 비유적으로 이르는 말.

가랑비에 옷 젖는 줄 모른다
가늘게 내리는 비는 조금씩 젖어 들기 때문에 여간해서는 옷이 젖는 줄 깨닫지 못한다는 뜻으로, 아무리 사소한 것이라도 그것이 거듭되면 무시하지 못할 정도로 크게 됨을 비유적으로 이르는 말.

가랑잎에 불붙듯[달리듯]
1. 바싹 마른 가랑잎에 불을 지르면 걷잡을 수 없이 잘 탄다는 뜻으로, 성미가

조급하고 도량이 좁아 걸핏하면 발끈하고 화를 잘 내는 것을 비유적으로 이르는 말. 2. 어떤 주장에 호응하거나, 자극에 대하여 빠르게 반응함을 비유적으로 이르는 말.

가랑잎으로 눈 가리기
1. 자기의 존재나 허물을 숨기려고 미련하게 애쓰는 경우를 비유적으로 이르는 말. 2. 미련하여 아무리 애써도 제대로 일 처리를 하지 못함을 비유적으로 이르는 말.

가랑잎으로 똥 싸 먹겠다
잘살던 사람이 별안간 몹시 가난해져 어찌할 수 없는 신세가 됨을 비유적으로 이른 말.

가랑잎이 솔잎더러 바스락거린다고 한다
더 바스락거리는 가랑잎이 솔잎더러 바스락거린다고 나무란다는 뜻으로, 자기의 허물은 생각하지 않고 도리어 남의 허물만 나무라는 경우를 비유적으로 이르는 말. [비] 겨울바람이 봄바람보고 춥다 한다.

가래 터 종놈 같다
힘든 가래질을 억지로 하는 종과 같다는 뜻으로, 성품이 거칠고 버릇없이 굴거나 매사에 못마땅해서 무뚝뚝하게 구는 사람을 비유적으로 이르는 말.

가루 가지고 떡 못 만들랴
가루만 있으면 누구나 떡을 만들 수 있다는 뜻으로, 누구나 다 할 수 있는 일을 자랑하며 뽐내는 것을 비웃는 말.

가루는 칠수록 고와지고 말은 할수록 거칠어진다
가루는 체에 칠수록 고와지지만 말은 길어질수록 시비가 붙을 수 있고 마침내는 말다툼까지 가게 되니 말을 삼가라는 말.

가루 팔러 가니 바람이 불고 소금 팔러 가니 이슬비 온다
가루 장사를 가면 바람이 불어 가루를 날리고 소금 장사를 가면 이슬비가 와서 소금을 다 녹여 버린다는 뜻으로, 일이 뜻대로 되지 않고 엇나감을 비유적으로 이르는 말.

가림은 있어야 의복이라 한다
가려야 할 데를 가려야 비로소 의복이라 할 수 있다는 뜻으로, 제가 맡은 구실을 온전히 다 해야만 그에 마땅한 대우를 받음을 비유적으로 이르는 말.

가마가 검기로 밥도 검을까

가마가 검다고 하여 가마 안의 밥까지 검겠느냐는 뜻으로, 겉이 좋지 않다고 하여 속도 좋지 않을 것이라고 경솔하게 판단하지 말라는 말. [비] 가마솥이 검기로 밥도 검을까. 겉이 검기로 속도 검을까.

가마가 많으면 모든 것이 헤프다

가마가 많으면 그만큼 여러 곳에 나누어 넣고 끓이게 되므로 모든 것이 헤프다는 뜻으로, 일이나 살림을 여기저기 벌여 놓으면 결국 낭비가 많아진다는 말.

가마 밑이 노구솥 밑을 검다 한다

더 시꺼먼 가마솥 밑이 덜 시꺼먼 노구솥 밑을 보고 도리어 검다고 흉본다는 뜻으로, 남 못지않은 잘못이나 결함이 있는 사람이 제 흉은 모르고 남의 잘못이나 결함만을 흉봄을 비유적으로 이른 말. [비] 가마가 솥더러 검정아 한다.

가마 속의 콩도 삶아야 먹는다

가마 안에 들어간 콩도 끓여서 삶아야 먹을 수 있다는 뜻으로, 다 된 듯하고 쉬운 일이라도 손을 대어 힘을 들이지 않으면 이익이 되지 않음을 비유적으로 이르는 말.

가마솥에 든 고기

꼼짝없이 죽게 된 신세를 비유적으로 이르는 말.

가마 타고 시집가기는 (다) 틀렸다

시집을 갈 때 으레 가마를 타고 가는 것이나 그 격식을 좇아서 하지 못한다는 뜻으로, 일이 제대로 되지 않아 격식과 채비를 갖추어서 하기는 틀렸음을 비유적으로 이르는 말. [비] 가마 타고 시집가기는 콧집이 앙그러졌다.

가만한 바람이 대목을 꺾는다

약하게 가만가만 부는 바람이 큰 나무를 꺾는다는 뜻으로, 작고 약한 것이라고 얕잡아 보아서는 안 된다는 말.

가만히 먹으라니까 뜨겁다 한다

1. 어긋나는 짓을 함을 비유적으로 이르는 말. 2. 남의 약점을 알고 더욱 난처하게 하는 경우를 비유적으로 이르는 말. [비] 무섭다니까 바스락거린다.

가문 날에 빗방울 안 떨어지는 날이 없다

가뭄이 계속되면서 비는 시원히 오지 않고 몇 방울 떨어지기만 한다는 말.

가문 덕에 대접받는다
변변치 못한 사람이 좋은 가문에 태어난 덕분에 좋은 대우를 받는다는 말.

가물 끝은 있어도 장마 끝은 없다
가뭄은 아무리 심하여도 얼마간의 거둘 것이 있지만 큰 장마가 진 뒤에는 아무것도 거둘 것이 없다는 뜻으로, 가뭄에 의한 재난보다 장마로 인한 재난이 더 무서움을 비유적으로 이르는 말. [비] 가물 그루터기는 있어도 장마 그루터기는 없다.

가물에 단비
가뭄이 들어 곡식이 다 마를 때에 기다리던 비가 온다는 뜻으로, 기다리고 바라던 일이 마침내 이루어짐을 이르는 말.

가물에 돌 친다
물이 없는 가뭄에 강바닥에 있는 돌을 미리 치워서 물길을 낸다는 뜻으로, 무슨 일이든지 사전에 미리 준비를 해야 함을 비유적으로 이르는 말.

가물에 콩(씨) 나듯
가뭄에는 심은 콩이 제대로 싹이 트지 못하여 드문드문 난다는 뜻으로, 어떤 일이나 물건이 어쩌다 하나씩 드문드문 있는 경우를 비유적으로 이르는 말.

가뭄철 물웅덩이의 올챙이 신세
가뭄으로 말라 버려 곧 밑바닥이 드러나고야 말 물웅덩이 속에서 우글거리는 올챙이 신세라는 뜻으로, 머지않아 죽거나 파멸할 운명에 놓인 가련한 신세를 비유적으로 이르는 말.

가보 쪽 같은 양반
노름에서 아홉 끗을 차지한 것과 같이 세상살이에서도 끗수를 가장 많이 차지한다는 뜻으로, 세도가 대단한 양반을 비유적으로 이르는 말.

가시나무에 연줄 걸리듯
1. 인정에 걸리어 이러지도 저러지도 못함을 비유적으로 이르는 말. 2. 친·인척 관계가 얼키설키 얽혀 있음을 비유적으로 이르는 말.

가시아비 돈 떼어먹은 놈처럼
남에게 폐를 끼치고도 미안해하지 않는 태도를 비유적으로 이르는 말.

가시어미 눈멀 사위

사위가 왔을 때에 국을 끓여 주느라 생기는 연기와 김으로 장모의 눈을 멀게 할 사위라는 뜻으로, 국을 매우 좋아하는 사람을 비유적으로 이르는 말.

가시어미 장 떨어지자 사위가 국 싫다 한다
처갓집에 장이 떨어져서 국을 끓일 수 없게 되었는데 마침 사위가 국은 싫어서 먹지 않겠다고 한다는 뜻으로, 어떤 일이 서로 공교롭게도 때맞추어 일어남을 비유적으로 이르는 말. [비] 가시어머니 장 떨어지자 사위 국 싫다 한다.

가을 더위와 노인의 건강
가을의 더위와 노인의 건강은 오래갈 수 없다는 뜻으로, 끝장이 가까워 그 기운이 쇠하고 오래가지 못함을 비유적으로 이르는 말.

가을마당에 빗자루 몽당이를 들고 춤을 추어도 농사 밑이 어둑하다
가을에 타작을 하여 줄 것은 주고 갚을 것은 갚고 빈손에 빗자루만 남게 되더라도 그래도 남은 것이 있다는 뜻으로, 농사일은 든든한 것임을 이른 말.

가을 메는 부지깽이도 덤벙인다[덤빈다/뛴다]
가을에 메는 용도가 많아 부지깽이도 메로 쓰인다는 뜻으로, 어떤 물건이 자주 쓰이어 그와 비슷한 것까지 마구 대용됨을 이르는 말. [같] 가을에는 대부인 마누라도 나무 신짝 가지고 나온다.

가을 물은 소 발자국에 고인 물도 먹는다
가을 물이 매우 맑고 깨끗함을 비유적으로 이르는 말.

가을바람은 총각 바람 봄바람은 처녀 바람
가을에는 남자가 바람이 나기 쉽고, 봄에는 여자가 바람이 나기 쉬움을 비유적으로 이르는 말.

가을바람의 새털
가을바람에 이리저리 날리는 새털처럼 매우 가볍고 꿋꿋하지 못한 것을 비유적으로 이르는 말.

가을밭은 안 갈아엎는다
가을에 밭농사가 끝난 뒤에는 그 밭을 그대로 두는 것이 좋다는 말.

가을볕에는 딸을 쬐이고 봄볕에는 며느리를 쬐인다
선선한 가을볕에는 딸을 쬐이고 살갗이 잘 타고 거칠어지는 봄볕에는 며느리를 쬐인다는 뜻으로, 시어머니는 며느리보다 제 딸을 더 아낌을 비유적으로 이르는 말. [비] 봄볕은 며느리를 쬐이고 가을볕은 딸을 쬐인다.

가을비는 떡비라
풍족한 가을에는 이것저것 먹을 것도 많으므로, 비가 와 일하러 나가지 못하게 된 날에는 집 안에서 넉넉한 곡식으로 떡이나 해 먹고 지내기가 쉬움을 비유적으로 이르는 말.

가을비는 장인[시아버지/시아비]의 나룻[수염/턱] 밑에서도 긋는다
1. 가을비는 아주 잠깐 오다가 곧 그침을 비유적으로 이르는 말. 2. 그때그때의 잔걱정은 순간적이어서 곧 지나가 버림을 비유적으로 이르는 말. [비] 가을비는 턱 밑에서도 긋는다.

가을 상추는 문 걸어 잠그고 먹는다
가을 상추는 특별히 맛이 좋음을 비유적으로 이르는 말.

가을 식은 밥이 봄 양식이다
먹을 것이 흔한 가을에는 먹지 않고 내놓은 식은 밥이 봄에 가서는 귀중한 양식이 된다는 뜻으로, 풍족할 때 함부로 낭비하지 않고 절약하면 뒷날의 궁함을 면할 수 있음을 비유적으로 이르는 말.

가을 아욱국은 계집 내쫓고 먹는다
가을 아욱국이 특별히 맛이 좋음을 비유적으로 이르는 말. [비] 가을 아욱국은 사위만 준다.

가을에 내 아비 제도 못 지내거든 봄에 의붓아비 제 지낼까
양식이 풍족한 가을에 아버지 제사도 못 지냈는데 하물며 양식이 떨어진 봄에 의붓아버지의 제사를 지내겠냐는 뜻으로, 형편이 넉넉할 때 꼭 치러야 할 일도 못하는 처지인데 어려운 때에 체면을 차리기 위해서 억지로 힘든 일을 할 수는 없음을 비유적으로 이르는 말. [비] 가을에 못 지낸 제사를 봄에는 지낼까. 가을에 친아비 제사도 못 지냈는데 봄에 의붓아비 제사 지낼까. 봄에 의붓아비 제 지낼까.

가을에는 대부인 마누라도 나무 신짝 가지고 나온다
가을걷이 때에는 일이 많아서 누구나 바빠 나서서 거들게 됨을 비유적으로 이르는 말. [비] 가을 메는 부지깽이도 덤벙인다. 가을에는 부지깽이도 덤벙인다[덤빈다/뛴다]. 가을철에는 죽은 송장도 꿈지럭한다. 가을 판에는 대부인 마님이 나막신짝 들고 나선다.

가을에는 손톱 발톱이 다 먹는다
가을에는 손톱이나 발톱까지도 먹을 것을 찾는다는 뜻으로, 가을철에는 매우 입맛이 당기어 많이 먹게 됨을 비유적으로 이르는 말.

가을에 밭에 가면 가난한 친정에 가는 것보다 낫다
가을밭에는 먹을 것이 많다는 말.

가을일은 미련한 놈이 잘한다
가을 농촌 일은 매우 바쁘고 힘들기 때문에 미련한 사람처럼 꾀를 부리지 않고 묵묵히 해야 성과가 있음을 비유적으로 이르는 말.

가을 중 싸대듯[쏘대듯/싸다니듯]
수확이 많은 가을철에 조금이라도 더 시주를 얻기 위하여 중이 바쁘게 돌아다닌다는 뜻으로, 여기저기 분주히 돌아다님을 비유적으로 이르는 말.

가을 중의 시주 바가지 같다
가을에는 곡식이 풍성하여 시주도 많이 하게 되므로 시주 바가지가 가득하다는 데서, 무엇이 가득 담긴 것을 비유적으로 이르는 말.

가자니 태산이요, 돌아서자니 숭산이라
앞에도 높은 산이고 뒤에도 높은 산이라는 뜻으로, 이러지도 저러지도 못할 난처한 지경에 이름을 비유적으로 이르는 말.

가재걸음
가재가 뒷걸음치듯, 모든 일이 점점 줄어들어 뒤로 물러가는 것을 가리키는 말.

가재는 게 편
모양이나 형편이 서로 비슷하고 인연이 있는 것끼리 서로 잘 어울리고, 사정을 보아주며 감싸 주기 쉬움을 비유적으로 이르는 말. [비] 가재는 게 편이요, 초록은 한빛이라. 검둥개는 돼지 편. 검정개 한패[한편]. 솔개는 매 편(이라고). 이리가 짖으니 개가 꼬리(를) 흔든다.

가재 물 짐작하듯
무슨 일에나 미리 예측을 잘함을 비유적으로 이르는 말.

가죽이 모자라서 눈을 냈는가
보기 위해서 눈을 냈지 살가죽이 모자라서 눈을 내놓은 것이 아니라는 뜻으로, 남들은 다 잘 보는 것을 보지 못하는 사람을 핀잔하는 말.

가죽이 있어야 털이 나지
무엇이나 그 바탕이 있어야 생길 수 있음을 비유적으로 이르는 말. [비] 껍질 없는 털이 있을까.

가지 나무에 목을 맨다
워낙 딱하고 서러워서 목맬 나무의 크고 작음을 가리지 않고 죽으려 한다는 뜻으로, 이것저것 가릴 처지가 아님을 비유적으로 이르는 말.

가지 따 먹고 외수(外數) 한다
남의 밭에 가 가지를 따 먹고 남을 속인다는 뜻으로, 사람의 눈을 피하여 나쁜 짓을 하고는 시치미를 떼면서 딴전을 부림을 비유적으로 이르는 말.

가지 많은 나무에[나무가] 바람 잘 날이 없다
가지가 많고 잎이 무성한 나무는 살랑거리는 바람에도 잎이 흔들려서 잠시도 조용한 날이 없다는 뜻으로, 자식을 많이 둔 어버이에게는 근심, 걱정이 끊일 날이 없음을 비유적으로 이르는 말. [비] 가지 많은 나무가 잠잠할 적 없다.

가진 놈의 겹철릭
한 사람이 필요 이상으로 물건을 겹쳐서 가지고 있음을 비유적으로 이른 말.

가진 돈이 없으면 망건 꼴이 나쁘다
몸에 지닌 돈이 없으면 비록 망건을 썼어도 그 꼴이 하찮게 보인다는 뜻으로, 돈이 없으면 그만큼 겉모양도 허술해 보이고 마음도 떳떳하지 못함을 비유적으로 이르는 말.

가짜가 병이라
무엇이나 가짜라는 것은 차라리 없느니만 못함을 비유적으로 이르는 말.

각설이 떼에게서는 장타령밖에 나올 것이 없다
장타령을 부르며 동냥하여 얻어먹고 다니는 각설이 떼에게서 나올 것이란 장타령밖에 없다는 뜻으로, 본바탕이 하찮은 것에서는 크게 기대할 만한 결과가 나올 수 없음을 이르는 말. [비] 각설이의 장타령.

각전 시전 통비단 감듯
장사치가 솜씨 있게 통비단을 감듯 한다는 뜻으로, 무엇을 줄줄 익숙하게 잘 감음을 비유적으로 이르는 말. [비] 육모얼레에 연줄 감듯.

각전의 난전 몰 듯

육주비전 각전에서 그곳의 물건을 몰래 훔쳐다가 파는 난전을 무섭게 몰아치듯 한다는 뜻으로, 정신을 차리지 못할 만큼 매우 급히 몰아침을 비유적으로 이르는 말. [비] 난전 몰리듯.

간다간다 하면서 아이 셋 낳고 간다
1. 그만두겠다고 늘 말은 하면서도 정작 그만두지 못하고 질질 끄는 경우를 비유적으로 이르는 말. 2. 어떤 일을 하겠다고 늘 말을 하면서도 실행하지 못함을 비유적으로 이르는 말.

간 빼 먹고 등치다
겉으로는 비위를 맞추며 잘해 주는 척하면서 정작 요긴한 것을 옳지 못한 방법으로 빼앗음을 비유적으로 이르는 말.

간에 붙었다 쓸개[염통]에 붙었다 한다
자기에게 조금이라도 이익이 되면 지조 없이 이편에 붙었다 저편에 붙었다 함을 비유적으로 이르는 말. [비] 쓸개에 가 붙고 간에 가 붙는다.

간이 뒤집혔나 허파에 바람이 들었나
마음의 평정을 잃고 까닭 없이 웃음을 핀잔하는 말.

간이라도 빼어[뽑아] 먹이겠다
아주 친한 사이이므로 아무리 소중한 것이라도 아낌없이 내어 줄 수 있음을 비유적으로 이르는 말.

간장국에 절다[마르다]
짠 간장국을 먹고 몸이 마른다는 뜻으로, 오래 찌들어서 바짝 마르고 단단함을 이른 말.

간장에 전 놈이 초장에 죽으랴
단단히 단련된 사람이 사소한 일을 무서워하겠느냐는 것을 비유적으로 이르는 말.

간장이 시고 소금이 곰팡 난다[슨다]
간장이 시어질 수 없고 소금에 곰팡이가 날 수 없다는 뜻으로, 절대로 있을 수 없는 일을 이르는 말.

갈모 형제라
갈모의 모양이 위는 뾰족하고 아래는 넓은 데서, 아우가 형보다 나은 경우를

비유적으로 이르는 말.

갈바람에 곡식이 혀를 빼물고 자란다
가을이 오려고 서풍이 불기 시작하면 곡식들이 놀랄 만큼 빨리 자라고 익어 감을 비유적으로 이르는 말.

갈수록 태산[수미산/심산](이라)
갈수록 더욱 어려운 지경에 처하게 되는 경우를 비유적으로 이르는 말. [비] 산 넘어 산이다. 산은 오를수록 높고 물은 건널수록 깊다. 재는 넘을수록 험하고[높고] 내는 건널수록 깊다.

감 고장의 인심
감나무가 많은 고장에서는 누가 감을 따 먹어도 아무도 말리는 법이 없다는 데서, 매우 순박하고 후한 인심을 비유적으로 이르는 말.

감기 고뿔도 남을 안 준다
감기까지도 남에게 주지 않을 만큼 지독하게 인색하다는 말.

감기는 밥상머리에 내려앉는다
1. 감기 들어 앓고 있다가도 밥상을 받으면 앓는 사람 같지 않게 잘 먹는다는 말. 2. 밥만 잘 먹으면 감기 정도는 저절로 물러간다는 뜻으로, 밥만 잘 먹으면 병은 물러감을 이르는 말.

감꼬치 빼 먹듯
벌지는 못하고 있던 재물을 하나씩 하나씩 축내어 가기만 하는 모양을 비유적으로 이르는 말.

감나무 밑에 누워도 삿갓 미사리를 대어라
감나무 밑에 누워서 절로 떨어지는 감을 얻어먹으려 하여도 그것을 받기 위하여서는 삿갓 미사리를 입에 대고 있어야 한다는 뜻으로, 의당 자기에게 올 기회나 이익이라도 그것을 놓치지 않으려는 노력이 필요함을 이른 말. [비] 감나무 밑에서도 먹는 수업을 하여라. 누워먹는 팔자라도 삿갓 밑을 도려야 한다.

감나무 밑에 누워서 홍시[연시] (입 안에) 떨어지기를 기다린다[바란다]
아무런 노력도 아니 하면서 좋은 결과가 이루어지기만 바람을 비유적으로 이른 말. [비] 홍시 떨어지면 먹으려고 감나무 밑에 가서 입 벌리고 누웠다.

감 내고 배 낸다

제 뜻대로 주선함을 비유적으로 이르는 말. [비] 장 내고 소금 낸다.

감사 덕분에 비장 나리 호사한다
윗사람 덕분에 아랫사람이 분에 넘치는 대접을 받는다는 뜻으로, 남의 덕분에 엉뚱한 사람이 호강함을 비유적으로 이르는 말.

감이 재간이다
어떤 감이 쓰이느냐에 따라 일의 성과가 좌우되므로 감이 곧 일재간이 된다는 뜻으로, 재료가 좋으면 일도 잘됨을 이르는 말.

감장강아지로 돼지 만든다
비슷한 것으로 진짜를 가장하여 남을 꾀어 속이려 하는 경우를 비유적으로 이르는 말. [비] 검은 강아지로 돼지 만든다.

감투가 커도 귀가 짐작이라
귀를 가늠하여 감투의 크기를 짐작할 수 있다는 뜻으로, 어떤 사물의 내용을 어느 정도 자신 있게 짐작할 수 있음을 비유적으로 이르는 말.

갑술 병정이면 다 흉년인가
병자호란을 전후하여 갑술년과 병자년, 정축년에 큰 흉년이 들었다고 하여 갑술년이나 병자년, 정축년이면 무조건 흉년이 든다고 생각하는 것은 잘못이라는 뜻으로, 어느 하나가 같다고 전체가 같다고 생각해서는 안 된다는 것을 비유적으로 이르는 말.

갑술 병정 흉년인가
병자호란을 전후하여 갑술년과 병자년, 정축년에 큰 흉년이 들었던 데서 매우 심한 흉년을 비유적으로 이르는 말.

갑인년 흉년에도 먹다 남은 것이 물이다
1. 아무리 흉년이라도 물마저 말라 버리는 일은 없다는 것을 비유적으로 이르는 말. 2. 물 한 모금도 얻어먹기 어려운 경우를 이르는 말.

값도 모르고 싸다 한다
일의 속사정은 잘 알지도 못하면서 경솔하게 이러니저러니 말함을 이르는 말. [비] 값도 모르고 쌀자루 내민다. 금도 모르면서 싸다 한다. 남의 처녀 나이도 모르고 숙성하다고 한다.

값싼 갈치자반 (맛만 좋다)

값이 싸면서도 쓸 만한 물건을 이르는 말.

값싼 비지떡
값싼 비지떡값이 싼 물건은 품질도 그만큼 나쁘게 마련이라는 말. [비] 값싼 것이 갈치자반. 싼 것이 비지떡[갈치자반].

갓 마흔에 첫 버선
오래 기다리던 일을 마침내 이루게 됨을 비유적으로 이르는 말. [비] 사십에 첫 버선.

갓방 인두 달 듯
갓 만드는 작업장의 인두가 언제나 뜨겁게 달아 있는 것처럼 자기 혼자 애태우며 어쩔 줄 몰라 하는 모양을 비유적으로 이르는 말.

갓 사러 갔다가 망건 산다
1. 사려고 하던 물건이 없어 그와 비슷하거나 전혀 쓰임이 다른 것을 사는 경우를 비유적으로 이르는 말. 2. 제 목적을 바꾸어 남의 권고에 따름을 비유적으로 이르는 말.

갓 쓰고 망신(한다)
한껏 점잔을 빼고 있는데 뜻하지 아니한 망신을 당하여 더 무참하게 되었음을 비유적으로 이르는 말.

갓 쓰고 박치기해도 제멋(이다)
갓 쓰고 박치기를 하여 갓이 망가지게 되는 것도 제멋으로 하는 짓이란 뜻으로, 남이 어떤 짓을 하거나 제 마음대로 하게 내버려 두라는 말. [비] 저모립 쓰고 물구나무를 서도 제멋(이다).

갓 쓰고 자전거 타기[탄다].
전혀 격에 어울리지 아니하게 차려입은 것을 놀림조로 이르는 말. [같] 갓 쓰고 구두 신기. 갓 쓰고 넥타이 매기.

갓장이 헌 갓 쓰고 무당 남 빌려 굿하고
제가 제 것을 만들어 가지지 못하고 제가 제 일을 처리하지 못하는 경우를 비유적으로 이르는 말.

강남 장사
1. 이득이 많은 장사를 이르는 말. 2. 오직 제 이익만 생각하고, 태도가 오만

한 사람을 이르는 말.

강물도 쓰면 준다
굉장히 많은 강물도 쓰면 준다는 뜻으로, 풍부하다고 하여 함부로 헤프게 쓰지 말라는 말. [비] 시냇물도 퍼 쓰면 준다.

강물이 돌을 굴리지 못한다
강물이 아무리 흘러도 돌을 움직여 굴리지는 못한다는 뜻으로, 세태에 흔들리지 아니하고 지조 있게 꿋꿋이 행동함을 비유적으로 이르는 말. [비] 강물이 흘러도 돌은 굴지 않는다.

강아지 똥은 똥이 아닌가
1. 약간의 차이는 있다 하더라도 그 본질은 다 같음을 비유적으로 이르는 말.
2. 나쁜 짓을 조금 했다고 하여 안 했다고 발뺌을 할 수는 없음을 비유적으로 이른 말. [비] 적은 것은 똥 아닌가. 지린 것은 똥 아닌가. 파리똥도 똥이다. 파리똥은 똥이 아니랴.

강아지에게 메주 멍석 맡긴 것 같다
강아지한테 메주 멍석을 맡기면 메주를 먹을 것은 뻔한 일이란 뜻으로, 어떤 일이나 물건을 믿지 못할 사람에게 맡겨 놓고 마음이 놓이지 않아 걱정함을 비유적으로 이른 말.

강원도 안 가도 삼척
방이 몹시 추움을 비유적으로 이르는 말. 삼척은 삼청의 잘못된 발음으로, 삼청(三廳) 즉 옛날 금군 삼청(禁軍三廳)의 방에는 늘 불을 때지 않아 방이 매우 찼다는 데서 유래한 말이다. [비] 강원도 삼척.

강원도 참사
공직에 있는 사람이 좌천됨을 비유적으로 이르는 말.

강원도 포수(냐)
산이 험한 강원도에서는 사냥을 떠나면 돌아오지 못하는 수가 많았다는 데서, 한 번 간 후 다시 돌아오지 않거나, 매우 늦게야 돌아오는 사람을 비유적으로 이르는 말. [비] 지리산 포수.

강철이 간 데는 가을도 봄(이라)
강철이가 지나간 곳에는 아무것도 자라지 않은 초봄과 같이 된다는 뜻으로, 악한 방해자가 나타나거나 불운이 겹쳐서 다 되어 가던 일을 망치는 경우를 이르는 말.

강철이 달면 더욱 뜨겁다
더디 다는 강철이 달면 보통 쇠보다 더 뜨겁다는 뜻으로, 웬만해서는 화를 내지 않는 사람이 한번 성나면 더 무서움을 비유적으로 이르는 말.

강태공 위수 변에 주 문왕 기다리듯
큰 뜻을 품고 때가 오기를 기다리는 모양을 비유적으로 이르는 말.

강태공의 곧은 낚시질
강태공이 웨이수이 강에서 곧은 낚시질을 하며 때가 오기를 기다렸다는 데서, 큰 뜻을 품고 때가 오기를 기다리며 한가한 나날을 보내는 것을 비유적으로 이르는 말.

강태공이 세월 낚듯 한다
무슨 일을 매우 더디고 느리게 함을 비유적으로 이르는 말.

강한 말은 매 놓은 기둥에 상한다
힘이 매우 센 말은 그것이 움직이지 못하도록 단단히 매 놓은 기둥에 상처를 입게 된다는 뜻으로, 사람을 너무 구속하면 오히려 좋지 않은 결과를 가져올 수 있음을 비유적으로 이르는 말.

강한 장수 밑에는 약한 군사[군대]가 없다
유능한 장수는 군사를 잘 쓸 줄 알기 때문에 그 밑에 무능한 군사나 군대가 없다는 뜻으로, 지도력의 중요성과 의의를 강조하여 이르는 말.

갖바치 내일 모레
갖바치들이 흔히 맡은 물건을 제날짜에 만들어 주지 않고 약속한 날에 찾으러 가면 내일 오라 모레 오라 한다는 데서, 약속한 기일을 이날 저 날 자꾸 미루는 것을 비유적으로 이르는 말. [비] 고리백장 내일 모레. 피장이 내일 모레.

갖바치에 풀무는 있으나 마나
남에게는 요긴한 물건일지라도 제게는 아무 소용이 없음을 비유적으로 이르는 말. [비] 미장이에 호미는 있으나 마나.

갖은 황아다[황아라]
황아장수가 여러 가지를 다 갖추어 가지고 다닌다는 뜻으로, 여러 가지 것이 골고루 많이 있는 것을 이르는 말.

갖에서 좀 난다

1. 가죽을 쏠아 먹는 좀이 가죽에서 생긴다는 뜻으로, 화근이 그 자체에 있음을 비유적으로 이른 말. 2. 가죽에 좀이 나서 가죽을 다 먹게 되면 결국 좀도 살 수 없게 된다는 뜻으로, 형제간이나 동류끼리의 싸움은 양편에 다 해로울 뿐임을 비유적으로 이른 말.

같은 값이면 껌정소 잡아먹는다

누런 암소보다 껌정 암소가 맛이 더 좋음을 비유적으로 이르는 말. [갈] 같은 값이면 다홍치마[검정 송아지/과부 집 머슴살이/처녀].

같은 값이면 은가락지 낀 손에 맞으랬다

꾸지람을 듣거나 벌을 받을 경우라도 이왕이면 덕 있고 이름 있는 사람에게 당하는 것이 좋음을 비유적으로 이르는 말.

같은 깃의 새는 같이 모인다

동류끼리 서로 잘 어울리게 됨을 비유적으로 이르는 말.

같은 떡도 맏며느리 주는 것이 더 크다

맏며느리가 집안의 중요한 사람임을 비유적으로 이르는 말.

같은 병신끼리 불쌍해한다

불행한 처지에 있는 사람끼리 서로 이해하고 동정하면서 불쌍해 한다는 뜻으로, 어려운 처지에 있는 사람끼리 동정함을 이르는 말.

같은 손가락에도 길고 짧은 것이 있다

아무리 같은 조건에 있다고 하더라도 조금씩은 서로 차이가 있게 마련이라는 것을 비유적으로 이르는 말. [비] 손가락도 길고 짧다.

같은 자리에서 서로 딴 꿈을 꾼다

겉으로는 같이 행동하는 듯이 하면서 속으로는 딴생각을 한다는 것을 비유적으로 이르는 말. [비] 잠은 같이 자도 꿈은 다른 꿈을 꾼다. 한자리에 누워서 서로 딴 꿈을 꾼다.

같이 우물 파고 혼자 먹는다

여럿이 함께 노력하여 이룬 일의 성과를 혼자서 차지하는 것을 이르는 말.

같잖은 투전에 돈만 잃었다

기를 쓰고 덤빈 투전도 아닌데 돈을 잃었다는 뜻으로, 사소한 일에 손해만 보았음을 이르는 말.

개가 개를 낳지
개가 개 새끼를 낳는다는 뜻으로, 못난 어버이에게서 못난 자식이 나지 별 수 없음을 비유적으로 이르는 말.

개가 겨를 먹다가 필경 쌀을 먹는다
개가 처음에는 겨를 훔쳐 먹다가 재미를 붙이게 되어 나중에는 쌀을 먹는다는 뜻으로, 처음에는 조금 나쁘던 것이 차차 더 크게 나빠짐을 이르는 말.

개가 똥을 마다할까[마다한다]
본디 좋아하는 것을 짐짓 싫다고 거절할 때 이를 비꼬는 말. [비] 고양이가 쥐를 마다한다. 까마귀가 메밀[고욤/보리/오디]을 마다한다[마다할까].

개가 벼룩 씹듯
1. 잔소리를 자꾸 되풀이하는 모양을 비유적으로 이르는 말. 2. 음식 먹는 모습이 보기 흉함을 비유적으로 이르는 말.

개가 웃을 일이다
너무도 어이없고 같잖은 일임을 비유적으로 이르는 말.

개가 콩엿 사 먹고 버드나무에 올라간다
어리석고 못난 사람이 감히 할 수 없는 일을 하겠다고 큰소리침을 비유적으로 이른 말.

개같이 벌어서 정승같이 산다[먹는다]
돈을 벌 때는 천한 일이라도 하면서 벌고 쓸 때는 떳떳하고 보람 있게 씀을 비유적으로 이르는 말. [비] 돈은 더럽게 벌어도 깨끗이 쓰면 된다.

개고기는 언제나 제맛이다
제가 타고난 본바탕은 어느 때나 속이기 어려움을 비유적으로 이르는 말.

개구리 낯짝에 물 붓기
물에 사는 개구리의 낯에 물을 끼얹어 보았자 개구리가 놀랄 일이 아니라는 뜻으로, 어떤 자극을 주어도 그 자극이 조금도 먹혀들지 아니하거나 어떤 처사를 당하여도 태연함을 이르는 말. [비] 개구리 대가리에 찬물 끼얹기.

개구리도 옴쳐야 뛴다
뛰기를 잘하는 개구리도 뛰기 전에 옴츠려야 한다는 뜻으로, 아무리 급하더라도 일을 이루려면 그 일을 위하여 준비할 시간이 있어야 함을 이르는 말. [비] 개구리 움츠리는[주저앉는] 뜻은 멀리 뛰자는 뜻이다. 어떤 큰일을 하기 위한 준비 태세가 언뜻 보기에는 못나고 어리석어 보일 수 있음을 비유적으로 이르 는 말.

개구리 삼킨 뱀의 배(같다)
보기와는 달리 꼿꼿하고 고집이 센 사람을 비유적으로 이르는 말. [비] 꼿꼿하 기는 개구리 삼킨 뱀.

개구리 소리도 들을 탓
시끄럽게 우는 개구리 소리도 듣기에 따라 좋게도 들리고 나쁘게도 들린다는 뜻으로, 같은 현상도 어떤 기분 상태에서 대하느냐에 따라 좋게도 보이고 나 쁘게도 보임을 이르는 말.

개구리, 올챙이 적 생각 못한다
형편이나 사정이 전에 비하여 나아진 사람이 지난날의 미천하거나 어렵던 때 의 일을 생각지 아니하고 처음부터 잘난 듯이 뽐냄을 비유적으로 이르는 말. [비] 올챙이 적 생각은 못하고 개구리 된 생각만 한다.

개구멍에 망건 치기
남에게 빼앗길 것을 두려워하여 막고 있다가 막던 그 물건까지 잃는다는 뜻으 로, 되지도 아니할 일을 공연히 욕심만 내어 어리석게 시작하였다가 도리어 손해나 망신을 당함을 이르는 말.

개구멍으로 통량갓을 굴려 내다
개나 드나드는 조그만 개구멍으로 크고 값비싼 통량갓(좋은 갓)을 상하지 않 게 굴려 뽑아낸다는 뜻으로, 교묘한 수단으로 남을 잘 속여 먹는 것을 욕으로 이르는 말.

개 귀의 비루를 털어 먹어라
하는 짓이 더럽고 치사스러운 사람을 비웃는 말. [비] 거지 턱을 쳐 먹어라.

개 그림 떡 바라듯
개가 그림의 떡을 아무리 바라보고 있어야 헛일이라는 뜻으로, 행여나 하는 기대를 가지고 지켜보고 있으나 헛일임을 이르는 말.

개 꼬락서니 미워서 낙지 산다
개가 즐겨 먹는 뼈다귀가 들어 있지 아니한 낙지를 산다는 뜻으로, 자기가 미

위하는 사람에게 이롭거나 좋을 일은 하지 않겠다는 것을 이르는 말.

개 꼬리 삼 년 묵어도[묻어도/두어도] 황모 되지 않는다

본바탕이 좋지 아니한 것은 어떻게 하여도 그 본질이 좋아지지 아니함을 비유적으로 이른 말. [비] 센 개 꼬리 시궁창에 삼 년 묻었다 보아도 센 개 꼬리다. 오그라진 개 꼬리 대봉통에 삼 년 두어도 아니 펴진다. 흰 개 꼬리 굴뚝에 삼 년 두어도 흰 개 꼬리다.

개 꼬리 잡고 선소리하겠군

가죽을 벗겨 소고를 메울 동안을 못 참고 개 꼬리를 들고 선소리를 한다는 뜻으로, 참을성 없는 사람을 비유적으로 이르는 말.

개 꾸짖듯

체면을 보지 않고 막되게 꾸짖음을 이르는 말.

개 눈에는 똥만 보인다

평소에 자신이 좋아하거나 관심을 가지고 있는 것만이 눈에 띈다는 것을 놀림조로 이르는 말.

개는 나면서부터 짖는다

개가 태어나면서부터 짖듯이, 못된 짓을 하는 사람도 타고난 성품임을 비유적으로 이르는 말.

개도 나갈 구멍을 보고 쫓아라

1. 개를 쫓되 살길은 터 주어야 피해를 입지 아니한다는 뜻으로, 어떤 대상을 호되게 몰아치는 경우에 궁지에서 빠져나갈 여지를 주어야지 그렇지 아니하면 오히려 저항에 부딪히게 됨을 이르는 말. 2. 어떤 일을 남에게 좀 무리하게 시키더라도 그의 능력을 살려서 해야 함을 비유적으로 이르는 말.

개도 무는[사나운] 개를 돌아본다

같은 개끼리도 사나운 개를 두려워하듯이, 사람 사이에서도 영악하고 사나운 사람에게는 해를 입게 될 것을 두려워하여 도리어 잘 대함을 비유적으로 이르는 말. [갑] 무는 개를 돌아본다.

개도 부지런해야 더운 똥을 얻어먹는다

잘 살려면 부지런해야 함을 비유적으로 이르는 말. [갑] 거지도 부지런하면 더운밥을 얻어먹는다.

개도 손 들 날이 있다
1. 개에게도 손님이 올 날이 있다는 뜻으로, 어려운 처지에 있는 사람일지라도 반가운 사람을 만나 기쁨을 나눌 수 있는 기회가 있음을 이르는 말. 2. 나들이할 때 옷가지 등의 준비가 없음을 스스로 한탄하여 이르는 말. [비] 거지도 손 볼 날이 있다.

개도 안 짖고 도적(을) 맞는다
미처 손쓸 사이도 없이 감쪽같이 잃어버리는 것을 비유적으로 이르는 말.

개도 제 털을 아낀다
몸을 돌보지 않고 함부로 하는 사람에게 그러지 말 것을 충고하여 이르는 말.

개도 주인을 알아본다
짐승인 개도 자기를 돌봐 주는 주인을 안다는 뜻으로, 배은망덕한 사람을 꾸짖어 이르는 말. [비] 강아지도 닷새면 주인을 안다. 개도 닷새가 되면 주인을 안다. 개도 제 주인을 보면 꼬리 친다. 개 새끼도 주인을 보면 꼬리를 친다.

개도 텃세한다
어디에서나 먼저 자리 잡은 사람이 나중에 온 사람에게 선뜻 자리를 내주지 않음을 비유적으로 이르는 말. [비] 닭쌈에도 텃세한다.

개도 하루에 겨 세 홉 녹은 있다
사람은 어떻게 해서든 세 끼 밥은 먹게 됨을 비유적으로 이르는 말.

개 등의 등겨를 털어 먹는다
자기보다 못사는 사람의 것을 빼앗는 경우를 비유적으로 이르는 말.

개똥도 약에 쓰려면 없다
평소에 흔하던 것도 막상 긴하게 쓰려고 구하면 없다는 말. [비] 까마귀 똥도 약에 쓰려면 오백 냥이라. 까마귀 똥도 약이라니까 물에 깔긴다. 까마귀 똥도 열 닷[오백] 냥 하면 물에 깔긴다. 쇠똥도 약에 쓰려면 없다.

개똥도 약에 쓴다
아무리 하찮은 물건이라도 요긴하게 쓰일 때가 있음을 비유적으로 이르는 말. [비] 소똥도 약에 쓸 때가 있다.

개똥 밟은 얼굴
좋지 아니한 일을 만나 일그러진 얼굴을 비유적으로 이르는 말.

개똥밭에 굴러도 이승이 좋다

아무리 천하고 고생스럽게 살더라도 죽는 것보다는 사는 것이 나음을 이르는 말. [비] 거꾸로 매달아도 사는 세상이 낫다. 땡감을 따 먹어도 이승이 좋다. 말똥에 굴러도 이승이 좋다.

개똥밭에 이슬 내릴 때가 있다

천하고 볼 것 없던 사람도 좋은 운을 맞을 때가 있다는 뜻.

개똥 보듯

별 관심 없이 보는 것을 비유적으로 이르는 말.

개똥참외는 먼저 맡는 이가 임자라

임자 없는 물건은 무엇이든 먼저 발견한 사람이 차지하게 마련이라는 말.

개를 따라가면 측간으로 간다

못된 자와 어울려 다니면 좋지 않은 곳으로 가게 됨을 비유적으로 이르는 말.

개 머루[약과] 먹듯

1. 참맛도 모르면서 바삐 먹어 치우는 것을 이르는 말. 2. 내용이 틀리거나 말거나 일을 건성건성 날려서 함을 비유적으로 이르는 말. 3. 뜻도 모르면서 아는 체함을 이르는 말. [비] 개가 약과 먹은 것 같다.

개 못된 것은 들에 가서 짖는다

개는 집을 지키며 집에서 짖는 짐승인데 못된 개는 쓸데없이 들판에 나가 짖는다는 뜻으로, 제가 마땅히 해야 할 일은 하지 아니하고 아무 소용도 없는 데 가서 잘난 체하고 떠드는 행동을 이르는 말. [비] 개 못된 것은 짖을 데 가 안 짖고 장에 가서 짖는다.

개 못된 것은 부뚜막에 올라간다

못된 개가 도적은 지키지 않고 더러운 발로 부뚜막에 올라간다는 뜻으로, 제 구실도 다하지 못하는 사람이 못된 짓만 함을 이르는 말.

개미가 절구통 물고 나간다

약하고 작은 사람이 힘에 겨운 큰일을 맡아 하거나, 무거운 것을 가지고 감을 비유적으로 이르는 말.

개미가 큰 바윗돌을 굴리려고 하는 셈

제 힘으로는 도저히 당해 낼 수 없는 대상에게 감히 대드는 무모한 짓을 비유

적으로 이르는 말.

개미구멍으로 공든 탑 무너진다
조그마한 실수나 방심으로 큰일을 망쳐 버린다는 말. [비] 공든 탑도 개미구멍으로 무너진다.

개미구멍이 둑을 무너뜨린다
작은 결점이라 하여 등한히 하면 그것이 점점 더 커져서 나중에는 큰 결함을 가져오게 됨을 비유적으로 이르는 말. [비] 개미구멍 하나가 큰 제방 둑을 무너뜨린다. 큰 둑[방죽]도 개미구멍으로 무너진다.

개미 금탑 모으듯
재물 따위를 조금씩 알뜰히 모아 감을 비유적으로 이르는 말. [비] 개미 메 나르듯.

개미는 작아도 탑을 쌓는다
아무리 보잘것없고 힘이 없는 사람이라도 꾸준히 노력하고 정성을 들이면 훌륭한 일을 이룰 수 있다는 말.

개미역사 하듯
1. 매우 큰 공사에 숱한 사람이 달라붙어 해 나감을 비유적으로 이르는 말. 2. 큰 대상에 새까맣게 달라붙어 사면팔방으로 공격하여 들어감을 비유적으로 이르는 말.

개미 한 잔등이만큼 걸린다
매우 조금 걸림을 비유적으로 이르는 말.

개 바위 지나가는 격
개가 바위 위를 밟고 지나간들 자국이 남을 리가 없다는 뜻으로, 지나간 자국을 남기지 않아 찾을 길이 없음을 비유적으로 이르는 말.

개 발에 (주석) 편자
옷차림이나 지닌 물건 따위가 제격에 맞지 아니하여 어울리지 않음을 비유적으로 이르는 말. [비] 개 귀에 방울. 개 대가리에 관[옥관자]. 개 목에 방울(이라). 개 발에 (놋)대갈[버선/토시짝]. 개에(게) 호패.

개 발에 진드기 끼듯 한다[하였다]
붙지 않아야 할 곳에 지저분하고 더러운 것이 많이 붙어 있음을 이르는 말.

개 발에 진드기 떼서 내치듯
개 발에 잔뜩 달라붙어서 애를 먹이던 진드기를 단번에 떼어 버리듯 한다는 뜻으로, 귀찮게 달라붙어 애를 먹이던 것을 시원스럽게 떼어 버리는 것과 같은 행동을 이르는 말.

개밥 갖다 주고도 워리 해야 먹는다
남에게 도움을 줄 때에는 어중간하게 하지 말고 받아들일 수 있게 해야 함을 비유적으로 이르는 말.

개밥에 달걀
분에 넘치고 격에 맞지 아니하는 기구나 격식을 비유적으로 이르는 말.

개밥에 도토리
개는 도토리를 먹지 않기 때문에 밥 속에 있어도 먹지 않고 남긴다는 뜻에서, 따돌림을 받아서 여럿의 축에 끼지 못하는 사람을 비유적으로 이르는 말.

개 보름 쇠듯 (한다)
대보름날 개에게 음식을 주면 여름에 파리가 많이 꼬인다고 하여 개를 굶긴다는 뜻으로, 남들은 다 잘 먹고 지내는 명절 같은 날에 제대로 먹지도 못하고 지냄을 비유적으로 이르는 말.

개 복에도 먹고산다
개 같은 하잘것없는 것도 복을 받을 수가 있음을 이르는 말.

개뼈다귀 은 올린다
전혀 쓸데없는 데에 돈을 들여서 장식함을 비꼬는 말.

개살구도 맛 들일 탓
시고 떫은 개살구도 자꾸 먹어 버릇하여 맛을 들이면 그 맛을 좋아하게 된다는 뜻으로, 정을 붙이면 처음에 나빠 보이던 것도 점차 좋아짐을 비유적으로 이르는 말. [비] 떫은 배도 씹어 볼 만하다. 신 배도 맛 들일 탓. 쓴 배[개살구/외]도 맛 들일 탓.

개살구 지레 터진다
맛없는 개살구가 참살구보다 먼저 익어 터진다는 뜻으로, 되지 못한 사람이 오히려 잘난 체하며 뽐내거나 남보다 먼저 나섬을 비유적으로 이르는 말. [비] 지레 터진 개살구.

개 새끼는 나는 족족 짖는다

배우거나 익히지 않아도 타고난 천성은 저절로 드러남을 비유적으로 이르는 말. [비] 개 새끼는 짖고 고양이 새끼는 할퀸다. 개 새끼치고 물지 않는 종자 없다.

개 새끼는 도둑 지키고 닭 새끼는 화를 친다

사람은 저마다의 분수와 소임이 따로 있음을 비유적으로 이르는 말.

개 쇠 발괄 누가 알꼬

개와 소의 발괄을 누가 알겠느냐는 뜻으로, 조리 없이 지껄이는 말을 도무지 이해할 수 없음을 이르는 말.

개싸움에는 모래가 제일이라

맞붙어 싸우는 사람을 말려도 듣지 않을 때 흙을 끼얹으면서 하는 말.

개싸움에 물 끼얹는다

1. 시끄러운 개싸움에 물을 끼얹어 더욱 소란해진 것처럼, 사람들이 매우 시끄럽게 떠들어 댐을 비유적으로 이르는 말. 2. 시끄러운 개싸움에 물을 끼얹으면 조용해지듯, 같잖은 일로 싸우는 것을 말리려면 보통 방법으로는 되지 않는다는 말.

개 씹에 덧게비

관계없는 일에 덩달아 덤벼 나섬을 이르는 말.

개 씹에 보리알 끼이듯

좁디좁은 곳에 무엇이 많이 끼여 있는 것을 비유적으로 이르는 말.

개암 까먹기[까먹듯]

물건을 저축하지 않고 생기는 대로 모두 써 버리는 일을 비유적으로 이른 말.

개에게 된장 덩어리 지키게 하는 격

개는 된장 덩어리가 고깃덩어리인 줄 알고 덤벼들 것이니, 믿지 못할 사람에게 맡겨서 일을 망치는 경우를 비유적으로 이르는 말.

개에게 메스꺼움

개는 아무리 더러워도 메스꺼움을 느끼지 못한다는 뜻으로, 옳고 그른 것을 판단할 능력도 없으면서 공연히 앞에 나서 이렇다 저렇다 함부로 판단함을 이르는 말.

개 잡아먹고 동네 인심 잃고, 닭 잡아먹고 이웃 인심 잃는다

개를 잡아 동네에 나누어 주고 닭을 잡아 이웃 간에 나누어 먹더라도 그 분량이 많다 적다 또는 주었다 안 주었다 하고 구설을 듣게 되기 쉽다는 뜻으로, 색다른 음식을 하여 나누어 먹기 어려움을 이르는 말.

개장수도 올가미가 있어야 한다

무슨 일을 하든지 거기에 필요한 준비와 도구가 있어야 함을 비유적으로 이르는 말.

개천아 네 그르냐 눈먼 봉사 내 그르냐

자기가 잘못한 것을 가지고 남을 원망하거나 탓하여도 소용없다는 말.

개천에 나도 제 날 탓이라

아무리 미천한 집안에서 태어나도 저만 잘나면 훌륭하게 될 수 있다는 말.

개천에 든 소

개천에 든 소는 이쪽저쪽 양쪽 풀을 다 뜯어 먹을 수 있으니, 중간에 끼여 양쪽에서 다 얻어먹을 것이 많다는 뜻. [같] 도랑에 든 소.

개천에서 용 난다

미천한 집안이나 변변하지 못한 부모에게서 훌륭한 인물이 나는 경우를 이르는 말. [비] 개똥밭에 인물 난다. 시궁에서 용 난다.

개천 치다 금을 줍는다

큰 힘을 들이지 않고 우연히 횡재를 하거나 큰 성과를 거두게 된 경우를 이르는 말.

개털에 벼룩 끼듯

1. 좁은 데에 많은 것이 득시글득시글 몰려 있음을 이른 말. 2. 복잡하게 뒤섞여 가려내기가 어려움을 이르는 말. 3. 시시하고 너절한 자가 귀찮게 한몫 끼어듦을 이르는 말.

개 팔아 두 냥(兩) 반(半)

개를 팔아 두 냥 반을 받았으니 양반(兩班)은 한 냥 반으로 개 한 마리 값만도 못하다는 뜻으로, 못난 양반을 놀림조로 이르는 말. [비] 양반인가 두 냥 반인가.

개 팔자가 상팔자

1. 놀고 있는 개가 부럽다는 뜻으로, 일이 분주하거나 고생스러울 때 넋두리로 하는 말. 2. 제 팔자가 하도 나쁘니 차라리 개 팔자가 더 좋겠다고 넋두리로 하는 말.

개하고 똥 다투랴
본성이 포학한 사람과는 더불어 견주거나 다툴 필요가 없음을 비유적으로 이르는 말.

개 핥은 죽사발 같다
1. 남긴 것이 없이 깨끗함을 비유적으로 이르는 말. 2. 매우 인색하고 각박하여 다른 사람이 조금도 얻어 갈 것이 없음을 비유적으로 이르는 말. 3. 사내 얼굴이 미끈함을 낮잡아 이르는 말.

개 호랑이가 물어 간 것만큼 시원하다
미운 개를 버리지도 못하고 속을 썩이던 중 호랑이가 물어 가서 시원하다는 뜻으로, 꺼림칙한 것이 없어져 개운하고 시원함을 이르는 말.

객주가 망하려니 짚단만 들어온다
객줏집의 영업이 안 되려니까 손님은 안 들어오고 부피만 크고 이익이 안 되는 짚단만 들어온다는 뜻으로, 일이 안되려면 해롭고 귀찮은 일만 생긴다는 말. [비] 마방집이 망하려면 당나귀만 들어온다. 마판이 안 되려면 당나귀 새끼만 모여든다. 어장이 안 되려면 해파리만 끓는다. 여각이 망하려니 나귀만 든다.

객줏집 칼도마 같다
객줏집의 칼도마는 손님을 치르느라고 많이 써서 가운데 부분이 움푹 패었다는 뜻으로, 이마와 턱이 나오고 눈 아래가 움푹 들어간 얼굴을 놀림조로 이르는 말.

객지 생활 삼 년에 골이 빈다
객지에서 남이 아무리 잘해 준다 해도 고생이 되므로 여위어서 허울만 남게 된다는 말.

갯고랑을 베게 되었다
갯고랑을 베개 삼아 비참하게 한데에서 죽을 지경에 이르렀다는 뜻으로, 욕으로 쓰는 말.

거둥길 닦아 놓으니까 깍정이가[미친년이] 먼저 지나간다

임금이 거둥할 길을 애써 닦아 놓으니까 당치 않은 깍쟁이가 먼저 지나간다는 말이니, 큰일을 경영하는데 어쭙잖은 것이 중뿔나게 나설 때 쓰는 말. [같] 길 닦아 놓으니까 깍정이가 [거지가/미친년이] 먼저 지나간다.

거둥에 망아지 (새끼) 따라다니듯
필요도 없는 사람이 쓸데없이 여기저기 귀찮게 따라다님을 비유적으로 이르는 말. [비] 낮일할 때 찬 초갑(草匣). 이사할 때 강아지 따라다니듯.

거문고 인 놈이 춤을 추면 칼 쓴 놈도 춤을 춘다
자기는 도저히 할 만한 처지가 아닌데도 남이 하는 짓을 덩달아 흉내 내다가 웃음거리가 됨을 비유적으로 이르는 말. [비] 비단 올이 춤을 추니 베올도 춤을 춘다.

거미도 줄을 쳐야 벌레를 잡는다
무슨 일이든지 거기 필요한 준비가 있어야 그 결과를 얻을 수 있다는 말. [비] 잎거미도 줄을 쳐야 벌레를 잡는다.

거미 알 끼듯 한다
좁은 곳에 많은 수가 한 데 모였을 때 쓰는 말.

거미 알 슬 듯
거미가 알을 여기저기 많이 슬어 놓듯이 동식물의 종자를 간 데마다 번식시키는 것을 가리키는 말.

거미줄도 줄은 줄이다
미약하나마 명실(名實)을 갖추었다는 말.

거미 줄 따르듯
밀접한 관계가 있어서 서로 떨어지지 않고 따라다닌다는 말.

거미줄로 방귀 동이듯(한다)
지극히 약한 거미줄로 형체도 없는 방귀를 동여맨다는 뜻으로, 어떤 일에 실속 없이 건성으로만 하는 체하는 모양을 이르는 말.

거북의 털[터럭]
거북은 털이 없다는 점에서, 도저히 구할 수 없는 물건을 비유적으로 이른 말.

거북이도 제 살던 바윗돌을 떠나면 오래 살지 못한다
오래 산다고 하는 거북조차도 제가 살던 바윗돌을 떠나면 오래 살지 못한다는 뜻으로, 사람은 제가 나서 자란 고향 땅을 등지면 제명대로 살아가기가 힘듦을 비유적으로 이르는 말.

거북이 등의[잔등이에] 털을 긁는다
털이 나지 않는 거북의 등에서 털을 긁는다는 뜻으로, 아무리 구해도 얻지 못할 것이 뻔한 것을 애써 구해 보려는 어리석은 행동을 비유적으로 이르는 말.

거적문(에) 드나들던 버릇
문을 드나들 때 문을 닫지 않고 다니는 나쁜 버릇을 이르는 말.

거적문이 문이러냐 의붓아비 아비러냐
의붓아버지는 아버지로 여길 것이 못 된다는 말.

거적 쓴 놈 내려온다
몹시 졸려서 눈꺼풀이 내려 감긴다는 말.

거지가 꿀 얻어먹기
매우 일어나기 어려운 일을 이르는 말.

거지가 도승지를 불쌍타 한다
도승지는 아무리 추운 때라도 새벽에 궁궐에 가야 하기 때문에 거지가 그것을 불쌍하게 여긴다는 뜻으로, 불쌍한 처지에 놓여 있는 사람이 도리어 자기보다 나은 사람을 동정한다는 말.

거지가 말 얻은 것[격]
1. 자기 몸 하나도 돌보기 어려운 거지가 건사하기 힘든 말까지 가지게 되었다는 뜻으로, 괴로운 중에 더욱 괴로운 일이 생겼음을 이른 말. 2. 자기 분수에 넘치는 것을 얻어 가지고 자랑함을 비웃는 말. [비] 비렁뱅이 비단 얻은 것.

거지가 밥술이나 먹게[뜨게] 되면 거지 밥 한 술 안 준다
가난하게 살던 사람이 좀 형편이 나아지면 도리어 어려운 사람을 생각할 줄 모른다는 말.

거지는 논두렁 밑에 있어도 웃음이 있다
물질적으로는 가난하더라도 마음의 화평은 얼마든지 있을 수 있다는 말.

거지는 모닥불에 살찐다
거지가 모닥불을 피워 놓고 언 몸을 녹이는 맛에 살이 찐다는 뜻으로, 아무리 어려운 사람이라도 무언가 한 가지는 사는 재미가 있다는 말.

거지 옷[베 두루마기] 해 입힌 셈 친다
1. 거지에게 자선을 베풀어 새 옷을 한 벌 입혀 준 셈 친다는 뜻으로, 대가나 보답을 바라지 않고 자비를 베풀어 줌을 이르는 말. 2. 마음에 없는 사람에게 무엇을 주었거나, 뜻하지 않은 손해를 보았을 때 자기 위안 삼아 이른 말.

거지 자루 기울 새 없다
가난한 살림이라도 생활하여 나가려면 바쁘고 짬이 없다는 말.

거지 자루 크면 자루대로 다 줄까
1. 그릇이 크니 많이 달라고 할 때 그대로 다 줄 수는 없다는 뜻으로 하는 말. 2. 지나치게 큰 그릇을 가지고 옴을 비웃는 말.

거지 제 쪽박 깨기
도리어 자기 손해만 자초하는 짓을 비유적으로 이르는 말.

거지 조상 안 가진 부자 없고 부자 조상 안 가진 거지 없다
빈부귀천은 타고나는 것이 아님을 비유적으로 이르는 말.

거짓말도 잘하면 오려논 닷 마지기보다 낫다
거짓말도 경우에 따라서는 처세에 도움이 될 수 있으니, 사람은 아무쪼록 말을 잘해야 한다는 말. [비] 거짓말도 잘만 하면 논 닷 마지기보다 낫다.

거짓말은 도둑놈 될 장본
거짓말하는 버릇이 도둑질의 시초라는 말.

거짓말이 외삼촌보다 낫다
거짓말이 경우에 따라서는 큰 도움이 될 수 있다는 말.

거짓말하고 뺨 맞는 것보다 낫다
좀 무안하더라도 사실을 사실대로 말해야지 거짓말을 하면 안 된다는 말.

걱정도 팔자(다)
하지 않아도 될 걱정을 하거나 관계도 없는 남의 일에 참견하는 사람에게 놀림조로 이르는 말.

걱정이 많으면 빨리 늙는다
쓸데없는 잔걱정을 하지 말라는 말.

걱정이 반찬이면 상발이 무너진다

쓸데없이 걱정만 하고 밥도 제대로 먹지 않음을 두고 이르는 말.

건너다보니 절터(라)
1. 겉으로만 보아도 거의 틀림없을 만한 짐작이 든다는 말. 2. 일의 결과가 신통치 않음이 뻔하게 내다보인다는 말. 3. 아무리 욕심을 내어도 남의 것이기 때문에 뜻대로 할 수 없다는 말.

건너다보니 절터요 찌그르르하니 입맛(이라)
걸핏하면 아이들이 먹을 것을 주지 않나 하고 기대하는 것을 놀림조로 이르는 말.

건넛산 돌 쳐다보듯
저와는 아무런 관계가 없다는 듯이 멍하니 쳐다본다는 말.

건넛산 보고 꾸짖기
본인에게 직접 욕하거나 꾸짖기가 거북할 때 다른 사람을 빗대어 간접적으로 꾸짖어서 당사자가 알게 한다는 말.

건대 놈 풋농사 짓기
1. 힘들여 한 일이 공 없이 못쓰게 된 것을 비유적으로 이르는 말. 건대는 낙동강의 한 지류의 유역인데, 지대가 낮아서 침수가 잦아 다 된 농사도 허사가 되는 수가 많았다는 데서 온 말이다. 2. 시작은 남보다 잘되고 빠르더라도 마지막에 가서는 실패하고 마는 경우를 이르는 말.

건더기 먹은 놈이나 국물 먹은 놈이나
1. 잘 먹은 사람이나 못 먹은 사람이나 결과적으로 배고파지기는 마찬가지라는 말. 2. 잘산 사람이나 못산 사람이나 결국은 마찬가지라는 말.

건밭에 부룻동
미끈하게 키가 크고 곧은 것을 비유적으로 이르는 말.

걷기도 전에 뛰려고 한다
쉽고 작은 일도 해낼 수 없으면서 어렵고 큰일을 하려고 나섬을 이르는 말.
[비] 기기도 전에 날기부터 하려 한다. 기지도 못하면서 뛰려 한다. 털도 아니 난 것이 날기부터 하려 한다. 푸둥지도 안 난 것이 날려고 한다.

걷는 참새를 보면 그 해에 대과를 한다
참새가 걷는 것을 보면 등과(登科)를 한다는 뜻으로, 희귀한 일을 보면 좋은 운수를 만난다는 말.

걸레를 씹어 먹었나
잔소리가 아주 심함을 핀잔하는 말.

걸음새 뜬 소가 천 리를 간다
소는 비록 걸음이 뜨기는 하지만 한결같이 꾸준히 걸어가 마침내는 천 리를 간다는 뜻으로, 꾸준히 인내하면 큰 성과를 낼 수 있음을 비유적으로 이른 말.

검기는 왜장 청정(淸正)이라
임진왜란 때 우리나라를 침략한 왜군 장수 가토 기요마사를 빗대어 왜간장이 검다는 데서, 빛이 검은 것을 이르는 말.

검둥개 멱 감기듯[감듯]
1. 물건이 검은 것은 아무리 물에 씻어도 깨끗하게 희어질 수 없다는 뜻으로, 어떤 일을 해도 별로 효과가 나타나지 않음을 비유적으로 이르는 말. 2. 악인이 제 잘못을 끝내 뉘우치지 못함을 비유적으로 이르는 말. [비] 검둥개 미역 감긴다고 희어지지 않는다. 검정개 미역 감긴 격.

검은 것을 희다고 하고 흰 것을 검다고 한다
엄연한 사실을 뒤집어엎고 사람들을 속이려 함을 비유적으로 이르는 말.

검은 고기 맛 좋대[있대] 한다
1. 겉모양만 가지고 내용을 속단하지 말라는 말. 2. 살갗이 검은 사람을 놀림조로 이르는 말.

검은 고양이 눈 감은 듯
검은 고양이가 눈을 떴는지 감았는지 얼른 보아 알아보기 어렵다는 뜻으로, 경계가 뚜렷하지 않아 분간하기 어려움을 비유적으로 이르는 말.

검은 구름에 백로 지나가기
1. 정처 없이 떠돌아다님을 비유적으로 이르는 말. 2. 어떤 일을 해도 그 자취가 남지 않음을 비유적으로 이르는 말. 3. 많은 것 가운데에서 유난히 표시가 뚜렷함을 비유적으로 이르는 말.

검은 데 가면 검어지고 흰 데 가면 희어진다
주위 환경이 사람의 사상이나 성격에 큰 영향을 줌을 이르는 말.

검은 머리 가진 짐승은 구제 말란다

사람을 도와주지 말라는 뜻으로, 사람이 은혜를 갚지 아니함을 핀잔하여 이르는 말. [비] 머리 검은 짐승은 남의 공을 모른다.

검은 머리 파뿌리 되도록[될 때까지]
검던 머리가 파뿌리처럼 하얗게 셀 때까지라는 뜻으로, 오래 살아 아주 늙을 때까지를 이르는 말.

겉가마도 안 끓는데 속가마부터 끓는다
제 순서를 기다리지 못하고 덤벙인다는 말.

겉 다르고 속 다르다
1. 겉으로 드러나는 행동과 마음속으로 품고 있는 생각이 서로 달라서 사람의 됨됨이가 바르지 못함을 이르는 말. 2. 마음속으로는 좋지 않게 생각하면서 겉으로는 좋은 것처럼 꾸며서 행동한다는 말. [비] 겉과 속이 다르다. 겉보기와 안 보기가 다르다.

겉보기가 속 보기
겉으로 드러나 보이는 모양만 보아도 속까지 가히 짐작해 알 수 있다는 말.

겉보리 단 거꾸로 묶은 것 같다
겉보리를 베서 단을 만들 때 거꾸로 묶어 놓으면 단이 허술해질 뿐만 아니라 풀어지기 쉽다는 뜻으로, 안정감이 없거나 어설프게 된 모양을 비유적으로 이르는 말.

겉보리 돈 사기가 수양딸로 며느리 삼기보다 쉽다
겉보리는 식량 사정이 어려운 초여름에 수확하기 때문에 팔아서 돈으로 만들기 쉽다는 뜻으로, 아주 하기 쉬운 일을 비유적으로 이르는 말.

겉보리 서 말만 있으면 처가살이하랴
1. 여북하면 처가살이를 하겠느냐는 말. 2. 처가살이는 할 것이 못 됨을 이르는 말. [비] 등겨가 서 말만 있으면 처가살이 안 한다.

겉보리 술 막치 사람 속인다
겉보리 술지게미도 많이 먹으면 취하듯이, 겉보기와는 달리 맹랑한 사람을 비유적으로 이르는 말.

겉은 늙어도 속은 새파랗다
비록 몸은 늙었어도 마음속에 생각하는 것은 한창 젊었을 때와 같다는 말.

겉이 고우면 속도 곱다
겉보기에 훌륭하면 내용도 그만큼 좋다는 뜻으로, 형식과 내용이 일치함을 이르는 말.

게도 구럭도 다 잃었다[놓쳤다]
게는 잡지도 못하고 가지고 갔던 구럭까지 잃었다는 뜻으로, 무슨 일을 하려다가 아무 소득도 얻지 못하고 도리어 손해만 봄을 이르는 말. [비] 꿩 잃고 매 잃는 셈.

게도 구멍이 크면 죽는다
분수에 지나치면 도리어 화를 당하게 된다는 말.

게도 제 구멍이 아니면 들어가지 않는다
남의 영역을 함부로 침범하지 않는다는 말.

게 등에 소금 치기
아무리 해도 쓸데없는 짓을 이르는 말.

게를 똑바로 기어가게 할 수는 없다
무엇이나 그 본래의 성질을 아주 뜯어고치지는 못한다는 말.

게 새끼는 나면서 집는다
1. 타고난 천성과 본성은 어쩔 수 없다는 말. 2. 본성이 흉악한 사람은 어려서부터 남을 해친다는 말. [비] 게 새끼는 집고 고양이 새끼는 할퀸다.

게으른 년이 삼가래 세고 게으른 놈이 책장 센다
게으른 년이 삼[麻]을 찢어 베를 놓다가 얼마나 했는지 헤아려 보고, 게으른 놈이 책을 읽다가 얼마나 읽었나 헤아려 본다는 뜻으로, 게으른 사람이 일은 안 하고 빨리 그 일에서 벗어나고만 싶어 함을 이르는 말. [비] 게으른 놈[일꾼] 밭고랑 세듯. 게으른 선비 책장 넘기기[넘기듯]. 김매기 싫은 놈 밭고랑만 센다.

게으른 놈 짐 많이 지기[진다]
게으른 사람이 일하기 싫어 한 번에 많이 해치우려고 하거나, 능력도 없으면서 일에 대한 욕심이 지나치게 많음을 빈정대어 이르는 말. [비] 게으른 말 짐 탐하기[탐한다].

게으른 선비 설날에 다락에 올라가서 글 읽는다

게으른 자가 분주한 지경에 이르러 부지런한 체한다는 말.

게 잡아 물에 놓았다[넣는다]
1. 힘들여 게를 잡아 가지고는 도로 물에 놓아준다는 뜻으로, 아무런 소득 없이 헛수고만 함을 이르는 말. 2. 조금 이익을 보았다가 다시 찾지 못하게 잃어버렸다는 말.

겨 묻은 개가 똥 묻은 개를 나무란다[흉본다]
결점이 있기는 마찬가지이면서, 조금 덜한 사람이 더한 사람을 흉볼 때에 변변하지 못하다고 지적하는 말.

겨울을 지내보아야 봄 그리운 줄 안다
사람은 어려운 시련과 고통을 겪어 보아야 삶의 참된 보람을 알 수 있게 됨을 이른 말.

겨울이 다 되어야 솔이 푸른 줄 안다
푸른 것이 다 없어진 한겨울에야 솔이 푸른 줄 안다는 뜻으로, 위급하거나 어려운 고비를 당하여 보아야 비로소 그 사람의 진가를 알 수 있음을 비유적으로 이르는 말.

겨울이 지나지 않고 봄이 오랴
1. 세상일에는 다 일정한 순서가 있는 것이니, 급하다고 하여 억지로 할 수는 없음을 이르는 말. 2. 겨울이 지나야 따뜻한 봄이 온다는 뜻으로, 시련과 곤란을 극복하여야 승리와 성과를 얻을 수 있음을 비유적으로 이르는 말.

겨울 화롯불은 어머니보다 낫다
추운 겨울에는 따뜻한 것이 제일 좋음을 이르는 말.

겨 주고 겨 바꾼다
쓸 데 없는 일을 하거나 어리석은 일을 하는 것을 비유적으로 이르는 말.

경 다 읽고 떼어 버려야겠다
이번 일이나 마치고 앞으로는 아주 인연을 끊어야겠다는 말.

경상도서 죽 쑤는 놈 전라도 가도 죽 쑨다
게으르고 가난한 사람은 어디를 가도 그 곤란에서 벗어나기 어렵다는 말.

경상도 입납
'경상도에 들이 넣고'라고만 쓴 편지를 가지고 경상도 땅에서 주인을 찾아 전하는 것은 허황한 일이라는 데서, 주소를 막연하게 써 놓고 찾으려고 하는 경우를 비웃는 말.

경신년 글강 외듯
1. 여러 번 되풀이하여 신신당부함을 이르는 말. 2. 하지 않아도 좋을 말을 거듭 되풀이함을 이르는 말. [비] 무진년 글강 외듯.

경을 팥 다발같이 치다
호되게 고통을 겪음을 두고 이르는 말.

경자년 가을보리 되듯
경자년에 가을보리가 제대로 익지 못하여 보리의 모양을 이루지 못하였다는 뜻으로, 사람이나 사물이 잘될 듯이 보이다가 보잘것없이 되어 버림을 비웃는 말.

경점 치고 문지른다
경점 치는 군사가 경점 칠 시간이 아닌데 경점을 치고 나서 자기의 잘못을 깨달아 북이나 징을 문질러 소리가 나지 않게 하려 한다는 뜻으로, 일을 그르쳐 놓고 어찌할 바를 몰라 자기의 잘못을 얼버무리려 함을 이르는 말.

경주 돌이면 다 옥석인가
1. 좋은 일 가운데 궂은일도 섞여 있다는 말. 2. 사물을 평가할 때, 그것이 나는 곳이나 그 이름만을 가지고서 판단할 수 없다는 말.

경주인(京主人) 집에 똥 누러 갔다가 잡혀간다
경주인이 위에 바칠 것을 못하고 있으면 차사(差使)가 와서 그 집에 있는 사람들을 모두 다 잡아가면서 똥 누러 갔던 사람까지도 잡아갔다는 뜻으로, 애매한 일로 봉변을 당함을 비유적으로 이르는 말.

경치고 포도청 간다
단단히 욕을 보고도 또 포도청에 잡혀가서 벌을 받는다는 뜻으로, 몹시 심한 욕을 당하거나 혹독한 형벌을 받음을 비유적으로 이르는 말. [비] 경쳐 포도청이라.

곁가마가 (더/먼저) 끓는다
끓어야 할 원래의 가마솥은 끓지 않고 곁에 있는 가마솥이 끓는다는 뜻으로, 당사자는 가만히 있는데 옆 사람이 오히려 신이 나서 떠들거나 참견하는 경우를 비유적으로 이르는 말.

곁방살이 코 곤다

남의 집에서 곁방살이를 하는 사람이 코를 곤다는 뜻으로, 제 분수도 모르고 버릇없이 함부로 굴거나, 나그네가 오히려 주인 행세를 함을 이르는 말. [비] 곁방 년이 코 곤다[구른다].

곁방에서 불난다

남에게 세를 내준 곁방에서 잘못하여 불이 일어난다는 뜻으로, 평소에 눈에 거슬리던 데서 사고가 생겨 더욱 밉다는 말. [비] 곁방살이 불내기.

곁집 잔치에 낯을 낸다

제 물건을 쓰지 않고 남의 것을 가지고 생색을 낸다는 말. [비] 곗술에 낯내기. 제삿술 가지고 친구 사귄다.

계란에도 뼈가 있다

늘 일이 잘 안되던 사람이 모처럼 좋은 기회를 만났건만, 그 일마저 역시 잘 안됨을 이르는 말. [비] 안 되는 놈은 두부에도 뼈라. 헐복한 놈은 계란에도 뼈가 있다.

계수번을 다녔나 말도 잘한다[잘 만든다]

말만 번지르르하게 잘 꾸며서 함을 이르는 말.

계집 둘 가진 놈의 창자는 호랑이도 안 먹는다

본처와 첩을 데리고 사는 사람은 몹시 속이 썩기 때문에 그 창자가 썩어서 호랑이도 안 먹는다는 뜻으로, 처첩을 거느리고 살자면 속이 썩어 편할 날이 없다는 말.

계집 때린 날 장모 온다

불화가 있을 때 우연히 난처한 일이 겹친다는 뜻. [같] 이 아픈 날 콩밥 한다.

계집 바뀐 건 모르고 젓가락 짝 바뀐 건 안다

큰 변화는 모르고 지내면서, 소소하게 달라진 것에 대해서는 떠듦을 핀잔하는 말.

계집애가 오랍아 하니 머슴애도[사내도] 오랍아 한다

계집아이가 '오빠'라고 부른다고 하여 남자도 '형'이라고 해야 할 것을 덩달아 '오빠'라고 부른다는 뜻으로, 제 주견이 없이 덮어놓고 남이 하는 대로 따라 행동함을 비웃는 말.

계집은 남의 것이 곱고 자식은 제 새끼가 곱다

1. 자식에 대한 부모의 정은 더할 나위가 없음을 이른 말. 2. 남의 여자를 넘겨다보며 자기 아내에 대하여 불만을 가지는 실없는 남자의 마음을 이른 말.

계집은 상을 들고 문지방을 넘으며 열두 가지 생각을 한다

1. 아내가 남편에게 할 이야기가 많지만 말할 기회가 없어 못하고 있다가, 밥상을 들고 들어가면서 여러 가지 할 말을 생각한다는 말. 2. 여자는 언제나 여러 가지 복잡한 생각을 한다는 말.

계집의 매도 너무 (많이) 맞으면 아프다

친한 사이라도 함부로 하면 좋지 않은 일이 생긴다는 뜻으로, 비록 가깝고 친한 사이라도 예의를 잃지 말라는 말.

계집의 악담은 오뉴월에 서리 온 것 같다

여자가 앙심을 품고 하는 악담은 오뉴월에 서리를 치게 할 만큼 매섭고 독하여 사람들의 마음을 싸늘하게 만든다는 말. [비] 계집의 말은 오뉴월 서리가 싸다.

계집의 얼굴은 눈의 안경

여자의 얼굴이 곱고 미운 것은 보는 사람에 따라 다르다는 말.

계집이 늙으면 여우가 된다

여자는 나이를 먹을수록 요망스러워진다는 말.

계집 입 싼 것

입이 가볍고 말이 헤픈 여자는 화를 일으키는 일이 많다는 뜻으로, 아무짝에도 쓸데없고 도리어 해롭기만 하다는 말. [비] 어린애 입 잰 것.

계 타고 집 판다

곗돈을 탔다고 마구 쓰다가 나중에는 집까지 팔아먹는다는 뜻으로, 운수가 좋아 이익을 보았으나 잘못하면 그로 말미암아 더 큰 손해를 보게 된다는 말. [비] 계 타고 논문서 잡힌다.

고개를 영남으로 두어라

고개를 영남(嶺南) 땅 넓은 곳으로 향하게 하라는 뜻으로, 입이 험하여 너무 심한 욕설을 하는 사람에게 이르는 말.

고기는 씹어야 맛을 안다

1. 겉으로만 핥아서는 그 진미를 모른다는 말. 2. 무엇이든 바로 알려면 실제로 겪어 보아야 한다는 말.

고기는 씹어야 맛이요, 말은 해야 맛이라
고기의 참맛을 알려면 겉만 핥을 것이 아니라 자꾸 씹어야 하듯이, 하고 싶은 말이나 해야 할 말은 시원히 다 해 버려야 좋다는 말.

고기는 안 익고 꼬챙이만 탄다
경영하는 일은 잘 안되고 낭패만 본다는 말.

고기는 안 잡히고 송사리만 잡힌다
목적하던 바는 얻지 못하고 쓸데없는 것만 얻게 된다는 말. [비] 고래 그물에 새우가 걸린다.

고기도 먹어 본 사람이 많이 먹는다
무슨 일이든지 늘 하던 사람이 더 잘한다는 말. [비] 떡도 먹어 본 사람이 먹는다.

고기도 저 놀던 물이 좋다
평소에 낯익은 제 고향이나 익숙한 환경이 좋다는 말.

고기도 큰물에서 노는 놈이 크다
물고기도 큰물에서 자라는 놈일수록 더욱 크기 마련이라는 뜻으로, 사람도 좋은 환경에서 교육을 잘 받아야 훌륭한 사람으로 자라날 수 있다는 말.

고기 만진 손 국 솥에 씻으랴
아무리 인색한들 손에 묻은 고기 비린내가 아깝다고 그 손을 국솥에 씻겠느냐는 뜻으로, 지나치게 인색한 사람을 보고, 아무려면 그렇게 다라운 짓까지 하겠느냐는 뜻으로 이르는 말.

고기 맛본 중
금지된 쾌락을 뒤늦게 맛보고 재미를 붙인 사람을 비유적으로 이르는 말.

고기 보고 기뻐만 말고 가서 그물을 떠라[뜨라]
목적한 바가 있으면 먼저 그 일을 이룰 준비를 단단히 하라는 말. [비] 고기를 잡고자 하거든 돌아가 그물을 떠라.

고기 새끼 하나 보고 가마솥 부신다
성미가 급하여 지레짐작으로 서둘러 댄다는 말.

고깔 뒤의 군 헝겊
필요도 없는 것이 늘 붙어 다녀 귀찮게 구는 것을 비유적으로 이르는 말.

고드름 초장 같다
겉보기에는 훌륭한 것 같으나 실지로는 아무 맛도 없는 음식이나 또는 그와 같이 실속이 없는 일을 이르는 말.

고래 싸움에 새우 등 터진다
강한 자들끼리 싸우는 통에 아무 상관도 없는 약한 자가 중간에 끼어 피해를 입게 됨을 비유적으로 이르는 말.

고려공사 사흘[삼 일]
고려의 정령(政令)은 사흘 만에 바뀐다는 뜻으로, 착수한 일이 자주 변경됨을 비유적으로 이르는 말. [비] 조정 공론 사흘 못 간다. 중의 공사가 삼 일.

고려 적 잠꼬대 (같은 소리)
현실과 전혀 동떨어진, 말 같지 아니한 소리를 비유적으로 이르는 말.

고름이 살 되랴
이미 그릇된 일이 다시 잘될 리 없다는 말. [비] 부스럼이 살 될까. 코딱지 두면 살이 되랴.

고리백정 내일 모레
고리를 만드는 백정이 늘 기약한 약속을 지키지 않으므로, 치일피일 미룰 때 쓰는 말.

고린 장이 더디 없어진다
나쁜 것이 빨리 없어지지 아니하고 도리어 오래 간다는 말.

고만이 귀신이 붙었다
무슨 일이나 항상 고만한 정도에만 머물러 있고, 조금이라도 잘되려고 하다가는 무슨 액운에 걸려 역시 고만한 정도에서 머무르고 만다는 말. [비] 고만이 밭에 빠졌다.

고목 넘어가듯
체통에 어울리지 아니하게 맥없이 쓰러짐을 비유적으로 이르는 말.

고목에도 꽃을 피운다
몸은 늙었어도 계속 나라와 사회의 중요한 사람으로서 값있게 삶을 비유적으로 이르는 말.

고사리도 꺾을 때 꺾는다
1. 무슨 일이든 다 하여야 할 시기가 있는 것이니 그때를 놓치지 말고 하여야 한다는 말. 2. 무슨 일을 시작하면 그 기회를 놓치지 말고 해치우라는 말.

고산강아지 감 꼬챙이 물고 나서듯 한다
감 고장인 고산의 강아지가 뼈다귀 비슷한 감 꼬챙이만 보고도 물고 나온다는 뜻으로, 살림이 궁한 사람이 평소에 먹고 싶던 것과 비슷한 것만 보아도 좋아함을 이르는 말.

고생 끝에 낙이 온다[있다]
어려운 일이나 고된 일을 겪은 뒤에는 반드시 즐겁고 좋은 일이 생긴다는 말. [비] 태산을 넘으면 평지를 본다.

고생은 주야 고생이요, 호강은 주야 호강이라
고생하는 사람은 일마다 고생스럽고, 호강하는 사람은 일마다 호강스럽다는 말.

고생을 밥 먹듯 하다
자꾸만 고생을 하게 됨을 비유적으로 이르는 말.

고생을 사서[벌어서] 한다
1. 잘못 처신한 탓으로 하지 않아도 될 고생을 하게 됨을 이르는 말. 2. 여러 가지 정황을 보고는 자신이 스스로 어려운 일을 맡아서 고생을 한다는 말.

고슴도치도 살 동무가[친구가] 있다
누구에게나 친하게 사귀고 지낼 친구가 있기 마련이라는 말.

고슴도치도 제 새끼가 함함하다면 좋아한다
칭찬을 받을 만한 일이 못 되더라도 좋다고 추어주면 누구나 기뻐한다는 말.

고슴도치도 제 새끼는 함함하다고 한다
1. 털이 바늘같이 꼿꼿한 고슴도치도 제 새끼의 털이 부드럽다고 옹호한다는 뜻으로, 자기 자식의 나쁜 점은 모르고 도리어 자랑으로 삼는다는 말. 2. 어버이 눈에는 제 자식이 다 잘나고 귀여워 보인다는 말. [비] 고슴도치도 제 새끼가 제일 곱다고 한다. 고슴도치도 제 새끼만은 곱다고 쓰다듬는다.

고슴도치 외[오이] 따 지듯[걸머지듯]

고슴도치가 오이를 따서 등에 진 것 같다는 뜻으로, 빚을 많이 짊어짐을 비유적으로 이르는 말.

고양이 간 골에 쥐 죽은 듯
고양이 소리만 나도 쥐가 옴짝달싹 못하고 죽은 듯이 조용하다는 데서, 겁이 나거나 놀라서 숨을 죽이고 꼼짝 못하는 모양을 비유적으로 이르는 말.

고양이 개 보듯
사이가 매우 나빠서 서로 으르렁거리며 해칠 기회만 찾는 모양을 비유적으로 이르는 말. [비] 개 고양이 보듯.

고양이 기름 종지 노리듯[넘겨다보듯]
무엇에 눈독을 들여 탐을 내는 모양을 비유적으로 이르는 말.

고양이 낙태한 상
잔뜩 찌푸려서 추하게 생긴 얼굴을 비유적으로 이르는 말. [비] 내 마신 고양이 상. 식혜 먹은 고양이 상 (같다). 연기 마신 고양이.

고양이는 발톱을 감춘다
재주 있는 사람은 그것을 깊이 감추고서 함부로 드러내지 아니한다는 말.

고양이 달걀 굴리듯
무슨 일을 재치 있게 잘하거나 또는 공 같은 것을 재간 있게 놀림을 이른 말.

고양이 덕과 며느리 덕은 알지 못한다
어떤 공덕을 늘 입고 있으면서도, 그것이 두드러지지 않으면 그냥 잊고 지내기가 쉽다는 말.

고양이 덕은 알고 며느리 덕은 알지 못한다
고양이가 쥐를 잡아서 이익을 준다는 것은 알면서도, 며느리가 자식을 낳고 집안일을 하는 것은 조금도 고맙게 여기지 않는다는 말.

고양이 도장에 든 것 같다
덜거덕거리면서 부스럭댐을 비유적으로 이르는 말.

고양이 목에 방울 달기[단다]
실행하기 어려운 것을 공연히 의논함을 이르는 말.

고양이 발에 덕석

1. 아무도 모르게 감쪽같이 행동함을 비유적으로 이르는 말. 2. 두 사람이 아주 친한 모양을 비유적으로 이르는 말.

고양이 버릇이 괘씸하다
평소에 하는 짓이 못마땅하다는 말.

고양이 세수하듯
세수를 하되 콧등에 물만 묻히는 정도로 하나 마나 하게 함을 이르는 말. 남이 하는 것을 흉내만 내고 그침을 이르는 말.

고양이 수파 쓴 것 같다
고양이의 못생긴 낯에 수파련을 꽂고서 요란스레 차리고 나선 것 같다는 뜻으로, 본래 못생긴데다가 제 몸에 어울리지 않는 옷을 입은 모양을 비웃는 말.

고양이 앞에 고기반찬
자기가 좋아하는 것이면 남이 손댈 겨를도 없이 처치해 버린다는 말.

고양이 앞에 쥐[쥐걸음]
무서운 사람 앞에서 설설 기면서 꼼짝 못한다는 말. [비] 고양이 만난 쥐. 이리 앞의 양. 쥐가 고양이를 만난 격.

고양이에게 반찬 달란다
고기반찬이라면 사족을 못 쓰는 고양이에게 반찬을 달라고 한다는 뜻으로, 상대편에게 절실하게 필요한 것을 달라고 함을 비유적으로 이른 말. [비] 호랑이에게 고기 달란다.

고양이 우산 쓴 격
격에 어울리지 않는 꼴불견을 비유적으로 이르는 말.

고양이 죽는 데 쥐 눈물만큼
고양이가 죽었다고 쥐가 눈물을 흘릴 리 없다는 데서, 아주 없거나 있어도 매우 적을 때를 이르는 말. [비] 쥐 죽은 날 고양이 눈물.

고양이 죽 쑤어 줄 것 없고 생쥐 볼가심할 것 없다
고양이가 먹을 얼마 안 되는 죽을 쑤어 줄만 한 거리도 없고 조그만 생쥐가 볼가심할 만한 양식도 없다는 뜻으로, 너무 가난해서 아무것도 먹을 것이 없음을 비유적으로 이르는 말.

고양이 쥐 노리듯

무섭게 노려보는 모양을 이르는 말.

고양이 쥐 생각
속으로는 해칠 마음을 품고 있으면서, 겉으로는 생각해 주는 척함을 이르는 말. [비] 고양이 쥐 사정 보듯.

고양이 쥐 어르듯
1. 상대편을 제 마음대로 가지고 노는 모양을 비유적으로 이르는 말. 2. 당장에라도 잡아먹을 듯이 덤비는 모양을 이르는 말.

고양이 쫓던 개
애쓰던 일이 실패로 돌아가거나, 같이 애쓰다가 남에게 뒤져 어쩔 도리 없이 민망하게 됨을 이르는 말.

고양이 털 낸다
아무리 모양을 내더라도 제 본색은 감추지 못한다는 말.

고양이한테 생선을 맡기다
고양이한테 생선을 맡기면 고양이가 생선을 먹을 것이 뻔한 일이란 뜻으로, 어떤 일이나 사물을 믿지 못할 사람에게 맡겨 놓고 마음이 놓이지 않아 걱정함을 비유적으로 이르는 말. [비] 고양이 보고 반찬 가게 지키라는 격(이다). 고양이한테 반찬 단지 맡긴 것 같다. 도둑고양이더러 제물 지켜 달라 한다.

고와도 내 님 미워도 내 님
좋으나 나쁘나 한번 정을 맺은 다음에야 말할 것이 없다는 말. [비] 미워도 내 남편 고와도 내 남편.

고욤 맛 알아 감 먹는다
비슷한 일에 대한 경험을 통해서 어떤 일을 하게 됨을 이르는 말.

고욤이 감보다 달다
작은 것이 큰 것보다 오히려 알차고 질이 좋을 때 이르는 말.

고운사람 미운 데 없고 미운 사람 고운 데 없다
한번 좋게 보면 그 사람이 하는 일이 다 좋게만 보이고, 한번 밉게 보면 그 사람이 하는 일이 다 밉게만 보인다는 말. [비] 미운 사람 고운 데 없고 고운사람 미운 데 없다. 사랑하는 사람은 미움이 없고 미워하는 사람은 사랑이 없다.

고운 사람은 멱 씌워도 곱다

보기 흉하게 먹서리를 씌워도 고운 사람은 곱다는 뜻으로, 본색(本色)은 어떻게 하여도 나타난다는 말.

고운 일 하면 고운 밥 먹는다
남을 위하여 좋은 일을 하면 그에 따른 좋은 대가와 대접을 받게 되고 모진 일을 하면 나쁜 대가를 받게 된다는 뜻으로, 모든 일이 자기의 할 탓에 달려 있음을 비유적으로 이르는 말.

고운 정 미운 정
오래 사귀는 동안에 서로 뜻이 맞기도 하고 맞지 아니하기도 하였으나 그런저런 고비를 모두 잘 넘기고 깊이 든 정을 비유적으로 이르는 말. [비] 미운 정 고운 정.

고운 털이 박히다
곱게 여길 만한 남다른 점이 있다는 말.

고인[고여 있는] 물이 썩는다
흐르지 못하고 한곳에 고여 있는 물은 썩는다는 뜻으로, 사람은 부지런히 일하고 자기 자신을 발전시켜야지 그저 가만히 있으면 제자리에 머물러 있거나 남보다 뒤떨어지기 마련임을 비유적으로 이른 말. [비] 고인 물에 이끼가 낀다.

고자리 먹고 자란 호박 꼴
주글주글하고 뒤틀려 있는 모양을 이르는 말.

고자쟁이가 먼저 죽는다
남에게 해를 입히려고 고자질하는 사람이 누구보다도 먼저 벌을 받는다는 말.

고자 처갓집 가듯[나들듯/다니듯]
자주 왔다 갔다 하면서도 아무런 실속이 없음을 이르는 말. [비] 내관 처가 출입하듯.

고자 힘줄 같은 소리
뻣뻣이 힘을 들여 목을 누르며 내는 소리를 비유적으로 이르는 말.

고쟁이를 열두 벌 입어도 보일 것은 다 보인다
1. 아무리 여러 번 감싸도 정작 가릴 것은 못 가렸다는 뜻으로, 요점을 얻지 못했다는 말. 2. 일을 서투르게 하면 하지 아니한 것만 못하다는 말.

고추가 커야만 맵나[매우랴]

덩치가 크다고 하여 제구실을 다하는 것은 아님을 이르는 말.

고추나무에 그네를 뛰고 잣 껍질로 배를 만들어 타겠다
1. 고추나무에 그네를 뛸 수 있고 잣 껍질을 배 삼아 타고 다닐 수 있을 만큼 사람이 작아진다는 뜻으로, 세상이 말세(末世)가 되면 있을 괴상망측한 짓을 함을 비유적으로 이른 말. 2. 불가능한 잔꾀를 부림을 비유적으로 이르는 말.

고추 밭에 말 달리기
심술이 매우 고약함을 비유적으로 이르는 말. [비] 애호박에 말뚝 박기.

고추 밭을 매도 참이 있다
고추밭 매기처럼 헐한 일이라도 참을 준다는 뜻으로, 작은 일이라도 사람을 부리면 보수를 주어야 한다는 말.

고추장 단지가 열둘이라도 서방님 비위를 못 맞춘다
성미가 몹시 까다로워 비위 맞추기가 어려움을 비유적으로 이르는 말. [비] 반찬 항아리가 열둘이라도 서방님 비위를 못 맞추겠다. 물질만으로는 사람의 마음을 사기가 어려움을 비유적으로 이르는 말.

고추장이 밥보다 많다
밥을 비빌 때 밥보다 고추장이 많다는 뜻으로, 곁에 딸린 것이 주된 것보다 더 많음을 비유적으로 이르는 말.

고치를 짓는 것이 누에다
누에가 고치를 짓지 않으면 누에라고 할 수 없다는 뜻으로, 제 본분을 다해야 명실상부하게 된다는 말.

고향을 떠나면 천하다
제 고향이나 제 집을 떠나 낯선 고장에 가면 자연 천대를 받기 쉬우며 고생이 심하고 외롭다는 말.

곡식과 사람은 가꾸기에 달렸다
곡식은 사람의 손이 많이 가고 부지런히 가꾸어야 잘되고 사람은 어려서부터 잘 가르치고 이끌어야 훌륭하게 된다는 말. [비] 사람과 곡식은 가꾸기에 달렸다.

곡식에 제비 같다
제비는 곡식을 안 먹는다는 데서, 청렴한 사람을 비유적으로 이르는 말.

곡식은 될수록 준다
1. 곡식은 이리저리 될수록 준다는 말. 2. 무엇이나 여기저기 옮겨 담으면 조금이라도 줄지 늘지는 아니한다는 말.

곡우에 가물면 땅이 석자가 마른다
늦은 봄철인 곡우 때 가뭄이 들면 그 해는 한해로 농사에 지장이 있다는 말.

곤달걀 지고 성 밑으로 못 가겠다
이미 다 썩은 달걀을 지고 성 밑으로 가면서도 성벽이 무너져 달걀이 깨질까 두려워 못 간다는 뜻으로, 무슨 일을 지나치게 두려워하며 걱정함을 비유적으로 이르는 말. [비] 달걀 지고 성 밑으로 못 가겠다.

곤자소니에 발기름이 끼었다
문에 치는 발처럼 죽죽 줄이 간 기름이 창자에 끼었다는 뜻으로, 부귀를 누리고 크게 호기를 부리며 뽐냄을 이르는 말.

곤장에 대갈 바가지
매를 치는 곤장에 대갈이 숭숭한 방망이라는 뜻으로, 곤장으로 매를 무수히 맞으며 지독한 곤경을 치름을 비유적으로 이른 말. [비] 태장에 바늘 바가지.

곤장을 메고 매 맞으러 간다
공연한 일을 하여 스스로 화를 자초함을 비유적으로 이르는 말.

곤쟁이 주고 잉어 낚는다
곤쟁이로 된 미끼를 주고 큰 잉어를 잡는다는 뜻으로, 적은 자본을 들여서 큰 이익을 봄을 비유적으로 이르는 말.

곧기는 먹줄 같다
1. 겉으로는 곧은 체하나 속이 검다는 말. 2. 마음이 매우 곧음을 비유적으로 이른 말.

곧은 나무는 가운데 선다
곧고 좋은 나무는 한가운데 세우게 된다는 뜻으로, 재간 있고 훌륭한 사람을 기둥으로 내세우게 됨을 이르는 말.

곧은 나무 먼저 찍는다
곧은 나무가 굽은 나무보다 소용이 더 많기 때문에 빨리 찍힌다는 말이니, 사람도 똑똑한 사람이 먼저 없어진다는 뜻.

골나면 보리방아 더 잘 찧는다
골이 난 김에 기가 올라 일이 더 잘 되어 가는 경우를 이르는 말.

골무는 시어미 죽은 넋이라
바느질하다가 빼어 놓은 골무는 얼른 다시 찾아지지 않고, 일어서서 옷이나 일감을 털어야 나온다는 말.

곪아 빠져도 마음은 조방에 있다
상처가 곪아 터져서 꼼짝 못하는 처지에 있으면서도 마음은 조방꾼이 노릇을 하는 데가 있다는 뜻으로, 제 처지는 생각하지 않고 힘에 겨운 일을 자꾸만 하려고 함을 비유적으로 이르는 말.

곪으면 터지는 법
살이 곪으면 마침내 터지고 말듯이, 원한이나 갈등이 쌓이고 쌓이면 마침내 터지고야 만다는 것을 비유적으로 이르는 말.

곪아도 젓국이 좋고, 늙어도 영감이 좋다
아무리 늙었어도 오래 정붙이고 산 자기 배우자가 좋다는 말.

곪은 달걀 꼬끼오 하거든
곪은 달걀을 아무리 안겨 두어야 병아리가 생길 리 없으니, 아주 희망이 없다는 뜻.

곰(의) 설거지하듯
일을 하여도 보람이 아니 나는 경우를 비유적으로 이르는 말.

곰(의) 재주
미련한 사람을 비유적으로 이르는 말.

곰 가재 뒤듯[잡듯]
움직임이 둔한 곰이 개천 돌을 뒤쳐 가며 가재를 잡는다는 뜻으로, 급하다는 데 느릿느릿 일을 하고 있거나 또는 침착하게 일하고 있음을 비유적으로 이르는 말.

곰배팔이 담배 목판 끼듯
무슨 물건을 옆에 꼭 끼고 있는 모양을 비유적으로 이르는 말.

곰을 잡겠다
사냥꾼이 곰을 잡으려고 할 때 곰의 굴 안에 연기를 잔뜩 피워서 곰을 몰아낸다는 데서, 몹시 심하게 연기를 피움을 비유적으로 이르는 말.

곰이라 발바닥(을) 핥으랴
곰이라면 발바닥이라도 핥겠으나 자기는 발바닥도 핥을 수 없다는 뜻으로, 먹을 것이라고는 전혀 없어 굶주림을 면하기 어려울 때를 이르는 말. [비] 곰이라고 발바닥이나 핥고 살까. 곰이 제 발바닥 핥듯.

곰 창날 받듯
곰을 잡기 위해 곰의 앞가슴에 창을 대고 지긋이 밀면 곰이 창을 내밀지 않고 자기 쪽으로 잡아당겨 창에 찔려 죽는다는 데서, 사람됨이 우둔하고 미련하여 스스로 자신을 해치는 행위를 함을 비유적으로 이르는 말.

곱게 살면 갚음 받을 날이 있다
바른 양심을 가지고 진실하게 살아가다 보면 나중에는 좋은 결과를 얻게 됨을 이르는 말.

곱다고 안아 준 아기 바지에 똥 싼다
은혜를 입은 사람이 은혜를 베푼 사람에게 도리어 해를 입힘을 비유적으로 이르는 말.

곱슬머리 옥니박이하고는 말도 말랬다
곱슬머리인 사람과 옥니박이인 사람은 흔히 인색하고 각박하다는 말. [비] 고수머리 옥니박이하고는 말도 말랬다.

공것 바라기는 무당의 서방(이라)
공것이라면 무엇이든지 가지고 싶어 하는 사람을 비유적으로 이르는 말.

공것 바라면 이마[대머리]가 벗어진다
1. 이마가 벗어진 사람을 놀림조로 이르는 말. 2. 공짜를 좋아하는 사람을 놀림조로 이르는 말. [비] 공것 바라서 이마[대머리]가 벗어졌다[벗어졌나].

공것은 써도 달다 (한다)
공것이라면 아무리 맛이 쓴 것이라도 달게 느껴진다는 뜻으로, 공것은 그것이 무엇이든지 간에 누구나 다 좋아함을 비유적으로 이르는 말.

공것이라면 눈도 벌겅 코도 벌겅
공것이라면 눈이 시뻘게지고 코까지 빨개진다는 뜻으로, 공것을 지나치게 탐내는 모양을 놀림조로 이르는 말.

공것이라면 사족을 못 쓴다
공것이라면 체면도 차리지 않고 날뛰는 행동을 놀림조로 이르는 말.

공것이라면 양잿물[비상]도 먹는다[삼킨다]
공짜라면 무엇이든지 가리지 않고 닥치는 대로 거두어들이는 것을 비꼬는 말.
[비] 공술 한 잔 보고 십 리 간다. 공짜라면 당나귀도 잡아먹는다.

공교하기는 마디에 옹이라
나무의 마디에 공교롭게도 또 옹이가 박혔다는 뜻으로, 일이 순조롭게 진행되지 않고 이러저러한 장애가 공교롭게 겹침을 이르는 말.

공궐 지킨 내관의 상
빈 궁궐을 지킨 내시부의 관원 같은 꼴이라는 뜻으로, 근심이 가득 찬 사람의 슬프고도 처량한 얼굴 표정을 비유적으로 이르는 말.

공든 탑이 무너지랴
공들여 쌓은 탑은 무너질 리 없다는 뜻으로, 힘을 다하고 정성을 다하여 한 일은 그 결과가 반드시 헛되지 아니함을 비유적으로 이르는 말.

공복에 인경을 침도 아니 바르고 그냥 삼키려 한다
굶은 빈속에 엄청나게 큰 종인 인경을 단숨에 삼키려 한다는 뜻으로, 욕심이 많아서 경위(經緯)를 가리지 않고 한없이 탐내기만 함을 비유적으로 이른 말.

공부는 늙어 죽을 때까지 해도 다 못한다
지식을 넓히고 수준을 높이기 위해서는 일생 동안 끊임없이 배우고 학습해야 함을 강조하여 이르는 말.

공부하랬더니 개잡이를 배웠다
공부를 하라고 했더니 개백장 노릇을 배웠다는 뜻으로, 일껏 좋은 일을 하랬더니 엉뚱하게도 나쁜 짓을 함을 비유적으로 이르는 말.

공술에 술 배운다
술이라는 것은 처음에는 남의 권유에 못 이겨 마시다가 배우게 된다는 말.

공에도 사가 있다
공적인 일에도 개인의 사정을 보아줄 때가 있다는 뜻으로, 어찌 사사로운 일에 남의 사정을 조금도 보아주지 않느냐는 말.

공연한 제사 지내고 어물 값에 졸린다

공연한 짓을 해서 쓸데없이 그 후환을 입게 됨을 비유적으로 이르는 말.

공은 공이고, 사는 사다
공적인 일과 사적인 일은 엄격히 구별하여야 한다는 말.

공자 앞에서 문자 쓴다
지식이 부족한 사람이 가소롭게도 자기보다 유식한 사람 앞에서 아는 체함을 이른 말.

공자 왈 맹자 왈 (하는 식)
1. 실천은 없이 헛된 이론만을 일삼는 태도를 비유적으로 이르는 말. 2. 공자, 맹자를 거론하며 유학의 가르침을 아는 체함을 이르는 말. 3. 글의 내용도 이해하지 못하면서 기계적으로 말마디나 외면서 교조주의적으로 학습하는 태도를 비유적으로 이르는 말.

공작도 날거미만 먹고 살고 수달피도 발바닥만 핥고 산다
아름다운 공작도 날거미를 먹고 살고 비싼 털가죽을 가진 수달피도 발바닥을 핥고 산다는 뜻으로, 음식을 이리저리 가리는 사람을 편잔하는 말.

공작이 날거미를 먹고 살까
여북하면 아름다운 공작도 보잘것없는 날거미를 먹고 살겠느냐는 뜻으로, 공연히 점잔을 빼고 음식을 이것저것 가리지 말고 아무것이나 먹으라는 말.

공중에 나는 기러기도 길잡이는 한 놈이 한다
무슨 일을 하든지 오직 한 사람의 지휘자가 이끌고 나가야지 여러 사람들이 제각기 나서서 길잡이 노릇을 하려고 해서는 안 된다는 말.

공중을 쏘아도 알과녁만 맞춘다
별로 애쓰지 않고 하여도 능히 잘 이루어 냄을 비유적으로 이르는 말.

곶감 꼬치에서 곶감 빼[뽑아] 먹듯
애써 알뜰히 모아 둔 재산을 조금씩 헐어 써 없앰을 비유적으로 이르는 말. [비] 곶감 꼬치를 먹듯. 곶감 뽑아 먹듯.

곶감이 접 반이라도 입이 쓰다
마음에 안 맞아 기분이 안 좋음을 비유적으로 이르는 말.

곶감 죽을 먹고 엿목판에 엎드러졌다
곶감으로 쑨 맛있는 죽을 먹었는데 또다시 엿을 담은 목판에 엎어져서 단 엿

맛까지 보게 되었다는 뜻으로, 잇따라 먹을 복이 쏟아지거나 연달아 좋은 수가 생김을 비유적으로 이르는 말.

곶감 죽을 쑤어 먹었나
곶감으로 죽을 쑤어 먹어 그리 기분이 좋으냐는 뜻으로, 실없이 웃음을 핀잔하는 말.

과거를 아니 볼 바에야 시관이 개떡
자기가 과거를 치르지 않으면 시험관이 시시한 개떡으로밖에 여겨지지 않는다는 뜻으로, 자기와 아무런 관련이 없는 경우에는 아무리 기세등등하고 권한이 있는 대상이라 할지라도 조금도 두려울 것이 없음을 비유적으로 이른 말.

과거 전에 창부
과거 시험에 합격하여 벼슬아치가 되기도 전에 기생을 데리고 노는 데 재미를 붙였다는 뜻으로, 일이 이루어지기도 전에 다 된 듯이 경솔하고 망령되게 행동함을 비꼬는 말.

과부가 찬밥에 곯는다
홀몸이라고 먹는 것을 부실하게 하여 허약해진 과부가 많다는 말.

과부는 은이 서 말이고 홀아비는 이가 서 말이다
과부는 살림살이가 알뜰하여 규모 있게 생활하므로 경제적으로 걱정이 없지만, 홀아비는 생활이 곤궁함을 비유적으로 이르는 말. [비] 과부는 은이 서 말. 과부의 버선목에는 은이 가득하고 홀아비의 버선목에는 이가 가득하다.

과부는 찬물만 먹어도 살이 찐다
남편 시중을 들지 않아도 되는 과부의 마음이 편안함을 비유적으로 이른 말.

과부댁 종놈은 왕방울로 행세한다
남 주인 없는 과부 집에서 사내 종놈은 큰소리로 떠드는 것으로 한몫을 본다는 뜻으로, 실속은 없으나 공연히 한번 떠들어대는 것으로 일삼는다는 말.

과부 설움은[사정은] (동무) 과부가 안다
남의 곤란한 처지는 직접 그 일을 당해 보았거나 그와 비슷한 처지에 놓여 있는 사람이 잘 알 수 있음을 비유적으로 이르는 말. [비] 과부 설움은 서방 잡아먹은 년이 안다. 과부 설움은 홀아비가 안다. 과부의 심정은 홀아비가 알고 도적놈의 심보는 도적놈이 잘 안다.

과부 은 팔아먹기
새로 벌지는 못하고 전에 벌어서 모아 두었던 재물을 쓰기만 함을 비유적으로 이르는 말.

과부의 대 돈 오 푼 빚을 내서라도[낸다]
과부한테 한 냥에 대 돈 오 푼의 높은 이자를 무는 빚을 내서라도 해야겠다는 뜻으로, 돈을 비싼 이자로라도 갖다 쓸 정도로 궁색함이 극도에 이른 사람의 처지를 이르는 말.

과부 좋은 것과 소 좋은 것은 동네에서 나가지 않는다
질이 좋은 것은 누구나 귀히 여겨 가지려 하니 내침을 받음이 없음을 비유적으로 이르는 말.

과부 중매 세 번 처녀 중매 세 번 하면 죽어 좋은 곳으로 간다
여자의 혼인 중매를 서는 일은 간단한 일이 아니며 책임을 져야 하는 어려운 일이므로 그만큼 좋은 일임을 비유적으로 이르는 말.

과부 집 똥넉가래 내세우듯
일을 변통하는 주변도 없으면서 쓸데없는 호기를 부리며 고집함을 비유적으로 이르는 말. [비] 넉가래 내세우듯.

과부 집 송아지 백정 부르러 간 줄 모르고 날뛴다
위급한 처지에 있으면서도 멋모르고 함부로 호기를 부림을 비유적으로 이르는 말.

과부 집 수고양이 같다
조용한 밤중에 수고양이가 울면 옆집 사람들이 갓난아기 울음소리로 알고 과부가 어린애를 낳은 줄로 의심한다는 뜻으로, 아무 근거도 없는 일을 사실인 것처럼 꾸며서 말하여 말썽을 일으키는 사람을 가리켜 이르는 말.

과부 집에 가서 바깥양반 찾기
사람 또는 물건 따위가 있을 수 없는 데에 가서 엉뚱하게 그것을 찾는 경우를 비유적으로 이른 말. [비] 절간에 가서 참빗 찾기. 절에 가서 젓국 달라 한다.

곽란에 약 지으러 보내면 좋겠다
급히 서둘러야 할 경우에도 미련하여 행동이 민첩하지 못함을 비꼬는 말.

곽란에 죽은 말 상판대기 같다

얼굴빛이 푸르뎅뎅하고도 검붉다는 말.

관가 돼지 배 앓는 격
1. 근심이 있으나 누구 하나 알아주는 사람이 없이 혼자 끙끙 앓음을 비유적으로 이른 말. 2. 자기와는 아무 상관없는 일이라는 말. [비] 관 돝 배 앓기.

관기 보자 하니 에누리 수작이라
하는 꼴이 신통치 않아 쓸데없는 것이나 하게 생겼다는 말.

관 속에 들어가도 막말은 말라
어떤 경우에라도 말을 함부로 해서는 안 된다는 말.

관에 들어가는 소
현방으로 끌려 들어가는 소라는 뜻으로, 벌벌 떨면서 겁을 내는 사람을 비유적으로 이르는 말.

관 옆에서 싸움한다
상갓집에서 관을 옆에 두고 서로 싸움질을 한다는 뜻으로, 예의도 모르고 무엄한 짓을 함을 비유적으로 이르는 말.

관찰사 닿는 곳에 선화당
관찰사가 가는 곳마다 극진한 대접을 받으며 호화롭게 지내는 것이 마치 자신의 집무실인 선화당에 있는 것과 같다는 뜻으로, 가는 곳마다 호사를 누리는 복된 처지를 이르는 말.

관청 뜰에 좁쌀을 펴 놓고 군수가 새를 쫓는다
1. 군수가 할 일이 없어서 뜰에 좁쌀을 펴 놓고 모여드는 새를 쫓는다는 뜻으로, 관아에 너무나 할 일이 없음을 비유적으로 이르는 말. 2. 할 일이 너무 없어서 일부러 일감을 만들어 심심풀이를 함을 비유적으로 이르는 말.

관청에 잡아다 놓은 닭
영문도 모르고 낯선 곳으로 끌려와서 어리둥절해 있는 사람을 비유적으로 이르는 말.

괄기는 인왕산 솔가지라
1. 성질이 몹시 거세고 급함을 비유적으로 이르는 말. 2. 성격이 너그럽지 못하고 몹시 깐깐함을 비유적으로 이르는 말.

광대 끈 떨어졌다

1. 광대가 연기를 할 때 탈의 끈이 떨어졌다는 뜻으로, 의지할 데가 없어 꼼짝을 못하게 됨을 비유적으로 이르는 말. 2. 제구실을 다 하지 못하여 아무짝에도 쓸모없게 됨을 비유적으로 이르는 말. [비] 끈 떨어진 뒤웅박[갓/둥우리/망석중이]. 턱 떨어진 광대.

광릉을 부라리다
눈을 부라린다는 뜻.

광부의 말도 성인이 가려 쓴다
사람은 누구나 남의 말에 귀를 기울여야 함을 비유적으로 이르는 말.

광에서 인심 난다
여유가 있는 데서 남을 돕게 된다는 말. [같] 쌀독에서 인심 난다.

광주리에 담은 밥도 엎어질 수가 있다
틀림없을 듯한 것도 실수하여 그르칠 수가 있음을 비유적으로 이르는 말.

광주 생원 첫 서울
광주에 사는 사람이 처음으로 서울에 와서 보는 것이 다 신기하고 놀라워 어릿어릿하다는 뜻으로, 처음 대하는 일이라 신기하여 정신이 얼떨떨하고 어리둥절해함을 비유적으로 이르는 말.

괴 딸 아비
고양이 딸의 아비라는 뜻으로, 그 내력을 도무지 알 수 없는 사람을 비유적으로 이르는 말.

괴 똥같이 싼다
똥을 조금씩 누는 것을 비유적으로 이르는 말.

괴 목에 방울 달고 뛴다
쥐가 고양이 목에 방울을 달고 달아난다는 뜻으로, 우둔하게 위험한 행동을 하는 것을 풍자하여 이르는 말.

괴 밥 먹듯 한다
음식을 이리저리 헤집어 놓고 조금만 먹음을 비유적으로 이르는 말.

괴 불알 앓는 소리
쉴 새 없이 듣기 싫게 중얼거리는 소리를 비유적으로 이르는 말.

교천 부자가 눈 아래로 보인다
경주 부근에 있는 교천 고을에 최씨 부자가 많이 살았다는 데서 나온 말로, 벼락부자가 호기를 부림을 이르는 말.

구관이 명관이다
1. 무슨 일이든 경험이 많거나 익숙한 이가 더 잘하는 법임을 비유적으로 이르는 말. 2. 나중 사람을 겪어 봄으로써 먼저 사람이 좋은 줄 알게 된다는 말.

구 년 홍수에 볕 기다리듯
구 년 동안 장마가 지고 큰물이 나는 가운데 햇볕 나기를 기다리는 모양을 비유적으로 이르는 말. [비] 구년지수 해 바라듯.

구더기 무서워 장 못 담글까
다소 방해되는 것이 있다 하더라도 마땅히 할 일은 하여야 함을 비유적으로 이르는 말. [비] 가시 무서워 장 못 담그랴. 쉬파리 무서워 장 못 만들까[담글까]. 장마가 무서워 호박을 못 심겠다.

구두장이 셋이 모이면 제갈량보다 낫다
여러 사람의 지혜가 어떤 뛰어난 한 사람의 지혜보다 나음을 비유적으로 이르는 말. [비] 구두장이 셋이면 제갈량의 꾀를 이긴다.

구럭의 게(도) 놓아주겠다[놔주겠다].
잡아서 구럭에 넣어 둔 게도 놓치겠다는 뜻으로, 잃지 말고 고스란히 먹으라고 주는 것도 제 몫으로 찾아 먹기를 못함을 비유적으로 이르는 말.

구렁이 담 넘어가듯
일을 분명하고 깔끔하게 처리하지 않고 슬그머니 얼버무려 버림을 비유적으로 이르는 말. [비] 괴 다리에 기름 바르듯. 메기 등에 뱀장어 넘어가듯.

구렁이 아래턱 같다
구렁이의 아래턱에 귀중한 구슬이 있다는 데서, 매우 가치 있고 소중함을 비유적으로 이르는 말.

구렁이 제 몸 추듯
자기 자랑만 함을 비유적으로 이르는 말.

구르는 돌은 이끼가 안 낀다
부지런하고 꾸준히 노력하는 사람은 침체되지 않고 계속 발전한다는 말.

구름 없는 하늘에 비 올까

필요한 조건 없이 결과가 이루어지는 법이 없음을 강조하여 이르는 말.

구름이 자주 끼면 비가 온다

일정한 징조가 있으면 그에 따르는 결과가 있기 마련임을 비유적으로 이른 말.

구름장에 치부(했다)

1. 흘러가는 구름장에 적어 놓는다는 뜻으로, 없어질 데다 기록해 둔 경우를 비유적으로 이르는 말. 2. 보고 들은 것을 쉽게 잊어버림을 비유적으로 이르는 말.

구린 입도 안 떼다

이렇다든지 저렇다든지, 무엇이든 자기 의견을 말해야 할 사람이 입을 다물고 있음을 비유적으로 이르는 말.

구린 입 지린 입

1. 자기의 의견을 이렇다든지 저렇다든지 하고 나타내는 말. 또는 그렇게 말하는 입을 비유적으로 이르는 말. 2. 하는 말이 시시하고 더러워서 그런 말을 하는 입조차도 구리고 지리다는 말.

구멍 보아 가며 말뚝[쐐기] 깎는다

무슨 일이고 간에 조건과 사정을 보아 가며 거기에 알맞게 일을 하여야 함을 비유적으로 이른 말. [비] 구멍 보고 쐐기를 깎아라. 이불깃 봐 가며 발 편다.

구멍은 깎을수록 커진다

잘못된 일을 변명하고 얼버무리려고 하면 할수록 더욱 일이 어려워짐을 비유적으로 이르는 말.

구멍을 파는 데는 칼이 끌만 못하고, 쥐 잡는 데는 천리매[용매]가 고양이만 못하다

1. 무엇이나 제구실이 따로 있고, 쓰이는 데가 각각 다름을 비유적으로 이르는 말. 2. 아무리 귀하고 값진 물건이라도 제 용도에 쓰이지 않으면 별로 빛을 낼 수 없음을 비유적으로 이르는 말. 3. 어느 한 분야에서 뛰어난 재주를 가진 사람도 다른 분야에 대해서는 생소할 수 있음을 비유적으로 이르는 말.

구복이 원수(라)

1. 입으로 먹고 배를 채우는 일이 원수 같다는 뜻으로, 먹고살기 위하여 괴로운 일이나 아니꼬운 일도 참아야 한다는 말. 2. 먹고살기 위하여 어쩔 수 없이 잘못을 저질렀음을 이르는 말.

구부러진 송곳
있기는 있으되 쓸모없게 된 것을 비유적으로 이른 말. [비] 끝 구부러진 송곳.

구슬이 서 말이라도 꿰어야 보배(라)
아무리 훌륭하고 좋은 것이라도 다듬고 정리하여 쓸모 있게 만들어 놓아야 값어치가 있음을 비유적으로 이르는 말. [비] 진주가 열 그릇이나 꿰어야 구슬.

구시월(의) 세단풍[고운 단풍]
1. 구시월의 곱디고운 단풍을 이르는 말. 2. 당장 보기에는 좋아도 얼마 가지 않아 흉하게 될 것을 비유적으로 이르는 말.

구운 게도 다리를 떼고[매 놓고] 먹는다
1. 구운 게라도 혹시 물지 모르므로 다리를 떼고 먹는다는 뜻으로, 틀림없을 듯하더라도 만일의 경우를 생각하여 세심한 주의를 기울여야 낭패가 없음을 이르는 말. 2. 겁이 지나치게 많은 사람을 놀림조로 이르는 말. [비] 구운 게도 매어 먹어라.

구원이 우환이라
남을 구원하여 준 것이 오히려 큰 우환거리가 되었다는 뜻으로, 남이 잘되도록 해 준다는 것이 그만 좋지 않은 결과를 낳은 경우에 이르는 말.

구유 전 뜯다
1. 구유의 가장자리 전을 뜯는다는 뜻으로, 세도 있는 사람의 도움을 받음을 자랑으로 삼는다는 말. 2. 남에게 돌보아 주기를 청하는 것을 비유적으로 이르는 말.

구제할 것은 없어도 도둑 줄 것은 있다
1. 아무리 가난한 집이라도 도둑맞을 물건은 있다는 말. 2. 도둑맞을 것이 없다고 방심하지 말라는 말. [비] 동생 줄 것은 없어도 도둑 줄 것은 있다. 저녁 먹을 것은 없어도 도둑맞을 것은 있다. 쥐 먹을 것은 없어도 도둑맞을 것은 있다. 쥐 줄 것은 없어도 도둑 줄 것은 있다. 남을 구제할 생각만 있다면 얼마간이라도 도와줄 것은 있다는 말.

국사당에 가 말하듯
국사당에 가서 무엇을 빌 때 말하는 것처럼 한다는 뜻으로, 옆에서 잘 알아듣지도 못하는 소리를 중얼중얼하며 길게 외운다는 말.

국사에도 사정이 있다

나라의 일에도 사정을 봐주는 경우가 있다는 뜻으로, 어째서 남의 사정을 좀 봐주지 않느냐는 말.

국상에 죽산마 지키듯
무엇인지도 모르고 남이 시키는 대로 멀거니 서서 지켜보고 있음을 비유적으로 이르는 말.

국수 먹은 배
1. 국수를 먹으면 그때는 배가 잔뜩 부르지만 얼마 안 가서 쉽게 꺼지고 만다는 뜻으로, 먹은 음식이 쉽게 꺼지는 경우를 비유적으로 이르는 말. 2. 실속 없고 헤픈 경우를 비유적으로 이르는 말.

국에 덴 놈 물[냉수] 보고도 분다[놀란다]
어떤 일에 한 번 혼이 나면 그와 비슷한 것만 보아도 공연히 겁을 낸다는 말. [비] 국에 덴 놈이 냉수를 불고 먹는다. 몹시 데면 회도 불어 먹는다.

국이 끓는지 장이 끓는지 (모른다)
일이 어떻게 돌아가는지 도무지 영문을 모르겠다는 말.

국화는 서리를 맞아도 꺾이지 않는다
절개나 의지가 매우 강한 사람은 어떤 시련에도 굴하지 아니하고 꿋꿋이 이겨 냄을 비유적으로 이르는 말.

군말이 많으면 쓸 말이 적다
하지 않아도 될 말을 이것저것 많이 늘어놓으면 그만큼 쓸 말은 적어진다는 뜻으로, 말을 삼가라는 말. [비] 말이 많으면 실언이 많다. 말이 많으면 쓸 말이 적다.

군밤 둥우리 같다
옷 입은 맵시가 깔끔하지 못하고 엉성함을 비유적으로 이르는 말.

군밤에서 싹 나거든
아무리 바라도 소용이 없다는 말. [비] 용마 갈기 사이에 뿔나거든. 층암 상에 묵은 팥 심어 싹이 날까. 도저히 가망이 없는 조건을 이르는 말.

군불에 밥 짓기[익히기]
어떤 일에 곁따라 다른 일이 쉽게 이루어지거나 또는 다른 일을 해냄을 비유적으로 이르는 말.

군불 장댄가[장대처럼] 키만 크다
키가 큰 사람을 놀림조로 이르는 말.

군자도 시속을 따른다
어떤 사람이라도 시대적 풍습을 따라가야 한다는 말.

군자 말년에 배추씨장사
1. 평생을 두고 남을 위하여 어질게 살아온 사람이 말년(末年)에 가서는 매우 어렵게 사는 경우를 비유적으로 이르는 말. 2. 한때 떵떵거리고 잘살다가 늘 그막에 가서는 망하여 볼품없이 된 경우를 비유적으로 이르는 말.

군작이 어찌 대붕의 뜻을 알랴
평범한 사람이 큰 인물의 뜻을 헤아려 알기가 어려움을 비유적으로 이르는 말. [비] 참새 무리가 어찌 대붕의 뜻을 알랴.

군창 가는 배도 둘러 먹는다
1. 곤궁한 처지가 되면 무슨 짓이라도 다 한다는 말. 2. 뻔뻔스럽고 염치가 없어 제 욕심만 채우려 함을 비유적으로 이르는 말.

굳은 땅에 물이 괸다
헤프게 쓰지 않고 아끼는 사람이 재산을 모으게 됨을 비유적으로 이르는 말. [비] 단단한 땅에 물이 괸다. 무슨 일이든 마음을 굳게 먹고 해야 좋은 결과를 얻게 됨을 비유적으로 이르는 말.

굴뚝 막은 덕석 (같다)
검고 더러운 옷이나 물건 따위를 이르는 말.

굴뚝 보고 절한다
빚에 쪼들리어 한밤중이나 이른 새벽에 도망가는 사람이 이웃 사람에게 인사는 할 수 없어 하는 수 없이 굴뚝을 보고 절하고서 도망간다는 뜻으로, 무엇을 피하여 몰래 달아남을 비유적으로 이르는 말.

굴뚝에 바람 들었나
굴뚝에 바람이 들면 아궁이로 연기가 나와 불을 때는 이의 눈에서 눈물이 난다는 데 빗대어, 왜 우느냐고 되묻는 투로 이르는 말.

굴뚝에서 빼 놓은 족제비 (같다)
지저분하고 가냘픈 사람을 비유적으로 이르는 말.

굴러 온 돌이 박힌 돌 뺀다

외부에서 들어온 지 얼마 안 되는 사람이 오래전부터 있던 사람을 내쫓거나 해치려 함을 비유적으로 이르는 말. [비] 굴러 온 돌한테 발등 다친다.

굴에 든 뱀 길이를 알 수 없다

남의 숨은 재주나 가지고 있는 보물은 얼마나 되는지 알 수가 없음을 비유적으로 이르는 말.

굴우물에 돌 넣기

1. 깊은 우물에 돌을 아무리 넣어도 차지 아니한다는 뜻으로, 제힘으로는 도저히 해낼 수 없는 일을 감히 하려고 함을 비유적으로 이르는 말. 2. 아무리 하여도 한(限)이 없다는 뜻으로 이르는 말.

굴우물에 말똥 쓸어 넣듯 한다

1. 음식을 가리지 아니하고 마구 먹음을 조롱하여 이르는 말. 2. 가망 없는 일에 밑천을 한정 없이 많이 밀어 넣는 일을 비유적으로 이르는 말.

굵은베가 옷 없는 것보다 낫다

아주 없는 것보다는 하찮은 것이라도 있는 것이 낫다는 말.

굶기를 (부잣집) 밥 먹듯 한다

자주 굶는다는 말.

굶어 보아야 세상을 안다

굶주릴 정도로 고생을 겪어 보아야 세상을 알게 된다는 말.

굶은 개 부엌 들여다보듯

게걸스럽고 치사스럽게 남의 것을 바라는 모양을 욕으로 이르는 말.

굼벵이(도) 구르는 재주(가) 있다

1. 아무런 능력이 없는 사람이 남의 관심을 끌 만한 행동을 함을 놀림조로 이르는 말. 2. 무능한 사람도 한 가지 재주는 있음을 비유적으로 이르는 말. [비] 굼벵이(도) 꾸부리는[떨어지는] 재주(가) 있다.

굼벵이가 지붕에서 떨어지는 것은 매미 될 셈이 있어 떨어진다

굼벵이가 떨어지면 남들은 잘못하여 떨어졌으려니 하고 웃을 것이나 제 딴에는 매미가 될 뚜렷한 목적이 있어 떨어진다는 뜻으로, 남 보기에는 못나고 어리석은 행동도 그렇게 하는 그 자신에게 있어서는 요긴한 뜻이 있어 하는 것임을 비유적으로 이르는 말. [비] 굼벵이가 지붕에서 떨어질 때는 생각이 있어 떨어진다.

굼벵이도 제 일 하는 날은 열 번 재주(를) 넘는다

미련한 사람이라도 제 일이 급하게 되면 무슨 수를 내서든지 해냄을 비유적으로 이르는 말. [비] 굼벵이도 제 일을 하려면[하라면] 한 길은 판다.

굼벵이 천장(遷葬)하듯

굼벵이는 느리므로 무덤을 옮기자면 오래 걸린다는 뜻으로, 어리석은 사람이 일을 지체하며 좀처럼 성사시키지 못함을 비유적으로 이르는 말.

굽은 나무가 선산을 지킨다

자손이 빈한해지면 선산의 나무까지 팔아 버리나 줄기가 굽어 쓸모없는 것은 그대로 남게 된다는 뜻으로, 쓸모없어 보이는 것이 도리어 제구실을 하게 됨을 비유적으로 이르는 말. [비] 꾸부렁한 나무도 선산을 지킨다.

굽은 나무는 길맛가지가 된다

세상의 모든 것은 다 쓸데가 있고 버릴 것이 없음을 비유적으로 이르는 말.

굽은 지팡이는 그림자도 굽어 비친다

제 본디의 모습이 좋지 아니한 것은 아무리 하여도 숨기지 못함을 비유적으로 이르는 말.

굿 구경을 하려면 계면떡이 나오도록

무슨 일이든 착수를 하면 참고 견디어 끝장을 보아야 한다는 말.

굿 뒤에 날장구[쌍장구] (친다)

일이 다 끝나거나 결정된 후에 이러쿵저러쿵하는 것을 비유적으로 이르는 말. [비] 굿 마친[지낸] 뒷장구. 굿한 뒷장구.

굿 들은 무당 재 들은 중

자기가 평소에 매우 좋아하거나 원하던 일을 하게 되어 신이 나서 좋아하는 사람을 비유적으로 이르는 말.

굿 못하는 무당 장구 타박한다

자기의 재간이 모자라는 것은 생각하지 아니하고 객관적인 조건만 탓함을 비유적으로 이르는 말. [비] 글 못한 놈 붓 고른다. 글 잘 못 쓰는 사람은 붓 타박을 하고 농사지을 줄 모르는 사람은 밭 타박을 한다.

굿 본 거위 죽는다
남의 일에 쓸데없이 끼어들었다가 봉변당함을 비유적으로 이르는 말.

굿에 간 어미 기다리듯
떡을 가지고 올까 하고 굿에 간 어미를 기다리는 아이처럼, 어떤 일에 희망이 있을 때 몹시 초조하게 기다림을 비유적으로 이르는 말. [비] 굿 구경 간 어미 기다리듯. 어린 아들 굿에 간 어미 기다리듯.

굿이나 보고 떡이나 먹지[먹으면 된다]
남의 일에 쓸데없는 간섭을 하지 말고 되어 가는 형편을 보고 있다가 이익이나 얻도록 하라는 말.

굿하고 싶어도 맏며느리 춤추는 꼴 보기 싫다
무엇을 하려고 할 때에 미운 사람이 따라나서 기뻐하는 것이 보기가 싫어서 하기를 꺼림을 비유적으로 이르는 말.

굿한다고 마음 놓으랴
정성을 들였다고 해서 결과를 안심할 수는 없다는 말. [비] 정성을 들였다고 마음을 놓지 마라.

굿해 먹은 집 같다
한참 법석이던 일이 있은 뒤 갑자기 고요해짐을 비유적으로 이르는 말. [비] 굿하다 파한 집 같다.

궁둥이에서 (비파) 소리가 난다
아주 바쁘게 싸대어 조금도 앉아 있을 겨를이 없음을 비유적으로 이르는 말. [비] 치마에서 비파 소리가 난다.

궁지에 빠진 쥐가 고양이를 문다
막다른 지경에 이르게 되면 약한 자도 마지막 힘을 다하여 반항함을 비유적으로 이르는 말. [비] 궁서가 고양이를 문다. 궁한 새가 사람을 쫓는다. 궁한 쥐가 고양이한테 대든다.

궁 처지기 불 처지기
1. 장기를 둘 때에 궁(宮)이 면줄로 내려앉으면 막아 내기 어려워 불리하게 됨을 이르는 말. 2. 궁이 면줄로 내려앉은 것과 축 처진 남자의 생식기는 정상이 아니어서 패색이 짙다는 뜻으로, 무엇이 정상 위치에서 벗어나 몹시 불리하거나 곤경에 빠지게 된 상태를 비유적으로 이르는 말. [비] 궁 처지면 코 처

진다.

궁하면 통한다
매우 궁박한 처지에 이르게 되면 도리어 펴 나갈 길이 생긴다는 말.

궁한 뒤에 행세를 본다
어려운 일을 당하여야 비로소 그 사람의 참된 가치나 본성을 엿볼 수 있음을 비유적으로 이르는 말.

궂은고기 먹은 것 같다
마음에 꺼림칙한 느낌이 있음을 비유적으로 이르는 말.

궂은일에는 일가만 한 이가 없다
상사에는 일가가 서로 도와 초상을 치러 낸다는 말.

권에 띄어[못 이겨] 방립(方笠) 산다[쓴다]
남이 권하는 말이면 무엇이나 잘 듣는 사람을 두고 이르는 말.

권에 비지떡
하고 싶은 마음이 없으면서도 남의 권에 못 이겨 어쩔 수 없이 따라 하게 됨을 비유적으로 이르는 말.

궤 속에 녹슨 돈은 똥도 못 산다
돈은 쓸 때 써야 그 값어치를 다 하게 됨을 비유적으로 이르는 말.

귀가 보배라[도자전이라/산홋가지라]
배우지 않았으나 얻어들어서 아는 것이 많음을 비유적으로 이르는 말. [비] 귀가 도자전 마룻구멍이라. 귓구멍이 도자전 마룻구멍이다.

귀가 항아리만 하다
남이 말하는 것을 그대로 다 곧이듣거나 잘 받아들이는 모양을 비유적으로 이르는 말.

귀둥이가 천(賤)둥이 된다
귀염을 받고 자란 아이가 커서 천대받는 사람이 되는 수도 있음을 이른 말.

귀뚜라미 풍류하다[풍류한다/풍류하겠다]
게을러서 논에다 손을 대지 않아 김이 우거져 있음을 비유적으로 이르는 말.

귀 막고 방울 도둑질한다[도적질하기]

얕은 수를 써서 남을 속이려 하나 거기에 속는 사람이 없음을 비유적으로 이르는 말.

귀머거리 눈치 빠르다
귀가 먹어 듣지 못하는 사람은 그 대신 눈치가 빨라 상황을 잘 알아차림을 이르는 말.

귀머거리 삼 년이요 벙어리 삼 년(이라)
여자는 시집가서 남의 말을 듣고도 못 들은 체하고 하고 싶은 말이 있어도 하지 말아야 한다는 뜻으로, 시집살이의 어려움을 비유적으로 이르는 말. [비] 색시가 시집살이하려면 벙어리 삼 년 귀머거리 삼 년 해야 한다. 시집살이하려면 벙어리 삼 년 귀머거리 삼 년 해야 한다.

귀머거리 제 마음에 있는 소리 한다
귀머거리는 남의 말을 듣지 못하므로 그저 제가 생각하고 있는 말만을 한다는 뜻으로, 남의 이야기는 듣지도 않고 자기 마음에 있는 이야기만 함을 이른 말.

귀먹은 중 마 캐듯
남이 무슨 말을 하거나 말거나 알아듣지 못한 체하고 저 하던 일만 그대로 함을 비유적으로 이르는 말.

귀 소문 말고 눈 소문 하라[내라]
실지로 보고 확인한 것이 아니면 말하지 말라는 뜻으로 이르는 말. [비] 귀 장사 하지 말고 눈 장사 하라.

귀신(을) 피하려다 호랑이(를) 만난다
한 가지 재화를 피하려다 도리어 더 큰 화를 당함을 비유적으로 이르는 말.

귀신같이 먹고 장승같이 간다
걸음을 잘 걷는 사람을 두고 이르는 말.

귀신 대접하여 그른 데 있느냐
탈이 될 만한 일에는 미리 손을 쓰는 것이 좋다는 말.

귀신도 경문에 매어 산다
귀신도 사람이 외는 경문에 불려온다는 뜻으로, 아무리 권세가 등등한 사람도 기를 펴지 못하는 데가 있음을 비유적으로 이르는 말.

귀신도 빌면 듣는다

귀신도 빌면 소원을 들어준다는 뜻으로, 누구나 자기에게 비는 자는 용서함을 비유적으로 이르는 말.

귀신도 사귈 탓
성품이 흉악한 사람도 사귀기에 따라서는 잘 지낼 수 있음을 비유적으로 이르는 말.

귀신 듣는 데 떡 소리 한다
듣고 썩 좋아할 이야기를 그 사람 앞에서 함을 비유적으로 이르는 말. [비] 귀신의 귀에 떡 소리. 주린 귀신 듣는 데 떡 이야기하기.

귀신 듣는 데서는 떡 소리도 못 하겠다
무슨 말이 떨어지기 무섭게 그것을 해 줄 것을 요구하는 경우를 이르는 말.

귀신보다 사람이 더 무섭다
사람의 증오와 음모가 가장 무섭다는 말.

귀신 씻나락 까먹는 소리
1. 분명하지 아니하게 우물우물 말하는 소리를 비유적으로 이르는 말. 2. 조용하게 몇 사람이 수군거리는 소리를 비꼬는 말. 3. 이치에 닿지 않는 엉뚱하고 쓸데없는 말.

귀신에 복숭아나무 방망이
귀신이 복숭아나무 방망이를 무서워한다는 데서, 무엇이든 그것만 보면 꼼짝 못하게 되는 경우를 비유적으로 이르는 말.

귀신은 경문에[경에] 막히고 사람은 인정에 막힌다
사람은 인정이 있어서 사정하는 사람에게는 어쩔 수 없음을 비유적으로 이르는 말. [비] 사람은 인정에 막히고 귀신은 경문에 막힌다.

귀신이 탄복할 노릇[일](이다)
너무나 묘하고 신통함을 비유적으로 이른 말. [비] 귀신이 하품을 할 만하다.

귀양이 홑벽에 가렸다
귀양 갈 곳이 먼 데 있는 것이 아니라 홑벽 하나를 사이에 두고 있다는 뜻으로, 재앙이나 화는 늘 가까운 곳에 도사리고 있으니 모든 일에 늘 조심하라는 말.

귀에 걸면 귀걸이 코에 걸면 코걸이

1. 어떤 원칙이 정해져 있는 것이 아니라 둘러대기에 따라 이렇게도 되고 저렇게도 될 수 있음을 비유적으로 이르는 말. 2. 어떤 사물은 보는 관점에 따라 이렇게도 될 수 있고 저렇게도 될 수 있음을 비유적으로 이르는 말.

귀 작으면 앙큼하고 담대하다
귀가 작으면 흔히 속이 앙큼하고 담이 크다고 하여 귀가 작은 사람을 놀림조로 이른 말.

귀 좋은 거지 있어도 코 좋은 거지 없다
얼굴 복판에 있는 코가 잘생겨야 상(相)이 좋다는 말.

귀한 것은 상량문
모든 것이 다 구비되어 있는데 한 가지 부족한 것을 비유적으로 이르는 말.

귀한 그릇 쉬 깨진다
1. 흔히 물건이 좋고 값진 것일수록 쉬 망가진다는 말. 2. 귀하게 태어난 사람이나 재주가 비상한 사람이 일찍 죽게 됨을 비유적으로 이르는 말.

귀한 자식 매로 키워라
자식이 귀할수록 매로 때려서라도 버릇을 잘 가르쳐야 한다는 말. [비] 귀여운 자식 매로 키운다. 귀한 자식 매 한 대 더 때린다. 사랑하는 자식일수록 매로 다스리라.

귀한 자식 매 한 대[개] 더 때리고 미운 자식 떡 한 개 더 준다
아이들 버릇을 잘 가르치기 위해서는 아이에게 당장 좋게만 해 주는 것이 오히려 해로움을 비유적으로 이르는 말. [비] 귀여운 애한테는 매 채를 주고 미운 애한테는 엿을 준다.

귓구멍에 마늘쪽 박았나
말을 잘 알아듣지 못하는 사람을 핀잔하는 말. [비] 귀에다 말뚝을 박았나.

귓구멍이 나팔통 같다
귓구멍이 크다는 뜻으로, 남의 말을 잘 듣는 사람을 두고 이르는 말.

귓불만 만진다
일을 손 써 볼 방도가 없어 되는 대로 두고 결과만을 기다림을 비유적으로 이르는 말.

그 꼴 보느니 신 첨지(申僉知) (신) 꼴을 보겠다

눈 뜨고는 차마 볼 수 없다는 말.

그 나물에 그 밥
서로 격이 어울리는 것끼리 짝이 되었을 경우를 두고 이르는 말. [비] 그 밥에
그 나물이다.

그날 액은 독 안에 앉아도 오고야 만다
나쁜 운수는 어떻게 해서도 피할 수 없다는 말.

그늘 밑(의) 매미 신세[팔자]
부지런히 일하지 아니하고 놀기만 하면서 편안히 지내는 처지를 비유적으로
이르는 말.

그렇게 하면 뒷간에 옻칠을 하나
그렇게 하면 뒷간에까지 값비싼 옻칠을 하고 살겠느냐는 뜻으로, 매우 인색하
게 굴면서 재물을 모으는 사람을 비꼬는 말. [비] 기와집에 옻칠하고 사나.

그물에 든 고기요[새요] 쏘아 놓은 범이라
이미 잡혀 옴짝달싹 못하고 죽을 지경에 빠졌음을 비유적으로 이르는 말. [비]
그물에 걸린 고기[새/토끼] 신세. 농 속에 갇힌 새. 도마에 오른 고기.

그물을 벗어난 새
몹시 위태롭거나 꼼짝없이 죽게 된 처지에서 벗어나 다시 살아나게 된 경우를
비유적으로 이르는 말.

그물이 삼천 코라도 벼리가 으뜸
1. 사람이나 물건이 아무리 수가 많아도 주장되는 것이 없으면 소용없음을 비
유적으로 이르는 말. 2. 아무리 재료가 많더라도 그것을 제대로 이용하여 옳
게 결속 짓지 못하면 아무런 가치도 없음을 비유적으로 이르는 말. [비] 그물
이 열 자라도 벼리가 으뜸(이라).

그물이 천 코면 걸릴 날이 있다
1. 부지런히 일하면 좋은 결과를 얻을 수 있음을 비유적으로 이르는 말. 2. 일
을 여러 가지로 벌여 놓으면 어디선가 얻는 것이 있음을 비유적으로 이르는
말. [비] 그물코가 삼천이면 걸릴 날이 있다.

그믐달 보자고 초저녁부터 나선다
지나치게 일찍 서두름을 비유적으로 이르는 말.

그믐밤에 달이 뜨는 것과 같다
불가능한 일을 비유적으로 이르는 말.

그 아버지에 그 아들
아들이 여러 면에서 아버지를 닮았을 경우를 이르는 말.

그 어머니에 그 아들[딸]
아들딸의 재능이나 행실이 자기 어머니를 닮았을 경우를 이르는 말.

그 장단 춤추기 어렵다
1. 장단이 까다롭고 대중이 없어 그에 맞추어 춤추기가 매우 어렵다는 뜻으로, 일을 시키는 것이 명확하지 아니하고 자주 변하여 가능할 수 없음을 비유적으로 이르는 말. 2. 어떤 일을 주관하는 사람이 많아 누구의 말을 따라야 할지 알 수 없음을 비유적으로 이르는 말. [비] 어느 장단에 춤추랴. 이 굿에는 춤추기 어렵다. 이날 춤추기 어렵다.

극락길 버리고 지옥 길 간다
1. 착한 일은 하지 않고 나쁜 짓만을 일삼는 것을 비유적으로 이르는 말. 2. 편하고 이익이 되는 일은 하지 않고 위험하고 해로운 일만 함을 비유적으로 이르는 말.

근원 벨 칼이 없고 근심 없앨 약이 없다
내외간의 금실은 끊을 수 없으며, 근심 걱정은 언제나 따른다는 말.

글 모르는 귀신 없다
귀신도 글을 알고 있은즉, 사람이라면 마땅히 글을 배워서 자신의 앞길을 닦아야 한다는 말.

글 속에도 글 있고 말 속에도 말 있다
1. 말과 글에 담겨 있는 뜻은 무궁무진함을 비유적으로 이르는 말. 2. 글이라고 하여 다 글이 아니며 말이라고 하여 다 말이 아니라는 뜻으로, 쓸 만한 글과 말은 따로 있음을 비유적으로 이르는 말.

글에 미친 송 생원
1. 집안일을 돌보지 아니하고 오로지 글공부만 하고 있는 사람을 놀림조로 이르는 말. 2. 어떤 한 가지 일에만 열중하여 다른 일은 다 잊고 있는 사람을 비유적으로 이르는 말. 3. 글공부를 하다가 미쳐서 중얼대는 송 생원처럼, 무엇인지 입속으로 중얼거리는 사람을 비유적으로 이르는 말.

글은 기성명이면 족하다
글이란 제 성과 이름이나 쓸 줄 알면 족하다는 뜻으로, 글공부를 많이 할 필요가 없다는 말. [비] 글은 제 이름 석 자나 알면 족하다.

글 잘 쓰는 사람은 필묵을 탓하지[가리지] 않는다
능력이 있는 사람이나 능숙한 사람은 일을 하는 데 있어서 도구가 좋지 아니하더라도 잘한다는 말.

글 잘하는 자식 낳지 말고 말 잘하는 자식 낳으랬다
학문에 능한 사람보다는 언변 좋은 사람이 처세에 유리함을 비유적으로 이르는 말. [비] 힘센 아이 낳지 말고 말 잘하는 아이 낳아라.

긁어 부스럼
아무렇지도 않은 일을 공연히 건드려서 걱정을 일으킨 경우를 비유적으로 이르는 말. [비] 공연히 긁어서 부스럼 만든다. 울려서 아이 뺨치기. 아무렇지도 않은 다리에 침놓기.

금강산 그늘이 관동 팔십 리 (간다)
금강산의 아름다움이 관동 팔십 리 곧 강원도 지방에 널리 미친다는 뜻으로, 훌륭한 사람 밑에서 지내면 그의 덕이 미치고 도움을 받게 됨을 비유적으로 이르는 말.

금강산도 식후경
아무리 재미있는 일이라도 배가 불러야 흥이 나지 배가 고파서는 아무 일도 할 수 없음을 비유적으로 이르는 말. [비] 금강산 구경도 먹은 후에야 한다. 금강산 구경도 식후경이라. 꽃구경도 식후사(食後事).

금년 새 다리가 명년 소 다리보다 낫다
앞으로 어찌 될지 모르는 큰 것보다는 비록 적지만 당장 눈앞에서 얻을 수 있는 것이 더 이롭다는 말. [비] 내일의 천자보다 오늘의 재상.

금돈도 안팎이 있다
금으로 만든 돈도 앞면과 뒷면이 있다는 뜻으로, 아무리 좋고 훌륭한 것도 안과 밖의 구별이 있음을 비유적으로 이르는 말.

금방 먹을 떡에도 소를[살을] 박는다
아무리 급한 일이라도 밟아야 할 순서는 밟아야 하며 갖추어야 할 격식은 갖추어야 함을 비유적으로 이르는 말.

금사망을 썼다
무엇에 얽혀서 벗어날 수 없음을 비유적으로 이르는 말.

금승말 갈기 외로 질지 바로 질지 모른다
어린 말의 갈기가 장차 어느 쪽으로 넘어질지 모른다는 뜻으로, 일이 앞으로 어떻게 될지 짐작할 수 없음을 비유적으로 이르는 말.

금이야 옥이야
무엇을 다루는 데 매우 애지중지하여 금이나 옥처럼 귀중히 여기는 모양을 비유적으로 이르는 말.

금일 충청도 명일 경상도
일정한 주소가 없이 이곳저곳으로 정처 없이 떠돌아다님을 비유적으로 이르는 말.

금 잘 치는 서순동(徐順同)이라
서순동이라는 사람이 물가를 잘 평정하였다는 데서, 물건의 값을 잘 매기는 사람을 이르는 말.

금장이 금 불리듯
제 마음대로 남을 다루어 부림을 비유적으로 이르는 말.

금정 놓아두니 여우가 지나간다
일이 낭패로 돌아감을 비유적으로 이르는 말.

금천 원이 서울 올라 다니듯
1. 금천군의 원이 출세하여 보려고 서울의 세도가들에게 뻔질나게 찾아다니듯 한다는 뜻으로, 출세욕에 눈이 어두워 중앙의 권세 있는 자나 상부 기관에 뻔질나게 찾아다니는 모양을 비웃는 말. 2. 일을 빨리 이루려고 하나 도리어 더 더디고 느리게 됨을 비유적으로 이르는 말.

급하기는 우물에 가서 숭늉 달라겠다
성격이 매우 급하거나 일을 하는 데 매우 조급해함을 비유적으로 이르는 말.

급하면 관세음보살을 왼다
중이건 속인이건 으레 급하면 관세음보살을 외는데, 그보다는 오히려 평소에 힘쓰고 닦아서 급한 일을 당하더라도 당황하지 않게 하라는 말.

급하면 바늘허리에 실 매어 쓸까

일에는 일정한 순서가 있고 때가 있는 것이므로, 아무리 급해도 순서를 밟아서 일해야 함을 비유적으로 이르는 말. [비] 급하다고 갓 쓰고 똥 싸랴. 급하면 콩마당에서 간수 치랴.

급하면 부처 다리를 안는다
일이 없을 때에는 분향을 게을리하다가 졸지에 급한 일을 당하면 어쩔 줄 몰라 부처 다리를 안는다는 뜻으로, 평소에 부지런히 하여 급한 일을 당하더라도 당황하지 말라는 말.

급히 먹는 밥이 목이 멘다
너무 급히 서둘러 일을 하면 잘못하고 실패하게 됨을 비유적으로 이르는 말.

기가 하도 막혀서 막힌 둥 만 둥
너무 큰 변을 당하면 어안이 벙벙하여 도리어 아무렇지도 않은 듯함을 비유적으로 이르는 말.

기갈 든 놈은 돌담조차도 부순다
사람이 몹시 굶주리면 상식으로는 도저히 생각할 수 없는 일까지도 저지르게 됨을 비유적으로 이르는 말.

기둥보다 서까래가 더 굵다
주(主)가 되는 것과 그에 따르는 것이 뒤바뀌어 사리에 어긋남을 비유적으로 이른 말.

기둥을 치면 대들보가[들보가/봇장이] 운다[울린다]
1. 직접 맞대고 탓하지 않고 간접적으로 넌지시 말을 하여도 알아들을 수가 있음을 비유적으로 이르는 말. 2. 주(主)가 되는 대상을 탓하거나 또는 그 대상에 일격을 가하거나 하면 그와 관련된 대상들이 자연히 영향을 입게 됨을 비유적으로 이르는 말.

기러기는 백 년의 수를 갖는다
천한 새도 그만큼 오래 사는 것이니, 얕보고 함부로 굴면 안 된다는 말.

기르던 개에게 다리를 물렸다
은혜를 베푼 사람으로부터 큰 화를 입음을 비유적으로 이르는 말. [비] 개를 기르다 다리를 물렸다. 기른 개가 아들 불알 잘라 먹는다. 삼 년 먹여 기른 개가 주인 발등을 문다.

기름독에 빠졌다 나오다

어떤 것이 기름을 칠한 것처럼 반질반질함을 비유적으로 이르는 말.

기름 먹어 본 개(같이)

기름 맛을 본 개가 자꾸 기름을 먹고 싶어 한다는 뜻으로, 자주 어떤 일을 또 하고 싶어 하는 모양을 비유적으로 이르는 말. [비] 기름 맛을 본 개.

기름 먹인 가죽이 부드럽다

뇌물을 쓰면 일이 순조롭게 됨을 비유적으로 이르는 말.

기름을 버리고[엎지르고] 깨를 줍는다

큰 이익을 버리고 보잘것없는 작은 이익을 구함을 비유적으로 이르는 말. [비] 기름 엎지르고 깨 줍기. 재산을 잃고 쌀알을 줍는다.

기린은 잠자고 스라소니가 춤춘다

성인은 깊숙이 들어앉아 활동을 하지 아니하고 간악하고 무능한 소인들이 날 뜀을 비유적으로 이르는 말.

기린이 늙으면 노마만 못하다

뛰어난 사람도 늙어서 기력이 없어지면 그 능력을 충분히 발휘할 수 없음을 비유적으로 이르는 말.

기생의 자릿저고리

1. 기생의 자릿저고리는 기름때가 묻고 분 냄새가 나는 더러워진 것이라는 뜻으로, 외모가 단정하지 못하고 말씨가 간사스러운 사람을 비난조로 이르는 말.
2. 요란히 분 냄새가 풍기는 비단 저고리이기는 하나 낡고 꼬깃꼬깃해져 볼품이 없는 기생의 자릿저고리처럼, 이름은 요란하나 실상은 헌 넝마와 같이 전혀 쓸모없는 것을 비유적으로 이르는 말.

기생 죽은 넋

1. 다 낡아 못 쓰게 되었어도 아직 볼품은 있음을 비유적으로 이르는 말. 2. 게을러빠지고 모양만 내는 사람을 놀림조로 이르는 말.

기생 환갑은 서른

1. 서른 살이면 기생으로서의 생명이 다한 것이나 다름없음을 비유적으로 이르는 말. 2. 특별한 체력이나 능력을 필요로 하는 직업에는 연령에 한계가 있음을 비유적으로 이르는 말.

기암절벽 천충석(千層石)이 눈비 맞아 썩어지거든

도무지 실현될 가능성이 없는 일임을 비유적으로 이르는 말. [비] 금강산 상상봉에 물 밀어 배 띄워 평지 되거든. 까마귀 대가리 희거든.

기역 자 왼 다리도 못 그린다

아주 무식하다는 말.

기와집 물려준 자손은 제사를 두 번 지내야 한다

초가집 지붕 이기가 귀찮고 힘듦을 이르는 말.

기와집이면 다 사창(社倉)인가

겉이 훌륭하다고 하여 내용까지 다 훌륭하지는 않다는 말.

기와 한 장 아끼다가 대들보 썩힌다

조그마한 것을 아끼려다가 오히려 큰 손해를 봄을 비유적으로 이르는 말. [비] 좁쌀만큼 아끼다가 담 돌만큼 해(害) 본다. 한 푼 아끼다 백 냥 잃는다.

기침에 재채기

1. 어려운 일이 공교롭게 계속됨을 비유적으로 이르는 말. 2. 일마다 공교롭게도 방해가 끼어 낭패를 보게 됨을 비유적으로 이른 말. [비] 고비에 인삼. 눈 위에 서리 친다. 마디에 옹이. 옹이에 마디. 하품에 딸꾹질. 하품에 폐기.

긴병에 효자 없다

무슨 일이거나 너무 오래 끌면 그 일에 대한 성의가 없어서 소홀해짐을 비유적으로 이르는 말. [비] 장병에 효자 없다.

길고 짧은 것은 대어[재어] 보아야 안다

크고 작고, 이기고 지고, 잘하고 못하는 것은 실지로 겨루어 보거나 겪어 보아야 알 수 있다는 말. [비] 길든 짧든 대보아야 한다.

길 닦아 놓으니까 깍정이가[거지가/미친년이] 먼저 지나간다

1. 길을 잘 닦아 놓으니까 깍정이나 거지 등이 먼저 지나간다는 뜻으로, 정성을 들여 한 일이 보람 없이 되었음을 비유적으로 이르는 말. 2. 간절히 기다리던 사람은 오지 않고 반갑지도 않은 사람이 나타나 기분을 망쳐 놓는 경우를 비유적으로 이르는 말. [비] 거둥길 닦아 놓으니까 깍정이가[미친년이] 먼저 지나간다. 치도하여 놓으니까 거지가 먼저 지나간다.

길로 가라니까 뫼로 간다

1. 편하고 유리한 방법을 가르쳐 주었는데도 굳이 자기 고집대로만 함을 이르는 말. 2. 타인의 지시나 윗사람의 명령을 어김을 이르는 말.

길마 무거워 소 드러누울까
1. 짐을 싣기 위하여 소 등에 얹는 길마가 아무리 무겁다고 한들 그것 때문에 소가 드러누울 리 없다는 뜻으로, 전혀 걱정할 필요가 없는 남의 일을 부질없이 걱정함을 비유적으로 이르는 말. 2. 어떤 일을 앞두고 힘이 부족할까 겁을 내지 말라는 말.

길쌈 잘하는 첩
1. 길쌈 잘하고 부지런한 첩이 어디 있겠느냐는 뜻으로, 괴리한 현상을 비유적으로 이르는 말. 2. 있을 리 없는 희망적인 것을 비유적으로 이르는 말.

길 아래 돌부처
무슨 일에나 아무 관계없는 듯이 무심히 지켜보기만 하는 사람을 비유적으로 이른 말.

길 아래 돌부처도 돌아앉는다
아무리 온순한 사람일지라도 자기의 권리나 이익을 침해당할 경우에는 가만있지 않음을 비유적으로 이르는 말. [갣] 돌부처도 꿈적인다.

길에 돌도 연분이 있어야 찬다
아무리 하찮은 일이라도 인연이 있어야 이루어질 수 있음을 비유적으로 이르는 말.

길은 갈 탓(이요) 말은 할 탓(이라)
같은 말이라도 하기에 따라서 상대편에게 주는 영향이 다름을 비유적으로 이르는 말.

길을 두고 뫼로 갈까
쉽게 할 수 있는 것을 구태여 어렵게 하거나 편한 곳을 두고도 불편한 곳으로 가는 경우를 비유적으로 이르는 말.

길을 떠나려거든 눈썹도 빼어 놓고 가라
여행을 떠날 때는 조그마한 것이라도 짐이 되고 거추장스럽다는 말. [비] 서울 가는 놈이 눈썹을 빼고 간다.

길을 무서워하면 범을 만난다

겁이 많고 무서움을 타는 사람은 그 겁낸 만큼 무서운 일을 실지로 당하게 됨을 비유적으로 이르는 말.

길을 알면 앞서 가라
어떤 일에 자신이 있으면 서슴지 말고 행하라는 말.

길이 아니거든[아니면] 가지 말고 말이 아니거든[아니면] 듣지[탓하지] 말라
언행을 소홀히 하지 말고, 정도(正道)에서 벗어나는 일이거든 아예 처음부터 하지 말라는 말.

길이 없으니 한길을 걷고 물이 없으니 한물을 먹는다
달리 도리가 없어 본의는 아니지만 할 수 없이 일을 같이 한다는 말.

김매는 데 주인은 아흔아홉 몫을 맨다
남을 부려서 하는 일에 주인만 애쓴다는 말.

김 씨가 한몫 끼지 않은 우물은 없다
김씨 성을 가진 사람이 많다는 말.

김 안 나는 숭늉이 더 뜨겁다
물이 한창 끓고 있을 때면 김은 나지 않지만 가장 뜨거운 것처럼, 공연히 떠벌리는 사람보다도 가만히 침묵을 지키고 있는 사람이 더 무섭고 야무지다는 말. [비] 김 안 나는 숭늉이 덥다.

김칫국 채어 먹은 거지 떨 듯
남들은 그다지 추워하지도 않는데 혼자 추워서 덜덜 떨고 있다는 말.

깃 없는 어린 새 그 몸을 보전치 못한다
나이 어린 아이는 부모의 보호를 받지 않으면 자라나기 어려움을 비유적으로 이른 말.

깊던 물이라도 얕아지면 오던 고기도 아니 온다
사람이 나이가 많아지면 따르던 사람도 멀어지고 찾아오지 않음을 비유적으로 이르는 말. [갑] 꽃이라도 십일홍(十日紅)이 되면 오던 봉접도 아니 온다.

깊은 산에서 목마르다고 하면 호랑이를 본다
1. 물을 찾기 어려운 깊은 산에서는 목이 마르더라도 참으라는 말. 2. 형편으로 보아 실현되기 어려운 요구나 희망을 가지지 말라는 말.

까기 전에 병아리 세지 마라

일이 성사되기도 전에 일에서 생길 이익을 따지는 것이 좋지 아니하다는 말. [비] 알까기 전에 병아리 세지 마라.

까다롭기는 옹생원 똥구멍이라

유별나게 까다로운 사람을 이르는 말.

까마귀가 검기로 마음[살/속]도 검겠나

1. 겉모양이 허술하고 누추하여도 마음까지 악할 리는 없음을 비유적으로 이르는 말. 2. 사람을 평가할 때 겉모양만 보고 할 것이 아니라는 뜻으로 이르는 말. [비] 까마귀가 검어도 살은 희다[아니 검다]. 까마귀 겉 검다고 속조차 검은 줄 아느냐.

까마귀가 까치집을 뺏는다

서로 비슷하게 생긴 것을 빙자하여 남의 것을 빼앗음을 비유적으로 이른 말.

까마귀가 아저씨 하겠다

손발이나 몸에 때가 너무 많이 끼어서 시꺼멓고 더러운 것을 놀림조로 이르는 말. [비] 까마귀와 사촌.

까마귀가 알 (물어다) 감추듯

까마귀가 알을 물어다 감추고 나중에 어디에 두었는지 모른다는 데서, 제가 둔 물건이 있는 곳을 걸핏하면 잘 잊어버리는 경우를 비유적으로 이른 말. [비] 까마귀 떡 감추듯.

까마귀가 열두 번 울어도 까옥 소리뿐이다

1. 까마귀가 아무리 많이 울어도 듣기 싫은 까옥 소리뿐이라는 뜻으로, 마음속이 검은 사람이 아무리 지껄여도 그 소리는 하나도 들을 것이나 이로운 것이 없음을 비유적으로 이르는 말. 2. 미운 사람이 하는 일은 하나부터 열까지 다 밉기만 함을 이르는 말. [비] 까마귀 소리 열 소리에 한마디 신통한 소리 없다. 까마귀 열두 소리에 하나도 좋지 않다. 까마귀 열두 소리 하나도 들을 것 없다. 까마귀 하루에 열두 마디를 울어도 송장 먹는 소리.

까마귀가 오지 말라는 격

까마귀가 '까옥까옥' 우는 것을 '가오가오' 하고 우는 것으로 듣는 것처럼 남은 아무렇지도 않은데 그의 말을 잘못 이해하고 공연히 언짢게 여김을 놀림조로 이르는 말.

까마귀 게 발 던지듯
볼일 다 보았다고 내던져져서 외롭게 된 모양을 비유적으로 이르는 말. [비]
게 발 물어 던지듯.

까마귀 고기를 먹었나[먹었느냐]
잊어버리기를 잘하는 사람을 놀리거나 나무라는 말.

까마귀 날자 배 떨어진다
아무 관계없이 한 일이 공교롭게도 때가 같아 어떤 관계가 있는 것처럼 의심
을 받게 됨을 비유적으로 이르는 말.

까마귀 대가리 희거든
기한을 한정할 수 없는 경우를 이르는 말. [갭] 기암절벽 천충석(千層石)이 눈
비 맞아 썩어지거든.

까마귀 둥우리에 솔개미 들어앉는다
1. 좁은 곳에 큰 것이 들어앉아 그 모양이 어울리지 않고 우습다는 말. 2. 적
당치 못한 자리에 큰 인물을 앉히는 것이 불합리함을 비유적으로 이르는 말.

까마귀 떼 다니듯
불길한 예감을 주는 사람들이 떼를 지어 다니는 모양을 비유적으로 이른 말.

까마귀 똥 헤치듯
일을 잘 못하는 모양을 비유적으로 이르는 말.

까마귀 모르는 제사
반포(反哺)로 이름난 까마귀도 모르는 작은 제사라는 뜻으로, 자손이 없는 쓸
쓸한 제사를 비유적으로 이르는 말.

까마귀 뭣 뜯어 먹듯
남몰래 야금야금 집어다 가지는 것을 비유적으로 이르는 말.

까마귀 미역 감듯[목욕하듯]
1. 까마귀는 미역을 감아도 그냥 검다는 데서, 일한 자취나 보람이 드러나지
않음을 비유적으로 이르는 말. 2. 일을 처리함에 있어 세밀하지 못하고 거친
것을 비유적으로 이르는 말.

까마귀 밥이 되다
거두어 줄 사람이 없이 죽어 버려짐을 비유적으로 이르는 말.

까마귀 아래턱이 떨어질 소리

상대편으로부터 천만부당한 말을 들었을 경우에 어처구니없어 그런 소리 말라고 이르는 말.

까마귀 안(을) 받아먹듯

까마귀가 안갚음을 받는다는 데서, 늙은 부모가 자식의 지극한 효양을 받게 됨을 비유적으로 이르는 말.

까마귀 짖어 범 죽으랴

사소한 방자가 있더라도 큰일에는 아무런 영향이 없음을 비유적으로 이른 말.

까막까치도 집이 있다

하찮은 까마귀나 까치들도 다 제집이 있는 법이라는 뜻으로, 집 없는 사람의 서러운 처지를 한탄하여 이르는 말. [비] 갈매기도 제집이 있다. 우렁이도 집이 있다.

까치 발을 볶으면 도둑질한 사람이 말라 죽는다

물건을 잃어버린 사람이 훔친 사람을 대강 짐작하여 상대를 떠보는 말.

까치 배 바닥[배때기] 같다

실속 없이 흰소리를 잘하는 것을 비웃는 말.

까치집에 비둘기 들어 있다

남의 집에 들어가서 주인 행세를 함을 비유적으로 이르는 말.

까투리 까투리 얼었다

꽁꽁 얼었음을 이르는 말.

깨물어서 아프지 않은 손가락 없다

열 손가락 중 어느 하나도 깨물어서 아프지 않은 손가락이 없듯이, 자식이 아무리 많아도 부모에게는 모두 소중하다는 말.

깨어진 그릇 (이) 맞추기

한번 그릇된 일은 다시 본래대로 돌리려고 애써도 돌릴 수 없음을 비유적으로 이르는 말.

깨어진 냄비와 꿰맨 뚜껑

각각 한 가지씩 허물이 있어 피차에 흉볼 수 없게 된 사이를 비유적으로 이르는 말.

깨어진 요강 단지 받들 듯
조심하여 삼가는 모양을 비유적으로 이르는 말. [비] 언 소반 받들듯.

깻묵에도 씨가 있다
언뜻 보면 없을 듯한 곳에도 자세히 살펴보면 혹 있을 수 있음을 비유적으로 이른 말.

꺽저기탕에 개구리 죽는다
국을 끓이려고 꺽저기를 잡을 때 개구리도 잡혀 죽는다는 뜻으로, 아무 까닭 없이 억울하게 희생되는 경우를 비유적으로 이르는 말. [비] 꺽지탕에 개구리 죽는다. 일이 자꾸 불리하게만 전개되는 경우를 비유적으로 이르는 말.

껍질 상치 않게 호랑이를 잡을까
호랑이 가죽이 상하지 않고서 호랑이를 잡을 수 없다는 뜻으로, 힘들여 애써야 일을 이룰 수 있음을 비유적으로 이르는 말.

꼬기는 칠팔월 수수 잎 꼬이듯
1. 심술이 사납고 마음이 토라진 사람을 비유적으로 이르는 말. 2. 의사 표시를 솔직하게 하지 않고 우물쭈물하는 모습을 비유적으로 이르는 말. [비] 동풍 안개 속에 수수 잎 꼬이듯.

꼬리가 길면 밟힌다
나쁜 일을 아무리 남모르게 한다고 해도 오래 두고 여러 번 계속하면 결국에는 들키고 만다는 것을 비유적으로 이르는 말. [비] 고삐가 길면 밟힌다.

꼬부랑자지 제 발등에 오줌 눈다
1. 어리석은 사람은 자기에게 해로운 일만 함을 비유적으로 이르는 말. 2. 자기가 받는 벌이나 화는 결국 자기에게 원인이 있음을 비유적으로 이른 말.

꼬챙이는 타고 고기는 설었다
꼭 되어야 할 일은 안 되고 되지 말았어야 할 일이 된 경우를 비유적으로 이르는 말.

꼭뒤가 세 뼘
몹시 거만을 피우는 모양을 이르는 말.

꼭뒤에 부은 물이 발뒤꿈치로 내린다
윗사람이 나쁜 짓을 하면 곧 그 영향이 아랫사람에게 미치게 됨을 비유적으로 이르는 말. [비] 이마에 부은 물이 발뒤꿈치로 흐른다[내린다]. 정수리에 부은 물이 발뒤꿈치까지 흐른다.

꼴같잖은 말은 이도 들쳐보지 않는다
말을 살 때 겉모양이 제대로 생기지 아니한 말은 나이를 세려고 이를 들쳐보지도 아니한다는 뜻으로, 외모와 언동이 점잖지 못한 사람은 더 자세히 알아볼 필요가 없음을 비유적으로 이르는 말.

꼴 보고 이름 짓는다
무슨 일이나 분수를 알아서 격에 맞게 하여야 함을 비유적으로 이르는 말. [비] 꼴 보고 이름 짓고 체수 맞춰 옷 마른다.

꼴에 군밤[떡] 사 먹겠다
분수에 맞지 않게 엉뚱한 생각을 하는 경우를 놀림조로 이르는 말.

꼴에 수캐라고 다리 들고 오줌 눈다
되지 못한 자가 나서서 젠체하고 수작함을 비유적으로 이르는 말.

꼴을 베어 신을 삼겠다
은혜를 잊지 아니하고 갚겠다는 것을 비유적으로 이르는 말.

꼿꼿하기는 서서 똥 누겠다
고집이 세어 조금도 융통성이 없음을 비유적으로 이르는 말.

꽁지 빠진 새[수탉] 같다
볼품이 없거나 위신이 없어 보임을 비유적으로 이르는 말.

꽃밭에 불 지른다
1. 풍류를 모르는 행동을 비유적으로 이르는 말. 2. 인정사정없는 처사를 비유적으로 이르는 말. 3. 한창 행복할 때에 재액이 들이닥침을 비유적으로 이르는 말.

꽃 본 나비 (물 본 기러기)
1. 남녀 간에 정이 깊어 떨어지지 못하는 즐거움을 비유적으로 이르는 말. 2. 사랑하는 사람을 만나서 기뻐하는 모습을 비유적으로 이르는 말.

꽃 본 나비 불을 헤아리랴
남녀 간의 정이 깊으면 죽음을 무릅쓰고서라도 찾아가서 함께 사랑을 나눔을 비유적으로 이르는 말.

꽃샘잎샘에 설늙은이[반늙은이] 얼어 죽는다
음력 삼사월의 이른 봄도 날씨가 꽤 추움을 비유적으로 이르는 말.

꽃은 꽃이라도 호박꽃이라
못생긴 여자를 비유적으로 이르는 말.

꽃은 목화가 제일이다
겉모양은 보잘것없어도 쓸모가 큰 목화가 꽃 중에서 가장 좋다는 뜻으로, 겉치레보다는 실속이 중요함을 비유적으로 이르는 말.

꽃이 좋아야[고와야] 나비가 모인다
상품이 좋아야 손님이 많다는 말. [같] 내 딸이 고와야 사위를 고르지.

꽃 피자 님 온다
때맞추어 반가운 일이 생김을 비유적으로 이르는 말.

꾀만 있으면 용궁에 잡혀갔다가도 살아 나온다
지혜가 있으면 아무리 힘들고 위태로운 일을 만나도 그 일로부터 벗어날 수 있음을 비유적으로 이르는 말.

꾀병에 말라 죽겠다
1. 꾀를 부리며 일을 하지 않으려는 사람을 비꼬는 말. 2. 꾀병을 앓자면 환자 시늉을 하여야 하기 때문에 자연히 말라 죽게 된다는 뜻으로, 얕은꾀를 부리다가 도리어 자신이 봉변을 당함을 비유적으로 이르는 말.

꾸어다 놓은 보릿자루[빗자루]
여럿이 모여 이야기하는 자리에서 아무 말도 하지 않고 한옆에 가만히 있는 사람을 비유적으로 이르는 말. [비] 전당 잡은 촛대 (같고 꾸어 온 보릿자루 같다).

꾸어 온 조상은 자기네 자손부터 돕는다
1. 이름난 남의 조상을 자기네 조상처럼 섬기는 것이 아무 쓸데없는 일임을 이르는 말. 2. 아무리 형식을 잘 갖추더라도 이해관계가 큰 쪽으로 기울게 되어 있음을 비유적으로 이르는 말.

꾼 값은 말 닷 되
한 말을 꾸면 한 말 닷 되를 갚게 된다는 뜻으로, 꾸어 쓰는 것에는 공짜가 없음을 이르는 말.

꿀도 약이라면 쓰다
좋은 말이라도 충고라면 듣기 싫어함을 비유적으로 이르는 말.

꿀 먹은 개 욱대기듯
속에 있는 말을 시원히 하지 못하고 딱딱거리기만 함을 이르는 말.

꿀 먹은 벙어리(요 침 먹은 지네)
속에 있는 생각을 나타내지 못하는 사람을 비유적으로 이르는 말.

꿀보다 약과가 달다
약과는 꿀을 넣어서 만드는 것이기 때문에 꿀보다 달 수가 없는데 그렇다는 뜻으로, 앞뒤가 바뀌어 사리에 어긋남을 비유적으로 이르는 말.

꿀은 달아도 벌은 쏜다
1. 좋은 것을 얻으려면 거기에는 그만한 어려움이 따름을 비유적으로 이르는 말. 2. 어설프게 건드렸다가는 봉변을 당하게 됨을 비유적으로 이른 말.

꿀은 적어도 약과만 달면 쓴다
1. 힘이나 재료가 적게 들어가도 결과만 좋으면 됨을 비유적으로 이르는 말. 2. 수단은 다르더라도 목적만 이루면 됨을 비유적으로 이르는 말.

꿀컥 소리도 못하다
기가 질려 아무 소리도 내지 못함을 비유적으로 이르는 말.

꿈도 꾸기 전에 해몽
어떻게 될지도 모르는 일을 미리부터 자기 마음대로 상상하고 기대한다는 말.

꿈보다 해몽이 좋다
하찮거나 언짢은 일을 그럴듯하게 돌려 생각하여 좋게 풀이함을 비유적으로 이르는 말. [갑] 꿈은 아무렇게[잘못] 꾸어도 해몽만 잘하여라.

꿈에 나타난 돈도 찾아 먹는다
매우 깐깐하고 인색하여 제 몫은 어떻게 해서든지 찾아가고야 마는 경우를 비유적으로 이르는 말.

꿈에 넋두리로 안다
잠꼬대와 같은 소리로 취급하여 대수롭지 않게 여김을 비꼬는 말.

꿈에 네뚜리

대수롭지 않게 여기는 것을 비유적으로 이르는 말.

꿈에 본[얻은] 돈이다
아무리 좋아도 제 손에 넣을 수 없음을 비유적으로 이르는 말. [비] 꿈에 본 천량 같다.

꿈에 사위 본 듯
한 일이 무엇인지 분명치 아니함을 비유적으로 이르는 말.

꿈에 서방 맞은 격
1. 욕망을 다 채우지 못하여 어딘지 서운한 경우를 비유적으로 이르는 말. 2. 분명하지 못한 존재를 이르는 말. 3. 좋은 일이 생겨 소원을 이루는 듯하였으나, 일이 틀어져서 서운하게 된 경우를 비유적으로 이르는 말. [비] 꿈에 떡 맛보듯.

꿈은 아무렇게[잘못] 꾸어도 해몽만 잘하여라
1. 좋지 아니한 일이라도 마음먹기에 따라 좋게 생각할 수 있다는 말. 2. 무슨 일이나 현상보다 본질을 잘 판단하는 것이 중요함을 비유적으로 이르는 말. [비] 꿈보다 해몽이 좋다.

꿈을 꾸어야 임을 보지[본대]
1. 원인이 없는 결과는 있을 수 없음을 비유적으로 이르는 말. 2. 어떤 일이 이루어질 수 있는 환경이나 여건이 마련되지 아니한 경우를 비유적으로 이르는 말.

꿈자리가 사납더니
일이 뜻대로 되지 아니하고 방해되는 것이 끼어들 때 한탄조로 이르는 말.

꿩 구워 먹은 소식
소식이 전혀 없음을 비유적으로 이르는 말.

꿩 구워 먹은 자리
1. 어떠한 일의 흔적이 전혀 없음을 비유적으로 이르는 말. 2. 일은 하였으나 뒤에 아무런 결과도 드러나지 아니함을 비유적으로 이르는 말. [비] 꿩 구워 먹은 자리엔 재나 있지.

꿩 놓친 매
애써 잡았다가 놓치고 나서 헐떡이며 분해하는 모습을 비유적으로 이른 말.

꿩 대신 닭

꼭 적당한 것이 없을 때 그와 비슷한 것으로 대신하는 경우를 비유적으로 이르는 말. [비] 봉 아니면 꿩이다.

꿩 떨어진 매

쓸모없게 된 사물을 비유적으로 이르는 말.

꿩 먹고 알 먹는다[먹기]

한 가지 일을 하여 두 가지 이상의 이익을 보게 됨을 비유적으로 이르는 말. [비] 굿 보고 떡 먹기. 굿도 볼 겸 떡도 먹을 겸. 꿩 먹고 알 먹고 둥지 털어 불 땐다. 알로 먹고 꿩으로 먹는다.

꿩 새끼 제 길로 찾아든다

남의 자식을 애써 키워 봤자 끝내는 자기를 낳아 준 부모를 찾아감을 비유적으로 이르는 말.

꿩은 머리만 풀에 감춘다

급하게 된 꿩이 제 몸을 숨긴다는 것이 겨우 머리만 풀 속에 묻는다는 뜻으로, 몸을 완전히 숨기지 못하고 숨었다고 안심하다가 발각됨을 비유적으로 이르는 말.

꿩 잡는 것이 매다

1. 꿩을 잡아야 매라고 할 수 있다는 뜻으로, 방법이 어떻든 간에 목적을 이루는 것이 가장 중요함을 비유적으로 이르는 말. 2. 실제로 제 구실을 하여야 명실상부하다는 것을 비유적으로 이르는 말.

꿩 장수 후리듯

남을 잘 이용하여 자기의 이익을 취하는 것을 비유적으로 이르는 말.

끓는 국에 맛 모른다

1. 급한 경우를 당하면 정확한 판단을 할 수 없음을 비유적으로 이르는 말. 2. 영문도 모르고 함부로 행동함을 비유적으로 이르는 말. [비] 뜨거운 국에 맛 모른다.

끓는 물에 냉수 부은 것 같다

여러 사람이 북적거리다가 갑자기 조용하여짐을 비유적으로 이르는 말.

끼니 없는 놈에게 점심 의논

작은 걱정을 가진 사람이 큰 걱정을 가진 사람에게 도와 달라고 하는 경우를
비유적으로 이르는 말.

한국 속담에서 배우는

지식
지혜

속담풀이

나 가는 데 강철이 가는 데
내가 가는 곳마다 무서운 독룡인 강철이 지나간 자리처럼 초목이 싹 말라 죽어 황폐해진다는 뜻으로, 운수 사나운 자가 가는 곳마다 피해를 입힘을 비유적으로 이르는 말.

나가는 포수만 보고 들어오는 포수는 못 보겠네
나가서 돌아오지 아니하는 사람을 기다리는 경우를 비유적으로 이르는 말.

나가던 범이 몰려든다
위험한 일을 모면하여 막 마음을 놓으려던 차에 뜻밖에 다시 위험에 처하게 된 경우를 비유적으로 이르는 말.

나간 놈[사람]의 몫은 있어도 자는 놈[사람]의 몫은 없다
게으른 사람에게는 혜택이 돌아가지 아니함을 비유적으로 이르는 말.

나간 놈의 집구석이라
집 안이 어수선하고 정리가 안 되어 있음을 비유적으로 이르는 말.

나간 머슴이 일은 잘했다
사람은 무엇이든지 지나간 것, 잃은 것을 애석하게 여기고 현재 가지고 있는 것보다 이전 것이 더 낫다고 생각함을 비유적으로 이르는 말.

나갔던 며느리 효도한다
처음에 좋지 아니하게 생각하였던 사람이 뜻밖에 좋은 일을 하는 경우를 비유적으로 이르는 말.

나갔던 상주 제상 엎지른다
제사를 지내야 하는 상주가 나갔다가 돌아와 제사를 지내려고 차린 상을 엎지른다는 뜻으로, 자기가 하여야 할 일도 제대로 못하는 사람이 도리어 그 일에 방해가 됨을 비유적으로 이르는 말.

나갔던 상주 제청에 달려들 듯
제사를 지내야 하는 상주가 제삿날을 잊어버리고 나갔다가 돌아와 허둥지둥 제청으로 들어간다는 뜻으로, 마음의 준비 없이 일을 당하여 몹시 급하게 서두르는 모양을 비유적으로 이르는 말.

나갔던 파리 왱왱거린다[왱댕한다]
밖에 나갔던 사람이 집 안에 들어와 공연히 떠든다는 뜻으로, 아무런 공로도 없는 자가 공연히 참견하여 떠들어 대는 경우를 비유적으로 이르는 말.

나귀는 샌님만 섬긴다[섬기겠단다]
보잘것없는 사람이라도 자기가 지닌 지조를 지키는 경우를 비유적으로 이르는 말.

나귀는 샌님만 업신여긴다
자기에게 만만해 보이는 사람에게는 별 까닭도 없이 함부로 대하는 경우를 비유적으로 이르는 말.

나귀를 구하매 샌님이 없고 샌님을 구하매 나귀가 없다
1. 무엇이나 완전히 갖추기 힘든 경우를 비유적으로 이르는 말. 2. 어떤 일의 준비가 뜻대로 되지 아니하고 빗나가기만 하는 경우를 비유적으로 이르는 말.

나귀 샌님 대하듯
본척만척하며 무표정하게 대하는 모양을 비유적으로 이르는 말.

나귀 샌님 쳐다보듯
눈을 치뜨고 말똥말똥 쳐다보는 모습을 비유적으로 이르는 말.

나귀에 짐을 지고 타나 싣고 타나
나귀를 타면서 자기가 가진 짐을 나귀 등에 실으면 더 무거울 것이라고 제가 지고 타지만 그것은 그대로 싣고 가는 것과 다름이 없다는 뜻으로, 이러나저러나 결과는 마찬가지임을 비유적으로 이르는 말.

나그네 귀는 간짓대 귀
1. 나그네는 얻어듣는 것이 많음을 비유적으로 이르는 말. 2. 나그네는 주인에 대하여 신경을 쓰기 때문에 소곤소곤하는 말도 다 들음을 비유적으로 이르는 말. [비] 나그네 귀는 석 자라.

나그네 보내고 점심 한다
1. 인색한 사람이 말로만 대접하는 체함을 비유적으로 이르는 말. 2. 일을 제 때에 치르지 못함을 비유적으로 이르는 말.

나그네 주인 쫓는 격
주객이 전도된 경우를 비유적으로 이르는 말. [비] 나그네가 (도리어) 주인 노릇 한다.

나는 놈마다 장군이다

어떤 집안에 큰 인물이 잇따라 나는 경우를 비유적으로 이르는 말.

나는 바담 풍(風) 해도 너는 바람 풍 해라
옛날 어느 서당에서 선생님이 '바람 풍(風)' 자를 가르치는데 혀가 짧아서 '바담 풍'으로 발음하니 학생들도 '바담 풍'으로 외운 데서 나온 말로, 자신은 잘못된 행동을 하면서 남보고는 잘하라고 요구하는 말.

나는 새도 깃을 쳐야 날아간다
1. 무슨 일이든지 순서를 밟아 나가야 그 목적을 이룰 수 있음을 비유적으로 이르는 말. 2. 아무리 재능이 많아도 노력을 하지 않으면 그 재능을 발휘할 수 없음을 비유적으로 이르는 말. [비] 나는 새도 움직여야 난다.

나는 새도 떨어뜨린다
권세가 대단하여 모든 일을 제 마음대로 할 수 있는 상태를 비유적으로 이르는 말. [비] 나는 새도 떨어뜨리고 닫는 짐승도 못 가게 한다.

나는 새에게 여기 앉아라 저기 앉아라 할 수 없다
저마다 의지가 있는 사람의 자유를 구속할 수 없음을 비유적으로 이르는 말.

나도 덩더꿍 너도 덩더꿍
사람들이 서로 대립하여 조금도 양보하지 아니하고 버티고만 있음을 비유적으로 이르는 말.

나도 사또 너도 사또, 아전 노릇은 누가 하느냐
사람들이 모두 좋은 자리에만 있겠다고 하면 궂은일을 할 사람이 없음을 비유적으로 이르는 말.

나라가 없어 진상하나
나라님에게 무엇이 없어서 진상하는 것이 아니라는 뜻으로, 남에게 무엇을 주려는데 상대가 가지고 있다고 사양할 때 하는 말.

나라가 편해야 신하가 편하다
나라님이 편해야 그 밑의 신하들도 마음 편히 지낼 수 있다는 말.

나라 고금도 잘라먹는다
사람이 지나치게 이기적이고 욕심이 사나워 뻔뻔스럽고 염치없는 짓을 함을 비유적으로 이르는 말. [비] 나라님 만든 관지 판 돈도 자른다. 상납 돈도 잘라먹는다.

나라님 망건값도 쓴다

사람이 급할 때 어떤 돈이든 가리지 아니하고 써 버림을 비유적으로 이르는 말. [비] 급하면 임금 망건 사러 가는 돈이라도 쓴다.

나라님이 약 없어 죽나

목숨은 사람의 힘으로 어찌할 수 없음을 비유적으로 이르는 말. 약도 변변히 못 써 보고 죽게 하였다고 서러워하는 사람을 위로하는 말.

나라 상감님도 늙은이 대접은 한다

누구나 노인은 우대해야 함을 비유적으로 이르는 말.

나라의 쌀독이 차야 나라가 잘산다

나라가 잘되려면 무엇보다도 식량 사정이 좋아야 함을 비유적으로 이르는 말.

나루 건너 배 타기

1. 무슨 일에나 순서가 있어 건너뛰어서는 할 수 없음을 비유적으로 이르는 말. 2. 가까운 데 있는 것을 버리고 먼 데 있는 것을 취함을 비유적으로 이르는 말. [비] 내 건너 배 타기.

나막신 신고 대동선 쫓아간다

사람이 요량 없이 터무니없는 짓을 함을 비유적으로 이르는 말.

나 많은 아저씨가 져라

어린애하고 싸울 때 나이 많은 이가 져야 함을 이르는 말.

나 먹자니 싫고 개 주자니 아깝다

자기에게 소용이 없으면서도 남에게는 주기 싫은 인색한 마음을 비유적으로 이르는 말. [비] 나그네 먹던 김칫국도 먹자니 더럽고 남 주자니 아깝다. 나 먹기는 싫어도 남 주기는 아깝다. 쉰밥 고양이 주기 아깝다. 저 먹자니 싫고 남 주자니 아깝다.

나 모르는 기생은 가기생이라

나를 모르는 사람은 가짜 기생이라는 뜻으로, 지나치게 아는 체하거나 면식이 넓은 체하는 사람을 비유적으로 이르는 말.

나무 공이 등 맞춘 것 같다

나무로 만든 공이의 등을 맞춘 것처럼 서로 잘 맞지 아니하고 대립되는 경우를 비유적으로 이르는 말.

나무 끝의 새 같다
오래 머물러 있지 못할 위태로운 곳에 있음을 비유적으로 이르는 말.

나무는 큰 나무의 덕을 못 보아도 사람은 큰사람의 덕을 본다
1. 훌륭한 사람에게는 음으로나 양으로나 덕을 입게 됨을 비유적으로 이르는 말. 2. 다른 사람의 혜택을 입어 성공함을 비유적으로 이르는 말. [비] 사람은 키 큰 덕을 입어도 나무는 키 큰 덕을 못 입는다.

나무도 달라서 층암절벽에 선다[산다]
어떤 생각이 있어서 남에게 의지함을 비유적으로 이르는 말.

나무 도둑과 숟가락 도둑은 간 곳마다 있다
남의 산의 나무를 베는 일이나 큰일 때에 숟가락이 없어지는 일은 항상 있는 일이라는 뜻으로, 작은 도둑은 늘 어디에나 있음을 비유적으로 이른 말.

나무도 쓸 만한 것이 먼저 베인다
1. 능력 있는 사람이 먼저 뽑혀 쓰임을 비유적으로 이르는 말. 2. 능력 있는 사람이 일찍 죽음을 비유적으로 이르는 말. [비] 곧은 나무 쉬[먼저] 꺾인다[찍힌다].

나무도 옮겨 심으면 삼 년은 뿌리를 앓는다
1. 어떤 일을 치르고 난 뒤에 그 뒷수습과 새로운 질서가 이루어지기 위한 어려움이 많음을 비유적으로 이르는 말. 2. 무엇이나 옮겨 놓으면 자리를 잡기까지 상당한 시일이 걸림을 비유적으로 이르는 말.

나무도 크게 자라야 소를 맬 수 있다
완전해야만 쓸모가 있음을 비유적으로 이르는 말.

나무때기 시집보낸 것 같다
사람이 변변치 못하여 일을 제대로 하지 못함을 비유적으로 이르는 말.

나무를 보고 숲을 보지 못한다
부분만 보고 전체는 보지 못하는 근시안적인 행동을 비유적으로 이르는 말.

나무에도 못 대고 돌에도 못 댄다
아무 데도 의지할 곳이 없음을 비유적으로 이르는 말.

나무에 오르라 하고 흔드는 격
남을 꾀어 위험한 곳이나 불행한 처지에 빠지게 함을 비유적으로 이르는 말.

나무에 잘 오르는 놈이 떨어져 죽고 헤엄 잘 치는 놈이 빠져 죽는다
사람은 흔히 자기가 지닌 재주 때문에 실수하거나 죽게 됨을 비유적으로 이르는 말. [비] 잘 헤는 놈 빠져 죽고 잘 오르는 놈 떨어져 죽는다. 헤엄 잘 치는 놈 물에 빠져 죽고 나무에 잘 오르는 놈 나무에서 떨어져 죽는다.

나무칼로 귀를 베어도 모르겠다
어떤 일에 정신이 몹시 집중되어 있음을 비유적으로 이르는 말.

나무 한 대를 베면 열 대를 심으라
나무를 베면 그보다 몇 배 더 많은 나무를 심어 숲을 키워야 한다는 말.

나쁜 소문은 빨리 퍼진다
나쁜 일일수록 아무리 숨기려 해도 금세 세상에 널리 퍼진다는 말.

나쁜 술 먹기는 정승 하기보다 어렵다
음식 가운데에 특히 술은 배에 차지 아니하게 알맞게 먹기가 어려움을 비유적으로 이르는 말.

나쁜 일은 천 리 밖에 난다
나쁜 일에 대한 소문은 먼 데까지 빨리 퍼짐을 비유적으로 이르는 말.

나쁜 풀은 빨리 자란다
별로 긴요하지 아니한 것이 먼저 나선다는 말.

나 아니면 남이다
자기 자신 외에는 아무도 마음 놓고 믿을 수 없음을 이르는 말.

나올 적에 봤다면 짚신짝으로 틀어막을 걸
저렇게 못난 사람이라면 아예 태어나지도 못하게 짚신짝으로 틀어막을 걸 잘못했다는 뜻으로, 지지리 못난 사람임을 핀잔하는 말. [비] 저런 걸 낳지 말고 호박이나 낳았더라면 국이나 끓여 먹지.

나이는 못 속인다
나이를 아무리 속이려고 해도 행동의 이모저모에서 그 티가 반드시 드러나고야 맒을 비유적으로 이르는 말.

나이 덕이나 입자
다른 것으로는 남의 대접을 받을 만한 것이 없으니, 나이 먹은 것으로 대접 받자는 말.

나이 젊은 딸이 먼저 시집간다
1. 나이가 적은 사람이 시집가기에 쉽다는 말. 2. 젊은 사람이 사회에 잘 쓰임을 비유적으로 이르는 말.

나이 차(서) 미운 계집 없다
무엇이나 한창일 때에는 다 좋게 보임을 비유적으로 이르는 말.

나중 꿀 한 식기 먹기보다 당장의 엿 한 가락이 더 달다
눈앞에 보이지 않는 막연한 희망보다 작더라도 당장 가질 수 있는 이로움이 더 나음을 비유적으로 이르는 말. [비] 나중에 꿀 한 식기 먹으려고 당장 엿 한 가락 안 먹을까.

나중 난 뿔이 우뚝하다
1. 나중에 생긴 것이 먼저 것보다 훨씬 나음을 비유적으로 이르는 말. 2. 후배가 선배보다 훌륭하게 되었음을 비유적으로 이르는 말. [비] 뒤에 난 뿔이 우뚝하다. 먼저 난 머리보다 나중 난 뿔이 무섭다. 후생 각이 우뚝하다.

나중 달아난 놈이 먼저 달아난 놈을 비웃는다
둘 사이에 약간의 차이는 있지만 본질적으로는 서로 같음을 비유적으로 이르는 말.

나중에 들어온 놈이 아랫목 차지한다
1. 늦게 왔지만 제일 좋은 조건을 차지하게 됨을 비유적으로 이르는 말. 2. 늦게 와서 주제넘게 좋은 자리를 차지하고 우쭐대는 경우를 놀림조로 이른 말.

나중에 보자는 사람[양반] 무섭지 않다
1. 당장에 화풀이를 하지 못하고 두고 보자는 사람은 두려울 것이 없다는 말. 2. 나중에 어떻게 하겠다고 말로만 하는 것은 아무 쓸데가 없다는 말. [비] 두고 보자는 건 무섭지 않다.

나중에야 삼수갑산을 갈지라도
나중에 일이 잘 안되어 최악의 경우에 이를지라도 우선은 자기가 하고 싶은 대로 어떤 일을 함을 이르는 말. [비] 내일은 삼수갑산을 가더라도

나 하는 일은 입쌀[흰 쌀] 한 말 들여 속곳[속옷] 하나에 풀하여도 풀이 안 선다
하는 일이 매사에 보람 없이 헛수고로 돌아감을 비유적으로 이르는 말.

나한에도 모래 먹는 나한이 있다

나한 가운데에도 공양을 받지 못하여 모래를 먹는 나한이 있다는 뜻으로, 비록 높은 지위에 있는 사람이라 할지라도 고생하는 사람이 있음을 비유적으로 이르는 말.

낙락장송도 근본은 종자
1. 아무리 훌륭한 사람이라도 처음에는 보통 사람과 다름이 없었음을 비유적으로 이르는 말. 2. 대단한 일도 그 처음 시작은 아주 보잘것없었음을 비유적으로 이르는 말.

낙숫물은 떨어지던 데 또 떨어진다
한 번 버릇이 들면 고치기 어려움을 비유적으로 이르는 말.

낙숫물이 댓돌을 뚫는다
작은 힘이라도 꾸준히 계속하면 큰일을 이룰 수 있음을 비유적으로 이른 말.

난 나는 해 과거했다
1. 애써 한 일이 공교롭게 방해가 생겨 소용없게 됨을 이르는 말. 2. 제가 한 일을 자랑삼아 이야기하나 그것은 아무 데도 흔적이 없으니 말하여도 소용이 없다고 핀잔주는 말.

난 대로 있다
하는 행동이나 성격 따위가 어릴 때와 마찬가지로 그대로 남아 있음을 이른 말.

난리가 나도 얻어먹고 살겠다
영리하고 수단이 좋아 어떤 어려움이 있어도 살아갈 수 있는 사람을 비유적으로 이르는 말.

난리가 모 뿌리로 들어간다
농촌에서 일이 없으면 난리 난다는 이야기만 하다가 모 심을 때가 되어 바빠지면 그런 이야기가 없어진다는 뜻으로, 정작 바빠지면 바쁘다는 말도 못하게 됨을 비유적으로 이르는 말.

난봉자식이 마음잡아야 사흘이다
1. 옳지 못한 일에 한번 빠지면 좀처럼 헤어나기 어려움을 비유적으로 이르는 말. 2. 잘못을 고치고 착한 사람이 되겠다고 하는 결심을 오래가지지 못함을 비유적으로 이르는 말.

난쟁이 교자꾼 참여하듯

자기 분수에 맞지 않는 일에 주제넘게 나서는 모양을 비유적으로 이르는 말.

난쟁이 월천꾼 즐기듯

1. 누구를 만나 반갑게 맞는 모양을 비유적으로 이르는 말. 2. 제 능력으로는 도저히 해낼 수 없는 것이 분명한데 쓸데없이 남이 하는 일을 하고 싶어 하거나 부러워하는 모양을 비유적으로 이르는 말.

난쟁이 허리춤 추키듯

난쟁이가 잘록한 허리 때문에 자꾸 흘러내리는 바지를 추어올리듯이 남을 자꾸 칭찬하는 모습을 비유적으로 이르는 말.

난전 치듯

마구 단속하여 닥치는 대로 물건을 압수함을 비유적으로 이르는 말.

날개 돋친 범

몹시 날쌔고 용맹스러운 기상을 비유적으로 이르는 말.

날개 부러진 매[독수리]

위세를 부리다가 타격을 받고 힘없게 된 사람을 비유적으로 이르는 말. [비] 허리 부러진 장수[호랑이].

날개 없는 봉황

쓸모없고 보람 없게 된 처지를 비유적으로 이르는 말. [비] 구슬 없는 용. 꽃 없는 나비. 물 없는 기러기. 임자 없는 용마. 줄 없는 거문고. 짝 잃은 원앙.

날고기 보고 침 안 뱉을 이 없고 익은 고기 보고 침 안 삼키는 이 없다

고기는 익혀서 먹어야 맛이 있다는 말.

날 때 궂은 아이가 죽을 때도 궂게 죽는다

힘들게 태어난 아이는 죽을 때도 어렵게 죽는다는 뜻으로, 어려서 불행한 사람은 죽을 때까지 불행함을 비유적으로 이르는 말.

날랜 장수 목 베는 칼은 있어도 윤기 베는 칼은 없다

사람의 인륜 관계는 끊으려야 끊을 수 없음을 비유적으로 이르는 말.

날로 보나 등으로 보나

어느 모로 보나 틀림없음을 이르는 말.

날면 기는 것이 능하지 못하다

훌륭한 재주가 있는 사람이라도 모든 일을 다 잘할 수는 없음을 비유적으로 이르는 말.

날 문은 낮아도 들 문은 높다
마음에 맞지 아니한다고 그 집을 뛰쳐나오기는 쉽지만 다시 들어가기는 어렵다는 말.

날 받아 놓은 색시 같다
바깥출입을 안 하고 집에만 가만히 있는 사람을 비유적으로 이르는 말.

날 샌 올빼미 신세
힘없고 세력이 없어 어찌할 수 없는 외로운 신세를 비유적으로 이르는 말.

날은 저물어 가고 갈 길은 멀다
아직도 해야 할 일은 많은데 자꾸만 늙어 가서 한스러움을 비유적으로 이른 말.

날은 좋아 웃는다마는 동남풍에 잇속이 건다
의지가 약하고 무슨 일에나 걸핏하면 싱겁게 잘 웃음을 비유적으로 이른 말.

날이 못 되어 이루어졌다
하루가 못 가서 일이 다 되었다는 뜻으로, 일이 빨리 끝남을 이르는 말.

날 잡아 잡수 한다
하고 싶은 대로 하라고 상대편에게 자기 몸을 내맡기는 경우를 비유적으로 이르는 말.

날 잡은 놈이 자루 잡은 놈을 당하랴[당할까]
처음부터 월등하게 유리한 입장에 있는 사람을 상대로 해서는 도저히 이길 수가 없음을 비유적으로 이르는 말. [비] 칼날 쥔 놈이 자루 쥔 놈을 당할까.

낡은 존위 댁네 보리밥은 잘해
가난한 살림살이에 보리밥만은 잘 짓는다는 뜻으로, 다른 것은 못해도 어떤 한 가지 일만은 익숙하게 잘함을 비유적으로 이르는 말.

남 떡 먹는데 팥고물 떨어지는 걱정한다
남의 일에 쓸데없이 걱정함을 비유적으로 이르는 말.

남산골샌님은 뒤지하고 담뱃대만 들면 나막신을 신고도 동대문까지 간다
의관을 제대로 갖추지 않고 외출함을 비유적으로 이르는 말.

남산골샌님이 망해도 걸음 걷는 보수는 남는다

남산골 선비가 망하여 아무것도 없어도 그 특이한 걸음걸이만은 남는다는 뜻으로, 몸에 밴 버릇은 없어지지 않음을 비유적으로 이르는 말. [비] 놀던 계집이 결딴나도 엉덩잇짓은 남는다.

남산골샌님이 역적 바라듯

가난한 사람이 엉뚱한 일을 바람을 비유적으로 이르는 말. [같] 남촌 양반이 반역할 뜻을 품는다.

남산 봉화 들 제 인경 치고, 사대문 열 제 순라군이 제격이라

비상사태를 알리는 봉화가 남산에 오를 때 인경을 치는 것이나 새벽 통행금지 시간이 끝나면서 사대문을 열 때 통행자를 단속하는 순라군이 나타나는 것은 다 격에 맞는 일이란 뜻으로, 두 가지가 서로 잘 어울림을 비유적으로 이르는 말.

남산 소나무를 다 주어도 서캐조롱 장사를 하겠다

남산의 소나무를 다 주어도 고작 서캐조롱 장사밖에 못한다는 뜻으로, 소견이 몹시 좁음을 비유적으로 이르는 말.

남산에서 돌팔매질을 하면 김씨나 이씨 집 마당에 떨어진다

우리나라 사람의 성에 김씨와 이씨가 많다는 말.

남생이 등 맞추듯

서로 잘 들어맞지 않는 것을 맞추려는 모양을 비유적으로 이르는 말.

남생이 등에 풀쇄기 씸 같다

남생이의 등이 단단하여 풀쇄기가 쏘아도 아무렇지 않다는 뜻으로, 작은 것이 큰 것을 건드려도 아무런 해를 끼치지 못함을 비유적으로 이르는 말.

남생이 등에 활쏘기

1. 매우 어려운 일을 하려 함을 비유적으로 이르는 말. 2. 해를 입히려고 하나 끄떡없는 경우를 비유적으로 이르는 말.

남에게 매 맞고 개 옆구리 찬다

앞에서는 감히 반항하지 못하고 있다가 아무 상관도 없는 만만한 대상에게 화풀이함을 비유적으로 이르는 말.

남을 물에 넣으려면 제가 먼저 물에 들어간다

남을 해하려 하면 자기가 먼저 그러한 일을 당함을 비유적으로 이르는 말.

남의 것을 마 베어 먹듯 한다
남의 재물을 거리낌 없이 마구 훔치거나 빼앗아 감을 비유적으로 이르는 말.

남의 고기 한 점 먹고 내 고기 열 점 준다
적은 것이라도 남의 것으로 자신의 이익을 얻으면 나중에 큰 손해를 보게 됨을 비유적으로 이르는 말.

남의 고기 한 점이 내 고기 열 점보다 낫다
자기 것은 두고 욕심 사납게 남의 것을 공연히 탐냄을 비유적으로 이른 말.

남의 눈에 눈물 내면 제 눈에는 피눈물이 난다
남에게 악한 짓을 하면 자기는 그보다 더한 벌을 받게 됨을 비유적으로 이르는 말. [비] 남의 눈에서 피 내리면 내 눈에서 고름이 나야 한다.

남의 다리 긁는다
1. 기껏 한 일이 결국 남 좋은 일이 됨을 비유적으로 이르는 말. 2. 자기가 해야 할 일을 모른 채 엉뚱하게 다른 일을 함을 비유적으로 이르는 말. [비] 남의 다리에 행전 친다. 남의 말에 안장 지운다. 남의 발에 감발한다. 남의 발에 버선 신긴다. 잠결에 남의 다리 긁는다.

남의 돈 천 냥이 내 돈 한 푼만 못하다
아무리 적고 보잘것없는 것이라도 자기가 직접 가진 것이 더 나음을 비유적으로 이르는 말. [비]남의 집 금송아지가 우리 집 송아지만 못하다. 내 돈 서 푼이 남의 돈 사백 냥보다 낫다.

남의 두루마기에 밤 주워 담는다
아무리 하여도 남 좋은 일만 한 결과가 됨을 비유적으로 이르는 말.

남의 떡에 설 쇤다
남의 덕택으로 거저 이익을 보게 됨을 비유적으로 이르는 말. [비] 남의 떡으로 조상 제 지낸다. 남의 바지 입고 새 벤다. 남의 바지 입고 춤추기. 남의 불에 게 잡는다. 남의 팔매에 밤 줍는다. 남 지은 글로 과거한다. 남 켠 횃불에 조개 잡듯.

남의 떡으로 선심 쓴다
남의 것으로 생색을 냄을 비유적으로 이른 말. [비] 남의 떡 가지고 낯을 낸다.

남의 떡 함지에 넘어진다
염치없이 비위 좋은 짓을 함을 비유적으로 이르는 말.

남의 말 다 들으면 목에 칼 벗을 날 없다
남의 말을 너무 잘 듣고 순종만 하면 낭패 보는 일이 많다는 뜻으로, 꼭 자기가 들어야 할 말만 들어야 한다는 말.

남의 말도 석 달
소문은 시일이 지나면 흐지부지 없어지고 만다는 말.

남의 말에 안장 지운다
남의 것을 마치 제 것처럼 씀을 비유적으로 이르는 말. [갑] 남의 다리 긁는다.

남의 말이라면 쌍지팡이 짚고 나선다
남의 허물에 대하여 시비하기를 좋아하는 사람을 비유적으로 이르는 말.

남의 말 하기는 식은 죽 먹기
남의 잘못을 드러내어 말하는 것은 아주 쉬운 일임을 비유적으로 이르는 말.

남의 밥 보고 장 떠먹는다
아무 상관도 없는 남의 일에 공연히 서둘러 좋아함을 비유적으로 이르는 말. [비] 남의 밥 보고 시래깃국 끓인다. 남의 것을 턱없이 바람을 비유적으로 이르는 말.

남의 밥은 맵고도 짜다
남의 집에 가서 일해 주고 먹고사는 것은 매우 고생스럽고도 어려운 일이라는 말.

남의 복은 끌로도 못 판다
남이 잘되는 것을 공연히 시기하여도 그 복을 없애 버리지 못한다는 뜻으로, 남을 시기하지 말아야 함을 비유적으로 이르는 말.

남의 부모 공경이 제 부모 공경이다
남의 부모를 위하고 존경하는 것은 곧 제 부모를 존경하고 위하는 일이 된다는 뜻으로, 남의 부모도 잘 위하고 존경하라는 말.

남의 사돈이야 가거나 말거나
자기와는 아무런 상관이 없음을 비유적으로 이르는 말. [비] 남의 제상에 배 놓거나 감 놓거나.

남의 사정 보다가 갈보 난다

너무 남의 사정만 보아주어서는 안 된다는 말. [비] 남의 사정 보다가 망한다.

남의 상사(喪事)에 머리를 푼다

쓸데없이 남의 일에 끼어듦을 비유적으로 이르는 말.

남의 소 들고 뛰는 건 구경거리

자기와 아무런 이해관계도 없는 남의 불행을 구경거리로 여긴다는 말.

남의 속에 있는 글도 배운다

남의 머릿속에 있는 지식도 배우는데 하물며 직접 하는 것을 보고 못할 리가 있겠느냐는 뜻으로, 무엇이나 남이 하는 것을 보면 그대로 따라 할 수 있음을 비유적으로 이르는 말.

남의 속은 동네 존위도 모른다

남의 마음속은 동네일을 다 맡아 주관하는 동네 존위도 알 수 없다는 뜻으로, 사람의 속마음은 누구도 알 수 없음을 비유적으로 이르는 말.

남의 손의 떡이 더 커 보이고 남이 잡은 일감이 더 헐어 보인다

물건은 남의 것이 제 것보다 더 좋아 보이고 일은 남의 일이 제 일보다 더 쉬워 보임을 비유적으로 이르는 말. [비] 남의 밥에 든 콩이 굵어 보인다. 남의 손의 떡은 커 보인다.

남의 술에 삼십 리 간다

자기는 하고 싶지 아니한 일을 남의 권유에 따라 하게 됨을 비유적으로 이르는 말.

남의 싸움에 칼 빼기

남의 일에 공연히 뛰어들어 간섭하기를 좋아함을 비유적으로 이르는 말.

남의 아이 이름 내가 어이 짓나

남의 어려운 일을 나라고 어떻게 할 수 있겠느냐는 말.

남의 아이 한 번 때리나 열 번 때리나 때렸단 소리 듣기는 마찬가지다

1. 잘못을 한 번 저지르나 여러 번 저지르나 잘못하였다는 말을 듣기는 매한가지임을 비유적으로 이르는 말. 2. 이러나저러나 매한가지인 경우를 비유적으로 이르는 말.

남의 열 아들 부럽지 않다

자기 자식이 남이 아들을 많이 둔 것에 못지않거나 그보다 낫다는 말.

남의 염병이 내 고뿔만 못하다
남의 괴로움이 아무리 크다고 해도 자기의 작은 괴로움보다는 마음이 쓰이지 아니함을 비유적으로 이르는 말. [비] 남의 생손은 제 살의 티눈만도 못하다. 내 고뿔이 남의 염병보다 더하다.

남의 옷 얻어 입으면 걸렛감만 남고 남의 서방 얻어 가면 송장치레만 한다
남이 입던 헌옷을 얻어 입으면 얼마 안 가서 해어져 못 입게 되고 홀아비에게 개가하여 사노라면 얼마 안 가서 사별하게 된다는 뜻으로, 그런 일은 할 것이 못 된다는 말.

남의 일은 오뉴월에도 손이 시리다
남의 일은 쉬운 일이라도 괴롭게 느껴진다는 뜻으로, 남을 위하여 진심으로 성의껏 일하는 것이 쉽지 아니함을 비유적으로 이르는 말.

남의 일을 보아 주려거든 삼 년 내 보아 주어라
남의 상가 일을 보아 주려면 삼 년 제사까지 보아 주라는 뜻으로, 남의 일을 도와주려거든 끝까지 도와주어야 함을 비유적으로 이르는 말.

남의 자식 고운 데 없고 내 자식 미운 데 없다
자기 자식은 못생겨도 잘나 보이는 부모의 애정을 이르는 말.

남의 자식 흉보지 말고 내 자식 가르쳐라
남을 흉보기 전에 그것을 거울삼아 먼저 제 잘못을 뉘우치고 고치라는 말.

남의 잔치[장/제사]에 감 놓아라 배 놓아라 한다
남의 일에 공연히 간섭하고 나섬을 비유적으로 이르는 말. [비] 남의 일에 흥야항야한다. 사돈네 제사에 가서 감 놓아라 배 놓아라 한다. 사돈집 잔치에 감 놓아라 배 놓아라 한다.

남의 장단에 춤춘다
자기 주견이 없이 남이 하는 대로 따라 함을 비유적으로 이르는 말. [비] 남의 장단에 엉덩춤 춘다. 남의 피리에 춤춘다. 남이 친 장단에 엉덩춤 춘다.

남의 종이 되거들랑 서울 양반 종이 되고 남의 딸이 되거들랑 시정의 딸이 되라
돈 많고 잘사는 집에 몸을 붙이거나 태어나야 복을 받을 수 있다는 말. [비] 남의 딸이 되거들랑 시정 딸 되라.

남의 짐이 가벼워 보인다
남이 하는 일은 힘든 일이라도 자기가 하는 일보다 쉬워 보임을 비유적으로 이르는 말.

남의 집 불구경 않는 군자 없다
사람의 행동이 도덕적인 일보다 흥미로운 일에 더 많이 지배됨을 비유적으로 이른 말.

남의 집 소경은 쓸어나 보는데 우리 집 소경은 쓸어도 못 본다
남들은 그렇지 아니한데 자기 집 사람은 도무지 집안 사정을 보살피거나 걱정조차도 하지 아니함을 비유적으로 이르는 말.

남의 집 제사에 절하기
상관없는 남의 일에 참여하여 헛수고만 함을 비유적으로 이르는 말.

남의 참견 말고 제 발등의 불 끄지
남의 일에 쓸데없이 간섭하지 말고 자기의 급한 일이나 먼저 해결하라는 말.

남의 친기도 우기겠다
남의 제사 날짜를 자기가 옳게 알고 있다고 우기겠다는 뜻으로, 모든 일에 잘 우기는 사람을 이르는 말. [비] 남의 제삿날도 우기겠다.

남의 친환[초상]에 단지
남의 부모 병을 고치겠다고 손가락을 끊어 피를 내어 먹인다는 뜻으로, 남의 일에 쓸데없이 애를 태우거나 힘씀을 비유적으로 이르는 말.

남의 호박에 말뚝 박기
남의 일이 잘되어 가는 것을 시기하여 일부러 방해함을 비유적으로 이른 말.

남의 흉이 한 가지면 제 흉은 열 가지
쓸데없이 남의 흉을 보지 말아야 한다는 말. [비] 남의 흉이 한 가지면 내 흉은 몇 가지냐.

남이 나를 저버리거든 차라리 내 먼저 남을 저버려라
남이 나를 배반하려 하거든 오히려 이쪽에서 먼저 그를 저버리는 것이 상책이라는 말.

남이 놓은 것은 소도 못 찾는다
남이 놓아 둔 물건은 소처럼 큰 물건일지라도 찾기 힘들다는 말.

남이 눈 똥에 주저앉는다

남이 잘못을 저질렀는데 애매하게 자기가 피해를 입게 됨을 비유적으로 이르는 말. [비] 남 눈 똥에 주저앉고 애매한 두꺼비 떡돌에 치인다.

남이 서울 간다니 저도 간단다

자기 주견이 없이 남이 한다고 덩달아 따라 함을 비유적으로 이르는 말. [비] 남이 은장도를 차니 나는 식칼을 낀다. 남이 장 간다고 하니 거름 지고 나선다. 남이 장에 가니 저도 덩달아 장에 간다. 남이 장에 간다고 하니 무릎에 망건 쓴다. 남이 장에 간다니까 씨오쟁이 떼어 지고 간다.

남이야 내 상전을 두려워할까

자기가 공경하고 두려워하는 사람이라도 남은 그리 대단하게 생각하지 아니한다는 말.

남이야 전봇대로 이를 쑤시건 말건

남이야 무슨 짓을 하건 상관할 필요가 없음을 비유적으로 이르는 말. [비] 남이야 낮잠을 자든 말든. 남이야 뒷간에서 낚시질을 하건 말건. 남이야 삼승(三升) 버선을 신고 못자리를 밟든 말든. 남이야 지게 지고 제사를 지내건 말건.

남자가 상처하는 것은 과거할 신수라야 한다

남자가 상처해서 다시 장가드는 것도 하나의 복임을 비유적으로 이르는 말.

남자가 죽어도 전장에 가서 죽어라

비겁하고 뜻 없는 죽음을 당하지 말라는 말.

남자는 이레 굶으면 죽고 여자는 열흘 굶으면 죽는다

어려움에 처했을 때, 여자가 남자보다 더 잘 견딜 수 있음을 비유적으로 이르는 말.

남자 셋이 모이면 없는 게 없다

남자 셋이 모이면 무슨 일이든 해낼 수 있음을 비유적으로 이르는 말.

남 잡이가 제 잡이

남을 해하려다가 오히려 자기가 당하게 되는 경우를 이르는 말. [비] 남 잡으려다가 제가 잡힌다.

남정북벌 명장 믿듯

전적으로 기대하고 의지함을 비유적으로 이르는 말.

남촌 양반이 반역할 뜻을 품는다

몰락하여 가난하게 사는 남촌 지방의 양반들이 반역할 뜻을 품는다는 뜻으로, 불평 많고 불우한 처지에 있는 사람들이 반역의 뜻을 품기 마련임을 비유적으로 이르는 말. [비] 남산골샌님이 역적 바라듯.

남편 복 없는 여자는[년은] 자식 복도 없다

시집을 잘못 가서 평생 고생만 하는 신세를 한탄하여 이르는 말. [비] 남편 덕을 못 보면 자식 덕을 못 본다.

남편은 두레박 아내는 항아리

두레박으로 물을 길어다 항아리를 채운 데서, 남편이 밖에서 돈을 벌어 집에 가지고 오면 아내는 그것을 잘 모으고 간직함을 비유적으로 이르는 말.

남편을 잘못 만나면 당대 원수 아내를 잘못 만나도 당대 원수

결혼을 잘못하면 일생 동안 불행하다는 말.

남편 죽었다고 섧게 울던 년이 시집은 먼저 간다

남편이 죽자 서럽게 울며 정절을 지킬 듯이 굴던 아내가 남보다 먼저 재가한다는 뜻으로, 남들 앞에서는 끝까지 지조를 지킬 듯이 하다가 먼저 변절함을 비유적으로 이르는 말.

낫 놓고 기역 자도 모른다

기역 자 모양으로 생긴 낫을 보면서도 기역 자를 모른다는 뜻으로, 아주 무식함을 비유적으로 이르는 말.

낫으로 눈 가려운 데 긁기

눈이 가렵다고 위험하게 낫으로 눈을 긁는다는 뜻으로, 우둔하게 위험한 짓을 함을 비유적으로 이르는 말.

낫으로 눈을 가린다

낫으로 눈을 가리고 몸 전체를 가린 줄 안다는 뜻으로, 어리석고 미련한 짓을 함을 비유적으로 이르는 말.

낮말은 새가 듣고 밤말은 쥐가 듣는다

1. 아무도 안 듣는 데서라도 말조심해야 한다는 말. 2. 아무리 비밀히 한 말이라도 반드시 남의 귀에 들어가게 된다는 말. [비] 밤말은 쥐가 듣고 낮말은 새가 듣는다.

낯은 알아도 마음은 모른다
사람의 마음속은 알 수 없음을 비유적으로 이르는 말.

낳는 놈마다 장군 난다
1. 어떤 집안에 훌륭한 인물이 잇따라 남을 비유적으로 이르는 말. 2. 좋은 일이 잇따라 일어남을 비유적으로 이르는 말.

낳은 아이 아들 아니면 딸이지
둘 가운데에 하나라는 말.

낳은 정보다 기른 정이 더 크다
길러 준 정이 낳은 정보다 크고 소중하다는 말.

내가 중이 되니 고기가 천하다
자기가 구할 때는 없던 것이 필요하지 아니하게 되자 갑자기 많아짐을 비유적으로 이르는 말. [비] 내 상주 되니 개고기도 흔하다.

내 것도 내 것 네 것도 내 것
자기 것은 물론 남의 것까지도 탐내며 남의 것을 함부로 제 것 쓰듯 함을 비유적으로 이르는 말.

내 것 아니면 남의 밭머리 개똥도 안 줍는다
사람됨이 매우 청렴결백함을 비유적으로 이르는 말.

내 것 없어 남의 것 먹자니 말도 많다
가난한 사람이 얻어먹고 살아가자니 눈치도 보아야 하고 말썽도 많이 생긴다는 말.

내 것 잃고 내 함박 깨뜨린다
자기의 소중한 것을 다 내주었는데도 그만 함박까지 깨뜨린다는 뜻으로, 이중의 손해를 보게 됨을 비유적으로 이르는 말.

내 고기야 날 잡아먹어라
실수한 자신이 미워서 스스로 자기를 잡아먹으라고 한다는 뜻으로, 어떤 일을 크게 그르쳤을 때 스스로 책망하여 이르는 말.

내관의 새끼냐 꼬집기도 잘한다
공개적으로 말하지 않고 내숭스러운 방법으로 헐뜯는 사람을 비유적으로 이르는 말.

내 노랑 병아리만 내라 한다
수없이 많은 노랑 병아리 속에서 제 노랑 병아리를 찾아내라고 한다는 뜻으로, 무리하게 억지로 무엇을 해 달라고 청함을 이르는 말.

내 님 보고 남의 님 보면 심화 난다
자기 님이 더 훌륭하기를 바라는 뜻에서 잘난 남의 님을 보면 마음이 편치 않다는 말.

내닫기는 주막집 강아지라
어떤 일이 있을 때마다 잘 뛰어들어 참견을 하는 사람을 비꼬아 이르는 말. [비] 내뛰기는 주막집 강아지라.

내 돈 서 푼은 알고 남의 돈 칠 푼은 모른다
제 것은 소중히 여기면서 남의 것은 대수롭지 않게 여기는 이기적인 사람을 비꼬는 말.

내 딸이 고와야 사위를 고르지
자기는 부족하고 불완전하면서 남의 완전한 것만을 구하는 것은 부당함을 비유적으로 이르는 말. [비] 꽃이 좋아야[고와야] 나비가 모인다. 내 딸이 고와야 나비가 모인다.

내 땅 까마귀는 검어도 귀엽다
자기가 오래 정들인 것은 무엇이나 다 좋음을 비유적으로 이르는 말. [비] 까마귀도 내 땅 까마귀라면 반갑다.

내 떡 나 먹었거니
내게 잘못이 없으니 상관없다는 말.

내를 건너서 지팡이 추수하고 나서 자루
요긴하게 쓰일 때가 지난 물건을 이르는 말.

내리사랑은 있어도 치사랑은 없다
윗사람이 아랫사람을 사랑하기는 하여도 아랫사람이 윗사람을 사랑하기는 좀처럼 어렵다는 말. [비] 사랑은 내리사랑.

내 말은 남이 하고 남 말은 내가 한다
누구나 다 남의 말 하기를 좋아한다는 말.

내 말이 좋으니 네 말이 좋으니 하여도 달려 보아야 안다

실제로 시험하여 보지 않고 떠드는 것은 어리석은 짓임을 이르는 말.

내 몸이 높아지면 아래를 살펴야 한다
윗자리에 있는 사람은 아랫사람을 조심해야 한다는 말.

내 몸이 중이면 중의 행세를 하라
제 신분이나 분수를 지켜야 함을 비유적으로 이르는 말.

내 물건은 좋다 한다
자기 것은 무엇이나 다 좋다고 주장하는 사람을 비꼬는 말.

내 물건이 좋아야 값을 받는다
자기가 지킬 도리를 먼저 지켜야 남에게 대우받음을 비유적으로 이르는 말.

내 미락 네 미락
책임을 지지 아니하려고 서로 미루적거린다는 말. [비] 내 미룩 네 미룩. 네 미락 내 미락. 네 미룩 내 미룩.

내 미워 기른 아기 남이 괸다
자기가 귀찮아하고 미워하면서 기른 자식을 오히려 남들이 사랑해 준다는 말.

내민 손이 무안하다
무엇을 얻으려고 손을 내밀었다가 얻지 못한 경우나, 반대로 무엇을 받으라고 주는데도 상대편이 이를 받지 아니하여 난처함을 이르는 말.

내 발등의 불을 꺼야 아비[아들] 발등의 불을 끈다
급할 때에는 다른 사람의 일보다도 자기에게 닥친 위험이나 바쁜 일부터 막게 됨을 비유적으로 이르는 말.

내 밥 먹은 개가 발뒤축을 문다
은혜를 베푼 사람으로부터 화를 입음을 비유적으로 이르는 말. [비] 제 밥 먹은 개가 제 발등 문다.

내 배가 부르니 종의 배고픔을 모른다
자기만 만족하면 남의 곤란함을 모르고 돌보아 주지 아니함을 비유적으로 이르는 말. [비] 내 배 부르면 종의 밥 짓지 말라 한다.

내 배 다치랴
누가 감히 나를 건드리겠느냐고 배짱을 부리는 경우에 하는 말.

내 배 부르니 평안 감사가 조카 같다
자기 배가 불러 세상에 부러울 것이 없음을 비유적으로 이르는 말.

내 복에 난리야
바라고 있던 일이 잘되어 가다가 뜻밖의 방해물이 끼어듦을 비유적으로 이르는 말.

내 속 짚어 남의 말 한다
자기 속에 있는 생각을 미루어서 남도 그러하리라고 짐작하여 말함을 이른 말.

내 손이 내 딸이라
남에게 시키지 않고 자기 손으로 직접 일을 하는 것이 마음에 맞게 잘됨을 비유적으로 이르는 말.

내 손톱에 장을 지져라
손톱에 불을 달아 장을 지지게 되면 그 고통이라는 것은 이루 말할 수 없는 것인데 그런 모진 일을 담보로 하여 자기가 옳다는 것을 장담할 때 하는 말.
[비] 내 손에 장을 지지겠다. 내 손톱에[손끝에] 뜸을 떠라.

내 솥 팔아 남의 솥 사도 밑질 것 없다
셈이 서로 비겨 손해 볼 일이 없음을 비유적으로 이르는 말.

내시 이 앓는 소리
내시가 거세를 하여 가늘어진 목청으로 이앓이를 한다는 뜻으로, 맥없이 지루하게 흥얼거리는 것을 비유적으로 이르는 말.

내 앞도 못 닦는 것이 남의 걱정한다
제 일도 제 힘으로 처리하지 못하면서 남의 일에 간섭함을 이르는 말.

내외간도 돌아누우면 남이다
가까운 내외간의 애정도 멀어질 수 있다는 말.

내 울음이 진정 울음이냐
진정에서 우러나오는 것이 아니라 다만 하는 체함을 비유적으로 이르는 말.

내 일 바빠 한댁 방아
1. 큰댁의 방아를 빌려서 자기 집의 쌀을 찧어야 하겠으나 할 수 없이 큰댁의 방아 찧는 일을 먼저 거들어 주어야 한다는 뜻으로, 내 일을 하기 위하여 부득이 다른 사람의 일부터 해 줌을 비유적으로 이르는 말. 2. 일이 바쁠 때는 모

든 도구를 갖추지 못하고서도 서둘러 함을 이르는 말. 신라 때, 욱면(郁面)이라는 계집종이 일을 빨리 마치고 제가 하고 싶은 염불을 외우기 위하여 주인이 시킨 쌀 찧는 일을 부지런히 하였다는 이야기에서 나온 말이다.

내 절 부처는 내가 위해야 한다
자기가 모시는 주인은 자기가 잘 섬겨야 남도 그를 알아봄을 비유적으로 이르는 말. [비] 제 절 부처는 제가 위하랬다(고). 자기가 할 일은 남에게 미루지 말고 제힘으로 해야 됨을 비유적으로 이르는 말.

내 칼도 남의 칼집에 들면 찾기 어렵다
제 것이라도 남의 손에 들어가면 제 마음대로 하기 어렵게 됨을 비유적으로 이르는 말. [비] 제 칼도 남의 칼집에 들면 찾기 어렵다.

내 코가 석 자
내 사정이 급하고 어려워서 남을 돌볼 여유가 없음을 비유적으로 이르는 말. [비] 제 코가 석 자.

내 콩이 크니 네 콩이 크니 한다
비슷한 것을 가지고 서로 제 것이 낫다고 다툼을 비유적으로 이르는 말. [비] 네 콩이 크니 내 콩이 크니 한다.

내 한 급제에 선배 비장 호사한다
내가 잘된 덕으로 엉뚱한 남이 호사함을 비유적으로 이르는 말.

내 할 말을 사돈이 한다
자기가 하려고 하는 말이나 마땅히 할 말을 도리어 남이 함을 비유적으로 이르는 말. [비] 나 부를 노래를 사돈집에서 부른다. 내 노래를 사돈이 부른다. 시어미 부를 노래를 며느리가 먼저 부른다.

냅기는 과부 집 굴뚝이라
과부 집에는 나무를 뻐개고 말리고 할 사람이 없어서 마르지 않은 나무를 그대로 때므로 연기가 심하다는 뜻으로, 다른 사람보다 심히 곤란한 처지를 비유적으로 이르는 말.

냇가 돌 닳듯
세상에 시달려 성격이 약아지고 모질어짐을 비유적으로 이르는 말.

냇물은 보이지도 않는데 신발부터 벗는다

하는 짓이 턱없이 성급함을 비유적으로 이르는 말.

냉수도 불어 먹겠다
지나치게 조심스럽고 세심한 것을 비웃는 말.

냉수 먹고 된똥 눈다
대단치 않은 재료로 실속 있는 결과를 만들어 냄을 이르는 말.

냉수 먹고 속 차려라
지각 있게 처신하지 못하는 사람에게 정신을 차리라고 비난조로 이르는 말.

냉수 먹고 이 쑤시기
잘 먹은 체하며 이를 쑤신다는 뜻으로, 실속은 없으면서 무엇이 있는 체함을 이르는 말.

냉수에 뼈뜯이
1. 냉수에다가 뼈에서 뜯어낸 고기를 두었다는 뜻으로, 맛없는 음식을 비유적으로 이르는 말. 2. 싱거운 사람을 비유적으로 이르는 말.

냉수에 이 부러진다
하찮은 것 때문에 크게 당황스러운 일을 겪는다는 뜻으로, 도무지 이치에 닿지 않는 어이없는 경우를 비유적으로 이르는 말.

너구리 굴 보고 피물 돈 내어 쓴다
일이 되기도 전에 거기서 나올 이익부터 생각하여 돈을 앞당겨 씀을 비유적으로 이르는 말. [비] 땅벌 집 보고 꿀 돈 내어 쓴다.

너 난 날 내 났다
너나 나나 별다를 것이 없다는 뜻으로, 쓸데없이 잘난 척하는 사람을 책망하는 말.

너는 용빼는 재주가 있느냐
뾰족한 재주도 없이 남을 흉보는 사람을 핀잔하는 말.

너무 고르다가 눈먼 사위 얻는다
너무 고르다 보면 오히려 나쁜 것을 고르게 됨을 비유적으로 이르는 말.

너무 뻗은 팔은 어깨로 찢긴다
지나치게 미리 손을 써서 남을 해치려다가 도리어 실패하게 됨을 비유적으로 이른 말.

너울 쓴 거지
배가 몹시 고파서 체면을 차릴 수 없게 된 처지를 비유적으로 이르는 말.

너의 집도 굴뚝으로 불을 때야 하겠다
불을 거꾸로 때야 할 집이라는 뜻으로, 일이 꼬이기만 하는 집안을 이른 말.

너하고 말하느니 개하고 말하겠다
말귀를 알아듣지 못하는 상대를 비꼬는 말. [비] 담벼락하고 말하는 셈이다.

넉 달 가뭄에도 하루만 더 개었으면 한다
1. 오래 가물어서 아무리 기다리던 비일지라도 무슨 일을 치르려면 그 비 오는 것을 싫어한다는 말. 2. 사람은 날씨에 대해 항상 자기중심으로 생각함을 비유적으로 이르는 말.

넉동 다 갔다
넉동이 말판을 다 돌아서 나왔다는 뜻으로, 일이 다 끝나거나 어떤 사람의 신세가 다 되었음을 이르는 말.

넘어지기 전에 지팡이 짚다
어떤 일에 실패하거나 화를 입기 전에 대비함을 비유적으로 이르는 말.

넘어지면 밟지 않는다
기운이 모자라 쓰러진 상대편에게는 더 짓밟아 고통을 주지 않는다는 말.

네 각담이 아니면 내 쇠뿔 부러지랴
자기 잘못으로 생긴 손해를 남에게 넘겨씌우려고 트집 잡는 말.

네 다리 빼라 내 다리 박자
1. 사람들이 꽉 들어찬 곳을 염치없이 비집고 들어가는 것을 비유적으로 이르는 말. 2. 자기의 요구를 실현하기 위해서 무리한 요구를 내세우는 것을 비유적으로 이르는 말.

네 떡 내 먹었더냐
자기가 일을 저질러 놓고 모르는 체 시치미를 떼고 덤덤하게 앉아 있기만 하는 것을 비유적으로 이르는 말.

네 떡 내 모른다

모르는 체하고 보고만 있는 것을 비유적으로 이르는 말.

네 맛도 내 맛도 없다
아무 맛도 없다는 말.

네 뱃병 아니면 무슨 병이냐
너의 배부른 것이나 뱃병이라고 하지 임신부가 배부른 것을 보고 무슨 병이라고 하겠느냐는 뜻으로, 비록 어떤 흠집이 사물의 전체를 다 가린다고 해도 그것이 작은 허물조차 되지 않음을 이르는 말.

네 병이야 낫든 안 낫든 내 약값이나 내라
남을 위하여 한 일의 결과는 덮어놓고 그 대가만을 요구하는 것을 비유적으로 이르는 말.

네 뿔이 부러지냐 내 뿔이 부러지냐
누가 옳은지 결판이 날 때까지 한사코 겨루어 보자고 벼르는 것을 비유적으로 이른 말.

네 일 내 일을 가리지 않다
자기 일과 남의 일을 가리지 않고 남의 일을 잘 도와준다는 말. [비] 네 것 내 것을 가리지 않다.

노구 전에 엿을 붙였나
뜨거운 노구솥 가에 엿을 붙여 놓고 왔다면 곧 녹아 흐를 것이니 바삐 돌아가서 살펴보아야 한다는 뜻으로, 집에 빨리 돌아가려고 몹시 안달을 하는 경우를 이르는 말. [비] 이불 밑에 엿 묻었나.

노닥노닥 기워도 마누라 장옷
지금은 낡았지만 처음에는 좋았다는 뜻으로, 본디 소중한 물건이었고 아직도 그전의 모습이나 가치가 남아 있음을 이르는 말. [비] 노닥노닥 기워도 비단 걸레. 노닥노닥해도 비단일세.

노래기 족통도 없다
노래기의 발이 가늘고 아주 작은 데서, 살림이 빈곤하여 남은 것이 아무 것도 없음을 비유적으로 이르는 말.

노래기 회도 먹겠다
고약한 노린내가 나는 노래기의 회를 먹는다는 뜻으로, 염치도 체면도 없이 행동함을 핀잔하는 말. [비] 노래기 푸념한 데 가 시룻번이나 얻어먹어라. 장지네 회 쳐 먹겠다.

노루 꼬리가 길면 얼마나 길까
보잘것없는 재주를 지나치게 믿음을 비웃는 말.

노루 때린 막대기
1. 어쩌다가 노루를 때려잡은 막대기를 가지고 늘 노루를 잡으려고 한다는 뜻으로, 요행을 바라는 어리석음을 비유적으로 이르는 말. 2. 지난날의 방법을 가지고 덮어놓고 지금에도 적용하려는 어리석음을 비유적으로 이른 말.

노루 때린 막대기 세 번이나 국 끓여 먹는다
조금이라도 이용 가치가 있을까 하여 보잘것없는 것을 두고두고 되풀이하여 이용함을 비유적으로 이르는 말. [비] 노루 친 막대기 삼 년 우린다.

노루 보고 그물 짊어진다
무슨 일을 미리 준비하지 않고 일을 당해서야 허겁지겁 준비함을 비유적으로 이르는 말.

노루 본 놈이 그물 짊어진다
무슨 일이나 직접 당한 사람이 맡아 하기 마련임을 비유적으로 이르는 말.

노루 뼈 우리듯 우리지 마라
한 번 보거나 들은 이야기를 두고두고 되풀이함을 핀잔하는 말.

노루잠에 개꿈이라
아니꼽고 같잖은 꿈 이야기나 격에 맞지 않는 말을 함을 비유적으로 이른 말.

노루 잡기 전에 골뭇감 마련한다
1. 일이 이루어지기 전에 그 공(功)을 논함을 비유적으로 이르는 말. 2. 일을 너무 서두름을 비유적으로 이르는 말.

노루 잡는 사람에 토끼가 보이나
큰일을 꾀하는 사람에게 하찮고 사소한 일은 보이지 않음을 비유적으로 이르는 말.

노루 피하니 범이 온다
일이 점점 더 어렵고 힘들게 되었음을 비유적으로 이르는 말. [비] 조약돌을 피하니까 수마석을 만난다.

노류장화는 사람마다 꺾으려니와 산닭 길들이기는 사람마다 어렵다

창녀는 아무나 건드릴 수 있으나 자유로이 내어 기른 사람을 다시 길들이기는 매우 힘들다는 말.

노름 뒤는 대어도 먹는 뒤는 안 댄다

노름하다 보면 따는 수도 있지만 먹는 일은 한없는 일이라서 당해 내지 못하므로 가난한 사람을 먹여 살리기는 어려운 노릇이라는 말.

노름에 미쳐 나면 여편네[처]도 팔아먹는다

사람이 노름에 빠지면 극도로 타락하여 노름 밑천 마련에 수단을 가리지 않음을 비유적으로 이르는 말.

노름은 도깨비 살림

도박의 성패는 도저히 예측할 수 없어 돈이 불어 갈 때에는 알 수 없을 만큼 쉽게 또 크게 늘어남을 비유적으로 이르는 말.

노름은 본전에 망한다

잃은 본전만을 되찾겠다는 마음으로 자꾸 노름을 하다 보면 더욱 깊이 노름에 빠져 헤어나지 못하게 된다는 말.

노뭉치로 개 때리듯

상대편의 비위를 맞춰 가면서 슬슬 놀림을 비유적으로 이르는 말.

노송나무 밑이다

마음이 음충맞고 우중충함을 비유적으로 이르는 말.

노염은 호구별성(戶口別星)인가

늘 성을 잘 내는 사람을 놀림조로 이르는 말.

노인네 망령은 고기로 고치고 젊은이 망령은 몽둥이로 고친다

노인들은 그저 잘 위해 드려야 하고, 아이들이 잘못했을 경우에는 엄하게 다스려 교육해야 한다는 말. [비] 젊은이 망령은 몽둥이로 고친다. 젊은이 망령은 홍두깨로 고치고 늙은이 망령은 곰국으로 고친다.

노장은 병담(兵談)을 아니하고 양고(良賈)는 심장(深藏)한다

노련한 장수는 군사에 관하여 함부로 말을 하지 않으며 훌륭한 상인은 좋은 물건을 깊이 감추어 두고 판다는 뜻으로, 참으로 훌륭한 사람은 그 뛰어난 재주나 덕을 함부로 자랑하지 않는다는 말.

노장이 무용이라

늙은 장수가 소용이 없다는 뜻으로, 늙은이가 자기를 스스로 겸손하게 이르는 말.

노적가리에 불 지르고 싸라기 주워 먹는다

큰 것을 잃고 작은 것을 얻음을 비유적으로 이르는 말. [비] 노적 섬에 불붙여 놓고 박산 주워 먹는다.

노처녀가 시집을 가려니 등창이 난다

오랫동안 벼르고 벼르던 일을 하려 할 때 장애물이 생겨서 하지 못하고 맒을 비유적으로 이르는 말. [비] 여든 살 난 큰아기가 시집 가랬더니 차일이 없다 한다.

노처녀더러 시집가라 한다

물어보나 마나 좋아할 것을 공연히 묻는다는 말.

녹비에 가로왈

사슴 가죽에 쓴 가로왈(曰) 자는 가죽을 잡아당기는 대로 일(日) 자도 되고 왈(曰) 자도 된다는 뜻으로, 사람이 일정한 주견이 없이 남의 말을 좇아 이랬 다저랬다 함을 비유적으로 이르는 말.

녹수 갈 제 원앙 가듯

둘의 관계가 밀접하여 서로 떨어지지 않음을 비유적으로 이르는 말.

녹용 대가리 베어 가는 셈

어떤 것 중에서 가장 중요한 핵심 부분을 가로채어 가는 염치없는 행동을 비유적으로 이르는 말.

논두렁에 구멍 뚫기

논두렁에 구멍을 뚫어 논물이 새어 나가게 하는 못된 짓이라는 뜻으로, 매우 심술이 사나운 짓을 비유적으로 이르는 말.

논에는 물이 장수

논농사에서 물이 가장 중요함을 비유적으로 이르는 말.

논을 사려면 두렁을 보라

논을 사려면 그 논과 다른 논과의 사이에 있는 두렁을 보고, 그것이 뚜렷한가, 물길은 어떤가 따위를 알아보고 사라는 말. [같] 밭을 사려면 변두리를 보라.

논 이기듯 밭[신] 이기듯
한번 한 말을 자꾸 되풀이하여 잘 알아듣도록 함을 비유적으로 이르는 말.

논 자취는 없어도 공부한 공은 남는다
놀지 않고 힘써 공부하면 훗날 그 공적이 반드시 드러날 것이니 아무쪼록 공부에 힘쓰라는 말.

놀기 좋아 넉동 치기
할 일 없을 때는 윷놀이라도 한다는 뜻으로, 그냥 가만히 있으니 아무 소용없는 놀이라도 한다는 말.

놀란 토끼 벼랑 바위 쳐다보듯
말도 못하고 눈만 껌벅거리며 쳐다보는 모습을 비유적으로 이르는 말.

농군이 여름에 하루 놀면 겨울에 열흘 굶는다
농사짓는 사람이 열심히 일해야 할 여름에 게으름을 피우면 추운 겨울에 곤란을 겪게 된다는 뜻으로, 여름 시간의 귀중함을 비유적으로 이르는 말.

농부는 두더지다
농부는 땅을 파서 먹고산다는 말.

농사 물정 안다니까 피는 나락 확 뽑는다[뺀다]
남의 아첨하는 말이나 비꼬는 말을 제대로 알아듣지 못하고 잘난 체하거나 우쭐거리며 더 괴상한 짓을 하여 어리석음을 드러냄을 비유적으로 이른 말.

높은 가지가 부러지기 쉽다
높은 지위일수록 그 자리를 오래 지키기가 어려움을 비유적으로 이르는 말.

높은 나무에는 바람이 세다
지위가 높아질수록 더욱 지위의 안정성이 적고 신변이 위태로워진다는 말.

높은 데 송아지 간 발자국만 있고 온 발자국은 없다
언제 없어졌는지도 모르게 무엇이 없어진 것을 비유적으로 이르는 말.

놓친 고기가 더 크다[커 보인다]
현재 가지고 있는 것보다 먼저 것이 더 좋았다고 생각된다는 말. [비] 놓치고 보니 큰 고기인 것만 같다.

누가 흥(興)이야 항(恒)이야 하랴

제가 힘써 잡은 권세를 남이 뭐라고 말할 필요는 없다는 뜻으로, 관계없는 남의 일에 이래라저래라 할 수 없다는 말. 숙종 때에 김수흥 김수항 형제가 대신의 자리에 있음에 그 권세를 미워한 데서 나온 말이다.

누더기 속에서 영웅 난다
누덕누덕 기운 옷을 입고 자라난 사람이 후에 영웅이 된다는 뜻으로, 가난하고 천한 집에서 인물이 나왔을 때 이르는 말.

누운 나무에 열매 안 연다
죽은 나무에 열매가 열릴 리 없다는 뜻으로, 사람도 죽은 듯이 가만히 있으면 아무것도 되는 일이 없으므로 열심히 움직이고 일하여야 성공을 거둘 수 있다는 말.

누운 소 똥 누듯 한다
무슨 일을 힘들이지 않고 쉽게 하는 것을 비유적으로 이르는 말.

누울 자리 봐 가며 발을 뻗어라
1. 어떤 일을 할 때 그 결과가 어떻게 되리라는 것을 생각하여 미리 살피고 일을 시작하라는 말. 2. 시간과 장소를 가려 행동하라는 말. [비] 발(을) 뻗을 자리를 보고 누우랬다. 이부자리 보고 발을 펴라.

누워 뜨는 소
아주 느리고 끈질긴 사람이나 그 행동을 비유적으로 이르는 말.

누워서 넘어다보는 단지에 좁쌀이 두 칠 홉만 있으면 봉화(奉化) 원(員)을 이손아 부른다
살림이 좀 넉넉해졌다고 거드름을 부리며 부자인 체하는 자를 비유적으로 이르는 말.

누워서 떡 먹기
하기가 매우 쉬운 것을 비유적으로 이르는 말. [비] 누운 소 타기.

누워서 떡을 먹으면 팥고물이 눈에 들어간다
자기 몸 편할 도리만 차려서 일을 하면 도리어 제게 해로움이 생김을 비유적으로 이르는 말.

누워서 찌르는 소
소가 누워 있으면서도 뿔로 받는다는 뜻으로, 보기에는 맥을 놓고 있는 듯하나 매서운 데가 있는 사람을 비유적으로 이르는 말.

누워서 침 뱉기

남을 해치려고 하다가 도리어 자기가 해를 입게 된다는 것을 비유적으로 이르는 말. [비] 내 얼굴에 침 뱉기. 자기 얼굴에 침 뱉기. 제 갗에 침 뱉기. [갈] 하늘 보고 침 뱉기.

누이네 집에 어석술 차고 간다

출가한 누이 집에 가면 밥을 듬뿍 퍼서 담아 주므로 어석술을 차고 가야 한다는 뜻으로, 누이 집에 가면 대접을 잘해 줌을 비유적으로 이르는 말.

누이 믿고 장가 안 간다

누이와 결혼할 목적으로 다른 혼처에는 눈을 뜨지 않는다는 뜻으로, 도저히 가능하지 않은 일만을 하려고 하고 다른 방책을 세우지 않는 어리석은 모양을 비유적으로 이르는 말.

누이 좋고 매부 좋다

어떤 일에 있어 서로 다 이롭고 좋음을 비유적으로 이르는 말.

누지 못하는 똥을 으드득 누라 한다

되지 않을 것을 억지로 졸라 하게 함을 비유적으로 이르는 말.

눅은 데 패가한다

물건 값이 눅다고 너무 많이 사들이다가는 결국 살림을 망친다는 뜻으로, 욕심 부리지 말고 필요한 만큼 돈을 쓰라는 말.

눈 가리고 아웅

1. 얕은수로 남을 속이려 한다는 말. 2. 실제로 보람도 없을 일을 공연히 형식적으로 하는 체하며 부질없는 짓을 함을 비유적으로 이르는 말. [비] 가랑잎으로 눈(을) 가리고 아웅 한다. 눈 벌리고 어비야 한다. 머리카락 뒤에서 숨바꼭질한다. 귀 막고 아웅 한다. 눈 감고 아웅 한다. 눈 벌리고 아웅.

눈 감고 따라간다

아무 생각 없이 맹목적으로 뒤따르는 것을 비유적으로 이르는 말.

눈구석에 쌍가래톳이 선다

너무나 분한 일을 당하여 어이가 없고 기가 막혀 눈에 독기가 서린다는 말.

눈 뜨고 도둑맞는다

번번이 알면서도 속거나 손해를 본다는 말. [비] 눈 뜨고 봉사질한다.

눈 먹던 토끼 얼음 먹던 토끼가 제각각

눈을 먹고 살던 토끼와 얼음을 먹고 살던 토끼가 다르다는 뜻으로, 사람은 자기가 겪어 온 환경에 따라서 그 능력이 다르고 생각이 다름을 비유적으로 이르는 말. [비] 눈 집어 먹은 토끼 다르고 얼음 집어 먹은 토끼 다르다.

눈먼 개 젖 탐한다

제 능력 이상의 짓을 한다는 말.

눈먼 고양이[구렁이] 달걀 어르듯

제게 소중한 것인 줄 알고 애지중지함을 비유적으로 이르는 말. [비] 눈먼 구렁이 꿩의 알 굴리듯.

눈먼 고양이 갈밭 매듯

뚜렷한 목표가 없이 여기저기 돌아다닌다는 말. [비] 눈먼 중 갈밭에 든 것 같다.

눈먼 놈이 앞장선다

못난이가 남보다 먼저 나댐을 비유적으로 이르는 말.

눈먼 말 워낭 소리 따라간다

무식한 사람이 남이 일러 준 대로 무비판적으로 따라한다는 말.

눈먼 말 타고 벼랑을 간다

매우 위태롭다는 말.

눈먼 소경더러 눈멀었다 하면 성낸다

누구나 자기의 단점을 남이 말하는 것을 싫어한다는 말.

눈먼 장님은 서울을 가도 말 못하는 벙어리는 서울 못 간다

벙어리보다는 장님이 낫다는 것을 비유적으로 이르는 말.

눈물이 골짝 난다

어떤 일로 몹시 억울하거나 야속하여 눈물이 많이 남을 비유적으로 이른 말.

눈썹만 뽑아도 똥 나오겠다

조그만 괴로움도 이겨 내지 못하고 쩔쩔매는 것을 비유적으로 이르는 말.

눈썹 새에 내 천 자를 누빈다

눈썹 사이에 한자 내 천(川) 자를 그린다는 뜻으로, 기분이 언짢아서 눈살을 찌푸리는 것을 비유적으로 이르는 말.

눈썹에 떨어진 액
뜻밖에 들이닥친 재난을 비유적으로 이르는 말.

눈썹에 불이 붙는다
뜻밖에 큰 걱정거리가 닥쳐 매우 위급하게 된 것을 비유적으로 이르는 말.

눈앞에서 자랑 말고 뒤에서 꾸짖지 마라
눈앞에서는 아첨하고 뒤에서는 헐뜯는 간교한 행동을 하지 말라는 말.

눈 어둡다 하더니 다홍 고추만 잘 딴다
1. 눈이 어두워 잘 못 본다고 하면서도 붉게 잘 익은 고추만 골라 가며 잘도 딴다는 뜻으로, 마음이 음흉하고 잇속에 밝은 사람을 비유적으로 이르는 말.
2. 제 일만 알고 남의 일은 핑계만 대고 도와주지 않는 사람을 비유적으로 이르는 말.

눈에 눈이 들어가니 눈물인가 눈물인가
얼굴의 눈에 하늘에서 내리는 눈이 들어갔을 때 흐르는 물이 눈에서 나오는 눈물인지 눈이 녹은 눈물인지 분간할 수 없다는 뜻으로, 도무지 분간하기 어렵게 된 경우를 말장난으로 이르는 말.

눈에는 눈(을) 이에는 이(를)
해를 입은 만큼 앙갚음하는 것을 비유적으로 이르는 말.

눈에 약하려도 없다
눈에 약을 하려면 조금만 있어도 되는데 그 정도도 없다는 뜻으로, 어떤 것이 조금도 없음을 비유적으로 이르는 말. [비] 약에 쓰려도 없다.

눈에 콩깍지가 씌었다
앞이 가리어 사물을 정확하게 보지 못함을 비유적으로 이르는 말.

눈 오는 날 개 싸다니듯
눈이 오면 개들이 좋아하고 달려 나와서 돌아다닌다는 뜻으로, 쓸데없이 돌아다니기 좋아함을 비유적으로 이르는 말.

눈 온 뒤에는 거지가 빨래를 한다
눈이 온 다음 날은 거지가 입고 있던 옷을 벗어 빨아 입을 만큼 따스하다는 말.

눈 와야 솔이 푸른 줄 안다

어려운 상황이 되어야 그것을 이기는 것을 보고 사람의 진짜 됨됨이를 알 수 있게 된다는 말.

눈은 마음의 거울

눈만 보아도 그 사람의 마음을 짐작할 수 있음을 비유적으로 이르는 말. [비] 눈은 그 사람의 마음을 닮는다.

눈은 있어도 망울이 없다

1. 있기는 있는데 가장 중요한 것이 빠져서 없는 것과 마찬가지라는 말. 2. 사물을 바로 분별하거나 꿰뚫어 볼 줄 모름을 비유적으로 이르는 말.

눈은 풍년이나 입은 흉년이다

눈에 보이는 것은 많아도 정작 먹을 것은 없음을 비유적으로 이르는 말.

눈을 떠도 코 베어 간다

눈을 멀쩡히 뜨고 있어도 코를 베어 갈 만큼 세상인심이 고약하다는 말. [비] 눈 감으면 코 베어 먹을 세상[인심]. 눈 뜨고 코 베어 갈 세상[인심].

눈을 져다가 우물을 판다

눈을 가져다가 가만히 두어도 물이 될 것을 거기에 또 우묵히 파서 물이 나게 한다는 뜻으로, 일 처리가 둔하고 답답한 것을 비유적으로 이르는 말.

눈이 보배다

눈썰미가 있어서 한 번 본 것은 잊지 않음을 비유적으로 이르는 말.

눈이 아무리 밝아도 제 코는 안 보인다

제아무리 똑똑해도 자기 자신에 대해서는 잘 모른다는 것을 비유적으로 이르는 말.

눈이 저울이라

눈으로 보아 짐작한 것이 저울로 단 것처럼 들어맞는다는 말.

눈 익고 손 설다

1. 눈에는 매우 익숙한 일인데도 막상 하려면 제 마음대로 되지 않음을 비유적으로 이르는 말. 2. 무슨 일이나 눈으로 보기에는 쉬운 것 같으나 실제로 하기는 힘듦을 비유적으로 이르는 말.

눈자리가 나도록 보다

1. 한곳을 뚫어지게 보는 것을 비유적으로 이르는 말. 2. 실컷 보는 것을 비유적으로 이르는 말.

눈 찌를 막대
1. 비록 보잘것없는 막대기일지라도 사람의 눈을 찔러 앞을 못 보게 할 수 있는 수단으로는 충분하다는 뜻으로, 아무리 약한 사람이라도 자기를 해치려 드는 사람을 막기에 족한 수단은 가지고 있음을 비유적으로 이르는 말. 2. 남의 급소를 찔러 해를 끼치려고 하는 고약한 마음을 비유적으로 이르는 말.

눈치가 발바닥이라
눈치가 몹시 무디거나 없는 경우를 비유적으로 이르는 말.

눈치가 빠르기는 도갓집 강아지
사람들이 많이 모여들어 나드는 도갓집 강아지처럼 사람의 동정을 잘 살피며 눈치가 빠른 사람을 비유적으로 이르는 말. [비] 도갓집 강아지 같다.

눈치가 빠르면 절에 가도 젓갈[새우젓/조개젓]을 얻어먹는다
눈치가 있으면 어디를 가도 군색한 일이 없다는 말.

눈치가 안는 암탉 잡아먹겠다
1. 병아리를 까려고 알을 안고 있는 암탉도 잡아먹을 눈치라는 뜻으로, 무슨 엉뚱한 짓이라도 할 것 같은 사람을 비유적으로 이르는 말. 2. 뒷일은 고려하지 않고 당장의 편익만을 생각하는 분별없는 사람을 비유적으로 이른 말.

눈치가 있으면 떡이나 얻어먹지
둔하고 미련한 사람을 놀림조로 이르는 말.

눈치가 참새 방앗간 찾기
눈치가 매우 빠름을 비유적으로 이르는 말.

눈치는 형사다
눈치가 빨라 말을 하지 않아도 남의 경우를 잘 알아차리는 사람을 비유적으로 이른 말.

눈 큰 황소 발 큰 도둑놈
눈이 큰 사람, 발이 큰 사람을 놀림조로 이르는 말.

뉘 덕으로 잔뼈가 굵었기에
남의 은덕을 입고 자라났음에도 그 은덕을 모름을 이르는 말.

뉘 아기[개] 이름인 줄 아나
1. 실없는 소리를 자꾸 함을 핀잔하는 말. 2. 실없이 자기의 이름을 자꾸 부름을 핀잔하는 말.

뉘 집 개가 짖어 대는 소리냐
자기와는 전혀 관계가 없는 일이니 멋대로 지껄이라는 말.

뉘 집 숟가락이 몇 갠지 아냐
어느 집에 숟가락이 몇 개나 되는지 어찌 알겠느냐는 뜻으로, 남의 집 일을 다 알 수 없고 또 알 필요도 없음을 비유적으로 이르는 말.

뉘 집에 죽이 끓는지 밥이 끓는지 아나
1. 여러 사람의 사정을 다 살피기는 어려움을 비유적으로 이르는 말. 2. 세상 물정에 어두움을 비유적으로 이르는 말.

늙게 된서방 만난다
늙어 갈수록 신세가 더 고되어 감을 비유적으로 이르는 말. [비] 늦게 된서방 걸린다. 다 늙어 된서방을 만난다.

늙고 병든 몸은 눈먼 새도 안 앉는다
사람이 늙고 병들면 누구 하나 찾아 주지 아니하고 좋아하는 사람도 없음을 비유적으로 이르는 말.

늙어도 소승 젊어도 소승 한다
중은 늙거나 젊거나 간에 자기를 가리킬 때 소승이라 함을 이르는 말.

늙으면 설움이 많다
늙으면 작은 일에도 공연히 서러워지고 눈물이 많아진다는 말. [비] 늙으면 눈물이 헤퍼진다.

늙으면 아이 된다
늙으면 말과 행동이 오히려 어린아이와 같이 된다는 말. [비] 나이가 들면 어린애가 된다. 늙은이 아이 된다.

늙은 개가 문 지키기 괴롭다
나이 많고 늙은 사람이 쉬지 않고 꼬박 일하는 것이 쉽지 않음을 비유적으로 이른 말.

늙은 말이 길을 안다

나이와 경험이 많으면 그만큼 일에 대한 이치를 잘 앎을 비유적으로 이른 말.

늙은 말이 콩 마다할까
어떤 것을 거절하지 않고 오히려 더 좋아함을 비유적으로 이르는 말. [비] 나이 많은 말이 콩 마다할까.

늙은 말 콩 마다하듯
늙은 말이 콩을 싫어할 까닭이 없는데도 싫다고 하는 것은 더 많이 달라는 것이라는 뜻으로, 오히려 더 많이 달라는 듯 갈망하는 태도를 비유적으로 이르는 말.

늙은 소 콩밭으로 간다
1. 늙으면 먹는 데에 관심을 더 많이 가지게 됨을 비유적으로 이르는 말. 2. 늙으면 오랜 경험을 통하여 자기에게 이로운 일만 함을 비유적으로 이르는 말. [비] 늙은 말 콩 더 달란다.

늙은 소 흥정하듯
1. 늙은 소는 잘 팔리지 않기 때문에 흥정하는 데 시간이 오래 걸린다는 뜻으로, 일을 빨리 끝내지 못하고 질질 끎을 비유적으로 이르는 말. 2. 행동이 느림을 비유적으로 이르는 말.

늙은 아이어미 석 자 가시 목구멍에 안 걸린다
늙도록 아이를 많이 낳은 어머니들은 석 자나 되는 가시를 먹어도 목에 안 걸리고 넘어갈 만큼 속이 비고 궁하게 지냄을 비유적으로 이르는 말.

늙은 우세 하고 사람 치고, 병 우세 하고 개 잡아먹는다
1. 늙음을 구실로 하여 사람을 치고 병든 것을 구실로 하여 개를 잡아먹는다는 뜻으로, 무슨 일이나 자기에게 유리한 핑계로 삼음을 비유적으로 이르는 말. 2. 늙은이나 병든 사람은 잘못을 하여도 용서를 받는 경우가 많다는 말.

늙은이 가죽 두껍다
1. 늙은이는 여러 가지 어려운 일도 잘 치름을 비유적으로 이르는 말. 2. 늙은이는 염치없는 짓을 잘함을 비유적으로 이르는 말.

늙은이 괄시는 해도 아이들 괄시는 안 한다
세상 물정을 모르는 아이들 대접하기가 더 어려우니 잘하여야 한다는 말.

늙은이 기운 좋은 것과 가을 날씨 좋은 것은 믿을 수 없다

상황이 언제 변할지 모름을 비유적으로 이르는 말.

늙은이 무릎 세우듯 씌운다
마구 우김을 비유적으로 이르는 말.

늙은이 박대는 나라도 못한다
늙은이를 사회적으로 존경해야 함을 비유적으로 이르는 말.

늙은이 잘못하면 노망으로 치고 젊은이 잘못하면 철없다 한다
어떤 잘못의 원인을 개별적으로 규명하지 않고 일반적인 짐작으로 돌려 버림을 비유적으로 이르는 말.

늙은이한테는 수염이 있어야 한다
무엇이나 격에 맞는 표식이 있어야 잘 어울림을 비유적으로 이르는 말.

늙은이 호박나물에 용쓴다
1. 도저히 힘을 쓸 수 없는 처지에 있는 사람이 힘을 쓸 듯이 자신 있게 나섬을 비유적으로 이르는 말. 2. 호박죽이나 호박나물이 늙은이들에게 먹기 쉬울 뿐 아니라 그래도 근기가 있는 음식임을 이르는 말.

늙은 중이 먹을 간다
별로 하는 일이 없이 한가하게 앉아 있음을 비유적으로 이르는 말.

늙은 쥐가 독 뚫는다
늙으면 꾀가 많이 생기고 엉큼해짐을 비유적으로 이르는 말.

늙을수록 느는 건 잔소리뿐이다
늙어 갈수록 남의 일이나 행동에 대한 타박이 많아져 잔소리가 심해짐을 이르는 말.

늦게 배운 도둑이 날 새는 줄 모른다
어떤 일에 남보다 늦게 재미를 붙인 사람이 그 일에 더 열중하게 됨을 비유적으로 이르는 말. [비] 늦게 시작한 도둑이 새벽 다 가는 줄 모른다.

늦게 잡고 되게 친다
늦장을 부리고 있으면 나중에 급히 서둘러야 하기 때문에 도리어 더 큰 어려움을 겪게 된다는 말.

늦모내기에 죽은 중도 꿈쩍거린다

1. 철 늦게 하는 모내기는 되도록 빨리 끝내야 하기 때문에 몹시 바쁘다는 말.
2. 무슨 일이고 몹시 바쁠 때에는 누구나 다 움직여야 한다는 말. [비] 늦모내기 때에는 아궁 앞의 부지깽이도 뛴다.

늦바람이 용마름을 벗긴다
늦게 불기 시작한 바람이 초가집 지붕마루에 얹은 용마름을 벗겨 갈 만큼 세다는 뜻으로, 사람도 늙은 후에 한번 바람이 나기 시작하면 걷잡을 수 없음을 비유적으로 이르는 말. [비]] 사람도 늦바람이 무섭다.

한국 속담에서 배우는

지식
지혜

속담풀이

다 가도 문턱 못 넘기
애써 일을 하였으나 끝맺음을 못하여 보람이 없게 됨을 비유적으로 이른 말.

다 닳은 대갈마치라
많이 두드려서 닳아빠진 대갈마치란 뜻으로, 세상 풍파를 겪을 대로 다 겪어서 마음이 굳세고 어수룩한 데가 없는 사람을 비유적으로 이르는 말.

다 된 농사에 낫 들고 덤빈다
일이 다 끝난 뒤에 쓸데없이 참견하고 나섬을 비유적으로 이르는 말.

다 된 죽에 코 풀기
거의 다 된 일을 망쳐버리는 주책없는 행동을 비유적으로 이르는 말. 남의 다 된 일을 악랄한 방법으로 방해하는 것을 비유적으로 이르는 말. [비] 다 된 죽에 코 빠졌다. 잘되는 밥 가마에 재를 넣는다.

다 된 흥정 파의하기
심술이나 실수로 다 이루어져 가는 일을 망치는 것을 비유적으로 이르는 말.

다람쥐 계집 얻은 것 (같다)
힘에 겹고 다루기 어려운 것을 맡았음을 비유적으로 이르는 말.

다람쥐 밤 까먹듯
욕심스럽게 잘 먹는 모양을 비유적으로 이르는 말.

다람쥐 쳇바퀴 돌 듯
앞으로 나아가거나 발전하지 못하고 제자리걸음만 함을 비유적으로 이르는 말. [비] 개미 쳇바퀴 돌듯.

다리 아래서 원을 꾸짖는다
직접 말을 못하고 잘 들리지 아니하는 곳에서 불평이나 욕을 하는 것을 비유적으로 이르는 말. [비] 다리 밑에서 욕하기. 다릿목 아래서 원 꾸짖기.

다 먹은 죽에 코 빠졌다 한다
1. 맛있게 먹었으나 알고 본즉 불결하여 속이 꺼림칙함을 비유적으로 이른 말.
2. 잘 먹고 나서 그 음식에 대하여 불평하는 것을 비유적으로 이른 말.

다 밝게 범두와 소리라
범두와 소리를 하고 다니는 순라군이 밤에는 다니지 아니하고 날이 밝아서야 비로소 일어나 다닌다는 뜻으로, 때가 이미 늦었음을 비유적으로 이르는 말.

[비] 늦은 밥 먹고 파장(罷場) 간다.

다 삭은 바자 틈에 누렁개 주둥이 같다
삭을 대로 삭아서 다치기만 하여도 구멍이 펑펑 나는 바자 틈에 난데없이 쑥 나온 누렁개의 주둥이와 같다는 뜻으로, 당찮은 일에 끼어들어 주제넘게 말참견을 하는 것을 비꼬는 말. [비] 삭은 바자 구멍에 노란 개 주둥이 (내밀듯).

다시 긷지 아니한다고 이 우물에 똥을 눌까
자기의 지위나 지체가 월등해졌다고 전의 것을 다시 안 볼 듯이 괄시할 수 없다는 말. [같] 이 샘물 안 먹는다고 똥 누고 가더니 그 물이 맑기도 전에 다시 와서 먹는다.

다 쑤어 놓은 죽
잘 되었든 못 되었든 이미 끝나서 더 이상 어쩔 수 없게 된 것을 비유적으로 이르는 말.

다 팔아도 내 땅
1. 결국에는 자기 이익이 된다는 말. 2. 다 팔아서 합하여도 본래 자기 땅의 몫밖에 안 된다는 뜻으로, 큰 이익을 본 듯하나 따지고 보면 자기의 밑천밖에 안 됨을 비유적으로 이르는 말.

다 퍼먹은 김칫독
1. 앓거나 굶주리어 눈이 쑥 들어간 사람을 비유적으로 이르는 말. 2. 쓸모없게 된 물건을 비유적으로 이르는 말.

다 퍼먹은 김칫독에 빠진다
1. 남들이 이익을 보고 다 물러간 뒤에 함부로 덤벼들었다가 큰 손해를 보는 것을 비유적으로 이르는 말. 2. 아무런 이익도 손해도 볼 것이 없음을 비유적으로 이르는 말.

닦은 방울 같다
1. 눈이 빛나고 아름다운 것을 비유적으로 이르는 말. 2. 영리하고 똑똑한 어린아이를 비유적으로 이르는 말.

단 가마에 눈
뜨겁게 단 가마에 떨어져 금방 녹아 버리는 눈이라는 뜻으로, 순식간에 곧 사라짐을 비유적으로 이르는 말.

단골무당 머슴같이
무당이 춤을 추고 돌아갈 때 앞에서 돌아다니며 심부름을 하는 그 집 머슴 같다는 뜻으로, 앞에서 분주하게 왔다 갔다 함을 이르는 말.

단꿀에 덤비는 개미 떼
눈앞의 이익을 보고 앞뒤를 생각함이 없이 덤벼드는 것을 비유적으로 이른 말.

단단하기만 하면 벽에 물이 고이나
1. 아무리 단단하다고 한들 벽에야 물이 고일 수 없다는 뜻으로, 여러 가지 조건이 고루 갖추어져야 일이 됨을 이르는 말. 2. 너무 아끼면서 돈을 모으려는 사람을 핀잔하는 말.

단백사위 촉(蜀) 간다
1. 윷놀이에서, 마지막 고비에 한 번 윷을 놂으로써 이기고 지는 것이 결정될 때 그만 지고 말았다는 뜻으로, 무슨 일이든지 단수(單手)에 실패를 보게 됨을 비유적으로 이르는 말. 2. 장난삼아 한 일에 져서 어렵게 됨을 비유적으로 이르는 말. 3. 어려운 처지를 당함을 비유적으로 이르는 말.

단삼 적삼 벗고 은가락지 낀다
격에 맞지 않는 짓을 함을 비유적으로 이르는 말.

단솥에 물 붓기
1. 형편이 이미 기울어 아무리 도와주어도 보람이 없음을 비유적으로 이르는 말. 2. 조금의 여유도 없이 버쩍버쩍 없어짐을 비유적으로 이르는 말.

단술 먹은 여드레 만에 취한다
어떤 일을 겪은 후 한참 만에야 비로소 그 영향이 나타난다는 말. [비] 작년에 고인 눈물 금년에 떨어진다.

단 장을 달지 않다고 말을 한다
맛이 단 장을 놓고 달지 않다고 억지소리를 한다는 뜻으로, 뻔한 사실을 말하지 않고 딴소리로 우김을 비유적으로 이르는 말.

단천 놈이 은값 떼듯 한다
받을 것을 사정없이 재촉하여 받아 냄을 비유적으로 이르는 말.

단칸방에 새 두고 말할까
한집안 식구처럼 가깝게 지내는 사이에 무슨 비밀이 있겠느냐는 말.

단풍도 떨어질 때에 떨어진다
무엇이나 제 때가 있다는 말.

닫는 놈의 주먹만도 못하다
달리는 사람의 불끈 쥔 작은 주먹만도 못하다는 뜻으로, 매우 작음을 비유적으로 이르는 말.

닫는 데 발 내민다
어떤 일에 열중하고 있는데 남이 중간에서 그 일을 방해함을 비유적으로 이르는 말.

닫는 말에 채질한다고 경상도까지 하루에 갈 것인가
부지런히 힘껏 하고 있는 일을 자꾸 더 잘하고 빨리 하라고 무리하게 재촉한들 잘될 리 없다는 말.

닫는 사슴을 보고 얻은 토끼를 잃는다
지나치게 욕심을 부리다가 도리어 손해를 봄을 비유적으로 이르는 말. [비] 달아나는 노루 보고 얻은 토끼를 놓았다.

달걀도 굴러가다 서는 모가 있다
1. 어떤 일이든 끝날 때가 있다는 말. 2. 좋게만 대하는 사람도 화를 낼 때가 있음을 비유적으로 이르는 말. [비] 메밀도 굴러가다가 서는 모가 있다.

달걀로 바위[백운대/성] 치기
대항해도 도저히 이길 수 없는 경우를 비유적으로 이르는 말. [비] 바위에 달걀 부딪치기. 바위에 머리 받기.

달걀로 치면 노른자다
가장 중요한 부분이라는 말.

달걀 섬 모시듯[다루듯]
매우 조심하여 다룸을 비유적으로 이르는 말.

달걀에도 뼈가 있다
뜻하지 않은 방해가 끼어 재수가 없는 경우를 이르는 말. 귀하게 얻은 달걀마저 곯은 달걀이더라는 고사에서 유래한다.

달고 치는데 안 맞는 장사가 있나
아무리 장사라도 달아매어 놓고 치는 데는 안 맞을 재간이 없다는 뜻으로, 아무리 강한 사람도 여럿이 함께 몰아대면 당할 수 없음을 비유적으로 이른 말.

달기는 옛집 할머니 손가락이라
1. 엿 맛이 달다고 해서 엿집 할머니의 손가락까지도 단 줄 안다는 뜻으로, 무슨 일에 너무 마음이 혹하여 좋은 것만 보이고 나쁜 것은 안 보인다는 말. 2. 어떤 음식을 좋아하여 그와 비슷하나 먹지 못할 것까지 먹을 것으로 잘못 안다는 말.

달도 차면 기운다
1. 세상의 온갖 것이 한번 번성하면 다시 쇠하기 마련이라는 말. 2. 행운이 언제까지나 계속되는 것은 아님을 비유적으로 이르는 말. [비] 그릇도 차면 넘친다. 달이 둥글면 이지러지고 그릇이 차면 넘친다.

달리는 말에 채찍질
1. 기세가 한창 좋을 때 더 힘을 가한다는 말. 2. 힘껏 하는데도 자꾸 더 하라고 한다는 말. [비] 닫는 말에도 채를 친다.

달리다 딸기 따먹듯
음식이 양에 차지 않음을 비유적으로 이르는 말.

달면 삼키고 쓰면 뱉는다
옳고 그름이나 신의를 돌보지 않고 자기의 이익만 꾀함을 비유적으로 이르는 말. [비] 맛이 좋으면 넘기고 쓰면 뱉는다. 쓰면 뱉고 달면 삼킨다. 추우면 다가들고 더우면 물러선다.

달 밝은 밤이 흐린 낮만 못하다
달이 아무리 밝다고 해도 흐린 낮보다 밝지는 못하다는 뜻으로, 자식의 효도가 남편이나 아내의 사랑보다는 못함을 비유적으로 이르는 말.

달밤에 삿갓 쓰고 나온다
가뜩이나 미운 사람이 더 미운 짓만 함을 비유적으로 이르는 말. [비] 못난 색시 달밤에 삿갓 쓰고 나선다[다닌다]. 못생긴 며느리 제삿날에 병난다. 예쁘지 않은 며느리가 삿갓 쓰고 으스름달밤에 나선다.

달 보고 짖는 개
1. 남의 일에 대하여 잘 알지도 못하면서 떠들어 대는 사람을 비유적으로 이르는 말. 2. 대수롭지도 않은 일에 공연히 놀라거나 겁을 내서 떠들썩하는 싱거운 사람을 비유적으로 이르는 말.

달팽이가 바다를 건너다니
도저히 불가능한 일이라 말할 거리도 안 된다는 말.

닭 길러 족제비 좋은 일 시킨다
애써 기른 닭을 족제비가 물어 갔다는 뜻으로, 애써 하던 일이 남에게만 좋은 일이 되어 버림을 비유적으로 이르는 말.

닭도 제 앞 모이 긁어 먹는다
제 앞의 일은 자기가 처리하여야 한다는 말.

닭 소 보듯, 소 닭 보듯
서로 아무런 관심도 두지 않고 있는 사이임을 비유적으로 이르는 말.

닭 손님으로는 아니 간다
닭장에 낯선 닭이 들어오면 본래 있던 닭이 달려들어 못살게 굴듯이, 손님을 반가워하지 않는 집에는 가야 좋은 대접을 받지 못함을 비유적으로 이른 말.

닭의 갈비 먹을 것 없다
형식만 있고 내용이 보잘것없음을 비유적으로 이르는 말.

닭의 볏이 될지언정 소의 꼬리는 되지 마라
크고 훌륭한 자의 뒤를 쫓아다니는 것보다는 차라리 작고 보잘것없는 데서 남의 우두머리가 되는 것이 낫다는 말. [비] 닭의 대가리가 소꼬리보다 낫다. 닭의 부리가[입이] 될지라도 소의 꼬리는 되지 마라.

닭의 새끼가 발을 벗으니 오뉴월만 여긴다
닭의 새끼가 맨발로 다니는 것을 보고 오뉴월 더운 때인 줄 안다는 뜻으로, 한창 추운 때에 추위를 막을 대책을 전혀 세우지 않음을 비유적으로 이른 말.

닭이 천이면 봉이 한 마리 있다
사람이 많으면 그중에는 뛰어난 사람도 있음을 비유적으로 이르는 말.

닭 잡아 겪을 나그네 소 잡아 겪는다
어떤 일을 처음에 소홀히 하다가 나중에 큰 손해를 보게 됨을 비유적으로 이르는 말. [비] 닭 잡아 할 제사 소 잡아 하게 된다. 새 잡아 잔치할 것을 소 잡아 잔치한다.

닭 잡아먹고 오리 발 내놓기
옳지 못한 일을 저질러 놓고 엉뚱한 수작으로 속여 넘기려 하는 일을 비유적

으로 이르는 말.

닭 쫓던 개 지붕[먼산] 쳐다보듯

개에게 쫓기던 닭이 지붕으로 올라가자 개가 쫓아 올라가지 못하고 지붕만 쳐다본다는 뜻으로, 애써 하던 일이 실패로 돌아가거나 남보다 뒤떨어져 어찌할 도리가 없이 됨을 비유적으로 이르는 말. [비] 닭 쫓던 개 울타리 넘겨다보듯. 닭 쫓던 개의 상.

담배씨네 외손자

성질이 매우 잘거나 마음이 좁은 사람을 비유적으로 이르는 말.

담배씨로 뒤웅박을 판다[딴다]

1. 작은 담배씨의 속을 파내고 뒤웅박을 만든다는 뜻으로, 사람이 매우 잘거나 잔소리가 심함을 비유적으로 이르는 말. 2. 성품이 매우 치밀하고 찬찬하여, 품이 많이 드는 세밀한 일을 잘함을 비유적으로 이르는 말.

담배 잘 먹기는 용귀돌(龍貴乭)일세

옛말에 나오는 용귀돌이처럼 담배를 아주 즐기는 사람을 비유적으로 이른 말.

담벼락을 문이라고 내민다

시치미를 떼고 엉뚱한 소리를 하거나 억지를 써서 우겨댄다는 말.

담양 갈 놈

담양으로 유배를 갈 놈이라는 뜻으로, 남을 욕하거나 업신여기어 천하게 대우하는 말.

담을 쌓고 벽을 친다

의좋게 지내던 관계를 끊고 서로 철저하게 등지고 삶을 비유적으로 이른 말.

담을 쌓았다 헐었다 한다

이렇게도 궁리하여 보고 저렇게도 궁리하여 봄을 비유적으로 이르는 말.

닷곱에 참녜 서 홉에 참견

남의 사소한 일에까지 간섭하는 것을 비유적으로 이르는 말.

닷 돈 보고 보리밭에 갔다가 명주 속옷 찢었다

작은 이익을 얻으려다 도리어 큰 손해를 봄을 비유적으로 이르는 말.

닷 돈 추렴에 두 돈 오 푼을 내었나

여럿이 모인 자리에서 발언권을 얻지 못하거나 업신여김을 당하는 경우를 불만조로 이르는 말.

닷새를 굶어도 풍잠 멋으로 굶는다
체면 때문에 곤란을 무릅씀을 비유적으로 이르는 말.

당겨 놓은 화살을 놓을 수 없다
이미 만반의 준비를 갖추고 시작한 일을 도중에 그만두어서는 안 된다는 말.

당나귀 귀 치레
당나귀의 큰 귀에다 여러 가지 치레를 잔뜩 한다는 뜻으로, 당치도 않은 곳에 어울리지 않게 쓸데없는 치레를 하여 오히려 겉모양을 흉하게 만듦을 비유적으로 이르는 말.

당나귀 새끼인가 보다 술 때 아는 걸 보니
술 잘 먹는 사람이 술 먹을 때를 용하게 알아서 오는 경우를 비유적으로 이르는 말.

당나귀 찬물 건너가듯
글을 막힘없이 줄줄 잘 읽음을 비유적으로 이르는 말.

당나귀 하품한다고 한다
귀머거리는 당나귀가 우는 것을 보고 하품하는 줄로 안다는 뜻으로, 귀머거리의 판단 능력을 조롱하는 말.

당닭의 무녀리냐 작기도 하다
당닭의 첫배로 난 무녀리처럼 작다는 뜻으로, 여럿 가운데서 가장 작음을 이르는 말.

당랑이 수레를 버티는 셈
미약한 제 분수도 모르고 덤벼드는 무모한 짓을 비유적으로 이르는 말.

당장 먹기엔 곶감이 달다
1. 당장 먹기 좋고 편한 것은 그때 잠시뿐이지 정작 좋고 이로운 것은 못 된다는 말. 2. 나중에 가서야 어떻게 되든지 당장 하기 쉽고 마음에 드는 일을 잡고 시작함을 비유적으로 이르는 말.

대가리를 삶으면 귀까지 익는다
가장 중요한 것만 처리하고 나면 나머지 일은 따라서 해결됨을 비유적으로 이르는 말.

대가리를 잡다가 꽁지를 잡았다
큰 것을 바라다가 겨우 조그마한 것밖에 얻지 못하였음을 비유적으로 이른 말.

대가리보다 꼬리가 크다
주된 것보다 부차적인 것이 더 많거나 크다는 말.

대가리에 쉬슨 놈
어리석고 둔한 사람을 비유적으로 이르는 말.

대감 죽은 데는 안 가도 대감 말 죽은 데는 간다
대감이 죽은 후에는 그에게 잘 보일 필요가 없으나 대감이 살고 말이 죽으면 대감의 환심을 사기 위하여 조문을 간다는 뜻으로, 권력이 있을 때는 아첨을 하지만 권력이 없어지면 돌아다보지 않는 세상인심을 비유적으로 이르는 말. [비] 대감 말이 죽었다면 먹던 밥을 밀쳐놓고 가고, 대감이 죽었다면 먹던 밥 다 먹고 간다. 정승 말[개/당나귀] 죽은 데는 (문상을) 가도 정승 죽은 데는 (문상을) 안 간다. 호장 댁네 죽은 데는 가도 호장 죽은 데는 가지 않는다.

대경주인을 보았나
경주인이 관청으로부터 벌을 받을 때 사람을 사서 대신 벌을 받게 한 데서, 집 없는 사람이 무수히 매 맞고 고생한다는 말.

대궐 역사는 한이 없다
대궐 짓는 일과 같은 나라의 일은 끝이 없어 백성들이 늘 고생이라는 말.

대 끝에서도 삼 년이라
까딱하다가는 떨어지고 마는 대나무 끝에서도 삼 년을 견딘다는 뜻으로, 어려운 일을 당해서도 참고 견딤을 비유적으로 이르는 말.

대낮에 도깨비에 홀렸나[홀린 격]
도무지 이해가 되지 않는 일을 당한 경우를 이르는 말.

대낮에 마른벼락
뜻밖의 일로 당한 화를 비유적으로 이르는 말. [비] 마른날에 벼락 맞는다. 청천 하늘에 날벼락.

대낮의 올빼미
어떤 사물을 보고도 알아보지 못하고 멍청하게 있는 것을 비유적으로 이른 말.

대대 곱사등이
아비의 잘못을 자식이 닮아서 낳은 족족 그러함을 비유적으로 이르는 말.

대들보 썩는 줄 모르고 기왓장 아끼는 격
장차 크게 손해 볼 것은 모르고 당장 돈이 조금 든다고 사소한 것을 아끼는 어리석은 행동을 비유적으로 이르는 말.

대로 한길 노래로 열라
큰길을 노래를 부르며 가라는 뜻으로, 낙관적인 마음으로 앞길을 개척해 나가라는 말.

대모관자 같으면 되겠다
쓸모가 많아서 여러 방면에서 자주 찾아 주는 사람이 많았으면 좋겠다는 말.

대모관자 같으면 뛰겠다
대모관자라도 너무 자주 매었다 풀었다 하면 끊어지겠다는 뜻으로, 사람을 너무 자주 부르는 경우를 비유적으로 이르는 말.

대문 밖이 저승이라
1. 사람은 언제 죽을지 모른다는 뜻으로, 사람의 목숨이 덧없음을 비유적으로 이르는 말. 2. 머지않아 곧 죽게 될 것임을 비유적으로 이르는 말. [비] 문턱 밑이 저승이라. 저승길이 대문 밖이다.

대문이 가문
1. 아무리 가문이 높아도 가난하여 집채나 대문이 작으면 위엄이 없어 보인다는 말. 2. 겉보기가 훌륭하여야 남에게 위압을 준다는 말.

대부등에 겻낫질이라[낫걸이라]
큰 아름드리나무를 조그만 낫으로 베려는 것과 같다는 뜻으로, 세력이 아주 큰 것에 몹시 작은 것으로 덤비려 함을 비유적으로 이르는 말. [비] 개미가 정자나무 건드린다.

대사 뒤에 병풍 지고 나간다
남의 집 잔치에 왔다가 병풍을 지고 간다는 뜻으로, 너무도 염치없는 짓을 함을 이르는 말.

대사에 낭패 없다
관혼상제와 같은 큰일은 시작만 해 놓으면 어떻게든 처러 내게 된다는 말.

대신 댁 송아지 백정 무서운 줄 모른다
남의 권력만 믿고 거만을 부림을 비유적으로 이르는 말. [비] 대신 집 강아지 범 무서운 줄 모른다.

대장의 집에 식칼이 논다
칼을 만드는 대장장이의 집에 오히려 식칼이 없다는 뜻으로, 어떠한 물건이 흔하게 있을 듯한 곳에 의외로 많지 않거나 없음을 비유적으로 이르는 말. [비] 대장장이 집에 식칼이 놀고 미장이 집에 구들장 빠진 게 삼 년 간다. 짚신장이 헌 신 신는다.

대천가의 논은 살 것이 아니다
큰 강가의 논은 수해를 입기가 쉬움을 비유적으로 이르는 말.

대추나무에 연 걸리듯
여기저기에 빚을 많이 진 것을 비유적으로 이르는 말.

대통 맞은 병아리 같다
남에게 얻어맞거나 의외의 일을 당하여 정신이 멍한 것을 비유적으로 이른 말.

대학을 가르칠라
미련한 자가 어리석은 말을 함을 비유적으로 이르는 말. 옛날에 한 농부가 촌선생에게서 ≪대학≫을 배우다가 답답하여 공부를 단념하고 돌아가서 밭을 갈다가 소가 말을 듣지 않자 소에게 '≪대학≫을 가르칠까 보다.'라고 하였다는 말에서 유래한다.

대한 끝에 양춘이 있다
1. 어렵고 괴로운 일을 겪고 나면 즐겁고 좋은 일도 있음을 비유적으로 이르는 말. 2. 세상의 일은 돌고 도는 것임을 비유적으로 이르는 말.

대한이 소한의 집에 가서 얼어 죽는다
글자 뜻으로만 보면 대한이 소한보다 추워야 할 것이나 사실은 소한 무렵이 더 추운 것을 비유적으로 이르는 말. [비] 소한의 얼음 대한에 녹는다. 추운 소한은 있어도 추운 대한은 없다. 춥지 않은 소한 없고 추운 대한 없다.

대한 칠 년 비 바라듯
칠 년이나 계속되는 큰 가뭄에 비 오기를 바란다는 뜻으로, 몹시 간절히 바람을 비유적으로 이르는 말. [비] 칠년대한에 대우(大雨) 기다리듯[바라듯].

댓진 먹은 뱀 (같다)
뱀이 담뱃대에 엉긴 진을 먹으면 즉사한다는 데서, 이미 운명이 결정된 사람을 비유적으로 이르는 말.

더도 말고 덜도 말고 늘 가윗날만 같아라
가윗날은 백곡이 익는 계절인 만큼 모든 것이 풍성하고 즐거운 놀이를 하며 지낸 데서, 잘 먹고 잘 입고 편히 살기를 바라는 말.

더러운 처와 악한 첩이 빈방보다 낫다
아무리 못된 아내라도 없는 것보다 있는 것이 좋음을 비유적으로 이르는 말.

더벅머리 댕기 치레하듯
바탕이 좋지 않은 것에 어울리지 않게 지나친 겉치레를 하여 오히려 더 흉하게 된 것을 비유적으로 이르는 말.

더부살이가 주인마누라 속곳 베 걱정한다
남의 집에 더부살이하면서 제 옷도 변변히 못 입는 형편에 주인집 마누라의 속곳 마련할 걱정을 한다는 뜻으로, 주제넘게 남의 일에 대하여 걱정함을 비유적으로 이르는 말. [비] 더부살이 환자 걱정. 칠월 더부살이가 주인마누라 속곳 걱정한다.

더운죽에 파리 날아들 듯
무턱대고 덤벙이다가 곤경에 빠짐을 비유적으로 이르는 말.

더운죽에 혀 데기
1. 더운죽에 혀를 대면 덴다는 것을 뻔히 알면서도 어리석게 혀를 댄다는 뜻으로, 그르칠 것이 뻔한 일을 하는 것을 비유적으로 이르는 말. 2. 대단치 않은 일에 낭패를 보아 비록 짧은 동안이나마 어찌할 바를 모르는 것을 비유적으로 이르는 말.

더워서 못 먹고 식어서 못 먹고
이런저런 구실과 조건을 대면서 이러쿵저러쿵 불만이 많음을 비유적으로 이르는 말.

덕석이 멍석인 듯
약간 비슷함을 빙자하여 그 실물인 것처럼 자처함을 비유적으로 이르는 말. [비] 덕석이 멍석이라고 우긴다.

던져 마름쇠

1. 마름쇠는 누구나 던지면 틀림없이 꽂히고 한쪽은 위로 솟는 데서, 어떤 일에 별로 숙달되지 않은 사람도 실수 없이 능히 할 수 있는 일인 경우를 비유적으로 이르는 말. 2. 어떻게 하든 한 가지 정해진 경우밖에 달리는 되지 않는 것을 비유적으로 이르는 말.

덜 곪은 부스럼에 아니 나는 고름 짜듯

상을 몹시 찌푸리는 모양을 비유적으로 이르는 말.

덩덩하니 문 너머 굿인 줄 아느냐

무엇이 얼씬만 하여도 좋은 일이나 구경거리가 있는 줄 알고 속단함을 비유적으로 이르는 말. [비] 덩덩하니 굿만 여겨.

덫에 치인 범이요, 그물에 걸린 고기라

꼼짝없이 막다른 처지에 몰린 형세가 됨을 비유적으로 이르는 말. [비] 낚싯바늘에 걸린 생선.

덮어놓고 열넉 냥[열닷 냥]

금내용을 살피지 않고 함부로 판단함을 비유적으로 이르는 말.

덴 데 털 안 난다

크게 덴 상처에는 털이 안 난다는 뜻으로, 한 번 크게 실패를 하면 다시 일어나기 어려움을 비유적으로 이르는 말.

덴 소 날치듯

불에 덴 소가 이리 뛰고 저리 뛰며 날치듯 한다는 뜻으로, 물불을 가리지 못하고 함부로 날뜀을 비유적으로 이르는 말.

도감 포수 마누라 오줌 짐작하듯

도감 포수가 새벽에 영내(營內)에 들어갈 때 그 시각을 마누라가 오줌 누는 시간으로 짐작한다는 뜻으로, 분명하지 않은 일을 짐작으로 판단하고 믿으면 낭패하기 쉽다는 말.

도깨비 기왓장 뒤듯

1. 집안이 망하려면 도깨비가 기왓장을 뒤져 흐트러뜨린다는 이야기에서 나온 것으로, 쓸데없이 이것저것 분주하게 뒤지기만 하는 모양을 비유적으로 이르는 말. 2. 남 보기에 분주하게 일을 엄벙덤벙하는 모양을 비유적으로 이르는 말. [비] 도깨비 수키왓장 뒤듯.

도깨비는 방망이로 떼고 귀신은 경으로 뗀다
귀찮은 존재를 떼는 데는 특수한 방법이 있다는 말.

도깨비 달밤에 춤추듯
멋없이 거드럭거리는 모양을 비유적으로 이르는 말.

도깨비 대동강 건너듯
일의 진행이 눈에 띄지는 않으나 그 결과가 빨리 나타나는 모양을 비유적으로 이른 말.

도깨비도 수풀이 있어야 재주를 피운다
아무리 재능이 있는 사람일지라도 일정한 조건이 마련되어야 그 재능을 나타낼 수 있음을 비유적으로 이르는 말.

도깨비 땅 마련하듯
무엇을 하기는 하나 결국 아무 실속 없이 헛된 일만 하는 모양을 비유적으로 이른 말.

도깨비를 사귀었나
까닭도 모르게 재산이 부쩍부쩍 늘어가는 경우를 비유적으로 이르는 말.

도깨비 사귄 셈이라
귀찮은 자가 조금도 곁을 떠나지 않고 늘 따라다니는 경우를 비유적으로 이르는 말.

도깨비 쓸개라
무엇이나 보잘것없이 작고 추잡한 것임을 비유적으로 이르는 말.

도끼가 제 자루 못 찍는다
자기의 허물을 자기가 알아서 고치기 어려움을 비유적으로 이르는 말. [비] 도끼가 제 자루 깎지 못한다.

도끼 가진 놈이 바늘 가진 놈을 못 당한다
도끼같이 큰 무기를 가지고 있다고 하여 상대편의 사정을 봐주다가는 도리어 바늘을 가지고 있는 사람에게 진다는 말. [비] 바늘 가진 사람이 도끼 가진 사람 이긴다.

도끼는 날을 달아 써도 사람은 죽으면 그만
물건은 다시 고쳐 쓸 수 있어도 사람은 생명을 다시 이어 살 수 없다는 말.

[비] 도끼는 무디면 갈기나 하지 사람은 죽으면 다시 오지 못한다. 도끼라 날 달아 쓸까. 어떤 물건이 다시 쓸 수 없게 된 경우를 비유적으로 이르는 말.

도끼 등에 칼날을 붙인다
서로 맞지 않는 것을 가져다 대고 붙이려고 하는 헛된 짓을 비유적으로 이르는 말.

도끼로 제 발등 찍는다
남을 해칠 요량으로 한 것이 결국은 자기에게 해롭게 된 경우를 비유적으로 이르는 말.

도끼를 베고 잤나
밤잠을 편히 못 자고 너무 이른 아침에 일어난 경우를 비유적으로 이른 말.

도끼 삶은 물
1. 아무 맛도 없는 것을 비유적으로 이르는 말. 2. 아무런 내용도 없는 것을 비유적으로 이르는 말.

도는 개는 배 채우고 누운 개는 옆 챈다
활동하면 얻는 바가 있지만 누워서 게으름이나 피우면 옆구리나 차이기 마련임을 비유적으로 이르는 말.

도둑개가 겻섬에 오른다
자기가 하고 싶은 것을 할 때에는 그 동작이 매우 재빠름을 비유적으로 이르는 말.

도둑개 살 안 찐다
늘 남의 것을 탐하는 자는 재물을 모으지 못함을 비유적으로 이르는 말. [비] 도둑고양이가 살찌랴.

도둑고양이가 제상에 오른다
못된 사람이 무엄한 짓을 한다는 말.

도둑놈 개 꾸짖듯
남이 알까 두려워서 입속으로 중얼거림을 비유적으로 이르는 말.

도둑놈 개에게 물린 셈
자신의 잘못 때문에 봉변을 당하여도 아무 말 못하는 경우를 비유적으로 이르는 말.

도둑놈더러 인사불성이라 한다
크게 잘못한 사람에게 조그만 허물만 탓함을 비유적으로 이르는 말.

도둑놈도 인정이 있다
아무리 나쁜 사람일지라도 인정은 있음을 비유적으로 이르는 말.

도둑놈 딱장받듯
남을 너무 욱대김을 비유적으로 이르는 말.

도둑놈 볼기짝 같다
도둑이 관가에 잡혀가 볼기를 맞아서 멍이 든 것과 같다는 뜻으로, 얼굴 빛깔이 시푸르죽죽함을 비유적으로 이르는 말.

도둑놈 부싯돌만 한 놈
하잘것없는 사람을 낮잡아 이르는 말.

도둑놈 소 몰 듯
당황하여 황급히 서두르는 모양을 비유적으로 이르는 말.

도둑놈은 한 죄, 잃은 놈은 열 죄
도둑은 물건을 훔친 죄 하나밖에 없으나 잃은 사람은 간수를 잘못한 일, 공연히 남을 의심한 일 따위의 여러 가지 죄를 짓게 됨을 비유적으로 이르는 말.

도둑놈의 뒤턱을 친다
도둑의 등을 쳐서 우려먹는다는 뜻으로, 아주 못된 짓을 함을 비유적으로 이르는 말.

도둑놈이 씻나락을 헤아리랴
뒷날은 생각지 않고 당장의 이익만 보고 해 먹는 자를 비유적으로 이르는 말.

도둑놈이 제 말에 잡힌다
나쁜 짓을 하고 그것을 숨기려고 하나 저도 모르는 사이에 죄를 드러내고 맒을 비유적으로 이르는 말. [비] 도둑놈이 제 발자국에 놀란다.

도둑놈 허접 대듯
무슨 잘못을 저질러 놓고 그것을 감추려고 정신없이 애씀을 비유적으로 이르는 말. [비] 언덕에 둔덕 대듯.

도둑맞고 죄 된다

도둑을 맞고는 공연히 무고한 사람까지 의심하게 됨을 비유적으로 이르는 말.
[비] 내 것 잃고 죄짓는다.

도둑맞으면 어미 품도 들춰 본다
물건을 잃게 되면 누구나 다 의심스럽게 여겨짐을 비유적으로 이르는 말.

도둑에게 열쇠 준다
믿지 못할 사람을 신용하여 일을 맡기는 어리석음을 비유적으로 이르는 말.
[비] 도둑놈 문 열어 준 셈. 도둑놈 열쇠 맡긴 셈.

도둑에도 의리가 있고 딴꾼에도 꼭지가 있다
못된 짓을 하는 자들에게도 저희끼리 지켜야 하는 의리나 질서가 있음을 비유적으로 이르는 말.

도둑을 뒤로 잡지 앞으로 잡나
도둑은 분명한 증거를 가지고 잡아야지 의심만으로는 잡을 수 없다는 뜻으로, 확실한 증거가 없이 추측만으로는 남을 의심하거나 이렇다 저렇다 말할 수 없음을 비유적으로 이르는 말.

도둑을 맞으려면 개도 안 짖는다
운수가 나쁘면 모든 것이 제대로 되지 않음을 비유적으로 이르는 말. [비] 도둑이 들려면 개도 안 짖는다. 운수가 사나우면 짖던 개도 안 짖는다.

도둑의 두목도 도둑이요 그 졸개도 또한 도둑이라
윗자리에 앉아 시키는 놈이나 그대로 따라 하는 놈이나 다 마찬가지로 나쁜 놈임을 비유적으로 이르는 말.

도둑의 때는 벗어도 자식의 때는 못 벗는다
자식의 잘못은 어쩔 수 없이 부모가 책임져야 함을 비유적으로 이르는 말.

도둑의 때는 벗어도 화냥의 때는 못 벗는다
부정한 품행을 삼가야 함을 비유적으로 이르는 말.

도둑의 묘에 잔 부어 놓기
대접받을 가치가 없는 사람에게 과분한 대접을 함과 같이 일을 잘못 처리함을 비유적으로 이르는 말.

도둑의 씨가 따로 없다
특별히 타고난 도둑은 없다는 뜻으로, 사람이란 주위의 환경과 조건에 따라 누구나 도둑이 될 수 있음을 비유적으로 이르는 말.

도둑의 집에도 되는 있다
못된 짓을 하는 사람에게도 경위와 종작이 있음을 비유적으로 이르는 말.

도둑의 집에 한당이 들었다
몹쓸 놈이 그보다 더 몹쓸 놈에게 변을 당함을 비유적으로 이르는 말.

도둑의 찌끼는 있어도 불의 찌끼는 없다
도둑이 지나간 자리는 남는 것이 있어도 화재가 났던 자리는 아무것도 남는 것이 없다는 말.

도둑이 매를 든다
잘못한 놈이 도리어 기세를 올리고 나무람을 비유적으로 이르는 말. [비] 도둑 놈이 몽둥이 들고 길 위에 오른다. 도둑이 달릴까 했더니 우뚝 선다.

도둑이 없으면 법도 쓸데없다
도둑질이 가장 나쁨을 비유적으로 이르는 말.

도둑이 제 발 저리다
지은 죄가 있으면 자연히 마음이 조마조마하여짐을 비유적으로 이르는 말. [비] 도적은 제 발이 저려서 뛴다.

도둑이 포도청 간다
지은 죄를 숨기려고 한 짓이 도리어 죄를 드러내고 맒을 비유적으로 이르는 말. [비] 도둑이 도둑이야 한다. 불낸 놈이 불이야 한다.

도둑질도 혼자 해 먹어라
무슨 일이나 여럿이 하면 말이 많아지고 손이 맞지 않아 실수하기 쉬우니, 혼자 하는 것이 가장 좋음을 비유적으로 이르는 말.

도둑질은 내가 하고 오라는 네가 져라
나쁜 짓을 해서 이익은 자기가 차지하고 그것에 대한 벌은 남보고 받으라는 경우를 비유적으로 이르는 말. [비] 좋은 짓은 저희들끼리 하고 죽은 아이 장사는 나더러 하란다.

도둑 한 놈에 지키는 사람 열이 못 당한다
도난을 방지하기가 어려움을 비유적으로 이르는 말.

도랑에 든 소

도랑 양편에 우거진 풀을 다 먹을 수 있는 소라는 뜻으로, 이리하거나 저리하거나 풍족한 형편에 놓인 사람 또는 그런 형편을 비유적으로 이르는 말. [비] 개천에 든 소. 두렁에 든 소.

도랑 치고 가재 잡는다

1. 일의 순서가 바뀌었기 때문에 애쓴 보람이 나타나지 않음을 비유적으로 이르는 말. 2. 한 가지 일로 두 가지 이익을 봄을 비유적으로 이르는 말.

도래떡이 안팎이 없다

둥글넓적한 도래떡은 안과 밖의 구별이 없다는 뜻으로, 두루뭉술하여 어떻다고 판단을 내리기가 어려움을 비유적으로 이르는 말.

도련님은 당나귀가 제격이라

제격에 맞게 물건을 쓰거나 행동해야 어울림을 비유적으로 이르는 말.

도련님 천량

아직 돈을 쓸 줄 모르는 도련님의 돈이라는 뜻으로, 쓰지 않고 오붓하게 모은 돈을 비유적으로 이르는 말.

도련님 풍월에 염이 있으랴

어리고 서투른 사람이 하는 일이 신통할 리가 없으니 심하게 나무랄 것이 못 됨을 비유적으로 이르는 말.

도마 위의 고기가 칼을 무서워하랴

죽음을 이미 각오한 사람이 무엇이 무섭겠냐는 말.

도적맞고 욕본다

손해를 보고도 도리어 곤경에 빠짐을 비유적으로 이르는 말.

도척의 개 범 물어 간 것 같다

도척의 개를 범이 물어 간 것처럼 시원하다는 뜻으로, 싫어하는 사람이 잘못되거나 불행하여지는 것을 보고 매우 통쾌하게 여기거나 기뻐함을 이른 말.

도토리 키 재기

1. 정도가 고만고만한 사람끼리 서로 다툼을 이르는 말. 2. 비슷비슷하여 견주어 볼 필요가 없음을 이르는 말. [비] 난쟁이끼리 키 자랑하기.

도투마리 잘라 넉가래 만들기

도투마리를 두 토막 내면 넉가래가 되는 데서, 아주 하기가 쉬운 일을 비유적으로 이르는 말.

도포를 입고 논을 갈아도 제멋이다
도포를 입고 진흙투성이인 논에 들어가 일을 해도 제가 좋아서 하면 그만 아니냐는 뜻으로, 사람은 저마다 저 하고 싶은 대로 하는 것이라는 말.

도포 입고 논 썰기
격에 맞지 않아 어색하고 어울리지 않는 일을 비유적으로 이르는 말.

도회 소식 들으려면 시골로 가거라
자기가 있는 곳, 가까운 곳의 일은 잘 모르면서 오히려 먼 곳의 일은 잘 알고 있다는 말.

독사 아가리에 손가락을 넣는다
매우 위험한 짓을 함을 비유적으로 이르는 말.

독수공방에 유정 낭군 기다리듯
홀로 빈방을 지키며 사랑하는 사람이 오기만을 기다린다는 뜻으로, 무엇인가를 간절히 바라는 모양을 비유적으로 이르는 말. [비] 독수공방에 정든 님 기다리듯.

독수리는 파리를 못 잡는다
각자 능력에 맞는 일이 따로 있다는 말.

독수리 본 닭 구구 하듯
독수리를 본 닭이 정신이 나가 떠도는 데서, 위험이 닥쳤을 때 겁에 질려 어쩔 줄 모르는 모양을 비유적으로 이르는 말.

독 안에서 소리치기
평소에 남이 보지 않는 곳에서나 큰소리치고 잘난 척함을 비유적으로 이른 말.

독 안에서 푸념
1. 남이 들을까 봐 몰래 푸념한다는 뜻으로, 마음이 옹졸하여 하는 짓이 답답함을 이르는 말. 2. 속이 음흉하여 무슨 짓을 할지 모르겠다는 말.

독장수구구는 독만 깨뜨린다
실현성이 없는 허황된 계산은 도리어 손해만 가져온다는 말.

독 틈에도 용소가 있다
독 틈에도 깊은 웅덩이가 있다는 뜻으로, 무슨 일에든지 남을 속이려 하는 수작이 있으니 조심해야 한다는 말.

독 틈에서 쥐잡기
독과 독 사이에 숨어 있는 쥐를 잡으려다가 독을 깨뜨릴 수 있다는 뜻으로, 어떤 작은 성과를 내려다가 큰 손실을 볼 수 있는 위태로운 일을 함을 비유적으로 이르는 말.

독 틈에 탕관
약자가 강자들의 틈에 끼어서 곤란을 당하는 경우를 비유적으로 이르는 말.

돈 나는 모퉁이 죽는 모퉁이
세상에서 돈 벌기가 가장 어려운 일이라는 말.

돈 놓고는 못 웃어도 아이 놓고는 웃는다
많은 재물을 가진 사람은 도둑을 걱정하여 웃을 수 없으나 아이를 가진 자는 그 재롱에 늘 웃을 수 있다는 뜻으로, 재물보다 자식이 더 소중하다는 말.

돈만 있으면 개도 멍첨지라
천한 사람도 돈만 있으면 다른 사람들이 귀하게 대접함을 비유적으로 이르는 말. [비] 돈만 있으면 개도 흉한 짓을 한다.

돈만 있으면 귀신[두억시니]도 부릴 수 있다
돈만 있으면 세상에 못 할 일이 없다는 말. [비] 돈만 있으면 귀신도 사귄다.

돈 모아 줄 생각 말고 자식 글 가르쳐라
자식을 위하는 가장 좋은 유산은 교육을 잘 시키는 일임을 강조하는 말. [비] 황금 천 냥이 자식 교육만 못하다.

돈반 밥 먹고 열네 닢으로 사정한다
남에게 으레 주어야 할 것을 조금이라도 덜 주려고 몹시 비굴하게 군다는 말.

돈에 대한 사랑은 돈이 자랄수록 자란다
돈에 대한 애착은 돈을 가지게 될수록 점점 자라나 끝이 없게 됨을 비유적으로 이르는 말.

돈에 침 뱉는 놈 없다
사람은 누구나 돈을 소중히 여긴다는 말.

돈은 도적맞을 수 있어도 땅은 도깨비도 떠메고 갈 수 없다
땅이 가장 안전하고 없어질 걱정이 없는 재산이라는 것을 비유적으로 이른 말.

돈은 있다가도 없어지고 없다가도 생기는 법이라
재물은 돌고 도는 것이므로 재물을 가지고 상대를 평가하는 것은 어리석은 일이라는 말.

돈을 주면 배 속의 아이도 기어 나온다
돈을 가지면 무엇이든 할 수 있음을 비유적으로 이르는 말.

돈이 돈을 번다
돈이 많은 사람이 그 이익을 통하여 돈을 더 벌 수 있다는 말.

돈이라면 호랑이 눈썹이라도 빼 온다
돈이 생기는 일이라면 아무리 어렵고 위험한 일이라도 무릅쓰고 행함을 비유적으로 이르는 말.

돈이 많으면 장사를 잘하고 소매가 길면 춤을 잘 춘다
모든 일이 잘되려면 그 소재가 좋고 풍족하여야 함을 비유적으로 이르는 말.

돈이면 나는 새도 떨어진다
돈을 가지면 어떤 일도 할 수 있음을 이르는 말. [비] 돈이면 지옥문도 연다.

돈이 양반이라
돈이 있어야 의젓하게 양반 행세도 할 수 있음을 이르는 말.

돈이 없으면 적막강산이요 돈이 있으면 금수강산이라
경제적으로 넉넉하여야 삶을 즐길 수 있음을 이르는 말. [비] 돈 있으면 활량 돈 못 쓰면 건달.

돈이 자가사리 끓듯 한다
돈이 많음을 빙자하여 함부로 외람된 짓을 하며 못되게 구는 사람을 욕으로 이르는 말.

돈이 장사라
돈의 힘은 장사의 힘과 같이 커서 세상일은 돈의 힘으로 어떻게든지 뜻대로 된다는 말. [비] 돈이 제갈량.

돈 주고 못 살 것은 기개

의지와 기개가 있는 사람은 재물에 팔려 행동하지 아니함을 이르는 말.

돈 주고 병 얻는다
돈을 주어 가며 스스로 얻은 병이라는 뜻으로, 스스로의 잘못으로 고생하게 된 경우를 이르는 말.

돈피 옷 잣죽에 자랐느냐
1. 생활을 매우 호사스럽게만 하려고 하는 것을 비유적으로 이르는 말. 2. 기혈(氣血)이 약한 것을 비유적으로 이르는 말.

돈 한 푼 없는 놈이 자두치떡만 즐긴다
자격을 갖추지 못한 자가 도리어 먼저 나댈 때 이르는 말. [비] 돈 없는 놈이 선가 먼저 물어본다. 돈 없는 놈이 큰 떡 먼저 든다.

돈 한 푼을 쥐면 손에서 땀이 난다
수전노처럼 돈을 끔찍이 알고 돈밖에 모름을 이르는 말.

돋우고 뛰어야 복사뼈라
1. 아무리 도망쳐 보아야 별수 없다는 말. 2. 다 할 것같이 날뛰어야 기껏 조금밖에 더 못 한다는 말.

돌다(가) 보아도 마름[물방아]
물 위에 떠돌아다니는 마름은 아무리 떠돌아도 마름이라는 뜻으로, 별다른 진보가 없이 같은 일만 되풀이함을 비유적으로 이르는 말.

돌다리도 두들겨 보고 건너라
잘 아는 일이라도 세심하게 주의를 하라는 말. [비] 아는 길도 물어 가랬다. 얕은 내도 깊게 건너라.

돌담 구멍에 독사 주둥이
어떤 것이 흔하게 여기저기 많이 끼어 있음을 비유적으로 이르는 말.

돌담 구멍에 족제비 눈깔
1. 돌담에 족제비가 많은 것처럼 무엇이 흔하게 많이 있음을 비유적으로 이르는 말. 2. 눈매가 날카로운 것을 비유적으로 이르는 말.

돌담 배부른 것
도무지 유용한 데는 없고 해만 끼치는 존재를 비유적으로 이르는 말. [비] 돌담의 부른 배는 쓸모가 없다.

돌도 십 년을 보고 있으면 구멍이 뚫린다
무슨 일에나 정성을 들여 애써 하면 안 되는 것이 없음을 비유적으로 이른 말.

돌로 치면 돌로 치고 떡으로 치면 떡으로 친다
남이 나를 대하는 것만큼 나도 남을 그만큼밖에는 대접하지 아니한다는 것을 비유적으로 이르는 말. [비] 떡으로 치면 떡으로 치고 돌로 치면 돌로 친다. 욕은 욕으로 갚고 은혜는 은혜로 갚는다.

돌림병에 까마귀 울음
불길하여 귀에 아주 거슬리는 소리를 이르는 말. [비] 염병에 까마귀 소리.

돌미륵이 웃을 노릇
너무나 어처구니없는 일이 생긴 경우를 비유적으로 이른 말. [비] 길가의 돌부처가 다 웃겠다. 돌부처가 웃다가 배꼽이 떨어지겠다. 돌부처가 웃을 노릇.

돌배도 맛 들일 탓
처음에는 싫다가도 차차 재미를 붙이고 정을 들이면 좋아질 수도 있다는 것을 비유적으로 이르는 말.

돌부처도 꿈적인다
남편이 첩을 보면 아무리 무던한 부인도 화를 낸다는 말. [비] 길 아래 돌부처도 돌아앉는다. 시앗을 보면 길가의 돌부처도 돌아앉는다.

돌부처보고 아이 낳아 달란다
도저히 실현되지 않을 대상이나 사물에게 무리한 것을 소망하는 어리석은 일을 비유적으로 이르는 말.

돌아본 마을 뀌어 본 방귀
놀러 다니던 사람일수록 잘 돌아다니며 방귀는 뀌어 보기 시작하면 안 할 수 없다는 뜻으로, 무엇이나 하기 시작하면 재미가 붙어 그만둘 수 없음을 이르는 말.

돌을 치면 발부리만 아프다
쓸데없이 화를 내면 저만 해롭게 됨을 비유적으로 이르는 말. [비] 돌부리를 차면 발부리만 아프다.

돌절구도 밑 빠질 때가 있다
1. 아무리 튼튼한 것이라도 영구불변한 것은 없다는 말. 2. 명문거족이라도 영

원히 몰락하지 않는 법은 없다는 말.

돌 지고 방아 찧는다
디딜방아를 찧을 때는 돌을 지고 하는 것이 더 쉽다는 뜻으로, 힘을 들여야 무슨 일이나 잘될 수 있음을 비유적으로 이르는 말.

돌쩌귀에 불이 난다
문을 자주 여닫는다는 뜻으로, 사람이 많이 드나듦을 비유적으로 이르는 말. [비] 돌쩌귀에 불이 나겠다.

동냥아치 쪽박 깨진 셈
먹고사는 데 쓰는 유일한 기술이나 연장이 못쓰게 된 것을 비유적으로 이른 말.

동냥은 못 줘도 쪽박은 깨지 마라
남을 도와주지는 못할망정 방해는 하지 말라는 말.

동냥은 안 주고 쪽박만 깬다
요구하는 것은 안 주고 도리어 방해만 한다는 말. [비] 동냥은 아니 주고 자루 찢는다.

동냥은 혼자 간다
남에게 무엇을 받으려 할 때 여럿이 같이 가면 아무래도 제게 돌아오는 분량은 적어진다는 말.

동냥자루도 마주 벌려야 들어간다
1. 무슨 일이나 조건이 되어 있지 아니하면 일정한 결과를 바랄 수 없음을 비유적으로 이르는 말. 2. 간단한 일이라도 서로 협조하여야 잘됨을 비유적으로 이르는 말.

동냥자루도 제멋에 찬다
1. 모든 사람이 천시하는 동냥질도 제가 하고 싶어서 한다는 말. 2. 세상 사람들이 다 좋다고 하는 일은 아니하고 나쁘다고 하는 일만 하는 사람을 보고 하는 말. [비] 동냥아치 첩도 제멋에 한다. 동냥치 첩도 제멋에 취한다.

동냥자루를 찼나
먹고도 곧 허기져서 또 먹을 궁리만 함을 놀림조로 이르는 말.

동냥치가 동냥치 꺼린다
자기가 누군가에게 무슨 일을 부탁할 때 다른 사람도 와 구하면 혹 제 일이 잘 안될까 봐 꺼린다는 말.

동냥하려다가 추수 못 본다
작은 것을 탐내어 다니다가 큰 것을 놓치게 됨을 비유적으로 이르는 말.

동네마다 후레아들 하나씩 있다
1. 사람이 모여 사는 곳에는 반드시 악한 사람도 섞여 있기 마련이라는 말. 2. 많은 것 가운데는 좋은 것도 있지만 나쁜 것도 있다는 말.

동네 송아지는 커도 송아지란다
늘 눈앞에 두고 보면 성장하여 변한 것을 알아내기 어려움을 비유적으로 이르는 말.

동네 쉬파리 모여들 듯
음식을 하였을 때 사람들이 떼거리로 모여드는 모양을 비유적으로 이른 말.

동녘이 번하니까 다 내 세상인 줄 안다
세상 물정 모르고 무슨 일이나 다 좋게만 될 것으로 과대망상을 하고 있다는 말. [비] 동녘이 훤하면 새벽[세상]인 줄 안다.

동무 몰래 양식 내기
추렴을 내는데 동무가 모르게 낸다면 그 사실을 아무도 모른다는 뜻으로, 힘만 들이고 아무런 공이 나타나지 아니하게 됨을 비유적으로 이르는 말. [비] 어두운 밤에 눈 깜짝이기. 절 모르고 시주하기.

동무 사나워 뺨 맞는다
성미가 좋지 않거나 손버릇이 나쁜 친구와 함께 있다가 남에게 추궁 받는 서슬에 자기도 함께 욕을 당한다는 말.

동방 누룩 뜨듯
사람의 얼굴빛이 누르께하고 기운이 없어 보이는 모양을 비유적으로 이른 말.

동방삭이는 백지장도 높다고 하였단다
동방삭이 불로장생한 것은 백지장도 높다고 할 만큼 조심스러웠기 때문이니 모든 일에 조심하여 실수가 없도록 하여야 한다는 말.

동방삭이 밤 깎아 먹듯
불로장생하였다는 동방삭도 급하고 귀찮으면 밤을 반만 깎아 먹었다는 말에서, 조급하여 어떤 일을 반만 하다 마는 경우를 이르는 말.

동방삭이 인절미 먹듯
음식을 오래 잘 씹어 먹음을 이르는 말.

동상전에 들어갔나
먼저 말을 하여야 할 경우에 말없이 그저 웃기만 함을 비유적으로 이른 말.

동생 죽음은 거름이라
다른 사람의 불행이 자기에게는 다행한 일이 될 경우를 비유적으로 이른 말.

동서 시집살이는 오뉴월에도 서릿발 친다
여자가 시집살이하는 것은 어려운 일인데 그중에서도 동서 밑에서 지내는 시집살이가 가장 어렵다는 말.

동서 춤추게
제가 춤을 추고 싶다는 말은 못하고 그 동서에게 권한다는 뜻으로, 무슨 일을 자기가 하고 싶어서 남에게 권함을 비유적으로 이르는 말. [비] 제가 춤추고 싶어서 동서를 권한다. 춤추고 싶은 둘째 동서 맏동서보고 춤추라 한다.

동성은 백대지친(百代之親)
같은 종씨면 멀기는 하더라도 친척임에는 틀림없다는 말.

동아 속 썩는 것은 밭 임자도 모른다
남의 속 걱정은 아무리 가깝게 지내는 사람도 알 수가 없음을 비유적으로 이르는 말.

동에 번쩍 서에 번쩍
정처가 없고 종적을 걷잡을 수 없을 만큼 왔다 갔다 함을 이르는 말.

동의 일 하라면 서의 일 한다
말을 잘 알아듣지 못하여 딴전만 부린다는 말.

동정호 칠백 리
대단히 광활함을 비유적으로 이르는 말.

동정호 칠백 리를 내 당나귀 타고 간다
자기의 세력이 미치는 곳에서 자기 마음대로 행동함을 비유적으로 이르는 말.

동정호 칠백 리를 훤화 사설한다
아무 상관도 없는 일에 간섭하며 당치도 아니한 시비를 따지고 떠듦을 비유적

으로 이르는 말.

동지 때 개딸기
철이 지나 도저히 얻을 수 없는 것을 바란다는 말.

동지섣달에 베잠방이를 입을망정 다듬이 소리는 듣기 싫다
1. 다듬이질 소리는 매우 듣기 싫은 소리임을 이르는 말. 2. 들볶이면서 대접을 받느니보다 고생스러워도 마음 편안히 지내는 것이 나음을 비유적으로 이르는 말.

동태나 북어나
이것이나 저것이나 매한가지라는 말.

동풍 닷 냥이다
난봉이 나서 돈을 함부로 날려 버림을 조롱하는 말.

동풍 맞은 익모초
무슨 일인지 알지도 못하면서 부화뇌동한다는 말.

동풍에 곡식이 병난다
한참 낟알이 익어 갈 무렵에 때아닌 동풍이 불면 못쓰게 된다는 말.

동풍에 원두한의 탄식
애써 한 일이 뜻하지 아니한 변으로 헛수고가 되고 마는 것을 한탄하는 말.

동헌에서 원님 칭찬한다
실속 없이 겉치레로 칭찬함을 비유적으로 이르는 말.

돼지가 깃을 물어 들이면 비가 온다
둔하고 미련한 사람의 직감이 들어맞음을 비유적으로 이르는 말.

돼지 값은 칠 푼이요, 나뭇값은 서 돈이다
주된 것보다 부차적인 것이 오히려 비용이 더 많이 듦을 비유적으로 이르는 말. [비] 한 푼짜리 푸닥거리에 두부가 오 푼.

돼지는 흐린 물을 좋아한다
더러운 것은 더러운 것과 사귀기를 좋아한다는 말.

돼지도 낯을 붉히겠다
매우 뻔뻔스러운 행동을 하는 사람을 비난하는 말.

돼지를 그려서 붙이겠다
진귀한 음식을 저 혼자만 먹을 때 친구들이 농담조로 이르는 말.

돼지 멱 감은 물
돼지고기를 넣고 끓인 국에 돼지고기는 있으나 마나하고 국물뿐인 경우를 비유적으로 이르는 말.

돼지 밥을 잇는 것이 네 옷을 대기보다 낫다
한참 장난이 심한 사내아이 옷이 쉬 못 입게 됨을 이르는 말.

돼지에 진주(목걸이)
값어치를 모르는 사람에게는 보물도 아무 소용없음을 비유적으로 이르는 말.

돼지 오줌통 몰아 놓은 이 같다
두툼하게 생긴 얼굴이 허여멀겋고 아름답지 못함을 조롱하는 말.

돼지 왼 발톱
상궤에 벗어난 일을 하거나 남과 다른 행동을 하는 것을 비유적으로 이른 말.

돼지우리에 주석 자물쇠[천반자]
제격에 맞지 아니하게 지나친 치장을 함을 비유적으로 이르는 말. [비] 거적문에 (국화) 돌쩌귀. 돼지발톱에 봉숭아를 들인다.

되 글을 가지고 말 글로 써먹는다
글을 조금 배워 가지고 가장 효과적으로 써먹는다는 말.

되놈과 겸상을 하면 재수가 없다
어떤 사람과 겸상하기 싫다는 말.

되놈이 김 풍헌을 안다더냐
지위가 높은 사람을 몰라보고 모욕한 경우를 핀잔하는 말.

되는 집에는 가지 나무에 수박이 열린다
잘되어 가는 집은 하는 일마다 좋은 결과를 맺음을 비유적으로 이르는 말.

되는 집에는 암소가 세 마리 안 되는 집에는 계집이 셋
축첩(蓄妾)은 집안이 망하는 원인이 된다는 말.

되로 주고 말로 받는다
조금 주고 그 대가로 몇 곱절이나 많이 받는 경우를 비유적으로 이르는 말.

[비] 한 되 주고 한 섬 받는다.

되지 못한 풍잠이 갓 밖에 어른거린다
좋지 못한 물건이 흔히 잘 나타나 눈에 띄어 번쩍인다는 말.

된장에 풋고추 박히듯
어떤 한 곳에 가 꼭 틀어박혀 자리를 떠나지 않고 있음을 이르는 말.

두견이 목에 피 내어 먹듯
남에게 억울한 일이나 못할 짓을 하여 재물을 빼앗음을 이르는 말.

두 계집 둔 놈의 똥은 개도 안 먹는다
첩을 둔 자의 마음은 몹시 괴로워 속이 썩는다는 말.

두꺼비 꽁지만 하다
아주 작아서 거의 없는 듯함을 비유적으로 이른 말. [비] 두꺼비 꽁지 같다.

두꺼비씨름 누가 질지 누가 이길지
힘이 비슷하여 서로 다투어도 승부의 결말이 나지 않는다는 말. [비] 막둥이 씨름하듯.

두 눈의 부처가 발등걸이했다
눈동자에 비치어 나타난 사람의 형상이 발등걸이를 했다는 뜻으로, 눈이 뒤집 혔다는 말.

두더지는 나비가 못 되라는 법 있나
다른 사람이 상상하지 못하는 전혀 뜻밖의 상황도 일어날 수 있음을 비유적으 로 이르는 말.

두더지 혼인 같다
1. 두더지가 하늘, 일월, 구름, 바람, 석불에게 청혼하는 과정에서 천하에 높은 것이 자기보다 나은 것이 없다고 하면서 같은 두더지에게 청혼을 했다는 이야 기에서 나온 말로, 분수에 넘치는 엉뚱한 희망을 갖는 것을 비유적으로 이르 는 말. 2. 자기보다 훨씬 나은 사람과 혼인하려고 애쓰다가 마침내는 동류끼 리 혼인하게 됨을 비유적으로 이르는 말. 3. 남에게 널리 알려지지 아니하고 집 안사람들끼리만 모여서 하는 혼인을 비유적으로 이르는 말.

두렁에 누운 소
편하여 팔자가 좋다는 말. [비] 두덩에 누운 소

두메로 꿩 사냥 보내 놓고
당장 닥친 일은 어떻게든지 해 놓고 보자고 하는 것을 이르는 말.

두메 앉은 이방이 조정 일 알 듯
출입 없이 집에만 있는 사람이 오히려 바깥 풍조를 잘 아는 경우를 비유적으로 이른 말.

두 볼에 밤을 물다
마땅치 아니하거나 성이 나서 뾰로통한 모양을 이르는 말.

두부에도 뼈라
운수 나쁜 사람이 하는 일은 으레 될 일에도 뜻밖의 재앙이 든다는 말.

두 소경 한 막대 짚고 걷는다
어리석은 두 사람이 같은 잘못을 저지르는 경우를 비유적으로 이르는 말.

두 손뼉이 맞아야 소리가 난다
1. 무슨 일이든지 두 편에서 서로 뜻이 맞아야 이루어질 수 있다는 말. 2. 서로 똑같기 때문에 말다툼이나 싸움이 된다는 말. [비] 도둑질을 해도 손발이 맞아야 한다.

두 손의 떡
두 가지 일이 똑같이 있는데 무엇부터 먼저 해야 할지 모를 경우를 이르는 말. [비] 양손의 떡.

두었다가 국 끓여 먹겠느냐
써야 할 것을 쓰지 아니하고 너무 아껴 두기만 함을 놀림조로 이르는 말.

두절개 같다
1. 돌보아 줄 사람이 너무 많아서 서로 미루는 바람에 도리어 하나도 도움을 못 받게 됨을 이르는 말. 2. 사람이 마음씨가 굳지 못하여 늘 갈팡질팡하다가 마침내는 아무 일도 이루지 못함을 이르는 말.

둘이 먹다 하나(가) 죽어도 모르겠다
음식이 아주 맛있음을 이르는 말. [비] 셋이 먹다가 둘이 죽어도 모른다.

뒤로 오는 호랑이는 속여도 앞으로 오는 팔자는 못 속인다
이미 정하여진 팔자는 모면을 하기가 매우 어렵다는 말.

뒤를 캐면 삼거웃이 안 나오는 집안이 없다

누구나 결점을 찾으려고 애쓴다면 허물이 없는 사람은 없다는 말.

뒤에 볼 나무는 그루를 돋우어라

앞으로 희망을 걸 대상에 대해서는 뒷일을 미리부터 깊이 생각하여 보살피라는 말. [비] 뒤에 볼 나무는 뿌리를 높이 잘라라.

뒤에 오면 석 잔

술자리에서, 늦게 온 사람은 벌로 거푸 석 잔의 술을 마셔야 한다면서 술을 권하는 말.

뒤웅박 신고 얼음판에 선 것 같다

몹시 위태로워서 불안하고 조심스러움을 비유적으로 이르는 말. [비] 뒤웅박 신은 것 같다.

뒤웅박 차고 바람 잡는다

맹랑하고 허황된 짓을 하는 사람을 비유적으로 이르는 말.

뒤웅박 팔자

입구가 좁은 뒤웅박 속에 갇힌 팔자라는 뜻으로, 일단 신세를 망치면 거기서 헤어 나오기가 어려움을 비유적으로 이르는 말.

뒤주 밑이 긁히면 밥맛이 더 난다

쌀이 이미 없어진 이후에 밥맛이 더 난다는 뜻으로, 무엇이 없어지는 것을 본 뒤면 그것이 더 애석하게 여겨지고 더 간절하게 생각난다는 말. [비] 돈 떨어지자 입맛 난다.

뒷간 개구리[쥐]한테 하문(下門)을 물렸다

매우 창피스러운 경우를 당하고도 부끄러워 남에게 말 못하는 경우를 비유적으로 이르는 말.

뒷간에 앉아서 개 부르듯 한다

자기에게 필요할 때만 찾는다는 말.

뒷간에 옻칠하고 사나 보자

재물을 인색하게 모으는 사람에게 뒷간까지 옻칠을 해 가며 살겠느냐는 뜻으로, 얼마나 잘사는지 두고 보겠다는 말.

뒷집 며느리 시집살이 잘하는 바람에 앞집 며느리 절로 된다

주위에 모범이 되는 이가 있으면 그 본을 따서 못하는 이도 잘하게 된다는 말.

뒷집 짓고 앞집 뜯어내란다
1. 자기에게 방해가 되거나 손해가 된다 하여 자기보다 먼저 한 사람의 일을 못하게 한다는 말. 2. 사리(事理)는 제쳐 놓고 제 경우와 제 욕심만을 옳다고 한다는 말.

드나드는 개가 꿩을 문다
꾸준하게 열성적으로 노력하는 사람이 일을 이루고 재물을 얻을 수 있다는 말.

드는 돌에 낯 붉는다
힘들여 무거운 돌을 들고 나야 낯이 붉어진다는 뜻으로, 무슨 일이나 결과가 있으면 반드시 그 원인이 있음을 비유적으로 이르는 말. [비] 드는 돌이 있어야 낯이 붉다.

드는 정은 몰라도 나는 정은 안다
1. 정이 들 때는 드는 줄 모르게 들어도 정이 떨어져 싫어질 때는 역력히 알 수 있다는 말. 2. 정이 들 때는 드는 줄 몰라도 막상 헤어질 때는 그 정이 얼마나 두터웠던가를 새삼 알게 된다는 말.

드는 줄은 몰라도 나는 줄은 안다
사람이나 재물이 붇는 것은 눈에 잘 띄지 않아도 그것이 줄어드는 것은 곧 알아차릴 수 있다는 말.

드러난 상놈[백성]이 울 막고 살랴
아무것도 없음을 세상이 다 아니 구태여 가난한 것을 남부끄럽게 여길 것이 아니라는 말.

드문드문 걸어도 황소걸음
속도는 느리나 오히려 믿음직스럽고 알차다는 말. [비] 느릿느릿 걸어도 황소걸음. 띄엄띄엄 걸어도 황소걸음.

드물어도 아이가 든다
일이 더디기는 하나 이루어지기는 한다는 말.

듣기 좋은 이야기도 늘 들으면 싫다
아무리 좋은 일이라도 여러 번 되풀이하여 대하게 되면 싫어진다는 말. [비]

듣기 좋은 꽃노래도 한두 번이지. 듣기 좋은 육자배기도 한두 번. 맛있는 음식도 늘 먹으면 싫다.

듣보기장사 애 말라 죽는다
여기저기 뜨내기로 시세를 알아 가며 요행수를 바라고 돌아다니던 듣보기장사가 시세가 맞지 않아 이익을 볼 수 없게 되어 매우 애를 태운다는 뜻으로, 요행수를 바라다가 몹시 애를 태움을 비유적으로 이르는 말.

들고 나니 초롱꾼
초롱을 들고 나서면 초롱꾼이 된다는 뜻으로, 사람은 어떤 일이고 다 할 수 있다는 말.

들어서 죽 쑨 놈은 나가서도 죽 쑨다
1. 집에서 일만 하던 놈은 나가서도 일만 하게 된다는 말. 2. 집에서 하던 버릇은 집을 나가서도 버리지 못한다는 말.

들어오는 복도 문 닫는다
방정맞은 짓만 하여 오는 복도 마다함을 나무라는 말.

들어오는 복도 차 던진다
자기의 잘못으로 제게 차례가 오는 복을 잃어버리게 되는 경우를 이르는 말.

들어온 놈이 동네 팔아먹는다
도중에 끼어든 사람이 전체를 망친다는 말.

들으면 병이요 안 들으면 약이다
들어서 걱정될 일은 듣지 않는 것이 차라리 낫다는 말.

들은 귀는 천 년이요 한 입은 사흘이라
모진 말을 한 사람은 쉽게 잊고 말지만 그 말을 들은 사람은 쉽게 잊지 못하고 두고두고 상처를 받는다는 말.

들은 말 들은 데 버리고 본 말 본 데 버려라
말을 옮기지 말라는 말.

들은풍월 얻은 문자
정식으로 배워서 얻은 지식이 아니라 귓결에 듣고서 문자 쓰는 사람을 비웃는 말.

들을 이 짐작

옆에서 아무리 감언이설로 말을 늘어놓아도 듣는 사람은 자기 나름대로 짐작을 할 것이니 말한 그대로만 될 리는 없다는 말. [비] 열 사람이 백 말을 하여도 들을 이 짐작.

들 적 며느리 날 적 송아지

며느리는 시집올 적에만 대접을 받고 송아지는 태어날 때만 잠시 귀염을 받는다는 뜻으로, 며느리는 출가해 온 후 일만 하고 산다는 말.

들 중은 소금을 먹고 산 중은 나물을 먹는다

1. 자기와는 아무 상관없는 일에 쓸데없이 간섭한다는 말. 2. 무슨 일이든지 무리하지 말고 사정이 허락하는 대로 하라는 말.

등걸이 없는 휘추리가 있나

부모가 있어야 자식이 있는 것이니 부모에게 효도하라는 말.

등겨 먹던 개가 말경(末境)에는 쌀을 먹는다

처음에 등겨를 먹던 개는 나중에 쌀에까지 눈독을 들이게 된다는 뜻으로, 나쁜 짓을 처음에는 조금씩 하다가 익숙해지면 점점 더 많이 하게 된다는 말.

등겨 먹던 개는 들키고 쌀 먹던 개는 안 들킨다

크게 나쁜 일을 한 사람은 들키지 아니하고 그보다 덜한 죄를 지은 사람은 들키어서 애매하게 남의 허물까지 뒤집어쓰게 됨을 비유적으로 이르는 말. [비] 똥 먹던 강아지는 안 들키고 겨 먹던 강아지는 들킨다. 똥 싼 놈은 달아나고 방귀 뀐 놈만 잡혔다.

등겻섬에 새앙쥐 엉기듯

먹을 것이 없는 데에 여러 사람이 달라붙어 있는 모양을 비유적으로 이른 말.

등 시린 절 받기 싫다

자기가 푸대접한 사람에게 극진한 대접을 받는 것은 등에 소름 끼치는 것같이 기분 좋지 아니하다는 말.

등에 풀 바른 것 같다

등이 뻣뻣하다는 뜻으로, 몸의 움직임이 자유롭지 못함을 이르는 말.

등을 쓰다듬어 준 강아지 발등 문다

은혜를 베풀어 준 사람으로부터 도리어 해를 당하는 경우를 비유적으로 이르

는 말.

등이 더우랴 배가 부르랴
등을 덥게 할 의복이나 배를 부르게 할 밥이 생기지 아니한다는 뜻으로, 어떤 일이 자기에게 아무 이익이 되지 아니함을 비유적으로 이르는 말.

등이 따스우면 배부르다
1. 옷을 잘 입고 있는 사람이면 배도 부른 사람이라는 말. 2. 추운 날 더운 데 누워 있으면 먹지 아니하여도 배고픈 줄 모른다는 말.

등잔 뒤가 밝다
가까이서보다는 조금 떨어져 보는 편이 상황을 더 잘 파악할 수 있다는 말.

등잔 밑이 어둡다
대상에서 가까이 있는 사람이 도리어 대상에 대하여 잘 알기 어렵다는 말.

등잔불에 콩 볶아 먹을 놈
어리석고 옹졸하여 하는 짓마다 답답한 일만 하는 사람을 낮잡아 이르는 말.

등치고 간 내먹다
겉으로는 위하여 주는 체하면서 속으로는 해를 끼친다는 말.

딱따구리 부작
무엇이든지 완벽하게 하려고 하지 않고 명색만 그럴듯하게 갖추는 것을 이르는 말.

딱딱하기는 삼 년 묵은 물박달나무 같다
오래된 물박달나무가 휘거나 부러지지 않듯이, 융통성이 없고 고집이 매우 센 사람을 이르는 말.

딸 덕에 부원군
출가한 딸의 도움으로 무슨 일을 하거나 잘되는 것을 이르는 말.

딸 먹는 것은 쥐 먹는 것 같다
1. 딸에게 조금씩 자꾸 드는 비용을 합쳐 보면 양이 많음을 비유적으로 이르는 말. 2. 쥐 먹는 것을 못 먹게 할 수 없듯이 딸에게 드는 비용은 어쩔 수 없이 써야 된다는 말.

딸 삼 형제 시집보내면 좀도둑도 안 든다

딸은 시집보내는 비용도 많이 들고 시집간 딸들이 무엇이고 가져가는 버릇이 있기 때문에 도둑도 안 들 정도로 살림이 준다는 뜻으로, 딸이 많으면 재산이 다 줄어든다는 말. [비] 딸 셋을 여의면 기둥뿌리가 팬다. 딸이 셋이면 문을 열어 놓고 잔다.

딸 손자는 가을볕에 놀리고 아들 손자는 봄볕에 놀린다
딸 손자를 아들 손자보다 더 귀엽게 여긴다는 말.

딸 없는 사위
실상이 없으면 거기에 딸린 것은 귀할 것이 없다는 말. [같] 불 없는[꺼진] 화로 딸 없는[죽은] 사위.

딸은 두 번 서운하다
딸은 태어날 때 아들이 아니라 서운하고, 시집보낼 때도 서운하다는 말.

딸은 산적도둑이라 하네
딸은 출가한 후에도 친정에 와서 이것저것 다 가져가 마치 도둑과 같다는 말.

딸은 예쁜 도적
딸은 키울 때나 출가한 후에도 아들보다 더 돈이 들고 친정집 세간도 축내지만, 딸에 대한 애정이 커서 그것이 도리어 예쁘게만 보임을 이르는 말.

딸은 제 딸이 고와 보이고, 곡식은 남의 곡식이 탐스러워 보인다
자식은 남의 자식보다 제 자식이 나아 보이고, 물건은 남의 물건이 제 물건보다 좋아 보임을 이르는 말.

딸의 굿에 가도 전대가 셋(이다)
아무리 남을 위하여 하는 일이라도 자기의 이익을 바라게 된다는 말. [비] 딸의 굿에를 가도 자루 아홉을 가지고 간다.

딸의 시앗은 바늘방석에 앉히고 며느리 시앗은 꽃방석에 앉힌다
딸은 귀하게 여겨 어떻게 하든지 그 시앗을 없애려 하나, 며느리에 대해서는 미워하는 마음으로 며느리가 시앗을 보고 괴로워하는 것을 도리어 통쾌하게 여긴다는 말.

딸의 집에서 가져온 고추장
물건을 몹시 아껴 두고 쓴다는 말.

딸의 차반 재 넘어가고 며느리 차반 농 위에 둔다

1. 딸은 차반을 재를 넘어 시집으로 가져가고 며느리는 남편에게 주려고 차반을 제 방 농 위에 둔다는 뜻으로, 딸이나 며느리나 부모보다는 제 남편을 더 위하고 생각한다는 말. 2. 딸에게 줄 차반은 아끼지 않으면서 며느리에게 줄 차반은 아까워 농 위에 두고 망설인다는 뜻으로, 며느리보다 딸을 더 생각한다는 말.

딸이 여럿이면 어미 속곳 벗는다
딸을 시집보내는 부담이 매우 큼을 비유적으로 이르는 말.

딸이 하나면 과하고 반이면 모자란다
딸은 하나만 되어도 과하다고 여길 만큼 부모의 부담이 크다는 말.

딸자식 두면 경상도 도토리도 굴러 온다
딸의 중매를 서려고 별의별 사람이 다 찾아든다는 말.

땅내가 고소하다[구수하다]
머지않아 죽게 될 것 같다는 말. [비] 흙내가 고소하다.

땅 넓은 줄을 모르고 하늘 높은 줄만 안다
키만 홀쭉하게 크고 마른 사람을 놀림조로 이르는 말.

땅에서 솟았나 하늘에서 떨어졌나
1. 전혀 기대하지 않던 것이 갑자기 나타남을 이르는 말. 2. 자기가 생겨난 근원인 부모나 조상을 몰라보는 자를 깨우쳐 주는 말.

땅을 열 길 파도 고리전 한 푼 생기지 않는다
돈이 생기는 것은 공짜로 되는 것이 아니므로 한 푼의 돈이라도 아껴 쓰라는 말. [비] 땅을 열 길 파면 돈 한 푼이 생기나.

땅을 팔 노릇
사정이 불가능하여 할 수 없는 것을 억지로 우기며 고집을 피울 때 하는 말.

땅 짚고 헤엄치기
1. 일이 매우 쉽다는 말. 2. 일이 의심할 여지가 없이 확실하다는 말. [비] 주먹으로 물 찧기.

땅 파다가 은 얻었다
대수롭지 않은 일을 하다가 뜻밖의 이익을 얻게 됨을 비유적으로 이르는 말.

때리는 시늉하면 우는 시늉을 한다
서로 손발이 잘 맞는다는 말.

때리는 시어머니보다 말리는 시누이가 더 밉다
겉으로는 위하여 주는 체하면서 속으로는 해하고 헐뜯는 사람이 더 밉다는 말. [비] 때리는 사람보다 말리는 놈이 더 밉다.

때리면 우는 척하다
잘못에 대하여 충고해 주면 고집 부리지 말고 듣는 척이라도 하라는 말. [비] 때리면 맞는 척이라도 해라.

때린 놈은 다릴 못 뻗고 자도 맞은 놈은 다릴 뻗고 잔다
남에게 해를 입힌 사람은 마음이 불안하나 해를 입은 사람은 오히려 마음이 편하다는 말. [비] 도둑질한 사람은 오그리고 자고 도둑맞은 사람은 펴고 잔다. 때린 놈은 가로 가고 맞은 놈은 가운데로 간다. 맞은 놈은 펴고 자고 때린 놈은 오그리고 잔다. 친 사람은 다리 오그리고 자도 맞은 사람은 다리 펴고 잔다.

때 묻은 왕사발 부시듯
때가 묻은 큰 사발을 물에 부시듯 소리가 요란스럽게 들린다는 뜻으로, 대수롭지 않은 일을 크게 벌임을 비유적으로 이르는 말.

떠들기는 천안 삼거리(라)
늘 끊이지 아니하고 떠들썩한 데를 비유적으로 이르는 말.

떡가루 두고 떡 못할까
으레 되기로 정해진 일을 하면서 자랑할 것이 무어냐고 핀잔하는 말.

떡갈나무에 회초리 나고, 바늘 간 데 실이 따라간다
두 가지 사물의 관련성이 썩 긴밀함을 비유적으로 이르는 말.

떡고리에 손 들어간다
오래도록 탐내던 것을 마침내 가지게 된다는 말.

떡국이 농간한다
재질은 부족하지만 오랜 경험으로 일을 잘 감당하고 처리해 나감을 이른 말.

떡국점이 된 눈깔
무엇을 찾으려고 둥글게 뜨고 희번덕거리는 눈을 속되게 이르는 말.

떡 다 건지는 며느리 없다
시어머니 모르게 며느리가 딴 주머니를 차는 경우를 비유적으로 이르는 말로, 사람은 누구나 남의 눈을 속여 자기의 실속을 차리는 성향이 있다는 말.

떡도 떡같이 못 해 먹고 생떡국으로 망한다
무슨 일을 다 해 보지도 못한 채 실패를 당하게 됨을 비유적으로 이르는 말.

떡도 떡같이 못 해 먹고 찹쌀 한 섬만 다 없어졌다
애써 한 일에 알맞은 효과나 이익도 보지 못하고 많은 비용만 허비하였다는 말.

떡도 떡 같지 않은 옥수수떡이 배 속을 괴롭힌다
하찮은 것이 말썽을 부린다는 말.

떡도 떡이려니와 합(盒)이 더 좋다
내용도 물론 좋지만 형식이 더 잘되어 있다는 말.

떡 도르라면 덜 도르고 말 도르라면 더 도른다
사람들이 말을 남에게 전하여 소문이 돌게 하기를 좋아한다는 말.

떡 떼어 먹듯
분명히 딱 잘라 한다는 말.

떡 먹은 입 쓸어 치듯
떡을 먹고도 안 먹은 듯 입을 쓸어 내며 시치미를 뚝 뗀다는 말.

떡 본 김에 제사 지낸다
우연히 운 좋은 기회에, 하려던 일을 해치운다는 말. [비] 떡 본 김에 굿한다. 소매 긴 김에 춤춘다.

떡 사 먹을 양반은 눈꼴부터 다르다
참으로 그 일을 하려는 사람은 겉으로 보아도 알 수 있다는 말.

떡 삶은 물에 중의(中衣) 데치기
1. 한 가지 일을 하면서 또 다른 일을 겸하여 해치움을 이르는 말. 2. 버린 물건을 이용하여 소득을 봄을 이르는 말. [비] 떡 삶은 물에 풀한다.

떡에 밥주걱
떡시루 앞에 밥주걱을 들고 덤빈다는 뜻으로, 무슨 일을 도무지 모르는 사람을 두고 이르는 말.

떡에 웃기
떡을 괴거나 담은 뒤에 모양을 내느라 얹은 웃기처럼 겉보기에는 화려하나 실제로는 부차적 존재에 불과한 것을 비유적으로 이르는 말.

떡 주고 뺨 맞는다
남을 위하여 좋은 일을 해 주고 도리어 욕을 보거나 화를 입게 되는 경우를 비유적으로 이르는 말.

떡 줄 사람은 꿈도 안 꾸는데 김칫국부터 마신다
해 줄 사람은 생각지도 않는데 미리부터 다 된 일로 알고 행동한다는 말. [비] 김칫국부터 마신다. 떡방아 소리 듣고 김칫국 찾는다. 앞집 떡 치는 소리 듣고 김칫국부터 마신다.

떡 친 데 엎드러졌다
어떻게 하면 떡을 먹을 수 있을까를 고민하다가 일부러 떡판에 엎어지듯 한다는 뜻으로, 무엇에 골몰하여 그 생각에서 떠날 줄을 모른다는 말. [비] 떡판에 엎드러지듯.

떡 해 먹을 세상
떡을 하여 고사를 지내야 할 세상이라는 뜻으로, 뒤숭숭하고 궂은일만 있는 세상이라는 말.

떡 해 먹을 집안
떡을 하여 고사를 지내야 할 집안이라는 뜻으로, 화합하지 못하고 어려운 일만 계속해서 일어나는 집안을 이르는 말.

떫기로 고욤 하나 못 먹으랴
다소 힘들다고 그만 일이야 못하겠느냐는 말.

떼가 사촌보다 낫다
부당한 일을 억지로 요구하거나 고집한다는 말.

떼 꿩에 매 놓기
욕심을 많이 부리면 하나도 이루지 못함을 이르는 말.

떼어 놓은 당상
떼어 놓은 당상이 변하거나 다른 데로 갈 리 없다는 데서, 일이 확실하여 조금도 틀림이 없음을 이르는 말. [비] 따 놓은 당상. 떼어 둔 당상 좀먹으랴.

뗏말에 망아지
1. 여럿 속에 끼어 그럴듯하게 엄벙덤벙 지내는 사람을 이르는 말. 2. 여럿의 틈에 끼어 뛰어다님을 이르는 말.

또아리 살[눈] 가린다
가린다고 가렸으나 가장 요긴한 데를 가리지 못했음을 이르는 말.

똥구멍이 찢어지게 가난하다
몹시 가난함을 이르는 말. [비] 밑구멍이 찢어지게[째지게] 가난하다.

똥구멍 찔린 소 모양
참지 못하여 어쩔 줄 몰라 하며 쩔쩔매는 모양을 이르는 말.

똥 뀐 년이 바람맞이에 선다
미운 사람이 더욱 미운 짓을 함을 이르는 말.

똥 누고 개 불러 대듯
필요하면 아무 때나 마구 불러 대는 것을 비유적으로 이르는 말.

똥 누고 밑 아니 씻은 것 같다
뒤처리가 깨끗하지 않아 마음에 꺼림칙하다는 말.

똥 누는 놈 주저앉히기
고약하고 잔인한 심사를 이르는 말.

똥 누러 가서 밥 달라고 하느냐
처음에 목적하던 일을 하러 가서 전혀 딴짓을 함을 이르는 말.

똥 누러 갈 적 마음 다르고 올 적 마음 다르다
자기 일이 아주 급한 때는 통사정하며 매달리다가 그 일을 무사히 다 마치고 나면 모른 체하고 지낸다는 말. [비] 뒷간에 갈 적 마음 다르고 올 적 마음 다르다.

똥 누면 분칠하여 말려 두겠다
사람의 똥에 분을 칠하여 하얗게 말려 두었다가 흰 개의 흰 똥을 약으로 구하는 사람이 있으면 팔아먹겠다는 뜻으로, 악독하고 인색한 사람을 이르는 말.

똥 덩이 굴리듯

아무 데도 소용되지 않는 물건이므로 아무렇게나 함부로 다룬다는 말.

똥 때문에 살인난다
보잘것없는 것을 가지고 이익을 다투다가 사고가 난다는 말.

똥 떨어진 데 섰다
뜻밖에 재수 좋은 일이 생겼다는 말.

똥 마려운 계집 국거리 썰 듯
자신의 일이 급하여 일을 아무렇게나 마구 해치움을 이르는 말.

똥 묻은 개가 겨 묻은 개 나무란다
자기는 더 큰 흉이 있으면서 도리어 남의 작은 흉을 본다는 말. [비] 그슬린 돼지가 달아맨 돼지 타령한다. 뒷간 기둥이 물방앗간 기둥을 더럽다 한다. 똥 묻은 접시가 재 묻은 접시를 흉본다. 허청 기둥이 측간 기둥 흉본다.

똥 묻은 개 쫓듯
어떤 부정적인 대상이 나타났을 때 여유를 주지 않고 마구 쫓아내는 모양을 비유적으로 이르는 말.

똥 묻은 속옷을 팔아서라도
일이 궁박하면 염치를 돌보지 않고 무슨 방법이라도 하여 힘쓰겠다는 말. [비] 소경의 월수(月收)를 내어서라도. 조리 장수 매끼 돈을 내어서라도. 중의 망건 사러 가는 돈이라도.

똥 벌레가 제 몸 더러운 줄 모른다
사람은 제 자신의 잘못이나 결점은 모른다는 말.

똥 싸고 매화타령 한다
제 허물을 부끄러워할 줄 모르고 비위 좋게 날뛴다는 말. [비] 똥 싼 주제에 매화타령 한다.

똥은 건드릴수록 구린내만 난다
악한 사람을 건드리면 불유쾌한 일만 생긴다는 말. [비] 똥은 칠수록 튀어 오른다.

똥은 말라도 구리다
한번 한 나쁜 일은 쉽게 그 흔적을 없애기가 어렵다는 말.

똥을 주물렀나 손속도 좋다

똥을 주무르면 재수가 있다는 데서, 노름판에서 운수 좋게 돈을 잘 딴다는 뜻으로 쓰는 말.

똥이 무서워 피하나 더러워 피하지

악하거나 같잖은 사람을 상대하지 아니하고 피하는 것은 그가 무서워서가 아니라 상대할 가치가 없어서 피하는 것이라는 말. [비] 개똥이 무서워 피하나 더러워 피하지.

똥 주워 먹은 곰 상판대기

불쾌하여 심하게 찌푸린 얼굴을 비유적으로 이르는 말. [비] 개똥이라도 씹은 듯. 똥 먹은 곰의 상.

똥 중에 고양이 똥이 제일 구리다

고양이같이 간교한 성격의 인물이 제일 고약하다는 말.

똥 진 오소리

오소리가 너구리굴에서 함께 살면서 너구리의 똥까지 져 나른다는 데서, 남이 더러워서 하지 않는 일을 도맡아 하거나 남의 뒤치다꺼리를 하는 사람을 놀림조로 이르는 말.

똥 친 막대기

천하게 되어 아무짝에도 못 쓰게 된 물건이나 버림받은 사람을 이르는 말. [비] 똥 찌른 막대 꼬챙이.

뚝배기 깨지는 소리

1. 음성이 곱지 못하고 탁한 것을 이르는 말. 2. 잘 못하는 노래나 말을 비유적으로 이르는 말.

뚝배기보다 장맛이 좋다

겉모양은 보잘것없으나 내용은 훨씬 훌륭함을 이르는 말. [비] 꾸러미에 단 장 들었다. 장독보다 장맛이 좋다.

뚫어진 벙거지에 우박 맞듯

정신을 못 차릴 정도로 마구 쏟아짐을 비유적으로 이르는 말.

뛰는 놈 위에 나는 놈 있다

아무리 재주가 뛰어나다 하더라도 그보다 더 뛰어난 사람이 있다는 뜻으로,

스스로 뽐내는 사람을 경계하여 이르는 말. [비] 기는 놈 위에 나는 놈이 있다. 나는 놈 위에 타는 놈 있다. 뛰는 놈이 있으면 나는 놈이 있다. 치 위에 치가 있다.

뛰는 토끼 잡으려다 잡은 토끼 놓친다
일을 자꾸 벌여만 놓다가 이미 이루어 놓은 것도 못쓰게 만듦을 비유적으로 이르는 말.

뛰면 벼룩이요 날면 파리
벼룩과 파리가 가장 귀찮고 미운 존재이듯, 제 뜻에 맞지 않는 자는 무슨 짓을 하나 밉게만 보인다는 말.

뛰어야 벼룩
도망쳐 보아야 크게 벗어날 수 없다는 말. [비] 뛰어 보았자 부처님 손바닥.

뜨겁기는 박태보(朴泰輔)가 살았을라고
숙종이 인현 왕후를 폐비시킬 때 박태보가 반대 상소를 하였다가 불의 혹형을 받은 데서 나온 말로, 뜨겁기는 하지만 참으라는 말.

뜨고도 못 보는 당달봉사
눈으로 보고도 알지 못하는 사람을 이르는 말.

뜨물 먹고 주정한다
1. 공연히 취한 체하며 주정함을 이르는 말. 2. 뻔히 알면서도 억지를 부리거나 거짓말을 몹시 함을 비유적으로 이르는 말.

뜨물에도 아이가 든다
일이 여러 날 지연되기는 해도 반드시 이루어짐을 비유적으로 이르는 말.

뜨물에 빠진 바퀴 눈 같다
정신이 밝지 못하여 눈알이 흐리멍덩함을 비유적으로 이르는 말.

뜬 소 울 넘는다
동작이 매우 느린 소가 울타리를 넘는다는 뜻으로, 평소에 동작이 느린 사람이 뜻밖에 장한 일을 이룸을 이르는 말.

뜻과 같이 되니까 입맛이 변해진다
오래 바라던 것이 이루어지니까 벌써 싫증을 느낀다는 말.

한국 속담에서 배우는

지식
지혜

속담풀이

마구 뚫은 창
질서나 순서도 없이 되는대로 함부로 하는 행동을 이르는 말.

마냥모 판에는 뒷방 처녀도 나선다
늦모내기를 할 때에는 매우 바쁘고 사람 손이 모자람을 이르는 말.

마당 벌어진 데 웬 솔뿌리 걱정
마당이 벌어졌는데 그릇이 터졌을 때 필요한 솔뿌리를 걱정한다는 뜻으로, 당치도 아니한 것으로 사건을 수습하려 하는 어리석음을 비웃는 말. [비] 뒷집 마당 벌어진 데 솔뿌리 걱정한다. 마당 터진 데 솔뿌리 걱정한다.

마당삼을 캐었다
힘들이지 아니하고 무슨 일에 쉽게 성공했다는 말.

마당이 환하면 비가 오고 계집 뒤가 반지르르하면 애가 든다
아이 어머니의 쇠약하였던 몸이 다시 회복되고 몸매가 반지르르하게 되면 또 아이를 가지게 됨을 이르는 말.

마디에 공이 닿아
아끼는 곳에 더욱 상하기 쉬운 흠이 있음을 이르는 말.

마루 넘은 수레 내려가기
사물의 진행 속도나 형세가 걷잡을 수 없이 매우 빠름을 이르는 말.

마루 밑에 볕 들 때가 있다
마루 밑과 같은 음침한 곳에도 볕이 들 때가 있는 것처럼, 어떤 일이나 고정불변한 것은 없음을 비유적으로 이르는 말.

마루 아래 강아지가 웃을 노릇
어떤 일이 경우에 몹시 어긋남을 이르는 말.

마룻구멍에도 볕 들 날이 있다
고생을 참고 기다리면 좋은 시기를 만날 수도 있다는 말.

마른나무 꺾듯
일을 단번에 쉽게 해치움을 비유적으로 이르는 말.

마른나무를 태우면 생나무도 탄다
안 되는 일도 대세를 타면 잘될 수 있음을 비유적으로 이르는 말.

마른나무에 꽃이 피랴

별로 기대할 것이 없는 것에 희망을 걸고 있을 필요는 없음을 비유적으로 이르는 말. [비] 고목에 꽃이 피랴.

마른나무에 물 내기라

없는 것을 억지로 짜냄을 비유적으로 이르는 말.

마른나무에 좀먹듯

건강이나 재산이 모르는 사이에 점점 쇠하거나 없어짐을 비유적으로 이른 말.

마른논에 물 대기

일이 매우 힘들거나 힘들여 해 놓아도 성과가 없는 경우를 이르는 말. [비] 가문 논에 물 대기.

마른논에 물 잦듯

마른논에 물을 대면 곧 배어들어 잦아들듯이 물건이 금세 녹아 없어짐을 이르는 말.

마른땅에 말뚝 박기

일을 어렵고 힘들게 마구 해 나가는 경우를 비유적으로 이르는 말.

마른땅에 물이 잦아들 듯

땅이 물을 흡수하는 힘이 매우 강하듯 무엇을 받아들이는 기세가 매우 강한 상태를 비유적으로 이르는 말.

마른 말은 꼬리가 길다

마르고 여위면 같은 것이라도 더 길어 보임을 이르는 말.

마른하늘에 날벼락[생벼락]

뜻하지 아니한 상황에서 뜻밖에 입는 재난을 이르는 말. [비] 마른하늘에 벼락 맞는다. 맑은 하늘에 벼락 맞겠다.

마름쇠도 삼킬 놈

몹시 탐욕스러운 사람을 이르는 말.

마음씨가 고우면 옷 앞섶이 아문다

아름다운 마음씨는 그의 겉모양에도 나타난다는 말.

마음 없는 염불

하고 싶지 아니한 일을 마지못하여 하는 것을 이르는 말.

마음에 있어야 꿈도 꾸지
생각이나 뜻이 없으면 이루어지는 것이 없음을 이르는 말. [비] 마음에 없으면 보이지도 않는다.

마음은 걸걸해도 왕골자리에 똥 싼다
말로는 잘난 체 큰소리를 하여도 실제로는 못난 짓만 함을 비유적으로 이른 말.

마음을 잘 가지면 죽어도 옳은 귀신이 된다
착한 마음씨를 지니고 살면 죽어도 유감됨이 없음을 이르는 말. [비] 옳은 일을 하면 죽어도 옳은 귀신이 된다.

마음이 열두 번씩 변사(變詐)를 한다
마음이 요변스럽게 변함을 이르는 말.

마음이 풀어지면 하는 일이 가볍다
마음에 맺혔던 근심과 걱정이 없어지고 부아가 풀리면 하는 일도 힘들지 않고 쉽게 됨을 이르는 말.

마음이 흔들비쭉이라
심지가 굳지 못하고 감정에 좌우되어 주견 없이 행동하는 사람을 이르는 말.

마음잡아 개장사
방탕하던 사람이 마음을 다잡아서 생업을 하게 되었으나 결국 오래가지 못하여 헛일이 됨을 비유적으로 이르는 말.

마음처럼 간사한 건 없다
사람의 마음이란 이해관계에 따라서 간사스럽게 변함을 이르는 말.

마음 한번 잘 먹으면 북두칠성이 굽어보신다
마음을 바르게 쓰면 신명(神明)도 알아 보살핀다는 말. [비] 남을 위해 주는 일엔 북두칠성도 굽어본다.

마지막 고개를 넘기기가 가장 힘들다
어떤 일이든지 끝을 잘 마무리하기가 가장 힘듦을 비유적으로 이르는 말.

마지막 담배 한 대는 기생첩도 안 준다
마지막 남은 한 대의 담배는 남을 주기가 매우 아까움을 이르는 말.

마치가 가벼우면 못이 솟는다
윗사람이 위엄이 없으면 아랫사람이 순종하지 아니하고 반항하게 됨을 비유적으로 이르는 말. [비] 망치가 가벼우면 못이 솟는다.

마파람에 게 눈 감추듯
음식을 매우 빨리 먹어 버리는 모습을 비유적으로 이르는 말. [비] 남양 원님 굴회 마시듯. 두꺼비 파리 잡아먹듯. 사냥개 언 똥 들어먹듯[삼키듯].

마파람에 곡식이 혀를 빼물고 자란다
남풍이 불기 시작하면 모든 곡식은 놀랄 만큼 무럭무럭 빨리 자란다는 말.

마파람에 돼지 불알 놀 듯
아무런 구속도 받지 않는 사람이 쓸데없이 흔들흔들하는 모습을 비유적으로 이르는 말.

마파람에 호박 꼭지 떨어진다
무슨 일이 처음부터 별로 큰 장애도 없는데 틀어져 나감을 비유적으로 이른 말.

막걸리 거르려다 지게미도 못 건진다
큰 이익을 보려다가 도리어 손해만 보았다는 말.

막내둥이 응석 받듯
어떠한 말이나 행동을 하더라도 하는 대로 내버려 둠을 이르는 말.

막내아들이 첫아들이라
1. 무엇이든지 맨 나중 것이 가장 소중히 여겨진다는 말. 2. 단 하나밖에 없다는 말.

막다른 골목이 되면 돌아선다
일이 막다른 지경에 이르면 또 다른 방책이 생긴다는 말.

막대 잃은 장님
의지할 곳을 잃고 꼼짝 못하게 된 처지를 이르는 말.

막술에 목이 멘다
일이 잘되어 가다가 마지막에 탈이 난다는 말.

만경창파에 배 밑 뚫기
심통 사나운 짓을 비유적으로 이르는 말.

만나자 이별
서로 만나자마자 곧 헤어짐을 이르는 말.

만날 뗑그렁
생활이 넉넉하여 만사에 걱정이 없음을 이르는 말.

만 냥의 돈인들 무슨 소용이냐
아무리 가치 있는 것이라도 직접 이용할 수 없는 경우에는 소용이 없다는 말.

만득이 북 짊어지듯
짊어진 물건이 둥글고 크며 보기에 매우 불편해 보이는 형상을 이르는 말.

만 리 길도 한 걸음으로 시작된다
1. 아무리 큰일도 작은 일로부터 비롯된다는 말. 2. 훌륭하게 된 인물도 그 근본을 캐어 보면 범인(凡人)과 별 다름 없으나 노력한 결과로 그리되었다는 말.

만만한 년은 제 서방 굿도 못 본다
사람이 변변치 못하면 응당 제가 차지하여야 할 것까지도 차지하지 못하고 놓친다는 말.

만만한 놈은 성도 없나
사람은 다 인격을 가지고 있는 것이니 만만하다고 업신여기지 말라는 말.

만만한 데 말뚝 박는다
힘이나 세력이 없는 사람을 업신여기고 구박한다는 말.

만만한 싹을 봤나
왜 사람을 무시하느냐고 항의하는 말.

만승천자도 먹어야 산다
사람은 안 먹고는 못 사니, 먹는 것이 중요하다는 말.

만장에 호래자식이 없나
많은 사람이 모인 가운데는 못된 사람도 있다는 말.

많은 밥에 침 뱉기
매우 심술 사나운 짓을 이르는 말.

많이 생각하고 적게 말하고 더 적게 써라
말과 행동보다 생각이 앞서야 한다는 말.

말 갈 데 소 간다
1. 안 갈 데를 간다는 말. 2. 남이 할 수 있는 일이면 나도 할 수 있다는 말.
[비] 소 가는 데 말도 간다.

말 갈 데 소 갈 데 다 다녔다
온갖 곳을 다 다녔다는 말.

말고기를 다 먹고 무슨 냄새 난다 한다
제 욕심을 채우고 나서 쓸데없는 불평을 함을 비유적으로 이르는 말.

말 귀에 염불
아무리 말하여도 알아듣지 못한다는 말. [비] 쇠귀에 경 읽기.

말 꼬리에 파리가 천 리 간다
남의 세력에 의지하여 기운을 편다는 말. [비] 천리마 꼬리에 쉬파리 따라가듯.

말끝에 단 장 달란다
상대편의 마음을 사 놓고 자기가 바라는 것을 요구한다는 말.

말도 사촌까지 상피한다
가까운 친척 사이의 남녀가 관계하였을 때 욕하는 말.

말 뒤에 말이 있다
말에는 겉으로 드러나지 아니한 속뜻이 있다는 말.

말똥도 밤알처럼 생각한다
욕심에 눈이 어두워 매우 인색하게 굶을 놀림조로 이르는 말.

말똥도 세 번 굴러야 제자리에 선다
무슨 일이나 여러 번 해 봐야 제자리가 잡힌다는 말.

말똥을 놓아도 손맛이더라
비록 하찮은 것을 차리더라도 솜씨에 따라서 그 맛이 달라짐을 비유적으로 이르는 말.

말뚝 베끼기
밑천 없이 소의 말뚝만 옮겨 매어 돈을 번다는 데서, 우시장에서 흥정을 붙이고 구전을 받는 중개상을 비유적으로 이르는 말.

말로는 못할 말이 없다

실지 행동이나 책임이 뒤따르지 아니하는 말은 무슨 말이든지 다 할 수 있다는 말.

말로 배워 되로 풀어먹는다
학문이나 경험 따위를 제대로 활용할 줄 모르는 사람을 비유적으로 이른 말.

말로 온 동네 다 겪는다
1. 음식이나 물건으로는 힘이 벅차서 많은 사람을 다 대접하지 못하므로 언변으로나마 잘 대접한다는 말. 2. 말로만 남을 대접하는 체한다는 말.

말만 귀양 보낸다
말을 하여도 상대편의 반응이 없으므로, 기껏 한 말이 소용없게 되는 경우를 이르는 말.

말만 잘하면 천 냥 빚도 가린다
1. 말은 일상생활에 큰 영향을 끼치는 것이니 말할 때는 애써 조심하라는 말. 2. 말을 잘하는 사람은 처세에 유리하다는 말. [비] 말로 온 공을 갚는다.

말 많은 것은 과붓집 종년
말이 많은 사람을 낮잡아 이르는 말.

말 많은 집은 장맛도 쓰다
1. 집안에 잔말이 많으면 살림이 잘 안 된다는 말. 2. 입으로는 그럴듯하게 말하지만 실상은 좋지 못하다는 말. [비] 말 단 집에 장 단 법 없다. 말 단 집에 장이 곤다. 말 단 집 장맛이 쓰다.

말 머리에 태기가 있다
일의 첫머리부터 성공할 기미가 보인다는 말.

말 밑으로 빠진 것은 다 망아지다
근본은 절대로 변하지 않음을 강조하여 이르는 말.

말 발이 젖어야 잘 산다
장가가는 신랑이 탄 말의 발이 젖을 정도로 촉촉하게 비가 내려야 그 부부가 잘 산다는 뜻으로, 결혼식 날에 비가 오는 것을 위로하는 말.

말 살에 쇠 뼈다귀
피차간에 아무 관련성이 없이 얼토당토않음을 이르는 말.

말 살에 쇠 살
합당하지 않은 말로 지껄임을 이르는 말.

말 삼은 소 신[짚신]이라
말이 삼은 소의 짚신이라는 뜻으로, 일이 뒤죽박죽되어 못쓰게 되었다는 말.

말 속에 뜻이 있고 뼈가 있다
말 뒤에 겉에 드러나지 아니한 숨은 뜻이 있다는 말.

말 속에 말 들었다
말 속에 깊은 뜻이 있다는 말.

말 아닌 말
이치나 경우에 닿지 아니하는 말을 이르는 말.

말 안 하면 귀신도 모른다
마음속으로만 애태울 것이 아니라 시원스럽게 말을 하여야 한다는 말.

말 약 먹듯
먹기 싫은 약을 억지로 먹듯이 무엇을 억지로 먹음을 이르는 말.

말에 실었던 짐을 벼룩 등에 실을까
힘과 능력이 없는 사람에게 무거운 책임을 지울 수는 없음을 비유적으로 이르는 말.

말 위에 말을 얹는다
1. 욕심이 많은 사람을 이르는 말. 2. 걱정이 겹겹으로 쌓임을 이르는 말.

말은 나면 제주도로 보내고 사람은 나면 서울로 보내라
망아지는 말의 고장인 제주도에서 길러야 하고, 사람은 어릴 때부터 서울로 보내어 공부를 하게 하여야 잘될 수 있다는 말. [비] 마소 새끼는 시골로 사람의 새끼는 서울로. 사람의 새끼는 서울로 보내고 마소 새끼는 시골[제주]로 보내라.

말은 바른대로 하고 큰 고기는 내 앞에 놓아라
거짓말을 하거나 남을 속이려 하지 말고 솔직하게 털어놓으라고 이르는 말.

말은 보태고 떡은 뗀다
말은 퍼질수록 더 보태어지고, 음식은 이 손 저 손으로 돌아가는 동안 없어지는 것이라는 말. [비] 말은 보태고 봉송(封送)은 던다.

말은 앵무새
말은 그럴듯하게 잘하나 실천이 없는 사람을 이르는 말.

말은 이 죽이듯 한다
말을 할 때 조금도 남김없이 자세히 다 함을 이르는 말.

말은 적을수록 좋다
말이 많으면 군말을 많이 하게 되므로 그 결과가 좋지 못하다는 말.

말은 청산유수다
말을 그칠 줄 모르고 잘한다는 말.

말은 할수록 늘고 되질은 할수록 준다
말은 퍼질수록 보태어지고, 물건은 옮겨 갈수록 줄어든다는 말.

말은 할 탓이다
같은 내용의 말이라도 하기에 달렸다는 말. [비] 말은 꾸밀 탓으로 간다.

말은 해야 맛이고 고기는 씹어야 맛이다
마땅히 할 말은 해야 한다는 말.

말을 낳거든 시골로 보내고 아이를 낳거든 공자의 문으로 보내라
아이는 학문을 가르쳐야 한다는 말.

말이 고마우면 비지 사러 갔다가 두부 사온다
상대편이 말을 고맙게 하면 제가 생각하였던 것보다 훨씬 더 후하게 해 주게 된다는 말.

말이란 탁 해 다르고 툭 해 다르다
말이란 같은 내용이라도 표현하는 데 따라서 아주 다르게 들린다는 말. [비] 같은 말도 툭 해서 다르고 탁 해서 다르다. 말이란 아 해 다르고 어 해 다르다.

말이 말을 만든다
말은 사람의 입을 거치는 동안 그 내용이 과장되고 변한다는 말.

말이 말을 물다
어떤 말이 연달아 계속 퍼져 나감을 이르는 말.

말이 씨가 된다
늘 말하던 것이 마침내 사실대로 되었을 때를 이르는 말.

말이 앞서지 일이 앞서는 사람 본 일 없다
말없이 실천하는 사람은 드물다는 말.

말 잘하고 징역 가랴
말을 잘하면 징역 갈 것도 면한다는 뜻으로, 말의 중요성을 이르는 말.

말 잡은 집에 소금이 해자(解座)라
여럿이서 말을 잡아먹을 때 주인이 소금을 거저 낸다는 뜻으로, 부득이한 처지에 있어 생색 없이 무엇을 제공하게 되는 경우를 이르는 말. [비] 말 죽은 집에 소금 삭는다.

말 죽은 데 체 장수 모이듯
쳇불로 쓸 말총을 구하기 위하여 말이 죽은 집에 체 장수가 모인다는 뜻으로, 남의 불행은 아랑곳없이 제 이익만 채우려고 많은 사람이 모여드는 것을 이르는 말.

말 죽은 밭에 까마귀같이
까맣게 모여 어지럽게 떠드는 모습을 이르는 말.

말 타면 경마 잡히고 싶다
사람의 욕심이란 한이 없다는 말. [비] 말 타면 종 두고 싶다.

말 탄 양반 끄덕 소 탄 녀석 끄덕
덩달아 남의 흉내를 낸다는 말.

말 태우고 버선 깁는다
미리 준비를 해 놓지 않아서 임박해서야 허둥지둥하게 되는 경우를 비유적으로 이르는 말. [비] 가마 타고 옷고름 단다.

말하는 것을 개방귀로 안다
남의 말을 시시하게 여겨 들은 척도 안 한다는 말.

말하는 남생이
남생이가 토끼를 속여 용궁으로 끌고 갔다는 이야기에서 온 말로, 아무도 그가 하는 말을 신용하지 못한다는 말.

말하는 매실
보거나 듣거나 아무 실속이 없음을 이르는 말.

말 한마디가 대포알 만 개도 당한다
말 잘하는 것이 큰 위력을 가질 수 있음을 비유적으로 이르는 말.

말 한마디에 천금이 오르내린다
한 마디 한 마디의 말이 중요하다는 말.

말 한마디에 천 냥 빚도 갚는다
말만 잘하면 어려운 일이나 불가능해 보이는 일도 해결할 수 있다는 말. [비] 천 냥 빚도 말로 갚는다.

말한 입에 침도 마르기 전
무슨 말을 하고 나서 금방 제가 한 말을 뒤집어 그와 달리 행동함을 비유적으로 이른 말.

맑은 샘에서 맑은 물이 난다
근본이 좋아야 훌륭한 후손이 나온다는 말.

맛없는 국이 뜨겁기만 하다
사람답지 못한 자가 교만하고 까다롭게 군다는 말. [비] 못된 음식이 뜨겁기만 하다.

맛 좋고 값싼 갈치자반
한 가지 일이 두 가지로 이롭다는 말.

망건 끝에 앉았다
어떤 일에 얽매여 꼼짝도 못하게 됨을 이르는 말. [비] 망건골에 앉았다.

망건 쓰고 귀 안 빼는 사람 있느냐
망건을 쓰면 누구나 조금이라도 편하게 귀를 내놓는다는 뜻으로, 돈 버는 일이나 먹는 일을 싫어하는 사람은 없음을 비유적으로 이르는 말.

망건 쓰고 세수한다
세수를 하고 머리를 빗고 그 다음에 망건을 쓰는 법인데 망건을 먼저 쓰고 세수를 한다는 뜻으로, 일의 순서를 바꾸어 함을 놀림조로 이르는 말. [비] 탕건 쓰고 세수한다.

망건 쓰자 파장

준비를 하다가 그만 때를 놓쳐 소기의 목적을 이루지 못하게 됨을 비유적으로 이른 말.

망건편자를 줍는다

아무 잘못도 없이 매를 맞고 의관을 찢기고도 호소할 데가 없어 남아 있는 망건편자만 줍는다는 말.

망나니짓을 하여도 금관자 서슬에 큰기침한다

나쁜 짓을 하고도 벼슬아치라는 배짱으로 도리어 남을 야단치고 뽐내며 횡포를 부린다는 말. [비] 금관자 서슬에 큰기침한다. 도둑질을 하더라도 사모 바람에 거드럭거린다. 사모 바람에 거드럭거린다.

망둥이 제 동무 잡아먹는다

동류(同類)나 친척 간에 서로 싸움을 비유적으로 이르는 말. [비] 갈치가 갈치 꼬리 문다. 망둥이 제 새끼 잡아먹듯.

망발 토 달아 놓다

무심결에 자기나 자기 조상에게 욕이 될 말을 함을 이르는 말.

망석중 놀리듯

사람을 자기 마음대로 부추겨 조롱함을 비유적으로 이르는 말.

망신살이 무지갯살 뻗치듯 한다

더할 수 없는 큰 망신을 당하여, 많은 사람으로부터 심한 욕설과 원망을 받게 됨을 이르는 말.

망신하려면 아버지 이름자도 안 나온다

1. 망신을 당하려면 내내 잘되던 일도 비뚤어진다는 말. 2. 평소에 잘 알고도 남음이 있는 일까지 잊어버리고 생각나지 않아 실수를 하게 됨을 이르는 말.

망치로 얻어맞은 놈 홍두깨로 친다

앙갚음은 제가 받은 피해보다 더 크게 하기 마련이라는 말.

맞는 자식보다 때리는 부모의 마음이 더 아프다

자식을 올바르게 이끌기 위하여 매를 때리는 부모의 마음은 매를 맞는 자식의 마음보다 훨씬 아프기 마련이라는 말.

매가 꿩을 잡아 주고 싶어 잡아 주나

마지못하여 남의 부림을 당하는 처지를 비유적으로 이르는 말.

매 꿩 찬 듯
앙상이 나서 몸을 떠는 모양을 비유적으로 이르는 말.

매 끝에 정든다
매를 맞거나 꾸지람을 들은 후에 더 사이가 가까워짐을 이르는 말.

매달린 개가 누워 있는 개를 웃는다
남보다 못한 형편에 있으면서 오히려 남을 비웃음을 비유적으로 이르는 말.

매도 맞으려다 안 맞으면 서운하다
무슨 일을 하려고 하다가 못하면 섭섭하다는 말.

매도 먼저 맞는 놈이 낫다
이왕 겪어야 할 일이라면 아무리 어렵고 괴롭더라도 먼저 치르는 편이 낫다는 말.

매로 키운 자식이 효성 있다
잘되라고 매로 때리고 꾸짖어 키우면 그 자식도 커서 그 공을 알아 효도를 하게 된다는 말.

매를 꿩으로 보다
사나운 사람을 순한 사람으로 잘못 봄을 비유적으로 이르는 말.

매를 솔개로 본다
잘난 사람을 못난 사람으로 잘못 봄을 비유적으로 이르는 말.

매 밥만도 못하겠다
음식이 아주 적은 양임을 이르는 말.

매 앞에 뜬 꿩 같다
막다른 위기에 처하여 있는 신세를 비유적으로 이르는 말.

매 위에 장사 있나
매로 때리는 데에는 견딜 사람이 없다는 말.

매인 개처럼 돌아다니려고만 한다
그저 돌아다니려고만 함을 비유적으로 이르는 말.

매화도 한철 국화도 한철
1. 모든 사물은 저마다 한창때가 있다는 말. 2. 한창 좋은 시절도 그때가 지나
고 나면 그뿐이라는 말.

맥도 모르고 침통 흔든다
제대로 알지도 못하면서 일을 하려고 함을 이르는 말. [비] 말똥도 모르고 마
의(馬醫) 노릇 한다. 잣눈도 모르고 조복(朝服) 마른다.

맨발로 바위 차기
되지도 아니할 것을 하여 도리어 자기에게 손해만 돌아오게 하는, 어리석고
소용없는 짓을 비유적으로 이르는 말.

맨입에[맨입으로] 앞 교군 서라 한다
어려운 중에 또 어려운 일이 겹침을 이르는 말.

맨입으로 드난한다
할 일은 하지 아니하고 말만 늘어놓음을 이르는 말.

맹꽁이 결박한 것 같다
키가 작고 몸이 뚱뚱한 사람이 옷을 잔뜩 입은 모양을 비유적으로 이르는 말.

맹꽁이 통에 돌 들이친다
매우 시끄럽게 떠들던 것이 갑자기 조용하게 됨을 비유적으로 이르는 말.

맹물 같은 소리
실속이 없거나 내용이 없는 소리를 이르는 말.

맹물에 조약돌 삶은 맛이다
아무런 맛도 없음을 이르는 말.

맹물에 조약돌을 삶아 먹더라도 제멋에 산다
보기에는 아무 재미도 없어 보이지만 다 제가 좋아서 하는 일을 이르는 말.

맹자 집 개가 맹자 왈 한다
무식한 사람도 오래 보고 들으면 자연히 견문이 생긴다는 말.

맺은 놈이 풀지
무엇이든 처음 하던 사람이 그 일의 끝을 내야 한다는 말. [비] 문 연 놈이 문
닫는다.

머루 먹은 속
대강 짐작을 하고 있는 속마음이라는 말.

머리가 모시 바구니가 되었다
머리털이 하얗게 세어 늙었다는 말.

머리 간 데 끝 간 데 없다
1. 한이 없는 말. 2. 일이 갈피를 잡을 수 없을 만큼 어지럽다는 말.

머리 검은 고양이 귀해 말라
귀여워하여 보아야 보람이 없고 자칫 잘못하면 할큄을 받을 수 있음을 비유적으로 이르는 말.

머리는 끝부터 가르고 말은 밑부터 한다
말은 시작부터 요령 있게 하여야 한다는 말.

머리 두를 데를 모른다
어떻게 처신해야 할지를 모른다는 말.

머리를 감추고 꼬리를 숨긴다
몸을 숨기기 위하여 머리는 구멍에 감추고 꼬리는 사타구니에 감춘다는 뜻으로, 사실을 명백히 드러내어 놓지 않고 감추는 모양을 비유적으로 이르는 말.

머리를 삶으면 귀까지 익는다
큰일을 하면 거기에 딸린 부분도 자연히 따라 하게 됨을 비유적으로 이른 말.

머리 없는 놈 댕기 치레한다
본바탕에 어울리지 않게 지나치게 겉만 꾸밈을 비유적으로 이르는 말.

머리 위에 무쇠 두멍이 내릴 때가 멀지 않았다
무쇠 두멍이 머리에 떨어지면 살아날 리가 없는 것이니, 죽을 날이 멀지 않았다고 저주하여 이르는 말.

머리카락에 홈 파겠다
1. 성격이 옹졸함을 이르는 말. 2. 솜씨가 매우 정교함을 이르는 말.

머리털을 베어 신발을 삼다
무슨 수단을 써서라도 자기가 입은 은혜는 잊지 않고 꼭 갚겠다는 것을 비유적으로 이르는 말.

머슴보고 속곳 묻는다

1. 아무 관계도 없는 사람에게 자기에게나 요긴한 일을 엉뚱하게 물어보나, 그가 알 리가 없다는 말. 2. 남부끄러운 줄도 모르고 생소한 사람에게 자기만의 일을 말함을 이르는 말.

머슴이 갈짜한다

관계없는 일에 주제넘게 간섭을 한다는 말.

먹고도 굶어 죽는다

욕심이 많은 사람을 이르는 말.

먹고 싶은 것도 많겠다

좀 안달시고 나서는 경우를 핀잔하는 말.

먹고 자는 식충이도 복을 타고났다

모든 사람의 운명은 날 때부터 타고난 것임을 이르는 말.

먹고 죽자 해도 없다

몹시 귀하여 아무리 구하려 하여도 없다는 말.

먹기는 아귀같이 먹고 일은 장승같이 한다

많이 먹기만 하고 일을 하지 않는다는 말.

먹기는 파발[발장]이 먹고 뛰기는 역마[파발마]가 뛴다

정작 애쓴 사람은 대가를 받지 못하고 딴 사람이 받는다는 말.

먹기는 혼자 먹어도 일은 혼자 못 한다

일은 힘을 합쳐 하는 것이 효과적이라는 말.

먹기 싫은 밥에 재나 뿌리지

제가 싫다고 남도 못하게 방해를 놓는 심술을 이르는 말.

먹기 싫은 음식은 개나 주지 사람 싫은 것은 백 년 원수

싫은 사람과 같이 지내기는 어려운 일이라는 말.

먹는 데는 관발이요 일에는 송곳이라

제 이익이 되는 일 특히 먹는 일에는 남보다 먼저 덤비나, 일할 때는 꽁무니만 뺀다는 말. [비] 먹는 데는 감돌이 일에는 배돌이.

먹는 데는 남이요 궂은일에는 일가라

제 욕심을 채울 때는 남을 돌보지 아니하다가, 제가 어려운 일을 당하면 남의 도움을 바라는 얄미운 심리를 이르는 말.

먹는 떡에도 소를[살을] 박으라 한다
이왕 하는 일이면 잘하라는 말.

먹다가 굶어 죽겠다
먹을 것이 썩 적다는 말.

먹다가 보니 개떡[수제비]
멋도 모르고 그저 좋아하다가, 알고 보니 의외로 하찮은 것이어서 실망함을 이르는 말.

먹다 남은 죽은 오래 못 간다
탐탁하지 않은 물건은 남아도 쓸 만한 것이 못 된다는 말.

먹다 죽은 대장부나 밭갈이하다 죽은 소나
호의호식하던 사람이나 죽도록 일만 하고 고생한 사람이나 죽기는 매일반임을 이르는 말.

먹던 떡도 아니고 보던 굿도 아니다
익숙한 것이 아니라는 말.

먹던 술도 떨어진다
늘 하던 숟가락질도 간혹 잘못하여 숟가락을 떨어뜨릴 수 있다는 뜻으로, 매사에 잘 살피고 조심하여서 잘못이 없도록 하라는 말.

먹어야 체면
먹을 것을 충분히 먹고 난 이후에야 체면치레도 할 수 있음을 이르는 말.

먹여서 싫다는 사람[놈] 없다
사람마다 정도의 차이는 있으나 자기를 챙기기 마련이라는 말.

먹은 죄는 꿀 종지도 하나
다 먹고 바닥에 꿀이 묻은 꿀 종지를 보고 종지가 먹었다고 허물하겠냐는 뜻으로, 먹은 것은 죄가 아니라는 말.

먹은 죄는 없다
설령 남의 것을 훔쳐 먹었다 할지라도 그것을 죄 삼아 벌을 주지 않는다는 말.

먹을 가까이하면 검어진다

좋지 못한 사람과 사귀게 되면, 그를 닮아 악에 물들게 됨을 비유적으로 이르는 말.

먹을 것 없는 제사에 절만 많다

아무 소득도 없는 일에 공연히 수고만 많이 함을 비유적으로 이르는 말. [비] 먹지도 못하는 제사에 절만 죽도록 한다.

먹을 것을 보면 세 치를 못 본다

먹을 것을 눈앞에 두고는 다른 생각은 조금도 못하고 만다는 말.

먹을수록 냠냠한다

먹을수록 욕심이 나서 더욱더 먹고 싶어 함을 이르는 말.

먹을 콩 났다고 덤빈다

어쩌다가 좋은 수가 생겼다고 덤빈다는 말.

먹을 콩으로 알고 덤빈다

1. 먹지도 못할 것을 먹으려고 덤빈다는 말. 2. 만만한 것으로 알고 차지하거나 이용하려 든다는 말.

먹자는 귀신은 먹여야 한다

마음이 좋지 못한 사람의 요구를 안 들어주면 피해가 더 커지므로 싫어도 들어주어야 한다는 말.

먹줄 친 듯하다

무엇이 한결같이 곧고 바르다는 말.

먹지 않는 씨아에서 소리만 난다

1. 못난 사람일수록 잘난 체하고 큰소리를 침을 비유적으로 이르는 말. 2. 아무 일도 하지 않으면서 하는 체하고 떠벌리기만 함을 비유적으로 이르는 말. [비] 들지 않는 솜틀은 소리만 요란하다. 못 먹는 씨아가 소리만 난다.

먹지 않는 종 투기 없는 아내

너무나 비현실적인 것을 비유적으로 이르는 말. [같] 여물 안 먹고 잘 걷는 말.

먼 데 것을 얻으려고 가까운 것을 버린다

일의 차례를 뒤바꾼다는 말.

먼 데 단 냉이보다 가까운 데 쓴 냉이
먼 데 있는 친척보다 가까이 있어 사정을 잘 알아주는 남이 더 낫다는 말.

먼 데 일가가 가까운 이웃만 못하다
가까이 지내는 이웃이 먼 데 사는 일가보다 낫다는 뜻으로, 이웃끼리 서로 도우며 사는 것이 중요함을 이르는 말.

먼저 꼬리 친 개 나중 먹는다
어떤 일이나 먼저 서두르는 사람이 뒤떨어짐을 이른 말. [갈] 꼬리 먼저 친 개가 밥은 나중에 먹는다.

먼저 먹는 놈이 임자
물건은 먼저 차지하는 사람의 것이라는 말.

먼저 먹은 후 답답
1. 남보다 먼저 먹고 나서 남이 먹을 때에는 바라만 보고 있음을 이르는 말.
2. 너무 욕심을 부리어 남보다 먼저 많이 하려다가는 도리어 실패한다는 말.

먼저 배 탄 놈이 나중 내린다
서두르는 사람이 도리어 뒤떨어짐을 이르는 말.

먼 조카는 따져도 가까운 삼촌은 따지지 않는다
먼 친척은 어려워서 이것저것 까다롭게 재지만 삼촌은 항렬이 위이나 편한 사이이므로 대하기가 매우 스스럼없음을 이르는 말.

멋에 치여 중 서방질한다
자기 몸을 망치면서도 흥에 이기지 못해 방탕에 빠짐을 이르는 말.

멍석 구멍[귀]에 생쥐 눈 뜨듯
겁이 나서 몸을 숨기고 바깥을 살피는 모양을 비유적으로 이르는 말.

메고 나면 상두꾼 들고 나면 초롱꾼
1. 이미 영락한 몸이 무슨 일인들 못하겠느냐는 말. 2. 어떠한 천한 일도 부끄러워할 것이 아니며 때에 따라서는 무슨 일이라도 할 수 있다는 말.

메기가 눈은 작아도 저 먹을 것은 알아본다
아무리 식견이 좁은 자라도 제 살길은 다 마련하고 있음을 비유적으로 이르는 말. [갈] 넙치 눈은 작아도 먹을 것은 잘 본다.

메기 아가리 큰 대로 다 못 먹는다
욕심대로 모두 이루어지는 않음을 비유적으로 이르는 말.

메뚜기도 유월이 한철이다
제때를 만난 듯이 한창 날뜀을 이르는 말. [갈] 뻐꾸기도 유월이 한철이라.

메밀떡 굿에 쌍장구 치랴
처지와 형편에 맞지 않게 크게 일을 떠벌이면 안 된다는 말.

메밀이 세 모라도 한 모는 쓴다더니
신통찮은 사람이라도 어느 한때는 긴요하게 쓰인다는 말.

메밀이 있으면 뿌렸으면 좋겠다
잡귀를 막기 위해 집 앞에 메밀을 뿌리던 민속에서 나온 말로, 왔다 간 사람이 다시는 오지 않게 했으면 좋겠다는 말.

며느리가 미우면 발뒤축이 달걀 같다고 나무란다
미운 사람에 대해서 공연히 트집을 잡아 억지로 허물을 지어낸다는 말.

며느리가 미우면 손자까지 밉다
어떤 사람이 미우면 그에 딸린 사람까지도 밉게 보인다는 말. [갈] 중이 미우면 가사(袈裟)도 밉다.

며느리 늙어 시어미 된다
과거에 남의 아래에서 겪던 고생은 생각지도 않고 도리어 아랫사람에게 심하게 대함을 비꼬는 말. [갈] 며느리 자라 시어미 되니 시어미 티를 더 잘한다.

며느리 사랑은 시아버지 사위 사랑은 장모
흔히 며느리는 시아버지에게서 귀염을 받고, 사위는 장모에게 더 사랑을 받는다는 말. [비] 사위 사랑은 장모 며느리 사랑은 시아버지. 장모는 사위가 곰보라도 예뻐하고 시아버지는 며느리가 뻐드렁니에 애꾸라도 예뻐한다.

며느리 상청에서도 떡웃지짐이 제일
죽은 며느리를 위하여 베푸는 상청에서도 떡 위에 놓여 있는 지짐이에 신경을 쓴다는 뜻으로, 먹는 데만 정신이 팔리어 체면 차리지 않고 맛있는 것만 골라 먹는다는 말.

며느리 샘에 발꿈치 희어진다
여자가 참을성 없고 투기가 아주 심함을 이르는 말.

며느리 시앗은 열도 귀엽고 자기 시앗은 하나도 밉다
흔히 아들이 첩을 얻는 것은 좋아하면서도 제 남편이 첩을 얻어 시앗을 보게 되면 못 견디어 한다는 말.

며느리 아이 낳는 건 봐도 딸 애 낳는 건 못 본다
아이를 낳는 고생스러움은 보기에 매우 안타깝다는 말.

멱부리 암탉이다
멱부리 암탉이 턱 밑에 털이 많이 나서 아래를 못 보듯이, 바로 눈앞의 것도 모르는 사람을 놀림조로 이르는 말.

면례하는 데 뼈 감추기
심술궂게 방해함을 이르는 말.

멸치 한 마리는 어쭙잖아도 개 버릇이 사납다
개에게 멸치 한 마리를 주는 것은 아깝지 않지만 그로 인해 개의 버릇이 사나워질까 걱정이라는 뜻으로, 물건이 아까워서가 아니라 버릇을 고치라고 나무라는 말.

명문 집어먹고 휴지 똥 눌 놈
의리를 저버리거나 법을 어기기 일쑤인 막된 사람을 욕하여 이르는 말.

명산대천에 불공 말고 타관 객지에 나선 사람 괄시를 마라
죽어서 극락 가겠다고 명산대천에 대고 불공을 드릴 생각은 하지 말고, 타관 객지에 나서서 외로운 사람을 괄시하지 말고 잘 대접하며 좋은 일을 해야 극락에 갈 수 있다는 말. [비] 명산대천에 불공 말고 타관 객지에 나선 사람 잘 대접하랬다.

명산 잡아 쓰지 말고 배은망덕하지 마라
명당자리 잡아 조상의 묘를 써서 조상의 덕을 바랄 생각을 하지 말고, 남에게 나쁜 짓을 하지 않는 것이 복을 받는 길임을 이르는 말.

명심하면 명심 덕이 있다
무슨 일이든지 마음을 가다듬어 하면 그만한 이익이 있음을 이르는 말.

명주 고름 같다
성질이 매우 곱고 보드랍다는 말.

명주옷은 사촌까지 덥다

가까운 사람이 부귀한 몸이 되면 그 도움이 일가에까지 미침을 이르는 말.

명주 자루에 개똥
겉치장은 그럴듯하나 실은 보잘것없는 사람을 이르는 말.

명 짧은 놈 턱 떨어지겠다
너무 오래 기다리게 되었을 때 갑갑하여 이르는 말.

명찰에 절승
좋은 것을 두루 겸했다는 말.

명태 대가리 하나는 놀랍지 않아도 괭이 소위가 괘씸하다
없어진 명태가 아깝기보다 훔쳐 간 고양이의 소행이 더 밉다는 뜻으로, 입은 손해보다도 그 저지른 짓이 미움을 비유적으로 이르는 말.

명태하고 팔은 두들겨서 껍질을 벗기고 촌놈하고 계집은 두들겨서 길들인다
계집은 무섭게 다루어 길을 들여야 한다는 말.

명태 한 마리 놓고 딴전 본다
하고 있는 일과는 상관없는 엉뚱한 일을 함을 이르는 말.

모기 다리의 피만 하다
분량이 아주 적음을 비유적으로 이르는 말.

모기 대가리에 골을 내랴
불가능한 일을 하려는 경우를 비웃는 말.

모기도 낯짝이 있지
염치없고 뻔뻔스러움을 이르는 말.

모기도 모이면 천둥소리 난다
힘없고 미약한 것이라도 많이 모이면 큰 힘을 낼 수 있다는 말.

모기 밑구멍에 당나귀 신(腎)이 당할까
1. 작은 구멍에 큰 물건이 부당하다는 말. 2. 분에 넘치는 보수나 지위를 감당하지 못한다는 말.

모기 보고 칼[환도] 빼기[뽑기]
1. 시시한 일로 소란을 피움을 비유적으로 이르는 말. 2. 보잘것없는 작은 일에 어울리지 않게 엄청나게 큰 대책을 씀을 이르는 말. [비] 중을 보고 칼을

뽑는다.

모난 돌이 정 맞는다
1. 두각을 나타내는 사람이 남에게 미움을 받게 된다는 말. 2. 강직한 사람은 남의 공박을 받는다는 말.

모내기 때는 고양이 손도 빌린다
모내는 시기에는 어른, 아이 할 것 없이 있는 대로 다 참여해야 할 정도로 일손이 부족하다는 말.

모내기 때의 하루는 겨울의 열흘 맞잡이다
모내기는 때를 놓치지 말아야 하는 만큼 모내기 때의 하루하루는 매우 중요하다는 말.

모내기철에는 아궁 앞의 부지깽이도 뛴다
모내기철에는 모든 사람이 바쁘게 뛰어다니게 됨을 비유적으로 이르는 말.

모래가 싹 난다
절대로 있을 수 없는 일을 고집을 부리는 경우를 이르는 말.

모래로 물[내] 막는다
수고는 하나 아무런 보람이 없는 헛일을 함을 이른 말. [비] 모래로 방천한다.

모래 위에 물 쏟는 격
아무 소용이 없는 헛일을 함을 이르는 말.

모래 위에 선 누각[집]
기초가 튼튼하지 못하여 곧 허물어질 수 있는 물건이나 일을 비유적으로 이르는 말. [비] 모래 위에 쌓은 성.

모로 가나 기어가나 서울 남대문만 가면 그만이다
수단이나 방법은 어찌 되었든 간에 목적만 이루면 된다는 말. [비] 모로 가도 서울만 가면 된다.

모로 던져 마름쇠
아무렇게나 해도 실패가 없다는 말.

모르면 약이요 아는 게 병
아무것도 모르면 차라리 마음이 편하여 좋으나, 무엇이나 좀 알고 있으면 걱정거리가 많아 도리어 해롭다는 말. [비] 모르는 것이 부처. 무지각이 상팔자. 아는 것이 병.

모시 고르다 베 고른다
1. 처음에 뜻하던 바와는 전연 다른 결과에 이름을 이르는 말. 2. 좋은 것을 골라 가지려다가 도리어 좋지 못한 것을 차지하게 됨을 이르는 말.

모양내다 얼어 죽겠다
실속은 없이 겉보기나 형식만 신경 쓰다가는 낭패할 수 있음을 핀잔하는 말. [비] 몸꼴 내다 얼어 죽는다.

모양이 개잘량이라
체면과 명예를 완전히 잃었음을 이르는 말.

모전 다리 다모(茶母)의 겨드랑이
모전이 있었던 서울 무교동 초입에서 차를 팔던 다모의 저고리가 짧았다는 데서, 감질나게 하는 사물을 비유적으로 이르는 말.

모주 먹은 돼지 껄때청
컬컬하게 쉰 목소리를 비유적으로 이르는 말. [비] 뜨물 먹은 당나귀 청.

모주 먹은 돼지 벼르듯
좋지 않게 여기는 대상에 대하여 혼자 성을 내고 게정스럽게 몹시 벼르는 모양을 비유적으로 이르는 말.

모주 장사 열 바가지 두르듯
보잘것없는 내용을 겉만 꾸며 내는 모양을 비유적으로 이르는 말.

모진 년의 시어미 밥내 맡고 들어온다
미운 사람은 미운 짓만 골라 함을 비유적으로 이르는 말.

모진 놈 옆에 있다가 벼락 맞는다
악한 사람을 가까이하면 반드시 그 화를 입게 됨을 비유적으로 이르는 말.

모진 놈은 계집 치고 흐린 놈은 세간 친다
부부 싸움을 할 때, 모진 남자는 부인을 때리고 흐릿한 남자는 세간을 부수어 분을 푼다는 말.

모처럼 태수 되니 턱이 떨어져

목적한 바를 모처럼 이룬 일이 허사가 되고 맒을 비유적으로 이르는 말.

모화관 동냥아치 떼쓰듯
경위에 어그러진 언사로 시끄럽게 떠드는 경우를 비유적으로 이르는 말.

목구멍 때도 못 씻었다
자기 양에 차지 못하게 아주 조금 먹었음을 이르는 말.

목구멍의 때를 벗긴다
오랜만에 좋은 음식을 배부르게 먹음을 이르는 말.

목구멍이 포도청
먹고살기 위해, 해서는 안 될 짓까지 하지 않을 수 없음을 이르는 말. [비] 입이 포도청.

목낭청의 혼이 씌다
시키는 대로 그대로 하는 경우를 비유적으로 이르는 말.

목마른 놈이 우물 판다
제일 급하고 일이 필요한 사람이 그 일을 서둘러 하게 되어 있다는 말. [비] 갑갑한 놈이 송사한다. 갑갑한 놈이 우물 판다. 답답한 놈이 송사한다[소지 (所志) 쓴다].

목마른 사람에게 물소리만 듣고 목을 축이라 한다.
말만 달콤하게 하지 아무런 실속 있는 대책을 세워 주지 않음을 비유적으로 이르는 말.

목맨 송아지
남의 제어를 받아 끌려 다니는 처지를 비유적으로 이르는 말.

목 멘 개 겨 탐하듯
이미 목이 멘 개가 겨를 먹으면 더 심하게 멜 텐데도 불구하고 겨를 탐낸다는 뜻으로, 자기 분수를 돌보지 않고 분수에 겨운 일을 바란다는 말.

목 벤 놈 허리 베고 허리 벤 놈 목밖에 더 베겠는가
해내고야 말 것임을 굳게 결심함을 속되게 이르는 말.

목석도 땀 날 때 있다
건강한 사람이라도 아플 때가 있다는 말.

목수가 많으면 기둥이 기울어진다
여럿이 일하는데 의견이 너무 많으면 도리어 일을 망친다는 말. [비] 목수가 많으면 집을 무너뜨린다.

목수가 해금통을 부순다
자기의 재주만 믿고 섣불리 덤비다가 오히려 일을 망치는 수가 있다는 말.

목욕하는 데 흙 뿌리기
심통 사나운 행동을 이르는 말.

목의 때도 못 씻는 살림
변변히 먹지도 못하고 구차하게 지내는 살림을 비유적으로 이르는 말.

목잔 좀 불량해도 이태 존대
조선 시대에, 이씨 성을 가진 사람을 높여 대접하였다는 데서 나온 말.

목 짧은 강아지 겻섬 넘어다보듯 한다
키 작은 사람이 목을 빼 늘이고 발돋움하여 봄을 비유적으로 이르는 말.

목탁귀가 밝아야 한다
귀가 어두우면 먹을 밥도 못 얻어먹는다는 말.

몸은 개천에 가 있어도 입은 관청에 가 있다
가난한 주제에 잘 먹고 잘 지내려는 경우를 이르는 말.

몸이 되면 입도 되다
애써 벌면 먹는 것도 잘 먹게 된다는 말.

못난 놈 잡아들이라면 없는 놈 잡아간다
아무리 잘났더라도 돈이 없고 궁하면 못난 사람대접밖에 못 받고, 못난 사람도 돈만 있으면 좋은 대접을 받는다는 말. [비] 못 입어 잘난 놈 없고 잘 입어 못난 놈 없다.

못된 나무에 열매만 많다
쓸데없는 것이 번식만 많이 한다는 말. [비] 못된 소나무에 솔방울만 많다.

못된 바람은 수구문[동대문 구멍]으로 들어온다
궂은일이나 실패한 일의 책임은 자기에게만 돌아온다고 항변하는 말.

못된 버섯이 삼월 달부터 난다

좋지 못한 물건이 오히려 일찍부터 나돌아 다님을 비유적으로 이르는 말. [비] 못 먹는 버섯은 삼월 달부터 난다.

못된 송아지 엉덩이에 뿔이 난다
되지못한 것이 엇나가는 짓만 한다는 말. [비] 못된 벌레 장판방에서 모로 긴다. 못된 송아지 뿔부터 난다. 송아지 못된 것은 엉덩이에 뿔난다. 엉덩이에 뿔이 났다.

못된 일가 항렬만 높다
쓸데없는 일가가 친족 관계의 등급만 높다는 뜻으로, 쓸데없는 것일수록 성(盛)함을 이르는 말. [비] 아무것도 못하는 놈이 문벌만 높다.

못 먹는 감 찔러나 본다
제 것으로 만들지 못할 바에야 남도 갖지 못하게 못쓰게 만들자는 뒤틀린 마음을 이르는 말. [비] 나 못 먹을 밥에는 재나 넣지. 못 먹는 밥에 재 집어넣기. 못 먹는 호박 찔러 보는 심사.

못 먹는 떡 개 준다
남에게는 쓰지 못할 찌꺼기나 주는 야박한 인심을 이르는 말.

못 먹는 잔치에 갓만 부순다
소득 없는 일에 손해만 남을 비유적으로 이르는 말.

못 믿는 도둑개같이
남을 대놓고 의심하는 사람을 이르는 말.

못 오를 나무는 쳐다보지도 마라
불가능한 일은 일찌감치 단념하라는 말.

몽둥이는 주인을 미워한다
하인들은 흔히 제 상전에 대하여 불평을 품고 있는 경우가 많음을 비유적으로 이르는 말.

몽둥이 들고 포도청 담에 오른다
제가 지은 죄를 숨기려고 남보다 먼저 나서서 떠드는 경우를 비유적으로 이르는 말.

몽둥이 세 개 맞아 담 안 뛰어넘을 놈 없다
사람은 누구나 매 맞는 것을 참지 못하여 급하여지면 달아나기 마련임을 비유

적으로 이르는 말.

몽치 깎자 도둑이 뛴다
준비하는 데에 시간을 다 보내고 목적한 바를 이루지 못함을 이르는 말.

무게가 천 근이나 된다
사람됨이 묵직하여 믿음직스럽다는 말.

무는 개를 돌아본다
너무 순하기만 하면 도리어 무시당하거나 관심을 끌지 못함을 비유적으로 이르는 말. [비] 개도 무는[사나운] 개를 돌아본다.

무는 개 짖지 않는다
무서운 사람일수록 말이 없음을 비유적으로 이르는 말.

무는 말 아가리와 깨진 독 서슬 같다
무는 말의 벌린 아가리와 같고 깨진 독의 예리한 날과 같이 모질다는 뜻으로, 사람됨이 모질고 독살스러워 가까이할 수 없음을 비유적으로 이르는 말.

무는 말 있는 데에 차는 말 있다
고약한 사람이 있는 곳에는 그와 비슷한 부류의 사람들이 모임을 비유적으로 이르는 말.

무는 호랑이는 뿔이 없다
입으로 무는 호랑이에게는 받는 뿔이 없다는 뜻으로, 한 가지 장점이 있으면 단점도 있듯이 무엇이든 다 갖추기 어려움을 비유적으로 이르는 말.

무당의 영신(迎神)인가
맥없이 있다가도 어떤 일을 맡기면 기쁘게 받아들여 날뛰는 사람을 이른 말.

무당이 제 굿 못하고 소경이 저 죽을 날 모른다
남의 일은 잘 처리하여도 자기 일은 자기가 처리하기 어렵다는 말.

무른 땅에 말뚝 박기
1. 몹시 하기 쉬운 일을 비유적으로 이르는 말. 2. 세도 있는 사람이 힘없고 연약한 사람을 업신여기고 학대함을 비유적으로 이르는 말.

무릇인지 닭의 똥인지 모른다
알아내어 구별하기 힘듦을 이르는 말.

무 밑동 같다
도와주는 사람이 없이 홀지고 외로운 처지임을 이르는 말.

무병이 장자
병을 앓게 되면 비용이 많이 들게 되므로, 앓지 않고 사는 것이 곧 부자로 사는 것임을 이르는 말.

무섭지는 않아도 똥 쌌다는 격
분명히 나타난 결과와 사실에 대하여 구구하게 그렇지 아니하다고 변명함을 이르는 말.

무소식이 희소식
소식이 없는 것은 무사히 잘 있다는 말이니, 곧 기쁜 소식이나 다름없음을 이르는 말.

무쇠도 갈면 바늘 된다
꾸준히 노력하면 어떤 어려운 일이라도 이룰 수 있다는 말.

무쇠 두멍을 쓰고 소(沼)에 가 빠졌다
죄지은 사람이 저도 모르는 사이에 스스로 화를 취한다는 말.

무식하고 돈 없는 놈 술집 담벼락에 술값 긋듯
외상술을 먹고 글자를 몰라 술집 담벼락에 작대기를 그어 술값을 적듯이 작대기를 자꾸 그어 감을 이르는 말.

무식한 도깨비가 부작을 모른다
무식한 사람이 제게 중요한 것이 무엇인지 몰라 크게 실수를 하게 된다는 말.

무식한 도깨비 진언을 알랴
무식한 사람을 비꼬는 말.

무엇 떨어지기를 기다린다
요행수를 바라고 기다림을 비유적으로 이르는 말.

무엇이든지 먹고자 한다
만사를 제쳐 놓고 먹기를 위주로 삼음을 이르는 말.

무자식 상팔자
자식이 없는 것이 도리어 걱정 없이 편하다는 말. [비] 자식 없는 것이 상팔자.

무진년 팥 방아 찧듯
빈번히 무엇을 찧는다는 말.

묵은 거지보다 햇거지가 더 어렵다
무슨 일이나 오래 해 온 사람은 처음 시작한 사람보다 참을성이 많고 마음이
굳다는 말.

묵은 낙지 꿰듯
일이 아주 쉬움을 이르는 말.

묵은 낙지 캐듯
무슨 일을 단번에 시원스레 해치우지 아니하고 두고두고 조금씩 함을 비유적
으로 이르는 말.

묵은장 쓰듯
조금도 아끼지 않고 헤프게 쓰는 모양을 비유적으로 이르는 말.

묵은 치부장[치부책]
쓸데없는 것이라 까맣게 잊어버린 것을 비유적으로 이르는 말.

문경 새재 박달나무는 홍두깨 방망이로 다 나간다
어떤 물건이 필요에 따라 다 쓰임을 이르는 말.

문경이 충청도 되었다가 경상도가 되었다
어떤 일이 이랬다저랬다 한다는 말.

문 돌쩌귀에 불 나겠다
문을 자주 여닫음을 이르는 말.

문둥이나 문둥 어미나 한 값이다
결국은 같은 것이라는 말.

문둥이 떼쓰듯 한다
마구 떼를 씀을 비유적으로 이르는 말.

문둥이 버들강아지 따먹고 배 앓는 소리 한다
무슨 말을 하는지 모르게 입 안으로 우물우물 말하거나 노래 부르는 사람을
비유적으로 이르는 말.

문둥이 시악 쓰듯 한다

무리하게 자기주장만 하고 떼를 씀을 비유적으로 이르는 말.

문둥이 자지 떼어먹듯
남의 것을 무쪽같이 떼어먹기만 하고 갚을 줄 모름을 비유적으로 이르는 말.

문둥이 죽이고 살인당한다
대수롭지 않은 일을 저질러 놓고 큰 화를 당함을 비유적으로 이르는 말.

문둥이 콧구멍에 박힌 마늘씨도 파먹겠다
욕심이 사납고 남의 것을 탐내어 다랍게 구는 사람을 욕하는 말.

문 바른 집은 써도 입바른 집은 못쓴다
너무 바른말만 하여도 남의 미움을 산다는 말.

문비를 거꾸로 붙이고 환쟁이만 나무란다
제가 잘못하여 놓고 도리어 남만 그르다고 한다는 말.

문서 없는 상전
까닭도 없이 남에게 몹시 까다롭게 구는 사람을 비유적으로 이르는 말.

문서 없는 종
계약 문서 없이 부리는 종과 같다는 뜻으로, 행랑살이하는 사람이나 아내 또는 며느리를 비유적으로 이르는 말.

문선왕 끼고 송사한다
권위 있는 사람의 이름을 내세워 그 세력을 이용함을 비유적으로 이르는 말.

문어 제 다리 뜯어먹는 것[격]
1. 제 패거리끼리 서로 헐뜯고 비방함을 비유적으로 이르는 말. 2. 자기의 밑천이나 재산을 차츰차츰 까먹음을 비유적으로 이르는 말.

문을 연 사람이 바로 문을 닫은 사람
원인에 따른 결과가 있기 마련이라는 말.

문전 나그네 흔연대접
어떤 신분의 사람이라도 자기를 찾아온 사람은 친절히 대접하라는 말.

문채가 좋은 차복성(車福成)이라
용모가 빼어나고 옷차림이 화려한 사람을 비유적으로 이르는 말.

문턱 높은 집에 무종아리 긴 며느리 생긴다
일이 마침 알맞게 잘되어 감을 비유적으로 이르는 말. [비] 대문턱 높은 집에 정강이 높은 며느리 들어온다. 확 깊은 집에 주둥이 긴 개가 들어온다.

문틈에 손을 끼었다
매우 곤란한 경우를 비유적으로 이르는 말.

문틈으로 보나 열고 보나 보기는 일반
드러내 놓고 하나 몰래 하나 하기는 마찬가지임을 비유적으로 이르는 말. [비] 문 열고 보나 문 닫고 보나 보기는 일반.

문풍지 떨어진 데는 풀비가 제격
문풍지가 떨어지면 풀비로 풀칠을 하는 것이 좋다는 뜻으로, 격에 맞음을 비유적으로 이르는 말.

묻은 불이 일어났다
뒤탈이 안 나도록 감춘 일이 드러남을 비유적으로 이르는 말.

묻지 말라 갑자생
물어보지 않아도 그 정도는 다 안다고 할 때 쓰는 말.

물거미 뒷다리 같다
물거미의 뒷다리가 길고 가늘다는 뜻으로, 몸이 가늘고 다리는 길어 멋없이 키만 큰 사람을 비유적으로 이르는 말.

물 거슬러 먹는 놈
강가에 사는 뱃사공 같은 사람을 경멸하는 뜻으로 이르는 말.

물 건너 손자 죽은 사람 같다
큰물이 가로놓인 저 건너편에 손자가 죽어서 안타깝게 쳐다보고만 있는 사람 같다는 뜻으로, 우두커니 먼 데를 바라보고 서 있는 이를 비유적으로 이른 말.

물 건너온 범
한풀 꺾인 사람을 비유적으로 이르는 말.

물건을 모르거든 값을 더 주라
값은 물건에 따라 정하여지는 것이니 좋은 것을 사려거든 비싼 것으로 사면 됨을 비유적으로 이르는 말.

물건을 모르거든 금 보고 사라

물건의 가치를 잘 알 수 없거든 그 가격을 보고 사라는 뜻으로, 값이 물건의 질을 말하여 줌을 비유적으로 이르는 말.

물건 잃고 병신 발명

물건을 잃어버리고 나서 제가 병신이라 그렇게 되었다고 발명한다는 뜻으로, 일을 잘못하여 놓고 뻔뻔스럽게도 그럴듯한 변명을 하고 있음을 비꼬아 이르는 말.

물고기가 물속에 놓여나다

본래의 영역으로 되돌아와 크게 활약할 수 있게 됨을 비유적으로 이르는 말.

물고기는 물을 떠나 살 수 없다

활동하는 데에 자신에게 걸맞은 터전이 있음을 비유적으로 이르는 말.

물고기도 제 놀던 물이 좋다 한다

물고기조차도 제가 나서 자란 곳을 못 잊어 한다는 뜻으로, 나서 자란 고향이나 익숙한 곳이 생소한 곳보다 나음을 비유적으로 이르는 말.

물고 놓은 범

굶주린 범이 먹이를 일단 물었다가 채 먹지 못하고 놓아 버린 뒤에 속이 달아서 펄펄 뛴다는 뜻으로, 미련이 있어서 아주 단념을 하지 못함을 비유적으로 이르는 말.

물고 차는 상사말(相思-)

입으로는 물고 뒷발로는 차는 사나운 말이라는 뜻으로, 원기 왕성한 사람을 비유적으로 이르는 말.

물과 불과 악처는 삼대 재액

아내를 잘못 만나는 것이 일생의 큰 불행임을 비유적으로 이르는 말.

물 끓이면 돼지밖에 죽을 게 없다

못되고 지탄받는 자가 결국 축출됨을 비유적으로 이르는 말.

물도 가다 구비를 친다

사람의 한평생에는 전환기가 있기 마련이라는 말.

물도 씻어 먹을 사람

맑고 깨끗한 물조차 씻어 먹을 사람이란 뜻으로, 어지러운 구석이 조금도 없고 마음과 행동이 매우 깨끗한 사람을 비유적으로 이르는 말.

물독 뒤에서 자랐느냐
물독 뒤에서 자라서 멋없이 키만 호리호리하게 크다는 뜻으로, 마르고 키만 큰 사람을 비유적으로 이르는 말.

물독에 빠진 생쥐 같다
물독에 빠진 생쥐처럼 사람의 옷차림이 흠뻑 젖어 초라하게 된 모양을 비유적으로 이르는 말.

물때썰때를 안다
밀물이 올라올 때와 썰물이 질 때를 안다는 뜻으로, 사물의 형편이나 나아가고 물러서는 시기를 잘 알고 있음을 비유적으로 이르는 말.

물라는 쥐나 물지 씨암탉은 왜 물어
하라고 시킨 일은 안 하고 해서는 안 될 짓을 하는 경우를 비꼬는 말.

물려 드는 범을 안 잡고 어이리
아무리 무서워도 물려고 덤벼드는 범을 잡지 않고 어찌하겠느냐는 뜻으로, 상대가 싸우려고 덤벼들면 거기에 맞서 물리쳐야 함을 비유적으로 이르는 말.

물 만난 오리걸음
물을 보고 반가워서 급히 달려가는 오리의 걸음새란 뜻으로, 보기 흉하게 어기적거리며 급히 걷는 모양을 비유적으로 이르는 말.

물만밥이 목이 메다
밥을 물에 말아 먹어도 잘 넘어가지 않을 정도의 슬픈 감정을 비유적으로 이르는 말.

물 먹은 배만 퉁긴다
실속은 없으면서 겉으로만 있는 체한다는 말.

물 묻은 바가지에 깨 엉겨 붙듯
깨가 있는 곳에 물 묻은 바가지를 놓았을 때 빈자리가 없이 새까맣게 깨가 엉겨 붙는다는 뜻으로, 무엇이 다닥다닥 엉겨 붙는 모양을 비유적으로 이른 말.

물 묻은 치마에 땀 묻는 걸 꺼리랴
물이 묻어 젖은 치마에 땀방울이 묻는 것을 새삼스레 꺼리겠느냐는 뜻으로, 이왕 크게 잘못된 처지에서 소소하게 잘못된 것을 꺼릴 필요가 없음을 비유적

으로 이르는 말.

물 밖에 난 고기
1. 제 능력을 발휘할 수 없는 처지에 몰린 사람을 이르는 말. 2. 운명이 이미 결정 나 벗어날 수 없음을 비유적으로 이르는 말. [비] 뭍에 오른 고기.

물방앗간에서 고추장 찾는다
물방앗간에 가서 있을 리 없는 고추장을 찾는다는 뜻으로, 당치 않은 곳에 가서 있을 리 없는 것을 찾고 있음을 비유적으로 이르는 말.

물 본 기러기 꽃 본 나비
1. 바라던 바를 이루어 득의양양함을 이르는 말. 2. 마음에 드는 이성에게 매우 마음이 쏠림을 비유적으로 이르는 말.

물 본 기러기 산 넘어가랴
그리운 사람을 본 이가 그대로 지나쳐 가 버릴 리가 없음을 비유적으로 이르는 말. [비] 꽃 본 나비 담 넘어가랴.

물 본 기러기 어옹을 두려워하랴
물을 보고 좋아서 정신없이 날아드는 기러기가 고기잡이가 있는 것을 두려워할 리 없다는 뜻으로, 좋은 일을 만난 김에 앞뒤를 생각하지 않고 하는 행동을 비유적으로 이르는 말.

물 부어 샐 틈 없다
일이 빈틈없이 야물게 짜여 있음을 비유적으로 이르는 말.

물썬 때는 나비잠 자다 물 들어야 조개 잡듯
때를 놓치고 뒤늦게 행동하는 게으른 사람의 어리석음을 비유적으로 이른 말.

물어도 준치 썩어도 생치
본래 좋고 훌륭한 것은 비록 상해도 그 본질에는 변함이 없음을 비유적으로 이르는 말. [비] 썩어도 준치.

물에 빠져도 정신을 차려야 산다
아무리 어려운 경우에 처하여 있더라도 정신을 차리고 용기를 내면 살 도리가 있음을 이르는 말.

물에 빠지면 지푸라기라도 잡는다[움켜쥔다]
위급한 때를 당하면 무엇이나 닥치는 대로 잡고 늘어지게 됨을 이르는 말.

물에 빠진 놈 건져 놓으니까 망건값 달라 한다

남에게 은혜를 입고서도 그 고마움을 모르고 생트집을 잡음을 이르는 말. [비] 물에 빠진 놈 건져 놓으니까 내 봇짐 내라 한다.

물에 빠진 사람이 죽을 때는 기어 나와 죽는다

죽는 순간까지 살려고 기를 쓰고 발버둥치는 것이 사람의 상정임을 이른 말.

물에 빠질 신수면 접시 물에도 빠져 죽는다

사람이 죽으려면 대수롭지 않은 일로도 죽게 됨을 이르는 말.

물에 있는 고기 금치기

물에서 노는 고기를 보고 물고기의 금새부터 정한다는 뜻으로, 전혀 예견할 수 없는 결과를 놓고 흥정을 하는 경우를 이르는 말.

물오른 송기 때 벗기듯

물오른 소나무의 속껍질을 벗긴다는 뜻으로, 겉에 두르고 있는 의복이나 껍데기 따위를 말끔히 빼앗거나 벗기는 모양을 비유적으로 이르는 말. [비] 피나무 껍질 벗기듯.

물 위에 수결(手決) 같다

아무런 효력이나 결과가 없음을 이르는 말.

물은 건너보아야 알고 사람은 지내보아야 안다

사람은 겉만 보고는 알 수 없으며, 서로 오래 겪어 보아야 알 수 있음을 이르는 말. [비] 깊고 얕은 물은 건너보아야 안다. 대천 바다도 건너 봐야 안다.

물은 근원이 없어지면 끊어지고 나무는 뿌리가 없어지면 죽는다

어떤 사물이나 그 근본이 없어지면 존재할 수 없음을 이르는 말.

물은 트는 대로 흐른다

사람은 가르치는 대로 되고, 일은 주선하는 대로 된다는 말.

물은 흘러도 여울은 여울대로 있다

세상의 모든 것이 변하여도 개중에는 변하지 않는 것이 있음을 이르는 말.

물을 떠난 고기가 물을 그리워한다

자기 고향이나 조국을 떠나 있게 되면 고향이나 조국에 대한 그리움이 간절하여짐을 비유적으로 이르는 말.

물이 깊을수록 소리가 없다

덕이 높고 생각이 깊은 사람은 겉으로 떠벌리고 잘난 체하거나 뽐내지 않는다는 말.

물이 너무 맑으면 고기가 아니 모인다[산다]

사람이 지나치게 결백하면 남이 따르지 않음을 비유적으로 이르는 말. [비] 맑은 물에 고기 안 논다.

물이 아니면 건너지 말고 인정이 아니면 사귀지 말라

인정에 의한 사귐이 있어야만 참된 사귐이라는 말.

물장수 삼 년에 궁둥잇짓만 남았다

오랫동안 애써 수고한 일이 보람이 없음을 비유적으로 이르는 말. [비] 물장수 삼 년에 남은 것은 물고리뿐.

물장수 상(床)이다

물장수가 물을 대어 주는 집에서 밥을 얻어먹을 때에 그 밥상을 물로 씻듯이 깨끗이 먹어 치웠다는 데서, 먹고 난 밥상이 아주 깨끗하여 빈 그릇만 남았음을 비유적으로 이르는 말.

물 좋고 정자 좋은 데가 있으랴

모든 조건을 두루 갖춘 곳이 있기는 힘들다는 말.

물 주워 먹을 사이 없다

매우 바빠서 조금도 여가가 없음을 비유적으로 이르는 말.

물지는 않고 솔다

해치려고 와락 덤비지는 않고 귀찮게 집적거림을 비유적으로 이르는 말.

물 탄 꾀가 전(全) 꾀를 속이려 한다

얕은꾀가 전체의 꾀를 망치게 한다는 뜻으로, 우둔한 사람이 도리어 영리한 사람을 속이려 함을 비유적으로 이르는 말.

물 퍼런 것도 잘 보면 여러 가지라

그저 그렇게 보이는 물도 자세히 보면 여러 가지로 다를 수 있다는 뜻으로, 무엇이나 얼른 보아서는 비슷하게 보여도 자세히 따져 보면 꼭 같은 것이 없음을 비유적으로 이르는 말.

뭇 닭 속의 봉황이요 새 중의 학 두루미다

평범한 여러 사람 가운데 뛰어난 한 사람을 비유적으로 이르는 말.

뭇 백성 여울 건너듯
여럿이 왁자지껄하게 떠드는 모양을 비유적으로 이르는 말.

뭍에서 배 부린다
육지에서 배를 사용한다는 뜻으로, 도저히 될 수 없는 일을 하고 있음을 비꼬는 말.

미꾸라지 모래 쑤신다
미꾸라지가 모래를 쑤시고 들어가 감쪽같이 숨었다는 뜻으로, 아무리 하여도 아무런 흔적이 나지 아니함을 비유적으로 이르는 말.

미꾸라지 속에도 부레풀은 있다
미꾸라지라도 다른 물고기와 마찬가지로 배 속에 공기주머니인 부레풀이 있다는 뜻으로, 아무리 보잘것없고 가난한 사람이라도 남이 가지고 있는 속도 있고 오기도 있음을 비유적으로 이르는 말.

미꾸라지 용 됐다
미천하고 보잘것없던 사람이 크게 되었음을 비유적으로 이르는 말.

미꾸라지 천 년에 용 된다
무슨 일이나 오랜 시일을 두고 힘써 닦으면 반드시 훌륭하게 될 수 있음을 비유적으로 이르는 말.

미꾸라지 한 마리가 온 웅덩이를 흐려 놓는다
미꾸라지 한 마리가 흙탕물을 일으켜서 웅덩이의 물을 온통 다 흐리게 한다는 뜻으로, 한 사람의 좋지 않은 행동이 그 집단 전체나 여러 사람에게 나쁜 영향을 미침을 비유적으로 이르는 말. [비] 미꾸라지 한 마리가 한강 물을 다 흐리게 한다.

미꾸라지 한 마리에 물 한 동이를 붓는다
1. 처지에 맞지 않는 야단스러운 대비를 비꼬아 이르는 말. 2. 아무리 작은 일이라도 응당 갖추어야 할 절차와 준비는 필요함을 비유적으로 이르는 말.

미꾸라짓국 먹고 용트림한다
1. 시시한 일을 해 놓고 큰일을 한 것처럼 으스대는 것을 비유적으로 이르는 말. 2. 하잘것없는 사람이 잘난 체하는 것을 비유적으로 이르는 말. [비] 김칫

국 먹고 수염 쓴다. 냉수 먹고 갈비 트림 한다. 잉엇국 먹고 용트림한다.

미끄러진 김에 쉬어 간다
잘못된 기회를 이용하여 적절한 행동을 취함을 비유적으로 이르는 말.

미나리 도리듯 하다
수확이 오붓함을 비유적으로 이르는 말.

미랭시 김칫국 흘리듯 한다
목숨만 붙어 있을 뿐 사람 구실을 하지 못하는 이가 김칫국을 질질 흘리며 마시듯 한다는 뜻으로, 지저분하게 질질 흘리는 모양을 비유적으로 이르는 말.

미련은 먼저 나고 슬기는 나중 난다
미련이 먼저 생기고 그 다음에 슬기가 생긴다는 뜻으로, 무슨 일을 잘못 생각하거나 못쓰게 그르쳐 놓은 후에야 이랬더라면 좋았을 것을 저랬더라면 좋았을 것을 하고 궁리한다는 말.

미련이 담벼락 뚫는다
미련한 사람이 오히려 끈기가 있음을 비유적으로 이르는 말.

미련하기는 곰일세
아주 미련한 사람을 비유적으로 이르는 말.

미련한 게 간능 맞다
겉으로 미련한 듯하면서 의뭉한 꾀가 있다는 말.

미련한 놈 가슴의 고드름은 안 녹는다
둔하고 못난 사람이 한번 앙심을 품으면 좀처럼 누그러지지 않음을 비유적으로 이르는 말.

미련한 놈 똥구멍에 불송곳이 안 들어간다
미련한 사람이 매우 고집이 세고 무뚝뚝하다는 말.

미련한 놈 잡아들이라 하면 가난한 놈 잡아들인다
돈이 없으면 잘난 이도 못난이 대접밖에는 못 받는다는 뜻으로, 배금주의에 젖은 세상인심을 비꼬는 말.

미련한 송아지 백정을 모른다
겪어 보지 않았거나 어리석어서 사리에 어두움을 비유적으로 이르는 말. [비]

바닷가 개는 호랑이 무서운 줄 모른다.

미성이 대국까지 뻗쳤다
미성이 먼 중국까지 뻗쳤다는 뜻으로, 매우 가느다란 물건이 끝없이 길게 늘어짐을 비유적으로 이르는 말.

미역국 먹고 생선 가시 내랴
미역국을 먹고 생선 가시를 낼 수 없는데도 내놓으라는 뜻으로, 불가능한 일을 자꾸 우겨댐을 비꼬는 말.

미운 강아지 우쭐거리며 똥 싼다
미운 강아지는 조용히 있는 것도 눈에 거슬리는데 오히려 똥을 싸면서도 우쭐거려 더욱 밉다는 뜻으로, 미운 자가 유난히도 보기 싫고 미운 짓만 골라 하고 있음을 비유적으로 이르는 말.

미운 개가 주걱 들고 조왕에 오른다
미운 개가 못되게도 밥주걱을 물고서 부엌 귀신을 위해 두는 조왕에 오른다는 뜻으로, 미운 것이 더욱더 미운 짓을 하는 경우를 비유적으로 이르는 말.

미운 년이 겸상을 한다
미운 사람 보기도 싫은데 오히려 마주 보며 식사를 한다는 뜻으로, 보기 싫은 사람과 정면으로 대하게 되었음을 비유적으로 이르는 말.

미운 놈 떡 하나 더 주고 우는 놈 한 번 더 때린다
미운 놈은 미워한다는 것이 알려지면 뒤에 화를 입을 수 있어서 마지못해 떡 하나를 더 주지만 우는 놈은 당장 듣기 싫어서 울음을 멈추라고 한 대 더 때리게 된다는 뜻으로, 미운 놈보다 우는 놈이 더 귀찮음을 비유적으로 이른 말.

미운 놈 보려면 길 나는 밭 사라
길이 나는 밭을 사면 길 가는 사람들이 농작물을 밟고 가므로 길 나는 밭을 산 사람은 미운 사람들을 많이 보게 된다는 말.

미운 놈 보려면 딸 많이 낳아라
사위를 보려면 보기 싫은 짓도 많이 보게 된다는 말.

미운 놈 보려면 술장수 하라
술장수를 하면 술을 먹고 주정을 하는 미운 사람을 많이 보게 된다는 말.

미운 사람에게는 쫓아가 인사한다

미운 사람일수록 잘해 주고 감정을 쌓지 않아야 한다는 말. [비] 미운 아이 [놈] 떡 하나 더 준다. 미운 아이 먼저 품어라. 미운 쥐도 품에 품는다.

미운 열 사위 없고 고운 외며느리 없다
사위는 열이라도 밉지 않은데 며느리는 하나인데도 곱지 않다는 뜻으로, 사위는 무조건 귀히 여기고 아끼나 며느리는 아무리 잘해도 아껴 주지 않는 시어머니의 심리를 이르는 말.

미운 일곱 살
어린아이들은 일곱 살을 전후로 말썽을 제일 많이 일으킨다는 말.

미운 자식 밥 많이 먹인다
1. 미울수록 더 친절히 하고 생각하는 체라도 하여야 저편의 감정을 상하지 않고 후환도 없다는 말. 2. 아이들에게 밥을 많이 먹이는 것은 좋지 않다는 말. [비] 미운 자식 밥으로 키운다.

미운 중놈이 고깔 모로 쓰고 이래도 밉소 한다
미워하는 중이 고깔을 바로 써도 미운데 오히려 모로 삐딱하게 쓰고 이렇게 멋을 부렸는데도 미운가 하고 묻는다는 뜻으로, 미운 것이 더욱더 미운 짓만 골라 함을 비유적으로 이른 말. [비] 미운 마누라가 죽젓광이에 이 죽인다. 미운 벌레 모로 긴다. 밉다니까 떡 사먹으면서 서방질한다. 흉한 벌레 모로 긴다.

미운 파리 잡으려다가 성한 팔이 상한다
밉게 구는 파리를 잡으려고 치다가 그만 성한 팔을 상하게 한다는 뜻으로, 나쁜 것을 없애려고 서툴게 행동을 하다가는 오히려 귀중한 것이 상할 수 있기 때문에 모든 일을 잘 생각해서 해야 한다는 말.

미운 파리 치려다 고운 파리 상한다
좋지 않은 사람을 치려다 도리어 그렇지 않은 사람이 누를 입는다는 말.

미운 풀이 죽으면 고운 풀도 죽는다
어떤 좋지 않은 것을 없애 버리려면 거기에 적지 않은 희생도 따르게 됨을 비유적으로 이르는 말.

미장이의 비비송곳 같다
깊은 생각에 빠져 안타깝게 되풀이하여 고민함을 비유적으로 이르는 말.

미주알고주알 밑두리콧두리 캔다

일의 속사정을 속속들이 자세히 알아보는 경우를 비유적으로 이르는 말. [비] 미주알고주알 캔다.

미지근해도 흥정은 잘한다
성품은 다소 누그러지고 조금 어리석은 점이 있기는 하나 팔고 사는 일은 잘한다는 뜻으로, 누구나 다 한 가지 재간은 가지고 있음을 비유적으로 이른 말.

미치광이 풋나물 캐듯
미친 사람이 널리 널려 있는 풋나물을 닥치는 대로 쥐어뜯거나 여기저기 마구 쑤시며 돌아다닌다는 뜻으로, 일하는 솜씨가 매우 거칠고 어지러움을 비유적으로 이르는 말. [비] 미친년 달래 캐듯. 미친년 방아 찧듯.

미친개가 천연한 체한다
미친개가 아무런 병도 없는 듯이 보이려고 천연스럽게 행동한다는 뜻으로, 못되고 악독한 자가 짐짓 점잖은 체한다거나 온전하지 못한 자가 온전한 체하는 경우를 비유적으로 이르는 말.

미친개가 호랑이 잡는다
미친개가 날뛰다가 호랑이까지 잡는다는 뜻으로, 아무것도 돌아보지 않고 겁없이 날뛰면 어떤 무서운 짓을 할지도 모른다는 말.

미친개 고기 나눠 먹듯
주인이 분명하지 않은 어떤 물건을 여럿이 닥치는 대로 나누어 가지는 모양을 비유적으로 이르는 말.

미친개 눈엔 몽둥이만 보인다
1. 미친개는 사방에서 몰아대며 몽둥이로 쳐서 다스리기 때문에 그 눈에는 몽둥이만이 무섭게 어른거린다는 뜻으로, 어떤 것에 몹시 혼이 난 뒤에 그와 비슷한 것을 보기만 하여도 겁을 먹고 무서워함을 비유적으로 이르는 말. 2. 자기가 늘 관심을 갖는 것은 눈에 잘 띔을 비유적으로 이르는 말.

미친개 다리 틀리듯
미친개가 몽둥이에 얻어맞고 죽어 가면서 다리를 뒤틀듯이, 무슨 일이든지 갑자기 틀어짐을 비유적으로 이르는 말.

미친개 범 물어 간 것 같다
성가시게 굴거나 괴롭게 굴던 미친개를 범이 잡아가서 몹시 시원하다는 뜻으로, 성가시게 굴던 것이 없어져서 매우 시원함을 비유적으로 이르는 말. [비]

도적고양이 범 물어 간 것만 하다. 범이 미친개 물어 간 것 같다.

미친개 친 몽둥이 삼 년 우린다
미친개를 치는 데 썼을 뿐 아무 맛도 없는 몽둥이를 두고두고 우린다는 뜻으로, 별로 신통치도 않은 것이나 하찮은 자랑을 두고두고 되풀이하고 있음을 비꼬는 말.

미친개 패듯
미친개는 사정없이 자꾸 때린다는 뜻으로, 마구 두들겨 때리는 모양을 비유적으로 이르는 말.

미친개 풀 먹듯
풀을 먹지도 않는 미친개가 이 풀을 먹을까 저 풀을 먹을까 냄새를 맡는다는 뜻으로, 먹기도 싫은 것을 이것저것 집어 먹어 봄을 비유적으로 이르는 말.

미친년 널뛰듯
미친 여자가 재미도 모르고 널을 뛴다는 뜻으로, 멋도 모르고 미친 듯이 행동하는 모양을 비유적으로 이르는 말.

미친년의 속곳 가랑이 빠지듯
미친 여자가 옷을 입을 때 매고 여미고 하는 것을 단정하게 못하여 속곳이 겉으로 비어져 나온다는 뜻으로, 옷매무시가 단정하지 못함을 비유적으로 이르는 말.

미친년의 치맛자락 같다
제대로 건사하지 못하고 벌리고 다니는 미친 여자의 치맛자락과 같다는 뜻으로, 자기의 몸을 깨끗이 거두지 못하고 늘 지저분하게 하고 있는 사람의 옷차림을 비유적으로 이르는 말.

미친년이 아이를 씻어서 죽인다
1. 미친 여자가 아이 목욕시키는 것이 좋은 줄만 알고 자주 물속에 집어넣고 씻기다가 죽이게 된다는 뜻으로, 좋은 짓도 지나치게 자꾸 되풀이하면 도리어 해롭게 됨을 비유적으로 이르는 말. 2. 쓸데없이 일을 여러 번 되풀이함을 비유적으로 이르는 말.

미친 사람의 말에서도 얻어들을 것이 있다
남이 하는 말을 신중하게 귀담아들어야 함을 비유적으로 이르는 말.

미친 중놈 집 헐기다
당치도 않은 일에 어수선하고 분주하게 떠드는 모양을 비유적으로 이르는 말.

미친 체하고 떡판에 엎드러진다
성한 사람이 떡이 먹고 싶으니까 짐짓 미친 체하면서 떡판에 넘어진다는 뜻으로, 사리를 잘 알면서도 일부러 모르는 체하고 음흉하게 제 욕심을 부리는 경우를 비꼬는 말.

민심은 천심
백성의 마음이 곧 하늘의 마음과 같다는 뜻으로, 백성의 마음을 저버릴 수 없음을 비유적으로 이르는 말.

믿기는 신주 믿듯
목적하는 바 없이 매우 굳게 믿고 있는 모양을 비유적으로 이르는 말.

믿는 나무에 곰이 핀다
잘되리라고 믿고 있던 일에 생각지 못한 변화가 생김을 비유적으로 이른 말.

믿는 도끼에 발등 찍힌다
잘되리라고 믿고 있던 일이 어긋나거나 믿고 있던 사람이 배반하여 오히려 해를 입음을 비유적으로 이르는 말. [비] 낯익은 도끼에 발등 찍힌다. 믿던 발에 돌 찍힌다. 믿었던 돌에 발부리 채었다. 아는 도끼에 발등 찍힌다.

밀가루 장사 하면 바람이 불고 소금 장사 하면 비가 온다
밀가루 장사를 하려고 장을 펼치면 바람이 불어와서 가루가 날리고 소금 장사를 하려고 하면 비가 와서 소금이 녹아내린다는 뜻으로, 일이 공교롭게 매번 뒤틀어짐을 비유적으로 이르는 말.

밀기름 새옹에 밥을 지어 귀이개로 퍼서 먹겠다
1. 밀기름 그릇만 한 작은 그릇에 밥을 담고 귀이개만 한 숟가락으로 퍼먹는다는 뜻으로, 세상이 망하게 되면 있을 괴상망측한 짓을 비유적으로 이르는 말. 2. 사람이 매우 잘거나 약아빠졌음을 비유적으로 이르는 말.

밀밭만 지나가도 주정한다
술을 먹지 않고 술을 만드는 재료인 밀을 심은 밭만 지나가도 주정한다는 뜻으로, 성미가 급하여 일을 서두름을 비유적으로 이르는 말.

밀밭만 지나가도 취한다

밀은 베어서 털고 찧어야 술누룩을 만들 수 있는 것인데 밀밭만 지나가도 술을 마신 것처럼 취한다는 뜻으로, 전혀 술을 못 먹음을 비유적으로 이르는 말. [비] 밀밭도 못 지나간다. 보리밭만 지나가도 주정한다.

밀양 싸움
일이나 싸움이 쉽게 결말이 나지 않고 오래 계속되고 있음을 비유적으로 이르는 말.

밉다고 차 버리면 떡고리에 자빠진다
밉다고 차 버리니까 떡을 담아 놓은 그릇에 자빠져 도리어 잘되었다는 뜻으로, 미운 사람을 해친다고 한 일이 그자에게는 도리어 다행한 일이 되어 더욱 분이 돋음을 비유적으로 이르는 말.

밉다 하니 업자 한다
미운 자가 더 미운 짓을 함을 비유적으로 이르는 말.

밑구멍에 불이 나다
몹시 조급해서 잠시도 앉아 있지 못하고 왔다 갔다 하는 상태를 비유적으로 이르는 말.

밑구멍으로 호박씨 깐다
겉으로는 점잖고 의젓하나 남이 보지 않는 곳에서는 엉뚱한 짓을 하는 경우를 비유적으로 이르는 말. [비] 뒤로[뒤에서] 호박씨 깐다. 뒷구멍으로 호박씨 깐다. 똥구멍으로 호박씨[수박씨] 깐다. 밑구멍으로 노 꼰다. 밑구멍으로 숨 쉰다. 밑으로 호박씨 깐다.

밑구멍은 들출수록 구린내만 난다
드러내면 드러낼수록 숨기고 있는 부정적인 것들이 더욱더 드러나는 경우를 비유적으로 이르는 말.

밑구멍을[밑구멍이나] 씻어 준다
남의 뒷시중이나 뒤처리를 해 주는 경우를 비꼬는 말.

밑구멍이 웃는다
하도 우스꽝스러워 똥구멍이 웃는다는 뜻으로, 매우 우스꽝스러운 경우를 이르는 말.

밑돌 빼서 윗돌 고인다

기껏 한다는 짓이 밑에 있는 돌을 뽑아서 위에다 고여 나간다는 뜻으로, 일한 보람이 없이 어리석은 짓을 하는 경우를 비유적으로 이르는 말.

밑 빠진 독[가마/항아리]에 물 붓기
밑 빠진 독에 아무리 물을 부어도 독이 채워질 수 없다는 뜻으로, 아무리 힘이나 밑천을 들여도 보람 없이 헛된 일이 되는 상태를 비유적으로 이르는 말.

밑 빠진 동이에 물 괴거든
밑 빠진 동이에 물이 도저히 고일 수 없는데 만약 그래도 고인다고 가정한다는 뜻으로, 도저히 이루어질 가망이 없는 경우를 이르는 말.

밑알을 넣어야 알을 내어 먹는다
닭의 둥지에 밑알을 넣어 두어야 닭이 낳은 알을 내어 먹을 수 있다는 뜻으로, 무슨 일이든 공이나 밑천을 들여야 무엇인가를 얻을 수 있음을 이르는 말.

밑져야 본전
1. 밑졌다고 해야 이득을 보지 못했을 뿐 본전은 남아 있다는 뜻으로, 일이 잘못되어도 손해 볼 것은 없다는 말. 2. 손해 볼 것이 없으니 한번 해 보아야 한다는 말.

밑천도 못 건지는 장사
어떤 이익을 얻자고 시작했던 것이 도리어 손해만 보게 된 경우를 이르는 말.

한국 속담에서 배우는

지식
지혜

속담풀이

바늘 가는 데 실 간다

바늘이 가는 데 실이 항상 뒤따른다는 뜻으로, 사람의 긴밀한 관계를 비유적으로 이르는 말. [비] 구름 갈 제 비가 간다. 바늘 가는 데 실 가고 바람 가는 데 구름 간다. 바늘 따라 실 간다. 바람 간 데 범 간다. 봉 가는 데 황 간다. 실 가는 데 바늘도 간다.

바늘구멍으로 코끼리를 몰라 한다

작은 바늘구멍으로 엄청나게 큰 코끼리를 몰라고 한다는 뜻으로, 전혀 가능성이 없는 일을 하라고 강요하는 경우를 비유적으로 이르는 말.

바늘구멍으로 하늘 보기

조그만 바늘구멍으로 넓디넓은 하늘을 본다는 뜻으로, 전체를 포괄적으로 보지 못하는 매우 좁은 소견이나 관찰을 비꼬는 말. [비] 댓구멍으로 하늘을 본다.

바늘구멍으로 황소바람 들어온다

추울 때에는 바늘구멍 같은 작은 구멍에도 엄청나게 센 찬 바람이 들어온다는 뜻으로, 작은 것이라도 때에 따라서는 소홀히 하여서는 안 됨을 비유적으로 이르는 말.

바늘 끝만 한 일을 보면 쇠공이만큼 늘어놓는다

작은 일을 크게 과장하여 떠듦을 이르는 말.

바늘 끝에 알을 올려놓지 못한다

쉬울 듯하나 되지 않을 일을 비유적으로 이르는 말.

바늘 넣고 도끼 낚는다[나온다]

바늘을 가지고 낚시를 만들어서 물에 빠진 도끼를 낚아 낸다는 뜻으로, 적은 밑천으로 큰 이득을 도모함을 비유적으로 이르는 말.

바늘 도둑이 소도둑 된다

바늘을 훔치던 사람이 계속 반복하다 보면 결국은 소까지도 훔친다는 뜻으로, 작은 나쁜 짓도 자꾸 하게 되면 큰 죄를 저지르게 됨을 비유적으로 이르는 말. [비] 바늘 쌈지[상자]에서 도둑이 난다.

바늘로 몽둥이 막는다

당해 낼 수 없는 힘으로 큰 것을 막으려 하는 어리석은 행동을 비꼬는 말.

바늘로 찔러도 피 한 방울 안 난다

1. 사람이 매우 단단하고 야무지게 생겼음을 비유적으로 이르는 말. 2. 사람의 성격이 빈틈이 없거나 융통성이 없음을 비유적으로 이르는 말. 3. 지독한 구두쇠를 비유적으로 이르는 말.

바늘보다 실이 굵다
바늘에 꿰어야 할 실이 바늘보다 굵다는 뜻으로, 커야 할 것이 작고 작아야 할 것이 커서 사리에 어긋남을 비유적으로 이르는 말.

바늘뼈에 두부살
바늘처럼 가는 뼈에 두부같이 힘없는 살이란 뜻으로, 몸이 아주 연약한 사람을 비유적으로 이르는 말. [비] 두부살에 바늘뼈.

바늘에는 소나 범[곰]이라
바늘에 대해서는 소나 곰처럼 다룰 줄 모른다는 뜻으로, 바느질을 할 줄 모르는 사람을 비유적으로 이르는 말.

바늘 잃고 도끼 낚는다
작은 것을 잃고 큰 것을 얻음을 비유적으로 이르는 말.

바다는 메워도 사람의 욕심은 못 채운다
아무리 넓고 깊은 바다라도 메울 수는 있지만, 사람의 욕심은 끝이 없어 메울 수 없다는 뜻으로, 사람의 욕심이 한이 없음을 비유적으로 이르는 말. [비] 되면 더 되고 싶다.

바닥 다 보았다
맨 속까지 다 보았다는 뜻으로, 모든 것이 다했음을 비유적으로 이르는 말. 금광(金鑛)에서 쓰던 말에서 유래하였다.

바닷속의 좁쌀알 같다
넓고 넓은 바닷속에 뜬 조그만 좁쌀알만 하다는 뜻으로, 그 존재가 대비도 안 될 만큼 보잘것없거나 매우 작고 하찮은 경우를 비유적으로 이르는 말.

바람결에 날려 왔나 떼구름에 싸여 왔나
기다리던 것이 뜻밖에 나타났을 경우를 비유적으로 이르는 말.

바람도 올바람이 낫다
다 같은 바람이라 하여도 일찍 부는 바람이 그래도 덜 차고 피해도 적다는 뜻으로, 이왕 겪어야 할 바에는 아무리 어렵고 괴롭더라도 남보다 먼저 겪는 것이 나음을 비유적으로 이르는 말.

바람도 지난 바람이 낫다
사람은 무엇이나 과거의 것을 더 좋게 여긴다는 말.

바람도 타향에서 맞는 바람이 더 차고 시리다
같은 고생도 제집에서 겪는 것보다는 객지에서 겪는 것이 더 힘겹고 괴로움을 비유적으로 이르는 말.

바람 따라 돛을 단다[올린다]
1. 바람이 부는 형세를 보아 가며 돛을 단다는 뜻으로, 때를 잘 맞추어서 일을 벌여 나가야 성과를 거둘 수 있음을 비유적으로 이르는 말. 2. 일정한 신념과 주견이 없이 기회나 형편을 엿보다가 조건이 좋은 쪽을 따라 이리저리 흔들리는 모양을 비꼬는 말. [비] 바람세에 맞추어 돛을 단다.

바람 먹고 구름 똥 싼다
형체도 없는 바람을 먹고 둥둥 떠가는 구름 똥을 싼다는 뜻으로, 허황된 짓을 하는 경우를 비꼬는 말.

바람 바른 데 탱자 열매같이
겉은 그럴듯하나 실속이 없는 모양을 비유적으로 이르는 말.

바람벽에 돌 붙나 보지
바람벽에 돌을 붙이려 하여도 붙지 아니한다는 뜻으로, 되지도 아니할 일이거나 오래 견디어 나가지 못할 일이면 아예 하지도 말라는 말.

바람 부는 날 가루 팔러 가듯
가루를 펼쳐 놓지도 못할 정도로 바람이 부는 험상한 날에 가루를 팔러 나간다는 뜻으로, 모든 일에서 그 알맞은 기회를 알지 못함을 비유적으로 이른 말.

바람 부는 대로 돛을 단다
바람이 부는 형세에 따라 돛을 단다는 뜻으로, 세상 형편 돌아가는 대로 따르고 있는 모양을 비유적으로 이르는 말. [비] 바람 부는 대로 물결치는 대로. 바람 부는 대로 살다.

바람 앞의 등불
언제 꺼질지 모르는 바람 앞의 등불이란 뜻으로, 매우 위태로운 처지에 놓여 있음을 비유적으로 이르는 말. [비] 바람받이에 선 촛불.

바람은 불다 불다 그친다

1. 바람이 불고 싶은 대로 실컷 불다가 마침내는 저절로 그친다는 뜻으로, 성이 나서 펄펄 뛰어도 가만두면 제풀에 사그라져 조용해지는 경우를 비유적으로 이르는 말. 2. 모질고 사납게 굴던 현상이 일정한 고비를 지나면서 숙어 들기 시작하는 경우를 비유적으로 이르는 말.

바람이 불어야 배가 가지

바람 타고 가는 돛배인 만큼 바람이 불어야 갈 수 있다는 뜻으로, 기회나 경우가 맞아야 일을 제대로 이룰 수 있음을 비유적으로 이르는 말. [비] 물이 가야 [와야] 배가 오지.

바른말 하는 사람 귀염 못 받는다

남의 잘못을 따지고 곧은 이야기를 하는 사람은 모두들 꺼린다는 뜻으로, 남의 비위를 건드리는 말은 삼가라는 말.

바보는 약으로 못 고친다

날 때부터 못나고 어리석은 사람은 어쩔 수 없다는 말.

바쁘게 찧는 방아에도 손 놀 틈이 있다

아무리 바삐 방아를 찧는 속에서도 손으로 방아확 안의 낟알을 고루 펴 줄 만한 시간적 여유는 있다는 뜻으로, 아무리 분주한 때라도 틈을 낼 수 있음을 비유적으로 이르는 말. [비] 사침에도 용수가 있다. 세우 찧는 절구에도 손 들어갈 때 있다.

바위를 차면 제 발부리만 아프다

자기 발로 바위를 차면 자기 발만 아프다는 뜻으로, 일시적인 흥분으로 일을 저질러 놓으면 자기만 손해 본다는 것을 비유적으로 이르는 말.

바위 속에도 용수가 있다

굳은 바위 속에서도 비집고 돌아설 수 있는 틈이 있다는 뜻으로, 아무런 방도가 없는 것같이 보이는 경우라도 거기에는 반드시 어떤 해결책이 있기 마련임을 비유적으로 이르는 말. [비] 바디 구멍에도 용수 있다.

바지랑대로 하늘 재기

빨랫줄을 받치는 바지랑대로 높은 하늘의 높이를 재려 한다는 뜻으로, 도저히 불가능한 일을 하려는 것을 비유적으로 이르는 말.

바지저고리만 다닌다[앉았다]

사람의 몸뚱이는 없고 바지저고리만 걸어 다닌다는 뜻으로, 사람이 아무 속이 없고 맺힌 데가 없이 행동하는 경우를 비유적으로 이르는 말.

박달나무도 좀이 쓴다
나무의 질이 매우 단단하여 건축 및 가구재에 쓰는 박달나무에도 좀이 쓸 때가 있다는 뜻으로, 아주 건강한 사람도 허약해지거나 앓을 때가 있음을 이르는 말.

박쥐의 두 마음
우세한 쪽에 붙는 기회주의자의 교활한 마음을 비유적으로 이르는 말.

박한 술이 차보다 낫다
없을 때는 좋지 않은 것이라도 낫게 여긴다는 말.

반나마를 부른다
아무 걱정 없이 '반나마 늙었으니……' 따위의 노래를 부를 만큼 배포가 유하거나 태평하다는 말.

반달 같은 딸 있으면 온달 같은 사위 삼겠다
1. 고운 딸이 있어야 잘난 사위를 맞을 수 있다는 뜻으로, 내가 가진 것이 좋아야 맞먹는 좋은 것을 요구할 수 있음을 비유적으로 이르는 말. 2. 자기 것이 허물이 없어야 남에게도 허물이 없을 것을 요구할 수 있음을 비유적으로 이르는 말.

반드럽기는 삼 년 묵은 물박달나무 방망이
1. 삼 년씩이나 가지고 다루면서 반들반들하게 된 물박달나무 방망이 같다는 뜻으로, 말을 잘 안 듣고 요리조리 피하기만 하는 몹시 약삭빠른 사람을 이르는 말. 2. 반들반들하여 쥐면 미끄러져 나갈 것 같은 것을 비유적으로 이른 말.

반딧불로 별을 대적하랴
반딧불을 별에 감히 견줄 수 없다는 뜻으로, 되지도 아니할 일은 아무리 억지를 부려도 이루어지지 못함을 비유적으로 이르는 말.

반벙어리 축문 읽듯
떠듬떠듬 또는 어물어물 입 안에서 응얼거리는 모양을 비유적으로 이르는 말.

반자가 얕다 하고 펄펄 뛰다
몹시 성이 나서 반자에 닿을 정도로 펄펄 뛴다는 말.

반 잔 술에 눈물 나고 한 잔 술에 웃음 난다
남에게 이왕 무엇을 주려거든 흡족하게 주어야지 그렇지 못하면 도리어 인심을 잃게 된다는 말.

반지빠르기는 제일이라
똑똑한 체하나 실은 모두가 반지빨라서 하나도 쓸데가 없다는 뜻으로, 되지도 못한 것이 교만스러워 아주 얄밉다는 말.

반찬단지에 고양이 발 드나들 듯
반찬단지에 고양이가 부지런히 드나든다는 뜻으로, 매우 자주 드나드는 모양을 비유적으로 이르는 말. [비] 조개젓 단지에 괭이 발 드나들 듯. 풀 방구리에 쥐 드나들 듯. 팥죽 단지에 생쥐 달랑거리듯.

반찬 먹은 개
반찬을 훔쳐 먹은 개가 꼼짝 못하고 매를 맞듯이 아무리 구박을 받아도 아무 대항을 못하고 어쩔 줄 모르는 처지를 비유적으로 이르는 말.

반찬 먹은 고양이[괭이] 잡도리하듯
반찬을 훔쳐 먹은 고양이를 잡아 족치듯 잘못을 저지른 사람을 붙잡고 야단치고 혼내는 모양을 비유적으로 이르는 말.

반편이 명산 폐묘한다
못난 것이 도리어 잘난 체하다가 명산을 모르고 묘를 폐한다는 뜻으로, 못난 이가 가만히 있지 못하고 오히려 이러쿵저러쿵하다가 일을 그르치는 경우를 비유적으로 이르는 말. [비] 반풍수 집안 망친다.

받는 소는 소리치지 않는다
능히 할 수 있는 능력을 가진 사람은 공연한 큰소리를 치지 않음을 비유적으로 이른 말.

받아 놓은 밥상
1. 일이 확실하여 조금도 틀림이 없는 경우를 비유적으로 이르는 말. 2. 밥상을 받아 놓고 그냥 물리지도 못하고 그렇다고 먹을 수도 없다는 뜻으로, 이러지도 못하고 저러지도 못하는 경우나 처지를 비유적으로 이르는 말. [비] 받아 놓은 당상.

받은 밥상을 찬다
제게 돌아온 복을 제가 내차는 경우를 비유적으로 이르는 말.

발(을) 벗고 따라가도 못 따르겠다
신발까지 벗고 쫓아가도 따라가지 못하겠다는 뜻으로, 능력이나 수준의 차이가 너무 심해서 경쟁 상대가 되지 못하는 경우를 비유적으로 이르는 말.

발가락의 티눈만큼도 안 여긴다
발가락에 난 귀찮은 티눈만큼도 여기지 아니한다는 뜻으로, 남을 몹시 업신여김을 비유적으로 이르는 말. [비] 발새 티눈만도 못하다.

발가벗고 달밤에 체조하다
분별없고 체통 없는 짓을 함을 비유적으로 이르는 말.

발등에 오줌 싼다
너무 바쁜 경우를 비유적으로 이르는 말.

발만 보고도 무엇까지 보았다고
남의 일을 크게 과장하여 말을 하는 경우를 비꼬는 말.

발명이 대책이라
변명하는 것만이 상대편에 대하여 할 수 있는 최선의 일이라는 말.

발바닥에 털 나겠다
가만히 앉아 호사스럽게 지내거나 몸을 놀리기 싫어함을 비난조로 이르는 말.

발보다 발가락이 더 크다
1. 발보다 거기에 붙은 발가락이 더 크다는 뜻으로, 기본이 되는 것보다 덧붙이는 것이 더 많거나 큰 경우를 비유적으로 이른 말. 2. 일이 도리와 반대가 되는 경우를 비유적으로 이른 말. [비] 눈보다 동자가 크다. 몸보다 배꼽이 더 크다. 배보다 배꼽이 더 크다. 아이보다 배꼽이 크다. 얼굴보다 코가 더 크다.

발 없는 말이 천 리 간다
말은 비록 발이 없지만 천 리 밖까지도 순식간에 퍼진다는 뜻으로, 말을 삼가야 함을 비유적으로 이르는 말.

발이 의붓자식[맏아들/효도 자식]보다 낫다
성한 발이 있으면 여기저기 돌아다니며 구경도 할 수 있고 맛있는 음식도 먹을 수 있다는 말. [비] 다리가 의붓자식보다 낫다. 다리뼈가 맏아들이라. 정강이가 맏아들보다 낫다.

발이 편하려면 버선을 크게 짓고, 집안이 편하려면 계집을 하나 둬라

첩을 두면 집안이 편하지 못함을 비유적으로 이르는 말.

발 큰 놈이 득이다
무슨 일이고 동작이 날쌘 사람이 이로움을 비유적으로 이르는 말.

밤나무에서 은행이 열기를 바란다
밤나무에서는 은행이 도저히 열릴 수 없는데 은행이 열기를 바란다는 뜻으로, 불가능한 일을 바라는 경우를 비유적으로 이르는 말.

밤낮으로 여드레를 자면 참 잠이 온다
밤낮 여드레를 자면 더더욱 잠이 온다는 뜻으로, 잠은 잘수록 더 자고 싶어진다는 말.

밤눈 어두운 말이 워낭 소리 듣고 따라간다
밤눈이 어두운 말이 자기 턱 밑에 달린 쇠고리의 소리를 듣고 따라간다는 뜻으로, 맹목적으로 남이 하는 대로 따라 함을 비유적으로 이르는 말.

밤밥 먹었다
아무도 모르게 밤중에 달아남을 비유적으로 이른 말. [비] 저녁 두 번 먹었다.

밤비에 자란 사람
밤사이에 내린 비를 맞고 어둠 속에서 연약하게 자란 식물과 같다는 뜻으로, 깨치지 못하고 어리석으며 야무지지 못한 사람을 비유적으로 이르는 말.

밤새도록 가도 문 못 들기
밤새도록 갔으나 끝내 성문 안에는 들어가지 못했다는 뜻으로, 몹시 애를 썼으나 제 기한에 미치지 못하여 애쓴 보람이 없게 된 경우를 비유적으로 이르는 말.

밤새도록 물레질만 하겠다
1. 임을 기다리며 물레질만 하다가 공연히 밤을 새우겠다는 뜻으로, 할 일을 하지 않고 딴짓만 하는 경우를 비유적으로 이르는 말. 2. 속셈은 딴 데 두고 그것을 위하여 일을 하는 척하는 경우를 비유적으로 이르는 말.

밤새도록 통곡해도 어느 마누라 초상인지 모른다
죽었다고 하여 밤새도록 슬퍼 울었으나 어떤 마누라가 죽었는지도 모르고 있다는 뜻으로, 애써 일을 하면서도 그 일의 내용이나 영문을 모르고 맹목적으로 하는 행동을 비꼬는 말. [비] 밤새도록 울다가 누가 죽었느냐고 한다. 실컷 울고 나서 뉘 초상인가 물어본다. 종야 통곡에 부지(不知) 하(何) 마누라 상사.

밤송이 우엉 송이 다 끼어 보았다
가시가 난 밤송이나 갈퀴 모양으로 굽은 우엉의 꽃송이에도 끼어 보았다는 뜻으로, 별의별 뼈아프고 고생스러운 일은 다 겪어 보았음을 비유적으로 이른 말.

밤 쌀 보기 남의 계집 보기
밤에 쌀을 보면 흠이 잘 나타나지 않아서 좋게만 보이고 같은 여자라도 남의 아내가 더 고와 보인다는 뜻으로, 남의 것이 자기 것보다 더 좋아 보임을 비유적으로 이르는 말.

밤에 보아도 낫자루 낮에 보아도 밤나무
낫자루는 낮이 아닌 밤에 보아도 낫자루이고, 밤나무는 밤이 아닌 낮에 보아도 밤나무란 뜻으로, 무슨 물건이고 그 본색은 어디서나 드러남을 비유적으로 이르는 말.

밤에 패랭이 쓴 놈 보일라
저녁밥을 너무 일찍 먹으면 밤중에 배가 너무 고파서 패랭이 쓴 환상이 보이겠다는 말.

밤이슬 맞는 놈
흔히 밤에 다녀 이슬에 젖는 놈이라는 뜻으로, '도둑'을 비유적으로 이르는 말. [비] 찬 이슬(을) 맞는 놈.

밤 자고 나서 문안하기
처음 만났을 때 문안 인사를 해야 하는데 그때는 가만히 있다가 하룻밤을 자고 난 다음에 문안 인사를 한다는 뜻으로, 다 지난 일이나 말을 새삼스럽게 하는 경우를 비유적으로 이르는 말.

밤 잔 원수 없고 날 샌 은혜 없다
밤을 자고 나면 원수같이 여기던 감정은 풀리고 날을 새우고 나면 은혜에 대한 고마운 감정이 식어진다는 뜻으로, 은혜나 원한은 시일이 지나면 쉬이 잊게 됨을 비유적으로 이르는 말. [비] 날 샌 은혜 없다.

밥 군 것이 떡 군 것보다 못하다
'밥 군'과 '바꾼'의 음이 비슷한 데서, 물건을 바꾼 것이 좋지 않음을 비유적으로 이르는 말.

밥그릇이 높으니까 생일만큼 여긴다

밥을 제대로 얻어먹지 못하다가 어쩌다 수북이 담은 밥그릇이 차려지니까 생일상이나 받은 것처럼 여긴다는 뜻으로, 조금 나은 대접을 받고 우쭐해하는 사람을 비꼬는 말.

밥 먹을 때는 개도 안 때린다

비록 하찮은 짐승일지라도 밥을 먹을 때에는 때리지 않는다는 뜻으로, 음식을 먹고 있을 때에는 아무리 잘못한 것이 있더라도 때리거나 꾸짖지 말아야 한다는 말. [비] 먹는 개도 아니 때린다. 먹을 때는 개도 때리지 않는다.

밥 빌어다가 죽을 쑤어 먹을 놈[자식]

밥이 없어서 남한테 겨우 빌어다가는 그대로도 못 먹고 죽을 쑤어 먹을 사람이라는 뜻으로, 게으른데다가 지견마저 없는 어리석은 사람을 비유적으로 이르는 말.

밥 빌어먹기는 장타령이 제일

체면을 버리면 못 할 것이 없다는 말.

밥 선 것은 사람 살려도 의원 선 것은 사람 죽인다

밥이 선 것을 먹어도 사람의 목숨에는 관계가 없지만 사람의 병을 고치는 의사가 서투르면 사람의 목숨을 앗아 갈 수 있다는 뜻으로, 의술이 서투른 의원을 경계하는 말.

밥 아니 먹어도 배부르다

기쁜 일이 생겨서 마음이 매우 흡족하다는 말.

밥 위에 떡

좋은 일에 더욱 좋은 일이 겹침을 비유적으로 이르는 말.

밥은 굶어도 속이 편해야 산다

비록 밥은 못 먹어 굶는 한이 있더라도 속 썩이는 일은 없어야 편안히 살 수 있다는 뜻으로, 사람 사는 데에 있어 마음 편안한 것이 제일임을 비유적으로 이르는 말.

밥은 주는 대로 먹고 일은 시키는 대로 하라

무슨 일이나 불평을 부리지 말고 시키는 대로 순종하라는 말.

밥을 치면 떡이 되고 사람을 치면 도둑이 된다

억울하게 도둑으로 몰아넣음을 비유적으로 이르는 말.

밥이 얼굴에 더덕더덕 붙었다
얼굴이 복이 있게 생겨서 잘살 수 있을 상임을 이르는 말.

밥 팔아 똥 사 먹겠다
사람이 미련하고 부족한 것을 비꼬는 말.

밥풀 물고 새 새끼 부르듯
새의 먹이인 밥풀을 물고 손쉽게 새 새끼를 불러내듯 한다는 뜻으로, 일을 매우 쉽게 생각함을 비유적으로 이르는 말.

밥 한 알이 귀신 열을 쫓는다
귀신이 붙은 듯이 몸이 쇠약해졌을 때라도 충분히 먹고 제 몸을 돌보는 것이 건강을 회복하는 가장 빠른 길임을 비유적으로 이르는 말. [비] 고기 한 점이 귀신 천 머리를 쫓는다.

방귀가 잦으면 똥 싸기 쉽다
어떤 현상과 연관이 있는 징조가 자주 나타나게 되면 필경 그 현상이 생기기 마련이라는 뜻으로, 무슨 일이나 소문이 잦으면 실현되기 쉬움을 비유적으로 이르는 말.

방귀 뀐 놈이 성낸다
자기가 방귀를 뀌고 오히려 남보고 성낸다는 뜻으로, 잘못을 저지른 쪽에서 오히려 남에게 성냄을 비꼬는 말. [비] 똥 싸고 성낸다.

방귀 자라 똥 된다
처음에 대단하지 않게 시작하였던 것도 그 정도가 심해지면 처치할 수 없을 만큼 말썽거리가 됨을 비유적으로 이르는 말.

방둥이 부러진 소 사돈 아니면 못 팔아먹는다
방둥이가 부러져서 더 부릴 수 없게 된 소는 거절할 수 없는 처지에 있는 사돈이 아니면 팔아먹을 수 없다는 뜻으로, 흠이 있는 물건을 잘 아는 사람에게 떠안김을 비유적으로 이르는 말.

방망이가 가벼우면 주름이 잡힌다
다듬이질을 할 때에 다듬잇방망이가 가벼우면 주름이 펴지지 않는다는 뜻으로, 통솔과 감독이 엄중하지 않으면 부실한 곳이 생김을 비유적으로 이른 말.

방망이로 맞고 홍두깨로 때린다

맞기는 방망이로 맞았는데 때리기는 홍두깨로 친다는 뜻으로, 자기가 받은 것보다 더 심하게 앙갚음을 함을 비유적으로 이르는 말.

방바닥에서 낙상한다

1. 안전한 곳에서 뜻밖에 실수함을 비유적으로 이르는 말. 2. 마음을 놓는 데서 실수가 생기는 것이니 항상 조심해야 함을 비유적으로 이르는 말. [비] 장판방에서 자빠진다.

방 보아 똥 싼다

1. 사람의 지위나 우열 따위를 보아 대우를 달리한다는 말. 2. 잘 살펴서 경우에 맞는 처사를 한다는 말. [비] 방위 보아 똥 눈다.

방앗간에서 울었어도 그 집 조상(弔喪)

집 안까지 들어가지 않고 밖에 있는 방앗간에서 울었다고 하여도 그 집에 조상한 것이라는 뜻으로, 마음이 문제이지 장소나 형식이 문제가 아님을 비유적으로 이르는 말.

방앗공이는 제 산 밑에서 팔아먹으랬다

무엇이나 산출되는 그 본바닥에서 팔아야 실수가 없지 더 이익을 남기려고 멀리 가지고 가거나 하면 도리어 손해를 보게 됨을 비유적으로 이르는 말.

방에 가면 더 먹을까 부엌에 가면 더 먹을까

남보다 더 먹기 위하여 방에 들어갈까 부엌에 들어갈까 타산한다는 뜻으로, 어느 쪽이 더 이익이 많을까 하고 잇속을 따지느라 망설임을 비유적으로 이르는 말. [비] 부엌에 가면 더 먹을까 방에 가면 더 먹을까. 이 장떡이 큰가 저 장떡이 큰가.

방죽을 파야 개구리가 뛰어들지

물이 고일 수 있는 방죽을 파 준비를 해 놓아야 개구리가 뛰어든다는 뜻으로, 무슨 일이나 자기가 원하는 결과를 가져오게 하려면 그에 합당한 준비를 갖추거나 노력을 해야 한다는 말.

방패연의 갈개발[갈기] 같다

방패연의 꼬리에 달린 종이 같다는 뜻으로, 무엇이 특별히 길게 치렁치렁 늘어진 모양을 비유적으로 이르는 말.

밭도랑을 베개 하고 죽을 놈

제집에서 고이 세상을 떠나지 못하고 여기저기 떠돌아다니며 괴로운 말년을 보내다가 죽으라는 뜻으로, 남을 저주하는 말.

밭을 사려면 변두리를 보라

1. 밭을 사려면 그 밭과 다른 밭의 경계선을 분명히 하고 사야 한다는 말. 2. 무슨 일이나 구체적인 환경 조건을 잘 헤아려서 해야 실수가 없음을 비유적으로 이르는 말. [비] 논을 사려면 두렁을 보라.

밭 장자는 있어도 논 장자는 없다

밭으로 벌이를 하여 큰 부자가 된 경우는 있어도 논으로 벌이를 하여 큰 부자가 되는 경우는 없다는 뜻으로, 밭농사가 논농사보다 수입이 더 좋음을 비유적으로 이르는 말.

밭 팔아 논 사면 좋아도 논 팔아 밭 사면 안 된다

밭보다 귀중한 논을 팔아서 밭을 사는 어리석은 짓은 하지 말라는 뜻으로, 살림을 차차로 늘려 나가지 아니하고 오히려 줄어들게 하면 안 된다는 것을 비유적으로 이르는 말.

밭 팔아 논 살 때는 이밥[흰쌀밥] 먹자는 뜻

있는 밭을 팔아서 논을 살 때는 논에서 나는 흰쌀로 쌀밥을 먹어 보자는 의도였다는 뜻으로, 못한 것을 버리고 나은 것을 취할 때는 더 낫게 되기를 바라서인데 오히려 그보다 못함을 비유적으로 이르는 말.

배가 남산만[앞 남산만] 하다

1. 배가 불러 앞으로 나왔다는 뜻으로, 임신부의 배가 부름을 비유적으로 이르는 말. 2. 되지 못하게 거만하고 땅땅거림을 놀림조로 이르는 말.

배고픈 놈더러 요기시키란다

자기 배도 채우지 못하고 굶고 있는 사람에게 시장기를 겨우 면할 정도로 조금 먹여 달란다는 뜻으로, 제 앞가림도 못하는 사람에게 어려운 일을 요구함을 비유적으로 이르는 말. [비] 시장한 사람더러 요기시키란다.

배고픈 때에는 침만 삼켜도 낫다

배가 고플 때에는 조그마한 것으로 입맛만 다실 수 있어도 배고픈 것이 좀 낫다는 말.

배고픈 호랑이가 원님을 알아보나

배고픈 호랑이가 원님이라고 사정을 보아주지 아니한다는 뜻으로, 사람이 극히 가난하고 굶주리는 지경에 이르면 아무것도 가리지 않고 분별없는 짓까지 마구 하게 됨을 비유적으로 이르는 말.

배꼽 떨어진 고장
태어난 고장을 비유적으로 이르는 말.

배꼽에 노송나무 나거든
사람이 죽은 뒤 무덤 위에 소나무가 나서 노송이 된다는 뜻으로, 기약할 수 없음을 비유적으로 이르는 말. [비] 절로 죽은 고목(枯木)에 꽃 피거든.

배꼽에 어루쇠를 붙인 것 같다
배꼽에 거울을 붙이고 다녀서 모든 것을 속까지 환히 비추어 본다는 뜻으로, 눈치가 빠르고 경우가 밝아 남의 속을 잘 알아차림을 비유적으로 이르는 말.

배만 부르면 제 세상인 줄 안다
1. 배불리 먹기만 하면 아무 근심 걱정을 모른다는 말. 2. 돈만 있으면 제 세상인 줄 알고 제멋대로 행동한다는 말.

배 먹고 이 닦기
배를 먹으면 이까지 하얗게 닦아진다는 뜻으로, 한 가지 일에 두 가지 이로움이 있음을 비유적으로 이르는 말. [비] 배 먹고 배 속으로 이를 닦는다.

배부르고 등 따습다
배부르게 먹고 등이 따습게 옷을 입는다는 뜻으로, 잘사는 생활을 비유적으로 이르는 말.

배부르니까 평안 감사도 부럽지 않다
굶주렸던 사람이 배가 부르도록 먹으면 만족하게 됨을 비유적으로 이르는 말.

배부른 고양이는 쥐를 잡지 않는다
가난한 사람은 부지런하지만 돈 있는 사람은 게으르다는 것을 비유적으로 이르는 말. [비] 배부른 매는 사냥을 않는다.

배부른 고양이 새끼 냄새 맡아 보듯
잔뜩 먹은 고양이가 흡족해서 제 새끼를 핥아 주며 냄새를 맡듯 한다는 뜻으로, 무슨 일에서나 마음이 흐뭇해서 이것저것 살펴보고 만져 보고 하는 모양을 비유적으로 이르는 말.

배부른 놈이 잠도 많이 잔다

배가 고프면 잠도 잘 오지 않는다는 뜻으로, 배가 불러야 모든 게 잘된다는 말.

배부른 데 선떡 준다
배가 부를 때 선떡을 주면 아무 고마움을 못 느낀다는 뜻으로, 생색이 나지 않는 짓을 함을 비유적으로 이르는 말.

배부른 사람은 배고픈 사람 사정을 모른다
고생을 해 보지 않은 사람은 고생하는 사람의 사정을 모른다는 말. [비] 배부른 상전이 배고픈 하인 사정 모른다. 배부른 상전이 하인 밥 못하게 한다.

배 썩은 것은 딸을 주고 밤 썩은 것은 며느리 준다
그래도 얼마간 먹을 수 있는 썩은 배는 딸을 주고 전혀 먹을 것이 없는 썩은 밤은 며느리를 준다는 뜻으로, 며느리보다는 자기가 낳은 딸을 더 아낌을 비유적으로 이르는 말.

배 안엣[안에] 조부는 있어도 배 안엣[안에] 형은 없다
자기보다 나이가 어린 사람이 할아버지뻘은 될 수 있으나, 자기보다 나이가 어린 사람에게 형이라고 할 수는 없음을 비유적으로 이르는 말.

배에 발기름이 꼈다[끼다]
배에 기름살이 끼어 불룩하게 나왔다는 뜻으로, 없이 지내던 사람이 생활이 넉넉해져서 호기를 부리고 떵떵거림을 비유적으로 이르는 말.

배운 도둑질 같다
무엇이 버릇이 되어 안 하려야 안 할 수 없음을 비유적으로 이르는 말.

배 주고 속[배 속] 빌어먹는다
자기의 배를 남에게 주고 다 먹고 난 그 속을 얻어먹는다는 뜻으로, 자기의 큰 이익은 남에게 주고 거기서 조그만 이익만을 얻음을 비유적으로 이르는 말.

배지 아니한 아이를 낳으라 한다
아직 배지도 않은 아이를 낳으라고 요구한다는 뜻으로, 무리한 요구를 함을 비유적으로 이르는 말. [비] 아니 밴 아이를 자꾸 낳으란다.

배추 밑에 바람이 들었다
남 보기에 절대로 그럴 것 같지 않은 사람이 좋지 못한 짓을 하는 경우를 비유적으로 이르는 말.

배추 밭에 개똥처럼 내던진다

마구 집어 내던져 버림을 비유적으로 이르는 말.

백 년을 다 살아야 삼만육천 일
사람이 아무리 오래 산다고 하여도 헤아려 보면 사람의 일생이란 어이없이 짧다는 말.

백두산 까마귀도 심지 맛에 산다
아무 데나 마음 붙여 살기에 달렸음을 비유적으로 이르는 말.

백명선(白命善)의 헛문서
옛날에 백명선이란 사람이 거짓 문서를 꾸며 남을 속이는 일이 심하였다는 데서, 남을 속이려는 거짓 서류 따위를 비유적으로 이르는 말.

백모래밭에 금 자라 걸음
맵시를 내고 아양을 부리며 아장아장 걷는 여자의 걸음을 비유적으로 이르는 말. [비] 대명전 대들보의 명매기걸음. 양지 마당에 씨암탉걸음.

백미에 뉘 섞이듯
많은 것 가운데 썩 드물어서 좀처럼 얻어 보기 어려움을 비유적으로 이른 말.

백미에는 뉘나 섞였지
좋은 쌀인 백미에도 뉘가 섞여 있어 흠이 있는데 비하여 아무런 흠도 없음을 이르는 말. [비] 봉산 참배는 물이나 있지.

백발도 내일모레
인생의 성쇠가 잠시임을 비유적으로 이르는 말.

백 번 듣는 것이 한 번 보는 것만 못하다
듣기만 하는 것보다는 직접 보는 것이 확실하다는 말. [비] 듣는 것이 보는 것만 못하다. 백문이 불여일견(不如一見). 열 번 듣는 것이 한 번 보는 것만 못하다.

백비탕 수본이라
끓인 맹물로 쓴 보고문이라는 뜻으로, 한번 써서 내려보낸 명령을 수시로 뒤집어엎으면서 부당하게 벼슬자리를 제 마음대로 떼고 붙이고 팔아먹는 처사를 비유적으로 이르는 말.

백사지에 무엇이 있나
모래밭에 무엇이 나겠느냐는 뜻으로, 땅이 메말라 생산되는 것이 없음을 비유

적으로 이르는 말.

백성의 입 막기는 내 막기보다 힘들다[어렵다]
백성들 속에서 일어나는 사회적 여론을 막는 것은 흐르는 냇물을 막기보다도 어렵다는 뜻으로, 국민의 여론이나 소문을 막을 수 없음을 비유적으로 이른 말.

백성이 제 구실을 돋운다
섣불리 나대다가 일 봐 주는 사람의 미움을 덧들여서 역효과를 낸다는 말.

백송고리 생치 차듯
성질이 사납고 날쌘 푸른 매가 꿩을 잽싸게 잡아채듯 한다는 뜻으로, 무엇을 날쌔게 잡아채는 모양을 비유적으로 이르는 말.

백에 하나
백에 하나밖에 없다는 뜻으로, 매우 희귀함을 비유적으로 이르는 말.

백옥이 진토에 묻힌다
1. 흰 구슬이 흙먼지 속에 파묻혀 빛을 내지 못한다는 뜻으로, 유능한 사람이 재능을 드러내지 못하고 묻혀 있음을 비유적으로 이르는 말. 2. 겉으로는 곤궁하게 보이나 본색은 변함없이 훌륭함을 비유적으로 이르는 말.

백 일 장마에도 하루만 더 비가 왔으면 한다
1. 사람이 일기에 대하여 자기 본위로 생각하거나 요구한다는 말. 2. 사람은 자기 본위로 생각한다는 말.

백장이 버들잎 물고 죽는다
1. 고리백장은 죽을 때 제가 늘 쓰던 버들잎을 물고 죽는다는 뜻으로, 사람은 죽는 날까지 늘 하던 짓을 버리지 못함을 이르는 말. 2. 죽을 때를 당하여도 자기의 근본을 잊지 않음을 비유적으로 이르는 말.

백장이 양반 행세를 하면 개가 짖는다
백정이 잘 입고 점잔을 부려 양반 행세를 하려 하나 고기 냄새가 나 개가 짖는다는 뜻으로, 겉모양을 잘 꾸미어도 본색은 감추기 어려움을 이르는 말. [비] 백정이 가마를 타면 동네 개가 짖는다.

백정 년 가마 타고 모퉁이 도는 격
실상은 흉악하면서 그것을 잘 모르는 사람 앞에서는 훌륭한 체하고 꾸미는 경우를 비유적으로 이르는 말.

백정도 올가미가 있어야 한다
장사에는 밑천이 있어야 한다는 뜻으로, 준비 없이는 어떤 일을 이룰 수 없음을 이른 말.

백쥐가 나와 춤을 추고 초상상제가 나와 웃을 노릇이다
밝은 데를 싫어하는 흰쥐조차 기뻐서 뛰어나와 춤을 추고 슬픔에 잠겨 있는 초상집의 상제들이 나와서 웃지 않을 수 없는 노릇이라는 뜻으로, 하는 짓이 너무 우습고 망측스러워 웃음을 참으려야 참을 수 없음을 이르는 말.

백지장도 맞들면 낫다
쉬운 일이라도 협력하여 하면 훨씬 쉽다는 말. [비] 백지 한 장도 맞들면 낫다. 종잇장도 맞들면 낫다. 초지장도 맞들면 낫다.

백지장에 물 한 방울 떨어지듯
매우 사소하지만 흔적이 남을 때 이르는 말.

밴 아이 사내 아니면 계집이지
쓸데없는 걱정을 하는 경우를 핀잔하는 말. [비] 배 안의 아이 아들 아니면 딸이다.

뱀 본 새 짖어 대듯
몹시 시끄럽게 떠드는 모양을 비유적으로 이르는 말.

뱀을 그리고 발까지 단다
쓸데없는 것을 덧붙여서 오히려 못쓰게 만듦을 비유적으로 이르는 말.

뱀이 용 되어 큰소리한다
변변찮거나 하찮은 사람이 신분이 귀하게 되어 아니꼽게 큰소리를 친다는 말.

뱀장어 눈은 작아도 저 먹을 것은 다 본다
뱀장어의 눈이 작게 생겼어도 제가 보아야 할 것은 다 본다는 뜻으로, 먹을 것을 잘 찾아 먹음을 비유적으로 이르는 말.

뱁새가 수리를 낳는다
못난 어버이한테서 훌륭한 아들이 난 경우를 비유적으로 이르는 말.

뱁새가 황새를 따라가면 다리가 찢어진다
힘에 겨운 일을 억지로 하면 도리어 해만 입는다는 말. [비] 촉새가 황새를 따라가다 가랑이 찢어진다.

뱃가죽이 땅 두께 같다
뱃가죽이 땅 두께처럼 두껍다는 뜻으로, 염치가 없거나 배짱이 셈을 비유적으로 이르는 말.

뱃놈의 개
배에서 기르는 개는 도둑을 지킬 필요가 없다는 뜻으로, 하는 일 없이 놀고먹는 사람을 비유적으로 이르는 말.

뱃사공의 닻줄 감듯
내렸던 닻을 올리느라고 뱃사공이 부지런히 닻줄을 감듯이 무엇인가를 휘휘 잘 감는 모양을 비유적으로 이르는 말.

버는 자랑 말고 쓰는 자랑 하랬다
돈을 모으려면 저축을 잘해야 됨을 비유적으로 이르는 말.

버릇 배우라니까 과부 집 문고리 빼어 들고 엿장수 부른다
좋은 버릇을 길러 품행을 단정히 하라고 이르니까 오히려 못된 짓만 하고 돌아다님을 비유적으로 이르는 말. [비] 행실을 배우라 하니까 포도청 문고리를 뺀다.

버선목에 이 잡을 때 보아야 알지
지금은 모르더라도 장차 거지가 되어 버선목에서 이를 잡는 처지가 되어 보아야 알 수 있다는 뜻으로, 지금 잘 산다고 너무 자랑하고 뽐내지 말라는 말.

버선목이라 (오장을) 뒤집어 보이지도 못하고
버선목처럼 뒤집어 보일 수도 없어 답답하다는 뜻으로, 아무리 해명을 해도 상대편이 수긍을 하지 않는 경우를 비유적으로 이르는 말. [비] 버선목이라 뒤집어 보이나.

번개가 잦으면 천둥을 한다
1. 어떤 일의 징조가 잦으면 반드시 그 일이 생기기 마련임을 비유적으로 이르는 말. 2. 나쁜 일이 잦으면 결국에는 큰 봉변을 보게 됨을 비유적으로 이르는 말. [비] 번개가 잦으면 벼락 늦이라. 초시가 잦으면 급제가 난다.

번갯불에 솜 구워 먹겠다
번쩍하는 번갯불에 솜을 다 구워서 먹겠다는 뜻으로, 거짓말을 쉽게 잘함을 이르는 말.

번갯불에 콩 볶아 먹겠다

1. 번쩍하는 번갯불에 콩을 볶아서 먹을 만하다는 뜻으로, 행동이 매우 민첩함을 이르는 말. 2. 하는 짓이 번갯불에 콩을 볶아 먹을 만큼 급하게 군다는 뜻으로, 어떤 행동을 당장 해치우지 못하여 안달하는 조급한 성질을 이르는 말. [비] 번갯불에 담배 붙이겠다[붙인다]. 번갯불에 회 쳐 먹겠다.

번연히 알면서 새 바지에 똥 싼다

사리 판단을 할 줄 아는 사람이 실수를 저지르는 경우를 비유적으로 이른 말.

벋어 가는 칡도 한(限)이 있다

칡이 기세 좋게 벋어 나가지만 그것도 한계가 있다는 뜻으로, 무엇이나 성하는 것도 한도가 있음을 이르는 말. [비] 부자도 한이 있다.

벌거벗고 환도 차기

군사가 복장을 다 갖추어 입은 다음에 겉에 환도를 차게 되어 있는데 벌거벗은 알몸에 환도를 차는 것과 같다는 뜻으로, 격에 전혀 어울리지 않아 매우 어색하게 보임을 이르는 말. [비] 벌거벗고 전동 찰까. 중의 벗고 환도 차는 격.

벌거벗은 손님이 더 어렵다

벌거벗은 손님, 곧 어린 손님이나 가난한 사람을 대접하기가 더 어렵다는 말.

벌도 덤이 있다

벌을 받을 때도 덤으로 더 받게 되는 법인데, 하물며 물건을 받을 때에야 더 받지 않겠느냐는 말.

벌도 법이 있지

벌과 같은 곤충의 생활에도 일정한 질서가 있는데 하물며 사람에게 제도와 질서가 없을 수 있겠느냐는 뜻으로, 인간 사회의 무법함을 이르는 말.

벌레도 밟으면 꿈틀한다

벌레 같은 미물도 밟으면 꿈틀거린다는 뜻으로, 아무리 순하거나 참을성이 있는 사람 또는 하찮은 존재라 하더라도 지나치게 자극하면 반항하게 됨을 비유적으로 이르는 말.

벌레 먹은 배추[삼] 잎 같다

벌레가 파먹은 배추의[삼의] 잎사귀 같다는 뜻으로, 얼굴에 검버섯이나 기미가 많이 낀 모양을 비유적으로 이르는 말.

벌에 쏘였나

1. 몹시 나부대거나 날뛰는 사람의 모양을 비유적으로 이르는 말. 2. 말대꾸도 없이 오자마자 곧 가 버리는 사람을 비꼬아 이르는 말. [비] 벌쏜 사람 같다.

벌이 역사하듯

여럿이 손을 모아 일을 하는 모양을 비유적으로 이르는 말.

범도 보기 전에 똥을 싼다

지레 겁을 냄을 비유적으로 이르는 말.

범도 새끼 둔 골을 두남둔다

1. 범과 같이 모진 짐승도 제 새끼를 두고 온 골은 힘써 도와주고 끔찍이 여긴다는 뜻으로, 비록 악인이라도 제 자식의 일은 늘 마음에 두고 생각하며 잘해 준다는 것을 비유적으로 이르는 말. 2. 누구나 사정이 없을 수 없다는 말. [비] 범도 새끼 둔 골을 센다. 호랑이도 자식 난 골에는 두남둔다.

범도 죽을 때 제 굴에 가서 죽는다

누구나 죽을 때는 자기가 난 고장을 그리워함을 비유적으로 이르는 말.

범 무서워 산에 못 가랴

아무리 범이 무섭다고 한들 산에 못 갈 것 없다는 뜻으로, 어떤 장애가 있더라도 그 어려움을 물리치고 해야 할 일은 반드시 해야 함을 비유적으로 이른 말.

범벅 먹은 고양이 손 같다

질척질척한 음식을 퍼먹은 고양이의 손과 같다는 뜻으로, 질척질척한 것이 많이 묻어 몹시 더러워진 꼴을 비유적으로 이르는 말.

범벅에 꽂은 저라

질척질척한 음식에다 꽂은 수저란 뜻으로, 일이 확고부동하지 못함을 비유적으로 이르는 말.

범 본 여편네[할미/놈] 창구멍을 틀어막듯

범을 본 여편네가 질겁하여 범이 창구멍으로 들어오지나 않을까 걱정하여 창구멍을 틀어막는다는 뜻으로, 급한 나머지 임시변통으로 어리석게 맞추려는 모양을 비유적으로 이르는 말. [비] 호랑이 보고 창구멍 막기.

범 아가리에 날고기 넣은 셈

욕심 사나운 자에게 간 물건은 도로 찾지 못함을 비유적으로 이르는 말. [비]

호랑이더러 날고기 봐 달란다.

범에게 날개
힘이 세고 사나운 범이 날개까지 돋쳐 하늘을 날게 되었으니 아무것도 무서울 것이 없게 되었다는 뜻으로, 힘이나 능력이 있는 사람이 더욱 힘을 얻게 된 경우를 비유적으로 이르는 말.

범은 그려도 뼈다귀는 못 그린다
비록 범은 그릴 수 있으나 가죽 속에 있는 범의 뼈는 그릴 수 없다는 뜻으로, 겉모양이나 형식은 쉽게 파악할 수 있어도 그 속에 담긴 내용은 알기가 어려움을 비유적으로 이르는 말. [비] 범을 그리어 뼈를 그리기 어렵고 사람을 사귀어 그 마음을 알기 어렵다. 사람의 겉만 보고 그 사람의 속마음을 알 수 없음을 비유적으로 이르는 말.

범을 길러 화를 받는다
새끼 범을 데려다 길러 놓으니 맹수의 본성을 그대로 드러내어 주인을 해친다는 뜻으로, 화근을 스스로 길러서 큰 피해를 입게 됨을 비유적으로 이르는 말.

범을 보니 무섭고 범 가죽을 보니 탐난다
힘든 노력은 하기 싫고 그 이득은 욕심이 난다는 말.

범이 날고기 먹을 줄 모르나[모르랴]
당연히 범은 날고기를 먹을 줄 안다는 뜻으로, 뻔한 사실임을 비유적으로 이르는 말.

범이 불알을 동지에 얼리고 입춘에 녹인다
날씨가 동지부터 추워져서 입춘부터 누그러짐을 비유적으로 이르는 말.

범 잡아먹는 담비가 있다
1. 산중의 왕이라고 하는 범을 잡아먹는 담비라는 작은 짐승이 있다는 뜻으로, 위에는 위가 있음을 비유적으로 이르는 말. 2. 잘난 체하지 말라는 말.

범 잡은 포수
뜻한 바를 이루어 의기양양한 사람을 비유적으로 이르는 말.

범 탄 장수 같다
1. 위세가 대단한데 거기다 또 위력이 가해진 사람을 비유적으로 이르는 말. 2. 기세가 등등한 사람을 비유적으로 이르는 말.

법당 뒤로 돈다

남이 다 보는 법당의 앞으로 가는 것을 피하고 법당의 뒤로 슬슬 돈다는 뜻으로, 남이 보지 않는 곳이라고 하여 남의 눈을 피하여 옳지 못한 짓을 함을 비유적으로 이르는 말.

법당은 호법당(好法堂)이나 불무영험(佛無靈驗)

법당은 요란하게 잘 꾸몄으나 부처님은 영험이 없다는 뜻으로, 겉치레만 요란하고 실상은 아무짝에도 쓸모없음을 비유적으로 이르는 말.

법 모르는 관리가 볼기로 위세 부린다

법 규정이 어떻게 되어 있는지 알지 못하는 벼슬아치가 덮어놓고 볼기를 치며 위세를 부린다는 뜻으로, 실력이 없는 자가 덮어놓고 우격다짐으로 일을 처리하는 경우를 비유적으로 이르는 말.

법 밑에 법 모른다

1. 법을 잘 지켜야 할 법률 기관에서 법을 다루면서도 도리어 법을 모르고 어기는 경우를 비유적으로 이르는 말. 2. 자기에게 가까워 가장 잘 알고 있을 법한 일을 모르고 있는 경우를 비유적으로 이르는 말.

벗 줄 것은 없어도 도둑 줄 것은 있다

1. 친한 벗에게 줄 것 없어서 안타까워할 형편이지만 그래도 도적이 들어 훔쳐 갈 물건은 얼마든지 있다는 뜻으로, 없다 없다 하는 사람도 무엇인가 쓸 만한 것은 다 가지고 있음을 비유적으로 이르는 말. 2. 제게 가까운 사람들에게는 매우 인색하나 억지로 빼앗아 가는 데는 못 이김을 비유적으로 이르는 말.

벙거지 시울 만지는 소리

애매하고 모호해서 알 수 없는 말을 비유적으로 이르는 말.

벙거지 시울을 만진다

말이 막히어 어색하고 무안한 경우를 비유적으로 이르는 말.

벙거지 조각에 콩가루 묻혀 먹을 놈

털로 만든 벙거지 조각에 아무리 콩가루를 묻혀도 먹을 것이 없는데 그것을 먹는다는 뜻으로, 못할 짓을 하여 재물을 남몰래 빼앗아 가는 자를 비유적으로 이르는 말.

벙어리가 서방질을 해도 제 속이 있다

말은 하지 않더라도 제 딴에는 정당한 이유도 있고 뜻도 있음을 비유적으로 이르는 말. [비] 처녀가 한중을 해도 제 마련은 있다.

벙어리가 증문 가지고 있는 격
말 못하는 벙어리가 어떤 사실을 증명하는 문서를 가지고 있으면서도 똑바로 증언할 수 없다는 뜻으로, 정당한 이유나 근거를 가지고도 내놓고 입증할 수 없는 경우를 비유적으로 이르는 말.

벙어리 냉기슴 앓듯
벙어리가 안타까운 마음을 하소연할 길이 없어 속만 썩이듯 한다는 뜻으로, 답답한 사정이 있어도 남에게 말하지 못하고 혼자만 괴로워하며 걱정하는 경우를 비유적으로 이르는 말. [비] 우황 든 소 앓듯.

벙어리 두 몫 떠들어 댄다
말할 줄 모르는 벙어리가 제 속생각을 털어놓기 위하여 더욱 떠들어 댄다는 뜻으로, 말주변이 없는 사람일수록 떠들썩하게 말이 많음을 비유적으로 이르는 말.

벙어리 발등 앓는 소리냐
발등을 다친 벙어리가 말도 못하면서 그저 끙끙 앓기만 하는 소리냐는 뜻으로, 책을 읽는 소리나 노래를 부르는 소리가 신통치 않음을 비유적으로 이르는 말.

벙어리 삼신
말이 없는 사람을 비유적으로 이르는 말.

벙어리 소를 몰고 가듯
말 못하는 벙어리가 아무 말도 없이 소를 몰면서 간다는 뜻으로, 아무 말 없이 앞서거니 뒤서거니 걷기만 하는 모양을 비유적으로 이르는 말.

벙어리 소지 정하듯
벙어리가 결심을 내리듯 한다는 뜻으로, 아무 소리도 안 하고 저 혼자 마음속에 결정하는 경우를 비유적으로 이르는 말.

벙어리 속은 그 어미도 모른다
말을 하지 않고 가만있는 벙어리의 속마음은 그 어머니조차도 알 길이 없다는 뜻으로, 무슨 말을 실지로 들어 보지 않고는 그 내용을 알 수 없음을 비유적으로 이르는 말.

벙어리 속은 벙어리가 안다

같은 처지에 있는 사람이라야 그 마음을 알 수 있음을 비유적으로 이르는 말.

벙어리 심부름하듯

말없이 남의 눈치만 살펴 가면서 행동하는 경우를 비유적으로 이르는 말.

벙어리 예장 받은 듯 싱글벙글한다

말 못하는 벙어리가 예장을 받고 몹시 기쁘기는 하나 말로 표현할 수 없기 때문에 그저 싱글벙글 웃기만 한다는 뜻으로, 좋은 일이 있어 기쁨을 감추지 못하고 싱글벙글 웃기만 함을 비유적으로 이르는 말.

벙어리 웃는 뜻은 양반 욕하는 뜻이다

도무지 뜻을 알기 어려운 경우에 짐짓 미루어 짐작하는 뜻임을 비유적으로 이르는 말.

벙어리 입에 깻묵 장 처넣듯

무턱대고 크게 한 입씩 퍼 넣는 모습을 비유적으로 이르는 말.

벙어리 재판

말 못하는 벙어리를 대상으로 재판을 한다는 뜻으로, 옳고 그름을 판단하기 매우 어렵거나 곤란한 경우를 비유적으로 이르는 말.

벙어리 차접을 맡았다

벙어리가 하급 관리의 임명장인 차접을 맡아 쥐고도 이러지도 저러지도 못하고 우물거리고 있다는 뜻으로, 마땅히 정당하게 담판할 일에 감히 입을 열어 말을 하지 못하고 끙끙거리는 경우를 비유적으로 이르는 말. [비] 벙어리 마주 앉은 셈.

벙어리 호적(胡狄)을 만나다

가뜩이나 말이 통하지 않는 오랑캐를 벙어리가 만났다는 뜻으로, 입을 다물고 말을 하지 않는 경우를 비유적으로 이르는 말.

베 고의에 방귀 나가듯

무엇이 사방으로 쉽게 잘 퍼져 나가는 모양을 비유적으로 이르는 말.

베는 석 자라도 틀은 틀대로 해야 된다

불과 석 자짜리 베를 짜려고 해도 베틀 차리기는 마찬가지라는 뜻으로, 사소하거나 급하다 하여 기본 원칙을 무시할 수 없음을 비유적으로 이르는 말.

베돌던 닭도 때가 되면 홰 안에 찾아든다

홰에 오르지 않고 베돌기만 하던 닭도 때가 되어 자야겠다고 생각하면 절로 홰 안에 찾아오기 마련이라는 뜻으로, 서로 어울리지 않고 따로 놀던 사람도 때가 되면 언젠가는 다시 돌아올 때가 있음을 비유적으로 이르는 말.

베어도 움돋이

아무리 없애려고 해도 없어지지 않고 자꾸 다시 생겨 나오는 것을 비유적으로 이르는 말.

베주머니로 바람 잡기

베주머니로 바람을 잡더라도 베올이 굵어 바람이 새어 나간다는 뜻으로, 헛수고만 한다는 말.

베주머니에 의송 들었다

보기에는 허름한 베주머니에 기밀한 서류가 들었다는 뜻으로, 사람이나 물건이 외모를 보아서는 허름하고 못난 듯하나 실상은 비범한 가치와 훌륭한 재질을 지녔음을 비유적으로 이르는 말. [비] 떨어진 주머니에 어패 들었다. 허리띠 속에 상고장(上告狀) 들었다.

벼락 맞은 소[소고기] 뜯어먹듯

여럿이 달려들어 제각기 욕심을 채우려 하는 모양을 비유적으로 이르는 말.

벼락에는 오히려 바가지를 쓴다

액운이나 재화(災禍)는 무슨 짓을 하더라도 면하기 어려움을 비유적으로 이르는 말. [비] 벼락에는 바가지라도 쓴다[뒤집어쓴다].

벼락 치는 하늘도 속인다

악한 자에게 벼락을 내리는 하늘도 속인다는 뜻으로, 속이려면 못 속일 것이 없음을 비유적으로 이르는 말.

벼룩도 낯짝이 있다

매우 작은 벼룩조차도 낯짝이 있는데 하물며 사람이 체면이 없어서야 되겠느냐는 말.

벼룩의 간을[선지를] 내먹는다

1. 하는 짓이 몹시 잘거나 인색함을 비유적으로 이르는 말. 2. 어려운 처지에 있는 사람에게서 금품을 뜯어냄을 비유적으로 이르는 말. [비] 모기 다리에서 피 뺀다. 참새 앞정강이를 긁어 먹는다.

벼룩의 등에 육간대청을 짓겠다

벼룩의 좁은 등에 여섯 칸이나 되는 넓은 마루를 짓겠다는 뜻으로, 하는 일이 이치에 어그러지고 도량이 좁음을 비유적으로 이르는 말.

벼르던 아기 눈이 먼다

1. 모처럼 태어난 아기가 눈이 먼다는 뜻으로, 몹시 기대하던 일이 이루어졌으나 뜻밖에도 탈이 생겨났음을 비유적으로 이르는 말. 2. 기다리고 잘하려고 벼르던 일이 도리어 실수하기 쉽고 낭패되기 쉬움을 비유적으로 이르는 말.

벼르던 제사 물도 못 떠 놓는다

제삿날이 닥쳤는데 한 사발의 물도 제대로 떠 놓지 못하고 지내게 되었다는 뜻으로, 잘하려고 기대한 일일수록 도리어 더 못하게 되는 수가 많음을 비유적으로 이르는 말.

벼린 도끼가 이 빠진다

애써서 벼린 도끼의 날이 그만 이가 빠져서 꼴사납게 되었다는 뜻으로, 공을 들여 잘 장만한 것이 오히려 빨리 못쓰게 되는 경우를 비유적으로 이르는 말.

벼슬아치 심부름꾼

나라 살림을 하는 벼슬아치는 결국 백성을 위하여 일한다는 말.

벼슬하기 전에 일산 준비

과거에 급제하기 전에 높은 벼슬아치들만이 쓰는 일산을 마련한다는 뜻으로, 일이 장차 어떻게 될 것인지도 모르면서 다 된 것처럼 서둘러 준비를 하는 경우를 비유적으로 이르는 말.

벼 이삭은 익을수록 고개를 숙인다

교양이 있고 수양을 쌓은 사람일수록 겸손하고 남 앞에서 자기를 내세우려 하지 않는다는 것을 비유적으로 이르는 말. [비] 곡식 이삭은 익을수록[잘될수록] 고개를 숙인다. 낟알은 익을수록 고개를 숙인다. 병에 찬 물은 저어도 소리가 나지 않는다.

벽에도 귀가 있다

비밀은 없기 때문에 경솔히 말하지 말 것을 비유적으로 이르는 말. [비] 담에도 귀가 달렸다.

벽을 치면 대들보가 울린다

1. 암시만 주어도 곧 눈치를 채고 의사소통이 이루어짐을 비유적으로 이르는

말. 2. 서로 긴밀한 관계가 있음을 비유적으로 이르는 말. **[비]** 변죽을 치면 복판이 운다.

변소에 기와 올리고 살겠다
인색하게 굴어도 큰 부자는 못 됨을 비꼬는 말.

별대 마병 편구 치듯
훈련도감 마병들이 편을 갈라 타구(打毬)하듯 친다는 뜻으로, 날쌘 몸짓으로 내리치는 모양을 비유적으로 이르는 말.

별성마마 배송 내듯
후환이 있을까 두려워서 배송(拜送)한다는 뜻으로, 마음에 매우 달갑지 아니하나 후환이 두려워 조심조심 좋도록 하여 내보내는 모양을 비유적으로 이르는 말.

병 늙으면 산으로 간다
병이 오래되면 결국은 죽게 됨을 비유적으로 이르는 말.

병든 까마귀 어물전 돌 듯
병들어 구실을 제대로 못하는 까마귀가 그래도 무엇인가 얻어먹을 것이 있을까 하여 어물전 위를 빙빙 돌고 있다는 뜻으로, 탐나는 것의 주위에서 미련을 가지고 떠나지 못하고 맴도는 모양을 비유적으로 이르는 말.

병든 놈 두고 약 지으러 가니 약국도 두건을 썼더란다[썼더라 한다]
환자가 생겨 약 지으러 약국에 뛰어가니 약국은 자기보다 더 하게 이미 상사(喪事)를 만나 두건을 쓰고 있었다는 뜻으로, 가도 소용이 없으니 갈 필요가 없음을 비유적으로 이르는 말.

병든 솔개같이
잠시도 쉬지 않고 여기저기 살펴보며 빙빙 돌아다님을 비유적으로 이르는 말.

병들어야 설움을 안다
제 몸에 병이 나야 병난 사람의 설움을 안다는 뜻으로, 직접 경험하지 않고는 그 설움을 모름을 비유적으로 이르는 말.

병막 구경이 장자(長子)
다 죽어 가는 전염병 환자를 보고 나면, 가난하고 불행한 사람도 자기 신세를 장자보다 낫게 생각하게 마련임을 비유적으로 이르는 말.

병신 고운 데 없다

몸이 성하지 못한 사람은 마음도 바르지 못하다는 말. [비] 병신 마음 좋은 사람 없다.

병신 달밤에 체조한다

못난 자가 더욱더 미운 짓만 하는 경우를 비유적으로 이르는 말.

병신도 병신이라면 좋다는 사람 없다

누구라도 자기의 결점을 맞대어 놓고 지적하면 좋아하지 아니함을 비유적으로 이르는 말.

병신이 한 고집이 있다

못난 인간이 고집을 부림을 비유적으로 이르는 말.

병신이 호미 훔친다

겉으로는 병신 같으나 속으로는 제 실속을 차림을 비유적으로 이르는 말.

병신 자식이 더 귀엽다

불구가 된 자식일수록 더욱더 부모의 사랑이 쏠리게 된다는 말.

병신 자식이 효도한다

대수롭지 아니한 것이 도리어 도움이 됨을 비유적으로 이르는 말. [비] 눈먼 자식이 효자 노릇 한다.

병아리 우장 쓰다

격에 맞지 아니한 경우를 비유적으로 이르는 말.

병에는 장사 없다

아무리 장사라도 병에 걸리면 맥을 못 춤을 비유적으로 이르는 말.

병은 한 가지 약은 천 가지

한 가지 병에 대하여 그 치료법이 매우 많음을 이르는 말.

병이 생기면 죽겠지

병이라고 다 죽는 것은 아닌데 덮어놓고 병이 생기면 죽겠거니 하고 생각한다는 뜻으로, 사리에 맞지 아니하는 추측을 비유적으로 이르는 말.

병이 양식이다

병들어 누워 있으면 오래 먹지 않아도 배고픈 줄을 몰라 먹지 않으므로 양식이 그만큼 남음을 비유적으로 이르는 말.

병자년 까마귀 빈 뒷간 들여다보듯
병자년에 큰 흉년이 든 데서 나온 말로, 어떤 일에 한 가닥 희망을 걸고 구차스럽게 여기저기 기웃거리거나 돌아다니면서 기다리는 모양을 비유적으로 이르는 말.

병 자랑은 하여라
병이 들었을 때는 자기가 앓고 있는 병을 자꾸 이 사람 저 사람에게 말하여 고칠 길을 물어보아야 좋은 치료 방법을 찾을 수 있다는 말.

병조 판서 집 활량 나그네 드나들 듯
병조 판서의 집에 취직 청탁을 하러 오는 활량이 드나들듯 한다는 뜻으로, 매우 자주 출입하는 경우를 비유적으로 이르는 말.

병 주고 약 준다
남을 해치고 나서 약을 주며 그를 구원하는 체한다는 뜻으로, 교활하고 음흉한 자의 행동을 비유적으로 이르는 말. [비] 등 치고 배 만진다. 술 먹여 놓고 해장 가자 부른다.

병풍에 그린 닭이 홰를 치거든
도저히 불가능한 일이어서 기약할 수 없음을 비유적으로 이르는 말. [비] 곤달걀 꼬끼오 울거든.

병풍에 모과 구르듯 한다
병풍에 그려진 모과가 아무렇게나 굴러 있어도 상관없는 것과 마찬가지라는 뜻으로, 이리저리 굴러다녀도 탈이 없는 사람을 비유적으로 이르는 말.

병환에 까마귀
가뜩이나 걱정스러운 일에 더한 흉조가 생겼음을 비유적으로 이르는 말.

보고 못 먹는 것은 그림의 떡
아무 실속이 없음을 비유적으로 이르는 말.

보기 싫은 반찬이 끼마다 오른다
너무 잦아서 싫증 난 것이 그대로 또 계속되어 눈에 띔을 비유적으로 이른 말.

보기 좋은 떡이 먹기도 좋다
1. 내용이 좋으면 겉모양도 반반함을 비유적으로 이르는 말. 2. 겉모양새를 잘

꾸미는 것도 필요함을 비유적으로 이르는 말.

보기 좋은 음식 별수 없다
겉모양은 좋으면서 그 내용이 별로 좋지 못함을 비유적으로 이르는 말.

보름달 밝아 구황 타러 가기 좋다
구황을 타러 가는데 달이 밝으니 어두운 것보다는 좋다는 뜻으로, 별로 내키지 않는 일을 하는 데 약간의 좋은 조건이 갖추어졌음을 비유적으로 이르는 말.

보리 가시랭이가 까다로우냐 괭이 가시랭이가 까다로우냐
매우 성미가 까다로움을 비유적으로 이르는 말.

보리 갈아 놓고 못 참는다
빨리 결과를 얻으려고 성급히 굶을 비유적으로 이르는 말.

보리 갈아 이태 만에 못 먹으랴
가을에 땅을 갈아 보리를 심어 그 이듬해에 가서 거두어 먹는 것은 정해진 이치라는 뜻으로, 으레 정해져 있는 사실을 가지고 구태여 말할 필요가 없음을 비유적으로 이르는 말.

보리누름까지 세배한다
보리가 누렇게 익을 무렵 즉 사오월까지도 세배를 한다는 뜻으로, 형식적인 인사 차림이 너무 과함을 이르는 말.

보리누름에 설늙은이 얼어 죽는다
보리가 누렇게 익을 무렵에는 따뜻해야 하나 오히려 추워서 기운이 쇠한 사람이 얼어 죽는다는 뜻으로, 더워야 할 계절에 도리어 춥게 느껴지는 때를 비유적으로 이르는 말.

보리떡을 떡이라 하며 의붓아비를 아비라 하랴
보리떡과 의붓아비는 좋지 않음을 비유적으로 이르는 말.

보리로 담근 술 보리 냄새가 안 빠진다
1. 제 본성은 그대로 지님을 비유적으로 이르는 말. 2. 근원이 좋으면 결과도 좋고 근원이 나쁘면 결과도 나쁘다는 것을 비유적으로 이르는 말. [비] 보리술이 제맛 있다.

보리밥 알로 잉어 낚는다
작은 것을 주고 큰 것을 받거나, 적은 밑천으로 많은 이익을 볼 경우를 비유적

으로 이르는 말.

보리밥에 고추장이 제격이다
보리밥에는 고추장을 곁들여 먹어야 알맞다는 뜻으로, 무엇이나 격에 알맞도록 해야 좋음을 비유적으로 이르는 말.

보리 안 패는 삼월 없고 나락 안 패는 유월 없다
1. 모든 일에는 때가 있음을 비유적으로 이르는 말. 2. 계절은 어김없이 돌아옴을 비유적으로 이르는 말.

보리 주면 오이[외] 안 주랴
제 것은 아까워하면서 남만 인색하다고 여기는 사람에게, 주는 것이 있어야 받는 것이 있음을 비유적으로 이르는 말.

보리죽에 물 탄 것 같다
일이 아무 재미가 없고 싱거운 경우를 비유적으로 이르는 말.

보릿고개가 태산보다 높다
한 해 동안 농사지은 식량을 가지고 다음 해 보리가 날 때까지 견디어 나가기가 매우 힘듦을 비유적으로 이르는 말.

보릿고개에 죽는다
묵은 곡식은 거의 떨어지고 햇보리는 아직 여물지 아니하여 농가가 심히 곤궁함을 비유적으로 이르는 말.

보자보자 하니까 얻어 온 장 한 번 더 뜬다
못되게 구는 것을 보고 참으니까 고치기는커녕 더욱더 밉살스럽게 행동함을 비유적으로 이르는 말.

보지 못하는 소 멍에가 아홉
눈먼 소에게 멍에를 아홉 개나 메웠다는 뜻으로, 능력도 없는 사람에게 무거운 책임만 잔뜩 지워졌음을 비유적으로 이르는 말.

보채는 아이 밥 한 술 더 준다
보채면서 자꾸 시끄럽게 구는 아이에게는 달래느라고 밥 한 술이라도 더 주게 된다는 뜻으로, 조르며 서두르는 사람이나 열심히 구하는 사람에게는 더 잘해 주게 됨을 비유적으로 이르는 말. [비] 보채는 아이 젖 준다. 젖은 보채는 아이한테 먼저 준다.

복날(에) 개 잡듯
몹시 심하게 때리거나 맞는 모양을 비유적으로 이르는 말.

복날(에) 개 패듯
몹시 심하게 때리는 모양을 비유적으로 이르는 말.

복달임에 죽을 개 끌 듯
인정사정없이 끌고 감을 비유적으로 이르는 말.

복 들어온 날 문 닫는다
좋은 기회가 왔을 때 도리어 방해하는 행동을 함을 이르는 말.

복 없는 가시내(가) 봉놋방에 가 누워도 고자 곁에 가 눕는다
운수가 나쁘면 하는 일마다 잘 안됨을 비유적으로 이르는 말. [비] 복 없는 봉사 괘문을 배워 놓으면 감기 앓는 놈도 없다. 복 없는 정승은 계란에도 뼈가 있다.

복은 쌍으로 안 오고 화는 홀로 안 온다
복 받기는 매우 어렵고 재앙은 연거푸 겹쳐 옴을 이르는 말. [비] 짝 없는 화가 없다.

복의 이 갈 듯
복이 이를 세게 갈듯이 이를 간다는 뜻으로, 원한이 있어 이를 바드득바드득 갊을 비유적으로 이르는 말.

복이야 명이야 (한다)
내게 닥친 복이냐 아니면 내 운명이 그러하냐는 뜻으로, 뜻밖에 좋은 수가 나서 어쩔 줄을 모르고 기뻐하는 모양을 이르는 말.

복 있는 과부는 앉아도 요강 꼭지에 앉는다
운수 좋은 사람은 저절로 좋은 일만 생기게 됨을 비유적으로 이르는 말.

복장이 따뜻하니까 생시가 꿈인 줄 안다
마음이 편안하고 걱정이 없으니 마치 꿈속에서 사는 것같이 여긴다는 뜻으로, 무사태평하여 눈앞에 닥치는 걱정을 모르고 지냄을 비난조로 이르는 말.

복쟁이 헛배 부르듯
실속은 없으면서 겉으로만 부풂을 비유적으로 이르는 말.

복철을 밟지 말라

엎어진 수레바퀴의 자취를 그대로 밟지 말라는 뜻으로, 앞서 한 사람의 잘못을 보고 그것을 거울삼아 그와 같은 실패를 하지 않도록 조심하라는 말.

복 치듯 하다

어부가 복을 잡아 함부로 친다는 뜻으로, 무엇이나 함부로 치거나 때리는 모양을 비유적으로 이르는 말.

볶은 콩도 골라 먹는다

볶은 콩을 먹을 때에 처음에는 골라 먹다가 나중에는 잘고 나쁜 것까지 다 먹는다는 뜻으로, 여러 물건을 다 쓸 바에는 골라 가며 쓸 필요가 없건만 그래도 골라 가며 쓰는 사람의 본성을 비유적으로 이르는 말.

볶은 콩 먹기

그만 먹겠다고 하면서도 결국은 다 먹어 버림을 비유적으로 이르는 말.

볶은 콩에 싹이 날까

불에다 볶은 콩은 싹이 날 리가 없다는 뜻으로, 아주 가망이 없음을 비유적으로 이르는 말. [비] 볶은 콩에 꽃이 피랴.

본 놈이 도둑질한다

1. 자세한 내용을 모르는 사람은 도둑질을 못한다는 뜻으로, 무슨 일이나 실정을 알아야 그 일을 감당할 수 있음을 이르는 말. 2. 도둑질은 결국 내용을 잘 아는 사람이 하는 것임을 비유적으로 이르는 말.

볼모로 앉았다

일은 하지 아니하고 가만히 앉아 있기만 함을 비유적으로 이르는 말.

봄꽃도 한때

부귀영화란 일시적인 것이어서 그 한때가 지나면 그만임을 비유적으로 이르는 말. [비] 열흘 붉은 꽃이 없다.

봄 꿩이 제 바람에 놀란다

자기가 한 일에 자기가 놀라는 경우를 비유적으로 이르는 말. [비] 제 방귀에 놀란다.

봄 꿩이 제 울음에 죽는다

꿩이 소리를 내어 자기가 있는 곳을 알려 죽게 된다는 뜻으로, 제 허물을 제가 드러냄으로써 화를 스스로 불러옴을 비유적으로 이르는 말.

봄 돈 칠 푼은 하늘이 안다
농촌에서는 봄에 돈이 매우 귀함을 비유적으로 이르는 말.

봄 떡은 들어앉은 샌님도 먹는다
먹을 것이 궁한 봄철에 해는 길고 출출하니 점잖만 빼고 들어앉은 샌님도 떡을 먹고 싶어 한다는 뜻으로, 봄에는 누구나 군것질을 좋아함을 비유적으로 이르는 말.

봄물에 방게 기어 나오듯
봄물이 지자 때를 만난 방게가 사방으로 정신없이 기어 나오듯 한다는 뜻으로, 여기저기서 많이 나오는 모양을 비유적으로 이르는 말.

봄바람에 말 씹도 터진다
봄바람을 쐬면 살갗이 잘 틈을 비유적으로 이르는 말.

봄바람에 죽은 노인
봄바람을 맞고 얼어 죽은 늙은이라는 뜻으로, 몹시 추위를 타는 사람을 비유적으로 이르는 말.

봄바람은 품으로 기어든다
비록 봄이지만 바람 부는 날은 매우 쌀쌀함을 비유적으로 이르는 말.

봄 방 추우면 맏사위 달아난다
봄철에 방이 추우면 견디기 힘듦을 비유적으로 이르는 말.

봄 백양 가을 내장
봄에는 백양산 비자나무 숲의 신록이, 가을에는 내장산의 단풍이 절경이라는 말.

봄볕에 그을리면 보던 임도 몰라본다
봄볕에 쬐이면 모르는 사이에 까맣게 그을림을 비유적으로 이르는 말.

봄 보지가 쇠 저를 녹이고 가을 좆이 쇠판을 뚫는다
봄에는 여자가, 가을에는 남자가 춘정(春情)이 높아짐을 비유적으로 이른 말.

봄비가 잦으면 마을 집 지어미 손이 크다
봄비가 자주 오면 풍년이 들 것으로 생각하기 때문에 부인들의 인심이 후해진다는 뜻으로, 아무 소용없고 도리어 해롭기만 함을 비유적으로 이르는 말.
[비] 봄비 잦은 것.

봄사돈은 꿈에도 보기 무섭다
대접하기 어려운 사돈을 춘궁기에 맞게 되는 것을 꺼려함을 비유적으로 이르는 말.

봄에 깐 병아리 가을에 와서 세어 본다
봄에 깐 병아리를 중병아리가 되는 가을에 가서야 그 수를 세어 본다는 뜻으로, 이해타산이 어수룩함을 비유적으로 이르는 말.

봄 조개 가을 낙지
봄에는 조개, 가을에는 낙지가 제철이라는 뜻으로, 제때를 만나야 제 구실을 하게 됨을 비유적으로 이르는 말.

봇짐 내어 주며 앉아라 한다
속으로는 가기를 원하면서 겉으로는 만류하는 체한다는 뜻으로, 속생각은 전혀 다르면서도 말로만 그럴듯하게 인사치레함을 비유적으로 이르는 말. [비] 봇짐을 내어 주면서 하룻밤 더 묵으라 한다.

봉당을 빌려 주니 안방까지 달란다
매우 염치없음을 비유적으로 이르는 말.

봉사 기름값 물어 주기
봉사는 기름불을 밝힐 필요가 없으므로 기름값을 물어 줄 까닭도 없다는 데서, 전혀 관계없는 일에 억울하게 배상하는 경우를 비유적으로 이르는 말. [비] 소경 기름값 내기.

봉사 기름값 물어 주나 중이 횟값 물어 주나 일반
기름불을 밝힐 필요가 없는 봉사가 기름값을 물어 주거나 고기를 먹지 아니하는 중이 횟값을 물어 주거나 마찬가지라는 뜻으로, 이해관계가 없는 지출임은 마찬가지임을 비유적으로 이르는 말.

봉사 눈 뜬 것 같다
어둡고 답답하다가 시원히 볼 수 있게 되거나 막혔던 일이 시원스럽게 해결되는 경우를 비유적으로 이르는 말.

봉사 단청 구경

1. 눈먼 봉사가 단청을 구경한다는 뜻으로, 사물의 참된 모습을 깨닫지 못함을 비유적으로 이르는 말. 2. 아무리 보아도 그 진미(眞美)를 알아볼 능력이 없는 경우를 비유적으로 이르는 말. [비] 소경 관등(觀燈) 가듯. 소경 단청 구경. 봉사 굿 보기. 봉사 등불 쳐다보듯. 봉사 씨름굿 보기. 장님 등불 쳐다보듯. 장님 은빛 보기다[보듯].

봉사 마누라는 하늘이 점지한다
사람의 결연은 우연히 되는 것이 아님을 비유적으로 이르는 말.

봉사 문고리 잡기
1. 눈먼 봉사가 요행히 문고리를 잡은 것과 같다는 뜻으로, 그럴 능력이 없는 사람이 어쩌다가 요행수로 어떤 일을 이룬 경우를 비유적으로 이르는 말. 2. 가까이 두고도 찾지 못하고 헤맴을 이르는 말. [비] 소경 문고리 잡듯[잡은 격]. 장님 문고리 잡기.

봉사 씻나락 까먹듯
남이 알아듣지도 못할 잔소리나 군소리를 늘어놓는 경우를 비유적으로 이르는 말.

봉사 앞정강이
무례하고 건방진 것을 비유적으로 이르는 말.

봉사 제 점 못한다
남의 점을 쳐 주는 봉사가 자기의 앞일에 대해서는 점을 못 친다는 뜻으로, 남을 위해서는 할 수 있는 일도 자기가 직접 당하였을 때는 스스로 처리하지 못하는 경우를 비유적으로 이르는 말.

봉산 수숫대 같다
황해도 봉산에서 나는 수숫대는 유달리 키가 큰 데서, 키가 멀쑥하게 큰 사람을 비유적으로 이르는 말.

봉의 알
얻기 어려운 진귀하고 소중한 물건을 비유적으로 이르는 말.

봉이 나매 황이 난다
가장 좋은 짝이 생겨났음을 비유적으로 이르는 말.

봉천답이 소나기를 싫다 하랴

빗물에 의하여서만 농사를 짓는 봉천답이 소나기를 싫다고 할 리 없다는 뜻으로, 틀림없이 좋아할 것임을 비유적으로 이르는 말.

봉충다리의 울력걸음
한 다리가 짧은 사람도 여럿이 함께 기세 좋게 걷는 데 끼면 절뚝거리면서라도 따라갈 수 있다는 뜻으로, 조금 모자라는 사람도 여럿이 어울려서 하는 일에는 한몫 낄 수 있음을 비유적으로 이르는 말.

봉치에 포도군사
신랑 집에서 신부 집에 구혼하는 경사스러운 일에 포도군사가 나타남은 당치 아니하다는 뜻으로, 연회나 기타의 장소에 전연 관계없는 사람이 끼어드는 경우를 비유적으로 이르는 말. [비] 사돈(의) 잔치에 중이 참여한다.

봉홧불 받듯
봉화대에서 봉화 연락을 받는 대로 지체 없이 봉홧불을 올리듯이 무엇을 연속으로 주고받는 상태를 비유적으로 이르는 말.

봉홧불에 산적 굽기
봉홧불에 산적을 굽고 있다는 뜻으로, 일을 무성의하게 닥치는 대로 하여 좋은 성과를 거두지 못하는 경우를 비유적으로 이르는 말. [비] 봉홧불에 김을 구워 먹는다. 봉홧불에 떡 구워 먹기.

봉황에 닭을 비교한다
잘난 사람에다 못난 사람을 비교함을 비유적으로 이르는 말.

부과 삼 년에 말라 죽는다
애를 태우고 고생하며 오래 지내기가 어려움을 비유적으로 이르는 말.

부등가리 안 옆 죄듯[조이듯]
무슨 일을 저질러 놓고 마음이 놓이지 아니하여 안절부절못하는 모양을 비유적으로 이르는 말.

부뚜막 땜질 못하는 며느리 이마의 털만 뽑는다
부뚜막에 땜질 하나 제대로 못하여 너절하게 하고 사는 며느리가 그래도 모양을 내겠다고 이마의 털만 뽑고 있다는 뜻으로, 일을 할 줄 모르는 주제에 멋만 부리는 밉살스러운 행동을 비꼬는 말. [비] 동정 못 다는 며느리 맹물 발라 머리 빗는다.

부뚜막의 소금도 집어넣어야 짜다

가까운 부뚜막에 있는 소금도 넣지 아니하면 음식이 짠맛이 날 수 없다는 뜻으로, 아무리 좋은 조건이 마련되었거나 손쉬운 일이라도 힘을 들이어 이용하거나 하지 아니하면 안 됨을 비유적으로 이르는 말.

부러진 칼자루에 옻칠하기

부러져서 쓸모없이 된 칼자루에 옻칠을 한다는 뜻으로, 쓸데없는 일에 노력을 하는 경우를 비유적으로 이르는 말.

부레풀로 일월을 붙인다

부레풀을 가지고 해와 달을 붙인다는 뜻으로, 못난 소리를 하는 사람을 놀림조로 이르는 말.

부른 배 고픈 건 더 답답하다

1. 아이를 밴 여자는 남 보기에 배부른 것 같으므로 실지 배가 고파도 아무도 그 사정을 몰라주어 답답하다는 뜻으로, 속사정을 몰라주어 매우 답답한 경우를 비유적으로 이르는 말. 2. 임신 중에는 배고픈 것을 견디지 못함을 비유적으로 이르는 말.

부름이 크면 대답도 크다

큰 소리로 부르면 자연히 대답도 큰 소리로 하게 된다는 뜻으로, 서로 상응함을 이르는 말.

부모가 반팔자

어떤 부모에게서 태어나느냐 하는 것이 사람의 운명을 결정하는 중요한 요소임을 비유적으로 이르는 말.

부모가 자식을 겉 낳았지 속 낳았나

부모는 자식의 육체를 낳은 것이지 그의 사상이나 속마음을 낳은 것은 아니라는 뜻으로, 자기의 자식이라도 그 속에 품은 생각은 알 수 없음을 비유적으로 이르는 말. [비] 자식 겉 낳지 속은 못 낳는다.

부모가 착해야 효자(가) 난다

1. 부모가 착하여야 자식도 부모를 따라 착한 사람이 된다는 뜻으로, 윗사람이 잘하여야 아랫사람도 잘함을 비유적으로 이르는 말. 2. 부모 성행(性行)이 좋아야 자식도 착하다는 말. [비] 부모가 온효자 되어야 자식이 반효자.

부모는 자식이 한 자만 하면 두 자로 보이고 두 자만 하면 석 자로 보인다

부모는 자기 자식이 한 자만큼 자라면 두 자로 커 보이고 두 자만큼 자라면 석 자로 커 보인다는 뜻으로, 부모 된 사람은 제 자식이 좋게만 보임을 비유적으로 이르는 말.

부모 말을 들으면 자다가도 떡이 생긴다
부모의 말을 잘 듣고 순종하면 좋은 일이 생긴다는 말.

부모 속에는 부처가 들어 있고 자식 속에는 앙칼이 들어 있다
부모는 누구나 다 제 자식을 한없이 사랑하지만 자식들 가운데는 부모의 은덕을 저버리는 경우가 없지 아니함을 비유적으로 이르는 말.

부부 싸움은 개도 안 말린다
부부 싸움은 섣불리 제삼자가 개입할 일이 아니라는 말.

부부 싸움은 칼로 물 베기
부부는 싸움을 하여도 화합하기 쉬움을 비유적으로 이르는 말. [비] 내외간 싸움은 개싸움. 내외간 싸움은 칼로 물 베기라. 양주 싸움은 칼로 물 베기.

부서진 갓모자가 되었다
사람이 남에게 꾸지람을 듣고 무안을 당하였음을 비유적으로 이르는 말.

부시통에 연풍대 하겠다
좁은 부시통 안에서 연풍대라는 동작이 큰 칼춤도 추겠다는 뜻으로, 사람됨이 옹졸하여 일을 하면서 앞일을 헤아리지 못하는 경우를 놀림조로 이르는 말.

부아 돋는 날 의붓아비 온다
1. 가뜩이나 화가 나서 참지 못하고 있는데 미운 사람이 찾아와 더욱 화를 돋우는 경우를 비유적으로 이르는 말. 2. 한창 곤란한 일을 겪고 있을 때 반갑지 아니한 일이 겹쳐 찾아옴을 비유적으로 이른 말. [비] 골난 날 의붓아비 온다.

부엉이 곳간
부엉이는 둥지에 먹을 것을 많이 모아 두는 버릇이 있다는 데서, 없는 것이 없이 무엇이나 다 갖추어져 있는 경우를 비유적으로 이르는 말.

부엉이 셈 치기
부엉이가 수를 셀 때 반드시 짝으로 하므로 하나가 없어지는 것은 알아도 짝으로 없어지는 것은 모른다는 데서 나온 말로, 세상에 몹시 어두운 사람의 셈을 비유적으로 이르는 말.

부엉이 소리도 제가 듣기에는 좋다고

세상에 듣기 싫은 부엉이 소리조차도 부엉이가 들으면 듣기에 좋다는 뜻으로, 자기의 약점을 모르고 제가 하는 일은 다 좋은 것으로만 생각하는 경우를 비유적으로 이르는 말.

부엉이 집을 얻었다

부엉이는 닥치는 대로 제집에 갖다 두어서 거기에는 없는 것이 없다는 데서 나온 말로, 횡재를 했음을 비유적으로 이르는 말.

부엌에서 숟가락을 얻었다

대단치 아니한 일을 하여 놓고 성공이나 한 듯이 자랑함을 비유적으로 이르는 말. [비] 살강 밑에서 숟가락 얻었다[주웠다].

부자가 더 무섭다

부자가 더 인색하게 굶을 비유적으로 이르는 말.

부자는 많은 사람의 밥상

부자는 여러 사람에게 많건 적건 덕을 끼치게 됨을 비유적으로 이르는 말.

부자는 망해도 삼 년 먹을 것이 있다

본래 부자이던 사람은 망했다 하더라도 얼마 동안은 그럭저럭 살아 나갈 수 있음을 비유적으로 이르는 말. [비] 부잣집이 망해도 삼 년을 간다. 큰 집이 기울어도 삼 년 간다.

부자 몸조심

유리한 처지에서는 모험을 피하고 되도록 안전을 꾀함을 비유적으로 이른 말.

부자 하나면 세 동네가 망한다

세 동네가 망하여야 그 돈이 모여 부자 하나가 난다는 뜻으로, 무슨 큰일을 하나 이루려면 많은 희생이 있게 됨을 비유적으로 이르는 말.

부잣집 가운데 자식 (같다)

부잣집 둘째 아들이 흔히 무위도식하며 방탕하다는 데서, 일은 하지 아니하고 놀고먹는 사람을 비유적으로 이르는 말.

부잣집 떡개는 작다

부자일수록 더 인색함을 이르는 말.

부잣집 맏며느릿감이다[맏며느리 같다]

1. 얼굴이 복스럽고 듬직하게 생긴 여자를 비유적으로 이르는 말. 2. 의젓하기는 하나 마음이 교만한 여자를 비유적으로 이르는 말.

부잣집 업 나가듯 한다
부잣집을 지키는 업이 나간다는 뜻으로, 까닭 없이 갑자기 집안이 망해 감을 비유적으로 이르는 말.

부잣집 외상보다 비렁뱅이 맞돈이 좋다
장사에는 아무리 튼튼한 자리나 신용이 있더라도 외상보다는 맞돈이 더 좋음을 비유적으로 이르는 말.

부잣집 자식 공물방(貢物房) 출입하듯
부잣집 자식이 남의 공물값 받는 데 따라다니면서 행여나 공돈이나 공술이라도 얻어 볼까 하여 공물방에 드나든다는 뜻으로, 자기가 맡은 일을 남의 일 하듯이 건성건성 성의 없이 함을 비유적으로 이르는 말.

부전조개 이 맞듯
부전조개의 두 짝이 빈틈없이 들어맞는 것과 같다는 뜻으로, 사물이 서로 꼭 들어맞거나 의가 좋은 모양을 비유적으로 이르는 말. [비] 조개부전 이 맞듯.

부절을 맞춘 듯하다
꼭 들어맞는 경우를 비유적으로 이르는 말.

부조는 않더라도 제상이나 치지 말라
도와주지 못할망정 방해는 하지 말라는 것을 비유적으로 이르는 말. [비] 부조도 말고 제상 다리도 치지 말라.

부조 안 한 나그네 제상 친다
도와주지도 아니하는 사람이 오히려 방해를 놓아서 일을 그르치게 만드는 경우를 비유적으로 이르는 말.

부지깽이가 곤두선다
부지깽이도 누워 있을 틈이 없이 곤두서서 돌아다닌다는 뜻으로, 어떤 일이 몹시 바쁜 경우를 비유적으로 이르는 말.

부지런한 물방아는 얼 새도 없다
물방아는 쉬지 아니하고 돌기 때문에 추워도 얼지 아니한다는 뜻으로, 무슨 일이든 쉬지 아니하고 부지런히 하여야 실수가 없고 순조롭게 이루어짐을 비유적으로 이르는 말.

부지런한 벌은 슬퍼하지 않는다
일에 충실한 사람은 비관하거나 불평하지 아니함을 비유적으로 이르는 말.

부지런한 부자는 하늘도 못 막는다
부지런하면 반드시 부자가 됨을 비유적으로 이르는 말.

부지런한 이는 앓을 틈도 없다
일에 열중하면 좀처럼 시간의 여유가 없음을 비유적으로 이르는 말.

부처님 가운데[허리] 토막
자비로운 부처의 가운데 부분과 같이 음흉하거나 요사스러운 마음이 전혀 없다는 뜻으로, 마음이 지나치게 어질고 순한 사람을 이르는 말.

부처님 공양 말고 배고픈 사람 밥을 먹여라
부처에게 재물을 바쳐 가며 보람도 없는 공양을 할 것이 아니라 그 재물을 가지고 굶주린 사람들을 조금이라도 도와서 밥을 먹이는 것이 참된 길이라는 뜻으로, 남에게 어진 일을 하여 덕을 쌓으면 복이 저절로 옴을 이르는 말.

부처님 궐(闕)이 나면 대(代)를 서겠네
부처의 자리가 비면 대신 부처가 되겠다는 뜻으로, 겉으로는 자비로운 체하나 속은 음흉하고 탐욕스러운 경우를 이르는 말.

부처님더러 생선 방어 토막을 도둑질하여 먹었다 한다
생선을 먹지도 아니한 부처더러 생선 토막을 도둑질하여 먹었다고 한다는 뜻으로, 자기의 무죄를 내세우는 말.

부처님 살찌고 파리하기는 석수(石手)에게 달렸다
부처님이 살찌고 파리한 차이는 그것을 만드는 석수에게 달렸다는 뜻으로, 일의 진행과 성과 여부는 그것을 하는 사람에게 달렸음을 이르는 말.

부처님한테 설법
다 잘 알고 잘못도 없는 이에게 주제넘게 가르치려 드는 어리석은 행동을 비유적으로 이르는 말.

부처를 건드리면 삼거웃이 드러난다
1. 점잖은 사람도 내면을 들추면 추저분한 점이 있다는 뜻으로, 외양은 훌륭하나 그 이면을 들추면 지저분하고 더럽지 아니한 것이 없음을 이르는 말. 2.

남의 허물을 들추면 자기의 허물도 반드시 드러나게 됨을 비유적으로 이르는 말. [비] 부처 밑을 기울이면 삼거웃이 드러난다.

부처를 위해 불공하나 제 몸을 위해 불공하지
남을 위하여 하는 것 같지만, 결국은 자기를 위하여 하는 것임을 비유적으로 이르는 말.

북과 아이는 칠수록 소리가 커진다
우는 아이를 때리면 더 크게 운다는 뜻으로, 잘 달래야 함을 비유적으로 이르는 말.

북단 거둥에 보군진 몰리듯
임금이 북단에 거둥할 때에 지형이 협소하여 보군(步軍)이 급히 달려갔다는 뜻으로, 무슨 일에 급히 덤비고 법석거림을 비유적으로 이르는 말.

북두칠성이 앵돌아졌다
북두칠성이 제자리를 떠나서 획 돌아갔다는 뜻으로, 일이 그릇되거나 틀어지어 낭패가 되었음을 비유적으로 이르는 말.

북어 값 받으려고 왔나
함경도에서 북어를 싣고 와서 상인에게 넘겨준 사람이 그 대금을 다 받을 때까지 남의 집에서 하릴없이 낮잠만 잤다는 데서, 남의 집에서 낮잠이나 자고 있는 행동을 비꼬는 말.

북어 뜯고 손가락 빤다
1. 말린 명태나 뜯고 그래도 물고기 만진 손이라고 하며 손가락을 빤다는 뜻으로, 크게 이득도 없는 일을 하고서 아쉬워하는 경우를 비유적으로 이르는 말. 2. 거짓으로 꾸미거나 과장되게 행동하는 경우를 비꼬는 말.

북어 한 마리 주고 제상 엎는다
1. 하찮은 북어 한 마리 부조하고 정성 들여 차린 제상을 엎는다는 뜻으로, 보잘것없는 것을 주고는 큰 손해를 입히는 경우를 비유적으로 이르는 말. 2. 보잘것없는 것을 주고는 대단한 것이나 준 것처럼 큰소리치는 일을 비유적으로 이르는 말.

북은 칠수록 맛이 난다
무슨 일이나 하면 할수록 신이 나고 잘된다는 것을 비유적으로 이르는 말.

북은 칠수록 소리가 난다

북은 힘을 주어 세게 치면 칠수록 요란한 소리가 난다는 뜻으로, 다투면 다툴수록 그만큼 손해만 커짐을 비유적으로 이르는 말.

분다 분다 하니까 하루아침에 왕겨 석 섬을 분다

잘 분다 잘 분다 하니까 쓸데없이 하루아침에 왕겨 석 섬을 다 불어서 날려 보냈다는 뜻으로, 잘한다 잘한다 하니까 우쭐해서 턱없는 정도에까지 이르게 됨을 비유적으로 이르는 말.

분에 심어 놓으면 못된 풀도 화초라 한다

분에 심어 놓으면 보잘것없는 풀조차도 다 화초로 대한다는 뜻으로, 못난 사람도 지위만 얻으면 잘난 듯이 보임을 비유적으로 이르는 말.

불 가져오라는데 물 가져온다

시키는 일과 전혀 딴 일을 함을 비유적으로 이르는 말.

불고 쓴 듯하다

깨끗하게 아무것도 남은 것이 없는 경우를 비유적으로 이르는 말.

불난 강변에 덴 소 날뛰듯

불이 난 강변에 불에 덴 소가 이리 뛰고 저리 뛰며 날뛰듯 한다는 뜻으로, 위급한 경우를 당하여 황망하게 날뛰는 사람이나 모양을 비유적으로 이르는 말.

불난 끝은 있어도 물 난 끝은 없다

불이 나면 타다 남은 물건이라도 있으나 수재(水災)를 당하여 물에 씻겨 내려가 버리면 아무것도 남지 않음을 비유적으로 이르는 말. [비] 물 난 뒤끝은 없어도 불탄 끝은 있다.

불난 데서 불이야 한다

1. 잘못을 저지른 사람이 그것을 가리기 위하여 남보다 먼저 떠들어 대는 경우를 비유적으로 이르는 말. 2. 자기의 나쁜 일을 자기가 알리는 경우를 비유적으로 이르는 말.

불난 데 풀무질한다

남의 재앙을 점점 더 커지도록 만들거나 성난 사람을 더욱 성나게 함을 비유적으로 이르는 말. [비] 끓는 국에 국자 휘젓는다. 불난 집에 부채질한다. 불난 집에 키 들고 간다. 불붙는 데 키질하기. 타는 불에 부채질한다.

불난 집 며느리 싸대듯
불이 난 집 주인의 며느리가 불을 끄지 못하여 안타까워하며 정신없이 돌아다닌다는 뜻으로, 어쩔 줄을 모르고 왔다 갔다 하는 모양을 비유적으로 이른 말.

불로초를 먹었나
보통 이상으로 장수하는 사람에게 하는 말.

불면 꺼질까 쥐면 터질까
어린 자녀를 애지중지하여 기르는 부모의 사랑을 비유적으로 이르는 말. [비] 쥐면 꺼질까 불면 날까.

불면 날아갈 듯 쥐면 꺼질 듯
몸이 마르고 매우 허약한 사람을 비유적으로 이르는 말.

불알 두 쪽밖에는 없다
가진 것이 아무것도 없는 빈털터리임을 비유적으로 이르는 말. [비] 불알 두 쪽만 대그락대그락한다.

불알 밑이 근질근질하다
좀이 쑤셔 가만히 앉아 있지 못함을 비유적으로 이르는 말.

불알을 긁어 주다
남의 비위를 살살 맞추어 가며 아첨하는 모양을 비유적으로 이르는 말.

불알 차인 중놈 달아나듯
불알을 차이면 몹시 고통스럽다는 데서, 어디가 아픈지도 모르고 덮어놓고 고통스러워 날뛰는 모양을 비유적으로 이르는 말. [비] 불 차인 중놈 달아나듯.

불 없는[꺼진] 화로 딸 없는[죽은] 사위
직접적인 인연이나 관계가 끊어져 쓸데없거나 긴요하지 않게 된 것을 비유적으로 이르는 말. [비] 딸 없는 사위. 딸 죽은 사위 불 꺼진 화로.

불에 든 나비와 솥에 든 고기
이미 그 운명이 결정되어 당장 죽게 된 처지를 비유적으로 이르는 말.

불장난에 오줌 싼다
불은 인정사정이 없으니 불장난을 하지 말 것을 비유적으로 이르는 말.

불탄 강아지 앓는 소리

불에 타서 죽어 가는 강아지의 울음소리라는 뜻으로, 기력이 다하여 소리도 제대로 못 내고 앓는 소리를 비유적으로 이르는 말.

불탄 개 가죽 같다
일마다 이루어지지 아니하거나 발전이 없고 점점 오그라들기만 하는 경우를 비유적으로 이르는 말. [비] 북어 껍질 오그라들 듯. 불탄 쇠가죽 오그라들 듯. 불탄 조기 껍질 같다.

불한당 치른 놈의 집구석 같다
집 안이 몹시 어수선함을 비유적으로 이르는 말.

붉고 쓴 장
빛이 좋아서 맛있을 듯한 간장이 쓰다는 뜻으로, 겉모양은 그럴듯하게 좋으나 실속은 흉악하여 안팎이 서로 다름을 비유적으로 이르는 말.

붕어 밥알 받아먹듯
주거나 생기는 족족 다 써 버리는 경우를 비유적으로 이르는 말.

비는 놈한테 져야 한다
자기의 잘못을 뉘우치고 사과하는 사람은 용서하여야 함을 비유적으로 이르는 말.

비는 데는 무쇠도 녹는다
자기의 잘못을 잘 변명하고 사과하면 아무리 완고한 사람이라도 용서함을 비유적으로 이르는 말.

비는 장수 목 벨 수 없다
잘못을 뉘우치고 사과하면 용서하게 됨을 비유적으로 이르는 말.

비단 대단 곱다 해도 말같이 고운 것 없다
말이라는 것은 사람의 마음씨에 따라서 얼마든지 남의 마음을 움직이게 하는 가장 효과적인 수단임을 비유적으로 이르는 말.

비단보에 개똥[똥 (싼다)]
겉모양은 그럴듯하게 번드르르하나 내용은 흉하거나 추잡함을 비유적으로 이르는 말. [비] 비단 보자기에 개똥. 청보에 개똥.

비단에 수결(手決)이라
광채가 있고 모양도 좋음을 비유적으로 이르는 말.

비단옷 속에 눈물이 괸다

겉으로 잘사는 것 같지만 이면에 눈물겨운 괴로움이 있음을 이르는 말.

비단옷 입고 밤길 가기

비단옷을 입고 밤길을 걸으면 아무도 알아주지 않는다는 뜻으로, 생색이 나지 않는 공연한 일에 애쓰고도 보람이 없는 경우를 비유적으로 이르는 말.

비단이 한 끼라

1. 호화롭게 살다가도 구차하게 되면 아무리 귀중한 것도 밥 한 끼와 바꾸게 됨을 비유적으로 이르는 말. 2. 한번 몰락하기 시작하면 걷잡을 수 없음을 비유적으로 이르는 말. [비] 굶으면 아낄 것 없어 통 비단도 한 끼라.

비단 한 필을 하루에 짜려 말고 한 식구를 줄여라

수입을 늘리려고 무리하게 일하는 것보다 꼭 필요한 사람 외에는 두지 않는 것이 오히려 낫다는 뜻으로, 지출을 줄이는 것이 경제적으로 더 현명한 것임을 비유적으로 이르는 말. [비] 열 식구 벌지[벌려] 말고 한 입 덜라.

비둘기는 몸은 밖에 있어도 마음은 콩밭에 가 있다

먹을 것에만 정신이 팔려 온전히 다른 볼일을 보지 못함을 비유적으로 이르는 말. [비] 비둘기는 콩밭에만 마음이 있다.

비렁뱅이가 하늘을 불쌍히 여긴다

빌어먹는 형편에 하늘을 보고 처지가 가련하다고 한다는 뜻으로, 주제넘게 동정을 하거나 엉뚱한 일을 걱정하는 경우를 비유적으로 이르는 말. [비] 거지가 하늘을 불쌍히 여긴다.

비렁뱅이 자루 찢기

서로 동정하여야 할 사람들끼리 오히려 아옹다옹 다투는 경우를 비유적으로 이르는 말. [비] 거지끼리 자루 찢는다.

비루 오른 강아지 범 복장거리 시킨다

못난 사람이 때로 유능한 사람에게 의외의 타격을 줌을 비유적으로 이른 말.

비를 드니까 마당을 쓸라 한다

스스로 일을 하려고 하는데 그 일을 시킨다는 뜻으로, 일을 하려고 하는 사람에게 쓸데없는 간섭을 해서 기분을 망쳐 놓는 경우를 비유적으로 이르는 말.

비 맞은 용대기 같다

1. 장대하고 화사한 용이 그려진 깃발이, 비를 맞아 처져 늘어진 모양을 하고 있는 것과 같다는 뜻으로, 무엇이 추레하게 처져 늘어진 모양을 비유적으로 이르는 말. 2. 득의양양하던 사람이 맥없이 풀이 죽은 모양을 비유적으로 이르는 말. [비] 비 맞은 장닭 같다

비 맞은 중 담 모퉁이 돌아가는 소리
남이 알아듣지 못할 정도로 낮은 소리로 불평 섞인 말을 중얼거림을 비유적으로 이르는 말. [비] 비 맞은 중놈 중얼거리듯.

비상 국으로 안다
한사코 기피함을 비유적으로 이르는 말.

비싼 놈의 떡은 안 사 먹으면 그만이다
제가 하기 싫으면 하지 아니하면 그만임을 비유적으로 이르는 말.

비싼 밥 먹고 헐한 걱정 한다
쓸데없는 걱정을 함을 이르는 말.

비 오거든 산소모종을 내어라
못난 짓을 많이 하는 사람에게, 부모의 산소를 비 오는 날 모종하듯 다른 곳으로 옮겨 앞으로는 조상의 산소를 잘못 써서 못난 자식이 나는 일이 없도록 하라고 핀잔하는 말. [비] 비가 오면 모종하듯 조상의 무덤을 이장해라.

비 오기 전에 집이다
비 오기 전에 집에 와 있다는 뜻으로, 미리 마련하거나 갖추었음을 비유적으로 이르는 말.

비 오는 것은 밥 짓는 부엌에서 먼저 안다
비가 오려고 기압이 낮아지면 아궁이에 불이 잘 안 붙으므로 부엌의 아낙네들이 비 오는 것을 먼저 알게 된다는 말.

비 오는 날 나막신 찾듯
몹시 아쉬워서 찾는 모양을 비유적으로 이르는 말.

비 오는 날 소꼬리 같다
몹시 귀찮게 구는 것을 비유적으로 이르는 말.

비 오는 날 장독 덮었다 (한다)
비 오는 날 먼저 해야 할 일 중에 하나는 장독을 덮는 일인데 그것을 했다고

자랑한다는 뜻으로, 당연히 할 일을 하고 유세하는 경우를 비꼬는 말.

비 오는 날 장독 열기
당치 않은 짓을 함을 비유적으로 이르는 말.

비 온 뒤에 땅이 굳어진다
비에 젖어 질척거리던 흙도 마르면서 단단하게 굳어진다는 뜻으로, 어떤 시련을 겪은 뒤에 더 강해짐을 비유적으로 이르는 말.

비웃 두름 엮듯
한 줄에 잇대어 달아서 묶은 모양을 비유적으로 이르는 말.

비위가 노래기 회 쳐 먹겠다
고약한 노린내가 나는 노래기의 회를 쳐 먹는다는 뜻으로, 아주 비위가 좋음을 비유적으로 이르는 말.

비위가 떡판[떡함지]에 가 넘어지겠다
떡판에 넘어진 것같이 꾸며서 떡을 먹으려 한다는 뜻으로, 몹시 비위가 좋고 뻔뻔스러움을 비유적으로 이르는 말.

비지 먹은 배는 연약과도 싫다 한다
비지와 같은 하찮은 음식이라도 배불리 먹은 뒤에는 연약과와 같이 맛있고 먹기 좋은 음식이라도 먹을 생각이 나지 아니한다는 뜻으로, 하잘것없는 음식을 먹었더라도 배만 부르면 아무리 좋은 것도 더 먹을 수 없음을 비유적으로 이르는 말.

비짓국 먹고 용트림한다
아주 거친 음식을 먹고도 잘 먹은 체하느라고 거드름을 부린다는 뜻으로, 실속은 없으면서 겉모양만 그럴듯하게 꾸미는 행동을 비유적으로 이르는 말.
[비] 진잎죽 먹고 잣죽 트림 한다.

비 틈으로 빠져나가겠다
행동이나 동작이 매우 민첩함을 비유적으로 이르는 말.

비파 소리가 나도록 갈팡질팡한다
바짓가랑이에서 비파 소리가 나도록 급하게 오고 가고 한다는 뜻으로, 어떤 일을 당하여 어찌할 바를 모르고 쩔쩔매는 모양을 비유적으로 이르는 말.

빈낚시에 고기가 물릴 수 없다

힘을 안 들인 일에는 성과가 있을 수 없음을 비유적으로 이르는 말.

빈대도 낯짝[콧등]이 있다
지나치게 염치가 없는 사람을 나무라는 말. [비] 족제비도 낯짝이 있다.

빈대 미워 집에 불 놓는다
손해를 크게 볼 것을 생각지 아니하고 자기에게 마땅치 아니한 것을 없애려고 그저 덤비기만 하는 경우를 비유적으로 이르는 말. [비] 빈대 잡으려고 초가삼간 태운다.

빈 수레가[달구지가] 요란하다
실속 없는 사람이 겉으로 더 떠들어 댐을 비유적으로 이르는 말. [비] 속이 빈 깡통이 소리만 요란하다.

빈 외양간에 소 들어간다
빈 외양간에 소를 들여다 매면 어떤 빈자리가 적절하게 채워지게 된다는 뜻으로, 일의 형편이나 외모가 좋아져 꼭 짜이게 잘 어울리게 됨을 비유적으로 이르는 말.

빈 절에 구렁이 모이듯[끓이듯]
먹을 것도 없는 빈 절에 쓸데없이 구렁이가 모여들어 와글거린다는 뜻으로, 언짢은 것들이 여기저기서 소리 없이 모여 우글거리는 모양을 비유적으로 이르는 말.

빈집에 소 매였다
없는 살림에 큰 횡재를 하였음을 비유적으로 이르는 말.

빈틈에 바람이 나다
사이가 뜨면 아무리 두터운 정이라도 멀어짐을 비유적으로 이르는 말.

빌려 온 고양이같이
여러 사람이 모여 떠드는 데서 사람들과 어울리지 아니한 채 혼자 덤덤히 있는 경우를 이르는 말.

빌려 온 말이 삼경이 되었다
말을 잠깐 타고 돌려주겠다고 했는데, 시간이 흘러 밤늦은 삼경(三更)이 되었다는 뜻으로, 잠깐 빌려 온 물건이 그럭저럭 오래되었음을 비유적으로 이르는 말.

빌어는 먹어도 다리아랫소리 하기는 싫다

아무리 궁핍하여도 비굴하게 남에게 아첨하거나 빌붙기는 싫음을 비유적으로 이르는 말. [비] 빌어먹어도 절하고 싶지 않다.

빌어먹는 놈이 콩밥을 마다할까

한창 궁하여 빌어먹는 판에 콩밥이라고 마다할 수 없다는 뜻으로, 자기가 아쉽거나 급히 필요한 일에는 좋고 나쁨을 가릴 겨를이 없음을 비유적으로 이르는 말. [비] 빌어먹는 놈이 이밥 조밥 가리랴. 얻어먹는 놈이 이밥 조밥 가리랴. 없는 놈이 찬밥 더운밥을 가리랴.

빌어먹던 놈이 천지개벽을 해도 남의 집 울타리 밑을 엿본다

오래된 버릇은 갑자기 벗어나지 못함을 비유적으로 이르는 말.

빗자루론 개도 안 때린다

빗자루로 사람을 때릴 때 말리면서 하는 말.

빚값에 계집 뺏기

빚을 물지 못하는 값으로 빚진 사람의 아내를 빼앗아 간다는 뜻으로, 인정 없고 심술궂으며 무도한 짓을 비유적으로 이르는 말. [비] 늙은 영감 덜미 잡기. 무죄한 놈 뺨 치기. 우는 아이 똥 먹이기.

빚 물어 달라는 자식은 낳지도 말랬다

자식을 낳아서 기르는 것만 하여도 큰일인데 그 위에 빚까지 물어 달라는 것은 큰 불효일 뿐 아니라 사람 노릇도 제대로 하지 못한 자라는 말을 비유적으로 이르는 말.

빚 보인하는[보증하는] 자식은 낳지도 말라

빚보증 서는 것은 지극히 위험한 일임을 비유적으로 이르는 말.

빚 얻어 굿하니 맏며느리 춤춘다

없는 형편에 빚까지 내서 굿을 하니 맏며느리가 분수없이 굿판에 뛰어들어 춤을 춘다는 뜻으로, 어렵게 된 일을 잘하려고 노력하여야 할 사람이 도리어 엉뚱한 행동을 한다는 말. [비] 논 팔아 굿하니 맏며느리 춤추더라.

빚은 값으로나 떡이라지

떡이 도무지 떡답지가 않고 빚어서 만들었다는 점만 떡 같다는 뜻으로, 제 기능을 잘 못하는 물건을 아쉬운 대로 써야 하는 경우를 이르는 말.

빚쟁이 발을 뻗고 잠을 못 잔다
남에게 빚을 진 사람은 발을 뻗고 편안하게 잠자지 못한다는 뜻으로, 남에게 빚을 진 사람은 늘 빚 갚을 일이 걱정되어 마음 편한 날이 없음을 비유적으로 이르는 말.

빚 주고 뺨 맞기
남을 위하여 빚을 주고는 도리어 인사는 고사하고 뺨을 얻어맞게 되었다는 뜻으로, 남을 위하여 노력하거나 후하게 대접하고는 오히려 봉변을 당하게 되는 경우를 비유적으로 이르는 말.

빚 준 상전이요 빚 쓴 종이라
빚진 사람은 빚 준 사람의 종이나 다름이 없다는 말.

빚진 죄인[종](이라)
빚진 사람은 빚 준 사람에게 죄인이나 종처럼 기를 펴지 못하고 구속받게 됨을 비유적으로 이르는 말.

빛은 검어도 속은 희다
겉은 어지러워도 속은 깨끗함을 이르는 말.

빛 좋은 개살구
겉보기에는 먹음직스러운 빛깔을 띠고 있지만 맛은 없는 개살구라는 뜻으로, 겉만 그럴듯하고 실속이 없는 경우를 비유적으로 이르는 말.

빠른 바람에 굳센 풀을 안다
드센 바람 속에 꿋꿋이 서 있는 굳센 풀을 알아낼 수 있다는 뜻으로, 마음의 굳은 의지와 절개는 시련을 겪고 나서 더 뚜렷하게 나타난다는 말.

빠진 괴머리
아무짝에도 쓸모없는 사람을 비유적으로 이르는 말.

빠진 도낏자루
언행이 횡포하고 무도하여 껄렁껄렁한 사람을 비유적으로 이르는 말.

빨간 상놈 푸른 양반
모든 것을 드러내 놓고 마구 사는 상놈과 서슬이 푸르게 점잔을 빼고 있는 양반을 대조하여 이르는 말.

빨다린 체 말고 진솔로 있거라

옷을 빨아 다렸더라도 마구 드러내지 말고 진솔로 그대로 가지고 있으라는 뜻으로, 언제나 본래 모습을 잃지 말고 순수함을 지키라는 것을 비유적으로 이르는 말.

빨래 이웃은 안 한다
빨래할 때 가까이 있으면 구정물이나 튀지 좋은 일은 없다는 말.

빨리 먹은 콩밥 똥 눌 때 보자 한다
꼭꼭 씹지 아니하고 급하게 삼켜 버린 콩은 삭지 아니한 채 그대로 나온다는 뜻으로, 무슨 일이든 급히 서두르면 탈이 생김을 비유적으로 이르는 말.

빨리 알기는 칠월 귀뚜라미라
음력 칠월만 되면 울기 시작하는 가을 귀뚜라미처럼 영리하고 눈치 빠름을 비유적으로 이르는 말.

빵따냄은 삼십 집
빵따냄의 위력이 삼십 집의 위력에 상당하다는 말.

뺑덕어멈 외상 빚 걸머지듯
빚을 잔뜩 걸머지고 헤어나지 못하는 모양을 비유적으로 이르는 말.

뺨(을) 맞을 놈이 여기 때려라 저기 때려라 한다
죄를 지어 마땅히 벌을 받아야 할 사람이 처분을 기다리지 아니하고 도리어 제 좋을 대로 요구함을 비웃는 말.

뺨 맞는 데 구레나룻이 한 부조
쓸모없어 보이던 구레나룻도 뺨을 맞을 경우에는 아픔을 덜어 준다는 뜻으로, 아무 소용없는 듯한 물건이 뜻밖에 도움을 주게 됨을 비유적으로 이르는 말.

뺨을 맞아도 은가락지 낀 손에 맞는 것이 좋다
이왕 꾸지람을 듣거나 벌을 받을 바에는 권위 있고 덕망 있는 사람에게 당하는 것이 나음을 비유적으로 이르는 말.

뺨 잘 때리기는 나막신 신은 깍정이라
뺨 잘 때리기로는 나막신 신은 깍정이를 따라잡을 사람이 없다는 뜻으로, 되지 못하고 비열한 자가 도리어 잘난 체하며 남을 몹시 학대한다는 말.

뻐꾸기도 유월이 한철이라
뻐꾸기도 음력 유월이 한창 활동할 시기라는 뜻으로, 누구나 한창 활동할 수 있는 시기는 얼마 되지 아니하니 그때를 놓치지 말라는 말. [비] 메뚜기도 유월이 한철이다.

뻔뻔하기가 양푼 밑구멍 같다
양푼의 밑이 편편하다는 데서, 뻔뻔스럽기 짝이 없고 아주 철면피함을 비유적으로 이르는 말.

뻗어 가는 칡도 한[끝]이 있다
무슨 일이든지 일정한 한도가 있음을 비유적으로 이르는 말.

뻗친 쇠발
이미 착수하여 버린 일임을 이르는 말.

뽕 내 맡은 누에 같다
뽕 내 맡은 누에가 정신없이 달려들 듯이 마음에 흡족하여 어쩔 줄 몰라 하는 모양을 비유적으로 이르는 말.

뽕도 따고 임도 보고[본다]
뽕 따러 나가니 누에 먹이를 장만할 뿐만 아니라 사랑하는 애인도 만나 정을 나눈다는 뜻으로, 두 가지 일을 동시에 이룸을 비유적으로 이르는 말. [비] 원(도) 보고 송사(도) 본다. 원님도 보고 환자(還子)도 탄다. 임도 보고 뽕도 딴다.

뿌리 깊은 나무 가뭄 안 탄다
땅속 깊이 뿌리 내린 나무는 가뭄에 타지 않아 말라 죽는 일이 없다는 뜻으로, 무엇이나 근원이 깊고 튼튼하면 어떤 시련도 견뎌 냄을 비유적으로 이른 말.

뿌리 없는 나무가 없다
1. 모든 나무가 다 뿌리가 있듯이 무엇이나 그 근본이 있음을 비유적으로 이르는 말. 2. 원인이 없이 결과만 있을 수 없음을 이르는 말.

뿔 떨어지면 구워 먹지
든든히 붙어 있는 뿔이 떨어지면 구워 먹겠다고 기다린다는 뜻으로, 도저히 불가능한 일을 바라고 기다림을 비웃는 말.

뿔 뺀 쇠 상이라
뿔을 빼 버린 소의 모양이라는 뜻으로, 지위는 있어도 세력을 잃은 처지를 이르는 말.

한국 속담에서 배우는

지식
지혜

속담풀이

사

사공이 많으면 배가 산으로 간다[올라간다]
여러 사람이 저마다 제 주장대로 배를 몰려고 하면 결국에는 배가 물로 못 가고 산으로 올라간다는 뜻으로, 주관하는 사람 없이 여러 사람이 자기주장만 내세우면 일이 제대로 되기 어려움을 비유적으로 이르는 말.

사귀어야 절교하지
서로 관계가 있어야 끊을 일도 있다는 뜻으로, 어떤 원인이 있어야 결과가 있음을 이르는 말.

사기 접시를 죽으로 엎칠 것 같다
한 죽이나 되는 많은 사기 접시를 단번에 엎어서 깰 것같이 야단이라는 뜻으로, 당장 어떤 큰일을 치를 듯이 들볶음을 비유적으로 이르는 말.

사나운 개도 먹여 주는 사람은 안다
아무리 사나운 개라도 저를 먹여 주는 사람만은 알아서 꼬리 치며 반갑게 대한다는 뜻으로, 자기에게 은혜를 베풀어 주는 고마운 사람을 알아보지 못하는 것은 짐승만도 못함을 이르는 말.

사나운 개 콧등 아물 틈[날]이 없다
성질이 사나운 사람은 늘 싸움만 하여 상처가 미처 나을 사이가 없음을 비유적으로 이르는 말. [비] 사나운 개 입[콧등] 성할 날 없다.

사나운 말에는 특별한 길마 지운다
사나운 말은 여느 말과 다른 길마를 지워서 단단히 다룬다는 뜻으로, 사람도 성격이 거칠고 행실이 사나우면 그에 맞는 특별한 제재를 받게 됨을 이른 말.

사나운 암캐같이 앙앙하지 마라
부녀자가 떠들썩하게 지껄이고 다투는 것을 욕하는 말.

사나운 팔자는 불에도 타지 않는다
타고난 운명이 좋지 않은 것은 피하려야 피할 길이 없음을 비유적으로 이른 말.

사내가 바가지로 물을 마시면 수염이 안 난다
남자들이 부엌에 자주 드나들면 남자답게 되지 못한다는 말.

사내가 어디 가나 옹솥하고 계집은 있다
어떤 남자라도 밥할 만한 작은 밥솥과 같이 살 여자는 다 가지고 있다는 뜻으로, 못난 남자라도 밥벌이와 아내는 얻게 됨을 이르는 말.

사내가 우비하고 거짓말은 가지고 다녀야 한다

남자가 비 올 때 쓸 우비와 급할 때 둘러댈 거짓말을 갖추고 다녀야 한다는 뜻으로, 남자가 처세하려면 거짓말도 필요함을 이르는 말. [비] 사내자식 길 나설 때 갈모 하나 거짓말 하나는 가지고 나서야 한다.

사내는 도둑질 빼고 다 배워라

남자는 넓은 경험과 기술을 가져야 함을 이르는 말.

사내는 죽을 때 계집과 돈을 머리맡에 놓고 죽어라

남자가 늙어서는 아내와 돈이 있어야 된다는 말.

사내 등골(을) 빼먹는다

화류계 여성이 외도하는 남자의 재물을 훑어 먹음을 이르는 말.

사내 못난 것은 대가리만 크고, 계집 못난 것은 젖통만 크다

머리통이 큰 남자, 가슴이 큰 여자를 비꼬는 말.

사내 못난 것은 북문에 가 호강받는다

조선 후기에, 아무리 못난 사내라도 서울의 북쪽에 있는 숙정문(肅靖門)에만 가면 많은 부녀자로부터 추파를 받고 환대를 받았음을 이르는 말.

사내 못난 것은 사랑에 가서 먹이나 갈아 주고 계집 못난 것은 젖통만 크다

사내 못난 것은 남의 집 사랑방에 가서 선비들 글 쓰는 곁에 앉아 벼루에 먹 갈아 주는 시중이나 하고 계집 못난 것은 일할 줄은 모르면서 젖가슴만 크다는 뜻으로, 남자나 여자나 똑똑하지 못할 때는 몸차림도 단정하지 못하고 하는 짓도 못난 짓만 골라 함을 비웃는 말.

사내 상처 세 번 하면 대감 한 것만 하다

세 번이나 장가를 들게 되는 것은 대감 한 것만큼이나 대단한 호강임을 이르는 말.

사내아이가 열다섯이면 호패를 찬다

남자의 나이 열다섯이 되면 어른으로 취급하는데, 이미 열다섯이니 제 한몫을 할 때가 되었음을 강조하여 이르는 말.

사냥 가는 데 총을 안 가지고 가는 것 같다

무슨 일을 하러 가면서 거기에 가장 긴요한 물건을 빠뜨리고 감을 비유적으로 이르는 말. [비] 사냥 가는 데 총 놓고 간다.

사당 당직은 타도 빈대 당직 타서 시원하다

사당의 당직은 불타 버렸지만 그와 함께 빈대까지 탔으니 시원하다는 뜻으로, 제게 손해가 되더라도 시끄럽고 귀찮던 것이 없어져 시원함을 이르는 말.

사당치레하다가 신주 개 물려 보낸다

사당 겉치레만 하며 돌아다니다가 사당에 두는 신주를 개한테 물려 보냈다는 뜻으로, 겉치레만 지나치게 하다가 그만 중요한 것을 잃어버림을 이르는 말. [비] 치장 차리다가 신주 개 물려 보낸다.

사돈 남 나무란다

자기도 같은 잘못을 했으면서 제 잘못은 제쳐 두고 남의 잘못만 나무란다는 말.

사돈네 논 산대

사돈네가 논을 사거나 말거나 신경 쓰며 관계할 것이 못 된다는 데서, 아무런 관계도 없는 일에 나서서 참견함을 핀잔하는 말.

사돈네 안방 같다

사돈네 안방처럼 감히 넘겨다보지 못할 만큼 어렵고 조심스러운 곳을 비유적으로 이르는 말. [비] 만만찮기는 사돈집 안방.

사돈도 이럴 사돈 저럴 사돈 있다

같은 경우라도 사람에 따라 달리 대하여야 함을 비유적으로 이르는 말. [비] 사돈도 이럴 사돈 다르고 저럴 사돈 다르다.

사돈 밤 바래기

사돈은 어려운 손님이므로 밤이 늦었다 하여 바래다주면 이번에는 저편에서 또 바래다주고 하다가 날이 밝는다는 뜻으로, 자꾸 반복하여 끝이 없음을 이르는 말.

사돈 영감 제상 바라보듯

직접적인 관계가 없는 사돈 영감의 제상을 덤덤히 바라보고 있듯 한다는 뜻으로, 별 관심 없이 멍청히 바라봄을 이르는 말.

사돈은 부처님 팔촌만도 못하다

사돈 간은 워낙 어려운 사이여서 먼 이웃만도 못하다는 말.

사돈을 하려면 근본을 봐라

사돈을 정하려거든 우선 상대편의 가문이 어떤가를 보고서 하라는 말.

사돈이 말하는데 싸라기 엎지른 것까지 들춘다

싸라기 몇 알 엎지른 대수롭지 않은 실수를 사돈 앞에서 들추어내어 남의 망신을 시킨다는 뜻으로, 그래서는 안 될 사이에 남의 결함을 시시콜콜 다 들추어내서 말함을 비난하여 이르는 말.

사돈집과 뒷간은 멀수록 좋다

사돈집 사이에는 말이 나돌기 쉽고 뒷간은 고약한 냄새가 나므로 둘 다 멀리 있을수록 좋음을 이르는 말. [비] 뒷간과 사돈집은 멀어야 한다.

사돈집과 짐바리는 골라야 좋다

짐바리는 실어서 한쪽으로 기울지 아니하도록 고르게 쌓아야 하듯이, 사돈집도 여러 모로 따져서 한쪽이 기울지 아니하는 비등한 집을 골라야 자식들의 행복을 위하여서나 발전을 위하여 좋은 것임을 비유적으로 이르는 말.

사돈집 외 먹기도 각각

집집마다 가풍이 다름을 비유적으로 이르는 말.

사또 걸어 등영고(登營告)

사또를 걸어 감영에 올라가 고한다는 뜻으로, 어림없고 승산이 전혀 없는 짓을 함을 이르는 말.

사또님 말씀이야 다[늘] 옳습지

1. 아랫사람이 윗사람의 말을 빈정거리는 경우를 이르는 말. 2. 제 의견만 옳다고 우기는 사람에게 귀찮아져서 한 걸음 양보함을 이르는 말.

사또 덕분에 나팔 분다

사또와 동행한 덕분에 나팔 불고 요란히 맞아 주는 호화로운 대접을 받는다는 뜻으로, 남의 덕으로 당치도 아니한 행세를 하게 되거나 그런 대접을 받고 우쭐대는 모양을 비유적으로 이르는 말. [비] 원님 덕에 나팔[나발] 분다.

사또 덕에 비장(裨將)이[비장 나리] 호강한다

사또를 따라다니는 낮은 관원인 비장이 사또의 권세 덕분에 좋은 대우를 받는다는 뜻으로, 남에게 붙어서 덕을 봄을 이르는 말.

사또 떠난 뒤에 나팔 분다

사또 행차가 다 지나간 뒤에야 악대를 불러다 나팔을 불리고 북을 치게 한다는 뜻으로, 제때 안 하다가 뒤늦게 대책을 세우며 서두름을 핀잔하는 말. [비] 행차 뒤에 나팔.

사또 밥상에 간장 종지 같다

1. 간장 종지는 밥상의 한가운데 놓는다는 데서 변변치 아니한 것이 한가운데 중요한 자리를 차지하고 있음을 비유적으로 이르는 말. 2. 요직에 있음을 비유적으로 이르는 말. [비] 사또 상의 장[꿀] 종지.

사또 방석에 기름 종지 나앉는다

여럿이 모인 자리에 누군가가 불쑥 끼어들어 옴을 비유적으로 이르는 말.

사또 상 같다

사또의 밥상처럼 떡 벌어지게 잘 차린 음식상을 이르는 말.

사또 행차엔 비장이 죽어난다

사또가 길을 떠나게 되니 비장은 그 준비를 갖추느라 눈코 뜰 사이 없이 바쁘다는 뜻으로, 윗사람이나 남의 일 때문에 고된 일을 하게 됨을 이르는 말. [비] 감사가 행차하면 사또만 죽어난다.

사람과 그릇은 많을수록 좋다

사람의 노력이나 그릇은 많으면 많을수록 그만큼 쓸모가 있음을 이르는 말.

사람과 그릇은 있으면 쓰고 없으면 못 쓴다

사람과 그릇은 없으면 못 쓰지만 있기만 하면 있는 만큼 다 쓸모가 있음을 이르는 말.

사람과 산은 멀리서 보는 게 낫다

사람을 가까이 사귀면 멀리서 볼 때 안 보이던 결점이 다 드러나 실망하게 됨을 비유적으로 이르는 말.

사람과 쪽박[그릇]은 있는 대로 쓴다[쓰인다]

살림을 하노라면 쓸모없어 보이는 쪽박이나 그릇도 있는 대로 다 쓴다는 뜻으로, 사람도 다 제 나름대로 쓸모가 있음을 비유적으로 이르는 말. [비] 개천에 내다 버릴 종 없다.

사람 나고 돈 났지 돈 나고 사람 났나

아무리 돈이 귀중하다 하여도 사람보다 더 귀중할 수는 없다는 뜻으로, 돈밖에 모르는 사람을 비난하여 이르는 말.

사람마다 저 잘난 맛에 산다

남이야 어떻게 보든 사람은 다 자기가 잘났다는 긍지와 자존심이 있다는 것을 이르는 말.

사람마다 한 가지 버릇은 있다
사람은 누구나 한두 가지의 좋지 못한 버릇이 있음을 이르는 말.

사람 밥 빌어먹는 구멍은 삼천 몇 가지
사람이 먹고살아 나가기 위한 생활 수단이 매우 다양함을 비유적으로 이른 말.

사람 살 곳은 골골이 있다
아무리 어려운 환경에서도 도와주는 사람은 다 있다는 것을 비유적으로 이르는 말.

사람 세워 놓고 입관하겠다
목숨이 살아 움직이는 사람을 관에 넣을 정도라는 뜻으로, 행동이나 말이 지나치게 혹독함을 비난하여 이르는 말.

사람 안 죽은 아랫목 없다
사람 사는 집에서 사람 안 죽은 집이 거의 없다는 뜻으로, 알고 보면 어느 곳이나 험하고 궂은 일이 있었던 자리일 수 있음을 이르는 말.

사람에 버릴 사람 없고 물건에 버릴 물건 없다
무엇이나 다 두어두면 저마다 쓸 때가 있음을 비유적으로 이르는 말.

사람 위에 사람 없고 사람 밑에 사람 없다
사람은 본래 태어날 때부터 권리나 의무가 평등함을 이르는 말.

사람으로 콩나물을 길렀대[길렀나]
콩나물시루에 콩나물이 촘촘히 들어선 것처럼 좁은 곳에 많은 사람이 빽빽이 들어찬 모양을 비유적으로 이르는 말.

사람은 구하면 앙분을 하고 짐승은 구하면 은혜를 한다[안다]
사람은 죽을 고비에서 구하여 주면 그 은혜를 쉽게 잊고 도리어 은인에게 앙갚음을 하지만 짐승은 죽을 고비에서 구하여 주면 은인을 따른다는 뜻으로, 은혜를 쉽게 잊어버리는 사람을 짐승만도 못하다고 비난하는 말.

사람은 남 어울림에 산다
사람이란 본래 남들과 어울려 사귀는 맛에 산다는 뜻으로, 사람은 서로 어울리지 아니하고서는 살 수 없음을 이르는 말.

사람은 늙어 죽도록 배운다
사람은 일생 동안 끊임없이 배우고 수양을 쌓아야 함을 이르는 말.

사람은 늙어지고 시집은[시집살이는] 젊어진다
나이는 들어 늙어 가는데 시집살이는 덜어지지 아니하고 오히려 더 힘들어지는 경우를 이르는 말.

사람은 백지 한 장의 앞을 못 본다
종이 한 장을 바른 방문에 불과하지만 방 안에 있는 사람은 문밖의 일을 알지 못한다는 뜻으로, 사람은 앞일에 대하여 한 치 앞도 알 수 없음을 비유적으로 이르는 말.

사람은 속일 수 있어도 농사는 속일 수 없다
사람은 거짓말로 속여 넘길 수 있으나 농사는 품을 들인 만큼 결과가 나타나기 때문에 속일 수 없다는 뜻으로, 농사일이란 실속 있게 해야지 형식적으로 해서는 안 된다는 말. [비] 사람의 눈은 속여도 땅은 속이지 못한다.

사람은 얼굴보다 마음이 고와야 한다
사람에게 있어서 인물이 잘생긴 것보다 마음씨가 훌륭한 것이 더 중요함을 이르는 말.

사람은 열 번 (다시) 된다
1. 사람은 자라면서, 또는 평생 동안 자꾸 변해 감을 이르는 말. 2. 사람의 개성이나 신세란 고정된 것이 아니므로 얼마든지 고칠 수 있음을 이르는 말.

사람은 일생을 속아서 산다
사람들은 온갖 곤란과 고통을 겪으면서도 그래도 다음번에는 좀 나아지겠거니 하는 막연한 기대 속에서 일생 동안 속으며 살아 나간다는 뜻으로, 기대와 희망과는 전혀 동떨어진 세상살이를 비유적으로 이르는 말.

사람은 일을 해야 입맛이 난다
사람은 몸을 놀리며 활동을 해야 소화도 잘되고 입맛도 나서 아무것이나 당기는 법이란 뜻으로, 일을 한 뒤에 밥맛이 당길 때나 놀면서 밥맛이 없다고 하는 사람을 비꼬는 말.

사람은 입성이 날개라
옷을 잘 입으면 사람의 품격이 돋보인다는 뜻으로, 옷을 품위 있게 잘 입어야 함을 비유적으로 이르는 말.

사람은 작게 낳아서 크게 길러야 한다

1. 사람은 교육을 잘하여 키워야 큰 사람이 된다는 뜻으로, 어려서부터 교육을 잘해야 함을 이르는 말. 2. 아이는 작게 낳아도 잘 먹여 기르면 크게 자라는 법임을 이르는 말.

사람은 잡기를 해 보아야 마음을 안다

사람은 속임수를 쓰며 이익을 다투는 노름을 해 보아야 그 본성을 알 수 있음을 이르는 말.

사람은 죽으면 이름을 남기고 범은 죽으면 가죽을 남긴다

호랑이가 죽은 다음에 귀한 가죽을 남기듯이 사람은 죽은 다음에 생전에 쌓은 공적으로 명예를 남기게 된다는 뜻으로, 인생에서 가장 중요한 것은 생전에 보람 있는 일을 해놓아 후세에 명예를 떨치는 것임을 비유적으로 이르는 말.

사람은 지내봐야 안다

사람의 마음이란 겉으로 언뜻 보아서는 알 수 없으며 함께 오랫동안 지내보아야 알 수 있음을 이르는 말. [비] 사람은 겪어 보아야 알고 물은 건너 보아야 안다. 사람을 알자면 하루 길을 같이 가 보라. 천 길 물속은 건너 보아야 알고 한 길 사람 속은 지내보아야 안다.

사람은 하늘을 이긴다

사람은 하늘의 조화라고 하는 가뭄, 홍수 따위의 자연재해를 능히 이겨 낼 수 있다는 뜻으로, 사람의 힘이 큼을 비유적으로 이르는 말.

사람을 왜 윷으로 보나

윷놀이에서 윷가락 네 쪽이 다 엎어졌을 때를 '모'라고 하는 데서, 사람을 왜 바로 보지 않고 모로 보나 하는 뜻을 놀림조로 이르는 말.

사람의 마음은 하루에도 열두 번

사람의 마음이란 아주 변하기 쉬움을 이른 말. [비] 사람은 조석으로 변한다.

사람의 속은 눈을 보아야 안다

눈에는 그 사람의 마음이 그대로 반영되므로, 눈을 보면 그 사람의 속마음을 짐작할 수 있음을 이르는 말.

사람의 얼굴은 열[열두] 번 변한다

사람은 일생 동안에 모습이 많이 변한다는 것을 비유적으로 이르는 말.

사람의 혀는 뼈가 없어도 사람의 뼈를 부순다
뼈가 없는 혀를 놀려서 하는 말이 굳은 뼈도 부술 수 있다는 뜻으로, 말이란 무서운 힘을 가지고 있음을 비유적으로 이르는 말.

사람이 곱나 일이 곱지
사람에게서 진실로 아름다운 것은 얼굴에 있는 것이 아니라 얼마나 일을 성실하게 하는가에 있다는 뜻으로, 일을 잘하는 사람을 칭찬하거나 일을 잘 못하는 사람을 비난할 때에 이르는 말.

사람이 궁할 때는 대 끝에서도 삼 년을 산다
헤어날 수 없는 궁지에 빠지면 한 발 옮길 자리가 없는 대 끝에서조차도 삼 년을 견뎌 살아 나갈 수 있다는 뜻으로, 아무리 어려운 처지에 놓이더라도 사람은 스스로 살아 나갈 방도를 마련함을 비유적으로 이르는 말.

사람이 돈이 없어서 못 사는 게 아니라 명이 모자라서 못 산다
돈은 없다가도 생기기 마련이지만 목숨은 일정한 한도가 있다는 뜻으로, 사람에게는 돈이나 물질보다도 생명이 더 중요함을 이르는 말.

사람이 많으면 길이 열린다
사람의 지혜와 힘을 합치면 그 어떤 큰일도 할 수 있는 방도를 찾게 됨을 이르는 말.

사람이면 다 사람인가 사람이라야 사람이지
사람이라고 해서 다 사람인 것이 아니라 사람답게 행동하여야 진짜 사람이라고 할 수 있다는 뜻으로, 사람답지 않은 짓을 하는 사람은 짐승과 다를 바 없음을 이르는 말.

사람이 세상에 나면 저 먹을 것은 가지고 나온다
사람은 잘났든 못났든 누구나 다 살아 나갈 수 있는 방도를 가지고 있음을 비유적으로 이르는 말.

사람이 오래면 지혜요 물건이 오래면 귀신이다
사람은 오래 살면 살수록 경험을 많이 쌓아 사물의 이치를 깨닫고 지혜를 얻게 되지만 물건은 오래되면 될수록 쓸데없게 되고 만다는 뜻으로, 경험 많은 늙은이의 지혜로움을 비유적으로 이르는 말.

사람이 자지 돈이야 자나
1. 자본이나 빚돈은 가만두어도 끊임없이 이자가 붙어 새끼를 쳐 나감을 비유

적으로 이른 말. 2. 금융 자본은 잠시도 쉬는 일 없이 끊임없이 활동함을 비유적으로 이른 말.

사람이 천 냥이면 눈이 팔백 냥이다
사람에게서 눈이 매우 중요함을 강조하여 이르는 말.

사람 죽여 놓고 초상 치러 준다
사람을 죽여 놓고 나서 뻔뻔스럽게 초상 치르는 데 돕겠다고 나선다는 뜻으로, 일은 제가 그르쳐 놓고 뒤늦게 도와준다고 나서는 짓을 비꼬아 이르는 말.

사람 죽은 줄 모르고 팥죽 생각만 한다
사람이 죽었는데 경우에 맞지 않게 팥죽 먹고 싶은 생각만 한다는 뜻으로, 경우는 돌아보지 않고 먹을 궁리만 하는 경우를 비유적으로 이르는 말.

사람 칠 줄 모르는 것이 코피만 낸다
사람 치는 일에 아주 서투른 사람이 사람을 치겠다고 나서다가 제 코피만 터뜨린다는 뜻으로, 서투른 일에 섣불리 나서다가는 큰코다치게 됨을 이르는 말.

사람 팔자 시간문제
사람의 팔자는 순식간에 달라질 수도 있으므로 그 앞날이 어떻게 될지 알 수 없음을 이르는 말.

사람 한평생이 물레바퀴 돌듯 한다
사람의 일생이란 물레바퀴 돌듯 무상하게 지나가 버림을 비유적으로 이른 말.

사랑은 내려가고 걱정은 올라간다
사랑은 언제나 윗사람이 아랫사람에게 베풀어 주게 되고 걱정은 아랫사람이 윗사람에게 끼치는 법임을 이르는 말.

사랑은 마음속에서 자란다
사랑은 생활을 같이하는 가운데 마음속에서 움트고 자라남을 이르는 말.

사명당(의) 사첫방 (같다)
매우 추운 방을 비유적으로 이르는 말. 사명당이 임진왜란 때 일본에 갔었는데 사명당을 죽이려고 쇠로 만든 방에 가두고 불로 달구었으나 오히려 얼어 있었다는 전설에서 유래한다.

사명당이 월참하겠다
추위에 잘 견디던 사명당조차 쉬어 가지 않고 지나쳐 버릴 것이라는 뜻으로,

방이 몹시 추움을 비유적으로 이르는 말.

사모 쓴 도둑놈
갖가지 세금과 뇌물 따위로 남의 재물을 탐하는 벼슬아치나 양반을 욕하는 말.

사모에 갓끈[영자]
끈이 필요 없는 사모에 갓끈이나 영자를 달았다는 뜻으로, 차림새가 제격에 어울리지 아니함을 비유적으로 이른 말. [비] 방립에 쇄자질. 삿갓에 쇄자질.

사발 안의 고기도 놔주겠다
사발 안에 든 고기는 이미 자기 차지이나 그것도 못 먹고 놓아준다는 뜻으로, 자기 몫도 제대로 찾아 먹지 못할 만큼 어리석음을 비유적으로 이르는 말.

사발에 든 고기나 잡겠다
사발에 담아 놓은 물고기나 잡을 만하다는 뜻으로, 무능하여 일을 처리하기는커녕 주는 밥이나 겨우 찾아 먹는 사람을 놀림조로 이르는 말.

사발 이 빠진 것
쓸모없이 되어 그대로 두기도 불편한 물건을 비유적으로 이르는 말.

사복 물어미냐 지절거리기도 한다
사복시의 물 긷는 어미처럼 상말을 마구 지절거리는 경우를 비난조로 이르는 말. [비] 사복 어미냐 지껄이기도 한다.

사서삼경을 다 읽어도 누울 와(臥) 자가 제일
게으른 자가 누워서 뒹굴 때 핑계로 이르는 말.

사십 먹은 아이 없다
1. 마흔 살이 되도록 아이 노릇하는 사람은 없다는 뜻으로, 나이가 많아지면 어른답게 행동하게 된다는 것을 비유적으로 이르는 말. 2. 마흔 살이 지나면 젊었을 때처럼 힘을 쓸 수 없다는 것을 비유적으로 이르는 말.

사월 없는 곳에 가서 살면 좋겠다
4월 춘궁기의 고달픔을 이르던 말.

사월 파일 등대 감듯
석가모니가 태어난 날인 음력 4월 8일에 관등놀이를 준비하기 위하여 등을 달 장대를 꾸미느라 치렛감을 솜씨 있게 감아 나가듯 한다는 뜻으로, 무엇을 휘휘 익숙하게 감아 매는 모양을 이르는 말.

사월 파일 등 올라가듯
여럿이 조롱조롱 올라가는 모양을 비유적으로 이르는 말.

사위가 고우면 요강 분지를 쓴다
사위는 처가에서 극진한 대접을 받음을 비유적으로 이르는 말.

사위가 무던하면 개 구유를 씻는다
처가에서 사위는 극진히 대접받기 마련이기 때문에 가만히 앉아 있어도 아무도 탓할 사람이 없는데도, 개 밥통을 씻는 궂은일까지도 마다하지 않을 만큼 그 사람됨이 무던한 경우를 비유적으로 이르는 말.

사위는 백 년 손이라
사위는 영원한 손님이라는 뜻으로, 사위는 장인·장모에게 언제나 소홀히 대할 수 없는 존재임을 비유적으로 이르는 말.

사위는 백 년 손이요 며느리는 종신 식구라
사위와 며느리는 모두 남의 자식으로서 제 자식뻘이 되나 며느리는 제집 식구처럼 되는 반면에 사위는 영원한 손님이라는 뜻으로, 며느리와 달리 사위는 장인·장모에게 언제나 소홀히 대할 수 없는 존재임을 비유적으로 이르는 말.

사위도 반자식(이라)
1. 사위도 절반 제 자식이 된다는 뜻으로, 장인·장모에게 있어 사위에 대한 정이 자식에 대한 정에 못지아니함을 이르는 말. 2. 사위도 때로 자식 노릇을 할 때는 한다는 말.

사위 반찬은 장모 눈썹 밑에 있다
장모는 사위를 대접하려고 보는 대로 찾아서 차려 주려 함을 비유적으로 이르는 말.

사위와 씨아는 먹어도 안 먹는다
목화씨 뽑는 씨아는 잘 먹어도 잘 안 먹는다고 하듯이 사위가 먹을 만큼 먹어도 왜 안 먹느냐고 자꾸 권한다는 뜻으로, 사위에 대한 처가의 사랑을 비유적으로 이르는 말. **[같]** 씨아와 사위는 먹어도 안 먹는다.

사위 자식 개자식
사위는 결국 장인·장모에게 효도하지 아니함을 이르는 말.

사위 집 더부살이

장인이나 장모가 출가한 딸네 집에서 더부살이하기란 떳떳하지 못하고 어려움을 이르는 말.

사자가 눈깔이 멀었다
죽은 사람을 데려간다는 저승사자가 눈이 멀어서 잡아가지 않는다는 뜻으로, 못되게 구는 사람을 욕하는 말.

사자는 불가부생(不可復生)이라
죽은 사람은 다시 살아날 수 없다는 뜻으로, 단념할 수밖에 없음을 이른 말.

사자어금니 같다
아주 든든하고 믿음직한 것을 비유적으로 이르는 말. [비] 호랑이 어금니 같다.

사자어금니같이 아끼다
몹시 아끼고 귀중히 여긴다는 말. [비] 호랑이 어금니 아끼듯.

사잣밥(을) 싸 가지고 다닌다
언제 어디서 죽을지 모를 위험한 처지에 놓여 있음을 비유적으로 이르는 말. [비] 덜미에 사잣밥을 짊어졌다. 사잣밥을 목에 매달고 다닌다.

사잣밥인 줄 알고도 먹는다
언제 죽을지 모르는 위험한 일인 줄 알면서도 다른 방도가 없어서 할 수 없이 하게 됨을 비유적으로 이르는 말.

사정이 많으면 한 동리에 시아비가 아홉
1. 사사로운 정이 많아 정절을 지키지 못하다가는 망측스럽게도 한동네에 아홉 남편과 아홉 시아버지를 두게 된다는 뜻으로, 정조 관념이 희박한 여자를 비웃는 말. 2. 일정한 주관 없이 남을 덩달아 좇는 사람을 비유적으로 이른 말.

사정이 사촌보다 낫다
사정만 잘하면 웬만한 것은 통할 수 있음을 이르는 말.

사족 성한 병신
아무 일도 안 하고 빈둥빈둥 놀고먹는 사람을 욕으로 이르는 말.

사주에 없는 관을 쓰면 이마가 벗어진다
1. 타고난 운명에 없는 벼슬을 하면 이마가 벗어진다는 뜻으로, 제 분수에 넘치는 벼슬을 하게 되면 도리어 괴롭다는 것을 비유적으로 이르는 말. 2. 제 분수에 넘치는 일을 억지로 이루어 놓으면 나중에 도리어 해가 될 수 있음을 비

유적으로 이르는 말.

사주팔자는 날 때부터 타고난다
운명은 아무리 피하려 해도 피할 수 없는 것임을 이르는 말.

사촌네 집도 부엌부터 들여다본다
친한 사이인 사촌네 집조차도 먹을 것이 있어야 찾아다닌다는 뜻으로, 남을 만날 때 얻어먹을 것만 바라는 경우를 비유적으로 이르는 말.

사촌 영장도 부엌부터 들여다보아야 한다
사촌의 장례를 지내는 경우에도 먹을 것이 있는가를 알아보아야 한다는 뜻으로, 경황없는 환경에서도 먹을 것을 알아보고 대책을 세워야 하는 경우를 비유적으로 이르는 말.

사촌이 땅을 사면 배가 아프다
남이 잘되는 것을 기뻐해 주지는 않고 오히려 질투하고 시기하는 경우를 비유적으로 이르는 말.

사타구니에 방울 소리가 나도록
아주 급하게 뛰어가는 모습을 비유적으로 이르는 말.

사태 만난 공동묘지 같다
사태로 무너진 공동묘지처럼 정경이 삭막하고 황량한 모양을 비유적으로 이르는 말.

사후 술 석 잔 말고 생전에 한 잔 술이 달다
1. 죽은 다음에 제사상에 이것저것 차리지 말고 살아 있는 동안에 한 가지라도 더 대접하라는 말. 2. 눈앞에 부닥친 현실 문제를 해결하여 주는 것이 일이 다 틀어진 뒤에 쓸데없는 공을 들이며 애쓰는 것보다 중요함을 비유적으로 이르는 말. [비] 죽어 석 잔 술이 살아 한 잔 술만 못하다.

사후 약방문[청심환]
사람이 죽은 다음에야 약을 구한다는 뜻으로, 때가 지나 일이 다 틀어진 후에야 뒤늦게 대책을 세움을 비유적으로 이르는 말. [비] 상여 뒤에 약방문. 성복 뒤에 약방문[약 공론]. 성복제 지내는데 약 공론한다. 죽은 다음에 청심환. 죽은 뒤에 약방문.

사흘 굶어 도둑질 아니할 놈 없다

아무리 착한 사람이라도 몹시 궁하게 되면 못하는 짓이 없게 됨을 비유적으로 이르는 말. [비] 사흘 굶어 담 아니 넘을 놈 없다. 사흘 굶으면 못할 노릇이 없다. 사흘(을) 굶으면 포도청의 담도 뛰어넘는다. 세 끼 굶으면 군자가 없다. 열흘 굶어 군자 없다.

사흘 굶어 아니 날 생각 없다
몹시 굶게 되면 여러 가지 옳지 못한 생각도 들고, 못할 일이 없게 됨을 이르는 말.

사흘 굶으면 양식 지고 오는 놈 있다
사람이 양식이 떨어져 굶어 죽게 되면 도와주는 사람이 생기게 마련이라는 뜻으로, 사람이 아무리 어렵게 지내더라도 여간하여서는 굶어 죽지는 않음을 비유적으로 이르는 말. [비] 세 끼(를) 굶으면 쌀 가지고 오는 놈[사람] 있다.

사흘 굶은 개는 몽둥이를 맞아도 좋다 한다
몹시 굶주린 개는 먹지 못하는 음식이라도 매를 맞아 가며 먹는다는 뜻으로, 몹시 굶주리게 되면 비록 먹지 못할 것이라도 다 좋아함을 이르는 말.

사흘 길에 하루쯤 가서 열흘씩 눕는다
1. 사흘이나 걸리는 길을 급히 가려다가 열흘씩 앓아눕는다는 뜻으로, 일을 처음부터 너무 급히 서두르면 도리어 더디게 됨을 비유적으로 이르는 말. 2. 성미가 게을러서 일을 도저히 이루지 못함을 비유적으로 이르는 말.

사흘 살고 나올 집이라도 백 년 앞을 보고 짓는다
무슨 일을 하든지 형식적으로 건성건성 할 것이 아니라 앞날을 생각하여 최선을 다하여야 함을 비유적으로 이르는 말.

사흘에 한 끼도 못 먹은 듯하다
사람이 초췌하여 풀이 죽고 기운이 없어 보임을 비유적으로 이르는 말. [비] 사흘에 피죽 한 그릇도 못 얻어먹은 듯하다.

사흘에 한 끼 입에 풀칠하기도 어렵다
늘 굶고 살 정도로 살림이 매우 가난함을 비유적으로 이르는 말.

사흘 책을 안 읽으면 머리에 곰팡이가 슨다
짧은 기간이라도 책을 안 읽고 지내면 머리가 둔하게 됨을 비유적으로 이른 말.

삭단에 떡 맛보듯

매달 음력 초하룻날 삭다례를 지내고 나서 조금밖에 없는 음식을 맛보듯 한다는 뜻으로, 음식의 양이 너무 적어서 먹은 둥 만 둥 함을 비유적으로 이른 말.

삯매 모으듯
삯을 받고 남의 매를 대신 맞는 일을 구하듯 마음에 내키지 않는 일을 마지못하여 함을 비유적으로 이르는 말.

산 (사람) 입에 거미줄 치랴
거미가 사람의 입 안에 거미줄을 치자면 사람이 아무것도 먹지 않아야 한다는 뜻으로, 아무리 살림이 어려워 식량이 떨어져도 사람은 그럭저럭 죽지 않고 먹고 살아가기 마련임을 비유적으로 이르는 말. [비] 사람이 굶어 죽으란 법은 없다.

산 개 새끼가 죽은 정승보다 낫다
1. 아무리 천하더라도 살아 있는 것이 죽은 것보다는 낫다는 뜻으로, 세상을 비관하지 말고 살아가라는 말. 2. 아무리 존귀했던 몸이라도 한번 죽으면 거들떠보지 않는 것이 세상인심임을 비유적으로 이르는 말. [비] 죽은 정승이 산 개만 못하다.

산골 부자는 해변가 개보다 못하다
물고기 반찬을 먹는 데는 산골의 부자가 바닷가의 개보다 못하다는 뜻으로, 보잘것없는 산골 부자의 처지를 비유적으로 이르는 말.

산골 중놈 같다
의뭉스러운 사람을 비유적으로 이르는 말.

산 까마귀 염불한다
산에 있는 까마귀가 산에 있는 절에서 염불하는 것을 하도 많이 보고 들어서 염불하는 흉내를 낸다는 뜻으로, 무엇을 전혀 모르던 사람도 오랫동안 보고 듣노라면 제법 따라 할 수 있게 됨을 비유적으로 이르는 말.

산 놈의 계집은 범도 안 물어 간다
외딴 산속에 사는 여자는 버릇도 없고 몹시 드세 만만치 않음을 비유적으로 이르는 말.

산 눈깔 빼 먹을 놈
살아 있는 사람의 눈알을 빼 먹을 만큼 지독한 놈이라는 뜻으로, 남을 속이고 자기의 이익만 차리려는 악독하고 교활한 사람을 낮잡아 이르는 말.

산 닭 길들이기는 사람마다 어렵다

여간해서 말을 잘 듣지 않는 산 닭을 길들이기는 누구에게나 어렵다는 뜻으로, 제멋대로 버릇없이 자라난 사람을 교육하기는 몹시 어려운 일임을 비유적으로 이르는 말. [비] 생마 잡아 길들이기.

산 닭 주고 죽은 닭 바꾸기도 어렵다

1. 산 닭을 가지고도 죽은 닭 구하기가 어렵다는 뜻으로, 대수롭지 않은 것도 정작 필요하여 구하려고 하면 구하기가 어려움을 비유적으로 이르는 말. 2. 원래 변변하지 못한 것을 구하여 오는 사람은 귀한 것을 가지고도 변변하지 못한 것조차 구하지 못하여 결국 귀한 것의 값어치만 천하여짐을 비유적으로 이르는 말.

산도 허물고 바다도 메울 기세

그 어떤 어려운 일도 해내려는 왕성한 기세를 비유적으로 이르는 말.

산돼지를 잡으려다가 집돼지까지 잃는다

1. 산돼지를 잡겠다고 욕심을 부리던 나머지 집돼지를 잘못 간수한 탓으로 잃어버리게 되었다는 뜻으로, 지나치게 욕심을 부리다가 이미 차지한 것까지 잃어버리게 됨을 비유적으로 이르는 말. 2. 새로운 일을 자꾸만 벌여 놓으면서 이미 있는 것을 챙기는 데에 소홀하면 도리어 손해를 봄을 비유적으로 이르는 말. [비] 가는 토끼 잡으려다 잡은 토끼 놓친다. 산토끼를 잡으려다가 집토끼를 놓친다.

산림도 청으로 하는 수가 있다

추천제로 오를 수 있는 자리에 자기가 스스로 청을 하며 돌아다녀서 강제로 추천을 받아 감을 비꼬는 말.

산 밑 집에 방앗공이(가) 논다[귀하다]

1. 산과 같이 나무가 많은 고장에서 방앗공이가 없다는 뜻으로, 그 고장의 산물이 도리어 그 산지에서는 더 귀함을 비유적으로 이르는 말. 2. 무엇이 마땅히 있어야 할 곳에 없음을 비유적으로 이르는 말.

산 밖에 난 범이요 물 밖에 난 고기라

1. 범이 자기의 터전인 산에서 나와 옴짝달싹 못하게 되고 물고기가 물 밖으로 나와 옴짝달싹 못하게 되었다는 뜻으로, 의지할 곳을 잃어 옴짝달싹 못하게 됨을 비유적으로 이르는 말. 2. 자기 능력을 발휘할 수 없는 처지에 빠짐을

비유적으로 이르는 말.

산 범의 눈썹을 뽑는다
1. 살아 있는 범의 눈썹을 뽑는다는 뜻으로, 감히 손댈 수 없는 위험한 짓을 목숨 걸고 함을 비유적으로 이르는 말. 2. 도저히 이룰 수 없는 헛된 망상을 함을 비유적으로 이르는 말.

산보다 골이 더 크다
주가 되는 산보다 부차적인 골이 더 크다는 뜻으로, 사리에 맞지 않음을 비유적으로 이르는 말. [비] 산보다 호랑이가 더 크다.

산 사람 눈 빼 먹겠다
살아 있는 사람의 눈까지도 빼 먹을 수 있을 만큼 인심이 몹시 야박하고 험악함을 비유적으로 이르는 말.

산 사람은 아무 때나 만난다
사람은 죽지 않고 살아 있으면 언젠가는 만나게 된다는 뜻으로, 다시 안 볼 것처럼 야박하게 끊지 말라는 말.

산소 등에 꽃이 피었다
조상의 무덤 위에 꽃이 피었다는 뜻으로, 자손이 번성하고 부귀공명하게 되었음을 비유적으로 이르는 말.

산속에 있는 열 놈의 도둑은 잡아도 맘속에 있는 한 놈의 도둑은 못 잡는다
일단 제 마음속에 자리 잡은 좋지 못한 생각을 스스로 고치기는 매우 어렵다는 말.

산신 제물에 메뚜기 뛰어들 듯
산신에게 제사를 지내는데 메뚜기가 뛰어들었다는 뜻으로, 자기에게는 당치도 않은 일에 참여함을 비꼬는 말. [비] 산젯밥에 청메뚜기 뛰어들듯.

산에 들어가 호랑이를 피하랴
이미 피할 수 없는 일이나 피하여서는 안 되는 일을 피하려고 무모하게 행동함을 이르는 말.

산에서 물고기 잡기
물에서 사는 물고기를 산에서 구한다는 뜻으로 도저히 불가능한 일을 하려고 애쓰는 어리석음을 비유적으로 이르는 말. [비] 나무에서 고기를 찾는다. 바다에 가서 토끼 찾기. 솔밭에 가서 고기 낚기.

산엘 가야 꿩을 잡고 바다엘 가야 고기를 잡는다

1. 꿩은 산에 가야 잡을 수 있고, 고기는 바다에 가야 잡을 수 있다는 뜻으로, 목적하는 방향을 제대로 잡아 노력하여야만 그 목적을 제대로 이룰 수 있음을 비유적으로 이르는 말. 2. 무슨 일이든지 가만히 앉아 있어서는 이루어지지 않고 발 벗고 나서서 힘을 들여야 이루어짐을 비유적으로 이르는 말. [비] 산에 가야 범을 잡지.

산이 높아야 골이 깊다

산이 높고 커야 골짜기가 깊다는 뜻으로, 품은 뜻이 높고 커야 품은 포부나 생각도 크고 깊음을 비유적으로 이르는 말. [비] 산이 커야 그늘이[굴이] 크다.

산이 우니 돌이[산돼지개] 운다

산이 우니 그 속에 있는 돌[산돼지]도 덩달아 운다는 뜻으로, 주관 없이 남이 하는 대로만 따라 행동함을 비유적으로 이르는 말.

산이 울면 들이 웃고 들이 울면 산이 웃는다

비가 와서 물이 지면 산은 사태가 나 형편없는 모양이 되지만 들은 오히려 농사가 잘되어 웃는 것 같고, 날이 가물어 들이 말라붙으면 오히려 산은 헐리지 아니하여 웃는 듯하다는 뜻으로, 우리나라의 산이 나무가 없이 벌거벗었음을 비유적으로 이르는 말.

산 좋고 물 좋고 정자 좋은 데 없다

자연의 경치와 인공의 운치가 모두 갖추어진 데는 없다는 말.

산중 놈(의) 풋농사

두메 화전의 어설픈 농사라는 뜻으로, 여름에는 잘된 듯 보이나 산짐승도 와서 뜯어 먹고 하여 추수할 때는 별 수확이 없게 되는 농사를 이르는 말.

산중 놈은 도끼질 야지(野地) 놈은 괭이질

사람은 각기 자신의 환경에 따라 하는 일이 다름을 비유적으로 이르는 말.

산중 벌이하여[농사지어] 고라니 좋은 일 했다

애써서 산속에 밭을 갈았더니 고라니가 내려와서 다 먹더라는 뜻으로, 기껏 고생하여 이루었으나 남만 좋은 일을 해 준 결과가 되었음을 비유적으로 이르는 말.

산중에 거문고라
외딴 산속에 있는 거문고와 같이 어떤 자리에 전혀 어울리지 않는 것을 비유적으로 이르는 말.

산지기가 놀고 중이 추렴을 낸다
1. 놀기는 산지기가 놀았는데 그 값은 중이 문다는 뜻으로, 아무런 관련도 없는 남의 일로 부당하게 대가를 치름을 비유적으로 이르는 말. 2. 산지기가 산을 안 지키고 민간에 내려가서 행음을 하고 중이 불공은 안 드리고 술추렴을 한다는 뜻으로, 부당하거나 엉뚱한 짓을 함을 비유적으로 이르는 말.

산지기 눈 봐라 도낏밥을 남 줄까
몹시 인색해 보이니 그에게 무엇을 얻을까 바라지도 말라는 말.

산지기 눈치 보니 도끼 빼앗기겠다
눈치를 보니 손해만 입게 될 것 같으므로 일찌감치 정신을 차려야 한다는 말.

산 진 거북이요 돌 진 가재[자라]라
등이 납작하여 넘어질 위험이 없는 거북이와 가재, 또는 자라가 산과 돌을 각각 지었다는 뜻으로, 의지하고 있는 세력이 든든함을 비유적으로 이르는 말.

산천 도망은 해도 팔자 도망은 못한다
비록 자연에서는 도망칠 수 있어도 정해진 팔자에서는 도망칠 수 없다는 뜻으로, 타고난 팔자란 어쩔 수 없음을 이르는 말.

산호 기둥에 호박 주추다
귀한 산호로 기둥을 세우고 귀한 호박으로 주춧돌을 놓았다는 뜻으로, 매우 사치스럽고 호화롭게 꾸미고 삶을 비유적으로 이르는 말.

산 호랑이 눈썹 (찾는다)
살아 있는 호랑이 눈썹을 찾는다는 뜻으로, 도저히 구할 수 없는 것을 구하려고 함을 비유적으로 이르는 말.

산 호랑이 눈썹도 그리울 게 없다
매우 귀한 산 호랑이의 눈썹까지도 그리울 게 없을 정도라는 뜻으로, 모든 것이 다 갖추어져 있어 무엇 하나 아쉬운 것이 없음을 비유적으로 이르는 말.

산호 서 말 진주 서 말 싹이 나거든
싹이 틀 수 없는 산호나 진주에, 그것도 서 말씩이나 되는 것이 다 싹이 나는 경우를 가정하여, 도저히 그 실현을 기약할 수 없음을 비유적으로 이르는 말.
[비] 삶은 팥이 싹 나거든.

살갑기는 평양 나막신
1. 신기에 편안한 평양 나막신처럼 붙임성이 있고 사근사근한 사람을 비유적으로 이르는 말. 2. 안쪽이 넓은 평양 나막신처럼 몸은 작은데 음식은 남보다 더 많이 먹는 사람을 비웃는 말.

살결이 희면 열 허물 가린다
살결이 흰 사람은 대체로 아름다워 보인다는 말.

살림에는 눈이 보배(라)
1. 살림을 잘하려면 눈썰미가 있어야 한다는 말. 2. 살림에는 낱낱이 살펴 보살피는 것이 제일이라는 말.

살림은 오장 같다
배 속의 오장이 모두 제 기능을 다해야 사람이 살아갈 수 있는 것처럼 아무리 많은 살림살이도 빠짐없이 모두 소용되기 마련이며, 또한 그 많은 살림살이가 모두 제 기능을 다하여 서로 손이 맞아떨어져야 함을 비유적으로 이르는 말.

살림이 거덜이 나면 봄에 소를 판다
생활이 몹시 쪼들리게 되면 한창 소를 부려야 할 바쁜 농사철인 봄에도 소를 팔게 된다는 뜻으로, 생활이 쪼들려 막다른 처지에 이르게 되면 아무리 긴요한 물건이라도 꺼리지 않고 팔게 된다는 말.

살림이란 게 쓸 건 없어도 남 주워 갈 건 있다
하찮은 물건이라도 도둑이 집어 갈 것은 있기 마련이라는 말.

살 맞은 뱀 같다
갑자기 몸을 빼고 달아나는 모양을 비유적으로 이르는 말.

살아가면 고손자한테도 배운다
배움에는 위아래가 없음을 비유적으로 이르는 말.

살아가면 고향
오래 살면서 정이 들면 곧 고향처럼 정다워진다는 뜻으로, 어느 곳이든지 마음을 붙이고 살아가면 고향과 같이 정이 든다는 말.

살아날 사람은 약을 만난다

일이 잘될 사람은 불행한 처지에 있다가도 그 불행을 면할 수 있는 길이 열리기 마련임을 비유적으로 이르는 말.

살아생이별은 생초목에 불붙는다
살아 있으면서 서로 이별하는 것은 불이 잘 붙지 않는 생초목조차 불붙을 만큼 애간장이 타는 일이라는 뜻으로, 생이별은 차마 못할 일임을 이르는 말.

살은 쏘고 주워도 말은 하고 못 줍는다
화살은 쏘아도 찾을 수 있으나 말은 다시 수습할 수 없다는 뜻으로, 말을 삼가야 한다는 말. [비] 쌀은 쏟고 주워도 말은 하고 못 줍는다.

살이 살을 먹고 쇠가 쇠를 먹는다
동포 형제나 가까운 이웃, 친척끼리 서로 해치려 함을 비유적으로 이르는 말. [비] 쇠가 쇠를 먹고 살이 살을 먹는다.

살찐 놈 따라 붓는다
살찐 사람처럼 되느라 붓는다는 뜻으로, 남이 하는 짓을 무리하게 흉내 냄을 비웃는 말.

삶아 논 녹비 끈
삶아서 이겨 놓은 노루 가죽끈처럼 아무런 반항도 없이 남이 시키는 대로만 움직이는 사람을 비유적으로 이르는 말.

삶은 개고기 뜯어먹듯
여기저기서 아무나 덤벼들어 함부로 뜯어먹으려 한다는 뜻으로, 사람을 여럿이 함부로 욕하고 모함한다는 말.

삶은 개 다리 뒤틀리듯
일이 아주 뒤틀린 모양을 비유적으로 이르는 말.

삶은 개 다리 버드러지듯
삶으면 뻣뻣하게 버드러지는 개다리처럼 어떤 것이 뻣뻣한 모양을 비유적으로 이른 말.

삶은 닭이 울까
죽여서 끓는 물에 삶아 낸 닭이 되살아나서 울 리 없다는 뜻으로, 이미 다 틀어진 일을 아무리 그 전대로 돌이키려고 하여도 소용이 없다는 말.

삶은 소가 웃다가 꾸러미 째지겠다[터지겠다]

웃을 수 없는 삶은 소조차 너무도 어이없고 우스워서 한껏 입 벌리고 웃다가 꾸러미까지 터지고 말겠다는 뜻으로, 하는 품이 하도 어이없고 가소로움을 놀림조로 이르는 말.

삶은 호박[무]에 이(도) 안 들 소리
삶아 놓아서 물렁물렁한 호박에 이빨이 안 들어갈 리가 없다는 뜻으로, 전혀 사리에 맞지 않는 말을 함을 비유적으로 이르는 말. [비] 여드레 삶은 호박에 도래송곳 안 들어갈 말이다.

삶은 호박에 침 박기
1. 삶아서 물렁물렁해진 호박에 침을 박는다는 뜻으로, 일이 아주 쉬움을 이르는 말. 2. 어떤 자극을 주어도 아무런 반응이 없는 경우를 비유적으로 이르는 말.

삼각산 밑에서 짠물 먹는 놈
인심 사나운 서울에서 먹고살아 온 놈이라는 뜻으로, 인색하고 매정한 사람을 이르는 말.

삼각산 바람이 오르락내리락
바람이 제멋대로 오르락내리락한다는 뜻으로, 거들먹거리면서 하는 일 없이 놀아나거나 출입이 잦음을 비웃는 말.

삼경에 만난 액(이라)
한밤중에 뜻밖에 액을 만났다는 뜻으로, 뜻밖에 불행한 일을 당하여 고스란히 다 겪게 됨을 이르는 말.

삼국 시절에 났나 말은 굵게 한다
공연히 큰소리치며 허세를 부림을 이르는 말.

삼남이 풍년이면 천하는 굶주리지 않는다
1. 충청도, 전라도, 경상도 땅이 풍년이면 우리나라 사람은 굶주리지 않는다는 말. 2. 충청도, 전라도, 경상도 땅에 곡식이 많이 난다는 것을 비유적으로 이르는 말.

삼 년 가뭄에는 살아도 석 달 장마에는 못 산다
가뭄 피해보다 장마 피해가 더 무서움을 이르는 말. [비] 칠 년 가뭄에는 살아도 석 달 장마에는 못 산다.

삼 년 가뭄에 하루 쓸 날 없다

계속 날이 개어 있다가 무슨 일을 하려고 하는 날 공교롭게도 날씨가 궂어 일을 그르치는 경우를 비유적으로 이른 말. [비] 칠 년 가뭄에 하루 쓸 날 없다.

삼 년 구병에 불효 난다

병으로 여러 해 누워 앓는 어버이를 간호하다 보면 불효하는 경우가 생기게 된다는 뜻으로, 무슨 일이나 오랜 시일이 걸리거나 자꾸 되풀이되면 한결같이 정성을 다할 수는 없게 된다는 말.

삼 년 남의집살고 주인 성 묻는다

삼 년 동안이나 한집에서 살면서 주인 성을 몰라서 묻는다는 뜻으로, 주위에서 벌어지는 일에 전혀 무관심한 사람이 어쩌다가 관심을 가지는 경우를 비유적으로 이르는 말.

삼 년 묵은 말가죽도 오롱조롱 소리 난다

봄이 되어 만물이 다시 활동하기 시작하는 모양을 비유적으로 이르는 말.

삼 년 묵은 새댁이 고콜불에 속곳 밑 말려 입고 간다

어떤 일을 기다리기만 하고 준비는 전혀 되어 있지 않음을 비유적으로 이른 말.

삼 년 벌던 논밭도 다시 돌아보고 산다

1. 삼 년 동안이나 제가 일구던 논밭도 제가 사게 되니 다시 이것저것 따져 보고서야 사게 된다는 뜻으로, 이미 잘 알고 있는 일이라도 정작 제가 책임을 맡게 되면 다시 한 번 이것저것 따져 보게 됨을 비유적으로 이르는 말. 2. 조심스럽게 하나하나 다 따져 보아 자신에게 손해가 없으면 그때 일을 진행하여야 함을 이르는 말.

삼년부조면 절교라

상기(喪期) 삼 년 동안에 한 번도 조상을 아니한 사람과는 절교한다는 말.

삼 년을 결은 노망태기

삼 년 걸려 노끈으로 뜬 망태기라는 뜻으로, 오랜 기간을 두고 공들여 만든 물건을 비유적으로 이르는 말.

삼 년 학질에 벼랑 떼밀이

학질을 놀라게 하면 떨어져 낫는다는 속설을 따라 아이를 벼랑에서 떨어뜨린다는 뜻으로, 큰 손해를 보면서 걱정거리를 떨쳐 버린다는 말.

삼대 거지 없고 삼대 부자 없다

삼대에 걸쳐서 계속 거지 노릇만 하는 집안도 없고 계속 부자인 집안도 없다는 뜻으로, 많은 재산이 오랫동안 유지될 수 없으며 가난한 형편 또한 오래가지 않는다는 것을 비유적으로 이르는 말. [비] 삼대 정승이 없고 삼대 거지가 없다.

삼대 적선을 해야 동네 혼사를 한다

대를 이어 사람들에게 착한 일을 해서 좋게 보여야 한동네 사람과 혼사를 할 수 있다는 뜻으로, 한동네 이웃끼리는 서로 집안 내용을 샅샅이 알기 때문에 혼사가 매우 어려움을 비유적으로 이르는 말.

삼대 주린 걸신

오랫동안 굶주린 걸신 같다는 뜻으로, 먹을 것을 보면 무엇이나 남기지 않고 먹어 치우는 사람을 비유적으로 이르는 말.

삼대 천치가 들면 사 대째 영웅이 난다

어떤 집안에서나 훌륭한 인물이 나올 수 있다는 말.

삼 동서가 모이면 황소도 잡는다

동서가 많으면 큰일도 거뜬히 치러 낼 수 있음을 이르는 말.

삼 동서 김 한 장 먹듯

김 한 장을 세 동서가 먹듯 한다는 뜻으로, 눈 깜짝할 사이에 먹어 치움을 이르는 말.

삼밭 사자 이 빠진다

삼을 삼으려면 이가 있어야 하는데, 시작하려고 보니 탈이 생겨 일이 틀려 버림을 이르는 말.

삼밭에 쑥대

쑥이 삼밭에 섞여 자라면 삼대처럼 곧아진다는 뜻으로, 좋은 환경에서 자라면 좋은 영향을 받게 됨을 비유적으로 이르는 말.

삼베 주머니에 성냥 들었다

삼베 주머니에 어울리지 않게 성냥이 들었다는 뜻으로, 허술한 겉모양과는 달리 속에는 말쑥한 것이 들었음을 비유적으로 이르는 말.

삼복에 비가 오면 보은 처자(가) 울겠다

대추의 명산지인 보은 지방에서 대추 수확으로 혼수를 마련한 데서 나온 말로, 삼복에 비가 오면 대추가 열리지 않는다는 것을 비유적으로 이르는 말.

삼사월 낳은 아기 저녁에 인사한다
삼사월에는 아침에 낳은 아기가 저녁에 인사한다는 뜻으로, 음력 삼사월은 낮이 몹시 긺을 비유적으로 이르는 말.

삼수갑산에 가는 한이 있어도
자신에게 닥쳐올 어떤 위험도 무릅쓰고라도 어떤 일을 단행할 때 하는 말. [비] 삼수갑산을 가서 산전을 일궈 먹더라도.

삼십육계 줄행랑이 제일[으뜸]
위험이 닥쳐 몸을 피해야 할 때에는 싸우거나 다른 계책을 세우기보다 우선 피하는 것이 상책이라는 말. [비] 달아나면 이밥 준다.

삼일 안 새색시도 웃을 일
결혼한 지 삼 일도 안 된 새색시마저도 웃을 일이라는 뜻으로, 웃지 않고서는 도저히 배길 수 없는 일을 비유적으로 이르는 말.

삼정승 부러워 말고 내 한 몸 튼튼히 가지라
권세나 권세 있는 사람들의 도움에 헛된 욕심을 두지 말고 제 몸의 건강이나 바른 행실을 위해 힘쓰라는 말. [비] 삼정승을 사귀지 말고 내 한 몸을 조심하라. 정승 판서 사귀지 말고 제 입이나 잘 닦아라.

삼천갑자 동방삭이도 저 죽을 날은 몰랐다
오래오래 살았다는 동방삭이도 저 죽을 날은 몰랐다는 뜻으로, 아무리 현명하다고 해도 사람은 누구나 자기에게 닥쳐올 운명에 대해서는 잘 알지 못함을 비유적으로 이르는 말.

삼촌 못난이 조카 장물 짐 진다
못난 삼촌이 조카가 훔친 물건을 지고 따라간다는 뜻으로, 덩치는 큰 사람이 못난 짓을 하는 경우를 비유적으로 이르는 말.

삼춘고한 가문 날에 감우(甘雨) 오니 즐거운 일
봄철 석 달의 지독한 가뭄 가운데 단비가 오니 반갑기 이를 데 없는 일이라는 뜻으로, 몹시 바라고 기다리던 일이 이루어져 매우 반갑고 즐거움을 비유적으로 이르는 말.

삼태기로 앞 가리기
속이 빤히 들여다보이는 일을 속여 보려고 하는 어리석은 짓을 비유적으로 이르는 말.

삼현 육각 잡히고 시집간 사람 잘산 데 없다
음악을 울리며 요란하게 시집간 사람이 잘사는 것을 보지 못하였다는 뜻으로, 호화롭게 시집간 사람이 불행하게 사는 수가 많음을 이르는 말.

삽살개(의) 뒷다리
삽살개 뒷다리처럼 앙상하고 볼품이 없는 모양을 비유적으로 이르는 말.

상감님 망건 사러 가는 돈도 써야만 하겠다
감히 손댈 수 없는 임금의 망건 살 돈조차도 우선 쓰고 봐야 하겠다는 뜻으로, 나중에 어떤 벌을 받을지라도 우선 급한 것부터 해결하여야 하겠다고 단정하여 이르는 말.

상갓집 개 [노릇]
먹여 주고 돌봐 줄 주인을 잃은 상갓집 개와 같은 처지라는 뜻으로, 여기 가서도 천대를 받고 저기 가서도 천대를 받으면서도 비굴하게 얻어먹으러 기어드는 가련한 꼴을 비유적으로 이르는 말.

상갓집 개만도 못하다
제대로 얻어먹지를 못하는 상갓집 개만도 못한 신세라는 뜻으로, 의지할 곳 없고 천대받고 압박받는 처지가 몹시 가련하고 불쌍함을 비유적으로 이르는 말.

상놈의 발 덕 양반의 글 덕
양반은 학식 덕으로 살아가고 학식 없는 상놈은 발로 걷고 노동하여 살아감을 이르는 말.

상놈의 살림이 양반의 양식이라
상놈이 힘들여 일하여 꾸려 가는 살림이 곧 양반의 양식이 된다는 뜻으로, 상놈이 힘겹게 살아가는 반면 양반은 그 덕에 호의호식하게 됨을 비난하여 이르는 말.

상두꾼에도 순번이 있고 초라니탈에도 차례가 있다
모든 일에는 차례와 순서가 있음을 비유적으로 이르는 말.

상두꾼은 연폿국에 반한다

상여를 메는 상두꾼이 상갓집에서 끓이는 하찮은 연뭇국 맛에 반한다는 뜻으로, 아무리 천한 일이라도 그 일 아니면 맛볼 수 없는 재미가 따로 있음을 비유적으로 이른 말.

상둣술에 낯내기
남의 것을 가지고 제 체면을 세우려 하거나 제 것인 양 생색내는 경우를 빈정대어 이르는 말. [비] 상두쌀에 낯내기. 상둣술에 벗 사귄다.

상 머리에 뿔 나기 전에 재산을 모아라
아이를 기르다 보면 재산을 모으기 힘드니 그 전에 모아 두라는 것을 비유적으로 이르는 말.

상시에 먹은 마음이 꿈에도 있다
평소 생각하던 것이 꿈에도 나타난다는 뜻으로, 꿈 내용은 평소 가진 생각이 어떤 모양으로 나타나는 것임을 이르는 말.

상시에 먹은 마음 취중에 난다
평소 생각하던 것을 술에 취한 김에 한다는 뜻으로, 술에 취하게 되면 평소 가졌던 생각이 말이나 행동으로 나타남을 이르는 말. [비] 생시에 먹은 마음 취중에 나온다. 평시에 먹은 마음 취중에 나온다.

상여 나갈 때 귀청 내 달란다
상여가 나가는데 귀지를 후벼 달라고 한다는 뜻으로, 매우 바쁘고 어수선한 때 그와 상관도 없는 엉뚱한 일을 해 달라고 조름을 비유적으로 이르는 말.

상여 메고 가다가 귀청 후빈다
일을 끝까지 성실하게 하지 않고 도중에 엉뚱한 데 정신을 팖을 핀잔하는 말.

상여 메는 사람이나 가마 메는 사람이나
상여를 메나 가마를 메나 메는 사람이라는 점에서는 매한가지라는 뜻으로, 조금씩 차이는 있더라도 결국은 비슷비슷한 사람임을 비유적으로 이르는 말.

상여엣 장사 같다
상여꾼처럼 풍신이 보잘것없는 모양을 비유적으로 이르는 말.

상원 달 보아 수한(水旱)을 안다
대보름날 달의 모양이나 빛을 보고 그해에 가물 것인지 아닌지를 알 수 있다는 말.

상원의 개와 같다

대보름날 개를 굶기는 풍습에 따라 굶은 개와 같다는 뜻으로, 배고픈 사람을 이르는 말.

상전 배부르면 종 배고픈 줄 모른다

권세 있고 잘사는 사람들이 제 배가 불러 있으니 모두 저와 같은 줄 알고 저에게 매여 사는 사람들이 배를 곯는 줄을 알지 못함을 비유적으로 이르는 말. [비] 제 배 부르니 종의 밥 짓지 말란다. 제 배 부르니 종의 배고픈 줄 모른다.

상전벽해 되어도 비켜설 곳(이) 있다

뽕나무밭이 푸른 바다가 되더라도 피할 길이 있다는 뜻으로, 아무리 큰 재해 속에서도 살아날 가망은 있음을 이르는 말.

상전 앞의 종

절절매며, 어쩔 줄 모르고 시키는 대로 하는 사람을 비유적으로 이르는 말.

상전은 말은 믿고 살아도 종은 믿고 못 산다

상전은 제집에서 부리는 말과 같은 동물은 믿으나 종은 믿지 아니한다는 뜻으로, 사람은 동물만큼도 믿을 수 없음을 비유적으로 이르는 말.

상전은 미고 살아도 종은 미고 못 산다

상전은 미워하고 괄시하여도 살 수 있으나 같은 신분인 종끼리 미워하고 괄시하면서는 살 수 없음을 이르는 말.

상전의 빨래에 종의 발뒤축이 희다

상전의 빨래를 하여 주면 제 발뒤축이 깨끗하게 된다는 뜻으로, 하기 싫어 마지못해 하는 남의 일이라도 해 주고 나면 얼마간의 이득은 있음을 비유적으로 이르는 말.

상제가 울어도 제상에 가자미 물어 가는 것은 안다

자기의 손해에 대하여서는 언제 어디서나 민감함을 비유적으로 이르는 말.

상제보다 복재기가 더 설워한다

직접 일을 당한 사람보다도 오히려 다른 사람이 더 걱정하고 있음을 비유적으로 이르는 말. [비] 상인은 설워 아니하는데 복인이 더 설워한다.

상좌가 많으면 가마솥을 깨뜨린다

상좌가 많아서 저마다 명령을 하면 무쇠 가마조차도 깨뜨리고 만다는 뜻으로,

뚜렷한 책임자 없이 여러 사람이 저마다 간섭을 하면 도리어 일을 그르침을 이르는 말.

상좌 중의 법고 치듯
무엇을 아주 빨리 쾅쾅 치는 모양을 비유적으로 이른 말. [비] 중의 법고 치듯.

상주 보고 제삿날 다툰다
제삿날을 가장 잘 알고 있을 상주와 제삿날을 가지고 시비한다는 뜻으로, 어떤 방면에 아주 잘 아는 사람을 상대로 어리석게 제 의견을 고집함을 비웃는 말. [비] 상제와 젯날 다툰다.

상추 밭에 똥 싼 개는 저 개 저 개 한다
상추 밭에 똥을 누다 들킨 개는 얼씬만 하여도 저 개 하며 쫓아낸다는 뜻으로, 한 번 잘못을 저지르다 사람들의 눈에 띄면 늘 의심을 받게 됨을 이르는 말. [비] 삼밭에 한 번 똥 싼 개는 늘 싼 줄 안다.

상추쌈에 고추장이 빠질까
상추쌈에 고추장을 빼놓을 수 없다는 뜻으로, 사람이나 사물이 긴밀하게 관련되어 있어 언제나 따라다니고 붙어 다니는 경우를 비유적으로 이르는 말.

상투가 국수버섯 솟듯
상투가 더부룩하게 솟아오르는 국수버섯처럼 우뚝하다는 뜻으로, 의기양양하여 지나치게 우쭐거리는 모양을 비유적으로 이르는 말.

상투 위에 올라앉다
상대를 만만하게 보고 기어오르는 행동을 이르는 말.

상판대기가 꽹과리 같다
얼굴이 놋쇠로 만든 꽹과리 같다는 뜻으로, 몹시 파렴치한 사람을 비유적으로 이른 말.

상팔십이 내 팔자
강태공이 가난하였던 처음 80년 동안과 같다는 뜻으로, 가난이 팔자임을 비유적으로 이르는 말.

상하사불급이오 이름만 석숭이가 되었다
이 일 저 일 벌여 놓기만 하고 실속은 없어 알뜰하게 모은 제 재물은 없음을 비유적으로 이르는 말.

새 까먹은 소리

새가 낟알을 까먹고 난 빈 껍질 같은 소리라는 뜻으로, 근거 없는 말을 듣고 퍼뜨린 헛소문을 비유적으로 이르는 말.

새꽤기에 손 베었다

대수롭지 않게 본 사람에게, 또는 대단치 아니한 일에 뜻밖의 해를 입음을 비유적으로 이르는 말.

새끼 낳은 암캐같이 앙앙 말라

새끼 낳은 암캐같이 그 누구도 가까이 오지 못하게 사납게 굴지 말라는 뜻으로, 너무 포악스럽고 사납게 구는 경우를 비유적으로 이르는 말.

새끼 많은 거지 말 많은 장자

자식이 많으면 거지처럼 못살게 되고 말(馬)이 많으면 부자가 된다는 뜻으로, 가난한 살림에서는 자식이 많으면 살림이 매우 궁해짐을 비유적으로 이른 말.

새끼 많이[아홉] 둔 소 길마 벗을 날 없다

새끼 많은 소는 일에서 벗어나 편히 쉴 사이가 없다는 뜻으로, 자식이 많은 부모는 자식을 먹여 키우기 위하여 쉴 새 없이 고생만 하게 됨을 비유적으로 이르는 말.

새끼에 맨 돌

1. 새끼가 움직이는 대로 돌도 따라다닌다는 뜻으로, 서로 떨어질 수 없는 밀접한 관계를 비유적으로 이르는 말. 2. 주견 없이 남이 하자는 대로 끌려다니는 사람을 비꼬아 이르는 말.

새남터를 나가도 먹어야 한다

곧 죽으러 새남터로 끌려 나가더라도 우선 먹고 봐야 한다는 뜻으로, 아무리 큰일을 당하더라도 우선 든든히 먹고 기운을 차리는 것이 중요함을 비유적으로 이르는 말.

새도 가지를 가려서 앉는다

1. 새조차도 앉을 때 가지를 고르고 가려서 앉는다는 뜻으로, 친구를 사귀거나 직업을 택하는 데에도 신중하게 잘 가려서 택해야 한다는 말. 2. 주위의 환경을 잘 살펴서 신중하게 처신하라는 말.

새도 날개가 생겨야 날아간다

새도 날개가 생겨나야 날 수 있다는 뜻으로, 무슨 일이든 필요한 조건이 갖추어져야 이루어질 수 있음을 비유적으로 이르는 말.

새 도랑 내지 말고 옛 도랑 메우지 말라
새로운 법을 내려고 하기보다 오히려 옛 법을 잘 운영함이 나음을 비유적으로 이르는 말.

새도 앉는 데마다 깃이 든다[떨어진다]
1. 새가 앉았다 날 때마다 깃이 떨어지듯이 사람의 살림도 이사를 자주 다닐수록 세간이 줄어듦을 비유적으로 이르는 말. 2. 여기저기 옮겨 다니는 것은 좋지 못함을 비유적으로 이르는 말. [비] 새도 나는 대로 깃이 빠진다.

새도 염불(을) 하고 쥐도 방귀를 뀐다
여러 사람이 모여 노는 데에서 수줍어서 노래나 춤을 하지 못하는 사람을 놀리는 말.

새도 제 보금자리를 사랑한다
제가 사는 집이나 가정을 사랑하지 않는 사람은 아무도 없음을 비유적으로 이르는 말.

새로 집 지은 후 삼 년은 마음을 못 놓는다
새로 집을 짓고 살면 처음 삼 년은 무슨 사고가 있을까 하여 마음을 놓지 못한다는 말.

새 며느리 친정 나들이
새로 시집온 며느리가 친정에 한번 다녀오겠다고 늘 벼르면서 떠나지 못한다는 뜻으로, 간다 간다 하면서 벼르기만 하고 떠나지 못함을 비유적으로 이르는 말.

새 묘 써서 삼 년
새로 일을 벌이는 때에는 적어도 삼 년은 두고 봐서 탈이 없어야 안심할 수 있다는 말.

새 바지에 똥 싼다
1. 염치없는 행동을 비유적으로 이르는 말. 2. 잘된 것을 만져서 도리어 못 되게 그르치는 경우를 비유적으로 이르는 말.

새 발의 피
새의 가느다란 발에서 나오는 피라는 뜻으로, 아주 하찮은 일이나 극히 적은 분량임을 비유적으로 이르는 말.

새벽달 보려고 으스름달 안 보랴
새벽달을 보겠다고 해질녘에 뜨는 초저녁달을 안 보겠느냐는 뜻으로, 아직 당하지도 아니한 미래의 일만 기대하다가 눈앞의 일을 소홀히 하지 말고 지금 당장 닥친 일부터 힘써야 한다는 말.

새벽달 보자고 초저녁부터 기다린다
새벽에 뜰 달을 보겠다고 초저녁부터 나가서 기다리고 있다는 뜻으로, 일을 너무 일찍부터 서두름을 비유적으로 이르는 말.

새벽바람 사초롱
새벽바람에 꺼질까 봐 조심스럽게 들고 있는 비단 초롱이라는 뜻으로, 매우 사랑스럽고 소중한 것을 비유적으로 이르는 말.

새벽 봉창 두들긴다
한참 단잠 자는 새벽에 남의 집 봉창을 두들겨 놀라 깨게 한다는 뜻으로, 뜻밖의 일이나 말을 갑자기 불쑥 내미는 행동을 비유적으로 이르는 말. [비] 자다가 봉창 두드린다. 너무나도 뜻밖의 일을 당한 경우를 비유적으로 이르는 말.

새벽에 갔더니 초저녁에 온 사람 있더라
부지런히 하느라고 애썼는데 그보다 앞선 사람이 있을 경우에 이르는 말.

새벽 호랑이(가) 중이나 개를 헤아리지 않는다[아니한다]
다급해지면 무엇이든지 가릴 여지가 없어짐을 비유적으로 이르는 말. [비] 사흘 굶은 범이 원님을 안다더냐. 새벽 호랑이 쥐나 개나 모기나 하루살이나 하는 판. 호랑이가 굶으면 환관도 먹는다.

새벽 호랑이(다)
활동할 때를 잃어 깊은 산에 들어가야 할 호랑이라는 뜻으로, 세력을 잃고 물러나게 된 신세임을 비유적으로 이르는 말.

새사람 들여 삼 년(은 마음을 못 놓는다)
새로 일을 벌이는 때에는 적어도 삼 년은 두고 봐서 탈이 없어야 안심할 수 있다는 말.

새알 멜빵 하겠다
사람이 매우 약음을 이르는 말.

새알 볶아 먹을 놈

작은 새알을 꺼내서 볶아 먹을 만한 인간이라는 뜻으로, 이익만 생긴다면 무슨 일이든 상관없이 달려드는 극단적인 이기주의자를 비꼬는 말.

새 오리 장가가면 헌 오리 나도 한다

새 오리가 장가가면 헌 오리가 나도 하겠다고 나선다는 뜻으로, 남이 하는 대로 무턱대고 자기도 하겠다고 따라나서는 주책없는 행동을 비유적으로 이르는 말. [비] 학이 곡곡 하고 우니 황새도 곡곡 하고 운다.

새우로 잉어를 낚는다

새우를 미끼로 하여 잉어를 낚는다는 뜻으로, 적은 밑천으로 큰 이득을 얻으려는 경우를 비유적으로 이르는 말.

새우[생이] 벼락 맞던 이야기를 한다

새우가 벼락을 맞아 봉변당하던 이야기를 한다는 뜻으로, 까맣게 잊어버린 지난 일을 새삼스럽게 들추어내서 기억나게 하는 쓸데없는 행동을 비유적으로 이르는 말.

새우 싸움에 고래 등 터지랴

약하고 보잘것없는 것끼리 아무리 싸워도 크고 힘 있는 존재는 그 피해를 받지 아니함을 비유적으로 이르는 말.

새우 싸움에 고래 등 터진다

1. 아랫사람이 저지른 일로 인하여 윗사람에게 해가 미치는 경우를 비유적으로 이르는 말. 2. 남의 싸움에 관계없는 사람이 해를 입는 경우를 비유적으로 이르는 말.

새 편에 붙었다 쥐 편에 붙었다 한다

박쥐가 잇속에 따라 새 편에 붙었다 쥐 편에 붙었다 한다는 뜻으로, 자기 잇속만을 위해 매번 이로운 편에 붙는 행동을 비유적으로 이르는 말.

새 한 마리도 백 놈이 갈라 먹는다

아무리 작은 것이라도 서로 의만 좋으면 여러 사람이 나누어 먹거나 나누어 가질 수 있음을 비유적으로 이르는 말.

새해 못할 제사 있으랴

말로야 새해에 잘못 지낼 제사가 어디 있겠느냐는 뜻으로, 어떤 일을 잘못하고는 이다음부터 잘하겠다고 다짐하는 사람을 비꼬는 말.

색시 귀신에 붙들리면 발을 못 뺀다

시집도 못 가고 죽은 처녀 원혼의 빌미는 무서움을 비유적으로 이르는 말.

색시 그루는 다홍치마 적에 앉혀야 한다

1. 아내나 새 며느리를 길들이고 법도를 세우려면 다홍치마를 입는 새색시 때부터 똑바로 가르쳐야 한다는 말. 2. 못된 버릇을 고치고 좋은 버릇을 들이려면 못된 버릇을 처음부터 다잡아서 길들여야 함을 비유적으로 이르는 말. [비] 아내 행실은 다홍치마 적부터 그루를 앉힌다.

색시 짚신에 구슬 감기가 웬일인고

1. 색시가 신는 하찮은 짚신에 구슬을 감다니 이게 무슨 꼴이냐는 뜻으로, 격에 어울리지 아니하게 많은 치장을 하면 도리어 보기에 어색해짐을 비유적으로 이르는 말. 2. 너무 과분하게 호사하게 된 경우를 비꼬는 말.

샘을 보고 하늘을 본다

한없이 넓은 하늘에는 무관심하였다가 샘 속에 비친 하늘을 보고서야 비로소 하늘을 쳐다본다는 뜻으로, 늘 보고 겪는 것에 대하여 우연히 새롭게 인식하게 됨을 이르는 말.

샛강 물소리 멎을 때 북촌(北村) 마님 빈대떡 주무르듯

굉장히 바쁜 모양을 비유적으로 이르는 말.

샛바람에 게 눈 감기듯

1. 게 눈이 샛바람에 얼른 감겨 버리는 모양과 같다는 뜻으로, 몹시 졸린 모양을 비유적으로 이르는 말. 2. 날이 잘 가묾을 비유적으로 이르는 말.

샛바리 짚바리 나무란다

새가 짚보다 나을 것이 없는데도 새를 실은 바리가 짚을 실은 바리를 나무란다는 뜻으로, 남을 자기보다 못하다고 하지만 실은 둘 다 마찬가지임을 비유적으로 이르는 말.

생가시아비 묶듯

살아 있는 장인을 죽은 사람 다루듯 묶는다는 뜻으로, 엄하여야 할 자리에 있는 사람은 너그럽게 대하는데 그 상대편이 도리어 버릇없이 굴어 도리에 어긋나게 됨을 비유적으로 이르는 말.

생나무 휘어잡기

휘어지지 아니하는 생나무를 억지로 휘어잡는다는 뜻으로, 되지 아니할 일을 억지로 하려고 무모하게 행동함을 비유적으로 이르는 말.

생마 갈기 외로 길지 바로 길지

1. 야생으로 자라던 망아지의 갈기가 좌우 어느 쪽으로 자랄지 알 수 없다는 뜻으로, 사람이 자라서 착하게 될지 못되게 될지는 분간하기 어려움을 비유적으로 이르는 말. 2. 장차 어떤 일이 어떻게 변하여 갈지 도무지 가늠할 수 없음을 비유적으로 이르는 말.

생원님이 종만 업신여긴다

지체도 높지 아니한 생원이 만만한 종만 업신여기며 못살게 군다는 뜻으로, 무능한 자가 자기 손아랫사람에게나 큰소리치며 윗사람 행세를 하려고 함을 비난조로 이르는 말. [비] 양반 못된 것이 장에 가 호령한다.

생일날 잘 먹으려고 이레를 굶는다

생일날 잘 먹겠다고 이레 전부터 굶는다는 뜻으로, 어떻게 될지도 모를 앞일을 미리부터 지나치게 기대한다는 말.

생전 부귀요 사후 문장이라

1. 부귀는 죽으면 그만이지만 문장은 죽은 후에도 영구히 빛난다는 말. 2. 살아서는 잘 먹고 잘 사는 것이 으뜸이고 죽은 다음에는 글로 자기를 남기는 것이 으뜸이라는 말.

생쥐 고양이한테 덤비는 격[셈]

이겨 낼 가망이 없을 뿐만 아니라 죽을지도 모르는데 덤벼드는 것을 비유적으로 이르는 말.

생쥐 발싸개만 하다

물건이 아주 작음을 비유적으로 이르는 말.

생쥐 볼가심할 것도 없다

조그마한 생쥐가 입가심할 정도의 먹을 것도 없다는 뜻으로, 먹을 것이라고는 아무것도 없고 몹시 가난함을 비유적으로 이르는 말.

생쥐 새끼 같다

1. 생김새가 매우 작음을 비유적으로 이르는 말. 2. 사람됨이 몹시 반드러움을 비유적으로 이르는 말.

생쥐 소금 먹듯

음식을 맛보듯이 조금씩 먹다가 그만두는 모양을 비유적으로 이르는 말.

생초목에 불붙는다
1. 시퍼렇게 살아 있는 나무와 풀에 불이 붙어 탄다는 뜻으로, 뜻밖에 재난을 당함을 비유적으로 이르는 말. 2. 시퍼렇게 젊은 아까운 사람이 갑자기 죽었음을 비유적으로 이르는 말.

서까랫감인지 도릿감인지도 모르고 길다 짧다 한다
서까래로 쓸 것인지 도리로 쓸 것인지도 모르면서 기니 짧으니 하며 시비한다는 뜻으로, 일의 내용도 모르면서 이러쿵저러쿵 시비함을 이르는 말.

서낭에 가 절만 한다
서낭신 앞에 가서 아무 목적도 없이 절만 한다는 뜻으로, 영문도 모르고 남이 하는 대로만 따라 함을 비유적으로 이르는 말.

서낭에 난 물건이냐
서낭당에 걸어 놓았던 물건은 사람들이 꺼린다는 점에서, 물건값이 쌈을 비유적으로 이르는 말.

서당 개 삼 년에 풍월(을) 한다[읊는다/짓는다]
서당에서 삼 년 동안 살면서 매일 글 읽는 소리를 듣다 보면 개조차도 글 읽는 소리를 내게 된다는 뜻으로, 어떤 분야에 대하여 지식과 경험이 전혀 없는 사람이라도 그 부문에 오래 있으면 얼마간의 지식과 경험을 갖게 된다는 것을 비유적으로 이르는 말. [비] 당구 삼 년에 폐풍월(吠風月). 독서당 개가 맹자왈 한다.

서당 아이들은 초달(楚撻)에 매여 산다
서당 아이들은 훈장의 회초리로 다스려진다는 뜻으로, 벌이 엄해야 비로소 질서가 잡힘을 비유적으로 이르는 말.

서른 과부는 넘겨도 마흔 과부는 못 넘긴다
삼십 대의 과부는 혼자 살 수 있어도 사십 대의 과부는 혼자 못 산다는 뜻으로 이르는 말.

서른세 해 만에 꿈 이야기 한다
까맣게 잊어버린 지난 일을 새삼스럽게 들추어내서 상기시키는 쓸데없는 행동을 비유적으로 이르는 말.

서리 맞은 구렁이[병아리]

1. 행동이 굼뜨고 힘이 없는 사람을 비유적으로 이르는 말. 2. 세력이 다하여 모든 희망이 좌절된 사람을 비유적으로 이르는 말.

서 발 막대[장대] 거칠 것 없다

1. 서 발이나 되는 긴 막대를 휘둘러도 아무것도 거치거나 걸릴 것이 없다는 뜻으로, 가난한 집안이라 세간이 아무것도 없음을 비유적으로 이르는 말. 2. 주위에 조심스러운 사람도 없고 아무것도 거리낄 것이 없음을 비유적으로 이르는 말. [비] 횅한 빈 집에서 서 발 막대 거칠 것 없다.

서울 (가서) 김 서방 찾는다[찾기]

넓은 서울 장안에 가서 주소도 모르고 덮어놓고 김 서방을 찾는다는 뜻으로, 주소도 이름도 모르고 무턱대고 막연하게 사람을 찾아가는 경우를 비유적으로 이르는 말.

서울 가 본 놈하고 안 가 본 놈하고 싸우면 서울 가 본 놈이 못 이긴다

실지로 해 보거나 직접 눈으로 본 사람은 사실대로만 말하지만, 실지로 해 보거나 직접 눈으로 보지 아니한 사람은 오히려 더 그럴듯한 이론이나 과장된 이야기를 말해서 더 그럴듯하고 더 엄청나게 이야기함을 비유적으로 이른 말.

서울 김 서방 집도 찾아간다

어디에 있는지를 잘 모르는 사람이나 물건도 찾으려고만 하면 어떻게든 찾아낼 수 있음을 비유적으로 이르는 말.

서울 놈의 글 꼭질 모른다고 말꼭지야 모르랴

글을 모른다고 말꼭지조차 모를 줄 아느냐는 뜻으로, 글을 모른다고 너무 무시하지 말 것을 비유적으로 이르는 말.

서울 사람[놈]은 비만 오면 풍년이란다

서울 사람이 농사일에 대하여 전혀 모름을 놀림조로 이르는 말.

서울 사람을 못 속이면 보름을 똥을 못 눈다

시골 사람이 서울 사람을 못 속이면 보름 동안 똥을 못 눌 정도로 속을 태운다는 뜻으로, 시골 사람 중에 서울 사람을 속이려는 사람이 많음을 이르는 말. [비] 시골 놈이 서울 놈 못 속이면 보름씩 배를 앓는다.

서울 소식은 시골 가서 들어라

서울에서 벌어진 사건에 대한 소식 중의 어떤 것은 시골에 먼저 퍼진다는 뜻으로, 자기 주위의 일은 먼 데 사람이 더 잘 아는 경우가 많음을 비유적으로 이르는 말.

서울 아침이다
옛날 서울 양반집 아침처럼 아침이 매우 늦음을 비유적으로 이르는 말.

서울에 가야 과거도 본다
서울에 가야 과거를 보든지 말든지 한다는 뜻으로, 우선 목적지에 가 봐야 어떤 일이 이루어지든지 말든지 한다는 것을 비유적으로 이르는 말.

서울이 낭이라
서울은 낭떠러지와 같다는 뜻으로, 서울 인심이 야박함을 비유적으로 이른 말.

서울이 낭이라니까 과천[삼십 리]부터 긴다
서울 인심이 야박하여 낭떠러지와 같다는 말만 듣고 미리부터 겁을 먹는다는 뜻으로, 비굴하게 행동하는 짓을 비유적으로 이르는 말. [비] 서울이 무섭다니까 남태령[새재]부터 긴다.

서천에 경 가지러 가는 사람은 가고 장가들 사람은 장가든다
서로 같은 목적으로 동행하다가 갑자기 변하여 각자 자기 좋은 대로 행동하는 경우를 비유적으로 이르는 말.

서천에서 해가 뜨겠다
해가 뜰 리 없는 서쪽 하늘에서 해가 뜨겠다는 뜻으로, 너무나도 뜻밖의 일임을 비유적으로 이르는 말.

서캐 훑듯
하나도 빠뜨리지 아니하고 샅샅이 뒤져 조사하는 경우를 비유적으로 이른 말.

서투른 도둑(이) 첫날밤에 들킨다
어쩌다 한번 못된 짓을 해 본 것이 공교롭게 바로 들킨 경우를 비유적으로 이르는 말.

서투른 무당이 장구만 나무란다
자기 기술이나 능력이 부족한 것은 생각하지 않고 애매한 도구나 조건만 가지고 나쁘다고 탓함을 비꼬는 말. [비] 국수를 못하는 년이 피나무 안반만 나무란다. 서투른 과방이 안반 타박한다. 서투른 무당이 마당 기울다 한다. 서투른 숙수가 (피나무) 안반만 나무란다. 선무당이 마당 기울다 한다. 선무당이 장구만 나무란다. 선무당이 장구 탓한다.

서투른 시객이 평측을 가리랴

한시를 잘 못 짓는 사람이 한자음의 높낮이를 맞추어서 시를 지을 수 있겠는 가라는 뜻으로, 일을 잘 못하는 주제에 까다로운 법칙까지 다 알아서 할 수 있을 리 없음을 비유적으로 이르는 말.

서투른 풍수 집안만 망쳐 놓는다

무슨 일에 잘 알지 못하면서 아는 체하여 일을 하다가 아주 크게 그르치는 경우를 비유적으로 이르는 말.

서푼짜리 집에 천 냥짜리 문호

서푼짜리 초라한 집을 지어 놓고 대문은 천 냥짜리로 요란하게 만들어 달았다는 뜻으로, 크고 값지게 만들어야 할 것은 작게 하고 작아야 할 것은 요란하게 만들어 주객이 바뀐 경우를 비유적으로 이르는 말.

서 홉에도 참견 닷 홉에도 참견

서 홉을 되는데도 많다 적다 하고 다섯 홉을 되는데도 이러쿵저러쿵 쓸데없이 참견한다는 뜻으로, 부질없이 아무 일에나 참견함을 비유적으로 이르는 말.

석 달 장마에도 개부심이 제일

1. 끝판에 가서야 평가가 가능한 경우를 비유적으로 이르는 말. 2. 끝마무리가 중요함을 비유적으로 이르는 말.

석류는 떨어져도 안 떨어지는 유자를 부러워하지 않는다

석류와 유자는 모두 신맛이 나는 열매이지만 석류는 익으면 떨어지고 유자는 안 떨어져 서로 다른 특성을 가지고 있는 데서 누구나 다 저 잘난 멋에 살게 마련이라는 말.

석새베에 씨도 안 든다

일솜씨가 매우 거칠고 엉성함을 비유적으로 이르는 말.

석새베에 열새 바느질

1. 굵은 베천에 섬세하게 바느질을 한다는 뜻으로, 아무리 허름한 것이라도 솜씨가 좋고 정성이 있으면 훌륭한 물건을 만들 수 있음을 비유적으로 이르는 말. 2. 솜씨는 좋은데 재료가 나빠 서로 어울리지 아니할 때에 솜씨가 아까움을 이르는 말.

석새에서 한 새 빠진 소리 한다
석새에서 한 새가 빠졌으니 가운데가 비었다는 뜻으로, 실없는 소리를 하는 경우를 비꼬는 말.

석새짚신에 구슬 감기
거칠게 만든 하찮은 물건에 고급스러운 물건을 사용한다는 뜻으로, 격에 어울리지 않는 모양이나 차림새를 비유적으로 이른 말. [비] 짚신에 국화 그리기.

석수장이 눈깜작이부터 배운다
1. 돌을 쪼는 석수장이가 돌가루가 눈에 들어갈까 봐 눈을 깜작거리는 것부터 배운다는 뜻으로, 일의 내용보다도 형식부터 본뜨려 드는 것을 비꼬는 말. 2. 처음에는 쉽고 낮은 기술부터 배우게 됨을 비유적으로 이르는 말.

석숭의 재물도 하루
아침석숭의 재물과 같이 큰 재산도 쉽게 없어진다는 말.

석 자 베를 짜도 베틀 벌이기는 일반
석 자밖에 안 되는 베를 짜려고 해도 어차피 베틀을 벌여야 한다는 뜻으로, 일이 많으나 적으나 그 준비에 드는 수고는 마찬가지임을 비유적으로 이른 말.

선가 없는 놈이 배에 먼저 오른다
뱃삯으로 낼 돈도 없는 주제에 배에는 염치없이 먼저 오른다는 뜻으로, 실력 없는 사람이 오히려 실력 있는 사람보다 앞서서 덤벙대거나 서두름을 놀림조로 이르는 말.

선떡 가지고 친정에 간다
1. 제대로 익지 아니한 선떡을 하여 가지고 친정집에 찾아간다는 뜻으로, 변변찮고 성의 없는 선물을 함을 비유적으로 이르는 말. 2. 스스럼없이 가까이 지내는 데에는 그리 좋지 못한 선물을 가지고 가도 흥이 되지 아니함을 비유적으로 이르는 말.

선떡 먹고 체하였나 웃기는 왜 웃나
별로 우습지도 아니한 일에 실없이 잘 웃는 사람을 핀잔하는 말. [비] 사돈이 물에 빠졌나 웃기는 왜 웃어.

선떡 받듯이
흡족하지 아니하거나 못마땅해하는 태도를 비유적으로 이르는 말.

선떡이 부스러진다
떡이 채 익지 아니하면 푸슬푸슬 부스러진다는 뜻으로, 어설프게 한 일은 곧 나쁜 결과를 가져옴을 비유적으로 이르는 말.

선무당이 사람 속인다
능하지도 잘 알지도 못하는 서투른 자가 사람을 속여 넘기는 경우를 이른 말.

선무당이 사람 잡는다[죽인다]
의술에 서투른 사람이 치료해 준다고 하다가 사람을 죽이기까지 한다는 뜻으로, 능력이 없어서 제구실을 못하면서 함부로 하다가 큰일을 저지르게 됨을 비유적으로 이르는 말. [비] 어설픈 약국이 사람 죽인다.

선반에서 떨어진 떡
선반 위에 있던 떡이 떨어져 아무런 힘도 들이지 않고 그것을 차지하게 되었다는 뜻으로, 힘 들이지 않고 큰 이익을 보게 됨을 비유적으로 이르는 말.

선병자 의(醫)라
1. 먼저 앓은 사람이 그 병에 경험이 있어서 뒤에 앓는 이의 병을 고칠 수 있음을 이르는 말. 2. 어떤 일에 먼저 경험을 쌓은 사람이 남을 가르칠 수 있음을 비유적으로 이르는 말.

선봉대장 투구 쓰듯
옛날 군대의 선봉대장이 굉장히 큰 투구를 뒤집어쓰고 완전 무장을 했듯이 무엇을 머리 위로부터 푹 내려 쓴 모양을 비유적으로 이르는 말.

선불 맞은 노루[날짐승] 모양
선불을 맞아 혼이 난 노루나 날짐승처럼 당황하여 마구 날뛰는 모양을 비유적으로 이르는 말.

선불 맞은 호랑이 (뛰듯)
선불을 맞은 호랑이가 분에 못 이겨 매우 사납게 날뛰듯이 마구 날뛰는 모양을 비유적으로 이르는 말.

선비 논 데 용 나고 학이 논 데 비늘이 쏟아진다
훌륭한 사람의 자취나 착한 행실은 반드시 좋은 영향을 끼친다는 것을 비유적으로 이르는 말.

선생의 똥은 개도 안 먹는다

선생 노릇 하기가 무척 어렵고 힘듦을 비유적으로 이르는 말. [비] 초학 훈장의 똥은 개도 안 먹는다.

선손질 후 방망이
먼저 손을 쓰면 뒤에 방망이를 맞는다는 뜻으로, 남을 해롭게 하면 뒤에 자신은 그보다 더 큰 해를 입게 됨을 비유적으로 이르는 말.

선영 명당(에) 바람이 난다
조상의 무덤을 잘 쓴 덕에 자손이 훌륭하게 됨을 비유적으로 이르는 말.

선왕재하고 지벌 입는다
죽어서 극락에 가게 해 달라고 부처에게 선왕재를 올렸는데 오히려 신불이 노하여 벌을 내렸다는 뜻으로, 잘되기를 바라고 공을 들였는데 도리어 화를 입게 됨을 비유적으로 이르는 말.

선 의원 사람 죽이고 선무당 사람 살린다
1. 서투른 의사를 두고 미덥지 못하다는 뜻으로 이르는 말. 2. 의사보다는 무당을 불러 굿을 하는 것이 낫다고 여기는 것을 비유적으로 이르는 말.

선짓국을 먹고 발등걸이를 하였다
선짓국을 먹고 발등걸이를 당한 것 같은 얼굴빛이라는 뜻으로, 술을 먹고 얼굴이 불그레해진 사람을 비유적으로 이르는 말. [비] 원숭이 볼기짝인가.

섣달 그믐날 개밥 퍼 주듯
결혼 적령기를 넘긴 여자가 홧김에 개밥을 푹푹 퍼 준다는 뜻으로, 무엇을 너무 많이 헤프게 퍼 주는 경우를 비유적으로 이르는 말.

섣달 그믐날 시루 얻으러 가다니[다니기]
어느 집이나 다 시루를 쓰는 섣달 그믐날에 남의 집에 시루를 얻으러 다닌다는 뜻으로, 되지도 않을 일에 애를 쓰는 미련한 짓을 비유적으로 이르는 말.

섣달 그믐날 흰떡 맞듯
섣달 그믐날에 흰떡이 떡메에 맞는다는 뜻으로, 몹시 두들겨 맞는 모습을 비유적으로 이르는 말. [비] 등줄기에서 노린내가 나게 두들긴다. 복날(에) 개 맞듯.

섣달에 들어온 머슴이 주인마누라 속곳 걱정한다
머슴이 주제넘게 주인집 일을 걱정한다는 뜻으로, 저와는 아무 상관도 없는 일을 지나치게 걱정하는 경우를 비꼬는 말.

섣달이 둘[열아홉]이라도 시원치 않다
섣달이 아무리 많아도 모자란다는 뜻으로, 시일을 아무리 늦추어도 일의 성공을 기약하기 어려운 경우를 비유적으로 이르는 말.

설날에 옴 오르듯
희망차고 즐거워야 할 새해 첫날부터 옴이 오른다는 뜻으로, 재수가 없음을 비유적으로 이르는 말.

설 때 궂긴 아이가 날 때도 궂긴다
배 속에 처음 생길 때부터 힘든 아이는 태어날 때도 고생한다는 뜻으로, 처음 시작이 순조롭지 못하면 내내 순조롭지 못함을 이르는 말. 비] 설 제 궂긴 아이가 날 제도 궂긴다.

설마가 사람 죽인다[잡는다]
그럴 리야 없을 것이라 마음을 놓거나 요행을 바라는 데에서 탈이 난다는 뜻으로, 요행을 바라지 말고 있을 수 있는 모든 것을 미리 예방해 놓아야 한다는 말.

설 사돈 있고 누울 사돈 있다
같은 경우라도 사람에 따라 대하는 태도가 다름을 비유적으로 이르는 말.

설삶은 말[소] 대가리
1. 고집이 세어 말을 알아듣지 못하는 사람을 비유적으로 이르는 말. 2. 격에 어울리지 아니하게 멋대가리 없는 모습을 비유적으로 이르는 말.

설 쇤 무
가을에 뽑아 둔 무가 해를 넘기면 속이 비고 맛이 없다는 뜻으로 한창때가 지나 볼 것이 없게 됨을 이르는 말. [비] 삼십 넘은 계집.

설 자리 앉을 자리 모른다
자기가 서야 할 자리와 앉아야 할 자리도 분간하지 못한다는 뜻으로, 환경이나 조건에 맞게 처신하려면 어떻게 하여야 하는지 알아야 하는데 그 기본적인 처신조차 제대로 분간하지 못함을 이르는 말.

섬 속에서 소 잡아먹겠다
작은 섬 속에서 큰 소를 잡아먹겠다는 뜻으로, 하는 짓이 옹졸하고 답답하며 근시안적임을 비유적으로 이르는 말.

섬 진 놈 멱 진 놈
섬거적을 진 사람과 멱둥구미를 진 사람이라는 뜻으로, 가지각색의 어중이떠중이를 비유적으로 이르는 말. [비] 멱 진 놈 섬 진 놈.

섬 틈에 오쟁이 끼겠나
볏섬을 쌓고 그 사이사이에 또 오쟁이까지 끼워 둘 셈이냐는 뜻으로, 재산 있는 사람이 더 무섭게 재물을 아끼고 탐하는 경우를 비유적으로 이르는 말.

섭산적이 되도록 맞았다
쇠고기를 잘게 다져 만든 섭산적과 같이 살이 갈가리 찢어지고 떨어졌다는 뜻으로, 매우 심하게 두들겨 맞음을 비유적으로 이르는 말.

성균관 개구리
성균관의 선비들이 줄곧 앉아서 글을 외우는 것이 마치 개구리가 우는 것 같다는 뜻으로, 자나 깨나 글만 읽는 사람을 비유적으로 이르는 말.

성급한 놈 술값 먼저 낸다
성급한 사람은 술을 얼마나 먹을지도 모르면서 먼저 술값을 치른다는 뜻으로, 성미가 급한 사람은 손해를 보기 마련임을 비유적으로 이르는 말.

성나 바위 차기
잔뜩 성이 난 마음을 가라앉히지 못하고 화풀이로 바위나 돌을 찬다는 뜻으로, 성이 난다고 앞뒤를 가리지 못하고 분별없이 화풀이하다가 자기에게 해가 될 부질없는 행동을 하는 경우를 비꼬는 말. [비] 성난 끝에 돌차기. 성내어 바위를 차니 발부리만 아프다.

성난 황소 영각하듯
성난 황소가 크게 울듯이 무섭게 고함치는 모양을 비유적으로 이르는 말.

성 바꿀 놈
성질이나 품행 따위가 좋지 아니한 사람을 속되게 이르는 말.

성 쌓고 남은 돌
1. 성을 다 쌓은 다음에 남아도는 돌멩이라는 뜻으로, 쓰일 자리에 쓰이지 못하고 남아 쓸모가 없어진 것을 비유적으로 이르는 말. 2. 혼자 남아 외로운 신세를 비유적으로 이르는 말.

성은 피가(皮哥)라도 옥관자[동지] 맛에 다닌다

성은 비록 양반이 못 되는 피씨 성을 가졌을지라도 옥관자를 망건에 단 멋에 우쭐대며 다닌다는 뜻으로, 본바탕은 변변치 않은 사람이 겉모양을 뽐내며 거들먹거리는 경우를 비꼬는 말.

성인군자 같은 사람도 남의 첩 노릇을 하면 변한다

아무리 성인군자 같은 사람도 남의 첩 노릇을 하다 보면 어쩔 수 없이 첩살이를 하는 다른 계집들처럼 앙큼하고 요사스럽게 변하게 됨을 비유적으로 이르는 말.

성인 그늘이 팔십 리를 간다

성인의 덕이 널리 미침을 비유적으로 이르는 말.

성인도 시속을 따른다

성인군자도 시대적 풍속을 따라 임기응변을 하며 산다는 뜻으로, 보통 사람이 시속에 따라 사는 것은 더 말할 나위가 없음을 비유적으로 이르는 말.

성인도 제 그름을 모른다

보통 사람이 자기의 결점을 알기가 매우 어려움을 비유적으로 이르는 말.

성인도 하루에 죽을 말을 세 번 한다

성인이라 하더라도 하루에 세 번씩은 말실수를 하기 마련이라는 뜻으로, 아무리 훌륭한 사람이라도 실수는 하는 법이니 실수했다고 너무 걱정하지 말라는 말.

성인 못 된 기린

전설에 성인이 되면 기린이 나타난다는 데서 나온 말로, 성인이 되지 못한 기린의 신세와 같이 쓸모없고 보람 없는 처지에 있는 사람을 비유적으로 이른 말.

성인 벼락 맞는다

세상인심이 사나워서 착하고 어진 사람이 도리어 큰 환난을 입기 쉬움을 비유적으로 이르는 말.

성인은 미치광이 말도 가려 쓴다

성인은 미치광이가 하는 말도 듣고 나서 받아들일 것은 받아들인다는 뜻으로, 누구의 말이든 귀담아듣고 옳은 말은 받아들여야 함을 비유적으로 이르는 말.

성현이 나면 기린이 나고 군자가 나면 봉이 난다

어진이나 임금이 나와 나라를 잘 다스리면 기린이나 봉황이 나타나는 것과 같은 상서로운 일도 있게 됨을 이르는 말.

섶을 지고 불로 들어가려 한다
당장에 불이 붙을 섶을 지고 이글거리는 불 속으로 뛰어든다는 뜻으로, 앞뒤 가리지 못하고 미련하게 행동함을 놀림조로 이르는 말.

세 끼 굶은 시어머니 상판 같다
보기 흉할 정도로 몹시 찌푸린 얼굴을 비유적으로 이르는 말.

세난 장사 말랬다
장사를 하되 잘 팔린다고 하여 마구 팔면 이익은 없고 되레 손해만 생기기 쉽다는 말.

세 닢짜리 십만 냥짜리 흉본다
하찮은 존재가 감히 비교도 할 수 없는 대상을 흉보거나 시비함을 비유적으로 이르는 말.

세모시 키우는 사람하고 자식 키우는 놈은 막말을 못한다
세모시를 키우는 일과 자식을 키우는 일은 뜻대로 되지 않으니 막말을 하여서는 안 된다는 말.

세물전 영감이다
아는 것이 매우 많은 사람을 비유적으로 이르는 말.

세 사람만 우겨대면 없는 호랑이도 만들어 낼 수 있다
1. 셋이 모여 우겨대면 누구나 곧이듣게 된다는 뜻으로, 여럿이 힘을 합치면 안 되는 일이 없음을 비유적으로 이르는 말. 2. 여럿이 떠들어 소문내면 사실이 아닌 것도 사실처럼 됨을 비유적으로 이르는 말.

세 살 난 아이 물가에 놓은 것 같다
철없는 아이가 언제 물로 기어 들어갈지 잠시도 마음을 놓을 수 없다는 뜻으로, 당장 무슨 일이 날 것 같이 위태로워서 마음을 놓지 못함을 비유적으로 이르는 말.

세 살 먹은 아이도 제 손의 것 안 내놓는다
세 살 난 아이조차도 제가 쥔 것은 내놓으려 하지 아니한다는 뜻으로, 사람은 누구나 제 것은 내놓기 싫어함을 비유적으로 이르는 말.

세 살 먹은 아이 말도 귀담아들으랬다

어린아이가 하는 말이라도 일리가 있을 수 있으므로 소홀히 여기지 말고 귀담아들어야 한다는 뜻으로, 남이 하는 말을 신중하게 잘 들어야 함을 비유적으로 이르는 말. [비] 늙은이도 세 살 먹은 아이 말을 귀담아들으랬다. 아이 말도 귀여겨들으랬다. 어린아이 말도 귀담아들어라. 업은 아기 말도 귀담아들으랬다. 업은 자식에게 배운다. 팔십 노인도 세 살 먹은 아이한테 배울 것이 있다.

세 살에 도리질한다

1. 도리질은 돌 전에 하는 것인데 세 살이 되어서야 겨우 도리질을 한다는 뜻으로, 나이에 비하여 사람됨이 성숙하지 못함을 비유적으로 이르는 말. 2. 학문의 진도나 사업의 경영이 남보다 늦음을 비유적으로 이르는 말.

세 살 적 버릇[마음]이 여든까지 간다

어릴 때 몸에 밴 버릇은 늙어 죽을 때까지 고치기 힘들다는 뜻으로, 어릴 때부터 나쁜 버릇이 들지 않도록 잘 가르쳐야 함을 비유적으로 이르는 말. [비] 어릴 적 버릇은 늙어서까지 간다.

세 살 적부터 무당질을 하여도 목두기 귀신은 못 보았다

오랫동안 여러 사람을 겪어 보았으나 그 같은 사람이나 일은 처음임을 비유적으로 이르는 말. [비] 무당질 십 년에 목두기란 귀신은 처음 보았다.

세상모르고 약은 것이 세상 넓은 못난이만 못하다

아무리 약아도 보고 들은 것이 별로 없는 사람은 보고 들은 것이 많은 못난이를 이길 수 없다는 뜻으로, 많이 보고 듣는 것이 중요하다는 말.

세상에서 원형이정(元亨利貞)이 제일이라

세상을 잘 살려면 무엇보다도 사물의 근본 이치에 따라 행하여야 한다는 말.

세상은 각박해도 인정은 후덥다

세상이 아무리 모질고 사나워도 사람들 사이의 인정은 두터움을 비유적으로 이르는 말.

세상은 넓고도 좁다

1. 처음에는 서로 모르는 사이지만 이리저리 따지고 보면 서로 알 만한 처지인 경우를 이르는 말. 2. 서로 멀리 떨어져 있는 곳에서 우연히 아는 사람과 만나는 경우를 이르는 말.

세세한 도장에 범이 든다

너무 세세하고 까다롭게 구는 집에 오히려 큰 잘못이 생기기 쉽다는 말.

세월에 속아 산다
사람이란 현재 살아가는 것이 변변하지 못하여도 앞으로는 나아지겠거니 하는 막연한 희망을 가지고 살아간다는 말.

세월은 사람을 기다려 주지 않는다
무슨 일을 하든지 시간을 아껴서 부지런히 힘써야지 꾸물거리다가는 하여야 할 일을 못하고 만다는 말.

세월이 가는지 오는지도 모른다
1. 매우 무사태평함을 비유적으로 이르는 말. 2. 어떤 일에 정신이 팔려 시간이 얼마나 흘렀는지도 모름을 비유적으로 이르는 말.

세월이 약
아무리 가슴 아프고 속에 맺혔던 일도 시간이 흐르고 나면 자연히 잊게 된다는 말.

세전 토끼(라)
태어나서 첫 번째 설을 쇠기 전의 어린 토끼는 늘 같은 길로만 다닌다는 뜻으로, 융통성이 전혀 없음을 비유적으로 이르는 말.

세 좋아 인심 얻어라
형편이 좋을 때에 좋은 일을 많이 해서 인심을 얻어 두어야 한다는 말.

세 치 혀가 사람 잡는다[죽인다]
세 치밖에 안 되는 짧은 혀라도 잘못 놀리면 사람이 죽게 되는 수가 있다는 뜻으로, 말을 함부로 하여서는 안 됨을 비유적으로 이르는 말.

세코짚신에는 제날이 좋다
짚신의 씨가 짚이면 날도 짚이 좋다는 뜻으로, 무엇이든지 분수에 알맞은 것이 가장 좋다는 말. 특히 분수에 맞는 배필을 구하는 것이 좋다는 말. [비] 짚신도 제날이 좋다.

셈 센 아버지가 참는다
사물을 분별하는 슬기가 더 많은 아버지가 어리석은 자식의 말에 참는다는 뜻으로, 사리를 모르고 떠드는 사람에게 점잖은 이가 도리어 참는다는 말.

소가 짖겠다

너무나 어처구니없는 일을 본 경우를 이르는 말.

소가 크면[세면] 왕 노릇 하나

소가 아무리 크고 힘이 세다 할지라도 왕 노릇은 할 수 없다는 뜻으로, 힘만 가지고는 결코 큰일을 못하며 반드시 훌륭한 품성과 지략을 갖추어야 됨을 비유적으로 이르는 말. [비] 기운이 세면 소가 왕 노릇 할까. 기운이 세면 장수 노릇 하나. 힘 많은 소가 왕 노릇 하나. 힘센 소가 왕 노릇 할까.

소 갈 데 말 갈 데 (가리지 않는다)

어떤 목적을 위하여서는 그 어떤 궂은 데나 험한 데라도 가리지 아니하고 어디나 다 돌아다님을 비유적으로 이르는 말.

소같이 벌어서[일하고] 쥐같이 먹어라

소같이 꾸준하고 힘써 일하여 많이 벌어서는 쥐같이 조금씩 먹으라는 뜻으로, 일은 열심히 하여서 돈은 많이 벌고 생활은 아껴서 검소하게 하라는 말.

소경 개천 나무란다

개천에 빠진 소경이 제 결함은 생각지 아니하고 개천만 나무란다는 뜻으로, 자기 결함은 생각지 아니하고 애꿎은 사람이나 조건만 탓하는 경우를 비유적으로 이르는 말. [비] 눈먼 탓이나 하지 개천 나무래 무엇 하나. 봉사 개천 나무란다. 소경 개천 그르다 하여 무얼 해. 소경이 그르냐 개천이 그르냐. 장님 개천 나무란다.

소경 눈치 보아 뭘 하나 점 잘 치면 됐지

점쟁이 소경이야 점이나 잘 치면 됐지 보지도 못하는 눈으로 눈치는 봐서 뭘 하겠느냐는 뜻으로, 사람은 제 할 일을 잘해서 실속을 차려야지 남의 눈치나 보아 가며 형세에 따라 살아서는 안 된다는 말.

소경더러 눈멀었다 하면 노여워한다

사람은 자기가 알고 있는 부족한 점이라도 남이 그 결점을 들어 지적하면 싫어함을 비유적으로 이르는 말.

소경 매질하듯[팔매질하듯]

1. 앞을 보지 못하는 사람처럼 가리지 아니하고 아무 데나 마구 치는 모양을 비유적으로 이르는 말. 2. 옳고 그름을 판단할 줄도 모르는 사람이 젠체하고 남을 비판하는 경우를 비유적으로 이르는 말. 3. 일의 결과, 목표, 대상 따위를 따져 보지도 아니하고 일을 함부로 처리하거나 덤비는 모양을 비꼬는 말.

소경 맴돌이 시켜 놓은 것 같다

한꺼번에 너무 많은 일을 겪어 어리둥절한 모양을 비유적으로 이르는 말.

소경 머루 먹듯

좋고 나쁜 것을 분별하지 못하고 이것저것 아무것이나 취하는 모양을 비유적으로 이르는 말. [비] 들녘 소경 머루 먹듯.

소경 북자루 쥐듯

제대로 하지도 못하면서 어떤 일이나 물건 따위를 무턱대고 꼭 쥐고 놓지 아니하는 모양을 비유적으로 이르는 말.

소경 시집 다녀오듯

내용도 잘 모른 채 그저 다녀오라니까 무턱대고 다녀오기만 하여 심부름을 제대로 하지 못하는 모양을 비유적으로 이르는 말.

소경 아이 낳아 만지듯

무엇을 제대로 다루지 못하고서 어름어름 더듬기만 하는 모양을 비유적으로 이르는 말. [비] 소경 갓난아이 더듬듯.

소경의 안질

있으나 마나 아무 상관이 없는 것을 비유적으로 이르는 말.

소경의 초하룻날

초하룻날에는 많은 사람들이 점쟁이 소경에게 점을 보려고 모여들어 벌이가 좋다는 데서, 운수가 좋아 수입이 많은 경우를 비유적으로 이르는 말.

소경이 넘어지면 막대[지팡이] 탓이다

제가 저지른 실수나 잘못의 원인을 자기 자신한테서 찾지 아니하고 애꿎은 사람이나 조건만 탓하는 경우를 비유적으로 이르는 말. [비] 넘어지면 막대 타령이라.

소경이 장 먹듯

내용도 모르고 무슨 일을 그저 어림짐작으로만 처리하는 경우를 비유적으로 이르는 말. [비] 소경 장 떠먹기.

소경이 저 죽을 날 모른다

남의 앞날을 알려 주는 점쟁이 소경도 자기 죽을 날은 알지 못한다는 뜻으로, 남의 일에 대하여 무엇이나 다 잘 아는 체하면서 자기 앞날의 일은 알지 못함을 비유적으로 이르는 말.

소경이 코끼리 만지고 말하듯
코끼리를 보지 못하는 소경이 큰 코끼리의 어느 한 부위를 만지고서 전체를 평하여 말한다는 뜻으로, 객관적 현실을 잘 모르면서 일면만 보고 해석하는 경우를 비유적으로 이르는 말. [비] 소경 코끼리 배 만진 격.

소경 잠자나 마나
일을 하나 하지 않으나 별로 차이가 없다는 말. [비] 곱사등이 짐 지나 마나. 귀머거리 귀 있으나 마나. 귀머거리 들으나 마나. 봉사 안경 쓰나 마나. 뻗정다리 서나 마나. 앉은뱅이 앉으나 마나. 장님 잠자나 마나.

소경 제 닭 잡아먹기
소경이 횡재라고 좋아한 것이 알고 보니 제 것이었다는 뜻으로, 이익을 보는 줄 알고 한 일이 결국은 자기 자신에게 손해가 되거나 아무런 이익이 없는 경우를 비유적으로 이르는 말. [비] 소경 제 호박 따기.

소경 죽이고 살인 빚을 갚는다
변변하지 못한 것을 상하게 한 대가로 변변한 것을 물어 주는 경우를 비유적으로 이르는 말.

소경 죽이고 살인 춘다
헛일을 하고 그로 인하여 톡톡히 화를 입는 경우를 비유적으로 이르는 말. [갈] 소경 죽이고 살인 빚을 갚는다.

소경 집 보다
할 수 없는 일을 하는 경우를 비유적으로 이르는 말.

소경 파밭 두드리듯[매듯]
1. 일을 어림짐작도 없이 함부로 하여 일을 도리어 어지럽게 만들어 놓는 경우를 비유적으로 이르는 말. 2. 분수없이 함부로 행동하는 경우를 비유적으로 이르는 말.

소경 팔양경 외듯
무슨 뜻인지도 모르고 혼자서 흥얼흥얼 외우는 모양을 이르는 말. [비] 아동판수 육갑 외듯. 중이 팔양경(八陽經) 읽듯.

소 궁둥이에다 꿀을 던진다

1. 아무리 힘쓰고 밑천을 들여도 보람이 없음을 비유적으로 이르는 말. 2. 몹시 둔하여 깨닫지 못할 사람에게는 아무리 교육을 시켜도 효능이 없음을 비유적으로 이르는 말.

소금도 곰팡 난다
절대 상하지 아니할 것이라고 생각하는 소금도 상할 때가 있다는 뜻으로, 무슨 일이든 절대 탈이 생기지 아니한다고 장담할 수는 없다는 말.

소금도 없이 간 내먹다
1. 준비나 밑천도 없이 큰 이득을 보려 하는 경우를 비꼬는 말. 2. 매우 인색함을 비꼬는 말.

소금 먹던 게 장을 먹으면 조갈병에 죽는다
소금만 먹던 이가 장맛을 보고는 좋다고 너무 먹다가 조갈이 든다는 뜻으로, 없이 살던 사람이 돈이 좀 생기면 사치에 빠지기 쉽다는 말.

소금 먹은 놈이 물켠다
무슨 일이든 거기에는 반드시 그렇게 된 까닭이 있음을 비유적으로 이른 말. [비] 먹는 놈이 똥을 눈다. 먹는 소가 똥을 누지. 소금 먹은 소가 물을 켜지.

소금 먹은 소 굴우물 들여다보듯
소금 먹은 소가 목이 말라 깊은 굴우물을 들여다보며 안타까워한다는 뜻으로, 무엇을 골똘하게 궁리하거나 해결 방도를 찾지 못하여 애쓰는 모양을 비유적으로 이르는 말. [비] 목마른 송아지 우물 들여다보듯.

소금 먹은 푸성귀
기가 죽어 후줄근한 사람을 비유적으로 이르는 말.

소금 섬을 물로 끌라고 해도 끈다
소금 섬을 물로 끌면 소금이 녹아 없어져서 애쓴 보람도 없이 일을 망치고 마는 데도 아무 생각 없이 남이 시키니까 한다는 뜻으로, 무슨 일이든 시키는 대로 맹목적으로 하는 경우를 비유적으로 이르는 말. [비] 여울로 소금 섬을 끌래도 끌지.

소금 실은 배만 하다
소금 실은 배가 소금기가 배어서 조금은 짜다는 뜻으로, 아주 남은 아니고 아주 먼 인척 관계와 같이 약간 관계가 있는 경우를 이르는 말.

소금에 아니 전 놈이 장에 절까

소금에 절여도 그대로인 것이 소금기가 덜한 장으로 절인다고 절여지겠느냐는 뜻으로, 더 큰 흉계나 모략도 이겨 낸 사람이 그보다 작은 어지간한 일에 못 견딜 리가 없다는 말.

소금이 쉰다

틀림없다고 믿었던 일이 뜻밖에 어긋났을 경우를 비유적으로 이르는 말.

소금이 쉴까

어떤 일에도 절대로 굽히거나 변하지 아니하고 틀림없어 매우 미더움을 강조하여 이르는 말.

소금이 쉴 때까지 해보자

시간이 오래 걸리더라도 어떤 일에 대하여 반드시 끝장을 내겠다는 말.

소나기 삼 형제

소나기가 대체로 내렸다 멎었다 하면서 세 줄기로 오는 것을 비유적으로 이르는 말.

소나무가 무성하면 잣나무도 기뻐한다

가까운 동료나 친구 또는 자기편 사람이 잘되면 좋아한다는 말.

소년고생은 사서 하랬다

젊었을 때 겪은 고생은 장래를 위하여 좋다는 말.

소는 농가의 조상

농가에서는 소가 매우 중요하므로 조상같이 위한다는 말.

소 닭 보듯 (닭 소 보듯)

서로 무심하게 보는 모양을 비유적으로 이르는 말. [비] 개 닭 보듯.

소대성이 모양으로 잠만 자나

잠이 많은 사람을 놀림조로 이르는 말. [비] 소대성이 이마빡 쳤나.

소댕으로 자라 잡듯

그저 모양만 비슷한 전혀 다른 물건을 가지고 와서 딴소리를 하는 경우를 비유적으로 이르는 말.

소더러 한 말은 안 나도 처더러 한 말은 난다

소에게는 무슨 말을 하여도 절대로 다시 옮기는 일이 없어 새어 나가지 아니하지만 처나 가까운 가족에게 한 말은 어김없이 새어 나가기 마련이라는 뜻으로, 아무리 다정한 사이라도 말을 조심하여서 가려 하여야 함을 비유적으로 이르는 말. [비] 소 앞에서 한 말은 안 나도 어미[아버지] 귀에 한 말은 난다. 아내에게 한 말은 나도 소에게 한 말은 나지 않는다. 어미한테 한 말은 나고 소한테 한 말은 안 난다.

소도 언덕이 있어야 비빈다
언덕이 있어야 소도 가려운 곳을 비비거나 언덕을 디뎌 볼 수 있다는 뜻으로, 누구나 의지할 곳이 있어야 무슨 일이든 시작하거나 이룰 수가 있음을 비유적으로 이르는 말. [비] 도깨비도 수풀이 있어야 모인다.

소도적놈같이 생겼다
생김새가 몹시 흉악하고 우악스럽게 생겼다는 말.

소 뒷걸음질 치다 쥐 잡기
소가 뒷걸음질 치다가 우연히 쥐를 잡게 되었다는 뜻으로, 우연히 공을 세운 경우를 비유적으로 이르는 말.

소라가 똥 누러 가니 소라게 기어들었다
잠시 빈틈을 타서 남의 자리를 빼앗아 차지하는 짓을 비유적으로 이르는 말.

소라 껍질 까먹어도 한 바구니 안 까먹어도 한 바구니
무슨 일을 하고 났는데도 흔적이 남지 않는 경우를 비유적으로 이르는 말.

소리 없는 고양이 쥐 잡듯
고양이가 소리 없이 날쌔게 쥐를 잡듯 한다는 뜻으로, 말없이 솜씨 있게 일을 해냄을 비유적으로 이르는 말.

소리 없는 벌레가 벽을 뚫는다
아무 소리도 안 내고 꾸무럭거리는 벌레가 놀랍게도 벽에 구멍을 뚫는다는 뜻으로, 말없이 일을 하는 사람이 오히려 큰일을 이룸을 비유적으로 이르는 말.

소리 없는 총이 있으면 놓겠다
상대편을 매우 시기하고 몹시 미워한다는 말.

소매가 길면 춤을 잘 추고 돈이 많으면 장사를 잘한다
수단이나 밑천이 든든하면 성공하기 쉽다는 말.

소 먹이기 힘든데 괭이질을 어찌할까
풀밭에 묶어다 놓아 주기만 하면 되는 소도 먹이기조차 힘들다고 하는데 그보다 훨씬 더 힘든 괭이질은 어떻게 할 수 있겠느냐는 뜻으로, 일할 줄 모르는 선비를 비꼬는 말.

소문난 잔치에 먹을 것 없다
떠들썩한 소문이나 큰 기대에 비하여 실속이 없거나 소문이 실제와 일치하지 아니하는 경우를 비유적으로 이르는 말. [비] 소문난 물산(物産)이 더 안 되었다. 소문난 잔치 비지떡이 두레 반이라. 이름난 잔치 배고프다.

소문난 호랑이 잔등이 부러진다
세상에 떠들썩하게 소문이 나면 오히려 좋지 아니한 일이 끼어들기 쉽다는 말.

소문은 잘된 일보다 못된 것이 더 빠르다
나쁜 소문일수록 더 빨리 퍼진다는 말.

소여 대여(大輿)에 죽어 가는 것이 헌 옷 입고 볕에 앉았는 것만 못하다
죽어서 호화로운 소여나 대여를 타고 장례를 받는 것보다 차라리 헌 옷을 걸치고 따스한 햇볕을 쪼이는 것이 더 낫다는 뜻으로, 죽어서 대접받는 것보다 대접을 못 받아도 살아 있는 것이 낫다는 말.

소 잃고 외양간 고친다
소를 도둑맞은 다음에서야 빈 외양간의 허물어진 데를 고치느라 수선을 떤다는 뜻으로, 일이 이미 잘못된 뒤에는 손을 써도 소용이 없음을 비꼬는 말. [비] 말 잃고 외양간 고친다. 도둑맞고 사립[빈지] 고친다.

소 잡은 터전은 없어도 밤 벗긴 자리는 있다
큰 짐승인 소를 잡은 자리는 흔적이 없어도 하찮은 밤을 벗겨 먹고 남은 밤송이와 껍질은 남는다는 뜻으로, 나쁜 일이면 조그마한 것일지라도 잘 드러나게 마련임을 비유적으로 이르는 말.

소장의 혀
소진(蘇秦)과 장의(張儀)의 변설이라는 뜻으로, 매우 구변이 좋음을 이르는 말. [비] 말 잘하기는 소진(蘇秦) 장의(張儀)로군. 소진의 혀.

소전 뒤 글자 같다
소전의 글자가 닳아 제대로 알아보지 못하게 된 것 같다는 뜻으로, 남의 심중을 잘 알 수 없는 경우를 비유적으로 이르는 말. [비] 쇠천 뒤 글자 같다.

소 죽은 귀신 같다
소가 고집이 세고 힘줄이 질기다는 데서, 몹시 고집 세고 질긴 사람의 성격을 비유적으로 이르는 말. [비] 쇠 멱미레 같다.

소 죽은 넋을 덮어씌우다[덮어쓰다]
소가 움직이는 것처럼 행동이 매우 굼뜸을 비유적으로 이르는 말.

소증 나면 병아리만 쫓아도[봐도] 낫다
1. 생각이 간절하면 비슷한 것만 보아도 마음이 좀 풀린다는 것을 비유적으로 이르는 말. 2. 평소에 소식(素食)을 하던 사람이 어쩌다 육식을 하게 되면 더 고기를 먹고 싶어 함을 비유적으로 이르는 말.

소진이도 말 잘 못할 때가 있다
소진과 같이 말을 잘하는 사람도 말실수할 때가 있다는 뜻으로, 말실수를 하는 경우에 위로로 이르는 말.

소 탄 양반의 송사 결정이라
소 탄 양반에게 물으면 이래도 끄덕, 저래도 끄덕 하여 도무지 대중할 수 없음을 비유적으로 이르는 말.

소한의 얼음 대한에 녹는다
일이 반드시 순서대로 되지 아니할 때도 있음을 비유적으로 이르는 말. [갑] 대한이 소한의 집에 가서 얼어 죽는다.

소한 추위는 꾸어다가라도 한다
소한 때는 반드시 추운 법임을 강조하여 이르는 말.

소한테 물렸다
순하고 잘 따르는 짐승인 소한테 물렸다는 뜻으로, 엉뚱한 데에서 뜻밖의 손해를 본 경우를 이르는 말.

소 힘도 힘이요 새 힘도 힘이다
새의 힘이 소보다 약하기는 하지만 소의 힘과 마찬가지로 역시 힘은 힘이라는 뜻으로, 사람에게는 누구에게나 크나 작으나 각기 제 능력이 있음을 이른 말.

속 각각 말 각각
하는 말과 생각이 서로 다른 경우를 이르는 말.

속곳 벗고 함지박에 들었다

속곳 벗고 알몸이 된 채 몸뚱이 하나 가릴 수 없는 함지박 속에 뛰어들었다는 뜻으로, 옴짝달싹 못하고 낭패를 보게 됨을 비유적으로 이르는 말.

속곳 열둘 입어도 밑구멍은 밑구멍대로 (다) 나왔다
숨기려고 애를 써 보아도 숨길 수가 없어서 아무 소용이 없음을 비유적으로 이르는 말.

속 빈 강정(의 잉어등 같다)
겉만 그럴듯하고 실속이 없음을 비유적으로 이르는 말. [비] 사탕붕어의 경등경등이라.

속에 대감이 몇 개 들어앉았다
어수룩하게 보이지만 능글맞아 온갖 것을 다 알고 있음을 비유적으로 이른 말.

속에 뼈 있는 소리
1. 말의 내용에 심각한 뜻이 담겨 있는 경우를 비유적으로 이르는 말. 2. 하는 말에 악의가 들어 있는 경우를 비유적으로 이르는 말.

속에서 쪼르륵 소리가 난다
배 속이 비어 소리가 난다는 뜻으로, 배가 매우 고프다는 말.

속옷까지 벗어 주다
1. 지나치게 선심을 씀을 비유적으로 이르는 말. 2. 상대편의 요구에 응하지 아니하면 안 될 구차한 형편에 놓여 있음을 비유적으로 이르는 말.

속으로 기역 자를 긋는다
어떤 일에 대하여 마음속으로 결정짓고 마음먹음을 비유적으로 이르는 말.

속으로 호박씨만 깐다
어리석은 듯하지만 의뭉한 데가 있어 제 실속은 다 차림을 비유적으로 이른 말.

속이 먹통
1. 아무것도 아는 것이 없음을 비유적으로 이르는 말. 2. 속이 음흉함을 비유적으로 이르는 말.

속저고리 벗고 은반지
격에 맞지 아니하게 겉치레만 하여 보기 흉하고 웃음거리가 됨을 비유적으로 이르는 말.

속환이 되 동냥 안 준다

사정을 알고 협조하여 줄 만한 사람이 오히려 그렇지 못함을 비유적으로 이르는 말.

손가락에 장을 지지겠다

1. 상대편이 어떤 일을 하는 것에 대하여 도저히 할 수가 없을 것이라고 장담할 때 하는 말. 2. 자기가 주장하는 것이 틀림없다고 장담하는 말. [비] 손가락에 불을 지르고 하늘에 오른다. 손바닥에 장을 지지겠다. 손톱에 장을 지지겠다.

손끝으로 물만 튀긴다

아무 일도 안 하고 뻔뻔하게 놀고만 있는 것을 놀림조로 이르는 말. [비] 손끝에 물도 안 튀긴다. 열 손가락으로 물을 튀긴다.

손끝이 거름

사람의 손이 많이 간 논밭은 좋은 거름을 친 것만큼 효과가 있다는 뜻으로, 손발을 놀려서 부지런히 일하는 것이 농사에서 가장 중요함을 비유적으로 이르는 말.

손바닥에 털이 나겠다

손을 쓰지 아니하여 손바닥에 털이 다 날 지경이라는 뜻으로, 게을러서 일을 하지 아니함을 놀림조로 이르는 말.

손바닥으로 하늘 가리기

가린다고 가렸으나 가려지지 아니한다는 말.

손 안 대고 코 풀기

손조차 사용하지 아니하고 코를 푼다는 뜻으로, 일을 힘 안 들이고 아주 쉽게 해치움을 비유적으로 이르는 말.

손에 붙은 밥[밥풀] 아니 먹을까

절로 굴러 들어와 이미 자기 차지가 된 행운을 잡지 아니할 사람은 없음을 비유적으로 이르는 말.

손에 쥐인 듯 들여다보인다

아주 가깝고 선명하게 잘 보인다는 말.

손으로 살 막듯

애써 숨기려 하나 제대로 숨기지 못하는 경우를 비유적으로 이르는 말. [비]
손살으로 밑 가리기.

손은 갈수록 좋고 비는 올수록 좋다
비가 많이 오면 농사에 좋으나 찾아온 손님은 빨리 돌아가 주는 것이 고맙다
는 말.

손이 많으면 일도 쉽다
무슨 일이나 여러 사람이 같이 힘을 합하면 쉽게 잘 이룰 수 있다는 말.

손이 발이 되도록[되게] 빌다
허물이나 잘못을 용서하여 달라고 간절히 빎을 비유적으로 이르는 말.

손이 차가운 사람은 심장이 뜨겁다
감정이 풍부하고 열정을 지닌 사람이 겉으로 냉정한 태도를 취함을 비유적으
로 이르는 말.

손자를 귀애하면 코 묻은 밥을 먹는다
손자를 너무 예뻐하면 손자의 코가 묻은 밥을 먹게 된다는 뜻으로, 어리석은
이와 친하면 이익은 없고 손해만 입게 됨을 이르는 말.

손자 밥 떠먹고 천장 쳐다본다
겸연쩍은 일을 해 놓고 모른 척하고 시치미를 떼는 경우를 비유적으로 이른 말.

손자 잃은 영감
중요한 것을 잃고 멍하니 있는 사람을 비유적으로 이르는 말.

손자 턱에 흰 수염 나겠다
그렇게 오래 기다리다가는 손자가 늙어 버리고 말겠다는 뜻으로, 무엇을 오랫
동안 기다리기가 싫증이 나고 지루한 경우를 이르는 말. [비] 손자 환갑 닥치
겠다. 없는 손자 환갑 닥치겠다.

손 잰 승[중]의 비질하듯
동작이 빨라 무슨 일이나 되는대로 빨리 해내는 모양을 비유적으로 이른 말.

손 큰 며느리가 시집살이했을까
물건을 파는 장수가 더 많이 주지 못하겠다는 뜻으로 하는 말.

손 큰 어미 장 도르듯 하다

물건을 헤프게 씀을 비유적으로 이르는 말.

손톱 밑에 가시 드는 줄은 알아도 염통 밑에 쉬스는 줄은 모른다
눈앞에 보이는 사소한 이해관계에는 밝아도, 잘 드러나지 아니하는 큰 문제는 잘 깨닫지 못함을 비유적으로 이르는 말. [비] 손톱 곪는 줄은 알아도 염통 곪는 줄은 모른다.

손톱 밑의 가시
손톱 밑에 가시가 들면 매우 고통스럽고 성가시다는 뜻으로, 늘 마음에 꺼림칙하게 걸리는 일을 이르는 말.

손톱 밑의 가시가 생손으로 곪는다
손톱 밑에 박혔던 가시가 덧나서 생인손으로 악화되어 크게 고생한다는 뜻으로, 사소한 것 때문에 큰 해를 입게 됨을 이르는 말.

손톱 발톱이 젖혀지도록 벌어 먹인다
1. 남을 위하여 몹시 수고함을 비유적으로 이르는 말. 2. 죽을힘을 다하여 가족을 부양함을 비유적으로 이르는 말.

손톱 여물을 썰다
1. 앞니로 손톱을 씹는다는 뜻으로, 곤란한 일을 당하여 혼자서만 애를 태우는 모양을 이르는 말. 2. 음식 같은 것을 나누어 줄 때 조금씩 아끼면서 주는 모양을 비유적으로 이르는 말.

손톱은 슬플 때마다 돋고 발톱은 기쁠 때마다 돋는다
손톱이 발톱보다 빨리 자란다는 데서 기쁨보다 슬픔이 더 많음을 비유적으로 이르는 말.

솔개 까치집 뺏듯
솔개가 만만한 까치를 둥지에서 몰아내고 그 둥지를 차지하듯 한다는 뜻으로, 힘을 써서 남의 것을 강제로 빼앗는 경우를 이르는 말.

솔개도 오래면 꿩을 잡는다
어떤 분야에 대하여 지식과 경험이 전혀 없는 사람이라도 그 부문에 오랫동안 있으면 얼마간의 지식과 경험을 가지게 됨을 이르는 말.

솔개를 매로 보았다
기껏해야 남의 집 병아리나 채 가는 새를 꿩 사냥에 쓰는 매로 보았다는 뜻으로, 쓸모가 없는 것을 쓸 만한 것으로 잘못 보았을 경우를 이르는 말.

솔개 어물전 돌 듯
솔개가 생선에 눈독을 들여 생선 가게 위를 맴돈다는 뜻으로, 어떤 것에 재미가 들려 그 자리를 뜨지 못하고 빙빙 도는 경우를 이르는 말.

솔방울이 울거든
소나무에 달린 솔방울이 절대로 울 리 없는 것처럼 도저히 이루어질 수 없는 일을 비유적으로 이르는 말.

솔 심어 정자라
솔의 씨를 심어서 소나무가 자란 다음에 그것을 풍치 삼아 정자를 짓거나 또는 그것을 베어 정자를 짓는다는 뜻으로, 어떤 일을 시작하여 성공하기까지는 너무도 까마득함을 비유적으로 이르는 말.

솔잎이 버썩하니 가랑잎이 할 말이 없다
버썩 소리를 낼 리 없는 솔잎이 버썩하니 버썩 소리를 잘 내는 가랑잎이 어이가 없어 아무 소리도 내지 못한다는 뜻으로, 자기보다 정도가 덜한 사람이 먼저 야단스럽게 떠들어 대니 정작 큰 걱정거리가 있는 사람은 너무나 어이가 없어 할 말이 없게 됨을 이르는 말.

솔잎이 새파라니까 오뉴월[여름철]만 여긴다
추위가 닥쳐왔는데도 솔잎이 새파라니까 더운 여름철로만 여긴다는 뜻으로, 근심 걱정이 쌓여 있는데 그런 줄은 모르고 작은 일 하나 되어 가는 것만 좋아함을 이르는 말.

솜뭉치로 가슴(을) 칠 일(이다)
아무리 쳐도 가슴이 시원해지지 않을 솜뭉치로 가슴을 칠 일이라는 뜻으로, 몹시 답답하고 원통함을 비유적으로 이르는 말. [비] 담뱃대로 가슴을 찌를 노릇.

솜방망이로 허구리를 찌른다
대수롭지 않은 듯 슬쩍 남을 골려 줌을 비유적으로 이르는 말. [비] 솜뭉치로 사람 때린다.

솜씨는 관 밖에 내어놓아라
솜씨가 좋지 않고 재간이 없음을 놀림조로 이르는 말.

솜에 채어도 발가락이 깨진다

부드러운 솜에 차이고도 발가락이 깨진다는 뜻으로, 궂은 일이 생기려 하면 대수롭지 않은 일로도 생긴다는 말.

송곳 거꾸로 꽂고 발끝으로 차기

스스로 화를 부르는 어리석은 짓을 비유적으로 이르는 말.

송곳니가 방석니가 된다

뾰족한 송곳니가 납작하게 닳도록 이를 몹시 간다는 뜻으로, 몹시 원통함을 비유적으로 이르는 말.

송곳니를 가진 호랑이는 뿔이 없다

모든 것을 다 갖출 수는 없음을 비유적으로 이르는 말.

송곳도 끝부터 들어간다

모든 일에는 일정한 순서가 있음을 비유적으로 이르는 말.

송곳 박을 땅도 없다

자기가 부쳐 먹을 땅이라고는 조금도 없음을 비유적으로 이르는 말. [비] 벼룩 꿇어앉을 땅도 없다.

송곳으로 매운 재 끌어내듯

재가 긁어지지 않는 송곳으로 재를 긁어내려 한다는 뜻으로, 알맞은 수단과 도구를 쓰지 않아 공연히 헛수고만 하는 경우를 비유적으로 이르는 말.

송곳 항렬인가

꼬치꼬치 캐어묻거나 파고 묻는 사람을 놀림조로 이르는 말.

송도가 망하려니까 불가사리가 나왔다

어떤 좋지 못한 일이 생기기 전에 불길한 징조가 나타남을 비유적으로 이르는 말. 고려가 망하게 되었을 때 송도에 불가사리가 나타나서 못된 장난질을 하였다는 전설에서 유래한다.

송도 계원(契員)

낮은 지위나 작은 세력을 믿고 남을 멸시하는 사람을 비유적으로 이른 말. 조선 시대 중신인 한명회가 송도에서 벼슬을 할 때 동료들이 친목계를 맺으면서 한명회는 미천하다고 계원으로 받아 주지 않았는데 그 뒤 한명회가 출세를 하여 높은 지위에 오르자 동료들이 크게 후회했다는 이야기에서 유래한 말이다.

송도 말년의 불가사리라
고려 말에 불가사리라는 괴물이 나타나 못된 짓을 많이 하였으나 죽이지 못하였다는 이야기에서 나온 말로, 몹시 무지하고 못된 짓을 하는 자를 비유적으로 이르는 말.

송도 부담짝
송도 장사꾼의 부담짝이라는 뜻으로, 남이 모를 값진 물건이 가득 들어 있는 짐짝을 비유적으로 이르는 말.

송도 오이 장수
이익을 더 많이 보려다가 그만 기회를 놓쳐 헛수고만 하고 오히려 낭패를 보게 된 사람을 비유적으로 이르는 말. 송도의 오이 장수가 시세에 따라 서울과 의주를 돌았으나, 가는 곳마다 시세가 떨어져 개성에 되돌아왔을 때에는 오이가 곯고 썩어 쓸모가 없어졌다는 이야기에서 유래한다.

송사는 졌어도 재판은 잘하더라
다투다가 비록 지기는 했으나 판결이 공평하여 조금도 억울하지 않음을 이르는 말.

송사리 한 마리가 온 강물을 흐린다
조그마한 송사리 한 마리가 까불며 바닥의 흙을 휘저어 강물을 흐리게 만든다는 뜻으로, 대수롭지 않은 존재의 부정적인 행위가 온 집단에 나쁜 영향을 끼침을 비유적으로 이르는 말.

솥 속의 콩도 쪄야 익지
솥 속에 넣은 콩도 불을 때서 찌거나 끓여야 익는 법이라는 뜻으로, 아무리 유리한 조건에 있다 할지라도 힘써 노력하지 않으면 아무것도 이루어지지 않음을 이르는 말.

솥 씻어 놓고 기다리기
아무것이나 넣기만 하면 곧 끓일 수 있게 솥을 깨끗이 씻어 놓고 기다린다는 뜻으로, 모든 것을 다 준비해 놓고 기다리는 경우를 이르는 말.

솥에 개 누웠다
쌀이 들어갈 솥에 개가 누웠다는 뜻으로, 끼닛거리가 없어 여러 날 동안 밥을 짓지 못하였음을 이르는 말.

솥에 넣은 팥이라도 익어야 먹지

아무리 솥 안에 있는 팥이라도 익은 다음에야 먹지 날로는 먹지 못한다는 뜻으로, 일에서 반드시 밟아야 할 절차가 있어 그것을 무시하고 너무 성급하게 서두르면 안 됨을 이르는 말.

솥은 검어도 밥은 검지 않다
겉이 훌륭해 보이지 않아도 속은 훌륭한 경우를 비유적으로 이르는 말.

솥은 부엌에 걸고 절구는 헛간에 놓아라 한다
솥과 절구 놓을 자리는 일정해서 누구나 다 알고 있는데 그것을 두고 이래라 저래라 한다는 뜻으로, 누구나 다 알고 있는 일을 특별히 자기만 아는 것인 양 똑똑한 체하며 남에게 가르치려 듦을 비난조로 이르는 말.

쇠고기 열 점보다 새고기 한 점이 낫다
참새고기가 매우 맛있다는 말.

쇠고집과 닭고집이다
하고 싶은 대로 하고야 마는 소나 닭처럼 고집이 몹시 셈을 비유적으로 이르는 말.

쇠귀에 경 읽기
소의 귀에 대고 경을 읽어 봐야 단 한 마디도 알아듣지 못한다는 뜻으로, 아무리 가르치고 일러 주어도 알아듣지 못하거나 효과가 없는 경우를 이르는 말. [비] 말 귀에 염불. 쇠코에 경 읽기.

쇠꼬리보다 닭 대가리가 낫다
큰 짐승에게 붙어 꼬리 노릇 하는 것보다는 비록 작은 짐승일지라도 머리 노릇을 하는 것이 낫다는 뜻으로, 크거나 훌륭한 것 중의 말단에 있는 것보다는 대수롭지 않은 데서라도 상석에 있는 것이 훨씬 더 나음을 이르는 말.

쇠똥에 미끄러져 개똥에 코 박은 셈이다
소의 똥에 미끄러진 것만도 재수 없는 일인데 개의 똥에다 코를 박게 되었다는 뜻으로, 대수롭지 않은 일에 연거푸 실수만 하고 일이 꼬여 들기만 하여 기가 막히고 어이가 없는 경우를 비유적으로 이르는 말.

쇠똥이 지짐 떡 같으냐
1. 먹지 못할 것을 먹으려고 하는 경우를 비유적으로 이르는 말. 2. 가망 없는 일을 바라는 경우를 비유적으로 이르는 말. [비] 말똥이 밤알 같으냐.

쇠라도 맞부딪쳐야 소리가 난다

서로 맞부딪쳐야 소리가 나지 한쪽이라도 가만히 있으면 소리가 나지 않는다는 뜻으로, 한쪽이라도 맞서지 않고 가만히 있으면 싸움은 절대로 일어나지 않음을 이르는 말.

쇠 말뚝도 꾸미기 탓이라

못생긴 사람도 꾸미기에 따라 잘생겨 보일 수도 있음을 비유적으로 이른 말.

쇠 먹는 줄

1. 줄칼이 쇠를 깎아 먹는다는 뜻으로, 돈을 함부로 쓰는 사람을 이르는 말. 2. 돈이 많이 생기는 일을 비유적으로 이르는 말.

쇠 먹은 똥은 삭지 않는다

뇌물을 먹이면 반드시 효과가 있음을 비유적으로 이르는 말.

쇠목에 방울 단다

격에 어울리지 않게 지나친 장식을 하게 되는 경우를 비유적으로 이르는 말.

쇠불알 떨어지면 구워 먹기

노력은 안 하고 산 소의 불알이 저절로 떨어지기를 마냥 기다리기만 한다는 뜻으로, 노력도 없이 요행만 바라는 헛된 짓을 비웃는 말. [비] 쇠불알 떨어질까 봐 숯불 장만하고 기다린다. 쇠불알 떨어질까 하고 제 장작 지고 다닌다. 쇠불알 보고 화롯불 마련한다. 오뉴월 쇠불알 떨어지기를 기다린다. 황소 불알 떨어지면 구워 먹으려고 다리미 불 담아 다닌다.

쇠붙이도 늘 닦지 않으면 빛을 잃는다

비록 능력 있고 훌륭한 사람이라고 할지라도 꾸준히 배우고 수양을 쌓지 않으면 뒤떨어지고 잘못될 수 있음을 비유적으로 이르는 말.

쇠뼈다귀 우려먹듯

소의 뼈를 여러 번 우리면서 그 국물을 먹듯 한다는 뜻으로, 한 가지를 여러 번 이용하는 경우를 비유적으로 이르는 말. [비] 금방망이 우려먹듯.

쇠뿔도 각각 염주도 몫몫

쇠뿔도 양쪽에 따로따로 나 있고 한 줄로 꿴 염주도 각각 다르다는 뜻으로, 무슨 일이나 각각 특성이 있으므로 일하는 방식도 서로 다름을 비유적으로 이르는 말. [비] 염불도 몫몫이요 쇠뿔도 각각이다.

쇠뿔도 단김에 빼랬다[빼라]
든든히 박힌 소의 뿔을 뽑으려면 불로 달구어 놓은 김에 해치워야 한다는 뜻
으로, 어떤 일이든지 하려고 생각했으면 한창 열이 올랐을 때 망설이지 말고
곧 행동으로 옮겨야 함을 비유적으로 이르는 말. [비] 단김에 소뿔 빼듯.

쇠뿔 잡다가 소 죽인다
어떤 것 또는 어떤 사람의 결점이나 흠을 고치려다 그 정도가 지나쳐서 도리
어 그 사물이나 사람을 망치는 경우를 비유적으로 이르는 말.

쇠 살에 말 뼈
전혀 격에 맞지 않는 경우를 비유적으로 이르는 말.

쇠스랑 발은 세 개라도 입은 한 치다
쇠스랑 한 입에 세 발이 찍혀 들어가듯이 남의 흠을 꼬집어 말하기를 즐기는
경우를 비유적으로 이르는 말.

쇠옹두리를 우리듯
두고두고 마냥 우려먹는 모양을 비유적으로 이르는 말.

쇠죽가마에 달걀 삶아 먹을라
1. 쇠죽가마에 달걀을 삶아 먹지 말라고 타일러 준 것이 도리어 그것을 일깨
워 준 꼴이 되었다는 뜻으로, 훈계한다는 것이 도리어 나쁜 방법을 가르쳐 주
는 꼴이 된 경우를 비유적으로 이르는 말. 2. 일을 적합하게 하지 않고 거창하
게 하는 경우를 비유적으로 이르는 말.

쇠털같이 많다
수효가 셀 수 없이 많음을 비유적으로 이르는 말.

쇠털같이 하고많은[허구한] 날
헤아릴 수 없이 많은 나날을 비유적으로 이르는 말. [비] 쇠털 같은 날.

쇠털을 뽑아 제 구멍에 박는다
이루 헤아릴 수 없이 많은 쇠털을 뽑아서 다시 제자리에 꽂아 넣는다는 뜻으
로, 융통성이 전혀 없고 고지식한 경우를 비유적으로 이르는 말.

수구문 차례(라)
1. 전날에 한양성 안에서 백성의 주검을 성 밖으로 내보내던 수구문을 통하여
상여를 타고 나갈 차례가 되었다는 뜻으로, 여럿이 둘러앉아 술 마실 때에 술

잔이 나이 많은 사람에게 먼저 돌아감을 우스갯소리로 이르는 말. 2. 늙고 병들어 죽을 때가 가까워졌음을 우스갯소리로 이르는 말.

수레 위에서 이를 간다
떠나가는 수레 위에 실려서 원망하며 이를 간다는 뜻으로, 이미 때가 지난 뒤에 원망을 하고 있음을 비유적으로 이르는 말.

수박 겉핥기
맛있는 수박을 먹는다는 것이 딱딱한 겉만 핥고 있다는 뜻으로, 사물의 속 내용은 모르고 겉만 건드리는 일을 비유적으로 이르는 말. [비] 꿀단지 겉핥기 [핥는다].

수박은 속을 봐야 알고 사람은 지내봐야 안다
수박은 쪼개서 속을 보아야 잘 익었는지 설익었는지 알 수 있고 사람은 함께 지내보아야 속마음이 어떠한지 알 수 있다는 말.

수수깡도 아래위 마디가 있다
아래위 분간이 어려운 수수깡조차도 아랫마디와 윗마디가 나뉘어 있다는 뜻으로, 어떤 일에나 위아래가 있고 질서가 있음을 비유적으로 이르는 말. [비] 수숫대도 아래위 마디가 있다.

수수팥떡 안팎이 없다
겉과 속이 모두 불그스레한 수수팥떡은 속과 겉을 가리기가 어렵다는 뜻으로, 안팎의 구별이 없는 경우를 비유적으로 이르는 말.

수양딸로 며느리 삼는다
자기에게 편한 대로 아무렇게나 일을 처리하여 자신의 이익만을 꾀하는 경우를 비유적으로 이르는 말.

수양산 그늘이 강동 팔십 리를 간다
수양산 그늘진 곳에 아름답기로 유명한 강동 땅 팔십 리가 펼쳐졌다는 뜻으로, 어떤 한 사람이 크게 되면 친척이나 친구들까지 그 덕을 입게 됨을 비유적으로 이르는 말. [비] 인왕산 그늘이 강동 팔십 리 간다.

수염을 내리쓴다
남에게 마땅히 하여야 할 일도 하지 아니하고 모르는 체 시치미를 뚝 뗌을 비유적으로 이르는 말.

수염의 불 끄듯
조금도 지체하지 못하고 황급히 서두르는 모양을 비유적으로 이르는 말.

수염이 대 자라도 먹어야 양반이다
배가 불러야 체면도 차릴 수 있다는 뜻으로, 먹는 것이 중요함을 비유적으로 이르는 말. [비] 나룻이 석 자라도 먹어야 샌님.

수제비 잘하는 사람이 국수도 잘한다
어떤 한 가지 일에 능숙한 사람은 그와 비슷한 다른 일도 잘한다는 말. [비] 국수 잘하는 솜씨가 수제비 못하랴.

수진상전에 지팡이를 짚기 쉽겠다
머지않아 죽게 될 것 같음을 비유적으로 이르는 말.

수탉이 울어야 날이 새지
가정에서는 남편이 주장하여 일을 처리하여야 일이 제대로 됨을 비유적으로 이르는 말.

수파련에 밀동자
무당을 따라다니며 굿할 때 쓰는 종이꽃을 만드는 남자들이 대체로 밀로 만든 귀동자처럼 잘생겼다는 뜻으로, 기골이 약하고 얼굴이 곱게 생긴 남자를 비유적으로 이르는 말.

수풀엣 꿩은 개가 내몰고 오장엣 말은 술이 내몬다
수풀에 숨은 꿩은 개가 찾아내서 내몰지만 사람이 마음속에 품은 생각은 술이 취하면 나온다는 뜻으로, 술이 들어가면 마음속에 있는 것을 모두 말해 버리게 된다는 말.

숙맥이 상팔자
콩인지 보리인지를 구별하지 못하는 사람이 팔자가 좋다는 뜻으로, 모르는 것이 마음 편함을 비유적으로 이르는 말.

숙성이 된 곡식은 여물기도 일찍 된다
지식이나 경험 따위가 많을수록 일의 성과도 그만큼 빨리 이루어질 수 있음을 비유적으로 이르는 말.

숙인 머리는 베지 않는다
항복하는 사람의 머리는 베지 않는다는 뜻으로, 잘못을 진실로 뉘우치는 사람은 관대히 용서함을 비유적으로 이르는 말.

숙향전이 고담(古談)이라
소설의 숙향전이 옛이야기에 불과하다는 뜻으로, 여자의 운명이 평탄치 못하여 고생만 하다가 끝내 좋은 때를 만나지 못함을 비유적으로 이르는 말.

순임금이 독 장사를 했을까
일이 천해서 못 하겠다고 할 때에, 참고 견디라고 격려하는 말.

순풍에 돛을 달고 뱃놀이한다
아주 순탄한 환경 속에서 편안하고 안일하게 지냄을 비유적으로 이르는 말.

순풍에 돛을 달다
배가 갈 방향으로 돛을 다니 배가 빨리 달린다는 뜻으로, 일이 뜻한 바대로 순조로이 진행됨을 비유적으로 이르는 말. [비] 순풍에 돛을 단 배.

숟갈 한 단 못 세는 사람이 살림은 잘한다
숟갈 한 단도 못 셀 정도로 좀 미련해 보이는 여자가 오히려 다른 생각 없이 살림을 꾸준히 잘한다는 말.

술과 안주를 보면 맹세도 잊는다
술을 즐기는 사람은 술을 보면 안 먹고는 못 배긴다는 말.

술 담배 참아 소 샀더니 호랑이가 물어 갔다
돈을 모으기만 할 것이 아니라 쓸데는 써야 한다는 말.

술독에 치마 두르듯
볼품없이 자꾸 덧감고 동인 모양을 비유적으로 이르는 말.

술 먹은 개
정신없이 술에 취해 행동을 멋대로 하는 사람을 비꼬는 말.

술 받아 주고 뺨 맞는다
술을 받아서 대접해 주고는 오히려 뺨을 맞는다는 뜻으로, 남을 잘 대접하고 나서 오히려 그에게 해를 입는 경우를 비유적으로 이르는 말. [비] 술 사 주고 뺨 맞는다.

술 샘 나는 주전자
술이 끊임없이 샘솟아 나는 주전자라는 뜻으로, 전혀 현실 가능성이 없는 것

을 비유적으로 이른 말. [비] 불 안 때도 절로 익는 솥. 양을 보째 낳는 암소

술에 물 탄 이
술에 물을 타서 아무 맛도 없게 만든 맹물과 같은 사람이라는 뜻으로, 성격이나 품성 같은 것이 뜨뜻미지근하여 똑똑치 않은 사람을 비유적으로 이르는 말. [비] 술에 물 탄 것 같다. 술에 술 탄 이.

술에 술 탄 듯 물에 물 탄 듯
1. 주견이나 주책이 없이 말이나 행동이 분명하지 않음을 비유적으로 이르는 말. 2. 아무리 가공을 하여도 본바탕은 조금도 변하지 않는 상태를 비유적으로 이르는 말. [비] 물에 물 탄 듯 술에 술 탄 듯.

술은 괼 때 걸러야 한다
술은 한창 괼 때 걸러야 맛이 있다는 뜻으로, 일을 할 때는 제때를 놓치지 말라는 말.

술은 백약의 장(長)
술은 알맞게 마시면 어떤 약보다도 몸에 가장 좋은 것임을 비유적으로 이른 말.

술은 어른 앞에서 배워야 점잖게 배운다
술은 윗사람과 함께 마시기 시작해야 나쁜 술버릇이 생기지 않는다는 말.

술은 해장에 망하고 투전은 본전 추다 망한다
술꾼은 해장술을 마신다며 자꾸 술을 마시다 몸을 버리고, 투전꾼은 본전이나 찾는다며 계속 노름을 하다가 재산을 탕진하게 된다는 말.

술이 아무리 독해도 먹지 않으면 취하지 않는다
실제로 어떤 일을 하지 않으면 아무 결과도 나타나지 않음을 비유적으로 이르는 말.

술 익자 체 장수[장사] 간다
술이 익어 체로 걸러야 할 때에 마침 체 장수가 지나간다는 뜻으로, 일이 공교롭게 잘 맞아 감을 비유적으로 이르는 말.

술 취한 놈 달걀 팔 듯
일하는 솜씨가 거칠고 어지러운 모양을 비유적으로 이르는 말. [비] 취한 놈 달걀 팔 듯.

술 취한 사람과 아이는 거짓말을 안 한다

술 취한 사람이 속에 품은 생각을 거짓 없이 말함을 비유적으로 이르는 말.

술 취한 사람 사촌 집 사 준다
술 취한 사람이 뒷감당도 못할 호언장담을 함을 비유적으로 이르는 말. [비] 술을 먹으면 사촌한테 기와집도 사 준다.

술친구는 친구가 아니다
술 마실 때에 같이 어울리는 친구는 참된 친구가 아니라는 말.

숨다 보니 포도청 집이라
피하여 숨는다는 것이 잡히면 혼나게 되는 포도청으로 들어갔다는 뜻으로, 어떤 일이 뜻밖에 낭패를 보는 경우를 비유적으로 이르는 말.

숨은 내쉬고 말은 내 하지 말라
말은 함부로 입 밖에 내서는 안 되며 신중히 해야 함을 이르는 말.

숨을 쉬어도 같은 숨을 쉬고 말을 하여도 같은 말을 한다
여러 사람이 한 사람처럼 같은 생각과 뜻을 가지고 행동함을 비유적으로 이르는 말.

숫돌이 저 닳는 줄 모른다
숫돌에 무엇을 갈 때마다 숫돌 자신이 닳는 것은 알지 못한 채 점차 닳아서 패게 된다는 뜻으로, 조금씩 줄어드는 것은 잘 느끼지 못하나 그것도 쌓이면 무시할 수 없음을 비유적으로 이르는 말.

숭늉에 물 탄 격
1. 구수한 숭늉에 물을 타서 숭늉 맛이 없어져 밍밍하게 되었다는 뜻으로, 음식이 매우 싱거운 경우를 비유적으로 이르는 말. 2. 사람이 매우 싱거움을 비유적으로 이르는 말. 3. 아무런 재미도 없이 밍밍한 경우를 비유적으로 이르는 말.

숭어가 뛰니까 망둥이도 뛴다
1. 남이 한다고 하니까 분별없이 덩달아 나섬을 비유적으로 이르는 말. 2. 제 분수나 처지는 생각하지 않고 잘난 사람을 덮어놓고 따름을 비유적으로 이르는 말. [비] 망둥이가 뛰니까 전라도 빗자루도 뛴다. 망둥이가 뛰면 꼴뚜기도 뛴다. 잉어가 뛰니까 망둥이도 뛴다. 잉어 숭어가 오니 물고기라고 송사리도 온다.

숯은 달아서 피우고 쌀은 세어서 짓는다
숯은 저울에 달아서 불을 피우고 쌀은 한 알씩 세어서 밥을 짓는다는 뜻으로, 몹시 인색함을 비유적으로 이르는 말.

숯이 검정 나무란다
숯이 검은 것을 나무란다는 뜻으로, 제 허물은 생각하지 않고 남의 허물을 들추어냄을 비유적으로 이르는 말.

숲 속의 호박은 잘 자란다
집 근처 호박은 매일 보니까 자라는 줄 모르지만 숲 속의 호박은 오랜만에 보기 때문에 많이 커 있는 것을 금방 알아보게 된다는 뜻으로, 한창 자랄 때의 사람이나 생물은 오랜만에 보면 몰라볼 만큼 잘 자라 보임을 비유적으로 이르는 말.

숲이 깊어야 도깨비가 나온다
1. 자기에게 덕망이 있어야 사람들이 따르게 됨을 비유적으로 이르는 말. 2. 일정한 바탕이나 조건이 갖추어져야 그것에 합당한 내용이 따르게 됨을 비유적으로 이르는 말. [비] 덤불이 커야 도깨비가 난다. 물이 깊어야 고기가 모인다. 산이 깊어야 범이 있다. 숲이 커야 짐승이 나온다[든다].

숲이 짙으면 범이 든다
1. 깊고 으슥한 곳에는 위험이 숨어 있기 마련임을 비유적으로 이르는 말. 2. 일이 뚜렷하지 못하면 반드시 잘못이 따름을 비유적으로 이르는 말.

쉬 더운 방[구들]이 쉬 식는다
힘이나 노력을 적게 들이고 빨리 해 버린 일은 그만큼 결과가 오래가지 못함을 비유적으로 이르는 말. [비] 급히 더운 방이 쉬 식는다. 쉽게 단 쇠가 쉽게 식는다.

쉬려던 차에 넘어진다
마침 쉬려고 하던 차에 넘어지게 되었다는 뜻으로, 마음속으로 바라던 일에 대하여 할 수 있는 조건이나 핑곗거리가 생김을 비유적으로 이르는 말.

쉬파리 똥 갈기듯 한다
주책없이 무책임한 짓을 함을 비유적으로 이르는 말.

쉰 길 나무도 베면 끝이 있다
아무리 복잡해 보이는 일이라도 일단 시작을 하면 끝날 때가 있음을 비유적으로 이르는 말.

쉽기가 손바닥 뒤집기다
매우 손쉽게 할 수 있음을 비유적으로 이르는 말. [비] 손바닥을 뒤집는 것처럼 쉽다.

스님 눈물 같다
어두침침함을 비유적으로 이르는 말.

슬인 춤에 지게 지고 엉덩춤 춘다
슬인이 추는 춤에 자신도 맞추어 지게를 지고 엉덩춤을 춘다는 뜻으로, 남이 한다고 무턱대고 좋아 하는 어리석은 경우를 비유적으로 이르는 말.

승냥이는 꿈속에서도 양 무리를 생각한다
남을 해치는 것에 익숙해진 사람은 늘 그런 생각만 함을 비유적으로 이른 말.

승냥이 똥이라
어지럽고 지저분한 것을 비유적으로 이르는 말.

시거든 떫지나 말고 얽거든 검지나 말지
사람이 못났으면 착실하기나 하거나 재주가 없으면 소박하기라도 했으면 좋겠다는 뜻으로, 아무짝에도 쓸모가 없는 경우를 비유적으로 이르는 말.

시골 깍쟁이 서울 곰만 못하다
서울 사람이 시골 사람보다 몹시 인색하고 박정함을 비유적으로 이르는 말.

시기는 산 개미 똥구멍이다
1. 음식이 몹시 심을 비유적으로 이르는 말. 2. 사람의 행동이 몹시 눈에 거슬림을 비유적으로 이르는 말.

시꺼먼 도둑놈
마음씨가 몹시 음흉하고 흉악한 사람을 비유적으로 이르는 말.

시냇가 돌 닳듯
시련을 당하는 모양을 비유적으로 이르는 말.

시누이는 고추보다 맵다
시누이가 올케에게 심하게 대하는 경우를 비유적으로 이르는 말. [비] 시누 하나에 바늘이 네 쌈.

시누이올케 춤추는 가운데 올케 못 출까

시누이와 올케가 함께 춤추는 자리에서 올케라고 춤을 못 추겠느냐는 뜻으로, 자신도 마땅히 참여할 자격과 권리가 있음을 주장하며 이르는 말.

시다는데 초를 친다

가뜩이나 신 데다 초까지 또 친다는 뜻으로, 일이 엎친 데 덮친 경우를 비유적으로 이르는 말.

시든 배추 속잎 같다

시들어서 흐늘흐늘해진 배춧속 같다는 뜻으로, 맥없이 축 늘어져 있는 것을 비유적으로 이르는 말.

시든 호박잎 같은 소리

패기나 의욕이 없는 이야기를 비유적으로 이르는 말.

시러베장단에 호박 국 끓여 먹는다

실없는 사람들과 엉뚱한 일을 벌임을 비유적으로 이르는 말.

시루에 물 퍼 붓기

구멍 난 시루에 물을 붓는다는 뜻으로, 아무리 수고를 하고 공을 들여도 효과가 나타나지 않는 일을 비유적으로 이르는 말.

시세도 모르고 값을 놓는다

물건의 시세가 어떠한지도 모르면서 값을 부른다는 뜻으로, 물건의 가치도 알지 못하면서 평가함을 비유적으로 이르는 말.

시시덕이는 재를 넘어도 새침데기는 골로 빠진다

시시덕이는 힘을 들여 고개를 넘는데 새침데기는 꾀바르게 골짜기로 빠져나간다는 뜻으로, 겉으로 떠벌리는 사람보다 얌전한 척하는 사람이 오히려 나쁜 마음을 품는 경우가 많다는 것을 비유적으로 이르는 말. [비] 새침데기 골로 빠진다.

시아버지 무릎에 앉은 것 같다

몹시 민망하고 불편한 상태를 비유적으로 이르는 말.

시아버지 죽으라고 축수했더니 동지섣달 맨발 벗고 물 길을 때 생각난다

시아버지가 미워서 죽기를 빌었으나 막상 동지섣달에 짚신 삼아 줄 사람이 없어서 맨발로 물을 긷고 보니 죽은 시아버지가 그리워진다는 뜻으로, 미워하고 싫어하던 물건이나 사물도 막상 없어지고 나면 아쉽고 생각날 때가 있음을 비유적으로 이르는 말. [비] 시어머니 죽으라고 축수했더니 보리방아 물 부어 놓고 생각난다.

시아주버니와 제수는 백 년 손
시아주버니와 제수 사이는 친척 가운데 가장 거리가 멀고 서먹한 사이임을 비유적으로 이르는 말. [비] 일가 못 된 건 계수.

시앗끼리는 하품도 옮지 않는다
시앗끼리는 시기하는 마음이 몹시 강하여 흔히 잘 옮는 하품도 옮지 않는다는 말.

시앗 싸움에 요강 장수
시앗 싸움에서 정을 뗀다 하여 흔히 요강을 깨는 바람에 요강 장수가 이익을 본다는 뜻으로, 두 사람의 싸움에 다른 사람이 이익을 보게 됨을 비유적으로 이르는 말.

시앗이 시앗 꼴을 못 본다
시앗이 자기 시앗은 더 못 본다는 말.

시앗 죽은 눈물만큼
시앗이 죽었을 때에 본처가 흘리는 눈물만큼이라는 뜻으로, 양이 몹시 적음을 비유적으로 이르는 말. [비] 시앗 죽은 눈물이 눈 가장자리 젖으랴.

시어는 뼈가 많고 자미(子美)는 문(文)에 능하지 못하고 자고(子固)는 시(詩)가 변변하지 못하였다
준치는 아름답지만 뼈가 많은 것이 흠이고, 두보는 대시인이었지만 산문에는 능하지 못하였고, 증공과 같은 문장가는 운문에 변변치 못한 것이 유감이라는 뜻으로, 좋은 면의 한편에는 좋지 못한 일이 있음을 비유적으로 이르는 말.

시어머니가 오래 살자니까 며느리가 방아 동티에 죽는 걸 본다
사람이 오래 살게 되면 망측한 꼴도 보게 됨을 비유적으로 이르는 말.

시어머니에게 역정 나서 개 배때기 찬다
엉뚱한 데 가서 노여움이나 분을 푸는 경우를 비유적으로 이르는 말. [비] 시모에게 역정 나서 개의 옆구리 찬다. 시어미 미워서 개 옆구리 찬다. 시어미 역정에 개 옆구리[배때기/밥그릇] 찬다.

시어미가 오래 살다가 며느리 환갑날 국수 양푼에 빠져 죽는다

1. 사람이 너무 오래 살게 되면 못할 일을 하게 됨을 비유적으로 이르는 말.
2. 사람이 모질어서 남에게 못할 짓 하는 것을 비난조로 이르는 말.

시어미가 죽으면 안방은 내 차지

시어머니가 죽으면 며느리가 그 자리를 차지하게 된다는 뜻으로, 권력을 잡았던 사람이 없어지면 그 다음 자리에 있던 사람이 권력을 잡게 됨을 비유적으로 이르는 말.

시어미 범 안 잡은 사람이 없다

시어머니 치고 젊었을 때에 고생 안 했다는 사람이 없다는 뜻으로, 일은 제대로 잘하지도 못하면서 자기 자랑만 늘어놓음을 이르는 말.

시어미 속옷이나 며느리 속옷이나

모두 한 집안 식구의 것이라는 뜻으로, 구태여 내 것 네 것 가릴 필요가 없음을 비유적으로 이르는 말.

시원찮은 귀신이 사람 잡아간다

변변하지 못하고 미련하여 보이는 사람이 도리어 큰일을 저지름을 비유적으로 이르는 말. [비] 시원찮은 국에 입(가) 덴다.

시작이 반이다

무슨 일이든지 시작하기가 어렵지 일단 시작하면 일을 끝마치기는 그리 어렵지 아니함을 비유적으로 이르는 말.

시작한 일은 끝을 보라

한번 시작한 일은 끝까지 하여야 한다는 말.

시장이 반찬

배가 고프면 반찬이 없어도 밥이 맛있음을 비유적으로 이르는 말. [비] 기갈이 감식. 맛없는 음식도 배고프면 달게 먹는다. 시장이 팥죽.

시장하면 밥그릇을 통째로 삼키나

아무리 시장하더라도 밥그릇을 통째로 삼킬 수 없다는 뜻으로, 아무리 사정이 급하여도 지켜야 할 도리는 지켜야 함을 비유적으로 이르는 말.

시조를 하느냐 양시조를 하느냐

쓸데없는 소리를 중얼거리는 사람에게 비난조로 이르는 말.

시조하라 하면 발뒤축이 아프다 한다

무엇을 하라고 하였을 때에 엉뚱한 핑계를 대고 하지 아니하려 함을 비유적으로 이르는 말.

시주님이 잡수셔야 잡수었나 하지

무슨 일이든지 실현된 다음에야 비로소 된 줄을 알지 미리 예측할 수는 없음을 비유적으로 이르는 말. [비] 시형님 잡숴야 잡순 듯하다.

시집가(서) 석 달 장가가(서) 석 달 같으면 살림 못할 사람 없다

결혼 생활 처음처럼 애정이 지속되면 살림 못하고 이혼할 사람은 하나도 없음을 비유적으로 이르는 말.

시집가는 데 강아지 따르는 것이 제격이라

조금도 어색하지 아니하고 서로 어울리어 격에 맞는다는 말.

시집도 가기 전에 기저귀[강아지/포대기] 마련한다

일을 너무 일찍 서두름을 비유적으로 이르는 말. [비] 시집도 아니 가서 포대기 장만한다. 아이도 낳기 전에 포대기[기저귀] 장만한다[누빈다].

시집 밥은 살이[겉 살이] 찌고 친정 밥은 뼈 살이 찐다

시집살이하기보다 친정에서 사는 것이 훨씬 편하고 수월함을 비유적으로 이르는 말.

시집살이 못하면 동리 개가 업신여긴다

여자로서 시집에서 쫓겨나 친정에 돌아오는 것은 부끄러운 일이라는 말.

시청하는 도승지가 여름 북창 밑에서 자는 사람만 못하다

벼슬살이를 하느라고 대궐을 드나드는 것보다 제집에서 편히 지내는 것이 더 나음을 비유적으로 이르는 말.

시쿰하여 지레 꺼어지다

맛이 들지 못하고 시기만 한 것이 물크러져서 지레 터진다는 뜻으로, 못난 주제에 남보다 성숙하여 잘난 체하는 것을 비유적으로 이르는 말.

식은 국도 불고 먹는다

뜨거운 국에 덴 경험이 있는 사람은 식은 국도 불면서 먹는다는 뜻으로, 한 번 놀란 후에는 조심을 하게 됨을 이르는 말.

식은 밥이 밥일런가 명태 반찬이 반찬일런가

음식 대접이 좋지 않음을 비난조로 이르는 말. [비] 식은 밥이 밥인가.

식은 죽도 불어[쉬어] 가며 먹어라
아무리 쉬운 일이라도 한 번 더 확인한 다음에 하는 것이 안전함을 비유적으로 이른 말. [비] 무른 감도 쉬어 가면서 먹어라. 식은 국도 맛보고 먹으랬다.

식은 죽 먹고 냉방에 앉았다
공연히 덜덜 떨고 있는 사람을 놀림조로 이르는 말.

식전 개가 똥을 참지
늘 하던 일을 다시는 하지 않겠다고 하는 사람에게 놀림조로 이르는 말.

식전 마수에 까마귀 우는 소리
매우 불길한 조짐이 보임을 비유적으로 이르는 말.

식전에 조양(朝陽)이라
날이 다 밝아서 양기가 동하였다는 뜻으로, 아무짝에도 쓸모없게 된 경우를 이르는 말.

식전 팔십 리
아침을 먹기 전에 여기저기 돌아다녀서 허기진 경우를 비유적으로 이르는 말.

식초병보다 병마개가 더 시다
본래의 것보다 그것에 딸린 것이 오히려 그 속성을 더 잘 드러내는 경우를 비유적으로 이르는 말.

식칼이 제 자루를 못 깎는다
1. 자신이 관계된 일은 자신이 하기가 더 어려움을 비유적으로 이르는 말. 2. 자신의 허물은 자기가 고치기 어려움을 비유적으로 이르는 말. [비] 칼날이 날카로워도 제 자루 못 깎는다.

식혜 먹은 고양이
속죄를 짓고 그것이 탄로날까 봐 근심하는 마음을 비유적으로 이르는 말.

신랑 마두에 발괄한다
신랑을 높은 벼슬아치로 착각하여 신랑이 탄 말의 머리에 대고 억울한 사정을 하소연한다는 뜻으로, 경우에 어긋나는 망측한 행동을 하는 경우를 비유적으로 이르는 말.

신발에 귀가 달렸다

쓸데없는 것이 덧붙어서 격에 맞지 아니함을 비유적으로 이르는 말.

신 벗고 따라도 못 따른다

어떤 사람의 재주나 능력이 뛰어나서 아무리 힘을 써도 그에 미치지 못하는 경우를 비유적으로 이르는 말.

신선놀음에 도낏자루 썩는 줄 모른다

어떤 나무꾼이 신선들이 바둑 두는 것을 정신없이 보다가 제정신이 들어보니 세월이 흘러 도낏자루가 다 썩었다는 데서, 아주 재미있는 일에 정신이 팔려서 시간 가는 줄 모르는 경우를 비유적으로 이르는 말. [비] 도낏자루 썩는 줄 모른다.

신선도 두루 박람을 해야 한다

누구든지 견문을 넓혀야 함을 비유적으로 이르는 말.

신세도 신세같이 못 지면서 누이네 폐만 끼친다

별로 도움이나 대접도 못 받으면서 폐를 끼쳤다는 인사만 하게 된 경우를 비유적으로 이르는 말.

신 신고 발바닥 긁기

신을 신고 발바닥을 긁으면 긁으나 마나라는 뜻으로, 요긴한 곳에 직접 미치지 못하여 안타까운 경우를 비유적으로 이르는 말. [비] 구두 신고 발등 긁기. 목화 신고 발등 긁기. 버선 신고 발바닥 긁기. 옷을 격해 가려운 데를 긁는다. 옷 입고 가려운 데 긁기.

신에 붙잖다

마음에 꼭 차지 아니함을 비유적으로 이르는 말.

신작로 닦아 놓으니까 문둥이가 먼저 지나간다

애써 한 일을 가당찮은 사람이 망쳐 놓아 보람이 없게 된 경우를 비유적으로 이르는 말.

신정도 좋지만 구정을 잊지 말랬다

전부터 사귀어 온 사람을 아주 저버려서는 안 된다는 것을 비유적으로 이른 말.

신정이 구정만 못하다

새로 사귄 사람보다 오래 사귄 사람과의 정이 더 두터움을 이르는 말.

신주 개 물려 보내겠다
하는 짓이 칠칠하지 못하고 흐리터분함을 비유적으로 이르는 말.

신주 개 물어 간다
가장 중요한 것을 남에게 뺏기고 사정이 딱하게 됨을 비유적으로 이르는 말.

신주 밑구멍을 들먹인다
조상까지 들추어 떠들어 댐을 비유적으로 이르는 말.

신주 싸움에 팥죽을 놓지
1. 굶주린 신주들끼리 싸움을 하는 경우에 팥죽을 바치면 무사하다는 뜻으로, 다투고 떠드는 경우에 그것을 말리기 위하여 농담조로 이르는 말. 2. 사람이 싸울 때 먹을 것을 갖다 주면 싸움이 그침을 비유적으로 이르는 말.

신주치레하다가 제 못 지낸다
모양만 부리다가 정작 하여야 할 일을 하지 못하는 경우를 비유적으로 이른 말.

신축년에 남편 찾듯
신축년에 큰 흉년으로 가족이 모두 흩어지고 떨어져서 서로 찾아다녔다는 데에서, 사람이나 물건을 여기저기 찾아다니는 모양을 비유적으로 이르는 말.

실없는 말이 송사 간다
무심하게 한 말 때문에 큰 소동이 벌어질 수도 있음을 비유적으로 이르는 말.

실없는 부채 손
눈은 높아 좋은 것을 바라지만 손은 둔하여 이루지 못하는 경우를 비유적으로 이르는 말. [비] 시렁 눈 부채 손.

실 엉킨 것은 풀어도 노 엉킨 것은 못 푼다
작은 일은 간단히 해결할 수 있어도 큰일은 좀처럼 해결하기 어려움을 비유적으로 이르는 말.

실이 와야 바늘이 가지
1. 베푸는 것이 있어야 받는 것도 있음을 비유적으로 이르는 말. 2. 조건이 성숙되어야 일이 성사됨을 비유적으로 이르는 말.

실한 과객 편에 중의 부친다
미덥지 못한 사람에게 어떤 긴요한 일을 부탁할 때 반어적으로 이르는 말.

실 한 오리 안 걸치다
아무것도 입지 아니하고 발가벗은 것을 이르는 말.

싫은데 선떡
원래 먹기 싫은 떡인데 더구나 설기까지 했다는 뜻으로, 몹시 마음에 내키지 않는 경우를 이르는 말.

싫은 매는 맞아도 싫은 음식은 못 먹는다
1. 다른 것은 몰라도 음식 싫은 것은 도저히 먹지 못함을 비유적으로 이르는 말. 2. 도저히 받아들일 수 없는 경우를 비유적으로 이르는 말. [비] 맞기 싫은 매는 맞아도 먹기 싫은 음식은 못 먹는다.

싫은 밥은 있어도 싫은 술은 없다
술을 몹시 좋아하는 사람이 술이 최고임을 비유적으로 이르는 말.

심사가 꽁지벌레라
심사가 좋지 못한 사람을 놀림조로 이르는 말.

심사가 놀부라
인색하고 심술궂은 사람을 놀림조로 이른 말. [비] 심술궂은 만을보(萬乙甫).

심사는 좋아도 이웃집 불붙는 것 보고 좋아한다
원래 좋은 사람이라 할지라도 사람은 흔히 남의 불행을 좋아하는 경향이 있음을 비유적으로 이르는 말.

심술만 하여도 삼 년 더 살겠다
심술을 잔뜩 가졌으니 그것만 먹고도 삼 년은 더 살겠다는 뜻으로, 몹시 심술 궂은 사람을 놀림조로 이르는 말.

심술이 왕골(王骨) 장골(張骨) 떼라
몹시 심술궂고 행동거지가 고약함을 비유적으로 이르는 말. 왕골과 장골 떼는 심술이 사나운 사람들이었다고 한다.

심심하면 좌수 볼기 때린다
특별한 이유도 없이 이따금 불러다 꾸짖고 욕하는 경우를 비유적으로 이른 말.

심통이 놀부 같다
놀부와 같이 마음이 곱지 못하고 욕심이 많음을 이르는 말.

십년공부 도로 아미타불
오랫동안 공들여 해 온 일이 허사가 된 경우를 비유적으로 이르는 말.

십 년 과수로 앉았다가 고자 대감을 만났다
오랫동안 공들인 일도 복이 없고 운수가 나쁘면 아무 보람도 없이 쓸모없는 것이 될 수 있음을 비유적으로 이르는 말.

십 년 묵은 체증이 내리다
어떤 일로 인하여 더할 나위 없이 속이 후련하여진 경우를 비유적으로 이른 말.

십 년 세도(勢道) 없고 열흘 붉은 꽃 없다
부귀영화가 오래 계속되지 못함을 비유적으로 이르는 말.

십 년이면 강산[산천]도 변한다
세월이 흐르게 되면 모든 것이 다 변하게 됨을 비유적으로 이르는 말.

십 리가 모랫바닥이라도 눈 찌를 가시나무가 있다
아주 친한 벗 사이에도 원수가 섞여 있을 수 있음을 비유적으로 이르는 말.

십 리 강변에 빨래질 갔느냐
십 리나 되는 강변까지 갔다 오느라고 얼굴이 탔느냐는 뜻으로, 얼굴이 까맣게 그은 사람을 보고 이르는 말.

십 리 길에 점심 싸기
십 리밖에 안 되는 가까운 데를 가더라도 점심밥을 싸 가지고 다닌다는 뜻으로, 무슨 일에나 준비를 든든히 할 것을 비유적으로 이르는 말. [비] 가까운 데를 가도 점심밥을 싸 가지고 가거라.

십 리 눈치꾸러기
십 리 밖에서도 눈치를 챌 만큼 아주 눈치가 빠른 사람을 비유적으로 이른 말.

십 리 밖에 있어도 오리나무
아무리 십 리 밖에 있어도 오리나무는 여전히 오리나무라는 뜻으로, 사물의 본질은 변하지 않음을 비유적으로 이르는 말.

십 리 반찬
'오 리'가 '오리'와 동음인 데서 오리 두 마리로 만든 반찬이라는 뜻으로, 좋은 반찬을 비유적으로 이르는 말.

십 리에 다리 놓았다
어떤 일에나 방해나 곡절이 많음을 비유적으로 이르는 말.

십 리에 장승 서듯
1. 무엇이 지키고 서 있기만 함을 비유적으로 이르는 말. 2. 어떤 것이 드문드문 서 있음을 비유적으로 이르는 말.

싱겁기는 고드름장아찌라
사람이 아주 멋없고 몹시 싱거움을 비유적으로 이르는 말. [비] 싱겁기는 늑대 불알이다. 싱겁기는 홍동지네 세 벌 장물이라. 싱겁기는 황새 똥구멍이라.

싸고 싼 사향도 냄새 난다
1. 어떤 일을 아무리 노력하여 숨기려 하여도 결국에는 드러나고야 만다는 것을 비유적으로 이르는 말. 2. 재주와 덕망을 겸비한 사람은 알리지 아니하려고 하여도 저절로 알려짐을 비유적으로 이르는 말. [비] 싸고 싼 향내도 난다.

싸라기밥을 먹었나
쌀이 부서져서 반 토막이 된 싸라기로 지은 밥을 먹었느냐는 뜻으로, 상대편이 반말 투로 나올 때 빈정거리는 말.

싸라기 쌀 한 말에 칠 푼 오 리라도 오 리 없어 못 먹더라
아무리 작은 돈이라도 우습게 여기지 말고 소중하게 써야 함을 비유적으로 이르는 말.

싸움 끝에 정이 붙는다
싸움을 통하여 서로 가지고 있던 오해나 나쁜 감정을 풀어 버리면 오히려 더 가까워지게 된다는 말.

싸움은 말리고 불은 끄랬다
나쁜 일은 중지시켜야 함을 비유적으로 이르는 말.

싸움은 말리고 흥정은 붙이랬다
나쁜 일은 말리고 좋은 일은 권해야 함을 비유적으로 이르는 말.

싸움 잘하는 놈 매 맞아 죽는다
나쁜 짓을 하는 사람은 결국 그 나쁜 짓으로 인하여 큰 화를 입게 됨을 비유적으로 이르는 말.

싸움해 이(利)한 데 없고 굿해 해(害)한 데 없다

액을 쫓는 굿은 아무리 많이 해도 괜찮지만 싸움은 절대 할 것이 못 된다는 말.

싹싹하기란 제철 참배 맛이다
사람이 매우 싹싹함을 비유적으로 이르는 말.

쌀고리에 닭이라
갑자기 먹을 것이 많고 복 많은 처지에 놓임을 비유적으로 이르는 말.

쌀독에 거미줄 치다
먹을 양식이 떨어진 지 오래됨을 비유적으로 이르는 말.

쌀독에서 인심 난다
자신이 넉넉해야 다른 사람도 도울 수 있음을 비유적으로 이르는 말. [비] 광에서 인심 난다. 쌀광에서 인심 난다.

쌀독에 앉은 쥐
부족함이 없이 넉넉한 상태에 놓임을 비유적으로 이른 말. [비] 쌀광에 든 쥐.

쌀 먹은 개 욱대기듯
좋지 못한 짓을 한 사람이 오히려 거칠게 굶을 비유적으로 이르는 말.

쌀에 뉘 (섞이듯)
많은 가운데 아주 드물게 섞여 있음을 비유적으로 이르는 말.

쌀에서 뉘 고르듯
많은 것 가운데 쓸모없는 것을 하나하나 골라냄을 비유적으로 이르는 말.

쌀 한 알 보고 뜨물 한 동이 마신다
적은 이익을 위하여 노력이나 경비가 지나치게 많이 들어감을 비유적으로 이르는 말.

쌈짓돈이 주머닛돈
1. 쌈지에 든 돈이나 주머니에 든 돈이나 다 한가지라는 뜻으로, 그 돈이 그 돈이어서 구별할 필요가 없음을 비유적으로 이르는 말. 2. 한가족의 것은 내 것 네 것 가릴 것 없이 그 가족 전체의 것임을 비유적으로 이르는 말. [비] 주머닛돈이 쌈짓돈(이라).

쌍가마 속에도 설움은 있다
쌍가마를 타고 다니는 높은 벼슬아치에게도 설움은 있다는 뜻으로, 겉으로는 좋아 보여도 누구나 저마다의 걱정과 설움이 있음을 비유적으로 이르는 말.

쌍둥이 중매나 똑같이 다니니
늘 나란히 다니는 사람을 두고 이르는 말. [비] 쌍동중매냐 똑같이 다니니.

쌍언청이가 외언청이 타령한다[타령이다]
입술이 두 군데나 갈라진 언청이가 한 군데 갈라진 언청이를 보고 흉본다는 뜻으로, 자기의 큰 허물은 모르고 남의 작은 허물을 잡아서 탓함을 비유적으로 이르는 말.

쌍태 낳은 호랑이 하루살이 하나 먹은 셈
쌍태를 낳느라고 배가 홀쭉한 호랑이가 아주 적은 먹이를 잡아먹은 것과 같다는 뜻으로, 먹는 양은 큰데 먹은 것이 변변치 못하여 양에 차지 않음을 비유적으로 이르는 말. [비] 범, 나비 잡아먹듯. 주린 범의 가재다.

썩은 고기에 벌레 난다
좋지 못한 원인이 있으면 반드시 그에 따른 좋지 못한 결과가 있음을 비유적으로 이르는 말.

썩은 공물이요 성한 간색이라
실물보다 견본이 더 좋은 경우를 비유적으로 이르는 말. 임금님께 진상하기에 앞서 관원에게 간색을 보이면, 물건의 좋고 나쁨에 따라 관원이 퇴짜를 놓기 때문에 진공물보다 간색을 더 좋은 것으로 한 데에서 유래한다.

썩은 동아줄 같다
힘없이 뚝뚝 끊어지거나 맥없이 쓰러지는 모양을 비유적으로 이르는 말.

썩은 새끼도 쓸 데가 있다
아무 데도 소용없을 듯한 폐물도 다 쓸 데가 있음을 비유적으로 이르는 말.

썩은 새끼로 범[호랑이] 잡기
1. 어수룩한 계책과 허술한 준비로 큰일을 하겠다고 덤비는 어리석음을 비유적으로 이르는 말. 2. 허술한 계책으로 큰일에 성공한 경우를 비유적으로 이르는 말.

썩은 새끼에 목을 맨다
이러지도 저러지도 못하는 처지에서 억지로 하는 일을 비유적으로 이른 말.

썩은 새끼 잡아당기다간 끊어진다

1. 몸이 극도로 쇠약한 사람에게 고된 일을 시키다가는 죽음을 부를 수 있다는 말. 2. 낡아서 거의 못 쓰게 된 것을 잘못 건드리면 아주 못 쓰게 됨을 비유적으로 이르는 말.

썩은 생선에 쉬파리 끓듯
먹을 것이나 이익이 생기는 곳에 어중이떠중이가 자꾸 모여드는 모양을 비유적으로 이르는 말.

쏘아 놓은 살이요 엎지른[엎질러진] 물이다
한번 저지른 일을 다시 고치거나 중지할 수 없음을 비유적으로 이르는 말. [비] 쏟아진 물.

쏜살같고 총알 같다
매우 빠르게 내닫는 모양을 비유적으로 이르는 말.

쑥떡 먹고 쓴소리한다
듣기 싫은 말을 할 때 핀잔하는 말.

쑨 죽이 밥 될까
일이 이미 글렀기 때문에 후회해도 소용없음을 비유적으로 이르는 말. [비] 익은 밥이 날로 돌아갈 수 없다.

쓰니 시어머니
흔히 시어머니가 며느리를 못살게 굶을 이르는 말.

쓰다 달다 말이 없다
어떤 문제에 대하여 아무런 반응이나 의사 표시가 없음을 비유적으로 이른 말.

쓰러져 가는 나무는 아주 쓰러뜨려라
잘될 가능성이 없는 일은 빨리 치우고 새 일을 시작하라는 말.

쓰러져 가는 나무를 아주 쓰러뜨린다
곤란한 입장에 처한 사람을 더 곤란하게 만듦을 비유적으로 이르는 말.

쓴맛 단맛 다 보았다
세상의 괴로움과 즐거움을 모두 겪었음을 비유적으로 이르는 말. [비] 단맛 쓴맛 다 보았다.

쓴 배[개살구/외]도 맛 들일 탓

모든 일의 좋고 나쁨은 그 일을 하는 사람의 주관에 달려 있음을 비유적으로 이르는 말. **[같]** 개살구도 맛 들일 탓.

쓴 약이 더 좋다
비판이나 꾸지람이 당장에 듣기에는 좋지 아니하지만 잘 받아들이면 본인에게 이로움을 이르는 말. **[비]** 쓴 것이 약.

쓸개 빠진 놈
정신을 바로 차리지 못하는 사람을 낮잡아 이르는 말.

씨는 속일 수 없다
내림으로 이어받는 집안 내력은 숨기려 해도 숨길 수 없음을 이르는 말.

씨도둑은 못한다
1. 집안에서 지녀 온 내력은 아무리 해도 없앨 수 없다는 말. 2. 아비와 자식은 용모나 성질이 비슷하여 속일 수 없다는 말.

씨를 뿌리면 거두게 마련이다
일한 보람이나 결과는 꼭 나타나게 된다는 말.

씨름에 진 놈이 말이 많다
일을 잘못하거나 또는 잘못을 범했을 때에 자꾸 변명하거나 다른 사람에게 책임을 돌림을 비유적으로 이르는 말.

씨름은 잘해도 등허리에 흙 떨어지는 날 없다
재간은 있지만 별수 없이 편히 살지 못하고 일만 하고 살아야 함을 비유적으로 이르는 말.

씨 바른 고양이다
눈치 빠르고 잇속을 잘 차리는 사람임을 비유적으로 이르는 말.

씨 보고 춤춘다
오동나무의 씨만 보고도 나중에 그 나무로 가야금을 만들 것을 생각하여 미리 춤춘다는 뜻으로, 나중에 할 일을 성급하게 서두름을 비유적으로 이르는 말.

씨 뿌린 자는 거두어야 한다
일을 벌이면 그 결과를 감수하여야 한다는 말.

씨아 등에 아이를 업힌다

일이 매우 바쁘고 급한 형편임을 비유적으로 이르는 말.

씨아 틈에 불알을 놓고 견디지
씨아 틈에 불알을 놓고 견디는 것이 차라리 낫다는 뜻으로, 누군가 몹시 귀찮게 굶을 비유적으로 이르는 말.

씨암탉 잡은 듯하다
집안이 매우 화목함을 비유적으로 이르는 말.

씻은 배추 줄기 같다
얼굴이 희고 키가 헌칠함을 비유적으로 이르는 말. [비] 센 말 볼기짝 같다. 씻어 놓은 흰 죽사발 같다.

씻은 팥알[쌀알] 같다
외양이 말쑥하고 똑똑함을 비유적으로 이르는 말.

한국 속담에서 배우는

지식
지혜

속담풀이

아가리가 광주리만 해도 막말은 못한다

입이 아무리 커도 함부로 말할 수 없다는 뜻으로, 상대편이 어처구니없는 말을 함을 비난조로 이르는 말.

아가리에 자시오 할 땐 마다하다가 아가리에 처먹으라 해야 먹는다

처음에 좋은 말로 할 때는 듣지 아니하다가 나중에 말이 거칠어져야 말을 듣는 경우를 비유적으로 이르는 말.

아기 버릇 임의 버릇

부모가 아기를 돌보아 주듯이 아내가 남편을 돌보아 주어야 남편이 좋아함을 이르는 말.

아기 엄마 똥칠한다

아기와 함께 지내면 깨끗하게 있을 수 없다는 말.

아끼다 똥 된다

물건을 너무 아끼기만 하다가는 잃어버리거나 못 쓰게 됨을 비유적으로 이르는 말. [비] 아끼는 것이 찌로 간다.

아내가 귀여우면 처갓집 말뚝 보고도 절한다

1. 아내가 좋으면 아내 주위의 보잘것없는 것까지 좋게 보인다는 말. 2. 한 가지가 좋아 보이면 모든 것이 다 좋아 보임을 비유적으로 이르는 말. 3. 어떤 사람을 너무 좋아하여 사리 판단이 어두워지면 실수를 하게 됨을 비유적으로 이르는 말. [비] 색시가 고우면 처갓집 외양간 말뚝에도 절한다. 아내가 귀여우면 처갓집 문설주도 귀엽다. 아내가 예쁘면 처갓집 울타리까지 예쁘다.

아내 나쁜 것은 백 년 원수 된장 신 것은 일 년 원수

아내를 잘못 맞으면 평생을 고생함을 비유적으로 이르는 말.

아내 없는 처갓집 가나 마나

목적하는 것이 없는 데는 갈 필요가 없음을 비유적으로 이르는 말.

아는 것이 병[탈]

정확하지 못하거나 분명하지 않은 지식은 오히려 걱정거리가 될 수 있음을 이르는 말. [갭] 모르면 약이요 아는 게 병.

아는 놈 당하지 못한다

내막을 잘 알고 덤비는 상대는 이길 수 없음을 이르는 말.

아는 놈 붙들어 매듯

물건을 느슨하게 묶어 두는 모양을 비유적으로 이르는 말. [비] 아는 도둑놈 묶듯.

아는 놈이 도둑놈

1. 도적질도 그 형편을 잘 아는 사람이 한다는 뜻으로, 잘 아는 사람이 속임수를 써서 이쪽 편을 해롭게 함을 비유적으로 이르는 말. 2. 잘 아는 사람이 물건값을 더 비싸게 매겨 팖을 비유적으로 이르는 말.

아는 법이 모진 바람벽 뚫고 나온 중방 밑 귀뚜라미라

세상일에 대하여 모르는 것 없이 다 알고 있는 사람을 비유적으로 이른 말.

아니 드는 칼로 목 베기

일을 저질러 놓고 뭉개기만 하면서 질질 끄는 것을 비유적으로 이르는 말.

아니 땐 굴뚝에 연기 날까

1. 원인이 없으면 결과가 있을 수 없음을 비유적으로 이르는 말. 2. 실제 어떤 일이 있기 때문에 말이 남을 비유적으로 이르는 말. [비] 아니 때린 장구 북소리 날까. 뿌리 없는 나무에 잎이 필까. 불 안 땐 굴뚝에 연기 날까.

아니 먹는 씨아가 소리만 난다

쓸모없는 사람일수록 공연히 떠벌리며 돌아다니기만 함을 비유적으로 이른 말.

아니 무너진 하늘에 작대기 받치자 한다

공연히 쓸데없는 짓을 하자고 함을 비유적으로 이르는 말.

아닌 밤중에 남의 칼을[칼에] 맞다

천만뜻밖의 불행한 일을 당함을 비유적으로 이르는 말.

아닌 밤중에 홍두깨 (내밀 듯)

별안간 엉뚱한 말이나 행동을 함을 비유적으로 이르는 말. [비] 그믐밤에 홍두깨 내민다[내밀듯]. 어두운 밤에 주먹질.

아닌 보살 하다

시치미를 떼고 모르는 척한다는 말.

아동판수 육갑 외듯

악성을 거듭하거나 고함을 지름을 비유적으로 이르는 말. [갭] 소경 팔양경 외듯.

아들네 집 가 밥 먹고 딸네 집 가 물 마신다

흔히 딸 살림살이를 더 아끼고 위하여 주는 부모의 심정을 비유적으로 이른 말.

아들 못난 건 제집만 망하고 딸 못난 건 양 사돈이 망한다

여자가 못되어 먹으면 친가와 시가가 모두 망하게 된다는 말.

아래턱이 위턱에 올라가 붙대[붙나]

상하의 관계를 무시하고 아랫사람이 윗자리에 앉을 수는 없다는 말.

아랫길도 못 가고 윗길도 못 가겠다

이것도 저것도 다 믿을 수 없고 어찌하여야 할지 모름을 비유적으로 이르는 말. [비] 윗돌도 못 믿고 아랫돌도 못 믿는다. 이 절도 못 믿고 저 절도 못 믿겠다.

아랫돌 빼서 윗돌 괴고 윗돌 빼서 아랫돌 괴기

일이 몹시 급하여 임시변통으로 이리저리 둘러맞추어 일함을 비유적으로 이르는 말. [비] 윗돌 빼서 아랫돌 괴고 아랫돌 빼서 윗돌 괴기.

아망위에 턱을 걸었나

뒤에서 돌보아 주는 힘을 믿고 교만하게 행동하는 경우를 비꼬는 말.

아무 때 먹어도 김가가 먹을 것이다

자기가 취할 이익은 내버려 두어도 자신에게 돌아옴을 비유적으로 이르는 말.

아무리 바빠도 바늘허리 매어 쓰지는 못한다

아무리 급하다 하여도 꼭 갖추어야 할 것은 갖추어야 일을 할 수 있음을 비유적으로 이르는 말.

아무리 사당을 잘 지었기로 제사를 못 지내면 무엇 하나

아무리 겉모양이 훌륭하고 격식을 잘 갖추었어도 제구실을 못하면 아무 쓸모가 없음을 비유적으로 이르는 말.

아무리 없어도 딸 먹일 것과 쥐 먹일 것은 있다

시집간 딸에 대한 부모의 사랑이 매우 극진함을 이르는 말.

아무리 쫓겨도 신발 벗고 가랴

아무리 급한 경우라도 체면을 차릴 것은 차려야 함을 비유적으로 이르는 말.

아버지는 아들이 잘났다고 하면 기뻐하고 형은 아우가 더 낫다고 하면 노한다

형제간의 우애가 부모의 사랑을 따를 수 없음을 이르는 말.

아버지 종도 내 종만 못하다
보잘것없는 것이라도 자신의 소유가 가장 좋은 것임을 비유적으로 이른 말.

아비만 한 자식 없다
1. 자식이 부모에게 아무리 잘해도 부모가 자식 생각하는 것만은 못함을 이르는 말. 2. 자식이 아무리 훌륭하게 되더라도 부모만큼은 못함을 이르는 말.

아비 아들 범벅 금 그어 먹어라
아무리 가까운 사이라도 한계를 분명히 해야 함을 이르는 말.

아비 죽은 지 나흘 후에 약을 구한다
매우 행동이 느리고 뜨다는 말.

아쉬운 감 장수 유월부터 한다
1. 돈이 아쉬워서 물건답지 못한 것을 미리 내다 팖을 비유적으로 이르는 말. 2. 변변치 못한 일을 남보다 일찍 함을 비유적으로 이르는 말.

아쉬워 엄나무 방석이라
아쉬운 대로 엄나무 방석에 앉았다는 뜻으로, 마음에 들지는 않지만 어쩔 수 없어서 하게 됨을 비유적으로 이르는 말.

아욱으로 국을 끓여 삼 년을 먹으면 외짝 문으로는 못 들어간다
아욱으로 늘 국을 끓여 먹으면 몸이 불어서 외짝 문으로 못 들어간다는 뜻으로, 아욱이 몸에 매우 좋다는 말.

아이 가진 떡
상대편이 힘이 없어서 가지고 있는 것을 쉽게 빼앗을 수 있는 경우를 비유적으로 이르는 말.

아이 낳는데 속옷 벗어 달란다
바쁘고 힘든 사람에게 부당한 청구를 하는 경우를 비유적으로 이르는 말.

아이는 작게 낳아서 크게 길러라
아이를 낳을 때는 크다 작다 따지지 말고 잘 길러서 큰 사람이 되게 하라는 말.

아이는 칠수록 운다
우는 아이는 때리는 것보다 잘 달래야 함을 이르는 말. [비] 아이와 북은 칠수록 소리 난다.

아이도 사랑하는 데로 붙는다
사람은 누구나 정을 많이 주는 쪽을 따르는 법임을 비유적으로 이르는 말.

아이들이 아니면 웃을 일이 없다
집에 아이들이 있으면 늘 웃을 일이 생김을 이르는 말.

아이를 기르려면 무당 반에 어사 반이 되어야 한다
아이는 한편으로는 귀여워하면서도 또 한편으로 엄하게 키워야 함을 이른 말.

아이 말 듣고 배 딴다
어리석은 사람의 말을 곧이듣고 큰 실수를 하게 되는 경우를 비유적으로 이르는 말.

아이 못 낳는 년이 밤마다 용꿈 꾼다
실제로 할 능력도 없는 주제에 허황된 생각만 하고 있는 경우를 비유적으로 이르는 말.

아이 발이 첫발이라
비록 시작은 서투르더라도 후에 높은 경지에 이르게 될 수 있음을 이르는 말.

아이 밴 계집 배 차기
고약하고 심술 사나운 못된 행동을 비유적으로 이르는 말.

아이 밴 나를 어찌할까
제게 믿는 구석이 있어 상대편이 감히 어떻게 하지 못할 것임을 비유적으로 이르는 말.

아이 버릴 덤불은 있어도 나 버릴 덤불은 없다
자식에 대한 애정이 크다고 하지만 자기 자신을 생각하는 마음이 한층 큼을 비유적으로 이르는 말.

아이 보는 데는 찬물도 못 먹는다
1. 아이들은 보는 대로 모방하므로 아이들이 볼 때는 함부로 행동하거나 말을 하여서는 안 됨을 비유적으로 이르는 말. 2. 남이 하는 것을 바로 그대로 따라 하는 경우를 비꼬는 말.

아이 새끼도 아홉 껍질을 입는다

아이를 입히는 것이 매우 큰 문제임을 비유적으로 이르는 말.

아이 손님이 더 어렵다
철없는 아이는 조금만 잘못하여도 섭섭해하므로 아이 손님 치르기가 더 어렵다는 말.

아이 싸움이 어른 싸움 된다
대수롭지 않은 일이 점차 큰일로 번짐을 비유적으로 이르는 말. [비] 어린애 싸움이 어른 싸움 된다.

아이 자라 어른 된다
보잘것없는 일이 차차 발전하여 크게 되거나 큰일이 됨을 비유적으로 이른 말.

아이 좋다니까 씨암탉을 잡는다
남이 칭찬하고 치켜세우면 재산이 아까운 줄도 모르고 주책없이 소비함을 비유적으로 이르는 말.

아이 치레 송장치레
아이들을 호사스럽게 차리는 것은 송장에게 잘 입히는 것처럼 쓸데없는 일이라는 뜻으로, 아이들을 검소하게 꾸며서 키우라는 말.

아이하고 여자는 길들일 탓
아이와 여자는 가르치고 길들이는 대로 착하게도 되고 악하게도 됨을 이른 말.

아저씨 못난 것 조카 장짐 지운다
조금 높은 자리에 있다고 아랫사람을 되지 못하게 마구 부리는 경우를 비유적으로 이르는 말.

아저씨 아니어도 망건이 동난다
1. 아저씨가 사지 않더라도 망건 사 갈 사람은 많다는 뜻으로, 특정한 사람이 아니라도 도와줄 사람은 얼마든지 있음을 비유적으로 이르는 말. 2. 남이 가지고 있는 물건이 탐난다는 말.

아저씨 아저씨 하고 길짐[떡 짐]만 지운다
겉으로는 존경하고 친근한 척하면서 이용해 먹는 것을 비유적으로 이르는 말. [비] 행수 행수 하고 짐 지운다.

아전의 술 한 잔이 환자(還子)가 석 섬이라고
관리에게 조금이라도 신세를 지게 되면 그 몇 곱으로 갚아야 함을 이른 말.

아주까리 대에 개똥참외[쥐참외] 달라붙듯

1. 생활 능력이 없는 남자가 분에 넘치게 여자를 많이 데리고 사는 경우에 비꼬는 말. 2. 연약한 과부에게 장성한 자식이 여럿 있는 경우를 비유적으로 이르는 말.

아주머니 떡[술]도 싸야 사 먹지

아무리 친근한 사이라도 이익이 있어야 관계하게 됨을 비유적으로 이르는 말. [비] 동성아주머니 술도 싸야 사 먹지. 아주머니 떡도 커야 사 먹는다. 할아버지 떡도 커야 사 먹는다.

아침 아저씨 저녁 소 아들

농가에서 한창 바쁠 때 머슴의 비위를 맞추려고 아침에는 대접을 잘하지만 저녁에 일 끝나고 돌아오면 대접은커녕 함부로 대하는 것을 비유적으로 이른 말.

아침 안개가 중 대가리 깬다

아침에 안개가 낀 날은 낮이 되면 중의 머리를 깰 정도로 햇빛이 쨍쨍하다는 말.

아침에 까치가 울면 좋은 일이 있고 밤에 까마귀가 울면 대변(大變)이 있다

아침에 까치가 울면 기쁜 일이 생기고 밤에 까마귀가 울면 좋지 못한 일이 생긴다는 말.

아편 침 두 대에 황소 떨어지듯

독한 기운에 금세 의식을 잃는 모양을 비유적으로 이르는 말.

아픈 아이 눈 들어가듯 한다

독의 쌀 따위가 폭폭 줄어드는 모양을 비유적으로 이르는 말.

아 해 다르고 어 해 다르다

같은 내용의 이야기라도 이렇게 말하여 다르고 저렇게 말하여 다르다는 말. [비] 에 해 다르고 애 해 다르다.

아홉 가진 놈(이) 하나 가진 놈 부러워한다

1. 욕심이 많음을 비유적으로 이르는 말. 2. 가지면 가질수록 더 욕심이 생김을 비유적으로 이르는 말.

아홉 살 일곱 살 때에는 아홉 동네에서 미움을 받는다

아홉 살 일곱 살 때에는 아이들의 장난이 몹시 심하고 말도 안 들어 미움을 받게 됨을 비유적으로 이르는 말. [비] 아홉 살 먹을 때까진 아홉 동네서 미움을 받는다.

아홉 섬 추수한 자가 한 섬 추수한 자더러 그 한 섬을 채워 열 섬으로 달라 한다
남의 사정은 돌보지 않고 자신의 욕심만 채우려 함을 비유적으로 이르는 말.

아흔아홉 섬 가진 사람이 한 섬 가진 사람의 것을 마저 빼앗으려 한다
재산을 많이 가지면 가질수록 재산에 대한 욕심이 더욱더 크게 생김을 비유적으로 이르는 말.

악담은 덕담이다
1. 악담이 듣는 사람에게는 오히려 좋은 수가 될 수 있음을 이른 말. 2. 남에게 악담을 듣는 것이 자신의 수양에는 오히려 도움이 된다는 것을 이른 말.

악독한 고승록(高承祿)이라
마음이 독한 사람을 비유적으로 이르는 말.

악바리 악돌이 악쓴다
무슨 일에나 남에게 굴하지 않고 끈질기게 자신의 고집을 내세우는 경우에 이르는 말.

악박골 호랑이 선불 맞은 소리
상종 못할 정도로 사납고 무섭게 내지르는 소리를 비유적으로 이르는 말.

악으로 모은 살림 악으로 망한다
나쁜 짓을 하여 모은 재산은 오래가지도 못할 뿐 아니라 도리어 해롭게 된다는 말.

안광이 지배(紙背)를 뚫는다[철(徹)한다]
눈빛이 종이를 뚫는다는 뜻으로, 이해력이 뛰어남을 이르는 말.

안는 암탉 잡아먹기
1. 달걀을 품고 있는 암탉을 잡아먹는다는 뜻으로, 하는 짓이 염치가 없고 분별없는 경우를 비유적으로 이르는 말. 2. 매우 아깝고 애석하기는 하지만 어쩔 수 없이 손실을 입게 되는 경우를 비유적으로 이르는 말.

안다니 똥파리
사물을 잘 알지도 못하면서 이것저것 아는 체하는 사람을 비꼬는 말. [비] 아는 걸 보니 소강절의 똥구멍에 움막 짓고 살았겠다. 알기는 오뉴월 똥파리로군.

안 되는 사람은 자빠져도[뒤로 넘어져도] 코가 깨진다
운수가 나쁜 사람은 보통 사람에게는 생기지도 않는 나쁜 일까지 생김을 비유적으로 이르는 말.

안뒷간에 똥 누고 안 아가씨더러 밑 씻겨 달라겠다
지나치게 염치가 없는 경우를 비유적으로 이르는 말.

안 먹겠다 침 뱉은 물 돌아서서 다시 먹는다
두 번 다시 안 볼 것처럼 모질게 대한 사람에게 나중에 도움을 청할 일이 생긴다는 뜻으로, 누구에게나 좋게 대하여야 함을 비유적으로 이르는 말.

안 먹고 사는 장사가 없다
누구나 먹어야 힘을 쓰고 일을 할 수 있음을 비유적으로 이르는 말.

안반 이고 보 마르러 가겠다
네모난 안반을 이고 보자기를 마르러 가겠다는 뜻으로, 바느질 솜씨나 일솜씨가 어지간히도 없는 경우를 놀림조로 이르는 말.

안방에 가면 시어머니 말이 옳고 부엌에 가면 며느리 말이 옳다
양편의 말이 모두 일리가 있어서 시비를 가리기가 어려운 경우를 비유적으로 이르는 말. [비] 방에서는 매부 말이 옳고 부엌에 가면 누이 말이 옳다.

안방을 밝히면 못쓴다
남녀 관계에서 절제하는 생활을 하여야 함을 이르는 말.

안벽 치고[붙이고] 밭벽 친다[붙인다]
1. 겉으로는 도와주는 체하면서 속으로는 방해하는 경우를 비유적으로 이르는 말. 2. 이편에서는 이렇게 말하고 저편에서는 저렇게 말하여 둘 사이를 이간질하는 경우를 비유적으로 이르는 말.

안 본 용은 그려도 본 뱀은 못 그린다
1. 눈앞에 있는 사실을 실제 그대로 파악하기는 어려움을 비유적으로 이르는 말. 2. 어떤 일에 대하여 추상적으로 말하기는 쉬우나 실제로 하기는 어려움을 비유적으로 이르는 말.

안 살이 내 살이면 천 리라도 찾아가고 밭 살이 내 살이면 십 리라도 가지 마라
출가하여 사는 부인들이 친정 식구는 매우 반겨서 극진히 대접하나, 시댁 식구는 달갑지 않게 여기고 대접도 소홀히 함을 비유적으로 이르는 말.

안악 사는 과부
밤낮도 모르고 사는 사람을 비유적으로 이르는 말.

안인심이 좋아야 바깥양반 출입이 넓다
제집에 찾아오는 손님을 잘 대접하여야 다른 데 가서도 대접을 받을 수 있음을 비유적으로 이르는 말.

안주 안 먹으면 사위 덕 못 본다
안주 없이 술만 마시면 더 취하게 됨을 경계하여 이르는 말.

안 주어서 못 받지 손 작아서 못 받으랴
주면 주는 대로 얼마든지 받을 수 있다는 말.

안중에 사람이 없다
남의 일에는 관심도 두지 아니하고 어려워하지도 아니하며 함부로 나댐을 비유적으로 이르는 말.

안질에 고춧가루
1. 눈병과 고춧가루는 상극이라는 뜻으로, 아주 상극이 되어 나쁜 영향을 끼치는 물건을 이르는 말. 2. 성한 눈도 견디기 힘든 고춧가루를 앓는 눈에 뿌린다는 뜻으로, 엎친 데 덮친 격으로 아주 나쁜 결과를 가져올 대책을 이르는 말. [비] 눈 앓는 놈 고춧가루 넣기.

안질에 노랑 수건
1. 눈병이 나면 노란 눈곱이 끼어서 눈곱 닦는 수건이 노랗게 된다는 뜻으로, 가까이 두고 매우 요긴하게 쓰는 물건을 이르는 말. 2. 눈병과 노랑 수건은 서로 떨어질 수 없다는 데서, 매우 친밀한 사람을 이르는 말.

안팎곱사등이 굽도 젖도 못한다
진퇴양난에 빠진 경우를 비유적으로 이르는 말.

앉아 똥 누기는 발허리나 시지
앉아서 똥 눌 때는 하다못해 발허리라도 시지만 그런 어려움조차 없다는 뜻으로, 앉아 똥 누기보다 일이 쉬울 때 비유적으로 이르는 말.

앉아 삼천 리 서서 구만 리
앞일을 훤히 내다보는 경우를 비유적으로 이르는 말.

앉아서 먹으면 태산도 못 당한다

일하지 아니하고 앉아서 까먹기만 하면 아무리 큰 재산이라도 당해 낼 수가 없음을 비유적으로 이르는 말.

앉아 주고 서서 받는다
빌려 주기는 쉬우나 돌려받기는 어려움을 비유적으로 이르는 말. [비] 앉아 준 돈 서서도 못 받는다.

앉은 개 입에 똥 들어가나
일하지 아니하고 가만히 있으면 먹을 것이 생길 수 없음을 비유적으로 이른 말.

앉은 데가 본이라
한번 한곳에 정착하게 되면 그곳에 정이 붙어 이주하기가 쉽지 아니함을 비유적으로 이르는 말.

앉은뱅이가 서면 천 리를 가나
능력도 없고 수단도 없는 사람이 장차 큰일을 할 것처럼 떠들고 다닐 때 놀림조로 이르는 말.

앉은뱅이 뜀뛰듯
노력은 하나 능력이 없어서 좋은 결과를 얻지 못하는 경우를 이르는 말. [비] 앉은뱅이 암만 뛰어도 그 자리에 있다.

앉은뱅이 무엇 자랑하듯
아무것도 아닌 것을 가지고 자기 자랑을 하는 경우를 이르는 말.

앉은뱅이 용쓴다
불가능한 일을 두고 힘만 쓰고 있는 경우를 비유적으로 이르는 말.

앉은뱅이의 망건 뜨기
궁상스럽고 옹색한 일을 비유적으로 이르는 말.

앉은뱅이 천리 대참
무능한 자가 힘에 겨운 일을 하려 함을 비유적으로 이르는 말.

앉은 자리에 풀도 안 나겠다
사람이 몹시 쌀쌀맞고 냉정한 경우를 비유적으로 이르는 말.

앉은장사 선 동무
견문이나 교제가 적어 세상 물정이 어둡고 그로 인하여 자주 손해를 보게 되는 경우를 이르는 말.

앉을 자리 봐 가면서 앉으라
모든 행동을 분별 있고 눈치 있게 하라는 말.

앉을 자리 설 자리를 가리다[안다]
사리에 맞고 눈치가 빠르게 자기가 해야 할 일을 잘 분간하는 경우를 비유적으로 이르는 말.

알고도 죽는 해수병이라
결과가 안 좋다는 것을 뻔히 알면서도 어쩔 수 없이 그 일을 겪어야 함을 비유적으로 이르는 말.

알고 보니 수원 나그네
누군가 싶었는데 알고 보니 그 전부터 잘 아는 수원 나그네였다는 뜻으로, 처음엔 누군지 몰라보았으나 깨달아 알고 보니 알던 사람이라는 말. [비] 다시 보니 수원 나그네. 인제 보니 수원 나그네.

알고 있는 일일수록 더욱 명치에 가둬야 한다
말과 행동에 신중을 기해야 함을 비유적으로 이르는 말.

알기는 칠월 귀뚜라미
온갖 일을 다 아는 체하는 사람을 비꼬는 말. [비] 알기는 태주 같다.

알 낳아 둔 자리냐
어떤 자리를 염치없이 혼자 차지하려고 함을 비꼬는 말.

알던 정 모르던 정 없다
공적인 일을 할 때에는 사적인 정이 없이 냉정하게 처리하여야 함을 이른 말.

알뜰하고 덕 있는 며느리가 들어와야 집안이 흥한다
살림살이가 알뜰하고 덕이 있는 며느리가 들어와야 그 집안이 화목하고 흥하게 된다는 뜻으로, 집안이 화목하고 행복하게 되려면 안주인의 성품과 덕행이 중요하다는 말.

알로 깠느냐
알에서 깨어났느냐는 뜻으로, 사람이 변변치 못함을 이르는 말.

알아야 면장을 하지

어떤 일이든 그 일을 하려면 그것에 관련된 학식이나 실력을 갖추고 있어야 함을 비유적으로 이르는 말.

알을 두고 온 새의 마음
잠시도 마음을 놓지 못하고 불안해하는 경우를 비유적으로 이르는 말.

앓느니 죽지
수고를 조금 덜 하려고 남을 시켜서 시원치 아니하게 일을 하느니보다는 당장에 힘이 들더라도 자기가 직접 해치우는 편이 낫겠다는 말.

앓는 데는 장사 없다
아무리 힘이 센 장사라도 병에 걸려 앓게 되면 거꾸러진다는 뜻으로, 앓지 아니하도록 조심하여야 함을 비유적으로 이르는 말.

앓던 이 빠진 것 같다
걱정거리가 없어져서 후련함을 비유적으로 이르는 말.

암고양이 자지 베어 먹을 놈
세상에 별 못할 짓을 다 한다는 것을 욕으로 이르는 말.

암치 뼈에 불개미 덤비듯
이익이 있을 만한 것에 이 사람 저 사람 덤비어 달라붙는 모양을 비유적으로 이르는 말.

암탉의 무녀리냐
맨 처음 낳는 알은 매우 작다는 뜻으로, 몸집이 작은 사람을 비웃는 말.

암탉이 운다
가정에서 여자가 남자를 제쳐 놓고 집안일을 좌지우지함을 비유적으로 이르는 말.

암탉이 울면 집안이 망한다
날이 샜다고 울어야 할 수탉이 제구실을 못하고 대신 암탉이 울면 집안이 망한다는 뜻으로, 가정에서 아내가 남편을 제쳐 놓고 떠들고 간섭하면 집안일이 잘 안 된다는 말.

암탉이 울어 날 샌 일 없다
암탉이 운다고 하여 날이 새었다는 것이 알려지지 아니한다는 뜻으로, 남자를 제쳐 놓고 여자가 모든 일을 좌지우지하면 일이 제대로 될 수 없다는 말.

앙얼 보살이 내릴 일
천벌을 받을 만한 일이라는 말.

앞길이 구만 리 같다
아직 나이가 젊어서 앞으로 어떤 큰일이라도 해낼 수 있는 세월이 충분히 있다는 말. [비] 전정이 구만 리 같다.

앞 남산 호랑이가 뭘 먹고 사나
호랑이에게라도 잡혀 먹혔으면 좋겠다는 뜻으로, 어리석고 못된 사람을 보고 미워서 죽어 없어지라는 말.

앞 못 보는 생쥐
정신이 몽롱하여 무엇을 잘 보지 못하는 사람을 비유적으로 이르는 말.

앞문으로 호랑이를 막고 뒷문으로 승냥이를 불러들인다
겉으로 공명정대한 체하나 뒷구멍으로 온갖 나쁜 짓을 다하는 경우를 비유적으로 이르는 말.

앞에서 꼬리 치는 개가 후에 발뒤꿈치 문다
앞에 와서 좋은 말만 하고 살살 비위를 맞추기에 급급한 사람일수록 보이지 않는 데서는 험담을 하고 모해함을 비유적으로 이르는 말.

앞에 할 말 뒤에 하고 뒤에 할 말 앞에 하고
일의 차례가 뒤바뀌었음을 비유적으로 이르는 말.

앞으로 보나 뒤로 보나 정방산
앞으로 보나 뒤로 보나 정방산은 정방산이지 다르게 될 수 없다는 뜻으로, 아무리 여러 가지 모양으로 변해도 결국은 같은 대상임을 비유적으로 이른 말.

앞집 처녀 믿다가 장가 못 간다
남은 생각지도 않는데 자기 혼자 지레짐작으로 믿고만 있다가 낭패를 보게 됨을 비유적으로 이르는 말. [비] 동네 색시 믿고 장가 못 든다.

애꿎은 두꺼비 돌에 맞다
남의 분쟁이나 싸움에 관계없는 사람이 뜻밖의 피해를 봄을 비유적으로 이르는 말.

애들 꿈은 개꿈
애들이 꾼 꿈은 해몽할 거리가 못 된다는 말.

애매한 두꺼비[거북이] 돌에 치였다

아무런 죄도 없는 두꺼비가 돌 밑에 들어가 있다가 치여 죽게 되었다는 뜻으로, 애매하게 화를 당하거나 벌을 받게 되어 억울함을 비유적으로 이르는 말. [비] 두꺼비 돌에 치였다.

애 삼신은 같은 삼신이다

아이들은 다 같다는 말.

애어미 삼사 월에 돌이라도 이 안 들어가 못 먹는다

젖을 먹이는 아이어머니는 식성이 좋아 닥치는 대로 잘 먹는데 더군다나 해가 긴 음력 삼사 월에는 이만 들어가면 돌이라도 먹을 형편이라는 뜻으로, 젖을 먹이는 어머니들이 무엇이나 가리지 아니하고 다 잘 먹음을 비유적으로 이르는 말.

애정이 헛벌이 한다

애정은 아무리 쏟아 부어도 보수가 없으며 한이 없다는 말.

앵무새는 말 잘하여도 날아다니는 새다

앵무새는 비록 사람의 흉내를 내서 말을 잘할지라도 하늘을 나는 새에 불과하다는 뜻으로, 말만 잘하고 실천이 조금도 따르지 아니하는 사람을 비꼬는 말.

야윈 말이 짐 탐한다

제격에 어울리지 않게 욕심을 냄을 비유적으로 이르는 말.

약과(를) 먹기(라)

하기에 쉽고도 즐거운 일임을 비유적으로 이르는 말. [비] 개떡 먹기. 기름떡 먹기. 깨떡 먹기.

약과는 누가 먼저 먹을는지

제상에 오를 약과를 누가 먼저 먹겠느냐는 뜻으로, 누가 먼저 죽게 될지는 알 수 없다는 말.

약국집 맷돌인가

어디에나 두루 쓰는 것을 비유적으로 이르는 말.

약기는 묘구(墓寇) 같다

눈치 빠르고 영악한 사람을 이르는 말.

약기는 쥐 새끼나 참새 굴레도 씌우겠다

약기가 쥐 새끼만큼이나 해서 약삭빠른 참새의 목에다 굴레를 씌울 만하다는 뜻으로, 꾀가 많은 사람을 비꼬는 말. [비] 꿩처럼 굴레를 벗고 쓴다. 참새 굴레 쌀 만하다. 참새 굴레 씌우겠다. 참새 얼려 잡겠다.

약방 기생 볼줴지르게 잘생기다
여자의 용모가 빼어나게 잘생겼다는 말.

약방에 감초
한약에 감초를 넣는 경우가 많아 한약방에 감초가 반드시 있다는 데서, 어떤 일에나 빠짐없이 끼어드는 사람 또는 꼭 있어야 할 물건을 비유적으로 이르는 말. [비] 건재 약국에 백복령.

약방에 전다리 모이듯
약방에 침을 맞으러 다리를 저는 사람이 모여들듯, 보기 흉한 못난 사람만 많이 모임을 비유적으로 이르는 말.

약빠른 고양이 밤눈이 어둡다
약빨라 실수가 없을 듯한 사람도 부족한 점은 있음을 비유적으로 이르는 말. [비] 약은 쥐가 밤눈 어둡다. 영리한 고양이가 밤눈 어둡다[못 본다].

약빠른 고양이 앞을 못 본다
지나치게 영리한 사람이 도리어 판단을 잘못하여 기회를 놓치는 수가 있음을 비유적으로 이르는 말.

약삭빠른 강아지 밤눈이 어둡다
지나치게 약게 굴면 도리어 판단을 그르쳐 기회를 놓치는 수가 있음을 비유적으로 이르는 말.

약쑥에 봉퉁이
자기가 자기 병을 못 고친다는 말. 자기가 자기 일을 할 수 없다는 말.

약은 나누어 먹지 않는다
약을 나누어 먹으면 약효가 덜함을 이르는 말.

약은 빚내어서라도 먹어라
사람에게는 건강이 제일이니 약을 지어 먹는 데 돈을 아깝게 여기지 말고 제때에 먹으라는 말.

약질 목통에 장골 셋 떨어진다

몸이 약한 사람의 목구멍에 덩치 큰 사람 셋이 들어가 빠진다는 뜻으로, 빼빼 마르고 여윈 사람이 놀랍게도 음식을 엄청나게 많이 먹음을 이르는 말.

약질이 살인낸다
약해 보이는 사람이 뜻밖에 엄청나게 큰 힘을 내어 사람을 놀라게 한다는 말.

얌전한 고양이[강아지/개](가) 부뚜막에 먼저 올라간다
겉으로는 얌전하고 아무것도 못할 것처럼 보이는 사람이 딴짓을 하거나 자기 실속을 다 차리는 경우를 비유적으로 이르는 말.

양 가문 한 집에는 까마귀도 앉지 않는다
처첩(妻妾) 살림을 하는 복잡한 집안과 사귀면 말이 많고 조금도 이로울 것이 없다는 말.

양고는 심장(深藏)한다
1. 큰 상인은 좋은 물건을 가게 앞에 벌이지 아니하고 깊이 간직한다는 말. 2. 군자는 어진 덕이 있어도 그것을 내세우지 아니함을 비유적으로 이르는 말.

양반 김칫국 떠먹듯
아니꼽게 점잔을 빼는 사람을 보고 이르는 말.

양반 때리고 볼기 맞는다
윗사람이나 권력자에게 실속 없이 덤벼서 화를 입지 말라고 경계하여 이른 말.

양반 양반 두 양반
돈의 액수 두 냥 반과 두 양반의 음이 유사한 데서, 돈을 주고 산 양반을 비꼬는 말.

양반은 가는 데마다 상이요 상놈은 가는 데마다 일이라
편하게 지내는 사람은 어디를 가나 대접을 받고 고생스럽게 지내는 사람은 어디를 가나 일만 있고 괴롭다는 말.

양반은 물에 빠져도 개헤엄은 안 한다
아무리 위급한 때라도 체면을 유지하려고 노력한다는 말.

양반은 세 끼만 굶으면 된장 맛 보잔다
평생에 잘 먹고 지내던 사람은 배고픈 것을 조금도 못 참으며, 주리면 아무것이나 고맙게 먹는다는 말.

양반은 안 먹어도 긴 트림

양반은 가난해서 식사를 못했더라도 마치 배불리 먹은 것처럼 길게 트림하는 법이라는 말.

양반은 얼어 죽어도 겻불[짚불]은 안 쬔다

아무리 궁하거나 다급한 경우라도 체면을 깎는 짓은 하지 아니한다는 말.

양반은 죽어도 문자 쓴다

1. 위신을 지극히 생각한다는 말. 2. 한문에 중독된 양반을 놀림조로 이른 말.

양반은 죽을 먹어도 이를 쑤신다

양반은 체통을 차리느라고 없는 기색을 내지 아니한다는 말.

양반은 하인이 양반 시킨다

아랫사람이 잘해야 윗사람이 칭찬을 받고 그만한 대우도 받는다는 말.

양반의 새끼는 고양이 새끼요 상놈의 새끼는 돼지 새끼다

양반의 자식은 좀 못생겼더라도 차차 그 모습이 말쑥해지나 상놈의 자식은 점점 더 추악해진다는 뜻으로, 양반집 자녀를 추어올려 이르는 말.

양반의 자식이 열둘이면 호패를 찬다

양반의 자식은 어려서부터 남과 달리 훌륭하게 자란다는 말.

양반의 집 못되려면 초라니 새끼 난다

집안이 안 되려면 해괴한 일이 생긴다는 말.

양반이 대추 한 개가 해장국이라고

먹을 것이 많은 양반도 대추 한 개만 가지고 해장을 한다는 뜻으로, 음식을 많이 먹을 필요가 없고 조금씩만 먹어도 넉넉함을 비유적으로 이르는 말.

양반 지게 진 것 같다

지게와는 아무 인연이 없는 양반이 어떻게 지는지도 모르는 지게를 지고 있는 모양과 같다는 뜻으로, 모양이 어울리지 아니하고 하는 짓이 서투른 모양을 놀림조로 이르는 말.

양반 파립 쓰고 한 번 대변보긴 예사

돈이 있고 세력이 있는 사람이 염치없는 짓을 하는 것은 흔히 있는 일이라는 말.

양식 없는 동자는 며느리 시키고 나무 없는 동자는 딸 시킨다

양식 없이 밥 짓는 일은 며느리를 시키고 나무 없이 밥 짓는 일은 딸을 시킨다는 뜻으로, 흔히 시어머니가 며느리보다 자기 딸을 사랑하고 위하여 준다는 말.

양어깨에 동자보살이 있다

대개 자기의 선악을 자기 스스로는 알지 못하되, 은연중에 신명이 감시하고 있다는 말.

양주 밥 먹고 고양 구실

밥은 양주에서 먹고 구실은 고양에 가서 한다는 뜻으로, 이쪽에서 보수를 받고 아무 상관없는 저쪽의 일을 해 주는 경우를 비유적으로 이르는 말.

양주 사는 홀아비

행색이 초라하고 고달파 보이는 사람을 비유적으로 이르는 말.

양첩한 놈 때 굶는다

첩을 둔 사람은, 본집에서는 첩 집으로 첩 집에서는 본집으로 미루어 끼니를 굶는 일이 많다는 말.

양태 값도 못 버는 놈

제 밥벌이도 못하여 장가도 못 들 녀석이라는 말.

양푼 밑구멍은 마치 자국이나 있지

자기 잘못에 대하여 조그마한 거리낌도 없는 뻔뻔스럽고 염치가 없는 사람을 비꼬는 말.

어깨가 귀를 넘어까지 산다

허리가 구부러져서 어깨가 귀보다 올라갈 때까지 오래오래 산다는 뜻으로, 한 일도 별로 없이 오래 삶을 비유적으로 이르는 말.

어느 구름에(서) 비가 올지

일의 결과는 미리 짐작할 수 없다는 말. [갭] 어느 구름에 눈이 들며 어느 구름에 비가 들었나.

어느 귀신이 잡아갈는지 모른다

언제 어떻게 잘못될지 도무지 마음을 놓을 수 없음을 비유적으로 이르는 말.

어느 동네 아이 이름인 줄 아나

적지 않은 돈을 쉽게 입에 올리는 사람에게, 그만한 돈을 동네 아이 이름 부르듯 그리 가볍게 보느냐고 핀잔하는 말.

어느 말이 물 마다하고 여물 마다하랴
물 싫다고 할 말이 어디 있으며 여물을 마다할 말이 어디 있겠냐는 뜻으로, 누구나 다 요구하는 것은 뻔함을 비유적으로 이르는 말.

어느 바람이 들이불까
자기의 권세나 영화를 감히 어느 누가 침해할 수 있느냐며 큰소리치는 말.

어두운 밤에 손 내미는 격
느닷없이 불쑥 무엇을 요구하고 나섬을 비유적으로 이르는 말.

어두운 밤의 등불
아주 긴요한 것을 비유적으로 이르는 말.

어디 개가 짖느냐 한다
남이 하는 말을 무시하여 들은 체도 아니함을 비유적으로 이르는 말. [비] 동네 개 짖는 소리(만 못하게 여긴다). 어느 집 개가 짖느냐 한다.

어디 소경은 본다던
소경은 볼 수 없다는 뜻으로, 이치에 어긋나는 말을 하는 경우를 비꼬는 말.

어려서 굽은 나무는 후에 안장감이다
쓸모없을 것 같아 보이던 물건도 다 제 용도가 있기 마련임을 비유적으로 이르는 말.

어르고 뺨 치기
그럴듯한 말로 꾀어서 은근히 남을 해롭게 함을 비유적으로 이르는 말. [비] 어르고 등골 뺀다.

어른 괄시는 해도 애들 괄시는 하지 말랬다
나이 많은 늙은이는 괄시를 하여도 뒤탈이 크게 일어날 일이 없겠지만 앞날이 창창한 아이들은 뒷날을 생각해서 괄시하지 말라는 말.

어른도 한 그릇 아이도 한 그릇
어른과 아이의 차별이 없이 나누어 주는 분량이 같다는 말. [비] 커도 한 그릇 작아도 한 그릇. 흉년에 죽 아이도 한 그릇 어른도 한 그릇.

어른 말을 들으면 자다가도 떡이 생긴다

어른이 시키는 대로 하면 실수가 없을 뿐만 아니라, 여러 가지로 이익이 됨을 비유적으로 이르는 말.

어른 없는 데서 자라났다
어떤 사람이 버릇없고 방탕함을 이르는 말.

어리석은 자가 농사일을 한다
농사일은 괴롭고 고된 일이라 우직한 사람이라야 견뎌 낼 수 있다는 말.

어리친 개 새끼 하나 없다
아무도 얼씬하지 않는다는 말.

어린아이 보지에 밥알 뜯어먹기
아주 염치가 없어서 낯간지러운 짓을 함을 비유적으로 이르는 말.

어린아이 예뻐 말고 겨드랑이 밑이나 잡아 주어라
아이를 진심으로 사랑한다면 귀여워만 할 것이 아니라 잘 가르쳐 주라는 말.

어린아이와 개는 괴는 데로 간다
누구든지 저를 사랑하고 위하여 주는 사람을 따른다는 말. [비] 아이와 늙은이는 괴는 데로 간다.

어린아이 자지가 크면 얼마나 클까
아무리 크고 많다 한들 별다를 게 없다는 말.

어린아이 팔 꺾은 것 같다
1. 잔인하고 참혹한 행동을 비유적으로 이르는 말. 2. 매우 쉬운 일을 비유적으로 이르는 말.

어린애 매도 많이 맞으면 아프다
조그만 손해도 여러 번 당하면 큰 손해가 됨을 비유적으로 이르는 말. [비] 아이가 때리는 매도 많이 맞으면 아프다.

어린애 젖 조르듯
몹시 졸라 대며 귀찮게 굶을 비유적으로 이르는 말.

어린애 친하면 코 묻은 밥 먹는다
못된 사람과 친하면 해로움을 비유적으로 이르는 말. [비] 개를 친하면 옷에 흙칠을 한다. 아이를 예뻐하면 옷에 똥칠을 한다.

어린 중 젓국 먹이듯
순진한 사람을 속여서 나쁜 짓을 하게 함을 비유적으로 이르는 말.

어릴 때 굽은 길맞가지
좋지 않은 버릇이 아주 어렸을 때부터 굳어 버려서 고치지 못하게 됨을 비유적으로 이르는 말.

어림 반 닷곱 없는 소리 한다
어림잡아 반에 다섯 홉이 모자라는 소리를 한다는 뜻으로, 조금도 이치에 맞지 아니하는 소리를 한다는 말.

어머니가 반중매쟁이가 되어야 딸을 살린다
딸을 둔 어머니는 중매쟁이가 되다시피 하여야 딸을 시집보낼 수 있다는 뜻으로, 과년한 딸을 가진 어머니는 딸을 시집보내기 위해서 누구보다 애쓰고 뛰어야 한다는 말.

어머니가 의붓어머니면 친아버지도 의붓아버지가 된다
어머니가 계모이면 자연히 아버지는 자식보다 계모를 더 위하여 주기 때문에 아버지와 자식의 사이가 멀어진다는 말.

어머니 다음에 형수
형수는 그 집안 살림을 맡아 하는 데 있어서 어머니 다음의 위치를 차지한다는 말.

어머니 배 속에서 배워 가지고 나오다
태어날 때부터 이미 알고 있다는 말.

어물전 망신은 꼴뚜기가 시킨다
지지리 못난 사람일수록 같이 있는 동료를 망신시킨다는 말. [비] 과물전 망신은 모과가 시킨다. 과실 망신은 모과가 (다) 시킨다. 과일 망신은 모과가 (다) 시킨다. 생선 망신은 꼴뚜기가 시킨다. 실과 망신은 모과가 시킨다.

어물전 털어먹고[떠엎고] 꼴뚜기 장사 한다
큰 사업에 실패하고 보잘것없는 작은 사업을 시작함을 비유적으로 이른 말.

어미 모르는 병 열수(數) 가지를 앓는다
자식을 키우는 부모라도 그 자식의 속은 다 알기 어렵다는 말.

어미 본 아기 물 본 기러기

언제 만나도 좋은 사람을 보고 기뻐하는 사람을 이르는 말.

어미 잃은 송아지
의지할 곳이 없어진 사람을 비유적으로 이르는 말.

어미 팔아 동무 산다
1. 사람은 누구나 친구가 있어야 한다는 말. 2. 친구와 매우 다정히 지냄을 이르는 말.

어사는 가어사(假御使)가 더 무섭다
진짜 권세를 가진 사람보다도 어떤 세력을 빙자하여 유세를 부리는 사람이 더 혹독한 짓을 한다는 말.

어사 덕분에 큰기침한다
남의 권세에 의지하여 큰소리침을 비유적으로 이르는 말.

어이딸이 두부 앗듯
무슨 일을 할 때 의견이 잘 맞고 손발이 척척 맞아 쉽게 잘함을 비유적으로 이르는 말. [비] 어이딸이 쌍절구질하듯. 말다툼을 할 때 한 사람이 무어라고 하고 나서 곧 또 한 사람이 이어 하기를 쉬지 않고 되풀이하는 모양을 비유적으로 이르는 말.

어정뜨기는 칠팔월 개구리
태도가 엉성하고 덤벙거리기가 마치 칠팔월경의 개구리 같다는 뜻으로, 몹시 어정뜨다는 말.

어제 보던 손님
처음 만나면서 구면같이 친한 사이가 된 사람을 비유적으로 이르는 말.

어지간해야 생원님하고 벗하지
너무나 처지가 달라서 도무지 함께 어울릴 수 없다는 말.

어질병이 지랄병 된다
작은 병통을 그냥 두면 점점 커져서 고치기 어려운 큰 병통이 된다는 말.

어항에 금붕어 놀 듯
남녀 간에 서로 잘 어울려 노는 모양을 비유적으로 이르는 말.

억새에 손가락[자지] 베었다

대수롭지 아니하게 생각하였던 상대에게 뜻밖의 손해를 보는 경우를 비유적으로 이르는 말.

억지가 반벌충이다
실패나 손실에 굴하지 말고, 초지일관으로 밀고 나가라는 말.

억지가 사촌보다 낫다
남에게 의지하기보다는 억지로라도 자기 힘으로 하는 것이 낫다는 말.

언 다리에 빠진다
물이 언 다리 밑에 빠지더라도 크게 위험하지는 아니하다는 데서, 어쩌다 실수를 하였으나 과히 큰 손해를 보게 되지 아니함을 비유적으로 이르는 말.

언덕에 자빠진 돼지가 평지에 자빠진 돼지를 나무란다
같은 처지임에도 불구하고 부질없이 남을 나무라고 있다는 뜻으로, 제 흉은 모르고 남의 흉만 탓함을 비유적으로 이르는 말.

언문풍월에 염이 있으랴
쉽사리 해낼 수 없는 일에 그 성과의 좋고 나쁨을 따질 수 없다는 말.

언 발에 오줌 누기
언 발을 녹이려고 오줌을 누어 봤자 효력이 별로 없다는 뜻으로, 임시변통은 될지 모르나 그 효력이 오래가지 못할 뿐만 아니라 결국에는 사태가 더 나빠짐을 비유적으로 이르는 말.

언 손 불기
부질없는 짓을 비유적으로 이르는 말.

언 수탉 같다
기진한 듯 몰골이 초췌하여 쭈그리고 앉은 모양을 비유적으로 이르는 말.

언제는 외조할미 콩죽으로 살았나
남의 은덕으로 살아온 것이 아니니 이제 새삼스럽게 남의 호의를 바라지 아니한다고 단호히 거절하는 말.

언제 쓰자는 하눌타리냐
아무리 좋은 것이라도 필요한 때 쓰지 아니하고 쌓아 두기만 하면 소용이 없다는 말.

언청이 굴회 마시듯
빠져 떨어질까 하여 단숨에 후루룩 마시는 모양을 비유적으로 이르는 말.

언청이 아가리에 콩가루
일을 아무리 감추려고 하여도 저절로 다 드러난다는 말. [비] 언청이 아가리에 토란 비어지듯. 남이 이야기하는 데에 불쑥불쑥 끼어듦을 비난조로 이르는 말.

언청이 아니면 일색
어떤 결점이 몹시 두드러진 경우에, 그 결점만 없으면 훌륭하고 완전하다고 비꼬는 말.

언청이 콩가루 쥐어 먹기
아주 쉬운 일을 비유적으로 이르는 말.

언청이 퉁소 대듯
이치에 닿지 아니하는 말을 함부로 함을 비유적으로 이르는 말.

얻기 쉬운 계집 버리기 쉽다
쉽게 얻은 것은 또한 버리기도 쉽다는 말.

얻어먹은 데서 빌어먹는다
한번 얻어 온 것을 또 다른 사람이 좀 달라고 청하여 받는다는 뜻으로, 아주 궁핍함을 이르는 말.

얻어먹을 것도 사돈집[이웃집] 노랑 강아지 때문에 못 얻어먹는다
구차하게 딱한 사정을 말하여 겨우 얻어먹게 되었는데 그만 사돈집의 노랑 강아지가 나타나서 주인이 그 개를 쫓아가는 바람에 아쉽게도 못 얻어먹게 되었다는 뜻으로, 자기가 하는 일에 쫓아다니면서 방해를 놓는 사람이 있어 하고 싶은 대로 하지 못함을 비유적으로 이르는 말.

얻어 온 쐐기
남의 집에 와 거드는 일도 없이 먹기만 하는 사람을 비유적으로 이르는 말.

얻은 가래로 식전 보 막기
숨 가쁘게 급히 하여야 하는 일임을 비유적으로 이르는 말.

얻은 것이 잠방이라
남에게 얻은 것이 그리 신통할 것이 없다는 말.

얻은 도끼나 잃은 도끼나
잃어버린 물건이나 새로 얻은 물건이나 똑같아서 우열이나 이해가 없음을 비유적으로 이르는 말.

얻은 떡이 두레 반
수고하지 않고 얻은 것이 애써서 만든 것보다 많음을 비유적으로 이르는 말.

얻은 이 타령이냐
서로 짝하여 다님을 놀림조로 이르는 말.

얻은 장 한 번 더 떠먹는다
남의 집 음식이 더 맛있어 보인다는 말.

얻은 죽에 머리가 아프다
변변치 못한 것이나마 남의 것을 얻어 가지게 되면 마음에 짐이 됨을 비유적으로 이르는 말.

얼굴 보아 가며 이름 짓는다
이름이란 사물의 생김새를 보아 가며 대상의 특성에 맞게 짓는 법이라는 뜻으로, 무슨 일이나 구체적인 조건과 특성에 알맞게 처리하여야 함을 비유적으로 이르는 말.

얼굴에 모닥불을 담아 붓듯
몹시 부끄러운 일을 당하여 얼굴이 화끈화끈하다는 말.

얼굴이 요패(腰牌)라
널리 알려진 얼굴이라 숨길 수 없다는 말.

얼기설기 수양딸 맏며느리 삼는다
어물어물하면서도 손쉽게 자기 이익을 채움을 비유적으로 이르는 말.

얼뜬 봉변이다
공연한 일에 걸려들어 창피스러운 꼴을 톡톡히 당함을 비유적으로 이르는 말.

얼레빗 참빗 품고 가도 제 복이 있으면 잘 산다
친정이 가난하여 입은 옷과 머리빗밖에는 가지고 간 것이 없지만 잘 살려면 얼마든지 행복하게 잘 산다는 뜻으로, 예장(禮裝)을 많이 하여야 잘 사는 것은 아니라는 말. [비] 이고 지고 가도 제 복 없으면 못산다.

얼어 죽은 귀신이 홑이불이 당한 거냐

추워서 얼어 죽은 귀신에다가 홑이불이나 하나 씌웠다고 무슨 소용이 있느냐는 뜻으로, 어떤 대책이 격에 맞지 아니하고 성에 차지 아니함을 비유적으로 이르는 말.

얼음에 박 밀 듯

말이나 글을 거침없이 줄줄 내리읽거나 내리외는 모양을 비유적으로 이른 말.

얼음에 자빠진 쇠 눈깔

눈동자가 흐리멍덩하면서 눈을 크게 뜨고 두리번거리면서 껌벅거리는 모양을 비유적으로 이르는 말. [비] 얼음판에 넘어진 황소 눈깔 같다.

얼크러진 그물이요 쏟아 놓은 쌀이다

일이 이미 다 틀어져서 바로잡기가 힘든 상태를 비유적으로 이르는 말.

얽거든 검지나 말지

본래 가지고 있는 흠에다가 또 다른 결함이 겹쳐 있음을 핀잔하는 말.

얽어도 유자

가치 있는 것은 조금 흠이 있어도 본디 갖춘 제 값어치는 지니고 있다는 말.

얽은 구멍에 슬기 든다

1. 외양만 보고 사람을 평가할 수 없다는 말. 2. 얼굴이 얽은 곰보를 추어주고 낯을 세워 주는 말.

엄벙덤벙하다가 물에 빠졌다

무슨 영문인지도 모르고 함부로 덤비다가 낭패를 보고 화를 입게 된 경우를 비유적으로 이르는 말.

엄천득이 가게 벌이듯

1. 무엇을 지저분하게 많이 늘어놓는 모양을 비유적으로 이르는 말. 2. 되지도 아니하는 말을 구구하게 늘어놓음을 비유적으로 이르는 말.

업신여기던 딸이 떡함지 이고 온다

평소에 깔보거나 업신여기던 사람에게서 뜻밖에 도움을 받게 되는 경우를 비유적으로 이르는 말.

업어다 난장 맞힌다

애써 한 일이 자기에게 손해가 되는 결과를 가져온다는 말.

업어 온 중
1. 이러지도 저러지도 못하는 진퇴양난의 경우를 비유적으로 이르는 말. 2. 싫으나 괄시하기 어려운 사람을 비유적으로 이르는 말.

업으나 지나
이러나저러나 마찬가지인 경우를 비유적으로 이르는 말. [비] 둘러치나 메어치나.

업은 아이 삼 년 찾는다
무엇을 몸에 지니거나 가까이 두고도 까맣게 잊어버리고 엉뚱한 데에 가서 오래도록 찾아 헤매는 경우를 비유적으로 이르는 말. [비] 업은 아이 삼이웃 찾는다.

업족제비가 비행기를 탔다
집의 재산을 늘려 준다고 하는 업족제비가 비행기를 타고 멀리 가 버렸다는 뜻으로, 집안이 망하여 모든 일이 잘 안된 경우를 비유적으로 이르는 말.

업혀 가는 돼지 눈
잠이 오거나 술에 취하여 거슴츠레한 눈을 비꼬는 말.

없는 꼬리를 흔들까
아무리 뜻이 있다 해도 물질적으로 뒷받침이 안 된다면 할 수 없음을 비유적으로 이르는 말.

없는 놈이 비단이 한 때라
당장 먹을 것이 없어 굶주리는 사람에게는 호화롭게 온몸을 감쌀 수 있는 비단조차도 그것을 팔아 한 때 끼니를 잇는 데에 불과하다는 말.

없는 놈이 있는 체 못난 놈이 잘난 체
실속 없는 자가 유난히 허세를 부리는 경우를 비유적으로 이르는 말.

없어서 비단 치마
넉넉해서 좋은 것을 쓰는 게 아니라 다른 것이 없기 때문에 귀중한 물건이지만 할 수 없이 쓰게 되는 경우를 비유적으로 이르는 말.

없어 일곱 버릇 있어 마흔여덟 버릇
사람에게는 여러 가지 버릇이 있다는 말.

없으면 제 아비 제사도 못 지낸다

아무것도 없어 마땅히 지켜야 할 예의도 지키지 못하게 된 경우를 비유적으로 이르는 말.

엉덩이로 밤송이를 까라면 깠지
시키는 대로 할 일이지 웬 군소리냐고 우겨대는 경우를 비유적으로 이른 말.

엎드려 절 받기
상대편은 마음에 없는데 자기 스스로 요구하여 대접을 받는 경우를 비유적으로 이르는 말. [비] 억지로 절 받기. 옆찔러 절 받기.

엎어지면 궁둥이요 자빠지면 불알뿐이다
가진 거라고는 몸뚱이 하나밖에 없음을 비유적으로 이르는 말.

엎어지면 코 닿을 데
매우 가까운 거리를 비유적으로 이르는 말. [비] 넘어지면 코 닿을 데. 엎드러지면 코 닿을 데.

엎어진 김에 쉬어 간다
뜻하지 아니하던 기회를 만나 자기가 하려고 하던 일을 이룬다는 말. [비] 넘어진 김에 쉬어 간다.

엎어진 놈 꼭뒤 차기
불우한 처지를 당한 사람을 더욱 괴롭힌다는 말. [비] 엎더져 가는 놈 꼭뒤 찬다. 자빠진 놈 꼭뒤 차기.

엎어진 둥지에는 성한 알이 없다
전체가 요절난 것에서 그 부분을 이루는 것이 온전할 수 없음을 비유적으로 이르는 말.

에너른 밭골이라
밭이나 집이 크고 넓으면 구석구석 주워 모을 거리가 많다는 말.

여드레 팔십 리(걸음)
일을 매우 더디고 느리게 함을 비유적으로 이르는 말.

여든 살이라도 마음은 어린애라
사람은 아무리 나이를 먹어도 마음 한구석에는 언제나 어린애와 같은 심정이 숨어 있음을 비유적으로 이르는 말.

여든에 낳은 아들인가
자기 아이를 지나치게 귀여워함을 비꼬는 말.

여든에 능참봉을 하니 한 달에 거둥이 스물아홉 번이라
1. 오래 바라고 고대하던 일이 이루어졌으나 허울만 좋을 뿐 수고롭기만 하고 실속이 없음을 비유적으로 이르는 말. 2. 운수가 나빠 일이 안되려면 일마다 낭패만 본다는 말. [비] 능참봉을 하니까 거둥이 한 달에 스물아홉 번이라. 모처럼 능참봉을 하니까 한 달에 거둥이 스물아홉 번. 칠십에 능참봉을 하니 하루에 거둥이 열아홉 번씩이라.

여든에 둥둥이
진취성이 없어 도무지 행동이 시원스럽지 못함을 비유적으로 이르는 말.

여든에 이가 나나
도저히 있을 수 없는 일임을 비유적으로 이르는 말.

여든에 이 앓는 소리
1. 무엇이라고 말을 하기는 하나 별로 신기할 것이 없는 의견인 경우를 비유적으로 이르는 말. 2. 무엇이라고 흥얼거리기는 하나 무슨 말인지 똑똑지 않은 경우를 비유적으로 이르는 말.

여든에 죽어도 구들동티에 죽었다지
당연한 일인데도 무언가 핑계와 원망이 붙음을 비유적으로 이르는 말.

여든에 첫 아이 비치듯
일이 순조롭게 진행되지 않고 몹시 어려움을 이르는 말.

여럿의 말이 쇠도 녹인다
여러 사람이 함께 모여 의견을 합치면 쇠도 녹일 만큼 무서운 힘을 낼 수 있음을 비유적으로 이르는 말.

여럿이 가는 데 섞이면 병든 다리도 끌려간다
여러 사람이 권하면 어쩔 수 없이 따라 행하게 됨을 비유적으로 이르는 말.

여름 난 중의로군
여름내 입어 명색만 남은 중의(中衣)처럼, 형편없이 됐으면서 장담만 남아 있는 사람을 비유적으로 이르는 말.

여름 불도 쬐다 나면 섭섭하다

오랫동안 해 오던 일을 그만두기는 퍽 어렵다는 말.

여름비는 더워야 오고 가을비는 추워야 온다
여름에는 날이 무더워야 비가 오고 가을에는 쌀쌀해야 비가 온다는 말.

여름비는 잠비 가을비는 떡비
여름에 비가 오면 낮잠을 자게 되고, 가을에 비가 오면 떡을 해 먹게 된다는 말.

여름에 먹자고 얼음 뜨기
앞으로 큰일에 쓰기 위하여 미리 준비함을 비유적으로 이르는 말.

여름에 하루 놀면 겨울에 열흘 굶는다
농사에서는 특히 여름에 부지런히 일하여야 하듯이, 뒷일을 생각하여 한시라도 게을리해서는 안 됨을 비유적으로 이르는 말.

여름 하늘에 소낙비
흔히 있을 만한 일이니 조금도 놀랄 것이 없음을 비유적으로 이르는 말.

여물 많이 먹은 소 똥 눌 때 알아본다
남모르게 감쪽같이 한 일이라도 저지른 죄는 세상에 드러나고야 만다는 말.

여복이 바늘귀를 꿴다
눈먼 여자 장님이 바늘에 실을 꿴다는 뜻으로, 알지도 못하면서 어림치고 한 일이 우연히 잘 맞음을 비유적으로 이르는 말.

여복이 아이 낳아 더듬듯
일의 기미를 분간하지 못하고 어쩔 줄 모름을 비유적으로 이르는 말.

여북하여 눈이 머나
고생이 극도에 달하여 죽을 지경에 이르렀다는 말.

여산 중놈 쓸 것
전혀 관계없는 남이 쓸 것이라는 말.

여산 칠십 리나 들어갔다
눈이 움푹 들어간 사람을 놀림조로 이르는 말.

여산 풍경에 헌 쪽박이라
도무지 어울리지 않음을 비유적으로 이르는 말.

여수가 밑천이다
꾼 돈은 반드시 제 날짜에 갚아야 신용을 얻게 되고 다음에 또 거래를 할 수 있게 된다는 말.

여우가 죽으니까 토끼가 슬퍼한다
같은 부류의 슬픔이나 괴로움 따위를 동정함을 비유적으로 이르는 말. [비] 난초 불붙으니 혜초 탄식한다. 토끼 죽으니 여우 슬퍼한다.

여우 뒤웅박 쓰고 삼밭에 든 것
잘 보지 못하여 방향을 잡을 수 없는데다 일이 막혀서 갈팡질팡하며 헤매고 다니는 경우를 비유적으로 이르는 말.

여우를 피해서 호랑이를 만났다
갈수록 더욱더 힘든 일을 당함을 비유적으로 이르는 말.

여우볕에 콩 볶아 먹는다
행동이 매우 민첩함을 비유적으로 이르는 말.

여윈 강아지 똥 탐한다
곤궁해진 사람이 음식을 몹시 탐한다는 말.

여윈 당나귀 귀 베고 무엇 베면 남을 것이 없다
원래 넉넉하지 못한 데서 가장 두드러진 것을 한두 개 떼고 나면 남을 것이 없다는 말.

여의주를 얻은 듯
일이 뜻대로 척척 되어 감을 비유적으로 이른 말. [비] 여의보주를 얻은 듯.

여인네 셋 앉으면 하나는 저 저 하다 만다
여자들이 모이면 말이 많음을 비유적으로 이르는 말.

여인은 돌면 버리고 기구는 빌리면 깨진다
여자가 너무 밖으로 나다니면 실수하기 쉽다는 말.

여자가 셋이면 나무 접시가 들논다
여자가 많이 모이면 말이 많고 떠들썩함을 비유적으로 이르는 말. [비] 여자 셋이 모이면 새 접시를 뒤집어 놓는다. 여자 열이 모이면 쇠도 녹인다.

여자가 한을 품으면 오뉴월에도 서리가 내린다

여자가 한번 마음이 틀어져 미워하거나 원한을 품으면 오뉴월에도 서릿발이 칠 만큼 매섭고 독하다는 말. [비] 계집의 곡한[독한] 마음 오뉴월에 서리 친다. 여자의 악담에는 오뉴월에도 서리가 온다.

여자는 높이 놀고 낮이 논다
여자는 시집을 잘 가고 못 감에 따라 귀해지기도 하고 천해지기도 함을 비유적으로 이르는 말.

여자는 사흘을 안 때리면 여우가 된다
여자는 간사한 짓을 부리기 쉽다는 말.

여자는 익은 음식 같다
젊은 여자는 남자들이 덤비니 조심하여야 된다는 말.

여자는 제 고을 장날을 몰라야 팔자가 좋다
여자는 집 안에서 살림이나 하고 사는 것이 가장 행복한 것임을 비유적으로 이르는 말.

여자의 말은 잘 들어도 패가하고 안 들어도 망신한다
여자의 말은 적당하게 들어야 함을 비유적으로 이르는 말.

여편네 아니 걸린 살인 없다
좋은 일이든지 좋지 않은 일이든지 반드시 여자가 끼게 된다는 것을 비유적으로 이르는 말.

여편네 팔자는 뒤웅박 팔자라
뒤웅박의 끈이 떨어지면 어찌할 도리가 없듯이, 여자의 운명은 남편에게 매인 것이나 다름없다는 말.

여편네 활수하면 벌어들여도 시루에 물 붓기
아무리 벌어들여도 집안의 주부가 살림을 헤프게 하면 늘 허덕이게 되고 남는 것이 없게 된다는 것을 비유적으로 이르는 말.

여포 창날 같다
매우 날카로움을 비유적으로 이르는 말.

역말도 갈아타면 낫다
1. 한 가지 일만 계속해서 하지 않고 가끔 가다가 다른 일도 하면 싫증이 없어진다는 말. 2. 무엇이든지 적당하지 않으면 다른 것으로 바꾸어 볼 것이라는

말. [비] 역마도 갈아타면 좋다.

역적 대가리 같다
모양이 텁수룩하여서 보기 싫은 경우를 비유적으로 이르는 말.

역적의 기물(器物)
가히 역적이 될 만한 그릇이라는 뜻으로, 우악스럽고 모략을 잘 꾸미는 사람을 이르는 말.

역질 흑함(黑陷) 되듯 한다
불길한 징조가 나타났다는 말.

연못 골 나막신을 신긴다
면전에 있는 사람을 치켜세움을 이르는 말.

연자매를 가는 당나귀
일에 몰려 눈코 뜰 새 없이 바쁜 처지를 비유적으로 이르는 말.

연주창 앓는 놈의 갓끈을 핥겠다
하는 짓이 몹시 인색하고 더러움을 비유적으로 이르는 말.

연희궁 까마귀 골수박 파먹듯
어떤 한 가지 일에만 열중하여 여념이 없는 경우를 비유적으로 이르는 말.
[비] 해변 까마귀 골수박 파듯.

열 고을 화냥년이 한 고을의 지어미 된다
행실이 곱지 못하던 여자가 마음을 고쳐먹고 정숙한 아내가 되는 경우를 비유적으로 이르는 말.

열 골 물이 한 골로 모인다
여럿이 지은 죗값으로 받게 되는 벌이 한 사람에게만 모이는 경우를 비유적으로 이르는 말.

열녀전 끼고 서방질하기
겉으로는 깨끗한 체하면서 실제로는 추잡한 행동을 하는 경우를 비꼬는 말.

열 놈이[놈에] 죽 한 사발
주어지는 몫이 너무도 적음을 비유적으로 이르는 말.

열 달 만에 아이 날 줄 몰랐던가

1. 일이 그렇게 되리라는 것은 당연한 사실인데 그것도 모르고 있었느냐는 말.
2. 아무래도 당할 일을 미리미리 준비하여 두지 않고 있었음을 꾸짖는 말.

열 도깨비 날치듯
여러 사람이 어수선하게 떠들며 날치는 모양을 비유적으로 이르는 말.

열두 가지 재주에 저녁거리가 (간 데) 없다
재주가 여러 방면으로 많은 사람은 한 가지 재주만 가진 사람보다 성공하기 어렵다는 말.

열매 될 꽃은 첫 삼월부터 안다
잘될 일은 처음 그 기미부터 좋음을 이르는 말.

열무김치 맛도 안 들어서 군내부터 난다
열무김치가 익지도 않은 것이 군내가 난다는 뜻으로, 사람이 장성하기도 전에 못된 버릇부터 배워 바람을 피우는 경우를 비꼬는 말. [비] 시지도 않아서 군내부터 먼저 난다.

열 발 성한 방게 같다
어린아이가 조금도 가만히 누워 있지 못하고 바스락대며 돌아다니는 모양을 비유적으로 이르는 말.

열 번 갈아서 안 드는 도끼가 없다
무슨 일이나 꾸준히 공을 들이면 소기의 성과를 거두게 됨을 이르는 말.

열 번 쓰러지면 열 번 (다시) 일어난다
백절불굴의 강인한 정신과 기상을 비유적으로 이르는 말.

열 번 잘하고 한 번 실수를 하지 말아야 한다
한 번 잘못하면 열 번 잘한 것도 아무 소용이 없으니 언제나 조심하라는 말.

열 번 찍어 아니 넘어가는 나무 없다
아무리 뜻이 굳은 사람이라도 여러 번 권하거나 꾀고 달래면 결국은 마음이 변한다는 말.

열 벙어리가 말을 해도 가만있어라
누가 뭐라고 하여도 상관 말고 못 들은 척 가만히 있으라는 말.

열 사람이 지켜도 한 도둑놈을 못 막는다

여러 사람이 함께 살펴도 한 사람의 나쁜 짓을 못 막는다는 말.

열 사람 형리(刑吏) 사귀지 말고 한 가지 죄를 범하지 마라
남의 힘을 믿고 함부로 처신하지 말고 제 몸을 바로 처신하라는 말.

열 사위는 밉지 아니하여도 한 며느리가 밉다
사위는 사랑하고 며느리는 미워하는 사람이 많다는 말. [비] 열 사위 미운 데 없고 외며느리 고운 데 없다.

열사흘부스럼을 앓느냐
망령된 말을 많이 하는 사람을 놀림조로 이르는 말.

열 새끼 낳은 소 멍에 벗는 날이 없다
소가 숱한 새끼를 낳았어도 일거리는 끊어지지 아니하여 어느 하루도 멍에를 벗지 못한다는 뜻으로, 자식을 많이 둔 사람이 편안할 날이 없고 고생만 하게 됨을 비유적으로 이르는 말.

열 소경에 한 막대
매우 긴요하고 소중한 물건을 이르는 말.

열 소경이 풀어도 아니 듣는다
자기 고집만 내세우고 남의 말을 도무지 듣지 아니함을 이르는 말.

열 손가락 깨물어 안 아픈 손가락이 없다
혈육은 다 귀하고 소중함을 비유적으로 이르는 말. [비] 다섯 손가락 깨물어서 아프지 않은 손가락이 없다.

열 손 재배한다
일손을 놓고 놀고 지내는 경우를 비유적으로 이르는 말.

열 손 한 지레
1. 여러 사람이 할 일을 능력 있는 한 사람이 해낸다는 말. 2. 여러 사람의 힘보다 기계 한 대를 이용함이 좋다는 말.

열 시앗이 밉지 않고 한 시누이가 밉다
대개 올케와 시누이의 의가 좋지 못함을 비유적으로 이르는 말.

열없는 색시 달밤에 삿갓 쓴다
정신이 흐려져 망령된 짓을 하는 경우를 비유적으로 이르는 말.

열에 한 맛도 없다
음식이 도무지 맛이 없는 경우를 비유적으로 이르는 말.

열을 듣고 하나도 모른다
아무리 들어도 깨우치지 못하여 어리석고 우둔하다는 말.

열의 한 술 밥이 한 그릇 푼푼하다
열 사람이 한 술씩 보태서 밥 한 그릇을 만든다는 뜻으로, 여럿이 각각 조금씩 도와주어 큰 보탬이 됨을 비유적으로 이르는 말. [비] 열의 한 술 밥. 열이 어울러 밥 찬 한 그릇.

열이 상투 끝까지 오르다
매우 화가 났다는 말.

열 집 사위 열 집 며느리 안 되어 본 사람 없다
혼삿말이란 흔히 여기저기서 많이 나온다는 말.

열흘 길 하루도 아니 가서 (돌아선다)
오래 두고 할 일에 처음부터 싫증을 내거나 배반하는 경우를 비유적으로 이르는 말. [비] 사흘 길 하루도 아니 가서.

열흘 나그네 하룻길 바빠한다
1. 오래 걸릴 일은 처음에는 그리 바쁘지 아니한 듯하더라도 급히 서둘러 하지 아니하면 안 된다는 말. 2. 너무 급히 서두르지 말라는 말.

열흘날 잔치에 열하룻날 병풍 친다
때를 놓치고 일이 다 끝난 다음에야 하려는 것을 비꼬아 이르는 말. [비] 여드레 병풍 친다. 혼인 뒤에 병풍 친다.

염라대왕도 돈 쓰기에 달렸다
돈만 있으면 못하는 일이 없이 다 할 수 있다는 말. [비] 염라대왕도 돈 앞에는 한쪽 눈을 감는다.

염라대왕이 문밖에서 기다린다
죽을 때가 되었다는 말.

염라대왕이 제 할아버지라도
비록 염라대왕이 제 할아버지라 해도 저승으로 가게 된 처지에서 벗어날 수 없다는 뜻으로, 어떤 큰 죄를 짓거나 중병에 걸려 온전할 도리가 없는 경우를

비유적으로 이르는 말.

염병에 땀을 못 낼 놈
염병을 앓으면서도 땀도 못 내고 죽을 놈이라는 뜻으로, 남을 욕하여 이른 말.

염병에 보리죽을 먹어야 오히려 낫겠다
염병은 병 중에서 가장 악질이요 보리죽 또한 가장 좋지 아니한 음식이니, 너무 어처구니없어서 논박할 필요조차 느끼지 아니하는 경우를 비유적으로 이르는 말.

염병 치른 놈의 대가리 같다
염병을 앓고 난 뒤에 머리카락이 없어지는 것처럼 아무것도 없게 되었음을 비유적으로 이르는 말.

염불 못하는 중이 아궁이에 불을 땐다
사람은 누구나 제 능력에 따라 일을 하여야 대접도 받는다는 말.

염불 법사 염주 매듯
치렁치렁 넌지시 매어 단다는 말.

염불 빠진 년 같다
어기적거리며 걸음을 잘 걷지 못하는 경우를 비유적으로 이르는 말.

염불에는 맘이 없고 잿밥에만 맘이 있다
맡은 일에는 정성을 들이지 아니하면서 잇속에만 마음을 두는 경우를 비유적으로 이르는 말. [비] 제사보다 잿밥에 정신이 있다.

염소 나물밭 빠댄다
식물성 음식만 먹던 사람이 모처럼 실컷 고기를 먹게 됐다는 말.

염소 물똥 누는 것 보았나
있을 수 없는 일을 이르는 말.

염소에 소지장 쓴다
엉뚱한 데 청을 한다는 말.

염초청 굴뚝 같다
마음보가 검고 음흉한 경우를 비유적으로 이르는 말.

염충강이 무장 먹듯

모든 일에서 두서를 모르고 아무 데나 덤벙덤벙하는 모양을 비유적으로 이르는 말. 옛적에 쓴맛과 짠맛을 분간하지 못하는 염충강이란 사람이 무장을 마구 퍼먹고도 그 맛을 몰랐다는 이야기에서 나온 말이다.

염치없는 조 발막이다
조가 성을 가진 사람이 궁궐에 들어가면서 신발이 없어 아내의 발막신을 신고도 부끄러운 줄을 몰랐다는 데서, 체면과 부끄러움을 전혀 모르는 파렴치한 사람을 비유적으로 이르는 말.

염치와 담(을) 쌓은 놈
염치가 조금도 없는 사람을 낮잡아 이르는 말.

염통에 고름 든 줄은 몰라도 손톱눈에 가시 든 줄은 안다
눈에 보이는 사소한 결함은 알아도 보이지 않는 큰 결함은 모른다는 말. [비] 염통이 곪는 줄은 몰라도 손톱 곪는 줄은 안다.

엽자금 동자삼(童子蔘)이라
사물이 지극히 고귀하고 아름답거나 매우 완전함을 비유적으로 이르는 말.

엿을 물고 개잘량에 엎드러졌나
입에 엿을 물고 개 털가죽에 엎어졌느냐는 뜻으로, 털이 많이 난 사람을 놀림조로 이르는 말.

엿 치를 쓰라오 닷 치를 쓰라오
여섯 치를 쓰겠는지 다섯 치를 쓰겠는지 묻는다는 뜻으로, 어떤 것이나 갖추어져 있으니 마음대로 고르라는 말.

영감님 주머니 돈은 내 돈이요 아들 주머니 돈은 사돈네 돈이다
남편이 버는 돈은 마음대로 할 수 있지만 아들이 버는 돈은 며느리가 주관하므로 어찌할 수 없다는 말.

영감 밥은 누워 먹고 아들 밥은 앉아 먹고 딸의 밥은 서서 먹는다
남편 덕에 먹고사는 것이 가장 편하고, 아들의 부양을 받는 것은 그보다 편하지 않으며, 시집간 딸의 집에 붙어사는 것은 어렵다는 말.

영감의 상투
보잘것없이 작은 물건을 비유적으로 이르는 말.

영감의 상투 굵어서는 무엇을 하나 당줄만 동이면 그만이지

실속 있게 적당하면 되지 그 이상은 별로 중요하지 아니하다는 말. [비] 영감의 상투가 커야 맛이냐.

영감 죽고 처음
영감이 죽음으로 인하여 생긴 답답함으로부터 오랜만에 해방되었다는 뜻으로, 오랜만에 처음으로 마음에 흡족하고 시원한 감을 느끼겠다는 말.

영산야 지산야 하다
몹시 신바람이 나는 경우를 이르는 말.

옆구리에 섬 찼나
옆구리에 섬을 차고 있어서 그렇게 많이 들어가느냐는 뜻으로, 많이 먹는 사람을 놀림조로 이르는 말.

옆집 개가 짖어서 도적 면했다
우연히 남의 덕을 입게 됨을 비유적으로 이르는 말. [비] 이웃집 개가 짖어서 도적을 면했다.

옆집 처녀 믿고 장가 안 간다
옆집 처녀는 생각지도 아니하는데 그와의 결혼을 혼잣속으로 생각하여 장가를 안 간다는 뜻으로, 상대편의 의사는 알지도 못하면서 제 나름대로 생각하여 행동함을 이르는 말.

옆집 처녀 믿다가 장가 못 간다
상대편의 의사는 알지도 못하면서 제 나름대로 생각하여 행동하다가 일을 망치는 경우를 비유적으로 이르는 말. [비] 이웃집 색시 믿고 장가 못 든다.

예쁜 자식 매로 키운다
사랑하는 자식일수록 매를 대어 엄하게 키워야 한다는 말. [비] 고운 자식 매로 키운다.

예조 담 모퉁이로
예의를 차리느라고 겸사(謙辭)하는 버릇이 심한 사람을 비꼬는 말.

예조의 서어
둥근 구멍과 네모진 자루는 어긋난다는 뜻으로, 서로 용납되지 아니함을 비유적으로 이르는 말.

예 짐 동이듯 한다

짐을 찬찬히 동이는 모양을 비유적으로 이르는 말.

예황제 부럽지 않다
생활이 매우 안락함을 비유적으로 이르는 말.

옛날 갑인 날 콩 볶아 먹은 날
아주 오래 된 옛날이라는 말.

옛날은 걷어 들이기 바쁘고 지금은 받기에 바쁘다
예전에는 백성의 재물을 거두어들이기에 바빴고 지금은 세도를 이용하여 뇌
물을 받기에 바쁘다는 뜻으로, 백성을 억압하여 약탈하는 부패한 관료들을 비
꼬는 말.

옛말 그른 데 없다
예로부터 전하여 오는 말은 잘못된 것이 없으니 명심하여야 한다는 말.

오기에 쥐 잡는다
오기를 부리다가 쥐를 잡는다는 뜻으로, 쓸데없는 오기를 부리다가 낭패를 봄
을 비유적으로 이르는 말.

오뉴월(의) 녹두 깝대기[껍데기] 같다
햇볕에 바짝 말라 조금만 건드려도 탁탁 들고 일어나는 녹두 깝대기 같다는
뜻으로, 매우 신경질적이어서 툭 건드리기만 하여도 쏘는 성미를 이르는 말.

오뉴월 (자주) 감투도 팔아먹는다
1. 먹을 것이 궁한 때인 오뉴월에는 팔 수 없는 자주 감투까지 판다는 뜻으로,
물품을 가리지 아니하고 모든 것을 다 팖을 비유적으로 이르는 말. 2. 집안 살
림이 궁하여 도무지 무엇 하나 팔아먹을 만한 것이 없다는 말.

오뉴월 감기는 개도 아니 걸린다[앓는다]
여름에 감기 앓는 사람을 변변치 못한 사람이라고 놀림조로 이르는 말.

오뉴월 감주 맛 변하듯
매우 빨리 변하여 못 쓰게 됨을 비유적으로 이르는 말.

오뉴월 개 가죽 문인가
한여름 개 가죽으로 만든 문이 있는 방처럼 더운 줄 아느냐는 뜻으로, 추운 날
드나들면서 문을 열어 놓고 다니는 사람을 비난조로 이르는 말.

오뉴월 개 팔자

하는 일 없이 놀고먹는 편한 팔자를 비유적으로 이르는 말. [비] 오뉴월 댑싸리 밑의 개 팔자.

오뉴월 겻불도 쬐다 나면 서운하다[섭섭하다]

당장에 쓸데없거나 대단치 않게 생각되던 것도 막상 없어진 뒤에는 아쉽게 생각된다는 말. [비] 여름 불도 쬐다 나면 섭섭하다. 짚불도 쬐다 나면 섭섭하다.

오뉴월 닭이 오죽하여 지붕에 올라갈까

낟알이 귀한 여름에 배곯은 닭이 모이를 찾으러 지붕을 허비러 올라간다는 뜻으로, 아쉬운 때에 행여나 하고 무엇을 구함을 비유적으로 이르는 말. [비]오뉴월 닭이 여북해서 지붕을 허비랴.

오뉴월 댑싸리 밑의 개 팔자

하는 일 없이 놀고먹는 편한 팔자를 비유적으로 이른 말. [비]] 댑싸리 밑의 개 팔자. 싸리 밭에 개 팔자. 오뉴월 개 팔자. 음지의 개 팔자. 풍년 개 팔자.

오뉴월 더위에는 염소[암소] 뿔이 물러 빠진다

음력 오뉴월 더위가 어찌나 심한지 단단한 염소[암소] 뿔이 물렁물렁하여져 빠질 지경이라는 뜻으로, 오뉴월이 가장 더움을 비유적으로 이르는 말.

오뉴월 똥파리[쉬파리] (끓듯)

1. 멀리서도 먹을 것을 잘 알고 달려드는 사람이나 그런 경우를 비유적으로 이르는 말. 2. 몹시 성가시게 구는 사람을 비유적으로 이르는 말.

오뉴월 맹꽁이도 울다가 그친다

끝없이 계속될 것 같은 일도 결국은 끝날 때가 있음을 비유적으로 이르는 말.

오뉴월 바람도 불면 차갑다

아무리 미약하고 하찮은 것이라도 계속되면 무시할 수 없는 결과를 가져옴을 비유적으로 이르는 말.

오뉴월 배 양반이오 동지섣달은 뱃놈

뱃사공이 여름철에는 물 위에서 더운 줄 모르고 지내는 데 비하여 겨울에는 차가운 물 위에서 무척 고생스럽게 지낸다는 말.

오뉴월 병아리 하룻볕 쬐기가 무섭다

음력 오뉴월에는 하룻볕이라도 쬐면 동식물이 부쩍부쩍 자라게 된다는 뜻으로, 짧은 동안에 자라는 정도가 아주 뚜렷함을 비유적으로 이르는 말. [비] 오뉴월 볕 하루만 더 쬐도 낫다. 오뉴월 하룻볕도 무섭다.

오뉴월 볕은 솔개만 지나도 낫다
오뉴월 볕이 내리쬘 때에는 솔개가 지나면서 만드는 그늘만 있어도 낫다는 뜻으로, 오뉴월 볕에는 조그만 그늘도 귀함을 비유적으로 이르는 말.

오뉴월 상한 고기에 구더기 끓듯
동물이나 사람이 우글우글 많이 모여 있는 모양을 비유적으로 이르는 말.

오뉴월 소나기는 쇠등[말 등]을 두고 다툰다
오뉴월 소나기는 소의 등을 경계로 한쪽에는 내리고 다른 한쪽에는 내리지 아니할 수도 있다는 뜻으로, 여름철에 국부적으로 내리는 소나기를 비유적으로 이르는 말.

오뉴월 손님은 호랑이보다 무섭다
더운 오뉴월에는 손님 접대가 무척 어렵고 힘듦을 비유적으로 이르는 말.

오뉴월 송장이라
더울 때 웃어른을 모시기가 몹시 괴로운 데서, 대우하기 귀찮은 존장(尊長)을 비꼬는 말.

오뉴월 쇠불알 (늘어지듯)
1. 무엇이 축 늘어져 있는 모양을 비유적으로 이르는 말. 2. 매우 축 늘어지게 행동하는 사람이나 그런 성질을 지닌 사람을 비유적으로 이르는 말.

오뉴월에도 남의 일은 손이 시리다
1. 남의 일은 힘들지 아니한 일도 하기 싫고 고되다는 말. 2. 남의 일을 하기 싫어서 건들건들하는 모양을 비난조로 이르는 말.

오뉴월에 얼어 죽는다
지나치게 추위를 타는 사람을 비난조로 이르는 말.

오뉴월 장마에 토담 무너지듯
힘없이 내려앉음을 비유적으로 이르는 말.

오뉴월 존장(尊長)이라
더울 때 웃어른을 모시기가 몹시 괴로운 데서, 대접하기가 어렵고 힘든 경우에 이르는 말.

오뉴월 품앗이 논둑[논두렁] 밑에 있다

여름에 산 품을 가을에 곡식을 거둔 후에 갚게 된다는 뜻으로, 빚 갚을 날짜가 멀었음을 이르는 말.

오뉴월 품앗이도 먼저[진작] 갚으랬다

시일이 많이 남아 있다고 오래 끌지 말고 갚을 것을 미리미리 갚아야 한다는 말.

오는 말이 고와야 가는 말이 곱다

1. 상대편이 자기에게 말이나 행동을 좋게 하여야 자기도 상대편에게 좋게 한다는 말. 2. 말은 누구에게나 점잖고 부드럽게 하여야 한다는 말. [비] 네 떡이 한 개면 내 떡이 한 개라. 오는 떡이 두터워야[커야] 가는 떡이 두텁다[크다]. 오는 정이 있어야 가는 정이 있다.

오다가다 옷깃만 스쳐도 전세의 인연이다

인간이 살면서 부딪치는 사소한 만남이라도 불가에서 말하는 전생의 인연에서 비롯된다는 뜻으로, 살면서 겪게 되는 사람들과의 만남을 소중하게 여겨야 한다는 말.

오달지기는 사돈네 가을 닭이다

1. 사돈네 가을 닭이 아무리 살지고 좋아도 제게는 소용이 없으니 보기만 좋지 도무지 실속이 없음을 비유적으로 이르는 말. 2. 사람이 지나치게 야무지고 실속 차리기에 급급하여서 사돈집 가을마당의 씨암탉 넘보듯이 예사로 남을 괴롭힌다는 말.

오동 씨만 보아도 춤춘다

1. 오동의 씨를 보고 오동나무로 만든 거문고를 연상하여 춤을 춘다는 뜻으로, 너무 미리부터 서두름을 비유적으로 이르는 말. 2. 여러 단계를 거쳐야 비로소 연상할 수 있는 사물의 징조를 보고 마치 그 결과를 본 듯이 기뻐한다는 말. [비] 오동나무만 보아도 춤을 춘다.

오라는 데는 없어도 갈 데는 많다

자기를 알아주거나 청하여 주는 데는 없어도 자기로서는 가야 할 데나 하여야 할 일이 많음을 이르는 말.

오라는 딸은 안 오고 온통[보기 싫은] 며느리만 온다

기다리는 사람은 오지 아니하고 올까 봐 꺼리는 사람만 온다는 말.

오래 살면 도랑 새우 무엇 하는 것을 보겠다
너무 도리에 어긋나는 일이라 어이없다는 말.

오래 살면 손자 늙어 죽는 꼴을 본다
오래 살다 보면 생각지도 못하였던 갖가지 경우를 다 당하게 된다는 말.

오래 살면 욕이 많다
사람이 오래 살게 되면 이러저러한 치욕스러운 일을 많이 당한다는 말. [비] 늙으면 욕이 많다.

오래 해 먹은 면주인(面主人)
여기저기 이 사람 저 사람에게 왔다 갔다 하면서 살살 듣기 좋은 소리로 비위 맞추기를 잘하는 사람을 비꼬는 말.

오랜 원수를 갚으려다가 새 원수가 생겼다
무슨 일에나 보복을 하고 앙갚음을 하게 되면 더 좋지 아니한 일을 당하게 된다는 말.

오려논에 물 터놓기
물이 한창 필요한 오려논의 물고를 터놓는다는 뜻으로, 매우 심술이 사납다는 말.

오르지 못할 나무는 쳐다보지도 마라
자기의 능력 밖의 불가능한 일에 대해서는 처음부터 욕심을 내지 않는 것이 좋다는 말.

오른쪽 궁둥이나 왼쪽 볼기나
이것이나 저것이나 크게 다르지 아니하다는 말.

오 리를 보고 십 리를 간다
1. 사소한 일도 유익하기만 하면 수고를 아끼지 아니한다는 말. 2. 장사하는 사람은 한 푼도 못 되는 적은 돈이라도 벌 수만 있다면 고생을 무릅쓴다는 뜻으로, 장사꾼의 돈에 대한 집착을 조롱조로 이르는 말.

오리 새끼는 길러 놓으면 물로 가고 꿩 새끼는 산으로 간다
1. 자식은 다 크면 제 갈 길을 택하여 부모 곁을 떠난다는 말. 2. 저마다 타고난 바탕대로 행동한다는 말.

오리 알에 제 똥 묻은 격

제 본색에 과히 어긋나지 아니한 것이어서 별로 드러나 보이지 아니하고 그저 수수하다는 말. [비] 달걀에 제 똥 묻은 격.

오리 알에 제 똥 묻은 줄 모른다
사람이 자기 결함에 어둡다는 말.

오리 홰 탄 것 같다
1. 제가 있을 곳이 아닌 높은 데에 있어 위태로운 모양을 비유적으로 이르는 말. 2. 자리와 거기 있는 사람이 서로 어울리지 아니하는 경우를 비유적으로 이르는 말. 3. 엉뚱한 일을 하는 경우를 비유적으로 이르는 말.

오미잣국에 달걀
오미잣국에 달걀을 풀어 넣으면 달걀의 흔적도 찾아볼 수 없다는 뜻으로, 처음의 모양은 하나도 남지 아니하고 완전히 녹아 버린 경우를 비유적으로 이르는 말.

오소리감투가 둘이다
어떤 일에 주관하는 자가 둘이 있어 서로 다툼이 생긴 경우를 비유적으로 이르는 말.

오월 농부 팔월 신선
여름내 농사지으면 팔월에 편한 신세가 된다는 뜻으로, 수고하면 이후에 편하게 된다는 말.

오이는 씨가 있어도 도둑은 씨가 없다
도둑질은 유전에 따라 하는 것이 아니라는 뜻으로, 마음을 잘못 먹으면 누구나 도둑이 될 수 있다는 말.

오이 덩굴에서 가지 열리는 법은 없다
그 아버지에 그 아들밖에 날 수 없음을 비유적으로 이르는 말.

오입쟁이 제 욕심 채우듯
다른 사람의 처지는 조금도 생각하지 아니하고 저 하고 싶은 것만 하는 경우를 비유적으로 이르는 말.

오입쟁이 헌 갓 쓰고 똥 누기는 예사다
방탕한 오입쟁이라 헌 갓을 쓰고 똥을 누는 따위의 무례한 행동을 하는 것은 이상할 것이 없다는 뜻으로, 되지못한 자가 못된 짓을 하여도 놀랄 것은 아니라는 말.

오자기 안에서 소를 잡는다
좁은 오자기 안에서 부피가 큰 소를 잡으니 소란이 보통이 아니라는 뜻으로, 몹시 소란스러운 경우를 비유적으로 이르는 말.

오장까지 뒤집어 보인다
하나도 숨김없이 속속들이 털어놓는다는 말.

오조 먹은 돼지 벼르듯
혼내 주려고 잔뜩 벼르고 있는 경우를 비유적으로 이르는 말.

오죽한 도깨비 낮에 날까
하는 짓이 망측하여 가히 상대할 수 없으니 그냥 내버려 두라는 말.

오줌 누는 새에 십 리 간다
1. 오줌을 누는 짧은 순간에 십 리라는 긴 거리를 간다는 뜻으로, 잠시 동안이라도 쉬는 것과 쉬지 아니하고 하는 것과는 상당한 차이가 있음을 비유적으로 이르는 말. 2. 무슨 일이나 매우 빨리 지나감을 비유적으로 이르는 말.

오줌에도 데겠다
오줌처럼 미지근한 것에도 델 정도로 몸이 몹시 허약함을 비유적으로 이른 말.

오줌에 뒷나무
밑씻개가 필요 없는 오줌에 밑씻개로 사용하는 뒷나무라는 뜻으로, 당치 아니한 사물을 비유적으로 이르는 말.

오초의 흥망이 내 알 바 아니다
1. 주변에서 무슨 일이 일어나도 자기는 상관하지 않겠다는 말. 2. 세상에 무슨 일이 있더라도 자기는 자기가 맡은 일이나 충실히 하겠다는 말.

옥도 갈아야 빛이 난다
1. 아무리 소질이 좋아도 이것을 잘 닦고 기르지 아니하면 훌륭한 것이 되지 못한다는 말. 2. 고생을 겪으며 노력을 기울여야 뜻한 바를 이룰 수 있다는 말. [비] 옥석도 닦아야 빛이 난다.

옥에는 티나 있지
옥에는 티가 있으나 그런 티조차 없다는 뜻으로, 행실이 결백하여 흠이 없거나 완전무결함을 비유적으로 이르는 말.

옥에도 티가 있다
아무리 훌륭한 사람 또는 좋은 물건이라 하여도 자세히 따지고 보면 사소한 흠은 있다는 말.

옥에 티
나무랄 데 없이 훌륭하거나 좋은 것에 있는 사소한 흠을 이르는 말.

온면 먹을 제부터 그르다
국수를 먹는 혼인날부터 벌써 글렀다는 뜻으로, 일이 시작될 때부터 잘못됨을 이르는 말.

온몸의 힘줄이 용대기 뒤 줄이 되었다
온몸의 힘줄이 임금이 거둥할 때 들고 나가는 용대기의 뒤 벌이줄처럼 팽팽하다는 뜻으로, 사람이 극도로 흥분한 경우를 비유적으로 이르는 말.

온 바닷물을 다 켜야 맛이냐
무슨 일이나 끝장을 보지 아니하면 손을 놓지 아니하는, 욕심이 많은 사람에게 하는 말. [비] 온 바닷물을 다 먹어야 짜냐.

온양 온천에 헌[전] 다리 모이듯
온양이 유명한 온천지라 다리가 헌 병자들이 많이 모인다는 뜻으로, 많은 사람이 어지러이 모이는 모양을 이르는 말.

온전한 기와가 부서진 옥보다 낫다
아무리 귀한 물건이라도 깨어지면 제 구실을 하지 못하므로 하찮고 온전한 것보다 못하다는 말.

온통으로 생긴 놈 계집 자랑 반편으로 생긴 놈 자식 자랑
1. 큰 천치는 아내 자랑하는 사람이고 반 천치는 자식 자랑하는 사람이라는 뜻으로, 지나치게 사랑하여 눈이 어두워지는 경우를 경계하는 말. 2. 아내 자랑, 자식 자랑하는 사람을 조롱하는 말. [비] 자식 추기 반미친놈 계집 추기 온미친놈.

올가미 없는 개장사
밑천 없이 하는 장사를 낮잡아 이르는 말.

올챙이 개구리 된 지 몇 해나 되나
어떤 일에 좀 익숙하여진 사람이나, 가난하다가 형편이 좀 나아진 사람이 지나치게 젠체함을 비꼬는 말.

옴 덕에 보지 긁는다
남이 꺼리는 일을 할 핑계가 생김을 비유적으로 이르는 말.

옴딱지 떼고 비상 칠한다
앓는 옴을 빨리 고치겠다는 욕심에 옴딱지를 떼고 비상을 칠하여 더욱 악화시킨다는 뜻으로, 일을 빨리 처리하려고 무리한 방법을 써서 일을 더욱 어렵게 만듦을 비유적으로 이르는 말.

옴딱지 떼듯
무엇이나 인정사정없이 내버리는 모양을 비유적으로 이르는 말.

옷은 나이로 입는다
1. 옷차림 따위의 모든 일을 나이나 경우에 어울리게 하여야 한다는 말. 2. 몸집은 좀 작더라도 나이 든 사람은 옷을 더 크게 입는다는 말.

옷은 새 옷이 좋고 사람은 옛 사람이 좋다
물건은 새것이 좋고 사람은 오래 사귀어 서로를 잘 알고 정분이 두터워진 사람이 좋다는 말. [비] 사람은 헌[때 묻은] 사람이 좋고 옷은 새 옷이 좋다. 옷은 새 옷이 좋고 임은 옛 임이 좋다.

옷은 시집올 때처럼 음식은 한가위처럼
옷은 시집올 때 가장 잘 입을 수 있고 음식은 한가위에 가장 잘 먹을 수 있다는 뜻으로, 언제나 잘 입고 잘 먹고 싶다는 말.

옷이 날개고 밥이 분이다
옷을 잘 입어야 풍채가 좋아지고 밥을 잘 먹어야 신수가 좋아진다는 말.

옷이 날개라
옷이 좋으면 사람이 돋보인다는 말. [비] 입성이 날개(라).

와우각상의 싸움
1. 좁은 곳에서 싸우거나 하찮은 일을 가지고 아옹다옹 다툼을 비유적으로 이르는 말. 2. 작은 나라끼리의 싸움을 비유적으로 이르는 말.

왕공도 망국하고 학사도 망신한다
사람은 아무리 귀하게 잘 살다가도 천해질 수 있으며, 아무리 훌륭한 사람도 큰 실수를 하여 낭패를 보는 수가 있음을 비유적으로 이르는 말.

왕방울로 솥[가마] 가시듯

쇠로 만든 솥을 왕방울로 가실 때처럼 왁자지껄하게 떠드는 소리를 비유적으로 이르는 말. [비] 왕방울로 통노구 가시는 소리.

왕지네 마당에 씨암탉걸음

왕지네가 가득한 마당에 씨암탉이 걷는 걸음걸이라는 뜻으로, 살이 쪄서 어기적어기적 걷는 모양을 비유적으로 이르는 말.

왕후장상이 씨가 있나

높은 자리에 오르는 것은 가문이나 혈통 따위에 따른 것이 아니라 자신의 능력에 따른 것임을 이르는 말. [비] 씨가 따로 있나.

왜가리 새 여울목 넘어다보듯

1. 무엇을 얻을 것이 없나 하여 엿보거나 넘겨다보는 모양을 비유적으로 이르는 말. 2. 남의 눈을 피하여 가며 제 이익만을 취함을 비유적으로 이르는 말.

왜 감중련을 하였나

서로 어울려 다정히 지내지 아니하고 저만 따로 위엄만 차리는 경우를 비유적으로 이르는 말.

왜 알 적에 안 곯았나

태어나기 전에 죽었더라면 좋았을 것이라는 뜻으로, 사람의 용모가 추잡하고 하는 짓이 못됐을 때 비꼬는 말.

왜장녀냐 제명월(霽明月)이냐 똥 덮개냐

매무시가 흐트러져 어지럽고 더러움을 이르는 말.

외갓집 들어가듯

예의도 차릴 필요 없이 자기 집에 들어가는 것처럼 남의 집에 거리낌 없이 쉽게 들어감을 비유적으로 이르는 말.

외갓집 콩죽에 잔뼈가 굵었겠나

남에게 신세를 지고 남의 호의로 살아온 것이 아니라는 뜻으로, 새삼스레 남의 도움을 받기 싫어 거절할 때 이르는 말.

외 거꾸로 먹어도 제 재미다

자기만 좋으면 어떻게 하든지 상관없음을 이르는 말.

외며느리 고운 데 없다

며느리가 여럿이면 비교하여서 좋은 점도 찾을 수 있겠으나 외며느리라 그럴 수 없고 또 본디 며느리란 밉게 보이기 마련이라는 말.

외모는 거울로 보고 마음은 술로 본다
술이 들어가면 본심을 털어놓고 이야기함을 이르는 말.

외밭 원수는 고슴도치고 너하고 나하고의 원수는 중매쟁이라
중매결혼을 하고 사이가 나빠진 부부가 중매쟁이를 원망하는 말.

외삼촌 물에 빠졌는가 (웃기는 왜 웃나)
1. 남이 크게 웃을 때 이르는 말. 2. 남의 작은 실수를 보고도 잘 웃는 사람을 보고 하는 말.

외삼촌 사는 골에 가지도 말랬다
외삼촌과 조카 사이란 매우 소원한 관계임을 비유적으로 이르는 말.

외상이면 소[당나귀]도 잡아먹는다
뒷일은 어떻게 되든지 생각하지 아니하고 우선 당장 좋으면 그만인 것처럼 무턱대고 행동함을 비유적으로 이른 말. [비] 외상이면 사돈집 소도 잡아먹는다.

외손뼉이 소리 날까
1. 두 손뼉이 마주 쳐야 소리가 나지 외손뼉만으로는 소리가 나지 아니한다는 뜻으로, 일은 상대가 같이 응하여져야 혼자서만 해서는 잘되는 것이 아님을 비유적으로 이르는 말. 2. 상대 없는 분쟁이 없음을 비유적으로 이르는 말. [비] 외손뼉이 못 울고 한 다리로 가지 못한다. 외손뼉이 울랴. 외손뼉이 울지 못한다.

외손의 방축이라
외손자네 둑이라는 뜻으로, 무슨 일이든지 대수롭지 아니하게 여기고 그냥 지나쳐 버림을 이르는 말.

외손자를 귀애하느니 방앗공이[절굿공이]를 귀애하지
외손자는 아무리 귀여워하고 공을 들여도 귀여워한 보람이 없다는 말. [비] 외손자를 보아 주느니 파밭을 매지.

외 심은 데 콩 나랴
1. 모든 일은 원인이 있으면 반드시 그에 따른 결과가 있음을 이르는 말. 2. 어버이와 아주 딴판인 자식은 있을 수 없음을 이르는 말. [비] 외 덩굴에 가지

열릴까.

외아들 잡아먹은 할미 상(相)
더없이 궁상맞고 처참한 표정을 비유적으로 이르는 말.

외 얽고 벽 친다
담벼락을 쌓은 것 같다는 뜻으로, 사물을 이해하지 못함을 이르는 말.

외주둥이 굶는다
혼자 살면 끼니를 굶는 일이 많다는 말.

외톨밤이 벌레가 먹었다
1. 단 하나뿐인 소중한 물건에 흠집이 생김을 비유적으로 이르는 말. 2. 똑똑하고 분명하여야 할 것이 그렇지 못하고 부실함을 비유적으로 이르는 말. 특히 외아들이 쓸데없이 되어 버린 경우를 이른다.

왼발 구르고 침 뱉는다
무슨 일에나 처음에는 앞장서서 나서지만 곧 꽁무니를 뺌을 비유적으로 이르는 말.

왼새끼 내던졌다
두 번 다시 돌아볼 생각 없이 아주 내버림을 비유적으로 이르는 말.

왼팔도 쓸 데가 있다
평상시에 잘 쓰지 아니하는 것도 쓸모 있을 때가 있음을 비유적으로 이른 말.

요강 뚜껑으로 물 떠먹은 셈
별 일은 없으리라고 생각하면서도 꺼림칙함을 비유적으로 이르는 말.

요령 도둑놈
생김새가 흉악스럽고 눈알이 커서 늘 눈을 부라리고 있는 사람을 비유적으로 이르는 말.

욕심은 부엉이 같다
욕심이 매우 많음을 비유적으로 이르는 말.

욕심이 사람 죽인다
욕심이 너무 지나치면 사리를 분별하지 못하고 위태로운 일까지 거리낌 없이 하게 됨을 비유적으로 이르는 말. [비] 허욕이 패가(敗家)라.

욕이 금인 줄 알아라
자기의 잘못에 대한 꾸지람을 고깝게만 생각하지 말고 자기의 발전과 수양을 위해서 소중히 받아들이라는 말.

용 가는 데 구름 가고 범 가는 데 바람 간다
반드시 같이 다녀서 둘이 서로 떠나지 아니할 경우를 비유적으로 이르는 말.
[비] 범 가는 데 바람 간다. 용 가는 데 구름 간다.

용검도 써야 칼이지
아무리 훌륭한 물건이라도 실제로 쓰지 아니한다면 쓸모없음을 비유적으로 이르는 말.

용대기 내세우듯
사소한 재주가 있다 하여 툭하면 그것을 내세우며 자랑하는 경우를 비유적으로 이르는 말.

용 못 된 이무기
의리나 인정은 찾아볼 수 없고 심술만 남아 있어 남에게 손해만 입히는 사람을 비유적으로 이르는 말.

용 못 된 이무기 방천 낸다
못된 사람은 못된 짓만 한다는 말.

용문산 안개 두르듯
남루한 옷을 지저분하게 치렁치렁 걸친 모양을 비유적으로 이르는 말.

용미에 범 앉은[맞은] 것 같다
위엄이 있어 남을 억압하는 듯한 인상을 지닌 사람을 비유적으로 이르는 말.

용수에 담은 찰밥도 엎지르겠네
복이 없는 자는 좋은 운수를 만나도 그것을 능히 오래 보전하지 못하거나 놓친다는 것을 비유적으로 이르는 말.

용의 알을 얻은 것 같다
아주 귀중한 보배를 얻은 것처럼 좋아서 아끼는 경우를 비유적으로 이른 말.

용이 물 밖에 나면 개미가 침노를 한다
아무리 좋은 처지에 있던 사람이라도 불행한 경우나 환경에 빠지게 되면 하찮은 사람에게서까지 모욕을 당하고 괄시를 받게 된다는 말. [비] 용이 개천에 빠지면 모기붙이 새끼가 엉겨 붙는다.

용이 물을 잃은 듯
용이 물을 잃고는 살 수 없는 것처럼, 처지가 매우 궁박하여 살길이 끊어진 상황을 비유적으로 이르는 말.

용이 여의주를 얻고 범이 바람을 탐과 같다
무슨 일이나 뜻한 바를 다 이루어, 두려운 것이 없는 경우를 비유적으로 이르는 말.

용이 여의주를 얻으면 하늘로 올라가고야 만다
무엇이나 어떤 단계에 이르면 최종적인 결과가 나타나게 됨을 비유적으로 이르는 말. [비] 호랑이 새끼는 자라면 사람을 물고야 만다.

우는 가슴에 말뚝 박듯
그렇지 않아도 가슴이 아픈데 더욱 큰 상처를 줌을 비유적으로 이르는 말.

우는 아이 젖 준다
무슨 일에 있어서나 자기가 요구하여야 쉽게 구할 수 있음을 이르는 말. [비] 울지 않는 아이 젖 주랴.

우는 애도 속이 있어 운다
아무런 이유 없이 우는 아이가 없다는 뜻으로, 겉으로 나타난 행동은 속에 품은 뜻을 표현하는 것임을 이르는 말.

우둔한 것이 범 잡는다
앞뒤를 살피지 아니하고 덥석 대드는 사람이 뜻밖에 큰일을 하는 수가 있다는 말.

우러러 하늘에도 부끄럽지 않고 굽어 땅에도 부끄럽지 않다
양심에 거리끼는 것이 조금도 없고 아주 떳떳함을 비유적으로 이르는 말.

우렁이도 두렁 넘을 꾀가 있다
미련하고 못난 사람도 제 요량은 있어 한 가지 재주는 있다는 말.

우렁이 속에도 생각이 들었다
아무리 어리석고 못난 사람이라도 다 나름대로의 생각을 갖고 있음을 이른 말.

우립 만드는 동안에 날이 갠다

비가 와서 우럽을 만들면 이미 늦다는 뜻으로, 미리미리 준비를 하여야 한다는 말.

우마가 기린 되랴
소나 말 같은 흔하고 천한 동물이 귀하고 상서로운 기린이 될 리가 없다는 뜻으로, 본시 제가 타고난 대로밖에는 아무리 하여도 안 됨을 비유적으로 이르는 말. [비] 까마귀 학이 되랴. 나무 뚝배기 쇠 양푼 될까. 나무 접시 놋접시 될까. 닭의 새끼 봉 되랴.

우물가에 애 보낸 것 같다
어린아이를 우물가에 내놓으면 언제 우물에 빠질지 몰라 마음이 불안하다는 뜻으로, 몹시 걱정이 되어 마음이 놓이지 아니하는 상태를 비유적으로 이르는 말. [비] 우물둔덕에 애 내놓은 것 같다.

우물고누 첫수
1. 상대편을 꼼짝 못하게 할 수 있을 정도의 가장 좋은 대책을 비유적으로 이르는 말. 2. 다른 변통은 할 재주가 없는 사람이 쓰는 유일한 수단을 비유적으로 이르는 말.

우물귀신 잡아넣듯 하다
우물귀신은 다른 사람을 끌어넣어 대신 귀신을 만든 다음에야 비로소 탈출할 수 있다는 미신에서 생긴 말로, 어떤 어려움이나 걱정 속에서 자기가 벗어나기 위하여 남을 대신 밀어 넣어 곤란한 지경에 빠뜨리는 것을 비유적으로 이르는 말.

우물 들고 마시겠다
성미가 몹시 급함을 비꼬는 말.

우물물은 퍼내야 고인다
무엇이나 자꾸 써야 새것이 생긴다는 말.

우물 밑에 똥 누기
심술 사납고 고약한 짓을 비유적으로 이르는 말.

우물 안 개구리[고기]
1. 넓은 세상의 형편을 알지 못하는 사람을 비유적으로 이르는 말. 2. 견식이 좁아 저만 잘난 줄로 아는 사람을 비꼬는 말.

우물에 가 숭늉 찾는다

모든 일에는 질서와 차례가 있는 법인데 일의 순서도 모르고 성급하게 덤빔을 비유적으로 이르는 말. [비] 보리밭에 가 숭늉 찾는다. 싸전에 가서 밥 달라고 한다.

우물 옆에서 목말라[말라] 죽는다

사람이 무슨 일에나 도무지 융통성이 없고 처신할 줄 모름을 비유적으로 이르는 말.

우물을 파도 한 우물을 파라

일을 너무 벌여 놓거나 하던 일을 자주 바꾸어 하면 아무런 성과가 없으니 어떠한 일이든 한 가지 일을 끝까지 하여야 성공할 수 있다는 말.

우박 맞은 잿더미 같고 활량의 사포 같다

숭숭 구멍이 뚫렸다는 뜻으로, 얼굴이 심하게 얽은 사람을 놀림조로 이르는 말. [비] 우박 맞은 잿더미[소똥] 같다. 콩마당에 넘어졌나[자빠졌나].

우선 먹기는 곶감이 달다

앞일은 생각해 보지도 아니하고 당장 좋은 것만 취하는 경우를 비유적으로 이르는 말.

우수 경칩에 대동강 물이 풀린다

우수와 경칩을 지나면 아무리 춥던 날씨도 누그러짐을 이르는 말.

우습게본 나무에[풀에] 눈 걸린다[찔린다]

대수롭지 아니하게 여겼던 사람이나 물건으로 인하여 크게 손해를 입는다는 뜻으로, 아무리 대수롭지 않게 보이더라도 조심해야 한다는 말.

우장을 입고 제사를 지내도 제 정성

몸에 걸칠 것이 없어서 볏짚으로 엮은 우장을 입고 제사를 지내도 정성만 지극하면 된다는 뜻으로, 중요한 것은 형식이 아니라 정성스러운 마음임을 이르는 말.

우황 든 소 같다

가슴속의 분을 이기지 못하여 어쩔 줄 모르고 괴로워함을 비유적으로 이른 말.

울고 먹는 씨아라

씨아가 울음소리 같은 소리를 내면서 솜을 먹으며 목화씨를 골라낸다는 뜻으로, 징징거리면서도 하라는 일을 어쩔 수 없이 다 함을 비유적으로 이르는 말.

울고 싶자 때린다
무슨 일을 하고 싶으나 마땅한 구실이 없어 못하다가 때마침 좋은 핑계가 생김을 비유적으로 이르는 말.

울려는 아이 뺨 치기
아이가 울려고 할 때 잘 달래지는 않고 뺨을 치면 울음은 크게 터진다는 뜻으로, 일이 좀 틀어져 가려고 할 때 오히려 더 충동하여 더욱 큰 분란을 일으키게 됨을 비유적으로 이르는 말.

울력걸음에 봉충다리
여러 사람이 함께 걷는 경우에 절름발이도 덩달아 걸을 수 있다는 뜻으로, 여럿이 공동으로 하는 바람에 평소에 못하던 사람도 할 수 있게 됨을 비유적으로 이르는 말.

울며 겨자 먹기
맵다고 울면서도 겨자를 먹는다는 뜻으로, 싫은 일을 억지로 마지못하여 함을 비유적으로 이르는 말. [비] 눈물 흘리면서 겨자 먹기.

울 수 없으니까 웃는다
울어야 하는 상황에서 너무나 어이가 없어 울 수 없으니까 마지못하여 웃는다는 뜻으로, 너무나 놀랍게 낭패를 보아서 어이없어함을 이르는 말.

울음 큰 새라
울음만 컸지 볼품없는 새라는 뜻으로, 명성은 자자하나 실제로는 보잘것없음을 비유적으로 이르는 말.

울타리가 허니까 이웃집 개가 드나든다
자신에게 약점이 있으니까 남이 그것을 알고 업신여김을 비유적으로 이르는 말. [비] 울바자가 헐어지니 이웃집 개가 드나든다.

울타리 밖을 모르다
일정한 범위 안에만 머물러 세상 물정을 전혀 모름을 비유적으로 이르는 말.

움도 싹도 없다
1. 장래성이라고는 도무지 없음을 이르는 말. 2. 사람이나 물건이 감쪽같이 없어져 그 간 곳을 아주 모르겠다는 말.

움막의 단 장
가난한 집의 음식이 맛있을 때 이르는 말.

움 안에 간장
외양은 좋지 않으나 내용은 훌륭함을 이르는 말.

움 안에서 떡 받는다
자기가 구하지도 않는데 뜻밖에 좋은 물건이 자기 손에 들어옴을 이른 말.

웃고 사람[뺨] 친다
겉으로는 좋은 체하면서 실제로는 해롭게 하는 경우를 비유적으로 이르는 말.
[비] 웃으며 뺨 치듯. 웃음 속에 칼이 있다.

웃기는 선떡을 먹고 취했나
선떡을 먹고 취해서 자주 웃느냐는 뜻으로, 싱겁게 웃기 잘하는 사람을 놀림
조로 이르는 말.

웃느라 한 말에 초상난다
농담으로 한 말이 듣는 사람에게 치명적인 영향을 주어 마침내는 죽게 한다는
뜻으로, 말을 매우 조심스럽게 해야 한다는 말.

웃는 낯에 침 뱉으랴
웃는 낯으로 대하는 사람에게 침을 뱉을 수 없다는 뜻으로, 좋게 대하는 사람
에게 나쁘게 대할 수 없다는 말. [비] 웃는 낯에 침 못 뱉는다.

웃는 집에 복이 있다
집안이 화목하여 늘 웃음꽃이 피는 집에는 행복이 찾아들게 된다는 말.

웃어른 모시고 술을 배워야 점잖은 술을 배운다
술은 윗사람 앞에서 배워야 예절 바르게 마시는 좋은 술버릇을 붙이게 됨을
이르는 말.

웃음 끝에 눈물
처음에는 재미나게 잘 지내다가도 나중에는 슬픈 일, 괴로운 일이 생기는 것
이 세상사임을 비유적으로 이르는 말.

원 내고 좌수(님) 내고
한 집안에서 훌륭한 인물이 많이 났을 때 이르는 말.

원님과 급창이 흥정을 하여도 에누리가 있다

대하기 어려운 사람과도 흥정을 하게 되면 에누리가 있다는 뜻으로, 흥정에는 반드시 에누리가 있게 됨을 비유적으로 이르는 말. [비] 원님에게 물건을 팔아도 에누리가 있다.

원님과 급창이 흥정을 해도 에누리가 없다

대하기 어려운 사람과 흥정을 할 때도 에누리가 없다는 뜻으로, 흥정은 상하의 구별이나 친분과 관계없음을 비유적으로 이르는 말.

원님은 책방에서 춘다

수령의 비서(祕書) 사무(事務)를 하는 책방에서 그 원님이 훌륭하다고 추어올린다는 뜻으로, 사람의 진가를 드러내는 일은 그를 잘 알고 있는 자이어야 함을 이르는 말.

원님이 심심하면 좌수 볼기를 친다

심심풀이로 만만한 사람을 건드리는 경우를 비유적으로 이르는 말.

원두한이 사촌을 모른다

원두막에서 참외나 수박 따위를 파는 사람이 사촌이 와도 하나도 거저 주지 아니한다는 뜻으로, 물건을 팔아서 이익을 얻는 장사치는 아는 사람이라고 해서 거저 주거나 더 헐하게 주는 등 인심을 쓰는 법이 없음을 비유적으로 이르는 말.

원두한이 쓴 외 보듯

원두한이 팔 수 없는 쓴 오이를 본다는 뜻으로, 남을 멸시하거나 무시함을 이르는 말. [비] 쓴 도라지[오이] 보듯.

원수는 순(順)으로 풀라

원수를 원수로써 갚으면 다시 원한을 사게 되어 끝이 없으니 원수는 반드시 순리로 풀어야 후환이 없다는 말.

원수는 외나무다리에서 만난다

1. 꺼리고 싫어하는 대상을 피할 수 없는 곳에서 공교롭게 만나게 됨을 비유적으로 이르는 말. 2. 남에게 악한 일을 하면 그 죄를 받을 때가 반드시 온다는 말. [비] 외나무다리에서 만날 날이 있다.

원숭이도 나무에서 떨어진다

아무리 익숙하고 잘하는 사람이라도 간혹 실수할 때가 있음을 비유적으로 이르는 말. [비] 나무 잘 타는 잔나비 나무에서 떨어진다. 닭도 홰에서 떨어지는 날이 있다.

원숭이 똥구멍같이 말갛다
취할 것 하나도 없거나 몹시 보잘것없는 것을 비유적으로 이르는 말.

원숭이의 고기 재판하듯
이솝 우화에서 고기를 똑같이 나눠 준다고 하면서 야금야금 자기가 베어 먹어 마침내 다 먹는 원숭이 이야기에서 나온 말로, 겉으로는 공정한 척하면서 실지로는 교활하게 남을 속이고 제 잇속을 차리는 모양을 비유적으로 이른 말.

원숭이 이 잡아먹듯
1. 샅샅이 뒤지는 모양을 비유적으로 이르는 말. 2. 원숭이가 늘 이를 잡는 것 같지만 실제로는 잡는 것이 아닌 것처럼, 사람이 무슨 일을 하는 체하면서 실제로는 아무것도 하지 않는 경우를 비유적으로 이르는 말.

원숭이 흉내[입내] 내듯
생각 없이 남 하는 대로 덩달아 따라 함을 비유적으로 이르는 말. [비] 잔나비 흉내 내듯.

원앙이 녹수(綠水)를 만났다
적합한 배필을 만남을 이르는 말.

원을 만나거나 시주를 받거나
무슨 기적적인 도움이 있어야만 일이 해결될 것이라 할 때 이르는 말.

원의 부인이 죽으면 조객이 많아도 원이 죽으면 조객이 없다
원의 부인이 죽으면 원의 호감을 사기 위하여 조문을 하나 혜택을 주는 원이 죽으면 더 이상 조문하지 않는다는 뜻으로, 세상인심이 제게 이로운 쪽으로 움직임을 비유적으로 이르는 말.

월천꾼에 난쟁이 빠지듯
체격 조건이 적합하지 아니한 난쟁이는 월천꾼에 끼지 못한다는 뜻으로, 무엇을 하는 데 일정한 축에 못 들고 빠지게 되는 경우를 비유적으로 이르는 말.

월천꾼처럼 다리부터 걷는다
어떤 일을 하려 함에 있어 너무 미리부터 서둘러 대는 모양을 조롱하여 이르는 말.

웬 불똥이 튀어 박혔나

어떤 좋지 못한 일을 당하였기에, 얼굴에 불똥이 튀어 박힌 때처럼 그토록 찡그린 얼굴을 하고 있느냐는 뜻으로 이르는 말.

위로 진 물이 발등에 진다

1. 머리 위에 떨어진 물이 발등에 떨어진다는 뜻으로, 좋지 못한 짓을 하는 사람은 그 조상도 그렇기 때문이라는 말. 2. 윗사람이 하는 일이 아랫사람에게 영향을 준다는 말.

위에는 위가 있다

최상은 쉽게 말할 수 없음을 이르는 말.

위 조금 아래 골고루

대접을 하는 경우에는 윗사람과 아랫사람을 골고루 하라는 말.

윗물이 맑아야 아랫물이 맑다

윗사람이 잘하면 아랫사람도 따라서 잘하게 된다는 말.

윗입술이 아랫입술에 닿느냐

상대편이 불손한 말을 했을 때에 화내어 이르는 말.

유리와 처녀는 깨어지기[깨기] 쉽다

잘못하면 깨지기 쉬운 유리처럼, 처녀는 몸가짐에 조심하여야 한다는 말.

유복한 과수[과부]는 앉아도 요강 꼭지에 앉는다

운이 좋은 사람은 하는 일마다 운이 따른다는 말.

유비가 한중(漢中) 믿듯

모든 일을 굳게 믿어 의심하지 아니함을 비유적으로 이르는 말. [비] 맹상군의 호백구 믿듯.

유비냐 울기도 잘한다

잘 우는 사람을 비유적으로 이르는 말.

유세통 졌나

세력을 믿고 남에게 못되게 굶을 비유적으로 이르는 말.

유월 장마에 돌도 큰다

6월에 장맛비가 올 때에는 농작물이 매우 잘 자란다는 말.

육장 줄로 친 듯하다
한 번도 빠지 않고 늘 변함없음을 비유적으로 이르는 말.

육칠월 늦장마에 물 퍼내어 버리듯
끝이 없고 한이 없는 모양을 비유적으로 이르는 말.

윤달에 만난 회양목
1. 회양목이 윤달이 되면 그 키가 한 치씩 준다는 전설에서, 키가 작은 사람을 놀림조로 이르는 말. 2. 일이 진행되는 정도가 더딤을 이르는 말.

윤동짓달 스무 초하룻날 주겠다
윤달은 동짓달에는 좀처럼 들지 아니하므로 결국 꿔 준 돈을 떼어먹겠다는 말.

윤섣달엔 앉은 방석도 안 돌려놓는다
윤섣달에는 무슨 일이든 하지 아니하는 것이 좋다는 말.

윤이월 제사냐
자주 돌아오지 아니하는 윤이월 제사처럼 자꾸 빼먹고 거름을 핀잔하는 말.

으슥한 데 꿩알 낳는다
1. 뜻밖의 장소에서 좋은 것이 발견되었음을 이르는 말. 2. 평소에 얌전한 듯한 사람이 남 보지 않는 곳에서 이상한 행동을 하는 경우를 비유적으로 이르는 말.

은 나라[나오라] 뚝딱 금 나라[나오라] 뚝딱
도깨비들이 이런 말을 하면서 방망이를 치느라 떠들썩하다는 뜻으로, 시끄러운 상태를 이르는 말.

은에서 은 못 고른다
은이 많지만 그 가운데서 마음에 꼭 맞는 은을 골라내지 못한다는 뜻으로, 많은 것 중에서 자기가 원하는 것을 찾기란 매우 어려움을 비유적으로 이른 말.

은진은 강경으로 꾸려 간다
은진은 강경이 있기 때문에 버티어 나갈 수가 있다는 뜻으로, 남의 힘을 빌려서 겨우 버티고 견디어 나가는 경우를 이르는 말.

은행나무도 마주 서야 연다
1. 은행나무의 수나무와 암나무가 서로 바라보고 서야 열매가 열린다는 뜻으로, 사람이 마주 보고 대하여야 더 인연이 깊어짐을 이르는 말. 2. 남녀가 결

합하여야 집안이 번영한다는 말.

은혜를 원수로 갚는다
감사로써 은혜에 보답해야 할 자리에 도리어 해를 끼침을 이르는 말. [비] 공을 원수로 갚는다.

음식 같잖은 개떡수제비에 입천장(만) 덴다
변변치 아니하여 우습게 알고 대한 일에 뜻밖에 큰 손해를 입는 경우를 이르는 말.

음식 싫은 건 개나 주지 사람 싫은 건 할 수 있나
먹기 싫은 음식은 안 먹어도 그만이지만 아내는 누구에게 줄 수도 버릴 수도 없다는 뜻으로, 어쩔 수 없이 참고 살아감을 이르는 말.

음식은 갈수록 줄고 말은 갈수록 는다
먹을 것은 옮길수록 줄어들고 말은 할수록 더 보태게 된다는 뜻으로, 말을 삼가고 조심하여야 함을 이르는 말.

음식은 한데 먹고 잠은 따로 자라
음식은 차별을 하지 말고 잠자리는 구별하려는 말.

음지가 양지 되고 양지가 음지 된다
운이 나쁜 사람도 좋은 수를 만날 수 있고 운이 좋은 사람도 늘 좋기만 하는 것이 아니라 어려운 시기가 있다는 말로, 세상사는 늘 돌고 돈다는 말. [비] 귀천궁달이 수레바퀴. 부귀빈천이 물레바퀴 돌 듯. 빈부귀천이 물레바퀴 돌 듯. 양지가 음지 되고 음지가 양지 된다. 흥망성쇠와 부귀빈천이 물레바퀴 돌 듯 한다.

음지도 양지 될 때가 있다
운이 나쁜 사람도 좋은 일을 만날 수 있음을 이르는 말.

응달에도 햇빛 드는 날이 있다
햇빛이 들지 아니하여 그늘진 곳도 해가 들어 양지가 될 수 있다는 뜻으로, 아무리 어려운 처지에 놓여 있더라도 끝까지 노력하면 성과를 거둘 수 있음을 비유적으로 이르는 말.

응석으로 자란 자식(이라)
부모가 응석을 받아 주기만 하면서 키운 자식이라는 뜻으로, 버릇없이 제 욕심만 내세우고 아무 데도 쓸모없는 사람을 비유적으로 이르는 말. [비] 얼러 키운 후레자식.

의가 좋으면 세 어이딸이 도토리 한 알을 먹어도 시장 멈춤은 한다
사이좋은 어머니와 두 딸처럼 서로 사이가 좋고 마음이 맞는 사람끼리는 어떤 힘든 상황 가운데서도 별 불평 없이 서로가 도우며 잘 지낸다는 말. [비] 마음 이 맞으면 삶은 도토리 한 알 가지고도 시장 멈춤을 한다.

의가 좋으면 천하도 반분한다
사이가 좋으면 무엇이나 나누어 가진다는 말.

의논이 맞으면 부처도 앙군다
여러 사람의 뜻이 합쳐지고 마음이 맞으면 무슨 일이라도 해낼 수 있다는 말.

의뭉하기는 노전 대사라
겉으로는 아주 어리석은 듯이 행동하면서도 속은 실속 있게 깐깐하거나 알면 서도 모르는 체하는 사람을 비유적으로 이르는 말. [비] 의뭉하기는 음창(陰 瘡) 벌레라.

의뭉한 두꺼비 옛말 한다
의뭉한 사람이 남의 말이나 옛말을 끌어다가 자기가 하고 싶은 말을 함을 이 르는 말.

의복이 날개(라)
옷을 잘 입으면 누구나 돋보인다는 말.

의붓아비 떡 치는 데는 가도 친아비 도끼질하는 데는 안 간다
의붓아비가 아무리 저를 미워하더라도 떡을 치는 데 가면 혹 떡 하나 줄지 모 르지만 친아비가 아무리 사랑하더라도 도끼질하는 데서는 잘못하여 다칠 수 도 있으니 자신에게 조금이라도 해가 미칠 듯한 곳에는 가지 말라는 말. [비] 의붓아비 돼지고기 써는 데는 가도 친아비 나무 패는 데는 가지 마라.

의붓아비 소 팔러 보낸 것 같다
심부름하러 가서 오래도록 돌아오지 않음을 비유적으로 이르는 말.

의붓아비 아비라 하랴
아무리 어렵고 궁하더라도 의리에 닿지 않는 일은 할 수 없다는 말.

의붓아비 제삿날 물리듯

마음에 없는 일을 차일피일 뒤로 미룸을 비유적으로 이르는 말.

의붓어미가 티를 내는 것이 아니라 의붓자식이 티를 낸다
계모가 계모 티를 내며 의붓자식을 멀리하고 학대하는 것이 아니라 의붓자식이 계모를 멀리하는 것이라는 말.

의붓어미 눈치 보듯
대하기 어려운 사람이나 무서운 사람의 눈치를 살핌을 비유적으로 이른 말.

의붓자식 다루듯
남의 것처럼 하찮게 다루거나 차별 대우를 한다는 말.

의붓자식 소 팔러 보낸 것 같다
도무지 믿음성이 없어 마음이 안 놓임을 비유적으로 이르는 말.

의붓자식 옷 해 준 셈
해 주어서 별 보람 없고 보답 받지 못할 일을 남을 위하여 함을 비유적으로 이르는 말.

의사와 변호사는 나라에서 내놓은 도둑놈이라
국가의 허가를 얻어 개업하고 있는 의사와 변호사 중에 보수를 무리하게 많이 요구하는 사람이 있음을 비꼬는 말.

의식이 풍족한 다음에야 예절을 차리게 된다
살림이 넉넉하여야 예절을 차릴 수 있다는 뜻으로, 먹고 입는 문제가 중요하다는 말.

의심이 병
쓸데없이 지나친 의심을 하면서 속을 태움을 이르는 말.

의젓잖은 며느리가 사흘 만에 고추장 세 바탱이 먹는다
못난 자가 미운 짓만 하느라고 사람을 놀라게 하는 경우를 비유적으로 이른 말.

의주를 가려면서 신날도 안 꼬았다
큰일을 하려고 하면서도 조금도 준비가 되어 있지 않음을 비유적으로 이르는 말. [비] 아직 신날도 안 꼬았다.

의주 파천(播遷)에도 곱똥은 누고 간다
1. 임금이 난을 피하여 의주로 피난을 가는 다급한 정황에도 이질(痢疾)이 걸

리면 곱똥은 누고 가지 않을 수 없다는 뜻으로, 아무리 급한 일이 있어도 그보다 먼저 할 일은 하여야 함을 비유적으로 이르는 말. 2. 아무리 급한 일이 있어도 잠시 틈을 낼 수 있음을 비유적으로 이르는 말. [비] 의주 파발도 똥 눌 때가 있다.

이가 자식보다 낫다
이가 있으면 먹고 살아갈 수 있으며 때로는 맛있는 음식도 먹게 된다는 뜻으로, 이의 중요성을 이르는 말.

이가 칼을 쓰겠다
이가 기어 다니다가 모가지가 끼어 마치 옛날 죄인이 칼을 쓴 모양이 될 정도로 옷감이 매우 성기다는 말.

이것은 다방골잠이냐
옛날 서울의 다동(茶洞)에는 부자가 많이 살고 있었는데 일 없이 잠을 즐기어 아침에 늦도록 일어나지 않았다는 데서, 늦잠 자는 것을 비꼬는 말.

이것은 재관 풍류냐
한 재상이 자신의 수연(壽宴)에 임금이 내린 어악(御樂)을 굳이 사양하고 받지 아니하여 하루에 아홉 번의 왕래가 있었다는 데서, 사람이 자주 왕래함을 이르는 말. [비] 재관 풍류냐.

이것은 형조 패두의 버릇이냐
옛날 형조에서 볼기 치는 일을 맡았던 패두의 버릇처럼 경거망동으로 사람을 마구 때림을 꾸짖는 말.

이 골 원을 하다가 저 골에 [가서] 좌수 노릇도 한다
낯선 고장에 가면 낮은 지위도 감수해야 할 경우가 있음을 비유적으로 이른 말.

이기는 것이 지는 것
서로 싸우면 한이 없고 또 끝까지 버틴들 좋지 못한 일만 생기니 빨리 지는 척하고 그만두는 것이 좋다는 말.

이기면 충신(이요) 지면 역적(이라)
강한 것이 정의(正義)가 된다는 말. [비] 잘되면 충신 못되면 역적이라.

이날 저 날 한다
일의 결정을 자꾸 미룬다.

이놈의 장기 흉년에 배웠나

흉년에 굶어서 닥치는 대로 먹으려 하는 것처럼 덥석덥석 잡아먹기 잘하는 장기 수를 비유적으로 이르는 말.

이 덕 저 덕이 다 하늘 덕

사람이 살아가는 모든 것은 하늘의 덕택이라는 말.

이도 아니 나서 황밤을 먹는다

아직 준비가 안 되고 능력도 없으면서 또는 절차를 넘어서 어려운 일을 하려고 달려듦을 비유적으로 이르는 말. [비] 아직 이도 나기 전에 갈비를 뜯는다. 이도 아니 나서 콩밥을 씹는다. 이도 안 난 것이 뼈다귀 추렴하겠단다[추렴한다]. 이 빠진 강아지 언 똥에 덤빈다.

이 떡 먹고 말 말아라

뇌물을 주고 비밀을 발설하지 말라는 말.

이랑이 고랑 되고 고랑이 이랑 된다

1. 잘살던 사람이 못살게도 되고 못살던 사람이 잘살게도 됨을 비유적으로 이르는 말. 2. 무엇이나 고정불변하지 않고 변하게 됨을 비유적으로 이르는 말.

이래도 한세상 저래도 한세상

1. 사람이 잘살거나 못살거나 한평생 사는 것은 마찬가지라는 말. 2. 어떻게 살든 한평생 사는 것은 마찬가지니 둥글둥글 원만하게 살자는 말. [비] 이래도 일생 저래도 일생.

이렇게 대접할 손님이 있고 저렇게 대접할 손님이 따로 있다

사람을 상대할 때 존비 혹은 친소 따위의 차이를 두게 된다는 말.

이레 안에 경풍(驚風)에 죽으나 여든에 상한병(傷寒病)에 죽으나 죽기는 일반이라

1. 어떻게 죽든지 죽는다는 사실과 죽은 결과는 같다는 말. 2. 이유는 다르지만 결과는 같으니 동일하게 취급해야 함을 이르는 말.

이레 안에 백구(白鷗) 친다

태어나서 이레도 되기 전에 백구 타령을 친다는 뜻으로, 놀랍게 조숙한 경우를 비유적으로 이르는 말.

이른 새끼가 살 안 찐다

1. 알에서 일찍 깬 새끼가 살이 안 찌고 크게 자라지 못한다는 뜻으로, 사람이

어려서 나이 든 체하며 너무 일되면 도리어 훌륭하게 되지 못함을 이르는 말.
2. 무슨 일이 처음에 쉽게 잘되면 도리어 좋지 아니함을 이르는 말.

이름도 성도 모른다
전혀 모르는 사람임을 강조하여 이르는 말.

이름이 고와야 듣기도 좋다
이왕이면 사물의 이름도 고와야 좋다는 말.

이름이 좋아 불로초라
이름만 좋고 실속은 없음을 비유적으로 이르는 말.

이리 떼 틀고 앉았던 수세미 자리 같다
어수선한 자리를 이르는 말.

이미 씌워 놓은 망건이라
남이 한 대로 내버려 두고 다시 고치려고 하지 아니하는 경우를 비유적으로 이르는 말.

이밥이면 다 젯밥인가
같은 물건이라도 경우에 따라 각각 다르게 쓰이며 또 효과도 각각 다름을 이르는 말.

이 방 저 방 좋아도 내 서방이 젤 좋고 이 집 저 집 좋아도 내 계집이 젤 좋다
뭐니 뭐니 해도 제 서방, 제 계집이 좋다는 말.

이불 속[안]에서 활개 친다
남 앞에서는 제대로 기도 못 펴면서 남이 없는 곳에서만 잘난 체하고 호기를 부리는 경우를 비유적으로 이른 말. [비] 다리 부러진 장수 성안에서 호령한다.

이불 속에서 하는 일도 안다
이불 속에서 하는 일을 알 정도로 세상에 비밀은 없다는 뜻으로, 남이 없는 곳에서도 항상 조심하여야 함을 이르는 말.

이 빠진 개 한뎃뒷간 만났다
공교롭게도 좋은 운을 만났음을 이르는 말.

이삭 밥에도 가난이 든다
양식이 궁하여 가을에 추수가 끝날 때까지 기다리지 못하고 벼 이삭, 수수 이삭 따위를 베어다 먹을 때부터 이미 오는 해에도 가난하게 살 징조가 보임을 이르는 말.

이 샘물 안 먹는다고 똥 누고 가더니 그 물이 맑기도 전에 다시 와서 먹는다
두 번 다시 안 볼 것같이 하여도 나중에 다시 만나 사정하게 됨을 비유적으로 이르는 말. [비] 다시 긷지 아니한다고 이 우물에 똥을 눌까. 똥 누고 간 우물 도 다시 먹을 날이 있다. 이 우물에 똥을 누어도 다시 그 우물을 먹는다. 침 뱉 은 우물 다시 먹는다.

이 설움 저 설움 해도 배고픈 설움이 제일
굶주리는 고통이 가장 견디기 힘들다는 말.

이십 안 자식 삼십 안 천량
자식은 이십 세 전에 낳고 재산은 삼십 세 전에 모아야 함을 이르는 말.

이 아픈 날 콩밥 한다
곤란한 처지에 있는데 더욱 곤란한 일을 당하게 됨을 비유적으로 이르는 말. [비] 계집 때린 날 장모 온다. 이 앓는 놈 뺨 치기.

이알이 곤두선다
가난하던 사람이 조금 잘살게 되었다고 큰소리를 치거나 거만하게 굶을 비꼬 는 말.

이야기 장단에 도낏자루 썩는다
이야기에 정신이 팔려 시간 가는 줄을 깨닫지 못함을 비유적으로 이르는 말.

이 없으면 잇몸으로 살지[산다]
요긴한 것이 없으면 안 될 것 같지만 없으면 없는 대로 그럭저럭 살아 나갈 수 있음을 이르는 말.

이왕이면 창덕궁
이왕 택할 바에는 나은 쪽을 택한다는 말.

이웃이 사촌보다 낫다
가까이 사는 이웃이 먼 곳에 사는 친족보다 좋다는 뜻으로, 자주 보는 사람이 정도 많이 들고 따라서 도움을 주고받기도 쉬움을 이르는 말.

이웃집 개도 부르면 온다
미물인 개도 부르면 오는데 하물며 사람이 불렀는데도 왜 오지 않느냐는 뜻으로, 불러도 안 오는 사람을 꾸짖어 이르는 말.

이웃집 나그네도 손볼 날이 있다
아무리 가까운 사이일지라도 손님으로서 깍듯이 대접해야 할 때가 있음을 이르는 말.

이웃집 며느리 흉도 많다
늘 가까이 있고 잘 아는 사이일수록 상대편의 결점이 눈에 더 많이 띈다는 말. [비] 가까운 집 며느리일수록 흉이 많다.

이웃집 무당 영하지 않다
가까이 살아 그 단점을 많이 알고 있어 훌륭하다고 생각하지 않음을 이르는 말. [비] 동네 무당 영하지 않다. 동네 의원 용한 줄 모른다.

이웃집 새 처녀도 내 정지에 들여세워 보아야 한다
1. 사람의 됨됨이는 겪어 보지 않고는 알 수 없음을 이르는 말. 2. 사람 고르기가 쉽지 않음을 비유적으로 이르는 말.

이웃집 장단에 덩달아 춤춘다
남의 것을 이용하여 자기의 이익을 꾀하는 경우를 비유적으로 이르는 말.

이월 바람에 검은 쇠뿔이 오그라진다
이월에 부는 바람이 세참을 비유적으로 이르는 말.

이월에 김칫독 터진다
이월 추위가 만만치 않음을 비유적으로 이르는 말.

이 팽이가 돌면 저 팽이도 돈다
이곳의 시세가 변하면 저곳의 시세도 변한다는 말.

익은 감도 떨어지고 선 감도 떨어진다
늙어서 죽는 사람도 있고 젊어서 죽는 사람도 있다는 뜻으로, 사람은 자기 명에 따라 죽게 마련임을 비유적으로 이르는 말.

익은 밥 먹고 선소리한다
사리에 맞지 않은 말을 하는 경우를 비유적으로 이르는 말.

인간 구제는 지옥 밑[늪]이라
사람을 곤경에서 구해 주고도 도리어 그로부터 해를 입게 되는 경우가 많음을

비유적으로 이르는 말.

인간 만사는 새옹지마라
인간의 길흉화복은 돌고 돈다는 뜻으로, 인생의 덧없음을 비유적으로 이른 말.

인간은 고해(苦海)라
괴롭고 힘든 인생살이를 비유적으로 이르는 말.

인간은 만물의 척도
인간이 모든 것을 판단하는 기준이 됨을 이르는 말.

인걸은 지령(地靈)이라
땅이 좋아야 훌륭한 인물이 난다는 말.

인경 꼭지나 만져 보아라
인경 꼭지가 말랑말랑해지는지 만져 보라는 뜻으로, 영영 될 수 없거나 도저히 가능하지 않은 상황을 비유적으로 이르는 말. [비] 인경 꼭지가 말랑말랑하거든.

인물 좋으면 천하일색 양 귀비
얼굴이 잘생겼음을 말하는 자리에서 얼굴이 잘생겼으면 얼마나 잘생겼느냐, 기껏해야 양 귀비만큼이나 하겠느냐고 반문하는 말.

인사는 관 뚜껑 덮고 나서 결정된다
사람의 옳고 그름, 좋고 나쁨은 그 사람이 죽은 뒤에야 비로소 알 수 있다는 말.

인사 알고 똥 싼다
사리를 아는 사람이 당치 않은 행동을 하는 경우를 비난조로 이르는 말.

인색한 부자가 손쓰는 가난뱅이보다 낫다
가난한 사람은 마음씨가 곱고 동정심이 많아도 남을 도와주기란 쉽지 않음에 비하여, 부자는 인색하여도 남는 것이 있어 없는 사람이 물질적 도움을 입을 수 있음을 이르는 말. [비] 다라운 부자가 활수(滑手)한 빈자보다 낫다.

인생 백 년에 고락이 상반이라
인생살이에 괴로운 일과 좋은 일이 반반임을 이르는 말.

인생은 뿌리 없는 평초(萍草)

사람이 살아간다고 하는 것은 마치 물 위에 떠도는 개구리밥과 같다는 뜻으로, 인생이란 허무하고 믿을 수 없는 것임을 비유적으로 이르는 말.

인심은 천심
백성이 생각하는 것이 옳음을 비유적으로 이르는 말.

인에서 인을 못 고른다
사람들 가운데에서 난사람을 찾기란 쉽지 않음을 비유적으로 이르는 말.

인왕산 모르는 호랑이가 있나
1. 한국의 호랑이는 반드시 인왕산에 와 본다는 옛말에서 나온 말로, 자기를 모르는 사람이 있을 수 없음을 이르는 말. 2. 그 방면에 속하는 사람들이라면 누구나 잘 알고 있는 사실이라는 말.

인왕산 중허리 같다
배가 부른 모양을 비유적으로 이르는 말.

인왕산 차돌을 먹고 살기로 사돈의 밥을 먹으랴
아무리 어렵고 고생스러워도 처가의 도움을 받아 살아가고 싶지는 아니함을 이르는 말.

인은 노(老)를 써라
늙으면 아는 것이 많으므로 사람을 쓸 때에는 나이 많은 사람을 쓰라는 말.

인절미에 조청 찍은 맛
구미에 딱 맞고 마음에 드는 경우를 비유적으로 이르는 말.

인절미 팥고물 묻히듯이
온통 더버기로 뒤집어쓰거나 씌우는 모양을 비유적으로 이르는 말.

인정도 품앗이라
남이 나를 생각하여야 나도 그를 생각하게 됨을 이르는 말.

인정에 겨워 동네 시아비가 아홉이라
인정을 헤프게 쓰다가 여러 서방을 맞아서 한 동네에 시아비가 아홉이나 되는 망측스러운 신세가 되었다는 뜻으로, 인정에 이끌려 정당치 못한 일까지 한 경우를 비유적으로 이르는 말.

인정은 바리로 싣고 진상은 꼬치로 꿴다

1. 임금에게 바치는 물건은 꼬치에 꿸 정도로 적으나 관원에게 보내는 뇌물은 많다는 뜻으로, 자신과 이해관계에 있는 일에 더 마음을 쓰게 됨을 비유적으로 이르는 말. 2. 뇌물을 받는 아래 벼슬아치들의 권세가 더 큼을 비유적으로 이르는 말. [비] 진상은 꼬챙이에 꿰고 인정은 바리로 싣는다.

인품이 좋으면 한 마당귀에 시아비가 아홉
여자가 품성이 좋으면 욕심내는 사람이 많아서 시아비 될 사람이 마당에 가득하다는 뜻으로, 사람이 잘나서 따르는 사람이 많음을 비유적으로 이르는 말.

일가 못된 것이 항렬만 높다
못된 일가가 친족 관계의 항렬만 높다는 뜻으로, 변변치 아니한 사람이나 일이 잘되는 경우를 비유적으로 이르는 말.

일가 싸움은 개싸움
1. 일가끼리 싸우는 것은 짐승과도 같은 일임을 이르는 말. 2. 일가끼리의 싸움은 싸우는 그때뿐이고 원한을 품지 아니함을 이르는 말.

일가에서[일가끼리] 방자한다
일가친척끼리 서로 허물을 잡고 탓하며 남에게까지 들추어내어 화근을 만든다는 뜻으로, 서로 돕고 화목하게 지내야 할 사람들이 화목하지 못함을 이르는 말.

일각이 삼추(三秋) 같다
짧은 동안도 삼 년같이 생각된다는 뜻으로, 기다리는 마음이 간절함을 비유적으로 이르는 말.

일곱 번 재고 천을 째라
무슨 일이든 낭패를 보지 아니하기 위해서는 신중하게 생각하여 행동해야 함을 이르는 말.

일기가 좋아 대사는 잘 지냈소
혼인 의식을 무사히 잘 치렀다고 하는 인사말.

일 년 시집살이 못하는 사람 없고 벼 한 섬 못 베는 사람 없다
시집살이가 고되고 어렵다 하나 그 시일이 짧으면 그다지 힘들 것도 없음을 이르는 말.

일년지계는 봄에 있고 일일지계는 아침에 있다

일 년을 잘 지내기 위한 계획은 봄에 하고, 하루를 잘 지내기 위한 계획은 아침에 하라는 뜻으로, 일을 할 때에 시작이 중요함을 이르는 말.

일 다 하고 죽은 무덤 없다
일은 하려고 하면 끝이 없음을 이르는 말. [비] 시키는 일 다 하고 죽은 무덤은 없다.

일도 못하고 불알에 똥칠만 한다
뜻하던 일을 하지 못하고 도리어 낭패만 봄을 비유적으로 이르는 말.

일 못하는 늙은이 쥐 못 잡는 고양이도 있으면 낫다
불필요한 것처럼 보이던 것이 나름대로 쓸 데가 있음을 비유적으로 이른 말.

일색 소박은 있어도 박색 소박은 없다
1. 아름다운 여자는 흔히 잘난 체하므로 남편에게 소박을 당하여도, 못생긴 여자는 다소곳하므로 소박을 당하는 일이 적다는 말. 2. 사람됨은 얼굴과 상관없음을 비유적으로 이르는 말.

일생 화근은 성품 고약한 아내
악처는 평생의 애물단지임을 이르는 말.

일에는 베돌이 먹을 땐 감돌이
일을 할 때에는 뺀질뺀질거리며 피하다가 먹을 때에는 더 많이 얻으려고 하는 사람을 비웃는 말.

일은 송곳으로 매운 재 긁어내듯 하고 먹기는 도짓소 먹듯 한다
일은 제대로 해내지도 못하면서 먹기는 많이 먹음을 비유적으로 이르는 말.

일은 할 탓이고 도지개는 맬 탓
일의 능률은 자기 하기 나름임을 비유적으로 이르는 말.

일을 하려면 어처구니 독 바르듯 하고 삼동서 김 한 장 쳐부수듯 메로 새알 부수듯 하라
일을 하려면 우물쭈물하지 말고 신속하게 해치워야 한다는 말.

일이 되면 입도 되다
일이 많으면 그만큼 먹을 것도 많이 생긴다는 말.

일 잘하는 아들 낳지 말고 말 잘하는 아들 낳으라
말을 잘하면 남들과 사귀면서 살아가는 데 유리함을 이르는 말.

일 전 오 리 밥 먹고 한 푼 모자라 치사를 백 번이나 한다

별로 크게 면목이 없거나 대단하지도 아니한 일에도 불구하고 필요 이상으로 굽실거려야 함을 비유적으로 이르는 말.

일천 석 불붙이고 쌀알 줍는다

큰 손해를 입고 나서 작은 이익을 위하여 수고함을 비유적으로 이르는 말.
[비] 일천 관 불붙이고 동관에서 쌀알 줍는다.

일촌간장이 봄눈 슬듯 한다

걱정과 두려움이 극에 달함을 비유적으로 이르는 말.

잃은 도끼나 얻은 도끼나 일반

잃은 헌 물건이나 얻은 새 물건이나 별 차이가 없음을 이르는 말.

잃은 도끼는 쇠가 좋거니

지금의 새로운 물건이나 사람이 먼저의 물건이나 사람보다 못하여 아쉬움을 비유적으로 이르는 말.

잃은 사람이 죄가 많다

무언가를 잃은 사람이 애매한 여러 사람을 의심하게 됨을 이르는 말.

임 없는 밥은 돌도 반 뉘도 반

남편 없이 혼자 지낼 때는 잘 먹지 아니하고 산다는 말.

임은 품에 들어야 맛

나긋나긋하게 품에 안기는 임이 좋음을 이르는 말.

임자 잃은 논밭에 돌피 성하듯

일정한 관리나 감시, 통제가 없어 못된 것이 무성하게 된 경우를 비유적으로 이르는 말.

임진년 원수다

임진왜란을 일으킨 왜적처럼 영원히 잊을 수 없는 철천지원수를 비유적으로 이르는 말.

입 가리고 고양이 흉내

얕은꾀로 남을 속이려는 어리석음을 비유적으로 이르는 말.

입도 염치 믿고 산다

염치없이 게걸스럽게 먹는 사람을 비유적으로 이르는 말.

입만 가지면[있으면] 서울 이 서방 집도 찾아간다
말만 잘하면 아무리 힘든 일이라도 할 수 있음을 이르는 말.

입맛 나자 노수 떨어진다
입맛이 없어 먹지 못하던 사람이 입맛이 나게 되자 여비가 떨어져서 사 먹을 수 없게 되었다는 뜻으로, 일이 공교롭게도 서로 어긋나며 틀어지는 경우를 비유적으로 이르는 말.

입맛이 반찬
입맛이 좋으면 반찬이 없는 밥도 맛있게 먹는다는 말.

입술에 침도 마르기 전에 돌아앉는다
서로 약속이나 다짐 따위를 하고 나서 금방 태도를 바꾸어 행동하는 경우를 비유적으로 이르는 말.

입술이 없으면 이가 시리다
서로 밀접한 관계에 있어서 하나가 망하면 다른 하나도 망하게 되는 경우를 비유적으로 이르는 말.

입 아래 코
일의 순서가 바뀐 경우를 비유적으로 이르는 말.

입에 들어가는 밥술도 제가 떠 넣어야 한다
쉬운 일이라도 자기의 노력을 들이지 아니하면 이룰 수 없음을 비유적으로 이르는 말.

입에 맞는 떡
마음에 꼭 드는 일이나 물건을 이르는 말.

입에 맞는 떡은 구하기 어렵다
자신의 마음에 꼭 들어맞는 것을 구하기란 매우 어려움을 이르는 말.

입에 문 혀도 깨문다
사람인 이상 실수가 없을 수 없음을 이르는 말.

입에 붙은 밥풀
어느 때고 떨어져 없어질 존재를 비유적으로 이르는 말.

입에서 신물이 난다

어떤 것이 극도의 싫증을 느낄 정도로 지긋지긋함을 비유적으로 이르는 말. [비] 이에 신물이 돈다[난다].

입에서 젖내가 난다

나이가 어려 하는 말이나 행동이 유치함을 비유적으로 이르는 말.

입에 쓴 약이 병에는 좋다

자기에 대한 충고나 비판이 당장은 듣기에 좋지 아니하지만 그것을 달게 받아들이면 자기 수양에 이로움을 이르는 말. [비] 입에 쓴 약이 병을 고친다.

입에 재갈을 물리다

함부로 입을 놀리지 못하게 함을 비유적으로 이르는 말.

입은 가죽이 모자라서 냈나

말하기 위해서 입을 냈지 살가죽이 모자라서 입을 내놓은 것이 아니라는 뜻으로, 말을 해야 할 때 말을 하지 않는 사람을 핀잔하는 말.

입은 거지는 얻어먹어도 벗은 거지는 못 얻어먹는다

사람이 옷차림이 깨끗하여야 남에게 대우를 받게 됨을 비유적으로 이른 말.

입은 비뚤어져도 말은 바로 해라[하랬다]

상황이 어떻든지 말은 언제나 바르게 하여야 함을 이르는 말. [비] 입은 비뚤어져도 주라는 바로 불어라.

입의 말 다 듣자면 고래 등 같은 기와집도 하루아침에 넘어간다

먹고 싶은 대로 다 먹다가는 아무리 큰 재산이라도 다 거덜나게 됨을 비유적으로 이르는 말.

입이 개차반이다

입이 똥개가 먹은 차반과 같이 너절하다는 뜻으로, 아무 말이나 가리지 않고 되는대로 상스럽게 마구 하는 경우를 비유적으로 이르는 말.

입이 걸기가 사복개천 같다

말을 조금도 삼가지 아니하고 상스럽게 함부로 지껄이는 경우를 비유적으로 이르는 말.

입이 광주리만 하다

1. 음식을 많이 먹는 모양을 비유적으로 이르는 말. 2. 잔뜩 화가 난 모양을

비유적으로 이르는 말.

입이 광주리만 해도 말 못한다
잘못이 명백히 드러나 변명의 여지가 없음을 비유적으로 이르는 말. [비] 온몸이 입이라도 말 못하겠다. 입이 열 개라도 할 말이 없다. 입이 열둘이라도 말 못한다.

입이 밥 빌리러 오지 밥이 입 빌리러 올까
자신에게 필요한 것을 요청한 사람이 가지러 가지 아니하고 가져다주기를 바라는 경우를 비유적으로 이르는 말.

입이 보배
입으로는 못할 말이 없음을 비유적으로 이르는 말.

입이 서울(이라)
무엇보다 먹는 것이 제일임을 비유적으로 이르는 말.

입이 원수
1. 벌어먹고 살기 위하여 괴로운 일이나 아니꼬운 일이라도 참아야 하는 경우를 이르는 말. 2. 말을 잘못하여 화를 당하게 된 경우를 이르는 말.

입이 함박만 하다
입이 함지박만큼 커질 정도로 매우 기뻐하고 만족해하는 경우를 비유적으로 이르는 말.

입찬말은 묘 앞에 가서 하여라
자기를 자랑하며 장담하는 것은 죽고 나서야 하라는 뜻으로, 쓸데없는 장담은 하지 말라는 말. [비] 입찬소리는 무덤 앞에 가서 하라. 찬 소리는 무덤 앞에 가 하여라.

입추의 여지가 없다
송곳 끝도 세울 수 없을 정도라는 뜻으로, 발 들여놓을 데가 없을 정도로 많은 사람들이 꽉 들어찬 경우를 비유적으로 이르는 말. [비] 벼룩 꿇어앉을 땅도 없다. 송곳 모로 박을 곳도 없다. 송곳 세울 틈[자리]도 없다.

입춘 거꾸로 붙였나
입춘 뒤 날씨가 몹시 추운 경우에 이르는 말.

잇새도 어우르지 않는다

말 한마디 없음을 비유적으로 이르는 말.

있는 것은 모으고[마디고] 없는 것은 헤프다
많이 있는 것은 흔하여 덜 찾게 되니 모아지고 없는 것은 부족하여 보일 때마다 계속 쓰게 되니 헤프다는 뜻으로, 무엇이나 많이 있으면 오래 견디어 나가지만 없고 보면 한없이 궁하기만 함을 이르는 말.

있을 때 아껴야지 없으면 아낄 것도 없다
경제적으로 넉넉하다고 낭비하는 것을 경계하는 말.

한국 속담에서 배우는

지식 지혜

속담풀이

자가사리 끓듯
크지도 않은 것들이 많이 모여 복작거림을 비유적으로 이르는 말.

자가사리 용을 건드린다
힘이 약한 것이 자기 힘으로 상대할 수 없는 강한 것을 함부로 건드림을 비유적으로 이르는 말.

자기 늙은 것은 몰라도 남 자라는 것은 안다
1. 자기 자신은 세월이 지나 나이를 먹은 것 같지 아니하나 남이 자라고 늙는 것을 보면 세월의 흐름을 새삼스럽게 확인한다는 말. 2. 자기 결함은 잘 깨닫지 못하면서 남의 흠에는 밝은 경우를 비유적으로 이르는 말.

자기 배부르면 남의 배고픈 줄 모른다
자기와 환경이나 조건이 다른 사람의 사정을 이해하기가 어려움을 이르는 말.

자기 자식에겐 팥죽 주고 의붓자식에겐 콩죽 준다
1. 친자식은 사랑하나 의붓자식은 미워함을 콩쥐팥쥐 이야기에 비유하여 이르는 말. 2. 자기와의 관계가 멀고 가까움에 따라 차별한다는 말.

자는 벌집 건드린다
그대로 가만히 두었으면 아무 탈이 없을 것을 공연히 건드려 문제를 일으킴을 비유적으로 이르는 말. [비] 자는 범[호랑이] 코 찌르기. 자는 범[호랑이] 코 침 주기. 자는 호랑이 불침 놓기.

자는 입에 콩가루 떨어 넣기
1. 남에게 좋은 일을 하는 듯하나 실제로는 곤란한 지경에 빠뜨리는 행위를 비유적으로 이르는 말. 2. 옳지 못한 처사를 비유적으로 이르는 말.

자다가 벼락을 맞는다
급작스럽게 뜻하지 아니한 큰 봉변을 당함을 비유적으로 이르는 말. [비] 자다가 생병 얻는[앓는] 것 같다. 자다가 얻은 병.

자다가 얻은 병이 이각(離却)을 못한다
갑자기 얻은 병이나 화가 쉽게 떨어지지 아니함을 이르는 말.

자던 아이 가지 따러 갔다
아이를 재우려고 아이와 같이 누운 어머니가 잠든 사이에 아이는 잠들지 아니하고 밭에 나가 가지를 땄다는 뜻으로, 아이를 재우려다 어머니가 먼저 잠든 경우를 이르는 말.

자던 아이 깨겠다
너무도 뜻밖의 말이라 자던 아이도 놀라 깨겠다는 뜻으로, 쓸데없는 말로 일을 시끄럽게 만들지 말라는 말.

자던 중도 떡 다섯 개
아무 일도 하지 아니하고 이익을 나누는 데는 참여함을 비유적으로 이른 말.

자도 걱정 먹어도 걱정
근심이 너무 커서 늘 걱정에서 헤어나지 못하는 경우를 비유적으로 이른 말.

자라나는 호박에 말뚝 박는다
한창 잘되어 가는 것을 훼방을 놓고 방해하는 심술 사나운 마음이나 행동을 비유적으로 이르는 말.

자라 보고 놀란 가슴 소댕[솥뚜껑] 보고 놀란다
어떤 사물에 몹시 놀란 사람은 비슷한 사물만 보아도 겁을 냄을 이르는 말. [비] 더위 먹은 소 달만 보아도 헐떡인다. 뜨거운 물에 덴 놈 숭늉 보고도 놀란다. 불에 놀란 놈이 부지깽이[화젓가락]만 보아도 놀란다.

자라 알 바라듯[바라보듯/들여다보듯]
자식이나 재물 따위를 다른 곳에 두고 잊지 못하여 늘 생각하는 경우를 비유적으로 이르는 말.

자랑 끝에 쉬슨다
1. 너무 자랑하면 그 끝에 말썽이나 화가 생김을 이르는 말. 2. 너무 잘난 체하며 거들먹거리면 일을 그르치게 됨을 이르는 말. [비] 자랑 끝에 불붙는다.

자루를 찢는다
하찮은 자루를 두고 다투다가 자루를 찢었다는 뜻으로, 대수롭지 아니한 일을 가지고 서로 다툼을 비유적으로 이르는 말. [비] 동냥자루를 찢는다.

자루 베는 칼 없다
아무리 잘 드는 칼이라도 제 자루를 베지는 못한다는 뜻으로, 자기 일을 자기가 처리할 수 없음을 이르는 말.

자루 속의 송곳
송곳은 자루에 있어도 밖으로 삐져나와 송곳의 위치를 알 수 있다는 뜻으로,

아무리 숨기려 하여도 숨길 수 없고 그 정체가 드러나는 경우를 비유적으로 이르는 말.

자발없는 귀신은 무랍도 못 얻어먹는다
너무 경솔하게 굴면 푸대접을 받고 마땅히 얻어먹을 것도 못 얻어먹음을 이르는 말.

자볼기 맞겠다
남편이 잘못한 일이 있어 자기 아내에게 꾸지람을 듣게 되는 경우를 이른 말.

자비가 짚 벙거지
겉으로 자비로운 체하나 사실은 그렇지 못함을 이르는 말.

자빠져도 코가 깨진다
일이 안되려면 하는 모든 일이 잘 안 풀리고 뜻밖의 큰 불행도 생긴다는 말. [비] 엎어져도 코가 깨지고 자빠져도 코가 깨진다. 재수가 없는 포수는 곰을 잡아도 웅담이 없고 복 없는 봉사는 괘문을 배워 놓으면 개좆부리 하는 놈도 없다. 재수 없는 놈은 (뒤로) 자빠져도 코가 깨진다. 재수 없는 포수는 곰을 잡아도 웅담이 없다.

자시오 할 땐 마다더니 아가리에 박으라 해야 먹는다
좋은 말로 할 때는 듣지 아니하고 거칠고 심한 말을 해야만 비로소 듣는 경우를 비유적으로 이르는 말.

자식 겉 낳지 속은 못 낳는다
자식이 좋지 못한 생각을 품는다 하더라도 그것은 부모의 책임이 아님을 이르는 말. [갭] 부모가 자식을 겉 낳았지 속 낳았나.

자식 과년하면 부모가 반중매쟁이 된다
혼인할 시기를 놓친 자식을 둔 부모는 자식의 혼인을 위하여 이리저리 분주히 뛰어다니며 직접 짝을 찾게 된다는 말.

자식 기르는 것 배우고 시집가는 계집 없다
무슨 일이나 일을 해 나가면서 배워 가는 것임을 이르는 말.

자식도 많으면 천하다
무엇이나 흔하면 귀하게 여기지 않고 대접이 소홀하게 됨을 이르는 말.

자식 둔 골은 호랑이[범]도 돌아본다

짐승도 자기 새끼를 사랑하여 그 새끼가 있는 곳을 살펴보는데 하물며 사람은 더 말할 것이 없다는 말. [비] 자식 둔 골에는 호랑이도 두남둔다.

자식 둔 부모 근심 놓을 날 없다
자식에 대한 부모의 사랑과 걱정은 끝이 없음을 이르는 말.

자식 둔 부모는 알 둔 새 같다
부모는 늘 자식의 신변을 걱정함을 이르는 말.

자식들은 평생 부모 앞에 죄짓고 산다
자식에 대한 부모의 사랑은 끝이 없고 지극하여 자식들이 그 은혜를 다 갚을 수 없음을 이르는 말.

자식 떼고 돌아서는 어미는 발자국마다 피가 고인다
자식을 떼어 버리고 돌아선 어머니는 걸음마다 피를 쏟으며 걷는다는 뜻으로, 어머니가 자식을 떼어 놓는 일이 매우 괴롭고 고통스러운 일임을 비유적으로 이르는 말.

자식은 낳기보다 키우기가 더 어렵다
부모가 자식을 낳는 일보다 자식을 키우고 훌륭한 사람이 되도록 하는 것이 더 힘들고 어렵다는 말.

자식은 내 자식이 커 보이고 벼는 남의 벼가 커 보인다
자식은 자기 자식이 잘나 보이고 재물은 남의 것이 더 좋아 보여 탐이 남을 이르는 말. [비] 곡식은 남의 것이 잘되어 보이고 자식은 제 자식이 잘나 보인다. 아이는 제 자식이 잘나 보이고 곡식은 남의 곡식이 잘되어 보인다. 자식은 제 자식이 좋고 곡식은 남의 곡식이 좋다.

자식은 생물 장사
마치 과일 장수나 생선 장수가 물건이 썩어서 팔지 못하고 버리게 되는 경우가 있는 것처럼 자식 중에는 일찍 죽는 아이도 있고 제대로 못 자라는 아이도 있음을 비유적으로 이르는 말.

자식은 애물이라
사람이 자기가 소중하게 여기는 물건에 대하여 혹시 잘못되지 아니할까 하며 늘 걱정하는 것처럼 자식은 언제나 부모에게 걱정만 끼침을 비유적으로 이르는 말.

자식은 오복이 아니라도 이는 오복에 든다
이가 좋은 것은 큰 복임을 비유적으로 이르는 말.

자식은 쪽박에 밤 주워 담듯 한다
가난한 가정에서 자식이 많아 좁은 방에 들어앉은 꼴이 마치 쪽박에 밤을 담아 둔 것과 같다는 뜻으로, 가난한 집에 자식이 많음을 비유적으로 이르는 말.

자식을 길러 봐야 부모 사랑을 안다
1. 부모의 사랑은 자식이 그 끝을 다 알 수 없을 만큼 깊고 두터움을 이르는 말. 2. 무슨 일이든 직접 경험하지 아니하고서는 속까지 다 알기 어려움을 이르는 말.

자식을 보기엔 아비만 한 눈이 없고 제자를 보기엔 스승만 한 눈이 없다
자식에 대해서는 부모가 가장 잘 알고 제자에 대해서는 스승이 가장 잘 알고 있다는 말.

자식을 보기 전에 어머니를 보랬다
자식은 일반적으로 어머니 품에서 자라기 때문에 어머니의 품성을 닮으니 어머니를 보고 자식을 평가할 수 있음을 이르는 말.

자식이 자라면 상전 된다
1. 자기 자식이라 하여도 다 자란 후에는 자기 뜻대로 하기 어려움을 비유적으로 이르는 말. 2. 예전에, 여자가 늙어 과부가 되면 자식에게 의지해서 살게 마련임을 이르던 말.

자식 죽는 건 봐도 곡식 타는 건 못 본다
농부들이 농사짓는 일에 온 정성을 다함을 이르는 말.

자에도 모자랄 적이 있고 치에도 넉넉할 적이 있다
1. 경우에 따라 많아도 모자랄 때가 있고 적어도 남을 때가 있음을 비유적으로 이르는 말. 2. 일에 따라서 잘난 사람도 못할 수가 있고 못난 사람도 잘할 수가 있음을 비유적으로 이르는 말.

자인 장 바소쿠리
자인 장에서 파는 바소쿠리가 매우 큰 데서, 큰 물건을 이르는 말.

자주꼴뚜기를 진장 발라 구운 듯하다
피부가 검은 사람을 놀림조로 이른 말. [비] 오동 숟가락에 가물칫국을 먹었나.

작년에 왔던 각설이 또 찾아왔다
반갑지 아니한 사람이 다시 찾아왔음을 비유적으로 이르는 말.

작년 추석[팔월]에 먹었던 오례송편이 나온다
다른 사람의 아니꼬운 행동에 속이 뒤집힐 것처럼 비위가 상함을 비유적으로 이르는 말.

작아도 대추 커도 소반
대추는 크기가 작아도 이름에 큰 대(大) 자가 있고 소반은 크기가 커도 이름에 작을 소(小) 자가 있다는 뜻으로, 상대편의 말을 다른 말로 슬쩍 농쳐서 받아넘기는 말.

작아도 콩 싸라기 커도 콩 싸라기
별 차이 없이 거의 비슷함을 이르는 말.

작은 것부터 큰 것이 이루어진다
아무리 큰일이라도 시작은 작은 것임을 이르는 말.

작은 고추가 더 맵다
몸집이 작은 사람이 큰 사람보다 재주가 뛰어나고 야무짐을 비유적으로 이르는 말. [비] 고추는 작아도 맵다. 고추보다 후추가 더 맵다. 대국 고추는 작아도 맵다. 작아도 후추알[고추알]. 작은 탕관이 이내 뜨거워진다. 후추는 작아도 맵다. 후추는 작아도 진상에만 간다.

작은 나무는 큰 나무 덕을 못 입어도 사람은 큰집 덕을 입는다
1. 작은 나무는 큰 나무의 그늘에 가려 잘 자라지 못하지만 사람은 형제간에 아랫사람이 윗사람의 돌봄을 받으며 살아갈 수 있음을 비유적으로 이르는 말.
2. 권세나 재물이 있는 사람과 관계를 맺으면 그로 인한 혜택이 있을 수 있음을 비유적으로 이르는 말.

작은댁네 하품은 큰댁네한테는 옮지 않는다
하품은 본디 쉽게 옮겨지는 법인데도 옮겨지지 아니한다는 뜻으로, 본처와 첩 사이의 관계가 매우 좋지 않음을 이르는 말.

작은 도끼도 연달아 치면 큰 나무를 눕힌다
조그맣고 대수롭지 아니한 힘이라도 반복하면 큰일을 이룰 수 있음을 비유적으로 이르는 말.

작은며느리 보고 나서 큰며느리 무던한 줄 안다

먼저 있던 사람의 좋은 점은 나중에 온 사람을 겪어 보아야 비로소 알게 됨을
이르는 말. [비] 둘째 며느리 삼아 보아야 맏며느리 착한 줄 안다.

작은 부자는 노력이 만들고 큰 부자는 하늘이 만든다

돈을 벌어 작은 부자가 되는 것은 인간의 노력으로 가능하지만 큰 부자는 인
간의 노력만으로는 가능하지 아니하다는 뜻으로, 인간의 노력에는 한계가 있
음을 이르는 말.

작은 일이 끝 못 맺는다

일이 작다고 시시하게 여겨 힘을 다하지 아니하면 결국 일이 이루어지지 못하
고 흐지부지되어 버림을 비유적으로 이르는 말.

작은 절에 고양이[괴]가 두 마리

1. 격에 맞지 아니하게 쓸모없는 것이 많은 경우를 비유적으로 이르는 말. 2.
가난하고 궁한데다가 식구 수가 많아 누구 하나 마음껏 먹거나 가지지 못함을
비유적으로 이르는 말.

작작 먹고 가는 똥 누어라

자기 분수에 알맞게 편안하게 생활하라는 말. [비] 몽글게 먹고 가늘게 싼다.
작게 먹고 가는 똥 누어라[싸지]. 작작 먹고 가늘게 싸라.

잔고기 가시 세다

고기는 작은데 가시는 세서 먹기가 여간 성가시지 아니하다는 뜻으로, 몸집은
작으나 속은 야무지고 단단함을 이르는 말.

잔나비 밥 짓듯

조심성 없이 경솔하게 행동하는 경우를 비유적으로 이르는 말. [비] 잔나비 담
배 먹듯.

잔나비 잔치다

남을 흉내 내어 한 일이 제 격에 맞지 아니한 경우를 비유적으로 이르는 말.

잔디밭에서 바늘 찾기

1. 아무리 애쓰며 수고해도 찾을 수 없는 경우를 비유적으로 이르는 말. 2. 성
과 없는 헛수고를 이르는 말. [비] 감자 밭에서 바늘 찾는다. 검불밭에서 수은
찾기. 겨자씨 속에서 담배씨(를) 찾는 격.

잔바늘 쑤시듯

착살맞게 들쑤시기를 잘함을 비유적으로 이르는 말.

잔병에 효자 없다

부모가 늘 잔병을 앓고 있으면 자식이 변함없이 효도하기가 쉽지 않다는 말.

잔생이 보배라

지지리 못난 체하는 것이 오히려 해를 덜 입게 되어 처세에 이로움을 이른 말.

잔 잡은 팔 밖으로 펴지 못한다

사람은 자기와 조금이라도 더 가까운 사람에게 정이 가기 마련임을 비유적으로 이르는 말. [비] 잔 잡은 팔이 안으로 굽는다.

잔치엔 먹으러 가고 장사엔 보러 간다

축하하여야 할 혼인 잔칫집에는 먹는 데만 신경을 쓰고, 위로하며 일을 도와주어야 할 초상집에서는 구경만 하는 야박한 인심을 이르는 말.

잔칫집에는 같이 가지 못하겠다

언제나 경사스러운 자리에서 남의 결점을 들추어내어 남의 좋은 일을 그르치게 하는 사람을 두고 이르는 말.

잘 나가다[가다가] 삼천포(三千浦)로 빠지다

진주로 가야 하는데 길을 잘못 들어 삼천포로 가게 되었다는 데서, 어떤 일이나 이야기 따위가 도중에 엉뚱한 방향으로 진행됨을 비유적으로 이르는 말.

잘난 사람이 있어야 못난 사람이 있다

선과 악, 좋은 점과 나쁜 점 따위는 비교가 되어야 뚜렷하게 나타난다는 말.

잘되면 제 탓[복] 못되면 조상[남] 탓

일이 안될 때 그 책임을 남에게 돌리는 태도를 비유적으로 이르는 말. [비] 못되면 조상 탓(잘되면 제 탓). 못살면 터 탓. 안되면 조상[산소] 탓.

잘 먹고 잘 입어 못난 놈 없다

사람이 아무리 못났더라도 잘 입고 잘 먹으면 덩달아 좋아 보이기 마련이란 뜻으로, 생활 형편이나 차림새를 가지고 사람을 평가하는 것은 옳지 못함을 이르는 말.

잘 자랄 나무는 떡잎부터 안다[알아본다]

잘될 사람은 어려서부터 남달리 장래성이 엿보인다는 말. [비] 나무 될 것은 떡잎 때부터 알아본다. 될성부른 나무는 떡잎부터 알아본다. 용 될 고기는 모이 철부터 안다. 푸성귀는 떡잎부터 알고 사람은 어렸을 때부터 안다.

잘해도 한 꾸중 못해도 한 꾸중
1. 일의 잘하고 못하고를 떠나 결점을 찾아내려고 하면 언제든지 찾아낼 수 있음을 이르는 말. 2. 일의 잘하고 못하고와 관계없이 덮어놓고 꾸중하는 경우를 비유적으로 이르는 말.

잠결에 남의 다리 긁는다
계획 없이 하는 일은 실수하기 쉬움을 이르는 말. [같] 남의 다리 긁는다.

잠꾸러기 집은 잠꾸러기만 모인다
어떤 집단이든 비슷한 유형의 사람이 모이게 마련임을 이르는 말.

잠을 자야 꿈을 꾸지
원인 없이 결과를 바랄 수 없음을 이르는 말. [같] 하늘을 보아야 별을 따지.

잠자리 부접대듯 한다
1. 일을 할 때 오래 지속하지 못함을 비유적으로 이르는 말. 2. 붙었다가 금방 떨어짐을 비유적으로 이르는 말.

잠자코 있는 것이 무식을 면한다
잘 알지도 못하면서 괜히 섣불리 나서지 말라는 말.

잡은 꿩 놓아주고 나는 꿩 잡자 한다
객쩍게 어리석은 행동을 하여 헛수고하고 손해를 보았음을 비유적으로 이르는 말.

장가는 얕이 들고 시집은 높이 가렷다
장가는 자기보다 부유하지 아니한 집에 가고 시집은 자기보다 부유한 사람에게 가야 아내가 남편을 존경하며 화목하게 살게 된다는 말.

장가들러 가는 놈이 불알 떼어 놓고 간다
가장 중요하고 긴요한 것을 잊어버리는 경우를 비유적으로 이르는 말. [비] 혼인집에서 신랑 잃어버렸다.

장가를 세 번 가면 불 끄는 걸 잊어버린다
장가를 여러 번 들면 너무 좋아 첫날밤에 불 끄는 것도 잊는다는 말.

장 가운데 중 찾기
아주 찾기 쉬운 경우를 이르는 말.

장거리에서 수염 난 건 모두 네 할아비냐
비슷하기만 하면 덮어놓고 제 것이라는 사람을 비꼬는 말. [비] 검정강아지라면 다 제집 강아지인가.

장구 깨진 무당 같다
장구가 깨져 굿판을 벌이지 못하는 무당과 같다는 뜻으로, 흥을 잃고 기운 없이 축 처져 있는 사람을 비유적으로 이르는 말.

장구를 쳐야 춤을 추지
곁에서 북돋우며 거들어야 일을 더 잘하게 된다는 말.

장구 치는 사람 따로 있고 고개 까닥이는 사람 따로 있나
자기 혼자 할 수 있는 일을 아무 상관없는 사람에게 나누어 하자고 할 때에 이를 반박하여 이르는 말.

장기짝 맞듯
영락없이 꼭 들어맞는 경우를 비유적으로 이르는 말.

장꾼보다 풍각쟁이[엿장수]가 많다
돈을 내고 구경할 구경꾼보다 풍각쟁이만 많다는 뜻으로, 비례가 거꾸로 뒤바뀜을 비유적으로 이르는 말.

장꾼은 하나인데 풍각쟁이는 열둘이라
1. 여러 사람이 적당한 구실을 붙여 한 사람으로부터 돈이나 물건 따위를 받아 갈 경우에 이르는 말. 2. 정작 중요한 사람보다도 곁다리나 구경꾼이 더 많다는 말.

장난 끝에 살인난다
우습게보고 한 일이 큰 사고를 일으킬 수도 있음을 이르는 말.

장난을 하는 것은 과부 집 수고양이
과부 집 수고양이가 장난하는 소리에 과부가 공연히 의심받는다는 뜻으로, 아무 근거도 없는 일을 떠들어 말썽거리가 되게 한다는 말.

장난이 아이 된다
장난으로 한 일이 아이를 배게까지 한다는 뜻으로, 별 뜻 없이 시작한 일이 엉뚱하고도 뚜렷한 결과를 가져오게 됨을 비유적으로 이르는 말.

장님 막대질하듯
정확히 알지 못하면서 어림짐작으로 일을 함을 비유적으로 이르는 말.

장님 손 보듯 한다
도무지 친절한 맛이 없음을 비유적으로 이르는 말.

장님에게 눈으로 가리키고 벙어리에게 속삭인다
각각의 일에 합당한 방도를 찾지 못하고 어리석게 행동하여 번번이 실패함을 이르는 말.

장님이 넘어지면 지팡이 나쁘다 한다
자기 잘못으로 그르친 일을 공연히 남의 탓으로 돌리는 경우를 비유적으로 이르는 말.

장님이 더듬어 봐도 알 노릇
너무나 뻔하고 분명하여 누구나 쉽게 짐작으로도 알 수 있다는 말.

장님이 문 바로 들어갔다
재주나 지식이 없는 사람이 어떤 일을 우연히 성취하는 경우를 비유적으로 이르는 말. [비] 장님(이) 문고리 바로 잡았다.

장님이 사람 친다
뜻밖의 사람이 뜻밖의 일을 함을 이르는 말.

장님이 외나무다리 건너듯
일의 결과를 전혀 예상할 수 없음을 비유적으로 이르는 말.

장님이 장님을 인도한다
자기 앞가림도 못하는 주제에 분에 넘치게 남의 일까지 하여 주려고 나섬을 비유적으로 이르는 말.

장님이 집골목을 틀리지 않는다
무슨 일이든지 익숙해지면 실수 없이 해낸다는 말.

장님 제 닭 잡아먹듯
횡재라 생각하며 잡아먹은 닭이 알고 보니 결국 자기 닭이라는 뜻으로, 남을 해치려다가 도리어 자신이 해를 입게 됨을 비유적으로 이르는 말.

장님 코끼리 말하듯

1. 일부분을 알면서도 전체를 아는 것처럼 여기는 어리석음을 이르는 말. 2. 능력이 없는 자가 분에 넘치는 큰일을 이야기함을 비유적으로 이르는 말. [비] 장님 코끼리 만지는 격.

장님 파밭 들어가듯[매듯]

1. 무엇인지도 모르고 한 일이 그만 일을 망쳐 버리는 경우를 비유적으로 이르는 말. 2. 어림으로 대강 짐작하는 것도 없이 마구 찾아 헤매는 경우를 비유적으로 이르는 말.

장 단 집에는 가도 말 단 집에는 가지 마라

듣기 좋은 말만 하며 아첨하는 사람을 조심해야 함을 비유적으로 이르는 말.

장닭이 울어야 날이 새지

집안의 일 처리는 남편이 주관해서 하여야 제대로 됨을 이르는 말.

장대로 하늘 재기

끝없이 높은 하늘의 높이를 장대를 가지고 재려 한다는 뜻으로, 가능성이 전혀 없는 짓을 함을 이르는 말. [비] 손가락으로 하늘 찌르기.

장독과 어린애는 얼지 않는다

아이와 장독은 어지간한 추위에는 잘 견딤을 이르는 말. [비] 아이와 장독은 얼지 않는다. 어린애와 장독은 얼지 않는다.

장마 개구리 호박잎에 뛰어오르듯

귀엽지도 아니한 것이 깡뚱하니 올라앉는 경우를 비유적으로 이르는 말.

장마다 꼴뚜기[망둥이] 날까

1. 자기에게 좋은 기회만 늘 있는 것은 아니라는 말. 2. 자주 바뀌는 세상 물정을 모르는 어리석음을 비웃는 말.

장마 도깨비 여울 건너가는 소리

1. 무엇을 원망하기는 하지만 입 속에서만 웅얼거려 그 말소리가 분명하지 아니한 경우에 이르는 말. 2. 이치에 닿지 아니한 말을 하는 경우에 비꼬는 말.

장마 뒤에 외 자라듯

좋은 기회나 환경을 만나 무럭무럭 잘 자라는 경우를 비유적으로 이르는 말. [비] 장마에 오이 굵듯[크듯].

장마철의 여우볕
모습을 나타내었다가 곧 숨어 버리는 것을 이르는 말.

장미꽃에는 가시가 있다
사람이 겉으로 좋고 훌륭하여 보여도 남을 해롭게 할 수 있는 요소를 가지고 있어 상대편이 해를 입을 수 있음을 비유적으로 이르는 말.

장바닥의 조약돌 닳듯
사람의 성미가 뺀질뺀질하고 바라진 경우를 비유적으로 이르는 말. [비] 장마당의 조약돌 닳듯.

장발에 치인 빈대 같다
1. 물건이 몹시 납작하여 볼품이 없음을 이르는 말. 2. 봉변을 당하여 낯을 들수 없게 체면이 깎임을 이르는 말.

장부가 칼을 빼었다가 도로 꽂나
1. 크게 결심하고 무슨 일을 하려다가 어려움이 있다 하여서 중도에 그만둘 수는 없음을 이르는 말. 2. 다른 사람에게 무엇을 주려고 하는데 그가 받지 아니하겠다고 할 때 받으라고 권하며 이르는 말.

장부의 한 말이 천금같이 무겁다
장부의 말 한마디는 천금보다 무겁다는 뜻으로, 한번 한 약속은 꼭 지키라고 이르는 말.

장비가 싸움을 마대
자기가 즐기는 것을 남이 권하였을 때 흔쾌히 받아들이며 하는 말.

장비 군령이라
1. 성미 급한 장비의 군령이라는 뜻으로, 별안간 일을 당함을 이르는 말. 2. 몹시 급하게 서두르는 일을 이르는 말.

장비는 만나면 싸움
1. 만나기만 하면 시비를 걸고 싸우려고 대드는 사람을 이르는 말. 2. 취미나 기호가 비슷한 사람끼리는 만나기만 하면 이내 그 일로 함께 어울림을 이른 말.

장비더러 풀벌레를 그리라 한다
세상에서 큰일을 하는 사람에게 자질구레한 일을 부탁하는 것은 합당하지 아니함을 이르는 말.

장비야 내 배 다칠라
아니꼽게 잘난 체하며 거드름을 피우는 사람을 비꼬아 이르는 말.

장비 포청에 잡힌 것 같다
자기 몸을 자기 마음대로 움직이지 못하게 된 처지를 이르는 말.

장비하고 쌈 안 하면 그만이지
상대편이 아무리 싸움을 잘해도 이쪽에서 상대하지 아니하면 싸움은 일어나지 아니함을 이르는 말.

장비 호통이라
큰 소리로 몹시 야단스럽게 꾸짖음을 이르는 말.

장사 지내러 가는 놈이 시체 두고 간다
사람이 어리석어 가장 중요한 것을 잊거나 잃어버리고 일에 임하는 경우를 비유적으로 이르는 말. [비] 송장 빼놓고 장사 지낸다.

장사치의 손님
장사하는 사람은 찾아오는 손님 누구에게나 잘 대하는 법이라는 뜻으로, 비록 마음에는 없어도 겉으로는 누구에게나 잘 대접한다는 말.

장설간이 비었다
배가 고픔을 이르는 말.

장수가 나면 용마가 난다
무슨 일이거나 잘 되려면 좋은 기회가 저절로 생김을 이르는 말. [비] 장사가 나면 용마가 난다. 장사 나면 용마 나고 문장 나면 명필 난다.

장수가 엄하면 군사가 강하다
지휘관이 군사들을 엄한 규율과 훈련으로 단련시키면 그만큼 강해짐을 이르는 말.

장수 나자 용마 났다
훌륭한 사람이 좋은 때를 만났음을 이르는 말.

장수를 잡으려면 말부터 쏘아야 한다
말 탄 장수를 잡기 위해서는 먼저 그가 타고 있는 말을 쏘아 넘어지게 해야 한다는 뜻으로, 모든 싸움에서 이기려면 상대편이 직접적으로 의존하고 있는 것을 공격하는 것이 좋음을 이르는 말.

장승박이로 끌고 가겠다
사람이 미련하여 아무 데도 쓸데가 없고 도리어 해만 끼치게 될 경우에 이르는 말.

장승이라도 걸리겠다
장승조차도 걷게 할 수 있다는 뜻으로, 세도가 아주 당당함을 이르는 말.

장승하고 말하는 것이 낫겠다
말을 듣는 사람이 말귀를 못 알아들어 답답한 경우에 이르는 말.

장 없는 놈이 국 즐긴다
자신의 분수에 맞지 아니하게 사치를 즐기는 경우를 비유적으로 이르는 말.
[비] 없는 놈이 자 두 치 떡 즐겨한다.

장옷 쓰고 엿 먹기
겉으로는 점잖고 얌전한 체하면서 남이 보지 않는 데서는 좋지 않은 행동을 하는 경우에 비유적으로 이르는 말. [비] 포선 뒤에서 엿 먹는 것 같다.

장이 단 집에 복이 많다
한번 담그면 오래 두고 먹게 되는 장은 맛있게 담그는 것이 중요하다는 말.

장작불과 계집은 쑤석거리면[들쑤시면] 탈난다
잘 타고 있는 장작불을 들쑤셔 놓으면 잘 타지 않듯이 가만히 있는 여자를 옆에서 들쑤시고 꾀면 바람이 나게 됨을 이르는 말.

잦힌 밥이 멀랴 말 탄 서방이 멀랴
잦혀 놓았으니 곧 밥이 될 것이며 서방이 말을 타고 오니 곧 당도할 것이지만 그때까지 애타게 기다려진다는 뜻으로, 다 되어 가는 일을 조바심을 내며 애타게 기다리지 말라는 말.

재갈 먹인 말 같다
말문이 막혀 아무 소리도 못한다는 말.

재강아지 눈 감은 듯하다
어떤 일이 요행히 발각되지 않고 감쪽같이 지나감을 비유적으로 이르는 말.

재 들은 중
평소에 좋아하거나 바라던 일을 하게 되어 신이 난 사람을 비유적으로 이른 말.

재떨이와 부자는 모일수록 더럽다

사람은 재물이 많이 모이면 모일수록 재물에 대한 욕심이 더욱더 생기고 마음씨가 인색해짐을 비유적으로 이르는 말.

재물 있고 세력 있으면 밑구멍으로 나팔을 분다

돈이 있고 세력이 있으면 못하는 짓이 없음을 비유적으로 이르는 말.

재미난 골에 범 난다

1. 편하고 재미있다고 위험한 일이나 나쁜 일을 계속하면 나중에는 큰 화를 당하게 됨을 이르는 말. 2. 지나치게 재미있으면 그 끝에 가서는 좋지 않은 일이 생김을 이르는 말. [비] 오래 앉으면 새도 살을 맞는다.

재미는 누가 보고 성은 누구한테 내느냐

좋은 일은 저 혼자 하면서 일이 잘 안되었을 때는 남에게 성을 낸다는 말.

재민지 중의 양식인지

재미가 좋은가 하는 질문에 별로 재미있지 아니함을 나타내기 위하여 재미를 재미(齋米)로 풀어 말장난하여 이르는 말.

재수가 붙 일 듯하다

재수가 좋아서 일이 썩 잘되어 가는 상태를 비유적으로 이르는 말. [비] 재수가 물밀 듯하다. 재수가 불붙었다.

재수가 옴 붙었다[붙다]

재수가 아주 없음을 이르는 말.

재에 호 춤

재를 올리며 호나라 춤을 춘다는 뜻으로, 격에 맞지 않는 행동을 하거나 호사를 부려 흉한 경우를 비유적으로 이르는 말.

재주는 곰이 넘고 돈은 되놈[주인/호인]이 받는다

수고하여 일한 사람은 따로 있고, 그 일에 대한 보수는 다른 사람이 받는다는 말.

재주는 장에 가도 못 산다

재주는 돈으로 살 수 있는 것이 아니고 배우고 익혀서 능력을 키워야 하는 것임을 이르는 말.

재주는 홍길동이다

재주가 변화무쌍함을 이르는 말.

재주를 다 배우고 나니 눈이 어둡다
오랫동안 애써 수고하였으나 결과가 좋지 아니하여 결국은 헛수고가 된 상태를 비유적으로 이르는 말.

재하자는 유구무언(이라)
아랫사람은 윗어른에 대하여 할 말도 제대로 못하고 지냄을 이르는 말.

잰 놈 뜬 놈만 못하다
일은 빨리 마구 하는 것보다 천천히 성실하게 하는 것이 더 낫다는 말.

잿독에 말뚝 박기
1. 힘이 없는 사람을 만만히 보아 함부로 부리고 학대함을 이르는 말. 2. 힘 안 들이고 할 수 있는 쉬운 일을 이르는 말. [비] 잿골에 말뚝 박기.

잿불 화로의 불씨가 끊어져서는 집안이 망한다
예전에 불씨를 보전하는 것이 살림살이의 중요한 부분이었던 데서, 불씨를 꺼뜨리는 소홀한 살림살이로는 한집안을 잘 꾸려 나갈 수 없다는 말.

쟁기질 못하는 놈이 소 탓한다
할 줄 모르는 저를 탓하지 아니하고 도구를 탓한다는 뜻으로, 자기의 능력 부족을 남의 잘못으로 돌리는 경우를 비유적으로 이르는 말.

저 건너 빈터에서 잘살던 자랑 하면 무슨 소용 있나
지금은 빈터밖에 남지 아니한 데서 과거에 잘살았다고 자랑하여 보아야 현재의 생활에는 아무 도움도 되지 아니한다는 뜻으로, 누구도 알아주지 아니하는 자랑을 하여 보아야 남의 웃음거리밖에 되지 아니한다는 말.

저 걷던 놈도 나만 보면 타고 가려네
사람이 어려운 처지에 놓이면 천한 사람까지 자기를 멸시하려 든다는 말.

저 긷지 않는다고 우물에 똥 눌까
자기 이익과 직접 관계가 없는 남의 경우라도 살펴 주고 남에게 해가 되는 일은 하지 말아야 한다는 말.

저녁 굶은 시어미 상
1. 저녁을 주지 아니하여 굶은 탓으로 얼굴을 잔뜩 찌푸리고 며느리를 쳐다보는 시어머니의 얼굴 모양이라는 뜻으로, 아주 못마땅하여 얼굴을 잔뜩 찌푸리

고 있는 모양을 비유적으로 이르는 말. 2. 날씨가 흐려서 음산하다는 말.

저녁 굶은 초라

저녁을 굶게 한 초서 글씨라는 뜻으로, 매우 흘려 쓴 글씨를 비유적으로 이르는 말. 옛날에 어느 가난한 선비가 저녁거리가 없어서 쌀가게 주인에게 외상으로 쌀을 달라고 글을 보냈으나 그 글이 너무도 흘려 쓴 글씨여서 주인이 읽지 못하여 쌀을 주지 않아 저녁을 굶었다는 이야기에서 유래한다.

저는 잘난 백정으로 알고 남은 헌 정승으로 안다

별로 대단치 아니한 사람이 거만하여 사람을 만만히 보거나 자기보다 나은 사람을 업신여기는 경우를 비유적으로 이르는 말.

저 늙는 것은 몰라도 아이 크는 것은 안다

자기 늙는 것은 깨닫지 못하여도 아이들이 자라는 것은 하루가 다르게 그 차이를 알아차릴 수 있다는 말.

저렇게 급하면 할미 속으로 왜 아니 나와

매우 성미가 급한 사람을 비웃는 말.

저승길과 변소 길은 대(代)로 못 간다

죽음이나 용변은 누가 대신해 줄 수 없다는 말.

저승길이 구만 리

저승이 아득히 멀다는 뜻으로, 아직 살날이 많이 남아 있음을 이르는 말.

저승길이 대문 밖이다

집을 나서면 언제 어떻게 죽을지 모르는 험악한 세상임을 비유적으로 이르는 말. [갑] 대문 밖이 저승이라.

저 잘난 멋에 산다

사람은 누구나 자기가 남보다 잘났다고 생각하며 산다는 말. [비] 언청이도 저 잘난 맛에 산다.

저 중 잘 달아난다 하니까 고깔 벗어 들고 달아난다

거짓으로 칭찬한 말을 곧이듣고 신이 나서 쓸데없는 용기를 내는 모양을 비유적으로 이르는 말. [비] 저 중 잘 뛴다니까 장삼 벗어 걸머지고 뛴다.

저 하고 싶어서 하는 일은 힘든 줄 모른다

자기가 하고 싶어서 하는 일은 흥이 나서 한다는 말. [비] 제가 하고 싶어 하는 일은 흥이 난다.

저 혼자 원님을 내고 좌수를 낸다

1. 일을 혼자 도맡아서 이 일 저 일을 모두 처리하는 경우를 비유적으로 이르는 말. 2. 모든 일을 제 주장대로 하는 경우를 비유적으로 이르는 말.

적게 먹으면 약주요 많이 먹으면 망주(亡酒)다

1. 술을 적당히 마셔야지 지나치게 마시면 실수한다는 말. 2. 모든 일은 정도에 맞게 하여야 함을 비유적으로 이르는 말.

적덕은 백 년이요 앙해는 금년이라

좋은 일을 하며 덕을 쌓으면 오래도록 그 공이 남지만 재앙과 손해는 얼마 가지 아니한다는 뜻으로, 불행하다고 하여 낙심하지 말고 덕을 쌓고 좋은 일을 하라는 말.

적도 모르고 가지 딴다

적도 딸 줄 모르면서 가지를 따려 든다는 뜻으로, 기초적인 것도 모르면서 어려운 것을 하려 드는 것을 이르는 말.

적삼 벗고 은가락지 낀다

격에 맞지 않은 짓을 하는 경우를 비유적으로 이르는 말. [비] 속곳 벗고 은가락지 낀다.

적은 물이 새어 큰 배 가라앉는다

작은 구멍으로 새어 들기 시작한 물로 큰 배가 가라앉는다는 뜻으로, 자그마한 실수나 잘못으로 큰일을 그르칠 수도 있음을 이르는 말.

적은 복은 부지런해서 얻지만 대명은 도저히 막기 어렵다

작은 일은 사람의 힘으로 이룰 수 있지만 큰일은 사람의 힘으로 어떻게 하기 힘들다는 말.

적을 잘 알고 자신을 잘 아는 자는 백 번 싸워 백 번 이긴다

적에 대하여 구체적으로 알고 자신의 능력과 힘을 잘 알면 싸움에서 언제나 이길 수 있음을 이르는 말.

전루북에 춤춘다

시각을 알리는 전루북 소리를 듣고 장단 소리인 줄 알고 춤을 춘다는 뜻으로, 아무 까닭도 모르고 좋아하는 어리석음을 이르는 말.

전어 굽는 냄새에 나가던[나갔던] 며느리 다시 돌아온다

전어 굽는 냄새가 하도 고소해서 시집을 버리고 나가던 며느리가 마음을 돌려 돌아온다는 뜻으로, 전어가 대단히 맛이 좋음을 이르는 말.

절구 천중만 하다

돌절구와 같이 무게가 아주 많이 나간다는 뜻으로, 몸집이 뚱뚱하고 커서 무거워 보임을 비유적으로 이르는 말.

절굿공이가 순경(巡更) 돌면 집안이 망한다

결혼한 여자가 집안 살림은 아니하고 쏘다니기만 하면 그 집안 꼴이 안 된다는 말.

절름발이 원행

잘 걷지도 못하는 자가 멀리 가려고 한다는 뜻으로, 무능한 자가 분수에 넘치는 짓을 하려는 경우를 비난하는 말.

절 모르고 시주하기

애써 한 일이지만 잘 알아보고 똑똑히 처리하지 못하여 아무 보람도 없이 되는 경우를 비유적으로 이르는 말. [같] 동무 몰래 양식 내기.

절에 가면 중노릇하고 싶다

일정한 주견이 없이 남이 하는 일을 보면 덮어놓고 따르려고 하는 경우를 비유적으로 이른 말. [비] 절에 가면 중 되고 싶고 마을에 가면 속인 되고 싶다.

절에 가면 중이 되라

환경에 적응하라는 말.

절에 가면 중 이야기 촌에 가면 속인 이야기

절에 가면 자연히 중에 대한 이야기를 하게 되고 마을에 가면 중이 아닌 여느 사람에 대한 이야기를 하게 된다는 뜻으로, 일정한 주견이 없이 환경과 장소에 따라 생각과 태도가 잘 변하는 경우를 비유적으로 이르는 말.

절에 가서 젓국 달라 한다

엉뚱한 짓을 하는 경우를 이르는 말. [같] 과부 집에 가서 바깥양반 찾기.

절에 간 색시

1. 남이 시키는 대로 따라 하는 사람을 이르는 말. 2. 아무리 싫어도 남이 시키는 대로 따라 하지 아니할 수 없는 처지에 있는 사람을 이르는 말.

절에는 신중단(神衆壇)이 제일이라
신중단은 절의 복화(福禍)를 주관하는 지위이므로, 어느 때나 벌을 줄 수도 있고 복을 내릴 수도 있는 이의 위치가 가장 높고 어렵다는 말.

절이 망하려니까 새우젓 장수가 들어온다
일이 안되려니까 뜻밖의 괴상한 일이 생긴다는 말.

절하고 뺨 맞는 일 없다
누구한테나 겸손한 태도로 공대를 하면 남에게 봉변하지 않는다는 말. [비] 존대하고 뺨 맞지 않는다.

젊은 과부 한숨 쉬듯
시름이 깊어 한숨을 자주 쉬는 모습을 비유적으로 이르는 말.

점잖은 개가 똥을 먹는다
의젓한 체하면서 못된 짓을 한다는 말.

접시 물에 빠져 죽지
처지가 매우 궁박하여 어쩔 줄 모르고 답답해하는 경우를 비유적으로 이른 말.

접시 밥도 담을 탓이다
그릇이 작더라도 담는 솜씨에 따라 많이 담을 수도 있다는 뜻으로, 좋지 아니한 조건에서도 솜씨나 마음가짐에 따라서 좋은 성과를 이룰 수 있다는 말.

젓가락으로 김칫국을 집어 먹을 놈
어리석고 용렬하여 어처구니없는 짓을 하는 사람에게 하는 말.

젓갈 가게에 중
당찮은 일에 눈뜨는 경우를 비유적으로 이르는 말.

정 각각 흉 각각
어떤 이에게 쏠리는 정과 그 사람이 갖고 있는 흉은 각각 다른 것이어서, 정이 쏠리더라도 흉은 흉대로 남아 있고 흉이 있다고 해서 쏠리는 정이 막히지 아니한다는 말.

정담도 길면 잔말이 생긴다
1. 말이 많고 길어지면 군말과 잔말이 나오기 마련이라는 말. 2. 좋은 일도 길어지면 안 좋은 결과가 생긴다는 말.

정들었다고 정말 말라
아무리 가깝고 다정한 사이라도 서로에게 해서는 안 될 말은 절대로 나누지 말아야 한다는 말.

정들자 이별
만나서 얼마 되지 아니하여 곧 헤어진다는 말.

정배도 가려다 못 가면 섭섭하다
고생스러운 귀양살이를 하러 가는 길이라도 간다고 하다가 안 가면 섭섭하다는 뜻으로, 어디를 간다고 하다가 못 가거나 무슨 일을 하려 하다가 안 하면 섭섭하다는 말.

정선 골 물레방아 물레바퀴 돌 듯
세상의 일은 변하지 않는 것이 아니라 돌고 돈다는 말.

정성이 있으면 한식에도 세배 간다
아무리 때가 늦어도 정성만 있으면 하려던 일을 이룰 수 있다는 말.

정성이 지극하면 돌 위에(도) 풀이 난다
정성을 다하면 어려운 일도 해낼 수 있음을 비유적으로 이르는 말. [비] 정성이 지극하면 동지섣달에도 꽃이 핀다.

정승 날 때 강아지 난다
훌륭한 사람이 나면 따라서 훌륭하지 못한 사람도 난다는 말.

정승도 저 싫으면 안 한다
아무리 좋은 것이라도 제 마음에 내키지 아니하면 좋을 게 없음을 비유적으로 이르는 말.

정신없는 늙은이[노친네] 죽은 딸네 집에 간다
딴생각을 하고 다니다가 정신을 차리지 못하고 엉뚱한 곳에 가는 경우를 놀림조로 이르는 말. [비] 실성한 영감 죽은 딸네 집 바라본다.

정신은 꽁무니에 차고 다닌다
정신이 없어 무엇이든지 잊어버리기를 잘하는 사람을 놀림조로 이르는 말. [비] 정신은 빼어서 꽁무니에 차고 있다. 경우가 밝지 못하고 어리석으며 실수가 많은 경우를 이르는 말.

정신은 문둥 아비라

정신은 못난 문둥이를 낳은 아비라는 뜻으로, 흐리멍덩하고 못난 짓을 하는 경우를 놀림조로 이르는 말.

정신은 빼어서 개 주었나
정신이 없고 잘 잊어버리는 경우를 이르는 말.

정신은 처가에 간다 하고 외가에를 가겠다
처가에 간다고 하고서는 처가에 가는 것을 잊고 외가로 간다는 뜻으로, 정신이 좋지 못하여 잘 잊어버리는 경우를 비유적으로 이르는 말.

정신은 침 뱉고 뒤지 하겠다
정신이 흐려서 침을 뱉고는 밑을 닦는다는 뜻으로, 정신이 없어 앞뒤가 맞지 아니한 엉뚱한 행동을 하는 경우를 놀림조로 이른 말. [비] 침 뱉고 밑 씻겠다.

정신을 차려야 염불을 하지
일을 그르치는 사람을 핀잔하는 말.

정에서 노염이 난다
정이 깊이 들면 좋아하는 마음이 크기 때문에 조그마한 일에도 노여움이 잘 난다는 말.

정월 대보름날 귀머리장군 연 떠나가듯
멀리 가서 떨어지는 모양을 비유적으로 이르는 말.

정월 보름달을 먼저 보는 사람은 복을 많이 받는다
음력 정월 대보름날 저녁에 남보다 먼저 보름달이 떠오르는 것을 보는 사람은 그해에 복을 많이 받는다는 말. 서로 달맞이를 먼저 하려고 하던 옛 풍속과 함께 전하여 오는 말이다.

정월 열나흗날 밤에 잠을 자면 눈썹이 센다
음력 정월 대보름날을 맞는 열나흗날 밤에 아이들을 일찍부터 자지 못하게 하느라고 어른들이 장난삼아 하는 말.

정월 지난 무에 삼십 넘은 여자
철이 지나 시세가 없게 된 사물을 비유적으로 이르는 말.

정이월에 대독 터진다
음력 정월과 이월쯤이 되면 으레 날씨가 풀린 것으로 생각하기 쉬우나 이따금씩 더 심한 추위가 닥치는 날이 있음을 이르는 말.

젖 떨어진 강아지 같다

젖 뗀 강아지가 어미젖이 그리워 짖는다는 뜻으로, 몹시 보챔을 비유적으로 이르는 말.

젖 먹는 강아지 발뒤축 문다

나이 어린 사람이 윗사람을 어려워하지 않고 버릇없이 행동함을 비유적으로 이르는 말.

젖 먹던 힘이 다 든다

무슨 일이 몹시 힘듦을 비유적으로 이르는 말. [비] 젖 먹은 힘까지 다 낸다.

젖 먹은 밸까지 뒤집힌다

매우 속이 상하고 아니꼬움을 비유적으로 이르는 말.

젖먹이 두고 가는 년은 자국마다 피가 맺힌다

어린 자식을 떼어 놓고 가는 어머니의 심정은 걸음걸음에 피가 맺힐 것같이 침통하다는 말.

제가 기른 개에게 발꿈치 물린다

은혜를 베풀어 준 자에게서 도리어 해를 당하게 됨을 비유적으로 이르는 말. [비] 제집 개에게 발뒤꿈치 물린 셈.

제가 제 무덤을 판다

스스로 자신을 망치는 어리석은 짓을 함을 비유적으로 이르는 말.

제가 제 뺨을 친다

자기가 잘못하여 자신에게 해가 돌아오게 함을 비유적으로 이르는 말. [비] 제 손으로 제 눈 찌르기. 제 손으로 제 뺨을 친다.

제갈공명 칠성단에 동남풍 기다리듯

무엇을 잔뜩 기다리는 모양을 비유적으로 이르는 말. [비] 제갈량이 칠성단에서 동남풍 기다리듯.

제갈량이 왔다가 울고 가겠다

지략으로 유명한 제갈량이 상대의 지략에 놀라 자신의 무능을 한탄하여 울고 돌아가겠다는 뜻으로, 지혜와 지략이 매우 뛰어난 사람을 비유적으로 이른 말.

제 갗에 좀 난다

가죽에 좀이 나면 마침내는 좀도 못 살고 가죽도 못 쓰게 된다는 뜻으로, 동류끼리 또는 같은 친족끼리 서로 다투는 것은 쌍방에 다 해로울 뿐임을 이른 말.

제 것 주고 뺨 맞는다
남에게 잘해 주고도 도리어 해로움을 당하는 경우를 이르는 말. [비] 내 것 주고 매 맞는다.

제게서 나온 말이 다시 제게 돌아간다
1. 소문이 빨리 퍼짐을 비유적으로 이른 말. 2. 말이란 한번 하고 나면 금방 자신에게로 돌아올 만큼 빨리 퍼지는 것이므로 그만큼 조심해야 함을 이른 말.

제 꾀에 (제가) 넘어간다
꾀를 내어 남을 속이려다 도리어 자기가 그 꾀에 속아 넘어감을 비유적으로 이르는 말. [비] 제 딴죽에 제가 넘어졌다.

제 나락 주고 제 떡 사 먹기
남의 덕을 보려다가 뜻대로 안되고 결국 제 돈을 쓰게 되었다는 말.

제 논에 모가 큰 것은 모른다
언제나 남의 논에 있는 모가 더 커 보인다는 뜻으로, 무엇이든 남의 물건이나 재물은 좋아 보이고 탐이 남을 비유적으로 이르는 말.

제 논에 물 대기
자기에게만 이롭도록 일을 하는 경우를 비유적으로 이르는 말. [비] 내 논에 물 대기.

제 놈이 제갈량이면 용납이 있나
아무리 제갈량만큼 꾀가 있고 재주가 있더라도 어찌할 도리가 없음을 비유적으로 이르는 말.

제 눈 똥에 주저앉는다
남을 해치려고 한 일에 도리어 자기가 걸려들어 해를 보게 됨을 비유적으로 이르는 말.

제 도끼에 제 발등 찍힌다
자기가 한 일이 도리어 자기에게 해가 됨을 비유적으로 이르는 말. [비] 제 발등을 제가 찍는다. 제 오라를 제가 졌다.

제 돈 칠 푼만 알고 남의 돈 열네 닢은 모른다
자기 물건은 하찮은 것이라도 소중히 여기면서 남의 물건은 큰 것이라도 하찮게 여긴다는 뜻으로, 자기 것만 소중히 여김을 비유적으로 이르는 말.

제 땅이라고는 메밀씨 모로 박을 땅도 없다
자기 땅이라고는 작고 뾰족한 메밀씨를 박을 땅조차 없다는 뜻으로, 땅이 전혀 없음을 비유적으로 이르는 말.

제 떡 먹기라
횡재를 한 줄 알고 신이 나서 먹었는데 결국은 자기가 먹을 떡을 먹은 데에 지나지 않았다는 뜻으로, 이득을 본 줄 알았는데 결과적으로는 자기 것을 축낸 데에 불과함을 비유적으로 이르는 말.

제 똥 구린 줄 모른다
자기의 허물을 깨닫지 못함을 비유적으로 이르는 말.

제를 제라니 샌님 보고 벗하잔다
자기를 대접해서 공대를 해 주니 되지 못하게 윗사람보고 벗하며 사귀자고 한다는 뜻으로, 교양이 부족한 사람이 남들의 대접에 대하여 예의 바르게 대할 줄 모르고 공연히 우쭐대면서 건방지게 굶을 비유적으로 이르는 말.

제 마음에 괴어야 궁합
제 마음에 들면 좋아 보인다는 말.

제 몸이 중이면 중의 행세를 하라고
자기의 신분을 지켜 분수에 넘치는 행동을 삼가라는 말.

제물에 배를 잃어버리다[잃어버렸다]
되어 가는 상황에 휩쓸려 가장 긴요한 것을 빠뜨렸음을 이르는 말.

제 밑 들어 남 보이기
자기의 결점을 스스로 남의 앞에 드러내어 부끄러움을 당함을 비유적으로 이르는 말.

제 밑 핥는 개
자기가 한 짓이 더럽고 추잡한 줄 모르는 사람을 비유적으로 이르는 말.

제 발등에 오줌 누기
자기가 한 짓이 자기를 모욕하는 결과가 됨을 비유적으로 이르는 말. [비] 내 밑 들어 남 보이기. 제 얼굴에 똥칠한다.

제 발등의 불 먼저 끄고 아비 발등의 불을 끈다
매우 급한 일을 당하면 아무리 친하고 가까운 사이라 하더라도 자기의 위급함을 먼저 면하려 한다는 말.

제 발등의 불을 끄지 않는 놈이 남의 발등의 불을 끄랴
자기 앞의 급한 일도 미처 처리하지 못하는 사람이 남의 일까지 해결해 줄 수 있겠느냐는 말.

제 발등의 불을 먼저 끄랬다
남의 일에 참견하기 전에 자기의 급한 일부터 먼저 살펴야 함을 비유적으로 이르는 말.

제 밥 덜어 줄 샌님은 물 건너부터 안다
인정이 있고 어진 사람은 멀리 떨어진 데에서 보기만 하여도 알 수 있을 만큼 어딘가 다른 데가 있다는 말.

제 밥 먹고 큰집[상전] 일 한다
1. 자기 물건을 써 가며 공짜로 큰집 일을 해 주고 있다는 뜻으로, 자기 할 일은 똑똑히 못하면서 주책없이 행동함을 비유적으로 이르는 말. 2. 자기 할 일을 못하면서 마지못해 남의 일을 하게 됨을 비유적으로 이르는 말.

제 버릇 개 줄까
한번 젖어 버린 나쁜 버릇은 쉽게 고치기가 어렵다는 말.

제 보금자리 사랑할 줄 모르는 새 없다
누구나 다 자기 고향을 사랑하고 아낀다는 말.

제 부모 나쁘다고 내버리고 남의 부모 좋다고 내 부모라 할까
좋건 나쁘건 자기 부모가 남이 될 수 없고 남의 부모가 자기 부모가 될 수 없다는 말.

제 부모 위하려면 남의 부모를 위해야 한다
자기 부모를 잘 섬기고 위하려면 부모가 남의 공대를 받을 수 있도록 저도 남의 부모를 잘 섬겨야 한다는 말.

제비는 작아도 강남(을) 간다
모양은 비록 작아도 제 할 일은 다 한다는 말. [비] 거미는 작아도 줄만 잘 친다. 제비는 작아도 알만 낳는다.

제사 덕에 이밥이라

1. 무슨 일을 빙자하여 거기에서 이득을 얻는다는 말. 2. 어떤 기회에 좋은 소득이 있는 경우를 이른 말. [비] 제 덕에 이밥이라. 조상 덕에 이밥을 먹는다.

제 사람 되면 다 고와 보인다

남이라도 자기 집 식구나 자기 집단의 성원이 되면 정이 가고 고와 보이게 됨을 이르는 말.

제 사랑 제가 진다

저 하기에 따라서 사랑을 받을 수도 있고 미움을 받을 수도 있다는 말. [비] 제 사랑 제가 끼고 있다.

제사를 지내려니 식혜부터 쉰다

공교롭게 일이 틀어짐을 비유적으로 이르는 말.

제 살 궁리는 다 한다

어려운 경우를 당하여도 누구나 자기가 살아갈 궁리는 다 하고 있음을 이른 말.

제 살 깎아 먹기

자기가 한 일의 결과가 자신들에게 해가 됨을 이르는 말.

제 살이 아프면 남의 살도 아픈 줄 알아라

제 경우에 견주어서 남의 사정도 참작할 줄 알아야 한다는 말.

제상 다리를 친다

제사 지내려고 차려 놓은 상의 다리를 친다는 뜻으로, 공들여 이루어 놓은 일을 심술을 부려 망쳐 놓는 경우를 비유적으로 이르는 말.

제상도 산 사람 먹자고 차린다

모든 것이 다 살아 있는 사람에 맞게 이루어짐을 비유적으로 이르는 말.

제상 앞에 개가 꼬리를 쳐야 그 집안이 잘된다

아이들이 많고 자손이 매우 왕성하여야 집안이 잘된다는 말.

제 새끼 밉다는 사람 없다

자기 자식을 사랑하는 것은 인지상정임을 이르는 말.

제 새끼 잡아먹는 범은 없다

아무리 무서운 사람이라도 자기 자식에게는 인정이 있음을 비유적으로 이르

는 말.

제석(의) 아저씨도 벌지 않으면 안 된다

어떤 사람이고 안 먹고는 살 수 없으니 누구든 힘써 벌어야만 한다는 말. [비] 제석 아저씨도 먹지 않으면 안 된다.

제 속은 줄 모르고 남 속이려 든다

자기가 남에게 속은 줄도 모르고 제 딴에는 남을 속인다고 생각하는 어리석음을 이르는 말.

제 속 흐린 게 남보고 집 봐 달라고 말 못 한다

양심이 흐린 사람은 남도 자기와 같은 줄 알고 믿지 못한다는 말.

제 손금 보듯 한다

무엇을 환히 꿰뚫어 봄을 비유적으로 이르는 말.

제 손도 안팎이 다르다

자기 손이라도 손바닥과 손등은 다르다는 뜻으로, 남들끼리 마음이 서로 다른 것은 당연함을 비유적으로 이르는 말.

제수 흥정에 삼색실과

어떤 일에 반드시 있어야 하는 물건을 비유적으로 이르는 말.

제 아재비 제 따라간다

자기 아저씨를 따라가는 것이 조금도 이상할 것이 없다는 뜻으로, 누구의 뒤를 따라나서는 것이 조금도 어색하지 아니함을 비유적으로 이르는 말.

제 앞에 큰 감 놓는다

여럿이 하는 일에서 자기 욕심만 채우려고 하는 이기적인 행동을 비유적으로 이르는 말.

제 어미 시집오는 것 보았다는 놈과 같다

자기가 태어나기 전에 일어난 일을 자기 눈으로 직접 보았다고 장담하는 사람과 같다는 뜻으로, 너무도 허황한 이야기를 장담함을 비유적으로 이르는 말.

제 언치 뜯는 말이라

자기 언치를 뜯으면 장차 자기 등이 시리게 된다는 뜻으로, 친척이나 동기를 해치는 것은 결국 자기를 해치는 것과 같음을 비유적으로 이르는 말. [비] 언치 뜯는 말.

제 얼굴 가죽을 제가 벗긴다

자기에게 불명예스러운 일을 스스로 저지름을 비유적으로 이르는 말.

제 얼굴 더러운 줄 모르고 거울만 나무란다

자기 잘못은 모르고 남만 탓함을 비유적으로 이르는 말.

제 얼굴 못나서 거울만 깬다

자기 얼굴 못생긴 것은 생각지 못하고 못나 보이는 것이 거울 탓인 것처럼 여기면서 거울만 깨뜨린다는 뜻으로, 자기가 잘못한 것에 대한 화풀이를 엉뚱한 데 하면서 아까운 물건만 버리는 어리석은 행동을 비유적으로 이른 말.

제 얼굴엔 분 바르고 남의 얼굴엔 똥 바른다

1. 저만 위할 줄 안다는 말. 2. 잘된 일은 자기 낯만 세우고 못된 일은 남이 한 것처럼 말한다는 말.

제 얼굴은 제가 못 본다

자기의 허물을 자기가 잘 모름을 비유적으로 이른 말. [비] 제 흉 제가 모른다.

제 오라를 제가 졌다

무슨 못된 짓을 하다가 그 일로 자기 신세를 망치게 됨을 비유적으로 이르는 말. [같] 제 도끼에 제 발등 찍힌다.

제 옷감을 제가 찢는다

자기 일을 스스로 그르치는 어리석음을 비유적으로 이르는 말.

제 옷 벗어 남의 발에 감발 쳐 준다

자기에게 꼭 필요한 것을 남을 위한다고 내주거나, 남이 별로 필요로 하지도 않는 일에 씀을 비유적으로 이르는 말.

제 인심 좋으면 초나라 가달도 사귄다

저만 착하고 인심 좋으면 몹시 험상궂고 심보가 사납기로 이름난 초나라의 가달조차도 잘 사귈 수 있다는 뜻으로, 마음씨만 고우면 누구라도 잘 사귈 수 있음을 비유적으로 이르는 말.

제 일 바쁘지 않다는 사람 없다

자기 일이 바쁘다고 엄살을 떪을 비꼬는 말.

제 자루 떡메

공교롭게 일이 잘 맞아 들어가 쉽게 됨을 비유적으로 이르는 말.

제 자식 잘못은 모른다
자기 자식의 결점은 눈에 잘 비치지 아니한다는 말.

제 죄 남 안 준다
1. 자기가 지은 죄에 대하여는 반드시 제가 벌을 받게 된다는 말. 2. 자기에게 속한 것은 죄조차 남 주기 싫어할 만큼 몹시 인색함을 비유적으로 이르는 말.

제주말 갈기 서로 뜯어먹기
남의 물건에 손을 대도 누구의 물건인지 민감하게 따질 수 없어 별로 말썽이 없는 경우를 비유적으로 이르는 말.

제주말 갈기 외로 질지 바로 질지
말이 자라서 그 말 갈기가 장차 어느 쪽으로 넘겨질지 어릴 적에는 모른다는 뜻으로, 일이 앞으로 어떻게 될지 초기에는 짐작할 수 없다는 말.

제주말 제 갈기 뜯어먹기
남에게 의지하지 아니하고 제힘으로 살아가는 경우를 비유적으로 이르는 말.

제주에 말 사 놓은 듯
먼 곳에 사 두어서 아무 소용이 없는 상황을 비유적으로 이르는 말.

제집 어른 섬기면 남의 어른도 섬긴다
제집에서 잘하는 이는 밖에 나가서도 잘한다는 말.

제집 연기는 남의 집 연기보다 낫다
대수롭지 아니한 것이라도 정든 것이 좋다는 말.

제집 제사는 모르면서 남의 집 제사는 알까
자기네 집의 일을 모르면서 남의 집의 일을 잘 알 까닭이 없다는 말.

제 처 말 안 듣는 사람 없다
흔히 아내의 말이나 청을 딱 자르지 못하고 들어주거나 그대로 믿다가 일을 그르치는 수가 많다는 뜻으로, 아내의 말을 조심하여 들으라는 말.

제 침 발라 꼰 새끼가 제일이다
손바닥에 침을 발라 가며 자기가 직접 꼰 새끼가 제 마음에 제일 든다는 뜻으로, 자기가 직접 힘을 들여 한 일이 제일 믿음직함을 비유적으로 이르는 말.

제 코도 못 닦는 것이 남의 코 닦으려고 한다

자기 일도 감당 못하는 주제에 남의 일에 참견함을 비꼬는 말. [비] 제 코도 못 씻는 게 남의 부뚜막 걱정한다.

제터 방죽에 줄남생이 늘어앉듯
많은 사람이 열을 지어 늘어앉은 모양을 비유적으로 이르는 말. [비] 팽기 다리에 물 들어서듯. 합덕 방죽에 줄남생이 늘어앉듯.

제 털 뽑아 제 구멍에 박기
융통성이 전혀 없고 고지식하기만 함을 비유적으로 이르는 말. [비] 털 뽑아 제 구멍 메우기.

제 팔자 개 못 준다
타고난 운명은 버릴 수 없다는 말.

제 흉 열 가지 가진 놈이 남의 흉 한 가지를 본다
많은 결점을 가진 사람이 다른 사람의 자그마한 결점을 들어 나쁘게 말함을 비꼬는 말.

제힘 모르고 강가 씨름 갈까
자기의 능력을 스스로 헤아려 짐작하고 어떤 일을 해야 한다는 말.

조개껍데기는 녹슬지 않는다
천성이 착하고 어진 사람은 다른 사람의 나쁜 습관에 물들지 않음을 비유적으로 이르는 말. [비] 조개껍질은 녹슬지 않는다.

조개 속의 게조개
껍데기 속에 사는 게라는 뜻으로, 아주 연약하고 활동력이 없는 사람을 비유적으로 이르는 말.

조그만 실뱀이 온 바닷물을 흐린다
못된 사람 하나가 온 집안이나 사회 전체를 망친다는 말. [비] 조그마한 실뱀이 온 강물을 다 휘젓는다.

조깃배에는 못 가리라
조기잡이하는 조깃배에 탄 사람들이 떠들면 조기가 놀라서 달아나므로 시끄러운 사람은 조깃배에 못 간다는 뜻으로, 수다스럽고 말 많은 사람을 꾸짖는 말.

조는 집에 자는 며느리 온다
잠꾸러기 집은 잠꾸러기만 모이게 됨을 비유적으로 이르는 말.

조는 집은 대문턱부터 존다

1. 주인이 게을러 졸고 있으면 집안 전체가 다 그렇게 된다는 말. 2. 대문짝을 보면 그 집 주인들의 생활 기풍을 알 수 있다는 말.

조례만 있으면 사또질하겠다

자기는 손도 까닥 아니 하고 남만 시켜 먹으려는 자를 비꼬는 말.

조록싸리 피거든 남의 집도 가지 마라

조록싸리꽃이 피는 초여름은 궁한 때이니 남의 집을 찾아가면 폐가 된다는 말.

조롱 속[안]의 새

자유를 속박당한 몸을 비유적으로 이르는 말. [비] 조롱에 갇힌 새.

조리에 옻칠한다

1. 소용없는 일에 괜히 마음을 쓰고 수고하는 경우를 비꼬는 말. 2. 격에 맞지 아니하게 꾸며 도리어 흉함을 비유적으로 이르는 말.

조마 거둥에 격쟁한다

조마 거둥을 진짜 임금의 행차인 줄 알고 격쟁한다는 뜻으로, 경우를 모르고 어리석은 짓을 함을 이르는 말.

조막손이 달걀 놓치듯

물건이나 기회를 잡지 못하고 놓치는 모양을 비유적으로 이르는 말.

조막손이 달걀 도둑질한다

1. 자기 능력 이상의 일을 이루었음을 비유적으로 이르는 말. 2. 조막손이는 달걀 같은 것을 쥘 수가 없는데 어찌 달걀을 도둑질할 수 있느냐는 말.

조막손이 달걀 떨어뜨린 셈

낭패를 보고 어쩔 줄 모름을 이르는 말.

조막손이 달걀 만지듯

사물을 자꾸 주무르기만 하고 꽉 잡지 못함을 비유적으로 이르는 말. [비] 조막손이 닭알 굴리듯.

조밥도 많이 먹으면 배부르다

보잘것없는 것이라도 수량이 많으면 한몫 본다는 말.

조밥에도 큰 덩이 작은 덩이가 있다

어디에나 크고 작은 것의 구별이 있다는 말.

조상 신주 모시듯
몹시 받들어 우대하는 경우를 이르는 말.

조상에는 정신[마음] 없고 팥죽에만 정신이 간다
마땅히 예를 차려 자기가 하여야 할 일은 안 하고 잇속을 차릴 수 있는 일에만 눈을 밝히는 경우를 비꼬는 말. [비] 조상보다 팥죽에 마음이 있다.

조석 싸 가지고 말리러 다닌다
기를 쓰고 하지 못하게 말리는 경우를 비유적으로 이르는 말.

조선 망하고 대국 망한다
엄청나게 말썽을 부린다는 말.

조선 바늘에 되놈 실 꿰듯
섬세한 조선 바늘에 무딘 호인(胡人)의 손으로 실을 꿰려고 애쓴다는 뜻으로, 되지도 아니할 일을 애써 하는 경우를 비꼬는 말.

조선 사람은 낯 먹고 산다
우리나라 사람은 너무 체면을 차린다는 말.

조자룡이 헌 창[칼] 쓰듯
돈이나 물건을 헤프게 쓰는 경우를 비유적으로 이르는 말.

조정엔 막여작(幕如爵)이요 향당엔 막여치(寞如齒)라
조정에서는 벼슬의 등급을 중히 여기고 향당에서는 나이의 차례를 중히 여김을 이르는 말.

조조는 웃다 망한다
자신만만하며 웃다가 언제 망신을 당할지 모른다는 말.

조조의 살이 조조를 쏜다
지나치게 재주를 피우면 결국 그 재주로 말미암아 자멸함을 비유적으로 이르는 말.

조카 생각하는 것만큼 아재비[숙부] 생각도 한다
남을 생각하여 주어야 남도 나를 생각하여 준다는 말.

조 한 섬 가진 놈이 시겟금 올린다

좁쌀을 불과 한 섬밖에 가지지 못한 자가 쌀의 시세를 올려놓고 말았다는 뜻
으로, 대단치도 않은 인물이 부정적인 영향을 미치게 됨을 비난조로 이른 말.

족제비 난장 맞고 홍문재 넘어가듯
엉겁결에 정신을 잃고 죽을지 살지 몰라 허겁지겁 달아나는 모양을 비유적으
로 이르는 말.

족제비는 꼬리 보고 잡는다
1. 족제비는 긴요하게 쓸 부분인 꼬리가 있기 때문에 잡는다는 뜻으로, 모든
일은 까닭이 있어 행한다는 말. 2. 무슨 일이나 다 쓸모를 보고 적합한 사람을
쓴다는 말.

족제비 똥 누듯
눈물을 찔끔찔끔 흘리는 모양을 비유적으로 이르는 말.

족제비 밥[밤] 탐하다 치어 죽는다
이겨 내지도 못하면서 너무 많이 먹으려다 망신만 당한다는 말.

족제비 잡아 꼬리는[꽁지는] 남 주었다
가장 필요하고 중요한 것을 남에게 주었다는 말.

족제비 잡으니까 꼬리를 달란다
애써 얻은 것의 가장 긴요한 부분을 염치없이 빼앗으려는 행동을 비꼬는 말.
[비] 족제비 잡은 데 꼬리 달라는 격.

좀꾀에 매꾸러기
좀스러운 꾀를 쓰다가는 매만 맞게 된다는 말.

좁쌀 썰어 먹을 놈
성질이 아주 좀스러운 사람을 비꼬는 말.

좁쌀에 뒤웅 판다
1. 좁쌀을 파서 뒤웅박을 만든다는 뜻으로, 가망이 없는 일을 하는 경우를 비
유적으로 이르는 말. 2. 잔소리가 심하다는 말.

좁쌀 한 섬 두고 흉년 들기를 기다린다
변변하지 못한 것을 가지고 남이 아쉬운 때를 기회로 삼아 큰 효과를 보려고
하는 경우를 비유적으로 이르는 말.

좁은 데 장모(丈母) 낀다
차마 가라고는 할 수 없으나 가 주었으면 하는 사람이 가지 아니하고 있음을 이른 말.

좁은 입으로 말하고 넓은 치맛자락으로 못 막는다
말은 하기 전에 미리 생각하여서 하라는 말.

좁은 틈에 장목(長木) 낀다
어울리지 아니하는 곳에 어색하고 거추장스럽게 있음을 비유적으로 이르는 말.

종가는 망해도 신주보와 향로 향합은 남는다
1. 종가는 망하여도 제사 지낼 때 쓰는 신주보와 향로, 향합은 남는다는 뜻으로, 문벌 있는 집안은 아무리 망하더라도 집안의 규율과 품격과 지조는 남음을 비유적으로 이르는 말. 2. 무엇이든 다 없어진다 하더라도 남는 것 한둘은 있음을 비유적으로 이른 말. [비] 논밭은 다 팔아먹어도 향로 촛대는 지닌다.

종갓집 며느리 틀이 있다
사람이 덕성스럽고 인복이 있어 보인다는 말.

종과 상전은 한솥밥이나 먹지
종과 상전의 차이보다 더하다는 뜻으로, 너무 차등이 커서 한데 어울려 말도 할 수 없음을 이르는 말.

종기가 커야 고름이 많다
1. 물건이 커야 그 속에 든 것도 많다는 말. 2. 바탕이나 기본이 든든하지 아니하면 생기는 것도 적다는 말.

종년 간통은 소 타기
종년을 간통하는 것은 누운 소 타기와 같이 쉽다는 뜻으로, 지위나 권세로써 일을 하기는 쉽다는 말.

종로 깍쟁이 각 집집 앞으로 다니면서 밥술이나 빌어먹듯
이 집 저 집 돌아다니면서 문전걸식하는 모양을 비유적으로 이르는 말.

종로에서 뺨 맞고 한강에서[빙고에서/한강에 가서/행랑 뒤에서] 눈 흘긴다
1. 욕을 당한 자리에서는 아무 말도 못 하고 뒤에 가서 불평함을 비유적으로 이르는 말. 2. 노여움을 애매한 다른 데로 옮김을 비유적으로 이르는 말. [비] 서울서 매 맞고 송도서[시골에서] 주먹질한다. 영에서 뺨 맞고 집에 와서 계

집 찬다. 읍에서 매 맞고 장거리에서 눈 흘긴다.

종의 자식 귀애하니까[귀애하면] 생원님 나룻에 꼬꼬마를 단다
1. 너무 귀여워하면 도리어 조롱을 사게 됨을 비유적으로 이르는 말. 2. 버릇 없는 사람을 지나치게 귀애하면 방자하여져서 함부로 굴게 됨을 비유적으로 이르는 말.

종이도 네 귀를 들어야 바르다
종이도 네 귀를 다 들어야 어느 한 귀도 처짐이 없이 판판해진다는 뜻으로, 무슨 일이나 하나도 빠짐없이 모두 힘을 합쳐야 올바르게 되어 감을 비유적으로 이르는 말. [비] 종잇장도 네 귀를 들어야 바르다.

종이 종을 부리면 식칼로 형문(刑問)을 친다
남에게 눌려 지내던 사람이 귀하게 되면 전날을 생각지 아니하고 아랫사람을 더 심하게 누르고 모질게 대함을 비유적으로 이르는 말

종일 가는 길에 중도 보고 속(俗)도 본다
온종일 가는 길에는 중도 만나고 속인도 만난다는 뜻으로, 먼 길 가는 데는 여러 부류의 사람을 겪게 된다는 말.

좋은 노래도 세 번 들으면 귀가 싫어한다
아무리 좋은 것이라도 지루하게 끌면 싫어진다는 말. [비] 좋은 노래도 장 들으면 싫다.

좋은 농사꾼에게(는) 나쁜 땅이 없다
열심히 농사를 짓는 사람은 아무리 나쁜 땅을 만나도 탓함이 없이 정성껏 가꾸어 소출이 많다는 뜻으로, 모든 일은 제가 하기에 달렸음을 비유적으로 이르는 말.

좋은 일에는 남이요 궂은일에는 일가다
1. 좋은 일이 있을 때에는 모르는 체하다가 궂은일을 당하게 되면 일가친척을 찾아다닌다는 말. 2. 먹을 일이 생겼을 때에는 남을 먼저 찾고, 궂은일이 생겼을 때에는 일가친척을 먼저 찾게 된다는 말. 3. 먹을 일이 생겼을 때에는 남들이 먼저 찾아오고, 궂은일이 생겼을 때에는 일가친척이 먼저 찾아온다는 말.

좋은 일에 마가 든다
좋은 일에는 흔히 마희(魔戱)가 들기 쉽다는 뜻으로, 좋은 일에 훼방꾼이 나타나는 경우를 비유적으로 이르는 말.

좋은 일은 맞지 않아도 나쁜 일은 잘 맞는다

점을 칠 때 좋은 일은 맞지 아니하는데 나쁜 일은 꼭 들어맞는 것같이 느껴진다는 말.

좋을 땐 외삼촌 하고 나쁠 땐 돌아선다

제게 이로울 때는 아주 다정스러운 체하다가도 제게 불리할 때에는 싹 돌아서서 모르는 체한다는 뜻으로, 인간의 도리를 떠나 이해관계에 따라 태도를 달리하는 경우를 비유적으로 이르는 말.

좌수 볼기 치다[치기]

심심풀이로 공연히 어떤 것을 건드려 본다는 말.

좌수의 상사라

좌수네 집안에 상사가 났다고 하면 숱한 조객이 찾아오고 재물을 부조하다가도 좌수 자신이 죽었을 때에는 돌아보지도 아니한다는 뜻으로, 남에게 잘 보여 이득을 볼 가망이 있을 때에는 가깝게 지내다가도 이익을 볼 일이 없다고 생각할 때는 발을 끊음을 비유적으로 이르는 말.

죄는 막둥이가 짓고 벼락은 샌님이 맞는다

나쁜 짓을 해서 이익을 차지하는 사람과 그것에 대한 벌을 받는 사람이 따로 있는 경우를 비유적으로 이르는 말. [비] 죄는 샌님이 짓고 벼락은 막둥이가 맞는다. 죄는 천 도깨비가 짓고 벼락은 고목이 맞는다.

죄는 지은 데로 가고 덕은 닦은 데로 간다

죄를 지으면 벌을 받고 덕을 쌓으면 복을 받는다는 말. [비] 죄는 지은 데로 가고 물은 곬으로 흐른다. 죄는 지은 데로 가고 물은 트는 데로 간다.

죄악은 전생 것이 더 무섭다

전생에서 지은 죄악은 이승에서 짓는 죄악보다 더 무서워 그 대가를 이승에 와서 몇 배나 더 받는다는 말로, 이승에서 겪는 괴로움을 숙명론적으로 이르는 말.

죄 있는 놈 겁부터 먹는다

지은 죄가 있으면 언제나 마음이 조마조마하여서 아무렇지도 아니한 일에 겁을 먹고 떨게 됨을 비유적으로 이르는 말.

죄지은 놈 옆에 오면 방귀도 못 뀐다

아무 잘못도 없지만 괜히 의심을 받게 될까 봐 조심한다는 말.

죄지은 놈 옆에 있다가 벼락 맞는다

나쁜 일을 한 사람과 함께 있다가 죄 없는 사람까지 벌을 받거나 누명을 쓰게 된다는 말.

죄지은 놈 원님 돗자리에다 큰절을 한다

죄를 지은 자는 굽실거리게 마련임을 비유적으로 이르는 말.

죄지은 놈이 서 발을 못 간다

죄를 지으면 반드시 벌을 받게 된다는 말.

죄짓고 못 산다

죄를 지으면 불안과 가책으로 고통을 당하게 되므로 죄를 짓지 말며, 이미 지은 죄는 털어놓고 용서를 받아야 한다는 말.

주객이 청탁을 가리랴

1. 술을 잘 마시는 사람은 무슨 술이나 가리지 아니하고 즐긴다는 말. 2. 늘 즐기는 것이라면 굳이 종류를 가리지 아니하고도 좋다는 말.

주금에 누룩 장사

술을 빚거나 파는 것을 금하고 있을 때에 누룩 장사를 한다는 뜻으로, 세상 물정에 어둡고 소견 없는 엉뚱한 행동을 함을 비유적으로 이르는 말. [비] 금주에 누룩 흥정[장사].

주는 떡도 못 받아먹는다

제가 받을 수 있는 복도 멍청하게 놓친다는 말.

주러 와도 미운 놈 있고 받으러 와도 고운 놈 있다

사람을 좋아하고 미워하는 감정이란 이치를 따져서는 알 수 없다는 말.

주리 참듯

모진 고통을 억지로 참음을 비유적으로 이르는 말.

주린 개가 뒷간을 바라보고 기뻐한다

누구나 배가 고프면 무엇이고 먹을 수 있는 것만 보아도 기뻐한다는 말.

주린 고양이가 쥐를 만났다

놓칠 수 없는 좋은 기회를 만났다는 말.

주막 년네 오줌 종작

무엇에 빗대어 시간 종작을 잡음을 이르는 말.

주머니에 들어간 송곳이라
선하거나 악한 일은 숨겨지지 아니하고 자연히 드러남을 이르는 말.

주머니 털어 먼지 안 나오는 사람 없다
아무리 깨끗하고 선한 사람이라 하더라도 숨겨진 허점은 있다는 말.

주먹구구에 박 터진다
계획성 없이 그저 대강 맞추어 하다가는 나중에 큰 봉변을 당하게 됨을 비유적으로 이르는 말. [비] 주머니 구구에 박 터진다. 지레짐작 매꾸러기.

주먹 맞은 감투(라)
1. 아주 쭈그러져서 다시는 어찌할 도리가 없이 된 모양을 이른 말. 2. 잘난 체하다가 핀잔을 듣고 무안하여 아무 말 없이 있는 사람을 비유적으로 이른 말.

주먹은 가깝고 법은 멀다
분한 일이 있을 때 이치를 따져 처리하기보다 나중에야 어떻게 되든 간에 앞뒤를 헤아리지 아니하고 주먹으로 먼저 해치운다는 말. [비] 법은 멀고 주먹은 가깝다. 법보다는 폭력이 더 우세하다는 말.

주먹이 운다[울다]
분한 일이 있어서 치거나 때리고 싶지만 참는다는 말.

주먹 쥐자 눈 빠진다
이편에서 덤비려는데 상대편의 공격을 먼저 받았다는 말.

주먹 큰 놈이 어른이다
힘센 자가 제일 윗자리를 차지한다는 말.

주모 보면 염소 똥 보고 설사한다
술을 조금도 못한다는 말.

주사위는 던져졌다
일이 되돌릴 수 없는 지경에 이르렀으니 단행하는 수밖에 없음을 이르는 말.

주색잡기에 패가망신 안 하는 놈 없다
술과 계집질과 노름에 빠지면 누구나 집안을 망치고 신세를 망치게 된다는 뜻으로, 그런 좋지 못한 행실을 삼가라고 경고하는 말.

주인 기다리는 개가 지리산만 바라본다
공연히 무엇을 바라보기만 하는 것을 비난조로 이르는 말. [비] 턱 떨어진 개 지리산 쳐다보듯.

주인 많은 나그네 밥 굶는다
어떤 일에 관계된 사람이 많으면 서로 믿고 미루다가 결국 일을 그르치게 된다는 말. [비] 주인 많은 나그네 조석이 간 데 없다. 무슨 일을 하나 한 곬으로만 하라는 말.

주인 모를[모르는] 공사 없다
무슨 일이든지 주장하는 사람이 알지 못하거나 참여하지 아니하면 안 된다는 말.

주인 배 아픈데 머슴이 설사한다
남의 일로 인하여 공연히 벌을 받거나 손해를 입는다는 말.

주인보다 객이 많다
응당 적어야 할 것이 도리어 많다는 말.

주인 보탤 나그네 없다
손은 언제나 주인의 신세만 지게 마련이라는 말.

주인집 장 떨어지자 나그네 국 마단다
일이 아주 공교롭게 잘 맞아떨어지는 경우를 비유적으로 이르는 말. [비] 주인 장 떨어지자 나그네 국 맛없다 한다. 주인 장 없자 손 국 싫다 한다.

주제에 수캐라고 다리 들고 오줌 눈다
못난 자가 제구실을 한다고 아니꼬운 짓을 할 때를 비꼬는 말.

죽겠다 죽겠다 하면서 정작 죽으리면 싫어한다
살아가는 것이 지겹고 고통스럽다고 말을 하면서도 삶에 대한 애착이 큼을 이르는 말.

죽과 병은 되어야 한다
죽을 쑬 때 되게 만들어야 좋듯이, 병도 시름시름 오래 앓는 것보다 되게 한 번 앓는 것이 낫다는 말.

죽기가 설운 것이 아니라 아픈 것이 싫다[섧다]
1. 망하는 것보다 망하여 가는 과정의 고통이 견디기 어렵다는 말. 2. 아픈 것

이 죽는 것보다 더 고통스럽다는 말.

죽기는 그릇[잘못] 죽어도 발인이야 택일 아니할까
잘못된 일이라도 뒤처리는 잘하여야 한다는 말.

죽기는 섧지 않으나 늙기가 섧다
죽는 것보다 늙는 것이 더 가슴 아프고 안타깝다는 말.

죽기는 정승 하기보다 어렵다
죽는 일이 매우 어렵다는 말.

죽기 살기는 시왕전에 매였다
죽고 살기란 염라대왕을 비롯한 저승의 시왕한테 달렸다는 뜻으로, 죽고 사는 것을 사람이 마음대로 하지 못함을 이르는 말.

죽는 년이 밑 감추랴
갑자기 당한 위급한 일에 예의나 염치를 살필 겨를이 없음을 비유적으로 이르는 말.

죽는 놈이 탈 없으랴
무슨 일에나 다 까닭이 있음을 비유적으로 이르는 말.

죽 떠먹듯
무엇을 자꾸 되풀이함을 비유적으로 이르는 말.

죽 먹은 설거지는 딸 시키고 비빔 그릇 설거지는 며느리 시킨다
쉽게 할 수 있는 설거지는 딸을 시키고 어렵게 해야 하는 설거지는 며느리를 시킨다는 뜻으로, 시어머니는 며느리보다 제 딸을 더 아낌을 비유적으로 이르는 말.

죽사발이 웃음이요 밥사발이 눈물이라
먹을 것이 있어도 근심과 걱정 속에 지내는 것보다 가난하게 살더라도 걱정 없이 사는 편이 낫다는 말.

죽 쑤어 개 좋은 일 하였다
애써 한 일을 남에게 빼앗기거나, 엉뚱한 사람에게 이로운 일을 한 결과가 되었음을 이르는 말. [비] 죽 쑤어 개 바라지한다. 죽 쑤어 개 준다. 풀 쑤어 개 좋은 일 하다.

죽 쑤어 식힐 동안이 급하다

어떤 일을 이루는 데 눈앞에 다다른 마지막 시기가 사람을 초조하게 만든다는 말.

죽어 대령이라

죽은 체하고 조금도 대항하지 아니한다는 말.

죽어도 시집 울타리 밑에서 죽어라

여자는 한번 시집을 가면 무슨 일이 있어도 시집에서 끝까지 살아가야 한다는 말. [비] 시집 울타리 귀신이 되어야 한다. 죽어도 시집의 귀신.

죽어 보아야 저승을 안다[알지]

직접 당하여 보아야 그 실상을 알 수 있다는 말. [비] 굴에 들어가야 범을 잡는다.

죽어서도 넋두리를 한다

죽은 사람조차도 무당의 입을 빌려 못다 한 말을 넋두리하는데 산 사람이 못할 말이 있겠느냐는 말. [비] 죽어서도 무당 빌려 말하는데 살아서 말 못할까.

죽어서 상여 뒤에 따라와야 자식이다

친자식이라도 부모의 임종을 못하고 장례를 치르지 아니하면 자식이라 할 수 없다는 말.

죽었다는 헛소문이 돈 사람은 오래 산다

버젓이 살아 있는데도 죽었다고 헛소문이 돈 사람은 두 몫의 삶을 누리는 것과 같기 때문에 오래 살게 된다는 말.

죽은 게도 동여매고 먹으라

무슨 일이든지 앞뒤를 잘 살펴서 안전하게 행동하라는 말.

죽은 게 발 놀리듯 한다

죽은 게는 남이 움직이는 대로 발을 놀린다는 데서 아무런 주견이나 목적이 없이 남이 시키는 대로 움직이는 경우를 비유적으로 이르는 말.

죽은 고기 안문하기

1. 공연히 허세를 부리고 힘없는 사람을 못살게 들볶는 경우를 이르는 말. 2. 아무리 윽박지르거나 못살게 들볶아도 전혀 반응이 없는 경우를 비유적으로 이르는 말.

죽은 고양이가 산 고양이 보고 아웅 한다
아무 힘도 없는 자가 힘 있는 자에게 맞서 덤벼드는 경우를 비유적으로 이르는 말.

죽은 나무 밑에 살 나무 난다
고생 가운데에서도 행운이 찾아오는 경우를 이르는 말.

죽은 나무에 꽃이 핀다
1. 보잘것없던 집안에 영화로운 일이 생기게 된 경우를 비유적으로 이르는 말. 2. 아버지를 일찍 여읜 고아가 잘되어 집안이 번성하게 된 경우를 비유적으로 이르는 말. 3. 다 망하여 버렸던 것이 다시 소생하여 활기를 띠게 되는 경우를 비유적으로 이르는 말. [비] 고목에 꽃이 핀다. 죽은 덤불에 산 열매 난다.

죽은 놈[중]의 발바닥 같다
뻣뻣하고 싸늘함을 비유적으로 이르는 말.

죽은 놈의[아이] 콧김만도 못하다
1. 불이 사그라져서 따뜻한 기운이 없음을 비유적으로 이르는 말. 2. 썰렁하여 도무지 따뜻함이 없음을 비난조로 이르는 말.

죽은 닭에도 호세를 붙인다
몹시 각박하게 구는 경우를 비유적으로 이르는 말.

죽은 사람 원도 푼다
죽은 사람의 원도 풀어 주는데 하물며 산 사람의 청이야 어찌 풀어 줄 수 없겠느냐는 말.

죽은 석숭(石崇)보다 산 돼지가 낫다
석숭이 중국 진(晉)나라 때의 큰 부자였던 데서, 죽으면 부귀영화가 다 소용없게 되니 아무리 고생스러워도 죽는 것보다는 사는 것이 낫다는 말.

죽은 시어미도 (보리)방아 찧을 때는 생각난다
미운 사람도 제게 아쉬운 일이 생겼을 때는 생각난다는 말.

죽은 아이 눈매가 곱다
잃어버린 것이 더 귀하게 여겨짐을 비유적으로 이르는 말.

죽은 자식 나이 세기
이왕 그릇된 일을 자꾸 생각하여 보아야 소용없다는 말. [비] 죽은 자식 눈 열어 보기. 죽은 자식 자지 만져 보기.

죽은 자식의 귀 모양 좋다 하지 말라
이미 잃어버렸거나 다 틀어진 일을 놓고 자랑하여 보았자 아무런 소용이 없는 것임을 비유적으로 이르는 말.

죽은 정승이 산 개만 못하다
훌륭한 사람이라도 발전이 멈추면 현재는 별 볼 일 없더라도 계속 발전하는 사람을 당하기 어렵다는 말. [같] 산 개 새끼가 죽은 정승보다 낫다.

죽은 죽어도 못 먹고 밥은 바빠서 못 먹고
술 생각이 난다는 말.

죽은 중 매질하기
공연히 심한 짓을 하는 경우를 비유적으로 이르는 말.

죽은 최가 하나가 산 김가 셋을 당한다
최씨 성을 가진 사람이 아주 독하다는 말.

죽을 놈이 한 배에 탔다
다 같이 죽을 운명에 있는 사람이 같은 배를 탔다는 뜻으로, 같은 처지에 있는 사람끼리 같이 행동하게 된 경우를 비유적으로 이르는 말.

죽을병에도 살[쓸] 약이 있다
어떠한 곤경에서도 희망은 있는 것이니 낙심하지 말라는 말. [비] 죽을 약 곁에 살 약이 있다.

죽을 짬이[짬도] 없다
정신 차리기 어렵도록 매우 바쁜 경우를 비유적으로 이르는 말. [비] 죽재도 죽을 겨를이 없다.

죽음에는 편작(扁鵲)도 할 수 없다
천하의 명의라도 죽는 사람은 어찌할 수 없다는 뜻으로, 죽음에 대하여 사람이 무력함을 이르는 말.

죽음에 들어 노소가 없다
늙은이나 젊은이나 죽는 것은 매한가지라는 말.

죽음은 급살이 제일이라

죽음을 당할 바에는 질질 끄는 것보다 빨리 죽는 것이 고통이 적어 좋다는 말.

죽이 끓는지 밥이 끓는지 모른다
일이 어떻게 되어 가는지 도무지 모른다는 말.

죽일 놈도 먹이고 죽인다
사람을 굶기는 것은 인간의 기본적 도리가 아니라는 말.

죽지 부러진 새[독수리]
치명적인 타격을 받고 자기의 힘과 재능을 마음대로 쓰지 못하게 된 경우를 비유적으로 이르는 말. [비] 죽지 부러진 까마귀.

줄 듯 줄 듯 하면서 안 준다
애당초 줄 생각이 없으면서 말로만 준다고 하고 실행은 안 한다는 말.

줄 따르는 거미
서로 떨어져 있지 못하고 늘 같이 따라다니는 사람을 비유적으로 이르는 말.

줄 맞은 병정이라
대오에 들어서서 줄을 맞추어 구령에 따라 하라는 대로 하는 병정이라는 뜻으로, 조금도 어긋남이 없이 하라는 대로 고분고분 움직이는 대상을 비유적으로 이르는 말.

줄밥에 매로구나
재물을 탐하다가 남에게 이용당하게 된 처지를 비유적으로 이르는 말.

줄수록 양양[냠냠]
주면 줄수록 부족하게 여기고 더 요구하게 된다는 말.

중(이) 절 보기 싫으면 떠나야지
어떤 곳이나 그곳이 싫거나, 대상이 싫어지면 싫은 그 사람이 떠나야 한다는 말.

중년 상처는 대들보가 휜다
어린 자녀를 많이 남겨 놓고 아내가 죽게 되면 집안 살림이 엉망이 된다는 말.

중놈은 장(長)이라도 죽으니 무덤이 있나 사니 상투가 있나
중의 우두머리라도 누구나 다 가질 수 있는 것조차 가지지 못한다고 중을 업신여겨 이르는 말.

중놈 장에 가서 성내기

1. 아무 반응도 없는 데 가서 호령하고 꾸짖음을 이르는 말. 2. 눈앞에서는 꼼짝도 못하면서 안 보는 데서는 기를 올리거나 뒷말을 함을 이르는 말.

중다버지는 댕기치레나 하지[한다]

자기의 모자라는 것을 다른 것으로 억지로 채우려 한다는 말.

중도 (아니고) 속환이도 아니다

이것도 아니고 저것도 아니라는 말. [비] 중도 개도 아니다.

중 도망은 절에(나) 가 찾지

행방이 묘연하여 찾기 어려운 경우를 비유적으로 이르는 말.

중매는 잘하면 술이 석 잔이고 못하면 뺨이 세 대라

1. 혼인은 억지로 권할 일은 못 된다는 말. 2. 중매는 함부로 할 일이 못 되며 신중히 잘해야 함을 이르는 말.

중매 보고 기저귀 장만한다

중매를 보았을 뿐인데 결혼을 하고 아이를 낳은 후에야 필요한 기저귀를 장만한다는 뜻으로, 준비가 너무 빠르거나 일을 너무 일찍 서두르는 경우를 비유적으로 이르는 말.

중 먹을 국수는 고기를[생선을] 속에 넣고 담는다

남의 사정을 잘 봐주는 것이 좋다는 말.

중 무 상직하듯

중이 무를 지켜보고 있어도 소용없다는 뜻으로, 행여나 하는 기대를 가지고 지켜보고 있으나 헛일임을 이르는 말.

중방 밑 귀뚜라미

무엇이고 잘 아는 체하는 사람을 비유적으로 이르는 말.

중상 아래 반드시 날랜 사람 있다

1. 상을 준다고 하면 힘을 다하여 일한다는 말. 2. 크게 상을 걸면 뛰어난 재간을 가진 사람이 나선다는 말.

중 양식이 절 양식(이다)

이러나저러나 결국 마찬가지라는 말.

중은 절로 가면 설치(雪恥)한다
제 활동의 본거지로 가야 활발히 활동할 수 있다는 말.

중은 중이라도 절 모르는 중이라
1. 제 본분을 모르는 정신없는 사람을 비유적으로 이르는 말. 2. 꼭 알고 있어야 할 처지에 있으면서 모르고 있는 경우를 비유적으로 이르는 말.

중을 잡아먹었나
알아듣지 못할 말을 입 안에서 우물거리는 경우를 비유적으로 이르는 말.

중의 관자 구멍이다
중에게는 망건에 다는 관자 구멍이 필요 없다는 뜻으로, 소용없게 된 물건이나 쓸데없는 물건을 비유적으로 이르는 말. [비] 중의 빗[망건].

중의 망건값 안 모인다
필요 없는 지출을 안 하면 돈이 모일 것 같지만 실제로 그렇지도 않다는 말.

중의 벗은 아이 마구 풀 끌어 넣듯
음식을 마구 먹는 모양을 비유적으로 이르는 말.

중의 상투
몹시 구하기 어려운 물건을 비유적으로 이르는 말. [비] 중의 빗[망건]. 처녀 불알.

중이 개고기 사 먹듯
1. 돈을 조금씩 전부 써 버리는 모양을 비유적으로 이르는 말. 2. 남이 모르도록 돈을 쓰는 모양을 비유적으로 이르는 말.

중이 고기 맛을 알면 절에 빈대가 안 남는다
억제하였던 욕망을 이루거나 무슨 좋은 일을 한번 당하면 그것에 빠져 정신을 못 차리고 덤빈다는 말. [비] 중이 고기 맛을 보면 법당에 파리가 안 남는다.

중이 제 머리를 못 깎는다
자기가 자신에 관한 일을 좋게 해결하기는 어려운 일이어서 남의 손을 빌려야만 이루기 쉬움을 비유적으로 이르는 말. [비] 의사가 제 병 못 고친다.

중이 횟값 문다
당치도 아니한 돈을 물게 되는 경우를 비유적으로 이르는 말. [비] 중놈 돝고 깃값 치른다.

쥐가 쥐 꼬리를 물고
여러 사람이 연이어서 나오는 모양을 이르는 말.

쥐고 펼 줄을 모른다
1. 돈을 모으기만 하고 쓸 줄을 모른다는 말. 2. 옹졸하여 풀쳐서 생각할 줄 모른다는 말.

쥐구멍에도 눈이 든다
어떤 사람도 불행을 면할 수는 없다는 말.

쥐구멍에도 볕 들 날 있다
몹시 고생을 하는 삶도 좋은 운수가 터질 날이 있다는 말. [비] 개똥밭에 이슬 내릴 때가 있다. 고랑도 이랑 될 날 있다.

쥐구멍에 홍살문 세우겠다
가당치 아니한 일을 주책없이 함을 비유적으로 이르는 말.

쥐구멍으로 소 몰려 한다
도저히 되지 아니할 일을 억지로 하려고 함을 비꼬는 말.

쥐구멍으로 통영갓을 굴려 낼 놈
남을 속이는 데 놀랄 만큼 교묘한 사람을 비꼬는 말. [비] 개구멍으로 통량갓을 굴려 낼 놈.

쥐구멍이 소구멍 된다
작은 화를 막지 아니하고 그대로 두면 큰 화가 된다는 말.

쥐 꼬리는 송곳집으로나 쓰지
아무짝에도 쓸모가 없음을 비유적으로 이르는 말.

쥐나 개나
궁한 터이니 아무것이나 닥치는 대로 가진다는 말.

쥐도 도망갈 구멍을 보고 쫓는다
도망갈 곳이 없으면 쥐가 거세게 반항하여 피해를 입기 쉬우므로 도망갈 구멍을 내주고 쫓으라는 뜻으로, 궁지에 빠진 사람을 너무 막다른 지경에 몰아넣지 말라는 말.

쥐도 들구멍 날구멍이 있다

무슨 일을 하든지 질서와 절차가 있어야 하고 나중 일을 생각하고 해야 함을 비유적으로 이르는 말. [비] 너구리도 들 굵 날 굵을 판다.

쥐 뜯어먹은 것 같다
들쭉날쭉하여 보기 흉한 경우를 비유적으로 이르는 말. [비] 강아지 깎아[갉아] 먹던 송곳 자루 같다.

쥐를 때리려 해도 접시가 아깝다
무엇을 처리하여 없애 버려야 하나 그렇게 하면 오히려 자기에게 손해가 생길까 두려워서 이러지도 저러지도 못하고 내버려 두는 경우를 이르는 말. [비] 독을 보아 쥐를 못 친다.

쥐 면내듯
무엇을 남모르게 조금씩 날라다 쌓아 놓는 모양을 비유적으로 이르는 말.

쥐 밑도 모르고 은서피(銀鼠皮) 값을 친다
아무것도 모르는 사람이 남을 평가하고 아는 체하며 상관하려 함을 비꼬는 말.

쥐 밑살 같다
매우 작고 보잘것없음을 비유적으로 이르는 말.

쥐 본 고양이 (같다)
무엇이나 보기만 하면 결판을 내고야 마는 사람을 이르는 말.

쥐 새끼(가) 쇠 새끼보고 작다 한다
저보다 엄청나게 큰 것을 보고 작다고 함을 비꼬는 말.

쥐 새끼가 열두 해 나면 방귀를 뀐다
무슨 일이나 오래오래 하고 있으면 좋은 수가 생긴다는 말.

쥐 소금 나르듯[녹이듯]
조금씩 조금씩 줄어 없어지는 경우를 비유적으로 이르는 말. [비] 쥐 소금 먹듯. 조금씩 조금씩 먹는 경우를 비유적으로 이르는 말.

쥐 안[못] 잡는 고양이라
1. 있어도 제구실을 하지 못하고 소용없게 된 사물이나 사람을 이르는 말. 2. 소용없는 듯하던 것도 없어지고 난 후에는 필요한 것임을 깨닫게 됨을 이르는 말. [비] 일 안 하는 가장.

쥐엄나무 도깨비 꼬이듯
인색한 사람이 너무 심하게 아끼고 다랍게 굴 때 하는 말.

쥐었다 놓은 개떡 같다
얼굴이 매우 못생겼다는 말.

쥐 잡아먹은 고양이
입술을 지나치게 빨갛게 바른 모습을 핀잔하는 말.

쥐 잡으려다가 쌀독 깬다
적은 이익이나마 얻으려고 한 일이 도리어 큰 손실을 입게 되었음을 비유적으로 이르는 말.

쥐 초 먹은 것 같다
얼굴을 잔뜩 찌푸리는 꼴을 비유적으로 이르는 말.

쥐 포수(捕手)
사소한 사물을 얻으려고 애쓰는 사람을 비유적으로 이르는 말.

쥐 포육 장사라
부끄러운 줄도 모르고 아주 좀스러운 짓을 하는 사람을 비꼬는 말.

지각하고(는) 담쌓았다
1. 지각없이 못난 짓만 함을 비꼬는 말. 2. 도무지 철이 나지 아니하였다는 말.

지게를 지고 제사를 지내도 상관 말라
자기 일은 스스로 알아서 할 것이니 남은 간섭하지 말라는 말. [비] 오이를 거꾸로 먹어도 제멋[제 소청]. 지게를 지고 제사를 지내도 제멋(이다).

지궐련 마는 당지로 인경을 싸려 한다
1. 되지 않을 무리한 짓을 한다는 말. 2. 애써서 흠집을 감추려 하나 아무리 해도 가리지 못한다는 말. [비] 궐련 마는 당지(唐紙)로 인경을 싸려 한다.

지나가는 달팽이도 밟아야 굼틀한다
가만히 있는 사람도 누가 건드려야 화를 내고 덤빔을 비유적으로 이르는 말.

지나가는 불에 밥 익히기
1. 일부러 어떤 사람을 위하여 한 것은 아니지만 결과적으로 그 사람에게 은혜가 됨을 비유적으로 이르는 말. 2. 우연한 기회를 잘 잡아 이용함을 비유적

으로 이르는 말. [비] 지나는 불에 밥 익히기.

지남석에 날바늘 (끌리듯)
틀림없이 제자리를 찾아와 멎거나 또는 한쪽만을 가리킴을 비유적으로 이르는 말.

지네 발에 신 신긴다
발 많은 지네 발에 신을 신기려면 힘이 드는 것처럼, 자식을 많이 둔 사람이 애를 쓴다는 말.

지는 게 이기는 거다
맞설 형편이 못 되는 아주 수준이 어린 상대한테 옥신각신 시비를 가리기보다 아량 있고 너그럽게 대하면서 양보하는 것이 도덕적으로 승리하는 것임을 이르는 말.

지랄 발광 네굽질
미친 듯이 몹시 야단치는 일을 비유적으로 이르는 말.

지렁이 갈빗대 (같다)
1. 전혀 터무니없는 것을 비유적으로 이르는 말. 2. 아주 부드럽고 말랑말랑한 것을 비유적으로 이르는 말. [비] 지렁이 갈비다.

지렁이도 밟으면[다치면/디디면] 꿈틀한다
아무리 눌려 지내는 미천한 사람이나, 순하고 좋은 사람이라도 너무 업신여기면 가만있지 아니한다는 말. [비] 굼벵이도 밟으면[다치면/디디면] 꿈틀한다. 지나가는 달팽이도 밟으면 꿈틀한다.

지붕의 호박도 못 따면서 하늘의 천도(天桃) 따겠단다
쉬운 일도 못하는 주제에 당치 아니한 어려운 일을 하려고 함을 비유적으로 이르는 말.

지성이면 감천
정성이 지극하면 하늘도 감동하게 된다는 뜻으로, 무슨 일에든 정성을 다하면 아주 어려운 일도 순조롭게 풀리어 좋은 결과를 맺는다는 말.

지신에 붙이고 성주에 붙인다
가뜩이나 적은 것을 이곳저곳에 뜯기고 나면 남는 것이 없다는 말.

지어먹은 마음이 사흘을 못 간다

일시적인 자극을 받고 한 결심은 오래가지 못함을 이르는 말.

지어미 손 큰 것
아무 데도 소용이 없고 도리어 해로움을 비유적으로 이르는 말. [비] 맏며느리 손 큰 것.

지위가 높을수록 마음은 낮추어 먹어야
높은 자리에 앉게 될수록 겸손해야 한다는 말. [비] 벼슬은 높이고 뜻은 낮추어라. 지위가 높을수록 뜻을 낮추랬다.

지저분하기는 오간수(五澗水) 다리 밑이다
사람이 하는 짓이 비루하고 난잡함을 비유적으로 이르는 말.

지전 시정에 나비 쫓아가듯 한다
나는 나비를 보고 종이 장수가 종이인 줄 알고 쫓아간다는 뜻으로, 재산이 많으면서도 작은 것에 인색함을 놀림조로 이르는 말.

지절거리기는 똥 본 오리라
이러쿵저러쿵 수다스럽게 떠들며 쓸데없는 말을 많이 하는 사람을 놀림조로 이르는 말.

지척이 천 리라
서로 아주 가까운 곳에 살면서도 오래 만나지 못하여 멀리 떨어져 사는 것과 같다는 말.

지키는 냄비가 더디 끓는다
결과를 초조하게 기다리고 있으면 시간이 더 걸리는 것같이 느껴진다는 것을 비유적으로 이르는 말.

지키는 사람 열이 도둑 하나를 못 당한다
아무리 조심하여 감시하거나 예방하여도 불시에 생기는 불행은 막기 어려움을 비유적으로 이르는 말.

지팡이를 짚었지
어떤 한 곳에서 장차 크게 발전할 기초를 얻었다는 말.

진국은 나 먹고 훗국은 너 먹어라
물을 타지 아니한 진한 국은 내가 먹을 테니 물을 탄 멀건 국은 너나 먹으라는 뜻으로, 제 배나 불리려는 욕심스러운 행동을 하는 경우를 이르는 말.

진 꽃은 또 피지만 꺾인 꽃은 다시 피지 못한다
아무리 형편이 어렵더라도 뜻을 굳게 가지고 굽히지 아니하여야 끝내 성공할 수 있음을 비유적으로 이르는 말.

진날 개 사귄 이 같다
1. 귀찮고 더러운 일을 당한 경우를 비유적으로 이르는 말. 2. 달갑지 아니한 사람이 자꾸 따라다니는 경우를 비유적으로 이르는 말.

진날 개 싸대듯
까닭 없이 비를 맞고 다니는 경우를 비유적으로 이르는 말.

진날 나막신
아주 요긴한 사람이나 사물을 비유적으로 이르는 말.

진날 나막신 찾듯
평소에는 돌아보지도 아니하다가 아쉬운 일이 생기면 갑자기 찾는 경우를 비유적으로 이르는 말.

진눈 가지면 파리 못 사귈까
눈을 앓아 눈언저리가 진물진물하면 자연 파리가 온다는 뜻으로, 재주만 있으면 자연히 부르는 사람이 있고 돈이나 물자만 있으면 쓸 사람이 있다는 말.

진 밭과 장가처는 써 먹을 때가 있다
장가들어 맞은 처는 아무리 못나고 마음에 맞지 아니하더라도 소박하거나 천대하면 안 된다는 말.

진사 노새 보듯
무엇을 유심히 들여다보는 모양을 비유적으로 이르는 말.

진사 시정 연줄 감듯
명주실이나 끈목 같은 것을 파는 가겟집 주인이 연줄 감듯 한다는 뜻으로, 무엇이나 긴 것을 솜씨 있게 잘 감고 사리는 모습을 비유적으로 이르는 말. [비] 상전 시정 연줄 감듯. 선전 시정의 비단 감듯. 제주 미역 머리 감듯.

진상 가는 꿀병 동이듯
무엇을 소중하게 동여매는 경우를 비유적으로 이르는 말. [비] 진상 가는 꿀병 [봉물짐] 얽듯.

진상 가는 송아지 배때기를 찼다

공연한 짓을 하여 봉변을 당함을 비유적으로 이르는 말.

진상 퇴물림 없다
갖다 바치면 싫어하는 사람이 없음을 비유적으로 이르는 말.

진시황이 만리장성 쌓는 줄 아느냐
진나라 시황제가 만리장성을 쌓을 때에 넘어가는 해를 붙들어 두고 어둡기 전에 일을 마쳤다는 이야기에서 나온 말로, 어떤 일을 해가 지기 전에 마치자고 재촉할 때에 그것이 불가능함을 이르는 말.

질기 난 정 거지라
1. 숨도 제대로 쉬지 못할 정도로 헐벗고 굶주린 진짜 거지라는 뜻으로, 차마 눈 뜨고 볼 수 없을 정도로 기막힌 형편에 놓인 사람을 비유적으로 이르는 말. 2. 살림이 아주 형편없이 가난하게 된 경우를 비유적으로 이르는 말.

질동이 깨뜨리고[깨고] 놋동이 얻었다
1. 대단찮은 것을 잃고 그보다 더 나은 것을 가지게 되었다는 말. 2. 상처한 뒤에 후처를 잘 얻었다는 말.

질러가는 길이 돌아가는[먼] 길이다
아무런 준비 없이 빨리 하려고 서둘기만 하다가 오히려 일을 그르치게 되거나 다시 하게 된다는 말.

질병에도 감홍로
오지로 된 병에도 감홍로와 같이 좋은 것이 담겼다는 뜻으로, 겉모양은 보잘 것없으나 속은 좋고 아름다운 경우를 비유적으로 이르는 말.

질탕관에 두부장 끓듯
걱정이 있어 마음이 어지럽고 속이 부글부글 끓는 모양을 비유적으로 이른 말.

짐작(이) 팔십 리
눈치로 하는 짐작을 이르는 말.

집과 계집은 가꾸기 탓
집은 손질하기에 달렸고 아내는 가르치기에 달렸다는 말.

집도 절도 없다
가진 집이나 재산도 없이 여기저기 떠돌아다닌다는 말.

집 떠나면 고생이다
1. 이러니저러니 해도 제 집이 제일 좋다는 말. 2. 집을 떠나 돌아다니게 되면 아무리 대접을 받는다 해도 고생스럽고 불편한 점이 있기 마련이라는 말.

집안 귀신이 사람 잡아간다
가까운 사람으로부터 해를 입었을 경우를 비유적으로 이르는 말.

집안 망신은 며느리가[막냇자식이] 시킨다
1. 제 집안 식구나 함께 생활하는 사람이 분수없이 처신하여 집단의 흠을 드러내게 된 경우를 비유적으로 이르는 말. 2. 못난 것이 늘 말썽부리고 폐만 짓는다는 말.

집안 망하려면 울타리부터 망하고 사람이 망하려면 머리부터 망한다
사람이 나이가 들어 힘이 빠지고 죽을 날이 가까워 오면 먼저 머리부터 희어짐을 한탄하는 말.

집 안에 연기 차면 비 올 징조
궂은 날에는 저기압으로 인하여 아궁이에 역류 현상이 일어난다는 말.

집안이 망하려면 맏며느리가 수염이 난다
집안의 운수가 나쁘면 뜻밖에 괴상한 일이 다 생긴다는 말. [비] 집안이 결딴나면 생쥐가 춤을 춘다. 집안이 망하려면 개가 절구를 쓰고 지붕으로 올라간다. 집안이 망하려면 제석항아리에 대평수가 들어간다. 집안이 안 되려면 구정물 통의 호박 꼭지가 춤을 춘다.

집안이 망하면 집터 잡은 사람만 탓한다
무슨 일이 잘못되면 남의 탓만 한다는 말. [비] 집이 망하면 지관 탓만 한다.

집안이 화합하려면[화목하려면] 베갯밑송사는 듣지 않는다
집안 어른이 부녀의 잔소리를 듣고 그것을 믿어 그대로 행하면 집안에 불화가 있게 된다는 말.

집 안 좁은 건 살아도 마음 좁은 건 못 산다
집이 좁은 건 참으면서 살 수 있으나 속이 좁아서 쩨쩨하게 구는 사람하고는 같이 생활하기 힘들다는 뜻으로, 집안이나 집단이 화목해야 함을 비유적으로 이르는 말.

집에 금송아지를 매었으면 내 알 게 무엇이냐

아무리 귀중하고 훌륭한 물건을 가졌다고 해도 그것을 볼 수도 없고 쓰지도 못한다면 무슨 소용이 있느냐는 말.

집에 꿀단지를 파묻었나
집에 빨리 가고 싶어 안달하는 사람을 놀림조로 이르는 말.

집에서는 아이들 때문에 웃는다
귀엽게 노는 아이들의 모습이 가정에 웃음과 기쁨을 가져다준다는 말.

집에서 새는 바가지는 들에 가도 샌다
본바탕이 좋지 아니한 사람은 어디를 가나 그 본색을 드러내고야 만다는 말.

집에서 큰소리치는 놈 나가서 어쩌지 못한다
집안의 만만한 식구들한테 큰소리치며 못살게 구는 사람이 밖에 나가 남들 앞에서는 꼼짝도 못함을 비유적으로 이르는 말.

집이 가난하면 효자가 나고 나라가 어지러우면 충신이 난다
가난한 집에는 부모를 공대하는 효자가 나오고, 나라가 어지러워 반역의 무리가 날뛸 때에는 그를 반대하여 싸우는 충신이 나오게 된다는 말. [비] 나라가 어지러우면 충신이 난다.

집장 십 년이면 호랑이도 안 먹는다
하는 일이 너무 모짊을 비유적으로 이르는 말.

집 태우고 바늘 줍는다
큰 것을 잃은 후에 작은 것을 아끼려고 함을 비유적으로 이르는 말.

짖는 개는 물지 않는다
겉으로 떠들어 대는 사람은 도리어 실속이 없다는 말.

짖는 개는 여위고 먹는 개는 살찐다
늘 울상을 하고 모든 것이 다 제 마음에 맞지 아니하여 불평을 늘어놓거나 지나치게 신경질이 많으면 살이 내리고 건강에 해로움을 비유적으로 이르는 말.

짖는 개는 있어도 잡아먹을 개는 없다
눈에는 많이 보이나 요긴하게 꼭 쓸 만한 것이나 가질 만한 것은 없는 경우를 비유적으로 이르는 말.

짚그물로 고기를 잡을까

짚으로 만든 그물로 고기를 잡을 수는 없는 것이니, 준비를 단단히 갖추지 아니하면 일을 이룰 수가 없다는 말.

짚불 꺼지듯 하다
1. 아주 곱게 운명하는 경우를 비유적으로 이르는 말. 2. 권세나 영화가 아주 하잘것없이 몰락하는 경우를 비유적으로 이르는 말.

짚불에 무쇠가 녹는다
약한 것이라도 큰일을 해낼 수 있다는 말.

짚신감발에 사립[사립짝] 쓰고 간다
어울리지 아니하고 어색하여 보기가 흉한 경우를 이르는 말.

짚신도 제짝이 있다
보잘것없는 사람도 제짝이 있다는 말. [비] 헌 고리[짚신]도 짝이 있다.

짚신에 국화 그리기
밑바탕이 이미 천한 것인데 화려하게 꾸밈은 당치 아니하다는 말. [갑] 석새짚신에 구슬 감기.

짚신을 거꾸로 끌다
반가운 사람을 맞으려고 허둥지둥 정신없이 뛰어나가는 경우를 비유적으로 이르는 말.

짚신을 뒤집어 신는다
짚신을 오래 신기 위하여 골고루 해어뜨리려고 뒤집어서 신는다는 뜻으로, 몹시 인색한 사람을 비유적으로 이르는 말.

짜도 흩어진다
아무리 맞추어 짜도 자꾸 흩어지기만 한다는 뜻으로, 자꾸 없어져 달아나기만 하는 경우를 비유적으로 이르는 말.

짜지 않은 놈 짜게 먹고 맵지 않은 놈 맵게 먹는다
야무지지 못한 이가 짜게 먹고 싱거운 이가 맵게 먹는다는 뜻으로 아이들이 너무 짜고 맵게 먹는 것을 말리는 말.

짝사랑에 외기러기
혼자서만 사랑하여서는 아무 소용이 없다는 말.

짝 잃은 기러기
1. 몹시 외로운 사람을 비유적으로 이르는 말. 2. 홀아비나 홀어미의 외로운 신세를 비유적으로 이르는 말. [비] 짝 잃은 원앙.

쪽박에 밤 담아 놓은 듯
올망졸망한 모양을 비유적으로 이르는 말.

쪽박을 쓰고 벼락을 피해[피하랴]
봉변을 당하였을 때 당황하여 저도 모르는 사이에 어리석은 방법으로 변을 벗어나려 하는 경우를 비유적으로 이르는 말. [비] 쪽박 쓰고 비 피하기.

쪽박이 제 재주를 모르고 한강을 건너려 한다
제 분수를 모르고 힘에 겨운 일을 하려는 경우를 비난조로 이르는 말.

쫓겨 가다가 경치 보랴
절박한 경우를 당하여 딴생각을 할 여유가 없음을 이르는 말.

쬔 병아리 같다
남에게 항상 눌려 지내는 사람을 비유적으로 이르는 말.

쭈그렁밤송이 삼 년 간다
1. 약하게 보이는 것이 생각보다 오래 견딤을 비유적으로 이르는 말. 2. 부족해 보이는 것이 여간하여서 다치지 아니하기 때문에 피해를 입지 아니하고 오래 견디는 경우를 비유적으로 이르는 말.

쭈그리고 앉은 손님 사흘 만에 간다
생각보다 오래 견디는 경우를 비유적으로 이르는 말.

쭉정이는 불 놓고 알맹이는 거둬들인다
버릴 것은 버리고 쓸 것은 들여놓는다는 말.

찍자 찍자 하여도 차마 못 찍는다
어떤 일을 하려고 벼르기만 하고 하지 못함을 비유적으로 이르는 말.

찐 붕어가 되었다
기세가 꺾여 형편없이 되었음을 비유적으로 이르는 말.

찔러도 피 한 방울 안 나겠다
1. 도무지 빈틈이 없고 야무짐을 비유적으로 이르는 말. 2. 냉혹하기 짝이 없

어 인정이라고는 없음을 비유적으로 이르는 말. [비] 이마를 뚫어도 진물도 아니 난다. 이마를 찔러도 피 한 방울 안 나겠다. 이마에 송곳을 박아도 진물 한 점 안 난다.

찢어졌으니 언청이
어떤 명백한 결점이 있어서 어떻게 해도 좋게 볼 수는 없다는 말.

찧는 방아도 손이 나들어야 한다
무슨 일에나 공을 들여야 그 일이 잘된다는 말.

한국 속담에서 배우는

지식
지혜

속담풀이

차돌에 바람 들면 석돌보다 못하다
오달진 사람일수록 한번 타락하면 걷잡을 수 없게 된다는 말.

차면 넘친다[기운다]
너무 정도에 지나치면 도리어 불완전하게 된다는 말. [같] 달도 차면 기운다.

차 치고 포 친다
1. 무슨 일에나 당당하게 덤비어 잘 해결함을 비유적으로 이르는 말. 2. 지나치게 제 마음대로 이리저리 마구 휘두름을 비유적으로 이르는 말.

착한 며느리도 악처만 못하다
차라리 악처가 남보다 낫다는 말.

찬물도 상(賞)이라면 좋다
상 받는 것이면 무엇이나 다 좋아한다는 말.

찬물도 위아래가 있다
무엇에나 순서가 있으니, 그 차례를 따라 하여야 한다는 말. [비] 초라니탈에도 차례가 있다.

찬물 먹고 냉돌방에서 땀 낸다
1. 도무지 이치에 닿지 않는 말이니 하지도 말라는 말. 2. 당치 않은 방법으로 목적을 이루려고 어리석게 행동함을 비꼬는 말.

찬물에 기름 돌 듯
서로 화합하여 어울리지 아니하고 따로 도는 경우를 비유적으로 이르는 말.

찬물에 돌 (같다)
지조가 맑고 굳셈을 비유적으로 이르는 말.

찬밥 두고 잠 아니 온다
1. 대수롭지 아니한 것에 미련을 두고 단념하지 못함을 비유적으로 이르는 말. 2. 자기가 좋아하는 일은 좀처럼 잊어버리지 못한다는 말.

찬밥에 국 적은 줄만 안다
가난한 살림에는 없는 것이 당연한 것인 줄 모르고 무엇이 부족하다고 하여 마음을 씀을 이르는 말.

찬밥에 국 적은 줄 모른다

살림이 가난하면 이것저것 없는 것이 많기 때문에 오히려 별로 불편하지도 아니하다는 말.

찰찰이 불찰이다
지나치게 살피고 꼼꼼히 하느라고 하다가 오히려 큰 것을 생각하지 못하고 실수함을 이르는 말.

참깨가 기니 짧으니 한다
1. 그만그만한 것들 가운데에서 굳이 크고 작음이나 잘잘못을 가리려고 함을 비유적으로 이르는 말. 2. 자질구레한 말을 하기 좋아하는 사람을 비꼬는 말. [비] 참새가 기니 짧으니 한다.

참깨 들깨 노는데 아주까리 못 놀까
남들도 다 하는데 나도 한몫 끼어 하자고 나설 때 이르는 말.

참나무에 곁낫걸이
단단한 참나무에다 대고 곁낫질을 한다는 뜻으로, 도저히 당하여 낼 수 없는 대상한테 멋도 모르고 주제넘게 덤벼듦을 비유적으로 이르는 말. [비] 장나무에 낫걸이. 토막나무에 낫걸이.

참는 자에게 복이 있다
억울하고 분한 일이 있더라도 필요에 따라서는 꾹 참고 견디는 것이 상책임을 이르는 말.

참빗으로 훑듯
남김없이 샅샅이 뒤져내는 모양을 비유적으로 이르는 말.

참새가 방앗간[올조밭]을 그저 지나랴
1. 욕심 많은 사람이 이곳을 보고 가만있지 못한다는 말. 2. 자기가 좋아하는 곳은 그대로 지나치지 못함을 비유적으로 이르는 말.

참새가 아무리 떠들어도 구렁이는 움직이지 않는다
실력이 없고 변변치 아니한 무리들이 아무리 떠들어 대더라도 실력이 있는 사람은 이와 맞붙어 함께 다투지 아니한다는 말.

참새가 작아도 알만 잘 깐다[낳는다]
몸은 비록 작아도 능히 큰일을 감당함을 비유적으로 이르는 말. [비] 뱁새는 작아도 알만 잘 낳는다.

참새가 죽어도 짹 한다

아무리 약한 것이라도 너무 괴롭히면 대항한다는 말. [비] 참새가 방앗간에 치여 죽어도 짹 하고 죽는다.

참새 그물에 기러기 걸린다

1. 정작 하려고 노력하는 일은 되지 않고 다른 일이 된 경우를 비유적으로 이르는 말. 2. 뜻밖의 행운이나 의외의 수확을 얻음을 비유적으로 이르는 말. [비] 새망에 기러기 걸린다.

참새 떼 덤비듯

한꺼번에 우르르 덤벼드는 모양을 비유적으로 이르는 말.

참새를 볶아 먹었나

말이 빠르고 몹시 재잘거리기를 잘함을 비유적으로 이르는 말. [비] 참새를 까먹었다. 참새 알을 까먹었나.

참새 씹히듯 하다

잠깐 사이에 끝난다는 말.

참외를 버리고 호박을 먹는다

1. 알뜰한 아내를 버리고 둔하고 못생긴 첩을 취함을 비유적으로 이르는 말. 2. 좋은 것을 버리고 나쁜 것을 취함을 비유적으로 이르는 말.

참을 인(忍) 자 셋이면 살인도 피한다

어떤 경우에도 끝까지 참으면 무슨 일이든 이루지 못할 것이 없다는 말. [비] 참을 인(忍) 자를 붙이고 다니랬다.

찻집 출입 삼 년에 남의 얼굴 볼 줄만 안다

사람들이 모여 한담(閑談)하는 찻집 같은 곳에 다니는 것은 아무리 공력을 들였다 하더라도 남의 눈치 살피는 것밖에는 배우는 것이 없다는 말.

창공에 뜬 백구

손에 잡히지 아니하여서 실속 없고 소용없는 것을 비유적으로 이르는 말.

창애에 치인 쥐 눈

툭 불거져 보기에 흉측하게 생긴 눈을 비유적으로 이르는 말.

채반이 용수가 되게 우긴다

사리에 맞지 아니하는 의견을 끝까지 주장하는 경우를 비꼬아 이르는 말. [비]

용수가 채반이 되도록 우긴다.

채비 사흘에 용천관(龍川關) 다 지나겠다
준비만 하다가 정작 해야 할 일은 못하는 경우를 비유적으로 이르는 말.

책력 보아 가며 밥 먹는다
매일 밥을 먹을 수가 없어 책력을 보아 가며 좋은 날만을 택하여 밥을 먹는다는 뜻으로, 가난하여 끼니를 자주 거른다는 말.

챈 발에(이) 곱챈다
불행이나 곤란을 당하고 있는 사람이 또 어려움을 당한다는 말.

처가살이 십 년이면 아이들도 외탁한다
처가에서 오래 살면 아이들도 처갓집의 풍습, 생각을 닮게 된다는 말.

처가 재물 양가 재물은 쓸데없다
제 손으로 번 것이라야 제 재산이 된다는 말.

처갓집 세배는 살구꽃 피어서 간다
처갓집에 대한 인사는 자꾸 미루게 된다는 말.

처갓집에 송곳 차고 간다
사위가 처가에 가면 그 대접이 극진하여 밥을 지나치게 꼭꼭 담아서 송곳으로 쑤셔 먹지 않으면 안 된다는 뜻으로, 처갓집에 가면 대접을 잘해 줌을 비유적으로 이르는 말.

처남의 댁네 병 보듯
처남의 아내가 앓는 병에 대하여 가슴 아파하지 않고 대수롭지 않게 여긴다는 뜻으로, 일을 진심으로 하지 않고 건성으로 함을 비유적으로 이르는 말.

처녀가 늙어 가면 산으로 맷돌짝 지고 오른다
1. 처녀가 혼기를 놓치고 늙으면 여러 가지 이상한 짓을 한다는 말. 2. 처녀가 무슨 잘못을 저지른 경우를 비꼬는 말.

처녀가 아이를 낳아도 할 말이 있다
아무리 큰 잘못을 저지른 사람도 그것을 변명하고 이유를 붙일 수 있다는 말.
[비] 도둑질을 하다 들켜도 변명을 한다. 똥 싼 년이 핑계 없을까. 핑계 없는 무덤이 없다.

처녀가 아이를 낳았나
조그만 실수를 하고 크게 책망을 받을 때 처녀가 아이를 낳은 것도 아닌데 뭘 그리 심하게 하느냐고 이르는 말.

처녀들은 말 방귀만 뀌어도 웃는다
계집애들은 매우 잘 웃는다는 말. [비] 비바리는 말똥만 보아도 웃는다. 처녀 한창때는 말똥 굴러가는 것 보고도 웃는다.

처녀 성복전도 먹어야 된다
처녀가 죽은 뒤에는 성복전을 지내지 아니하는 것이지만 그것이라도 먹겠다는 뜻으로, 무엇이나 억지로 만들어서라도 해야 되겠다는 말.

처녀 오장은 깊어야 좋고 총각 오장은 얕아야 좋다
처녀의 마음은 깊어야 좋고 총각의 성격은 시원시원해야 좋음을 비유적으로 이르는 말.

처녀 장딴지를 보고 씹 봤다 한다
지레짐작으로 짚어 허풍이 심하다는 말.

처녑에 똥 쌓였다
해야 할 일이 쌓이고 쌓였음을 비유적으로 이르는 말.

처삼촌 뫼에 벌초하듯
일에 정성을 들이지 아니하고 마지못하여 건성으로 함을 비유적으로 이르는 말. [비] 외삼촌 산소에 벌초하듯. 의붓아비 묘의 벌초. 작은아비 제삿날 지내듯. 작은어미 제삿날 지내듯.

처음에는 사람이 술을 마시다가 술이 술을 마시게 되고 나중에는 술이 사람을 마신다
술을 몸에 맞게 먹으라는 말.

척 그러면 울 너머 호박 떨어지는 줄 알아라
눈치와 짐작이 빨라야 한다는 말.

천 길 물속은 알아도 한 길 사람의 속은 모른다
사람의 속마음을 알기란 매우 힘듦을 비유적으로 이르는 말. [비] 사람 속은 천 길 물속이라. 열 길 물속은 알아도 한 길 사람의 속은 모른다. 천 길 물속은 알아도 계집 마음속은 모른다.

천 냥 만 냥 판

'놀음놀이판'을 비유적으로 이르는 말.

천 냥 부담에 갓모 못 칠까
천 냥이나 되는 부담금을 주면서 하찮은 갓모를 치지 못할 리가 없다는 뜻으로, 있을 수 있는 일이며 과히 사리에 어긋나지 않는다는 말.

천 냥 시주 말고 애매한 소리 마라
천 냥이나 되는 많은 돈을 내어 놓는 것보다 애매한 소리를 하지 않는 편이 낫다는 뜻으로, 쓸데없이 괜한 말로 남을 모함하지 말라는 말.

천 냥에 활인 있고 한 푼에 살인이 있다
금전 관계란 적은 액수로도 사람들의 사이가 나빠질 수 있음을 비유적으로 이르는 말.

천 냥 잃고 조리 겯기
이것저것 하다가는 마지막에 다 잃고 조리 장사밖에 할 수 없게 된다는 뜻으로, 하던 직업을 버리지 말고 끝까지 해 나가라는 말.

천 냥 지나 천한 냥 지나 먹고나 보자
이왕 크게 빚을 진 형편이니, 뒷일이야 어찌 되든 먹고나 보자는 말.

천 냥짜리 서 푼도 본다
물건값은 보기에 달렸다는 말.

천둥 번개 할[칠] 때 천하 사람이 한맘 한뜻
모든 사람이 겪는 천변이나 위험 속에서는 마음이 하나가 된다는 말.

천둥에 개 뛰어들 듯
1. 놀라 어쩔 줄 모르고 허둥지둥하는 모양을 비유적으로 이르는 말. 2. 남들이 말하는 데 아무 상관도 없으면서 옆에서 말참견하는 경우를 비유적으로 이르는 말. [비] 벼락에 소 뛰어들듯.

천둥인지 지둥인지 모르겠다
무엇이 무엇인지 전혀 분간할 수 없는 경우를 비유적으로 이르는 말.

천 리 길도 십 리
그리운 사람을 만나러 갈 때에는 먼 거리도 아주 가깝게 느껴진다는 말.

천 리 길도 한 걸음부터

무슨 일이나 그 일의 시작이 중요하다는 말.

천 리 길을 찾아와서 문턱 넘어 죽는다
오랫동안 고생하며 추진하여 오던 일이 성공을 눈앞에 놓고 덜컥 잘못되는 경우를 비유적으로 이르는 말.

천 리도 지척이라
멀리 떨어져 있어도 정이 깊으면 가깝게 느껴지고 사귀게 됨을 비유적으로 이르는 말.

천리마 꼬리에 쉬파리 따라가듯
쉬파리가 천리마 꼬리에 붙어서 먼 곳까지 간다는 뜻으로, 자기는 하는 일 없이 남의 덕이나 세력 밑에 붙어 다니며 사는 모양을 비유적으로 이르는 말. [비] 말 꼬리에 파리가 천 리 간다.

천 마리 참새가 한 마리 봉만 못하다
좋지 못한 것이 아무리 많더라도 훌륭한 것 하나보다 쓸모가 없다는 말. [비] 고욤 일흔이 감 하나만 못하다.

천산갑이 지은 죄를 구목(丘木)이 벼락 맞는다
죄지은 사람이 아닌 곁의 다른 사람이 억울하게 벌을 받게 되는 경우를 비유적으로 이르는 말.

천생 버릇은 임을 봐도 못 고친다
타고난 버릇은 고치기가 어렵다는 말.

천생연분에 보리 개떡
아무리 천한 사람도 다 제 짝이 있어 보리 개떡을 먹을망정 의좋게 산다는 말.

천생 팔자가 눌은밥이라
고작 좋아하는 것이 눌은밥이니 가난한 신세를 면하지 못할 것이라고 비꼬아 이르는 말.

천석꾼에 천 가지 걱정 만석꾼에 만 가지 걱정
재산이 많으면 그만큼 걱정도 많음을 비유적으로 이르는 말.

천왕의 지팡이라
사천왕의 지팡이라는 뜻으로, 키가 큰 사람을 비꼬는 말.

천 인이 찢으면 천금이 녹고 만 인이 찢으면 만금이 녹는다

1. 수많은 사람이 달라붙어 뜯어먹으면 아무리 많은 밑천이라도 바닥이 나고 만다는 뜻으로, 쓰는 사람이 많으면 그만큼 비용도 많이 듦을 비유적으로 이르는 말. 2. 여러 사람이 힘을 모으면 무슨 일이든 이룰 수 있다는 말. [비] 입이 여럿이면 금도 녹인다.

천자문도 못 읽고 인 위조한다

천자문도 못 배워서 글이라고는 전혀 모르는 사람이 도장을 위조하려 든다는 뜻으로, 어리석고 무식한 주제에 남을 속이려는 경우를 비꼬는 말.

천총 내고 파총(把摠) 낸다

한 입으로 이리 말하였다 저리 말하였다 하는 경우를 비유적으로 이르는 말.

철겨운 부채질 하다 봉변 안 당하는 놈 없다

경우에 어긋난 짓을 하면 으레 망신을 당한다는 말.

철 그른 동남풍

1. 필요한 때에는 없다가 이미 아무 소용도 없게 된 다음에 생겨나는 경우를 이르는 말. 2. 얼토당토않은 흰소리를 할 경우에 이르는 말.

철나자 망령 난다

1. 철이 들만 하자 망령이 들었다는 뜻으로, 지각없이 굴던 사람이 정신을 차려 일을 잘할 만하니까 이번에는 망령이 들어 일을 그르치게 되는 경우를 비난조로 이르는 말. 2. 무슨 일이든 때를 놓치지 말고 제때에 힘쓰라는 말. 3. 나이 먹은 사람이 몰상식한 짓을 하는 경우를 비난조로 이르는 말. [비] 지각이 나자 망령. 철들자 망령이라.

철록어미냐 용귀돌이냐 담배도 잘 먹는다

늘 담배만 피우고 있는 사람을 놀림조로 이르는 말.

철 묵은 색시

혼인만 해 놓고 오래도록 신랑 집에 가지 않고 있는 색시를 이르는 말.

철 묵은 색시 가마[승교] 안에서 장옷 고름 단다

충분한 시간이 있었음에도 미리미리 준비하지 않고 있다가 정작 일이 닥쳐서야 당황하여 다급히 서두르는 경우를 비꼬아 이르는 말.

첩의 살림은 밑 빠진 독에 물 길어 붓기

첩의 살림에는 돈이 한없이 든다는 말.

첩 정은 삼 년 본처 정은 백 년

아무리 첩에 혹한 사람이라도 그것은 잠시 동안이고 그 본처는 끝내 버리지 않는다는 말.

첫가을에는 손톱 발톱도 다 먹는다

가을에는 모든 것이 무르익어 먹는 것은 무엇이나 다 보약이 된다는 말.

첫나들이(를) 하다

갓난아이가 처음으로 나들이를 할 때 코끝에 숯칠을 하여 잡귀의 침범을 막던 풍속에서 생긴 말로, 얼굴이 검정이나 다른 빛깔로 더러워진 사람을 놀리는 말.

첫날밤에 속곳 벗어 메고 신방에 들어간다

매사에 격식을 따르지 아니하고 염치없는 짓을 함을 비유적으로 이르는 말.

첫도가 세간 밑천이다

윷놀이에서 맨 처음에 도를 친 것을 섭섭히 여기지 아니하고 기세를 돋우는 말.

첫딸은 세간[살림] 밑천이다

딸은 집안 살림을 맡아 하게 되므로 큰 밑천이나 다름없다는 말.

첫맛에 가오릿국

못마땅하게 여기거나 부족한 사물을 비유적으로 이르는 말. [비] 초미에 가오리탕.

첫모 방정에 새 까먹는다

윷놀이에서 맨 처음에 모를 치면 그 판에는 실속이 없다는 뜻으로, 상대편의 첫모쯤은 문제도 아니라고 비꼬는 말.

첫 사위가 오면 장모가 신을 거꾸로 신고 나간다

1. 처가에서 첫 사위를 대단히 반갑게 맞이함을 이르는 말. 2. 장모는 첫 사위를 매우 귀하게 여긴다는 말.

첫술에 배부르랴

어떤 일이든지 단번에 만족할 수는 없다는 말. [비] 한술 밥에 배부르랴.

첫아기에 단산

어떤 일이 일생에 한 번밖에 없어서 처음이자 마지막이 됨을 비유적으로 이르

는 말.

첫아들 낳기는 정승하기보다 어렵다
첫아들 낳기가 어렵다는 말.

첫애 낳고 나면 평안 감사도 뒤돌아본다
첫아이를 낳고 나면 여인으로서의 태도나 행동이 떳떳해지며 아름다움도 돋보이고 예뻐진다는 말.

첫해 권농(勸農)
어떤 일을 처음으로 할 때는 서투르다는 말.

청국장이 장이냐 거적문이 문이냐
못된 사람은 사람이라 할 수가 없고 좋지 아니한 물건은 물건이라 할 수 없다는 말.

청기와 장수
비법이나 기술 따위를 자기만 알고 남에게는 알려 주지 아니하는 사람을 비유적으로 이르는 말. 옛날 어떤 사람이 청기와 굽는 법을 창안했으나 이익을 혼자 차지할 생각으로 남에게 그 방법을 가르치지 않았다는 이야기에서 나온 말이다.

청명하면 대마도를 건너다보겠네
날이 맑으면 대마도를 볼 수 있을 만큼 눈이 밝다는 뜻으로, 실제로는 시력이 좋지 아니하여서 사물을 분명하게 볼 수 없음을 비꼬는 말.

청백리 똥구멍은 송곳 부리 같다
청백하기 때문에 재물을 모으지 못하여 지극히 가난함을 비유적으로 이른 말.

청산에 매 띄워 놓기다
1. 청산에 매를 풀어 놓으면 도로 찾기가 어렵다는 뜻으로, 한번 떠나면 다시 돌아오기 어려움을 비유적으로 이르는 말. 2. 청산에 매를 풀어 놓고 무엇이든 걸려들기를 기다린다는 뜻으로, 허황한 일을 하고 요행만 기다림을 비유적으로 이르는 말.

청승은 늘어 가고 팔자는 오그라진다
나이 들어 살림이 구차하여지면 궁상을 떨게 되며 그렇게 되면 좋은 날은 다 산 셈이라는 말.

청어 굽는 데 된장 칠하듯

살짝 보기 좋게 바르지 않고 더덕더덕 더께가 앉도록 지나치게 발라서 몹시 보기 흉함을 비유적으로 이르는 말.

청을 빌려 방에 들어간다

1. 대청을 빌려 쓴다는 구실로 시작해서 방에까지 들어간다는 뜻으로, 염치없이 처음에 한 약속을 어기고 야금야금 침범해 들어감을 비유적으로 이르는 말. 2. 처음에는 조심하여 삼가다가 차차 통이 큰 짓까지 하게 된다는 말. [비] 행랑 빌리면 안방까지 든다.

청천백일은 소경이라도 밝게 안다

아무리 장님일지라도 맑게 갠 하늘은 알 수 있다는 뜻으로, 누구나 분명히 알 수 있는 사실을 비유적으로 이르는 말. [비] 뇌성벽력은 귀머거리라도 듣는다.

청천에 구름 모이듯

푸른 하늘에 구름이 모여들 듯이 여기저기서 한곳으로 많이 모여드는 모양을 비유적으로 이르는 말. [비] 만수산에 구름 모이듯. 용문산에 안개 모이듯. 장마철에 비구름 모여들듯.

청하니까 매 한 대 더 때린다

간청을 하였다가 도리어 봉변을 당할 때 이르는 말.

체면이 사람 죽인다

지나치게 체면만 차리다가 결국 할 일도 못하고 먹을 것도 못 먹고 손해만 보게 되는 경우를 비유적으로 이르는 말. [비] 체면 차리다 굶어 죽는다.

체 보고 옷 짓고 꼴 보고 이름 짓는다

몸의 치수에 맞게 옷을 짓고 모양에 맞게 이름을 붙인다는 뜻으로, 모든 것이 저마다 제격에 맞게 되도록 처리함을 비유적으로 이르는 말. [비] 체수 보아 옷 짓는다.

쳇불관 쓰고 몽둥이 맞다

점잖은 사람이 망신을 당하는 경우를 비유적으로 이르는 말.

초가삼간 다 타도 빈대 죽는 것만 시원하다

비록 자기에게 큰 손해가 있더라도 제 마음에 들지 아니하던 것이 없어지는 것만은 상쾌하다는 말. [비] 삼간초가가 다 타도 빈대 죽어[타 죽는 것만] 좋다. 절은 타도 빈대 죽는 게 시원하다. 집이 타도 빈대 죽으니 좋다. 초당 삼간이 다 타도 빈대 죽는 것만 시원하다.

초가집 대교(待敎)가 없고 물 건너 대교가 없고 얽은 대교가 없다
가난한 집에서 대교 벼슬이 나올 수 없고 물 건너 사는 세력 없는 집에서도 대교가 나올 수 없으며 낯이 얽어 못생긴 사람 가운데서도 대교가 나올 수 없다는 뜻으로, 어떤 자격으로서 돈 많고 세력 있고 외모가 번듯해야 함을 요건으로 내세울 때 이르는 말.

옛날 규장각(奎章閣)
대교 벼슬의 인선이 매우 까다로웠다 하여 나온 말이다.

초고리는 작아도 꿩만 잡는다
작은 매라도 꿩만 잘 잡는다는 뜻으로, 몸집이 작은 사람이 제 할 일을 시원스럽게 잘 해냄을 이르는 말.

초년고생은 만년(晩年) 복이라
젊어서 고생을 하면 후에 낙이 오는 수가 많으므로 그 고생을 달게 여기라는 말.

초년고생은 은 주고 산다
젊은 시절의 고생은 장래 발전을 위하여 중요한 경험이 되므로 그 고생을 달게 여기라는 말. [비] 초년고생은 사서라도 한다. 초년고생은 양식 지고 다니며 한다. 초년고생은 은을 주어도 안 바꾼다.

초라니 대상 물리듯
언제건 해야 할 일을 미루고 또 미루는 경우를 비유적으로 이르는 말.

초라니 수고(手鼓) 채 메듯
하는 짓이 경솔하고 방정맞게 까부는 모양을 비유적으로 이르는 말.

초라니 열은 보아도 능구렁이 하나는 못 본다
까불까불하고 경박한 사람보다 속이 의뭉한 사람이 같이 지내기에 더 어려움을 비유적으로 이르는 말.

초례청에서 웃으면 첫딸을 낳는다
결혼식을 하는 날에 신부를 보고 쓸데없이 웃지 말라는 말.

초록은 동색
1. 풀색과 녹색은 같은 색이라는 뜻으로, 처지가 같은 사람들끼리 한패가 되

는 경우를 비유적으로 이르는 말. 2. 명칭은 다르나 따져 보면 한가지임을 비유적으로 이르는 말. [비] 그 속옷이 그 속옷이다.

초록은 제 빛이 좋다
처지가 같고 수준이 비슷한 사람끼리 어울려야 좋음을 비유적으로 이른 말.

초립둥이 장님을 보았다
길에서 장님을 만나면 재수가 없다고 하는데 어린 장님을 만나면 더욱 그렇다는 데서, 매우 불길한 경우를 이르는 말.

초사흘 달은 잰 며느리개[며느리라야] 본다
음력 초사흗날에 뜨는 달은 떴다가 곧 지기 때문에 부지런한 며느리만이 볼 수 있다는 뜻으로, 슬기롭고 민첩한 사람만이 미세한 것을 살필 수 있음을 비유적으로 이르는 말. [비] 초승달은 잰 며느리가 본다.

초상난 집에서 송장은 안 치고 팥죽 들어오는 것만 친다
초상난 집에서 남이 쑤어다 주는 팥죽에만 정신이 팔려 죽은 사람 치울 생각을 못한다는 뜻으로, 맡은 직분에는 등한하고 욕심부터 채우는 경우를 비유적으로 이르는 말.

초상술에 권주가 부른다
때와 장소를 분별하지 못하고 경망스럽게 행동하는 경우를 비유적으로 이르는 말. [비] 초상난 데 춤추기.

초상 안에 신주 마르듯
초상 안에는 제사를 지내지 않으므로 신주가 마른다는 뜻으로, 무엇을 도무지 못 얻어먹는 경우를 비유적으로 이르는 말.

초상집 개 같다
먹을 것이 없어서 이 집 저 집 돌아다니며 빌어먹는 사람이나 궁상이 끼고 초췌한 꼴을 한 사람을 비유적으로 이르는 말. [비] 초상난 집 개. 초상집의 주인 없는 개.

초장에 까부는 게 파장에 매 맞는다
첫판에 까불고 덤비다가는 끝판에 가서 낭패를 본다는 말. [비] 초장 술에 파장 매.

초저녁 구들이 따뜻해야 새벽 구들이 따뜻하다

먼저 된 일이 잘되어야 그에 따른 일도 잘됨을 비유적으로 이르는 말.

초중장에도 빼어 놓겠다
초장, 중장, 종장이 갖추어져야 시조가 되는 법인데 중요한 초장과 중장에서도 빼놓을 것 같다는 뜻으로, 사람을 매우 싫어하고 꺼림을 비유적으로 이르는 말.

초지 한 장이 바람을 막는다
보잘것없는 것도 적절하게 쓰면 요긴한 일을 할 수 있음을 비유적으로 이른 말.

초 판 쌀이라
초를 팔아서 얻은 적은 양의 쌀이라는 뜻으로, 적은 물건은 여러 번 생겨도 흐지부지 없어져 모을 수가 없음을 비유적으로 이른 말. [비] 식지에 붙은 밥풀.

초하룻날 먹어 보면 열하룻날 또 간다
한 번 재미를 보면 자꾸 해 보려고 함을 비유적으로 이르는 말. [비] 정월 초하룻날 먹어 보면 이월 초하룻날 또 먹으려 한다.

촌년이 늦바람나면 속곳 밑에 단추 단다
어수룩한 사람이 어떤 일에 한번 혹하게 되면 도리어 정도를 지나치게 됨을 비유적으로 이르는 말.

촌년이 아전 서방을 하면 날 샌 줄을 모른다
변변치 못한 사람이 조그만 권력이라도 잡으면 세상이 어떻게 돌아가는지도 모르고 잘난 체하며 몹시 아니꼽게 굶을 비유적으로 이르는 말. [비] 촌년이 아전 서방을 하더니 초장에 길청 문밖에 와서 갖신 사 달라 한다. 촌년이 아전 서방을 하면 갈지자걸음을 걷고 육개장이 아니면 밥을 안 먹는다. 촌년이 아전 서방을 하면 중의 고리에 단추를 붙인다.

촌놈 성이 김가 아니면 이가라
김씨와 이씨가 아주 흔하다는 말.

촌놈에 관장(官長) 들었다
촌사람 가운데서 훌륭한 사람이 나왔음을 비유적으로 이르는 말.

촌놈 엿가락 빼듯
어떤 일을 빨리 승낙하지 아니하고 미루는 모양을 비유적으로 이르는 말.

촌놈은 밥그릇 높은 것만 친다

질보다 양만 많으면 만족해함을 비꼬는 말. [비] 촌놈은 똥배 부른 것만 친다.

촌닭 관청에 잡아다 놓은 것 같다
번화한 곳에 가거나 경험이 없는 일을 당하여 당황하고 어리둥절해서 어쩔 줄 몰라 하는 모양을 비유적으로 이르는 말. [비] 촌놈 관청에 끌려온 것 같다. 촌닭 관청에 간 것 같다.

촌닭이 관청 닭 눈 빼 먹는다
겉으로는 어수룩해 보이는 사람이 실제로는 약삭빠르고 수완이 있는 경우를 비유적으로 이르는 말.

촌 처녀 자란 것은 모른다
촌 처녀는 아주 어리다가도 곧 자라서 나이도 들기 전에 출가해 버린다는 말.

총명이 둔필만 못하다
아무리 기억력이 좋더라도 못난 글씨일망정 그때그때 적어 두는 것만 못하다는 뜻으로, 무엇이나 틀림없이 하려면 적어 두는 것이 중요함을 비유적으로 이르는 말.

총총들이 반병이라
1. 워낙 병이 작아서 가득 들어도 큰 병의 반밖에 되지 않는다는 뜻으로, 도량이 적은 사람을 이르는 말. 2. 병에 무엇을 부을 때 급히 하면 반밖에 채우지 못한다는 뜻으로, 바삐 서둘면 손해를 본다는 말.

최동학의 기별 보듯
예전에, 최동학(崔東學)이라는 사람이 지체는 높았지만 무식하였는데 관가에서 보낸 글을 받고 읽는 체하면서 그 글을 가져온 사람에게 "오늘 관가에서 무슨 일이 있었던가?"라고 물었다는 데서, 뜻도 모르면서 글을 읽는 체하는 사람을 놀림조로 이르는 말.

최 생원의 신주 마르듯
최가 성을 가졌던 사람이 매우 인색하여 제사를 잘 지내지 않았다는 데서, 인색한 사람을 만나 아무것도 얻어먹지 못하게 된 경우를 비유적으로 이른 말.

추녀 물은 항상 제자리에 떨어진다
늘 정하여진 자리에 오게 됨을 비유적으로 이르는 말.

춘포 창옷 단벌 호사

춘포로 지은 옷 한 벌밖에 없어 입고 나가면 늘 호사한 것같이 보이나, 실상은 그것 하나밖에 없는 경우를 비유적으로 이르는 말.

춘풍으로 남을 대하고 추풍으로 나를 대하라
남에게는 부드럽게 자신에게는 엄격하게 대하라는 말.

춘향이가 인도환생을 했나
춘향이가 인간 세상에 다시 태어났느냐는 뜻으로, 마음씨 아름답고 정조가 굳은 여자를 이르는 말.

춘향이네 집 가는 길 같다
이 도령이 남의 눈을 피해서 골목길로 춘향이네를 찾아가는 길과 같다는 뜻으로, 길이 꼬불꼬불하고 매우 복잡한 경우를 비유적으로 이르는 말.

춘향이 집 가리키기
집이 어디냐고 묻는 이 도령의 질문에 춘향이가 대답한 사설이 까다롭고 복잡했다는 데서, 집을 찾아가는 길이 복잡한 경우를 이르는 말.

춥기는 삼청냉돌이라
예전에 대궐 안의 금군 삼청에서는 불을 잘 때지 아니하여 항상 매우 추웠다는 데서, 방이 매우 차고 추움을 비유적으로 이르는 말.

충신의 편도 천명 역적의 편도 천명
세상일은 무엇이나 사람의 뜻대로 이루어지는 것이 아니라 운명이 정해진 대로 되어 간다는 말.

충신이 죽으면 대나무가 난다
충신이 죽은 자리에서 그 절개를 상징하는 대나무가 돋는다는 말.

충주 결은 고비
충주의 어느 부호가 돌아가신 부모의 제사 때에 쓴 지방(紙榜)을 때마다 불살라 버리기 아깝다 하여 기름으로 결어서 해마다 제사 때면 꺼내 썼다는 이야기에서 나온 말로, 매우 인색하고 이기적인 사람을 비유적으로 이르는 말. [비] 충주 자린고비.

충주 달래 꼽재기 같다
아니꼬울 만큼 잘고 인색한 사람을 비유적으로 이르는 말.

취객이 외나무다리 잘 건넌다

보기에 위태롭고 잘해 내지 못할 것 같으나 잘 버티어 나감을 비유적으로 이르는 말.

취담 중에 진담이 있다
술에 취하여 횡설수설하는 말도 실은 제 진심을 드러낸 것임을 이르는 말. [비] 취중에 진담이 나온다.

취중에 무천자(無天子)라
취한 상태에서는 천자도 없다는 뜻으로, 누구나 술에 취하게 되면 어려운 사람이 따로 없음을 비유적으로 이르는 말.

층층시하에 줄방귀 참는 새댁처럼
몹시 참기 어려움을 비유적으로 이르는 말.

치고 보니 삼촌이라
어떤 행동을 하고 나서 알고 보니 매우 실례되는 일이었음을 비유적으로 이르는 말.

치러 갔다가 맞기도[맞기는] 예사
남에게 무엇을 요구하러 갔다가 도리어 요구를 당하는 일도 흔히 있다는 말.

치마가 열두 폭인가
남의 일에 쓸데없이 간섭하고 참견함을 비꼬는 말. [비] 열두 폭 말기를 달아 입었나. 열두 폭 치마를 둘렀나. 치마폭이 스물네 폭이다.

치마 밑에 키운 자식
과부의 자식이라는 말.

치수 맞춰 옷 마른다[짓는다]
앞뒤를 잘 살펴보고 빈틈없이 계획을 세운 다음 격에 맞도록 일을 처리하여야 함을 비유적으로 이르는 말. [비] 척수 보아 옷 짓는다.

치질 앓는 고양이 모양 같다
보기에 매우 초라하거나 거북하고 곤란한 모습을 비유적으로 이르는 말.

친구는 옛 친구가 좋고 옷은 새 옷이 좋다
친구는 오래 사귄 친구일수록 정이 두텁고 깊어서 좋다는 말.

친구 따라[친해] 강남 간다

자기는 하고 싶지 아니하나 남에게 끌려서 덩달아 하게 됨을 이르는 말. [비] 동무 따라 강남 간다. 벗 따라 강남 간다.

친구의 망신은 곱사등이 시킨다
곱사등이를 친구로 삼았다가 함께 망신을 당한다는 뜻으로, 못된 것과 함께 있다가 부정적 평가를 받음을 이르는 말.

친사돈이 못된 형제보다 낫다
사돈은 어려운 사이이기는 하나 곤란한 경우에 도움을 받아야 할 때는 제구실을 못하는 형제보다 낫다는 말.

친손자는 걸리고 외손자는 업고 간다
1. 딸에 대한 극진한 사랑으로, 친손자가 더 소중하면서도 외손자를 더 귀여워함을 이르는 말. 2. 사랑에 있어 경중이 바뀌었다는 뜻으로, 행동에서 주객이 뒤바뀌었음을 이르는 말. [비] 외손자는 업고 친손자는 걸리면서 업은 아이 발 시리다 빨리 가자 한다. 친손자는 걸리고 외손자는 업고 가면서 업힌 아이 갑갑해한다 빨리 걸으라 한다.

친정 가면 자루 아홉 가지고 온다
시집간 딸이 친정에서 되도록 많은 것을 가져가려 함을 이르는 말.

칠 년 간병에 삼 년 묵은 쑥을 찾는다
오랫동안 앓고 있는 이를 간병하다 보면 별 어려운 일도 다 겪게 됨을 비유적으로 이르는 말.

칠년대한 단비 온다
오랫동안 애타게 기다리던 것이 이루어짐을 비유적으로 이르는 말. [비] 구년지수 해 돋는다.

칠년대한에 비 안 오는 날이 없었고 구 년 장마에 볕 안 드는 날이 없었다
세상의 모든 일이 궂은일만 계속되지는 아니함을 비유적으로 이르는 말.

칠 년 대흉이 들어도 무당만은 안 굶어 죽는다
사람은 궁할수록 미신을 찾게 됨을 비유적으로 이르는 말.

칠석날 까치 대가리 같다
칠월 칠석날 까마귀와 까치가 머리를 맞대어 오작교를 놓아서 견우와 직녀를 만나게 함으로써 머리털이 다 빠졌다는 이야기에서 나온 말로, 머리털이 빠져

성긴 모양을 비유적으로 이르는 말.

칠성판에서 뛰어 났다
죽을 처지에 놓여 있다가 살아났음을 비유적으로 이르는 말.

칠십 노인 구 대 독자 생남을 한 듯
이를 데 없이 몹시 기뻐함을 비유적으로 이르는 말. [비] 동방화촉 노(老)도령이 숙녀 만나 즐거운 일. 천 리 타향 고인 만나 반가워서 즐거운 일.

칠월 송아지
칠월이 되어 농사의 힘 드는 일도 끝나고 여름내 푸른 풀을 뜯어 먹어 번지르르해진 송아지라는 뜻으로, 팔자 늘어진 사람을 비유적으로 이르는 말.

칠월 장마는 꾸어서 해도 한다
우리나라의 칠월에는 으레 장마가 있다는 말.

칠팔월 은어 곯듯
음력 칠팔월에는 알을 낳은 은어가 홀쭉해진다는 데서, 갑자기 수입이 줄어서 살아가기가 곤란함을 비유적으로 이르는 말.

칠푼짜리 돼지 꼬리 같다
아무짝에도 쓸모없음을 비유적으로 이르는 말.

칠 홉 송장
정신이 흐리멍덩하고 행동이 반편 같은 사람을 비난조로 이르는 말.

침 먹은 지네
할 말이 있어도 못하고 있거나 겁이 나서 기를 펴지 못하고 꼼짝 못하는 사람을 비유적으로 이르는 말.

침 발린 말
겉으로만 꾸며서 듣기 좋게 하는 말을 비유적으로 이르는 말.

한국 속담에서 배우는

지식
지혜

속담풀이

카

칼(을) 물고 뒈질 녀석
입에 칼이 꽂혀 죽을 놈이란 뜻으로, 못된 짓을 한 사람을 욕하는 말.

칼도 날이 서야 쓴다
무엇이나 제 기능을 할 수 있게 조건이 갖추어져야 그 존재 가치가 있음을 비유적으로 이르는 말.

칼로 물 베기
다투었다가도 시간이 조금 지나 곧 사이가 다시 좋아지는 경우를 비유적으로 이르는 말.

칼 물고[놓고/짚고] 뜀뛰기
몹시 위태로운 일을 모험적으로 행하는 경우를 비유적으로 이르는 말.

칼을 물고 토할 노릇이다
기가 막히도록 분하고 억울하다는 말.

칼을 뽑고는 그대로 집에 꽂지 않는다
무슨 일이든 한번 결심하고 나면 끝장을 보고야 맒을 비유적으로 이르는 말.

커도 한 그릇 작아도 한 그릇
양에 관계없이 명목상으로는 같다는 말. [갭] 어른도 한 그릇 아이도 한 그릇.

컴컴하고 욕심 많기는 회덕(懷德) 선생이라
회덕에서 살았던 송시열이 욕심이 많았다는 데서, 겉으로는 점잖은 체하나 속마음은 엉큼하고 욕심 많은 사람을 이르는 말. 송시열을 중상하려는 사람들이 만들어 낸 말이다.

코가 쉰댓[석] 자나 빠졌다
근심이 쌓이고 고통스러운 일이 있어 맥이 빠진 경우를 비유적으로 이른 말.

코가 어디 붙었는지 모른다
그 사람이 어떻게 생겼는지 모른다는 뜻으로, 전혀 모르는 사람이라는 말.

코 떼어 주머니에 넣다
잘못을 저질러 매우 무안을 당한 경우를 비유적으로 이르는 말.

코를 잡아도 모르겠다
눈앞에서 벌어지는 일도 알 수 없을 정도로 몹시 캄캄하다는 말.

코 막고 답답하다[숨막힌다]고 한다

제힘으로 쉽게 할 수 있는 일을 어렵게 생각하여 다른 곳에서 해결책을 찾으려 함을 비유적으로 이르는 말.

코 맞은 개 싸쥐듯

몹시 아프거나 속이 상하여 어쩔 줄 모르고 쩔쩔매며 돌아가는 모습을 비유적으로 이르는 말.

코 묻은 떡[돈]이라도 뺏어 먹겠다

하는 행동이 너무나 치사하고 마음에 거슬리는 경우를 비꼬는 말. [비] 어린아이 가진 떡도 뺏어 먹겠다.

코 아니 흘리고 유복하다

고생하지 아니하고 이익을 얻는다는 말.

코 아래 제상(祭床)도 먹는 것이 제일

제 앞에 아무리 좋은 것이 많이 있다고 해도 실제로 제가 갖게 되어야 가치가 있다는 말.

코에 걸면 코걸이 귀에 걸면 귀걸이

1. 정당한 근거와 원인을 밝히지 아니하고 제게 이로운 대로 이유를 붙이는 경우를 비유적으로 이르는 말. 2. 보는 입장에 따라 이렇게도 설명할 수 있고 저렇게도 설명할 수 있는 경우를 비유적으로 이르는 말.

코에서 단내가 난다

몹시 고되게 일하여 힘이 들고 몸이 피로하다는 말.

코허리가 저리고 시다

몹시 슬프거나 감격하였을 때의 심경을 비유적으로 이르는 말.

콧구멍 같은 집에 밑구멍 같은 나그네 온다

가난하여 몹시 좁은 집에 반갑지 아니한 손님이 찾아옴을 비유적으로 이른 말.

콧구멍 둘 마련하기가 다행이라

다행히도 콧구멍이 둘이 있어 호흡이 막히지 아니하고 숨을 쉴 수 있다는 뜻으로, 몹시 답답하거나 기가 참을 해학적으로 이르는 말. [비] 콧구멍이 둘이니 숨을 쉬지.

콧구멍에 낀 대추씨

매우 작고 보잘것없는 물건을 비유적으로 이르는 말.

콧대에 바늘 세울 만큼 골이 진다
눈살을 잔뜩 찌푸리는 모양을 비유적으로 이르는 말.

콧병 든 병아리 같다
꾸벅꾸벅 조는 모양을 비유적으로 이르는 말.

콩과 보리도 분간하지 못한다
누구나 알 수 있는 것도 분간하지 못할 만큼 어리석고 못남을 비유적으로 이르는 말.

콩 났네 팥 났네 한다
콩의 싹이나 팥의 싹이나 거의 비슷한데도 그것을 구별하느라 언쟁하는 것과 같이, 대수롭지 아니한 일을 가지고 서로 시비를 다투는 경우를 비유적으로 이르는 말. [비] 콩이야 팥이야 한다.

콩도 닷 말 팥도 닷 말
1. 어떤 것을 치우침 없이 공평하게 골고루 나누어 주는 경우를 비유적으로 이르는 말. 2. 이러나저러나, 혹은 여기나 저기나 모두 마찬가지임을 비유적으로 이르는 말.

콩 반 알도 남의 몫 지어 있다
1. 아무리 작고 사소한 물건이라도 다 각기 주인이 있다는 말. 2. 비록 하찮은 물건이라도 남의 것은 가지거나 탐내지 말라는 말.

콩밭에 가서 두부 찾는다
몹시 성급하게 행동함을 비유적으로 이르는 말. [비] 콩밭에 간수 치겠다.

콩밭에 소 풀어 놓고도 할 말이 있다
남의 콩밭에 소를 풀어 놓아 온통 못 쓰게 만들어 놓고도 변명을 한다는 뜻으로, 잘못을 저지르고도 잘하였다고 구실을 늘어놓는 경우를 비유적으로 이르는 말.

콩 볶아 먹다가 가마솥 깨뜨린다[터뜨린다]
작은 재미를 보려고 어떤 일을 하다가 큰일을 저지름을 비유적으로 이른 말.

콩 볶아 재미 낸다
무슨 일을 하여 아기자기하게 재미를 봄을 비유적으로 이르는 말.

콩 본 당나귀같이 흥흥한다
자기가 좋아하는 것을 눈앞에 두고 기뻐함을 비유적으로 이르는 말.

콩 심어라 팥 심어라 한다
대수롭지 아니한 일을 가지고 지나칠 정도로 세세한 구별을 짓거나 시비를 가려 간섭함을 비유적으로 이르는 말.

콩 심은 데 콩 나고 팥 심은 데 팥 난다
모든 일은 근본에 따라 거기에 걸맞은 결과가 나타나는 것임을 비유적으로 이르는 말. [비] 가시나무에 가시가 난다. 대 끝에서 대가 나고 싸리 끝에서 싸리가 난다. 대나무에서 대 난다. 대나무 그루에선 대나무가 난다. 대 뿌리에서 대가 난다. 배나무에 배 열리지 감 안 열린다. 오이 덩굴에 오이 열리고 가지나무에 가지 열린다. 오이씨에서 오이 나오고 콩에서 콩 나온다. 왕대밭에 왕대 난다. 콩 날 데 콩 나고 팥 날 데 팥 난다. 콩에서 콩 나고 팥에서 팥 난다. 팥을 심으면 팥이 나오고 콩을 심으면 콩이 나온다.

콩으로 메주를 쑨다 하여도 곧이듣지 않는다
아무리 사실대로 말하여도 믿지 아니함을 비유적으로 이른 말. [비] 소금으로 장을 담근다 해도 곧이듣지 않는다. 콩 가지고 두부 만든대도 곧이 안 듣는다.

콩을 팥이라고 우긴다
사실과 다른 주장을 막무가내로 내세운다는 뜻으로, 억지스럽게 고집을 부림을 비유적으로 이르는 말.

콩을 팥이라 해도 곧이듣는다
남의 말을 곧이곧대로 잘 믿음을 비유적으로 이르는 말.

콩죽은 내가 먹고 배는 남이 앓는다
좋지 못한 짓은 제가 하였으나 그에 대한 벌이나 비난은 남이 당하게 됨을 비유적으로 이르는 말. [비] 김 씨가 먹고 이 씨가 취한다.

크고 단 참외
겉보기도 좋고 실속도 있어 마음에 드는 물건을 비유적으로 이르는 말.

큰 고기는 깊은 물속에 있다
훌륭한 인물은 많은 사람들 속에 섞여 있어 잘 드러나지 아니함을 비유적으로 이르는 말.

큰 고기는 중간 고기를 먹고 중간 고기는 작은 고기를 먹는다

좀 더 강한 자가 약한 자를 억누르거나 희생시킨다는 말.

큰 도적이 좀도적 잡는 시늉한다

권력을 가진 사람이 자기는 닥치는 대로 재물을 긁어모으면서도 밑의 사람들의 부정행위는 엄격히 다스림을 비유적으로 이르는 말.

큰 둑[방죽]도 개미구멍으로 무너진다

작은 힘으로도 큰일을 이룰 수 있음을 비유적으로 이르는 말. [갭] 개미구멍이 둑을 무너뜨린다.

큰 말이 나가면 작은 말이 큰 말 노릇 한다

윗사람이 없으면 아랫사람이 그 일을 대신할 수 있음을 비유적으로 이르는 말. [비] 큰 소가 나가면 작은 소가 큰 소 노릇 한다.

큰무당이 있으면 작은 무당은 춤을 안 춘다

기술이 나은 사람 앞에서는 기술이 못한 사람이 앞에 나서기를 꺼려함을 비유적으로 이르는 말.

큰물에 큰 고기 논다

활동 무대가 커야 통이 큰 사람도 모이고 클 수도 있음을 비유적으로 이른 말.

큰 바람 뒤는 고요하다

큰일을 치르느라고 들끓던 분위기가 일이 끝나고 잠잠하여짐을 비유적으로 이르는 말.

큰 벙거지 귀 짐작

벙거지가 아무리 커도 귀에는 걸려서 흘러내리지 아니할 것이라는 뜻으로, 짐작으로 한 어떤 일이 비슷하게 맞아 들어가거나 짐작으로 어떤 일을 대충 처리하게 됨을 비유적으로 이르는 말.

큰북에서 큰 소리 난다

크고 훌륭한 데서라야 무엇이나 좋은 일이 생길 수 있음을 비유적으로 이른 말.

큰 소 잃고 송아지도 잃고

크고 작게 이중으로 손해를 입었다는 말.

큰 소 큰 소 하며 꼴 아니 준다

말로는 큰 소가 중하다고 하면서 꼴은 작은 소만 준다는 뜻으로, 먹을 것을 아이들에게만 주고 어른들은 잘 돌보지 아니한다는 말.

큰어미 날 지내는 데 작은어미 떡 먹듯
본처의 제사를 지내는 데 후처는 좋아라고 떡을 먹는다는 뜻으로, 남이 불행한 일을 당하였는데 그 기회를 타서 자기의 이익만을 도모함을 비유적으로 이르는 말.

큰일이면 작은 일로 두 번 치러라
어렵고 힘든 일은 한 번에 하는 것보다 조금씩 나누어서 하는 것이 낫다는 것을 비유적으로 이르는 말.

큰일 치른 집에 저녁거리 있고 큰굿 한 집에 저녁거리 없다
굿을 하는 데는 재물이 많이 들 뿐 아니라 무당이 모조리 가져간다는 것을 비유적으로 이르는 말.

큰 집 무너지는 데 기둥 하나도 버티지 못한다
큰 것이 망하거나 무너질 때에는 작은 힘으로 막기 어려움을 비유적으로 이르는 말.

큰집 잔치에 작은집 돼지 잡는다
남에게 매여 지내는 탓으로 아무 이해관계도 없는 일에 억울하게 희생당함을 비유적으로 이르는 말.

키는 작아도 담은 크다
키는 작지만 용감한 사람을 추어올리거나 칭찬하는 말.

키 크고 속없다
허우대는 큰데 내용이 없거나 하는 짓이 실속 없다는 뜻으로, 키가 큰 데 비하여 생각이나 행동이 허술함을 이르는 말.

키 크고 싱겁지 않은 사람 없다
키 큰 사람의 행동은 야무지지 못하고 싱겁다는 말. [비] 키 크고 묽지 않은 놈 없다.

키 크면 속이 없고 키 작으면 자발없다[대가 없다]
키 큰 사람은 실없고 싱거우며 키 작은 사람은 참을성이 없고 까분다는 말.

키 큰 놈의 집에서 내려 먹을 것 없다
높은 곳에 놓인 물건을 잘 내릴 수 있는 키 큰 사람의 집에 내려서 먹을 만한 것이 없다는 뜻으로, 남과 다른 유리한 특징을 가지고 있음에도 불구하고 그것을 써먹을 형편이 되지 못함을 비유적으로 이르는 말.

키 큰 암소 똥 누듯

1. 일을 쉽게 함을 비유적으로 이르는 말. 2. 하는 짓이 어설프게 보임을 비꼬는 말.

한국 속담에서 배우는

지식
지혜

속담풀이

타

타고난 재주 사람마다 하나씩은 있다
사람은 누구나 한 가지씩의 재주는 가지고 있어서 그것으로 먹고 살아가게 마련이라는 말.

타고난 팔자
날 때부터 지니고 있어서 평생 동안 작용하는 좋거나 나쁜 운수를 이르는 말.

타관 양반이 누가 허 좌수인 줄 아나
어떤 일에 상관없는 사람이 그 일에 대하여 알 까닭이 있겠느냐고 반문하는 투로 이르는 말.

타관에 섰어도 고향 나무
고향 나무는 타관에 서 있어도 고향 나무라 한다는 말 놀림으로 이르는 말.

타는 닭이 꼬꼬 하고 그슬린 돝이 달음질한다
무슨 일을 할 때 전혀 뜻밖의 일이 생겨 일을 그르칠 수 있으므로 항상 마음 놓지 말고 조심해야 함을 비유적으로 이르는 말.

탐관의 밑은 안반(安盤) 같고 염관의 밑은 송곳 같다
탐관은 엉덩이에 살이 쪄서 엉덩이가 안반 같고 청렴한 관리는 엉덩이에 살이 빠져 송곳 같다는 뜻으로, 탐관은 재산을 모으고 청렴한 벼슬아치는 가난하게 지낸다는 말.

탕약에 감초 빠질까
여기저기 아무 데나 끼어들어 빠지는 일이 없는 사람을 놀림조로 이르는 말.

태를 길렀다[길렀나]
아이를 사르고 태만 길렀다는 뜻으로, 사람이 둔하고 어리석음을 이르는 말.
[비] 아이를 사르고 태를 길렀나.

태산이 평지 된다
1. 자연이나 사회의 변화가 몹시 심함을 비유적으로 이르는 말. 2. 세상의 모든 것이 덧없이 변함을 이르는 말.

터를 닦아야 집을 짓는다[짓지]
기초 작업을 해야 그다음 일을 할 수 있음을 비유적으로 이르는 말.

터주에 놓고 조왕에 놓고 나면 아무것도 없다
많지 아니한 것을 여기저기 주고 나면 남는 것이 없다는 말. [비] 시형님 잡숫고 조왕님 잡숫고 이제는 먹어 보랄 게 없다.

터주에 붙이고 조왕에 붙인다
무엇을 찢어서 사방에 갈라 붙이는 것을 비유적으로 이르는 말.

터진 꽈리 보듯 한다
사람이나 물건을 아주 쓸데없는 것으로 여겨 중요시하지 아니함을 비유적으로 이르는 말.

터진 방앗공이에 보리알 끼듯 하였다
1. 버리자니 아깝고 파내자니 품이 들어 할 수 없이 내버려 둘 수밖에 없음을 비유적으로 이르는 말. 2. 성가신 어떤 방해물이 끼어든 경우를 비유적으로 이르는 말.

턱 떨어지는 줄 모른다
어떤 일에 몹시 열중하여 정신이 없음을 비유적으로 이르는 말.

털도 안 뜯고 먹겠다 한다
1. 너무 성급히 행동함을 비유적으로 이르는 말. 2. 사리를 돌보지 아니하고 남의 것을 통으로 먹으려 함을 비유적으로 이르는 말.

털도 없이 부얼부얼한 체한다
귀염성도 없으면서 귀염을 받으려고 아양을 부리는 모양을 비유적으로 이르는 말.

털 벗은 솔개
앙상하고 볼품없는 것을 비유적으로 이르는 말. [비] 털 뜯은 꿩.

털을 뽑아 신을 삼겠다
자신의 온 정성을 다하여 은혜를 꼭 갚겠다는 말.

털토시를 끼고 게 구멍을 쑤셔도 제 재미라
좋은 털토시를 끼고 게 구멍을 쑤시는 궂은일을 하더라도 제가 하고 싶어서 하는 것이면 그만이라는 뜻으로, 제 뜻대로 하는 일은 남이 참견할 것이 아님을 비유적으로 이르는 말.

토끼가 제 방귀에 놀란다
1. 남몰래 저지른 일이 염려되어 스스로 겁을 먹고 대수롭지 아니한 것에도 놀람을 비유적으로 이르는 말. 2. 행동이나 말이 가볍고 방정맞음을 비유적으

로 이르는 말. [비] 노루가 제 방귀에 놀라듯.

토끼 둘을 잡으려다가 하나도 못 잡는다
욕심을 부려 한꺼번에 여러 가지 일을 하려 하면 그 가운데 하나도 이루지 못한다는 말.

토끼 입에 콩가루 먹은 것 같다
무엇을 먹은 흔적을 입가에 남기고 있다는 말.

토막나무 끈 자국과 같다
토막나무를 끌고 간 자리와 같이 사물의 형상과 자취가 뚜렷하여 숨길 수 없다는 말.

통지기년 서방질하듯
이 남자 저 남자 가리지 아니하고 외간 남자와 함부로 놀아나는 모양을 비유적으로 이르는 말.

통지기 오입이 제일이다
한량패들이 장 보러 나오는 통지기들을 따라다니며 수작을 걸면 쉽게 오입을 할 수 있다는 말.

퉁노구의 밥은 설수록 좋다
퉁노구 솥은 밥이 잘 눈는다는 말.

틈 난 돌이 터지고 태 먹은 독이 깨진다
앞서 무슨 조짐이 보인 일은 반드시 후에 그대로 나타나고야 만다는 뜻으로, 어떤 탈이 있는 것은 반드시 결과적으로 실패를 가져온다는 말.

티끌 모아 태산
아무리 작은 것이라도 모이고 모이면 나중에 큰 덩어리가 됨을 비유적으로 이르는 말. [비] 먼지도 쌓이면 큰 산이 된다. 모래알도 모으면 산이 된다. 실도랑 모여 대동강이 된다.

한국 속담에서 배우는

지식
지혜

속담풀이

파고 세운 장나무
사람이나 일이 든든하여 믿음직스러운 경우를 비유적으로 이르는 말.

파리 경주인
시골 아전이 서울에 오면 그 고을 경주인(京主人)의 집으로 모여들듯이 짓무른 눈에 파리가 꼬여 드는 것을 비유적으로 이르는 말.

파리 수보다 기생이 셋 많다
기생 수가 매우 많음을 이르는 말.

파리한 강아지 꽁지 치레하듯
빼빼 마른 강아지가 앙상한 몰골은 생각하지 아니하고 꽁지만 치장한다는 뜻으로, 본바탕이 좋지 아니한 것은 헤아리지 아니하고 지엽적인 것만을 요란스럽게 꾸미는 어리석은 행동을 하는 경우를 비꼬는 말.

파리한 돼지 두부 앗는 날
1. 즐기는 음식이라고 염치없이 덤벼 배를 채우는 사람을 비꼬는 말. 2. 무엇을 게걸스럽게 먹으며 좋아하는 경우를 비꼬는 말.

파리 한 섬을 다 먹었다 해도 실제로 먹지 않았으면 그만
남에게 모함을 듣더라도 실제로 자기에게 그런 일이 없다면 신경 쓸 필요가 없다는 말.

파방에 수수엿 장수
기회를 놓쳐서 이제는 별 볼 일 없게 된 사람이나 그런 경우를 비유적으로 이르는 말. [비] 파장에 수수엿 장수.

피총 벼슬에 감투 걱정한다
하찮은 피총 주제에 감투 걱정을 한다는 뜻으로, 별로 대단치 아니한 일을 맡고도 시끄럽게 자랑하고 다니며 하지 않아도 될 걱정을 하는 경우를 비유적으로 이르는 말.

판돈 일곱 닢에 노름꾼은 아홉
보잘것없는 일에 터무니없이 많은 사람이 모이는 경우를 비유적으로 이른 말.

팔 고쳐 주니 다리 부러졌다 한다
1. 체면이 없이 무리하게 계속 요구를 하는 경우를 이르는 말. 2. 사고가 잇따라 일어남을 비유적으로 이르는 말.

팔난봉에 뫼 썼다
허랑하고 방탕한 자식이 났음을 비꼬는 말.

팔 대 독자 외아들이라도 울음소리는 듣기 싫다
아이들의 울음소리가 매우 듣기 싫다는 말.

팔도를 무른 메주 밟듯
전국 방방곡곡을 두루 돌아다님을 비유적으로 이르는 말.

팔도에 솥 걸어 놓았다
어디를 가나 얻어먹을 데가 많음을 비유적으로 이르는 말.

팔백 금으로 집을 사고 천 금으로 이웃을 산다
집을 정할 때는 집 자체보다도 주위의 이웃을 더 신중히 가려서 정해야 함을 비유적으로 이르는 말. [비] 세 닢 주고 집 사고 천 냥 주고 이웃 산다. 집을 사면 이웃을 본다.

팔선녀를 꾸민다
<구운몽>에 나오는 팔선녀처럼 꾸민다는 뜻으로, 옷차림이 우습거나 요란함을 이르는 말.

팔이 들이굽지[안으로 굽지] 내굽나[밖으로 굽나]
자기 혹은 자기와 가까운 사람에게 정이 더 쏠리거나 유리하게 일을 처리함은 인지상정이라는 말. [비] 손이 들이굽지 내굽나.

팔자가 사나우니까 의붓아들이 삼 년 맏이라
닥친 일이 여의치 못함을 탄식하여 이르는 말.

팔자가 사나우면 시아비[총각 시아비]가 삼간 마루로 하나
1. 여자의 처지가 매우 어렵고 기막힘을 한탄하여 이르는 말. 2. 도저히 있을 수 없는 망측한 꼴을 보았다는 말.

팔자가 좋으면 동이 장수 맏며느리가 됐으랴
팔자가 사나워 동이 장수의 맏며느리가 되어 줄곧 머리에 동이를 이고 다니게 되었다는 뜻으로, 팔자가 좋다는 말을 들었을 때에 무엇이 좋으냐고 반문하는 말.

팔자는 길들이기로 간다
습관이 천성이 되어 사람의 일생을 좌우할 수 있다는 말.

팔자는 독에 들어가서도 못 피한다
운명은 아무리 피하려고 하여도 피할 수 없다는 말. [비] 팔자 도망은 못한다.

팥으로 메주를 쑨대도 곧이듣는다
지나치게 남의 말을 무조건 믿는 사람을 놀림조로 이르는 말. [비] 팥을 콩이라 해도 곧이듣는다.

팥이 풀어져도 솥 안에 있다
손해를 본 것 같지만 따지고 보면 손해를 본 것이 없음을 비유적으로 이르는 말. [비] 가마 안의 팥이 풀어져도 그 안에 있다. 죽이 풀려도 솥 안에 있다.

패군의 장수는 용맹을 말하지 않는다
무슨 일에 실패를 하고 나서 구구히 변명을 할 필요가 없음을 이르는 말.

패는 곡식 이삭 뽑기[빼기]
잘되어 가는 일을 심술궂은 행동으로 망치는 경우를 비유적으로 이르는 말. [비] 잦힌 밥에 흙 퍼붓기.

패독산에 승검초
패독산에는 승검초가 꼭 든다는 데서, 언제나 같이 따라다니는 물건이나 사람들의 관계를 비유적으로 이르는 말.

패랭이에 숟가락 꽂고 산다
아주 가난하여 떠돌아다니며 얻어먹을 정도임을 비유적으로 이르는 말.

편보다 떡이 낫다
같은 종류의 물건이지만 한쪽이 다른 한쪽보다 낫게 생각되는 경우에 이른 말.

편사 놈이 널 머리 들먹거리듯
활쏘기를 겨루는 사람이 전혀 상관없는 널에 대하여 이러쿵저러쿵한다는 뜻으로, 당치 않은 것을 들추어내어 말썽을 부림을 비유적으로 이르는 말.

편지에 문안
편지에는 으레 문안하는 말이 있다는 뜻으로, 항상 빠지지 않고 끼어드는 것이나 항상 빠뜨리지 않고 하는 일을 비유적으로 이르는 말.

평반에 물 담은 듯
안정되고 고요한 상태를 비유적으로 이르는 말.

평생소원이 누룽지
기껏 요구하는 것이 너무나 하찮은 것임을 비유적으로 이르는 말.

평생을 살아도 임의 속은 모른다
임의 속을 짐작하기 어렵다는 말.

평안 감사도 저 싫으면 그만이다
아무리 좋은 일이라도 당사자의 마음이 내키지 않으면 억지로 시킬 수 없음을 비유적으로 이르는 말. [비] 돈피에 잣죽도 저 싫으면 그만이다.

평양 돌팔매 들어가듯
1. 사정없이 들이닥치는 모양을 비유적으로 이르는 말. 2. 겨냥한 것이 어김없이 이루어지는 상태를 이르는 말.

평양 병정의 발싸개 같다
물건이 더럽거나 행동이 천함을 비유적으로 이르는 말.

평양 황(黃) 고집이다
옛날 평양에 황가 성을 가진 사람이 일이 있어 서울에 왔다가 친구의 초상을 만나 조문을 가게 되었는데, 이번은 친구의 조문을 하러 온 것이 아니라 하여 급히 평양으로 돌아갔다가 다시 올라와 조문을 하였다는 이야기에서 나온 말로, 완고하고 고집 센 사람을 이르는 말.

평택이 무너지나 아산이 깨어지나
1. 양쪽의 힘과 기세가 서로 비슷함을 비유적으로 이르는 말. 2. 서로 싸울 때 끝까지 겨루어 보자고 벼르며 이르는 말. [비] 백두산이 무너지나 동해수가 메어지나.

포도군사 은동곳 물어 뽑는다
1. 도둑이 포졸에게 잡혀가면서도 포졸의 상투에 꽂힌 은동곳을 뽑는다는 뜻으로, 도둑질하는 습관을 쉽게 버리지 못함을 비유적으로 이르는 말. 2. 도둑질하는 솜씨가 매우 날램을 비유적으로 이르는 말.

포도청 뒷문에서도 그렇게 싸지 않겠다
장물도 그렇게 싸지 않겠다는 뜻으로, 물건값이 비싸다고 하면서 깎으려 할 때 그렇게 싼 데가 어디 있느냐고 비꼬는 말.

포도청 변쓰듯

남이 알아듣지 못할 말을 툭툭 내뱉는 모양을 비유적으로 이르는 말.

포도청의 문고리 빼겠다
대담하고 겁이 없는 사람의 행동을 비유적으로 이르는 말.

포수 집 강아지 범 무서운 줄 모르듯
큰 세력을 등에 업고 주제넘게 행동함을 비꼬는 말.

포수 집 개는 호랑이가 물어 가야 말이 없다
자신이 저지른 일로 화를 당하여야 남에게 트집을 잡지 못한다는 말.

포천 소(疏) 까닭이란다
남의 물음에 어물어물 얼버무리며 슬쩍 넘어가는 경우를 이르는 말. 조선 고종 때 포천 출신의 최익현이 빈번히 상소를 올려 정사(政事)가 변경되는 일이 많았었는데 사람들이 어떠한 까닭에 변경되었는가를 물으면 포천에서 올린 상소 때문이라고 대답하였다는 데서 유래한다.

폭풍 전의 고요
무슨 변이 터지기 전에 잠깐 동안 고요함을 비유적으로 이르는 말.

푸석돌에 불 난다
불이 날 리가 없는 푸석돌에 불이 난다는 뜻으로, 노력과 수단이 뛰어나면 무엇이든 이룰 수 있음을 비유적으로 이르는 말.

푸줏간에 들어가는 소걸음
벌벌 떨며 무서워하거나 마음에 내키지 아니하는 것을 억지로 하는 모양을 비유적으로 이르는 말. [비] 관에 들어가는 소(의) 걸음. 죽으러 가는 양의 걸음.

풀 끝에 앉은 새 몸이라
매우 불안한 처지에 있음을 비유적으로 이르는 말.

풀 끝의 이슬
인생이 풀 끝의 이슬처럼 덧없고 허무함을 비유적으로 이르는 말.

풀 먹은 개 나무라듯
혹독하게 나무라거나 탓함을 비유적으로 이르는 말.

풀 베기 싫어하는 놈이 단 수만 센다
일하기는 싫어하면서 그 성과만을 바람을 비꼬는 말.

풀솜에 싸 길렀다[길렀나]
몸이 몹시 허약하거나 힘이 없음을 비유적으로 이르는 말.

풀을 베면 뿌리를 없이하라
1. 무슨 일이든 하려면 철저히 하여야 한다는 말. 2. 나쁜 일을 없애려면 그 근본까지 없애야 한다는 말.

품마다 사랑이 있다
새 애인을 만나면 또 다른 사랑이 생긴다는 말.

품 안의 자식
자식이 어렸을 때는 부모의 뜻을 따르지만 자라서는 제 뜻대로 행동하려 함을 비유적으로 이르는 말. [비] 자식도 품 안에 들 때 내 자식이지. 품 안에 있어야 자식이라.

풍년거지 더 섧다
남은 다 잘사는데 자기만 어렵게 지냄이 더 서럽다는 뜻으로, 남들은 다 흔하게 하는 일에 자기만 빠지게 될 때 이르는 말.

풍년거지 쪽박 깨뜨린 형상
서러운 가운데 다시 서러운 일이 겹친 상태를 비유적으로 이르는 말.

풍년거지 팔자라
모두 넉넉하게 지내는데 자기만 어려운 처지에 있음이 서럽다는 뜻으로 이르는 말.

풍년 두부 같다
보기 좋게 살이 찐 사람을 비유적으로 이르는 말.

풍년에 못 지낸 제사 흉년에 지내랴
유리한 조건에서 하지 아니하던 일을 불리한 조건에서 군이 할 필요가 없다는 말.

풍물을 갖추어도 춤이 짐작
남이 재촉하더라도 자기가 짐작하여 알아서 하라는 말.

피는 물보다 진하다
혈육의 정이 깊음을 이르는 말.

피 다 잡은 논 없고 도둑 다 잡은 나라 없다
논의 피는 뽑아 버려도 한없이 나오듯이 도둑도 아무리 잡아도 한없이 생겨난다는 말.

피천 한 닢 없다
가진 돈이 한 푼도 없다는 말. [비] 땡전 한 푼 없다. 물에 빠져도 주머니밖에 뜰 것이 없다. 쇠천 샐 닢도 없다. 피천 대 푼(도) 없다. 피천 샐 닢 없다.

핑계가 좋아서 사돈네 집에 간다
속으로는 어떤 일을 좋아하면서 겉으로는 다른 것이 좋은 듯이 둘러댐을 비유적으로 이르는 말.

핑계 핑계 도라지 캐러 간다
적당한 핑계를 대고 제 볼일을 보러 간다는 말.

한국 속담에서 배우는

지식
지혜

속담풀이

하나는 열을 꾸려도 열은 하나를 못 꾸린다
한 사람이 잘되면 여러 사람을 돌보아 줄 수 있으나 여러 사람이 힘을 합하여 한 사람을 돌보아 주기는 힘들다는 말. [갭] 한 부모는 열 자식을 거느려도 열 자식들은 한 부모를 못 거느린다.

하나를 듣고 열을 안다
한마디 말을 듣고도 여러 가지 사실을 미루어 알아낼 정도로 매우 총기가 있다는 말. [비] 하나를 부르면 열을 짚는다. 하나를 알면 백을 안다.

하나를 보고 열을 안다
일부만 보고 전체를 미루어 안다는 말. [비] 하나를 알면 백을 안다.

하나만 알고 둘은 모른다
사물의 한 측면만 보고 두루 보지 못한다는 뜻으로, 생각이 밝지 못하여 도무지 융통성이 없고 미련하다는 말. [비] 감출 줄은 모르고 훔칠 줄만 안다.

하늘 높은 줄만 알고 땅 넓은 줄은 모른다
야위고 키만 큰 사람을 농담조로 이르는 말.

하늘 높은 줄은 모르고 땅 넓은 줄만 안다
키가 작고 뚱뚱한 사람을 농담조로 이르는 말.

하늘도 끝 갈 날이 있다
무엇이나 끝이 있다는 말.

하늘로 올라갔나 땅으로 들어갔나
별안간 아무도 모르게 사라져 버림을 비유적으로 이르는 말.

하늘로 호랑이 잡기
하늘의 힘을 빌려 호랑이를 잡는다는 뜻으로, 온갖 권력을 다 가지고 있어 못하는 일이 없음을 비유적으로 이르는 말.

하늘 무서운 말
사람의 도리에 어긋나 천벌을 받을 만한 말을 이르는 말.

하늘 밑의 벌레
대자연 앞에 힘없는 사람을 가리키는 말.

하늘 보고 손가락질한다[주먹질한다]

1. 상대가 되지도 아니하는 보잘것없는 사람이 건드려도 꿈쩍도 아니할 대상에게 무모하게 시비를 걸며 욕함을 비유적으로 이르는 말. 2. 어떤 일을 이루려고 노력을 하나 그럴 만한 능력이 없으므로 공연한 짓을 함을 비유적으로 이르는 말. [비] 하늘에 돌 던지는 격. 하늘에 막대 겨루기.

하늘 보고 침 뱉기
하늘을 향하여 침을 뱉어 보아야 자기 얼굴에 떨어진다는 뜻으로, 자기에게 해가 돌아올 짓을 함을 비유적으로 이르는 말. [비] 누워서 침 뱉기. 하늘에 돌 던지는 격.

하늘 아래 첫 고개
아주 높은 고개를 비유적으로 이르는 말.

하늘 아래 첫 동네[동리]
매우 높은 지대에 있는 동네를 비유적으로 이르는 말.

하늘에 두 해가 없다
한 나라에 임금이 둘이 있을 수 없다는 말.

하늘에 방망이를 달겠다
도저히 실현할 수 없는 일을 하겠다고 함을 비꼬는 말.

하늘 울 때마다 벼락 칠까
어떤 결과를 가져올 수 있는 요소가 있더라도 모든 경우에 다 그런 결과가 나타나는 것은 아님을 비유적으로 이르는 말.

하늘은 스스로 돕는 자를 돕는다
하늘은 스스로 노력하는 사람을 성공하게 만든다는 뜻으로, 어떤 일을 이루기 위해서는 자신의 노력이 중요함을 이르는 말.

하늘을 보아야 별을 따지
1. 어떤 성과를 거두려면 그에 상당하는 노력과 준비가 있어야 한다는 말. 2. 무슨 일이 이루어질 기회나 조건이 전혀 없음을 이르는 말. [비] 눈을 떠야 별을 보지. 서울을 가야 과거에 급제하지. 임을 보아야 아이를 낳지. 잠을 자야 꿈을 꾸지.

하늘을 쓰고 도리질한다
1. 세력을 믿고 기세등등하여 아무것도 거리낌 없이 제 세상인 듯 교만하고

방자하게 거들먹거림을 비꼬는 말. 2. 터무니없는 것을 믿는 어리석음을 조롱하는 말. [비] 하늘을 도리질 치다.

하늘의 별 따기
무엇을 얻거나 성취하기가 매우 어려운 경우를 비유적으로 이르는 말.

하늘이 돈짝만[돈닢만/콩짝만] 하다
1. 술에 몹시 취하거나 어떤 충격으로 정신이 얼떨떨하여 사물이 제대로 보이지 아니함을 비유적으로 이르는 말. 2. 의기양양하여 세상에 아무것도 두렵지 아니하게 여김을 비유적으로 이르는 말.

하늘이 만든 화는 피할 수 있으나 제가 만든 화는 피할 수 없다
자신이 저지른 잘못에 대한 대가는 피할 수 없다는 말. [비] 하늘이 주는 얼은 피할 도리 있어도 제가 지은 얼은 피할 도리 없다.

하늘이 무너져도 솟아날 구멍이 있다
아무리 어려운 경우에 처하더라도 살아 나갈 방도가 생긴다는 말. [비] 사람이 죽으란 법은 없다. 죽을 수가 닥치면 살 수가 생긴다.

하늘 천 하면 검을 현 한다
1. 하나를 가르치면 둘, 셋을 앞질러 가며 깨달음을 비유적으로 이르는 말. 2. 상대나 윗사람의 의도를 미리 알아 그에 맞게 일을 처리해 나감을 비유적으로 이르는 말.

하늬바람에 곡식이 모질어진다
여름이 지나 서풍이 불게 되면 곡식이 여물고 대가 세진다는 말.

하늬바람에 엿장수 골내듯
하늬바람이 부는 겨울은 엿이 녹지 아니하므로 값이 더 나가는데도 엿장수가 공연히 성을 낸다는 뜻으로, 자기에게 유리한 조건이 이루어지는데도 도리어 못마땅하게 여기고 성을 내는 경우를 비유적으로 이르는 말.

하던 지랄도 멍석 펴 놓으면 안 한다
일껏 잘하던 일도 더욱 잘하라고 떠받들어 주면 안 한다는 말.

하라는 파총에 감투 걱정한다
대단하지 아니한 일을 하려고 하면서 공연히 지나친 걱정을 자랑삼아 한다는 말.

하루가 여삼추(라)

하루가 삼 년과 같다는 뜻으로, 짧은 시간이 매우 길게 느껴짐을 비유적으로 이르는 말. [비] 하루가 열흘 맞잡이.

하루 굶은 것은 몰라도 헐벗은 것은 안다

가난하더라도 옷차림이나마 남에게 궁하게 보이지 말라는 말.

하루 물림이 열흘 간다

한번 뒤로 미루기 시작하면 자꾸 더 미루게 된다는 뜻으로, 무슨 일이나 뒤로 미루지 말라고 경계하여 이르는 말.

하루 세 끼 밥 먹듯

아주 예사로운 일로 생각함을 이르는 말.

하루 죽을 줄은 모르고 열흘 살 줄만 안다

언제 죽을지 모르는 덧없는 세상에서 자기만은 얼마든지 오래 살 것처럼 행동하는 사람을 보고 이르는 말.

하루 화근은 식전 취한 술

이른 아침부터 술을 마시지 말라고 경계하여 이르는 말.

하룻강아지 범 무서운 줄 모른다

철없이 함부로 덤비는 경우를 비유적으로 이르는 말. [비] 범 모르는 하룻강아지. 비루먹은 강아지 대호(大虎)를 건드린다.

하룻망아지 서울 다녀오듯

보기는 보았으나 무엇을 보았는지 어떻게 된 내용인지 모르는 경우를 비유적으로 이르는 말. [비] 까투리 북한 다녀온 셈이다.

하룻밤을 자도 만리성을 쌓는다

잠깐 사귀어도 깊은 정을 맺을 수 있음을 이르는 말.

하룻밤을 자도 헌 각시

1. 물건은 일단 사용하면 헌 것으로 간주된다는 말. 2. 한 번의 작은 실수라도 있으면 지조를 지킨 사람으로 볼 수 없다는 말.

하룻저녁에 단속곳 셋 하는 여편네 속곳 벗고 산다

부지런하고 일 잘하는 사람이 가난하게 지내는 수가 많다는 말.

하선동력으로 시골에서 생색낸다
별로 값지지도 아니한 물건을 선사하면서 생색을 내는 경우를 비유적으로 이르는 말.

하 심심하여 길군악이나 하지
심심풀이로 한가한 놀이라도 하자는 말.

하지도 못할 놈이 잠방이 벗는다
어떤 일을 할 실력도 자신도 없는 사람이 그 일을 하려고 덤비는 경우를 비꼬는 말.

하지를 지나면 발을 물꼬에 담그고 잔다
벼농사를 잘 짓기 위해서는 하지 후에 논에 물을 잘 대는 것이 중요하기 때문에 논에 붙어살다시피 하여야 함을 비유적으로 이르는 말.

하지 지낸 뜸부기
힘이 왕성한 한창때가 지나 버린 사람을 비유적으로 이르는 말.

학 다리 구멍을 들여다보듯
어떤 사물을 골똘히 들여다보는 모양을 비유적으로 이르는 말.

학도 아니고 봉도 아니고
아무것도 아니라는 뜻으로, 행동이 분명하지 아니하거나 사람이 뚜렷하지 못한 경우를 비난조로 이르는 말.

한 가랑이에 두 다리 넣는다
정신없이 매우 서두르는 모양을 이르는 말.

한강 가서 목욕한다
어떤 일을 일부러 먼 곳에 가서 하여 보아야 별로 신통할 것이 없다는 말.

한강 물 다 먹어야 짜냐
무슨 일을 처음에 조금만 시험하여 보면 전체적인 것을 짐작하여 볼 수 있음을 이르는 말.

한강 물이 제 곬으로 흐른다[간다]
모든 일은 반드시 순리대로 된다는 뜻으로, 대개 죄지은 사람에게 벌이 돌아감을 이르는 말.

한강에 그물 놓기
1. 이미 준비는 되었으니 기다리면 언젠가 일이 이루어질 것이라는 말. 2. 막연한 일을 어느 세월에 기다리고 있겠냐는 말.

한강에 돌 던지기
1. 어떤 사물이 지나치게 미미하여 일을 하는 데에 효과나 영향이 전혀 없다는 말. 2. 아무리 투자를 하거나 애를 써도 보람이 전혀 없다는 말.

한강에 배 지나간 자리 있나
어떤 행동의 흔적이 남지 아니한다는 말.

한강이 녹두죽이라도 쪽박이 없어 못 먹겠다
사람이 몹시 게으르고 무심함을 놀림조로 이르는 말.

한 계단씩 밟아 올라가다
낮은 데서부터 높은 데로 순차적으로 올라간다는 말.

한 귀로 듣고 한 귀로 흘린다
남의 말을 귀담아듣지 아니한다는 말.

한날한시에 난 손가락도 짧고 길다
온갖 사물은 다 고유의 특성을 가지고 있어서 구별이 된다는 말.

한 냥 장설(帳說)에 고추장이 아홉 돈어치라
값이 한 냥인 음식상에 아홉 돈어치의 고추장이 올랐다는 뜻으로, 전체에 비하여 어느 한 부분에 지나치게 많은 비용이 든 경우에 이르는 말.

한 냥짜리 굿하다가 백 냥짜리 징 깨뜨린다
쓸데없이 공연한 일을 벌여 놓았다가 굉장히 큰 손해를 보게 되는 경우에 이르는 말.

한 냥 추렴에 닷 돈 냈다
한 냥을 내야 할 추렴에 절반밖에 내지 아니하였다는 뜻으로, 자기가 치러야 할 몫을 제대로 치르지 아니하고 여럿이 하는 일에 염치없이 참가하여 좀스럽게 이득을 얻는 경우에 이르는 말.

한 노래로 긴 밤 새울까
1. 한 가지 일로만 허송세월하는 것을 나무라는 말. 2. 어떤 일을 그만둘 때가 되면 깨끗이 그만두고 새 일을 시작하여야 한다는 말.

한 놈의 계집은 한 덩굴에 열린다

한 남자의 처첩이 비록 여럿이라도 집안의 규율과 남편의 성질에 따라 모두 비슷해진다는 말.

한 닢도 없는 놈이 두 돈 오 푼 바란다

없는 사람이 바라기는 크게 바란다는 말. [비] 한 치도 없는 놈이 두 치 닷 푼 바란다.

한 닢 주고 보라 하면 두 닢 주고 막겠다

아주 보기 흉하거나 볼 필요가 없음을 비유적으로 이르는 말.

한 달 봐도 보름 보기

똑같이 달을 봐도 반밖에 볼 수 없을 것이라는 뜻으로, 애꾸눈을 가진 사람을 놀림조로 이르는 말.

한 달이 크면 한 달이 작다

한 번 좋은 일이 있으면 다음에는 궂은일도 있는 것처럼 세상사는 좋고 나쁜 일이 돌고 돈다는 말. [비] 일월은 크고 이월은 작다.

한 달 잡고 보름은 못 본다

큰 것만 알고 작은 것은 모른다는 말.

한더위에 털감투

1. 제철이 지나 쓸데없고, 오히려 거추장스러운 물건을 비유적으로 이르는 말.
2. 격에 맞지 아니한 물건을 비유적으로 이르는 말. [비] 오뉴월 두룽다리.

한데 방앗간의 피나무 쌀개

피근피근하고 고단한 사람을 비유적으로 이르는 말.

한데 앉아서 음지 걱정한다

자기 일도 못 꾸려 가면서 남의 걱정을 하는 경우를 비유적으로 이르는 말.

한 돈 추렴에 돈반 낸 놈 같다

한 돈씩 내는 추렴에 한 돈 반이나 낸 것 같다는 뜻으로, 여럿이 모인 자리에서 남이 얘기할 사이도 없이 혼자 떠들어 대는 경우에 이르는 말.

한라산이 금덩어리라도 쓸 놈 없으면 못 쓴다

아무리 귀중한 재물일지라도 그것을 쓸 줄 아는 사람이 있어야 제 진가를 발휘한다는 말.

한량이 죽어도 기생집 울타리 밑에서 죽는다
사람이 평소에 가지고 있는 본색이나 행실을 죽을 때까지 버리지 못한다는 말.

한 마리 고기가 온 강물을 흐린다
한 사람의 나쁜 행동이 사회 전체에 악영향을 끼친다는 말. [비] 실뱀 한 마리가 온 바다를 흐리게 한다. 한 갯물이 열 갯물 흐린다.

한 마을 공사
같은 관청의 일이라는 뜻으로, 하는 일마다 한결같음을 이르는 말.

한 말[소] 등에 두 길마를[안장을] 지울까
한 사람이 동시에 두 가지 일을 할 수 없다는 말. [비] 한 어깨에 두 지게 질까.

한 말에 두 안장이 없다
한 남편에게는 한 아내만 있어야 한다는 말. [비] 한 밥그릇에 두 술이 없다.

한 말 주고 한 되 받는다
손해 보는 짓만 하는 경우를 비유적으로 이르는 말.

한 말 했다가 본전도 못 찾는다
말을 했다가 아무런 소득도 없이 핀잔만 받게 되는 경우를 비유적으로 이른 말.

한 바리에 실었으면 꼭 맞겠다
하는 짓이 누가 낫고 못함이 없이 똑같다는 말.

한 밥에 오르고 한 밥에 내린다
잘 먹고 못 먹는 데 따라 살이 오르고 내리고 한다는 말.

한 번 가도 화냥년 두 번 가도 화냥년
한 번 잘못하나 두 번 잘못하나 욕 얻어먹기는 마찬가지라는 말.

한 번 걷어챈 돌에 두 번 다시 채지 않는다
같은 실수를 두 번 거듭하지 아니한다는 말.

한번 검으면 흴 줄 모른다
한번 나쁜 버릇이 들면 고치기 어렵다는 말.

한 번 똥 눈 개가 일생 눈다고 한다
1. 어쩌다 한 번 똥 눈 개를 보고 늘 똥 눈 개라고 한다는 뜻으로, 한 번 실수하여 오점을 남기면 그것이 평생 가는 법임을 교훈적으로 이르는 말. 2. 한 번

나쁘게 보면 계속 나쁘게 봄을 부정적으로 이르는 말.

한 번 속지 두 번 안 속는다
처음에는 모르고 속을 수 있으나 두 번째는 그렇지 아니하다는 말.

한 번 실수는 병가(兵家)의 상사(常事)
전쟁을 하다 보면 한 번의 실수는 늘 있는 일이라는 뜻으로, 일에는 실수나 실패가 있을 수 있다는 말.

한번 엎지른 물은 다시 주워 담지 못한다
일단 저지른 잘못은 회복하기 어렵다는 말.

한번 쥐면 펼 줄 모른다
무엇이든 한번 손에 들어오면 놓지 아니한다는 말.

한 부모는 열 자식을 거느려도 열 자식들은 한 부모를 못 거느린다
자식이 많아도 부모는 잘 거느리고 살아가나 자식들은 그렇지 못하다는 말.
[비] 하나는 열을 꾸려도 열은 하나를 못 꾸린다.

한 불당에 앉아 내 사당 네 사당 한다
한 집안에서 내 것 네 것을 가리며 제 이익을 찾으려 하는 경우를 비유적으로 이르는 말.

한 사람의 덕을 열이 본다
한 사람이 잘되면 그 덕을 여러 명이 입게 된다는 말.

한 살 더 먹고 똥 싼다
나이를 더 먹어 가면서 철없는 짓을 하는 경우를 비꼬아 이르는 말.

한성부에 대가리 터진 놈 달려들 듯
여러 사람이 숨 가쁘게 급히 달려드는 경우를 비유적으로 이르는 말.

한 손뼉이 울지 못한다
상대가 없이 혼자서는 싸움이 되지 아니한다는 말. [비] 한 손으로는 손뼉을 못 친다.

한솥밥 먹고 송사한다
한집안 또는 아주 가까운 사이에 다투는 경우를 이르는 말.

한 수렁에 두 바퀴 끼듯

좁은 데서 서로 밀치며 다투는 경우를 비유적으로 이르는 말.

한술 밥에 배부르랴
힘을 조금 들이고 많은 효과를 기대할 수 없다는 말. [갑] 첫술에 배부르랴.

한시를 참으면 백 날이 편하다
일시적인 화를 참으면 나중의 생활이 편하다는 뜻으로, 격분하더라도 참는 것이 제일이라는 말.

한식에 죽으나 청명에 죽으나
한식과 청명은 하루 사이이므로 하루 먼저 죽으나 뒤에 죽으나 같다는 말.

한 아들에 열 며느리
1. 부모들이 흔히 아들이 여러 첩을 거느리는 것을 말리지 아니할 때 쓰는 말.
2. 아들이 첩을 여럿 얻어도 그 며느리들이 밉지 아니하다는 말.

한 알 까먹은 새도 날린다
하나의 낟알을 까먹은 새도 쫓아 버린다는 뜻으로, 사소한 재물을 침범하는 것도 용서하지 말고 단호히 대처하라고 이르는 말.

한 어미 자식도 아롱이다롱이
한 어미에게서 난 자식도 각각 다르다는 뜻으로, 세상일은 무엇이나 똑같은 것이 없다는 말.

한 외양간에 암소가 두 마리
같은 것끼리만 있어서는 서로 도움이 될 수 없다는 말.

한 입 건너고 두 입 건넌다
소문이 차차 널리 퍼짐을 이르는 말. [비] 한 입 건너 두 입.

한 입으로 두 말 하기
한 가지 일에 대하여 말을 이렇게 하였다 저렇게 하였다 한다는 말.

한 입으로 온 까마귀질 한다
말이 이랬다저랬다 하는 사람을 두고 이르는 말.

한 자 땅 밑이 저승이다
죽음이나 저승이 먼 데 있는 것이 아니라는 말.

한 자루에 양식 넣어도 송사한다

매우 친한 사이에도 송사가 일어날 수 있다는 말.

한 잔 술에 눈물 나고 반 잔 술에 웃음 난다
사람을 사귐에 있어서 서로 대하는 태도나 방법에 따라 섭섭하여지기도 하고 기분이 좋아지기도 한다는 말.

한 잔 술에 눈물 난다
사람의 감정은 사소한 일에 차별을 두는 데서도 섭섭한 생각이 생길 수 있다는 말.

한집 살아 보고 한배 타 보아야 속을 안다
사람의 마음은 오래 같이 지내면서 역경을 겪어 보아야 알 수 있다는 말.

한집에 감투쟁이 셋이 변(變)
무슨 일에 나서서 주장하는 사람이 많으면 도리어 일이 잘 안 된다는 말.

한집에 늙은이가 둘이면 서로 죽으라고 민다
일할 사람이 여러 명이면 서로 미루기 때문에 일이 잘 안 된다는 말.

한집에 있어도 시어미 성을 모른다
같이 생활하는 친숙한 사이에서 응당 알고 있어야 할 것을 모르는 경우를 비유적으로 이르는 말. [비] 머슴살이 삼 년에 주인 성 묻는다. 십 년을 같이 산 시어미 성도 모른다. 한집안에 김 별감 성을 모른다.

한 치 걸러 두 치
촌수나 친분은 멀어질수록 더욱 사이가 벌어진다는 말. [비] 한 다리가 천 리.

한 치 벌레에도 오 푼 결기가 있다
비록 보잘것없는 존재일지라도 마구 무시하거나 억누르면 반발과 반항이 있다는 말.

한 치 앞이 어둠
사람의 일은 미리 짐작할 수 없다는 말.

한 판에 찍어 낸 것 같다
조금도 다른 데가 없이 똑같은 경우에 이르는 말.

한편 말만 듣고 송사 못한다
한쪽 말만 들어서는 잘잘못을 가리기가 어렵다는 말.

한 푼 돈에 살인난다
많지도 아니한 돈의 시비 끝에 큰일이 날 수도 있다는 말.

한 푼 돈을 우습게 여기면 한 푼 돈에 울게 된다
아무리 적은 돈이라도 하찮게 여기지 말라고 경계하여 이르는 말.

한 푼 장사에 두 푼을 밑져도 팔아야 한다
장사는 아무튼 팔고 보아야 한다는 말.

한 하늘을 이고 살 수 없는 원수
같은 하늘 아래에서 같이 살 수 없는 원수라는 뜻으로, 매우 원한이 사무친 원수를 이르는 말.

한 홰 닭이 한꺼번에 운다
같은 운명에 처한 사람끼리 같은 행동을 한다는 말.

할아버지 감투를 손자가 쓴 것 같다
의복 따위가 너무 커서 보기에 우스운 경우를 비유적으로 이르는 말.

할 일 없으면 낮잠이나 자라
자신과 상관없는 일에 쓸데없이 참견하는 경우를 비꼬는 말.

할 일이 없거든 오금이나 긁어라
오금을 긁는 것은 보기 싫은 짓이긴 하나 하는 일 없이 가만히 있는 것보다는 낫다는 뜻으로, 일 없이 그저 노는 것보다 되든 안 되든 무엇이나 하는 것이 낫다는 말. [비] 노는 입에 염불하기. 적적할 때는 내 볼기짝 친다.

함박 시키면 바가지 시키고 바가지 시키면 쪽박 시킨다
윗사람이 아랫사람에게 무슨 일을 시키면 그도 자기의 아랫사람을 불러 일을 시킨다는 말.

함정에 든 범
빠져나올 수 없는 곤경에 처하여서 마지막 운명만을 기다리고 있는 처지를 비유적으로 이르는 말. [비] 우물에 든 고기. 샘에 든 고기.

함정에서 뛰어 난 범
거의 죽게 된 위험한 고비에서 빠져나와 다시 살게 되어 좋아서 날뛰는 모습을 비유적으로 이르는 말.

함지 밥 보고 마누라 내쫓는다

큰 함지에 밥을 퍼서 먹는 부인을 보고 밥 많이 먹는 마누라와 살 수 없다 하여 쫓아낸다는 뜻으로, 여자가 살림을 헤프게 하면 쫓겨난다는 말.

합천 해인사 밥인가

밥이 끼니때보다 늦어진 경우를 비꼬는 말.

핫바지에 똥 싼 비위

비위가 매우 좋은 사람을 비유적으로 이르는 말.

항우는 고집으로 망하고 조조는 꾀로 망한다

고집 세우는 사람과 꾀부리는 사람을 경계하는 말.

항우도 낙상할 적이 있고 소진도 망발할 적이 있다

아무리 능력이 있는 사람이라도 간혹 실수를 할 수 있다는 말.

항우도 댕댕이덩굴에 넘어진다

비록 힘이 세더라도 방심하여 조심하지 아니하면 실수를 할 수 있으므로 작고 보잘것없다 하여 깔보아서는 안 된다는 말.

항우도 먹어야 장수지

사람은 누구나 배를 든든히 채워야 힘을 쓸 수 있다는 말.

항우 보고 앙증하다고 한다

크고 튼튼한 것을 잘못 알고 작고 깜찍하다고 한다는 말.

해변 개가 산골 부자보다 낫다

바닷가에 비하여 산골은 빈궁하기 때문에 산골의 부자라 하더라도 실상은 사는 것이 보잘것없음을 비유적으로 이르는 말.

해산 구멍에 바람 들라

산모가 바람을 잘못 쐬면 몸에 탈이 나므로 바람을 쐬지 아니하도록 조심하라는 말.

해산한 데 개 잡기

타인을 배려하지 아니하며 인정 없고, 몹시 심술궂은 사람을 이르는 말.

햇비둘기 재 넘을까

경험이나 실력이 없이는 큰일을 하기 어렵다는 말. [비] 하룻비둘기 재를 못

넘는다.

햇새가 더 무섭다
젊은 사람들이 살림을 더 무섭게 한다는 말.

행담 짜는 놈은 죽을 때도 버들잎을 물고 죽는다
버들가지로 행담을 짜는 사람은 죽을 때도 버들 껍질을 입으로 물어 벗기다가 죽는다는 뜻으로, 사람은 어떤 경우에도 자기 본색을 감추지 못한다는 말.

행랑이 몸채 노릇 한다
1. 손님이 주인 노릇 함을 비유적으로 이르는 말. 2. 아랫사람이 윗사람을 제치고 일을 주관함을 비유적으로 이르는 말.

행사가 개차반 같다
몸가짐과 하는 짓이 단정하지 못하고 추잡하다는 말.

행사하는 것은 엿보아도 편지 쓰는 것은 엿보지 않는다
남의 편지 내용을 엿보아서는 안 된다는 말.

행사 후에 비녀 빼어 갈 놈
불량하고 의리가 없는 사람을 비유적으로 이르는 말.

향기 나는 미끼 아래 반드시 죽는 고기 있다
마음을 끄는 꼬임에 걸려들어 죽는 줄도 모르고 덤벼들지 말라고 경계하는 말.

향당에 막여치(莫如齒)
향당에서는 나이만 한 것이 없다는 뜻으로, 향당에서는 나이를 가장 중히 여긴다는 말.

향랑각시 속거천리(速去千里)
음력 2월 초하룻날에 백지에 먹으로 써서 기둥, 벽, 서까래 따위에 붙이는 말. 이것을 거꾸로 붙이면 집 안에 노래기가 없어진다고 한다.

향불 없는 젯밥
향불이 없으니 제사를 지내지 못하고 제사를 지내지 않았으니 먹을 수 없는 제삿밥이라는 뜻으로, 먹을 것을 가져다 두고 오랫동안 먹지 않고 있을 때를 비유적으로 이르는 말. [비] 향불 없는 제상.

향청에서 개폐문(開閉門)한다[하겠다]

개폐문하는 것은 그 고을의 원이 있는 관가에서 하는 것인데 그 하부 기관인 향청에서 한다는 뜻으로, 주제넘게 권한 밖의 일을 함을 비유적으로 이른 말.

허기진 강아지 물찌똥에 덤빈다
굶주린 사람은 음식을 가리지 아니한다는 말.

허리띠가 길양식
길 가는 사람이 배가 고파 허리띠를 졸라매고 간다는 데서, 허리띠가 길 가는 데 양식을 대신한다는 말.

허리에 돈 차고 학 타고 양주에 올라갈까
언제 많은 돈을 마련하여 학을 타고 양주 구경을 갈 수 있겠느냐는 뜻으로, 평생소원을 언제 풀어 보겠냐는 말.

허리춤에서 뱀 집어 던지듯
끔찍스럽게 여기며 다시는 보지 아니할 듯이 내버리는 경우를 비유적으로 이르는 말.

허물 모르는 게 내외
부부 사이에는 숨기는 것이 없어 피차 허물이 없다는 말.

허물이 커야 고름이 많다
물건이 커야 속에 든 것도 많다는 말.

허영청에 단자 걸기
뚜렷한 계획이나 목표 없이 일을 벌이는 어리석음을 비꼬는 말.

허울 좋은 과부
보기만 좋았지 아무 실속이 없는 사람이나 사물을 비유적으로 이르는 말. [비] 이름 좋은 하눌타리. 허울 좋은 하눌타리[수박].

허울 좋은 도둑놈
겉으로는 멀쩡하여 보이나 하는 짓이 몹시 흉악한 사람을 비유적으로 이른 말.

허파에 쉬슨 놈
생각이 없고 주견이 서지 못한 사람을 비꼬는 말.

허파 줄이 끊어졌나
시시덕거리기를 잘하는 사람을 비꼬는 말.

헌 갓 쓰고 똥 누기
체면을 세우기는 이미 글렀으니 좀 염치없는 짓을 한다고 하여도 상관이 없다는 말.

헌 누더기 속에 쌍동자 섰다
겉보기에는 초라하고 허술하나 속은 엉큼하고 의뭉스럽다는 말.

헌머리에 이 모이듯
이익이 있는 곳에 많은 사람이 떼를 지어 몰림을 비유적으로 이르는 말.

헌머리에 이 박이듯
많은 사람이나 물건이 잔뜩 들어박힌 모양을 비유적으로 이르는 말.

헌머리에 이 잡듯
일이 어지럽게 헝클어진 것을 꼼꼼하게 하는 모양을 비유적으로 이르는 말.

헌 바자 개 대가리 나오듯
사람의 얼굴이나 어떤 물건이 쑥 내밀어 보이는 모양을 비유적으로 이른 말.

헌 배에 물 푸기
근본적인 대책을 세우지 아니하고 드러난 문제만 형식적으로 처리한다면 문제가 해결되지 않음을 비유적으로 이르는 말.

헌 분지 깨고 새 요강 물어 준다
손해를 끼친 것은 얼마 되지 아니한데 크게 변상을 하게 됨을 비유적으로 이르는 말.

헌 섬에 곡식이 더 든다
늙은 사람이 밥을 더 많이 먹음을 비유적으로 이르는 말.

헌 옷이 있어야 새 옷이 있다
헌것이 있어야 새것이 좋은 줄을 알 수 있다는 말.

헌 정승만치도 안 여긴다
사람을 지나치게 무시하고 깔본다는 말.

헌 집 고치기
일한 보람 없이 자꾸 일거리가 생김을 비유적으로 이르는 말.

헌 체로 술 거르듯

말을 막힘없이 술술 하는 모양을 비유적으로 이르는 말.

혀가 짧아도 침은 길게 뱉는다
제 분수에 비하여 지나치게 있는 체함을 비유적으로 이르는 말.

혀 아래 도끼 들었다
말을 잘못하면 재앙을 받게 되니 말조심을 하라는 말. [비] 혀 밑에 죽을 말 있다.

현왕재 지내고 지벌 입는다
죽은 사람을 극락으로 인도하는 기도를 하고도 신불이 주는 벌을 받는다는 뜻으로, 세력 있는 사람에게 뇌물을 바치거나 남에게 좋은 일을 하고서 도리어 그 사람에게 해를 입는다는 말.

현인은 복을 내리고 악인은 재앙을 만난다
어질게 행동하고 악한 짓을 하지 말라는 말.

혓바닥에 침이나 묻혀라
속이 빤히 들여다보이게 거짓말을 하는 사람에게 그런 얕은 수작은 그만두라고 핀잔하는 말. [비] 입술에 침이나 바르지.

혓바닥째 넘어간다
먹고 있는 음식이 아주 맛있다는 말.

형만 한 아우 없다
모든 일에 있어 아우가 형만 못하다는 말.

형 미칠 아우 없고 아비 미칠 아들 없다
아우가 아무리 잘났어도 형만 못하고 아들이 아무리 잘났어도 아비만 못하다는 말.

형 보니 아우
형을 보면 그 아우도 짐작할 수 있다는 말.

형틀 지고 와서 볼기[매] 맞는다
가만히 있으면 탈이 없을 것을 제 스스로 화를 부르고 고생을 사서 하게 됨을 비유적으로 이르는 말.

호랑이가 새끼 치겠다

김을 매지 않아 논밭에 풀이 무성함을 꾸짖거나 비꼬는 말.

호랑이가 호랑이를 낳고 개가 개를 낳는다
근본에 따라 거기에 합당한 결과가 이루어짐을 비유적으로 이르는 말.

호랑이 개 물어간 것만 하다
밉던 개를 호랑이가 물어간 것만큼 시원하다는 뜻으로, 걸리고 꺼림칙하던 것이 없어져 마음이 시원함을 비유적으로 이르는 말.

호랑이 개 어르듯
1. 속으로 해칠 생각만 하면서 겉으로는 슬슬 달래서 환심을 사려고 함을 비유적으로 이르는 말. 2. 상대편으로 하여금 넋을 잃게 만들어 놓고 마음대로 놀리는 모양을 비유적으로 이르는 말.

호랑이 굴에 가야 호랑이 새끼를 잡는다
뜻하는 성과를 얻으려면 그에 마땅한 일을 하여야 함을 비유적으로 이르는 말. [비] 범(의) 굴에 들어가야 범을 잡는다.

호랑이 날고기 먹는 줄은 다 안다
그런 짓을 하는 줄 다 아는데 굳이 숨기고 안 하는 체할 필요가 없다는 말.

호랑이는 제 새끼를 벼랑에서 떨어뜨려 본다[보고 기른다]
자식을 훌륭하게 기르려면 어려서부터 엄하게 하여야 한다는 말.

호랑이 담배 먹을[피울] 적
지금과는 형편이 다른 아주 까마득한 옛날을 이르는 말. [비] 범이 담배를 피우고 곰이 막걸리를 거르던 때.

호랑이더러 날고기 봐 달란다
염치와 예의도 모르는 사람에게 그 사람이 좋아하는 물건을 맡겨 놓으면 영락없이 그 물건을 잃게 됨을 비유적으로 이르는 말. [비] 범 아가리에 날고기 넣은 셈. 범에게 개를 빌려 준 셈. 호랑이에게 개 꾸어 준 셈.

호랑이도 곤하면 잔다
1. 누구나 피곤할 때는 쉬어야 한다는 말. 2. 일이 잘 안되고 실패만 거듭할 때는 쉬면서 다음 기회를 기다리는 것이 좋다는 말.

호랑이도 새끼가 열이면 스라소니를 낳는다
자식이 많으면 그중에 사람 구실을 못하는 자식도 있게 마련이라는 말.

호랑이도 쏘아 놓고 나면 불쌍하다
아무리 밉던 사람도 죽게 되었을 때는 측은하게 여겨진다는 말.

호랑이도 제 말 하면 온다
1. 깊은 산에 있는 호랑이조차도 저에 대하여 이야기하면 찾아온다는 뜻으로, 어느 곳에서나 그 자리에 없다고 남을 흉보아서는 안 된다는 말. [비] 범도 제 말[소리] 하면 온다. 시골 놈 제 말 하면 온다. 2. 다른 사람에 관한 이야기를 하는데 공교롭게 그 사람이 나타나는 경우를 이르는 말. [비] 까마귀 제 소리 하면 온다. 범도 제 소리 하면 오고 사람도 제 말 하면 온다.

호랑이를 그리려다가 강아지[고양이]를 그린다
시작할 때는 크게 마음먹고 훌륭한 것을 만들려고 하였으나 생각과는 다르게 초라하고 엉뚱한 것을 만들게 됨을 비유적으로 이르는 말. [비] 범을 그리려다 개[고양이]를 그린다. 호랑이를 잡으려다가 토끼를 잡는다.

호랑이 없는 골에 토끼가 왕 노릇 한다
뛰어난 사람이 없는 곳에서 보잘것없는 사람이 득세함을 비유적으로 이른 말. [비] 범 없는 골에 토끼가 스승이라. 사자 없는 산에 토끼가 왕[대장] 노릇 한다. 호랑이 없는 동산에 토끼가 선생 노릇 한다. 혼자 사는 동네 면장이 구장.

호랑이에게 물려 가도 정신만 차리면 산다
아무리 위급한 경우를 당하더라도 정신만 똑똑히 차리면 위기를 벗어날 수가 있다는 말. [비] 범에게 물려 가도 정신만 차리면 산다. 범에게 열두 번 물려 가도 정신을 놓지 말라.

호랑이에게 물려 갈 줄 알면 누가 산에 갈까
1. 처음부터 위험할 줄 알면 아무도 그 일을 하려 하지 않을 것이라는 말. 2. 누구나 처음에는 실패할 것이라는 생각을 하지 않는다는 말. [비] 호환을 미리 알면 산에 갈 이 뉘 있으랴.

호랑이 잡고 볼기 맞는다
좋은 일을 하고도 비난을 받거나 화를 입게 된 경우를 비유적으로 이르는 말.

호랑이 잡을 칼로 개를 잡는 것 같다
칼이 잘 들지 않음을 이르는 말.

호랑이 제 새끼 안 잡아먹는다
사람이 제 자식을 사랑하는 것은 당연하다는 말.

호랑이 코빼기에 붙은 것도 떼어 먹는다

1. 위험을 무릅쓰고 이익을 추구하는 경우를 비유적으로 이르는 말. 2. 눈앞에 당한 일이 당장 급하게 되어 위험을 무릅쓰고라도 하지 않으면 안 되는 경우를 비유적으로 이르는 말.

호미로 막을 것을 가래로 막는다

1. 적은 힘으로 충분히 처리할 수 있는 일에 쓸데없이 많은 힘을 들이는 경우를 비유적으로 이르는 말. 2. 커지기 전에 처리하였으면 쉽게 해결되었을 일을 방치하여 두었다가 나중에 큰 힘을 들이게 된 경우를 비유적으로 이른 말.

호박(을) 쓰고 돼지 굴로 들어간다

돼지가 좋아하는 호박을 쓰고 돼지 굴로 들어간다는 뜻으로, 아무런 방비 없이 위험에 뛰어들어 스스로 멸망의 길로 감을 비유적으로 이르는 말.

호박꽃도 꽃이냐

예쁘지 않은 여자는 여자로 볼 수 없음을 이르는 말.

호박 나물에 힘쓴다

1. 쓸데없는 일에 공연히 혼자 기를 쓰고 화를 내는 경우를 비유적으로 이르는 말. 2. 기골이 약한 사람이 가벼운 것을 들고도 쩔쩔맨다는 말.

호박 덩굴이 뻗을 적 같아서야

한창 기세가 오를 때는 무엇이나 다 될 것 같으나 결과는 두고 보아야 안다는 말. [비] 호박 넝쿨 뻗을 적 같아서는 강계·위연·초산을 뒤엎을 것 같다.

호박씨 까서 한입에 털어 넣는다

애써 조금씩 모았다가 한꺼번에 털어 없애는 경우를 비유적으로 이르는 말.

호박에 말뚝 박기

심술궂고 잔혹한 짓을 비유적으로 이르는 말. [같] 호박에 침주기.

호박에 침주기

1. 어떤 자극에도 아무 반응이 없음을 비유적으로 이르는 말. 2. 아주 하기 쉬운 일을 비유적으로 이르는 말. [비] 호박에 말뚝 박기.

호박이 넝쿨째로 굴러떨어졌다

뜻밖에 좋은 물건을 얻거나 행운을 만났다는 말. [비] 굴러 온 호박. 아닌 밤중에 찰시루떡. 호박이 굴렀다[떨어졌다].

호박잎에 청개구리 뛰어오르듯

나이 적은 사람이 나이 많은 사람에게 버릇없이 구는 경우를 비유적으로 이르는 말.

호조 담을 뚫겠다

재물에 대한 욕심이 많아 이익이 있는 일이라면 형벌도 두려워하지 아니한다는 말.

혹 떼러 갔다 혹 붙여 온다

자기의 부담을 덜려고 하다가 다른 일까지도 맡게 된 경우를 비유적으로 이르는 말. 혹부리 영감이 도깨비를 속여 혹을 떼었다는 소문을 들은 다른 혹부리 영감이 도깨비를 만나 혹을 떼려 했지만 오히려 혹을 하나 더 붙여 왔다는 이야기에서 나온 말이다.

혹시가 사람 잡는다

행여나 하면서 응당 취하여야 할 대책을 세우지 아니하고 있다가 돌이킬 수 없는 결과를 가져올 수 있음을 경계하여 이르는 말.

혼백이 상처했다

혼백이 아내를 잃었다는 뜻으로, 넋을 잃고 정신을 차리지 못하는 사람을 비유적으로 이르는 말.

혼사 말하는 데 장사[상사] 말한다

화제와 아무 관련이 없는 엉뚱한 이야기를 함을 비유적으로 이르는 말.

혼인과 물길은 끌어 대기에 달렸다

혼인은 중매하기에 따라 이루어진다는 말.

혼인날 등창이 난다

일이 임박하여 공교롭게 뜻밖의 장애가 생김을 비유적으로 이르는 말. [비] 시집갈 날 등창이 난다.

혼인날 똥 쌌다

일이 공교롭게 되어 처신이 사납게 됨을 비유적으로 이르는 말.

혼인에 가난이 든다

혼인 잔치에 너무 많은 재물을 써서 가난하게 된다는 뜻으로, 잔치를 크게 벌여 낭비하지 말라는 말.

혼인에 반간 노는 놈은 만장 가운데 총을 놓아 죽여라
혼인에 훼방을 놓는 사람은 여러 사람이 보는 앞에서 총으로 쏘아 죽이라는 뜻으로, 인륜대사의 하나인 혼인을 절대로 방해하지 말라는 말.

혼인에 트레바리
혼인을 반대하는 트레바리를 부린다는 뜻으로, 좋은 일까지도 덮어놓고 반대만 함을 비유적으로 이르는 말.

혼인치레 말고 팔자치레 하랬다
혼인 잔치는 잘하지 못하더라도 잘살기만 하면 된다고 위로하는 말.

혼취에 재물을 말함은 오랑캐 짓
혼인은 예(禮)를 위주로 해야지 재물을 개입시켜서는 안 된다는 말.

홀시어머니 거느리기가 벽에 오르기보다도 어렵다
홀시어머니는 모시기가 더욱 어렵다는 말.

홀아비 굿 날 물려 가듯
홀아비가 온갖 음식을 장만하여 굿하는 것이 거추장스러워서 굿 날을 자꾸 미루듯이, 무슨 일을 예정하였다가 자꾸 뒤로 미루는 경우를 비유적으로 이르는 말. [비] 홀아비 법사 끌듯.

홀아비는 이가 서 말이고 홀어미는 은이 서 말이라
여자는 혼자 살 수 있으나 남자는 집안일을 보아 줄 사람이 없으면 살림이 군색하여진다는 말.

홀아비 자식 동네마다 있다
버릇없이 자란 놈은 어디에나 있다는 말.

홀아비 집 앞은 길이 보얗고 홀어미 집 앞은 큰길 난다
홀아비는 찾는 사람이 적지만 홀어미는 많은 사람들이 찾아든다는 말.

홀어미 아이 낳듯
몹시 부끄러운 일을 당하였다는 말.

홀어미 유복자 위하듯
무엇을 매우 소중히 여기며 위하는 경우를 비유적으로 이르는 말.

홀짝술이 사발술[말술] 된다

술을 조금밖에 못 마시던 사람이 점점 많이 마시게 되는 경우를 비유적으로 이르는 말.

홈통은 썩지 않는다
1. 창문이나 미닫이문이 계속 왕복하는 홈통은 썩지 아니한다는 뜻으로, 무슨 일이든 쉬지 아니하고 부지런히 하여야 실수나 탈이 안 생긴다는 말. 2. 물건이나 재능 따위를 쓰지 아니하고 놓아두면 못 쓰게 되므로 항상 잘 활용하라는 말. [비] 돌쩌귀에 녹이 슬지 않는다.

홍 감사네 뫼 근방이라
그 근방에는 얼씬대지도 못하게 한다는 말.

홍길동이 합천 해인사 털어먹듯
무엇을 아무것도 남기지 아니하고 싹싹 쓸어가거나 음식을 조금도 남기지 아니하고 다 먹는 모양을 비유적으로 이르는 말.

홍두깨 같은 자랑
크게 내놓고 말할 만한 자랑을 비유적으로 이르는 말.

홍두깨로 소를 몬다
적합한 것이 없거나 몹시 급해서 무리한 일을 억지로 함을 비유적으로 이른 말.

홍두깨 세 번 맞아 담 안 뛰어넘는 소가 없다
아무리 참을성이 많은 사람도 혹심한 처우에는 저항을 하기 마련이라는 말.

홍두깨에 꽃이 핀다
뜻밖에 좋은 일을 만남을 이르는 말.

홍 생원네 흙질하듯
일을 성의 없이 되는대로 함부로 하는 모양을 비유적으로 이르는 말.

홍시 먹다가 이 빠진다
전혀 그렇게 될 리가 없음에도 일이 안 되거나 꼬이는 경우를 비유적으로 이르는 말. 쉽게 생각했던 일이 뜻밖에 어려워 힘이 많이 들거나 실패한 경우를 이르는 말. 마음을 놓으면 생각지 아니하던 실수가 생길 수 있으니 항상 조심하라는 말. [비] 두부 먹다 이 빠진다.

홍역은 평생에 안 걸리면 무덤에서라도 앓는다
홍역은 누구나 한 번은 치러야 하는 병이라는 말.

홍제원 나무 장사 잔디 뿌리 뜯듯
무엇을 바드득바드득 쥐어뜯는 모양을 비유적으로 이르는 말.

홍제원 인절미
성질이 몹시 차진 사람을 비유적으로 이르는 말.

홑중의에 겹말
홑겹으로 만든 중의에 겹으로 된 말기를 단다는 뜻으로, 격에 맞지 아니하고 너무 지나친 것을 비유적으로 이르는 말.

화가 복(이) 된다
처음에 재앙으로 여겼던 것이 원인이 되어 뒤에 다행스러운 결과를 가져오는 수도 있다는 말.

화가 홀아비 동심(動心)하듯
화가 불끈 일어나는 모양을 비유적으로 이르는 말.

화난 김에 돌부리 찬다
화풀이를 아무 관계도 없는 대상에게 마구 하다가 도리어 크게 손해를 본다는 말.

화냥년 시집 다니듯
상황과 조건에 따라 절개 없이 이리저리 붙음을 비유적으로 이르는 말.

화는 홀로 다니지 않는다
한 가지 불행에 뒤이어 다른 불행을 만나게 됨을 이르는 말.

화렴(이) 들다
땅에 묻은 시체의 빛깔이 까맣게 변하여지다.

화약을 지고 불로 들어간다
자기 스스로 위험한 곳으로 찾아 들어간다는 말.

화재 난 데 도둑질
남의 불행을 도와주지는 못할망정 도리어 그 기회를 이용하여 자신의 이익을 채우려 할 때 이르는 말.

화적 봇짐 털어 먹는다
도둑질한 물건을 다시 빼앗는다는 뜻으로, 나쁜 짓을 한 수 더 떠서 하는 경우에 이르는 말.

화초밭의 괴석
변변치 못한 것도 놓일 자리에 놓여 그 가치가 드러남을 비유적으로 이른 말.

활과 과녁이 서로 맞는다
하려는 일에 딱 맞는 기회가 때맞추어 왔다는 말.

활을 당기어 콧물을 씻는다
꼭 하고 싶은 일이 있던 차에 좋은 핑계가 생겨 그 기회에 함께 해치움을 비유적으로 이르는 말.

활이야 살이야
원래는 활터에서 사람이 다치지 아니하도록 접근을 막기 위하여 소리치던 말로, 남을 큰 소리로 오래 꾸짖어 야단침을 비유적으로 이르는 말.

활줌통 내밀 듯
무엇을 받으라고 팔을 뻗쳐 내미는 모양을 비유적으로 이르는 말.

홧김에 서방질한다[화냥질한다]
울분을 참지 못하여 차마 못할 짓을 저지른다는 말. [비] 부앗김에 서방질한다. 속상한데 서방질이나 하자는 격.

황새 논두렁[여울목] 넘겨보듯
목을 길게 빼서 무엇을 은근히 엿보는 모양을 비유적으로 이르는 말.

황새 올미 주워 먹듯
음식을 잘 주워 먹는다는 말.

황새 조알 까먹은 것 같다
너무 적어서 양에 차지 않거나 명색만 그럴싸하지 실속이 없는 경우를 비유적으로 이르는 말.

황소 뒷걸음치다가 쥐 잡는다
어쩌다 우연히 이루거나 알아맞힘을 비유적으로 이르는 말. [비] 소 발에 쥐 잡기. 황소 뒷걸음에 잡힌 개구리.

황소 제 이불 뜯어 먹기
어떤 일을 한 결과가 결국 제 손해가 되었다는 말.

황아장수 망신은 고불통이 시킨다
한 사람이나 부분의 결함이 전체에 나쁜 영향을 줌을 이르는 말.

황아장수 잠자리 옮기듯
한곳에 오래 머물지 않고 떠돌아다니거나 이사를 자주 하거나 직업을 자주 바꾸는 경우를 비유적으로 이르는 말.

황제 무덤에 신하 도깨비 모여들 듯
사람이나 벌레가 한곳으로 어수선하게 많이 모여드는 모양을 비유적으로 이르는 말.

황충이 간 데는 가을도 봄
풀무치 떼가 지나가면 농작물이 크게 해를 입어 가을 추수 때가 되어도 거둘 것이 없어 봄같이 궁하다는 뜻으로, 악한, 방해자가 나타나거나 불운이 겹쳐서 다 되어 가던 일을 망치는 경우를 이르는 말.

황해도 처녀 (밤낮을 모른다)
구월산이 높아 그 그림자 때문에 밤과 낮을 가리지 못한다는 뜻으로, 밤낮없이 부지런히 일함을 이르는 말.

황희 정승네 치마 하나 가지고 세 어이딸이 입듯
청빈한 황희 정승의 아내와 두 딸이 치마가 없어 치마 하나를 번갈아 입고 손님 앞에 인사하였다는 데서, 옷 하나를 여럿이 서로 번갈아 입음을 이르는 말.

횃대 밑 사내
1. 밖에서는 용렬하여 남들에게 꼼짝 못하면서도 집 안에서는 큰소리치는 남자를 비유적으로 이르는 말. 2. 밖에 나가지 아니하고 늘 방구석에만 박혀 있는 똑똑하지 못한 남자를 비유적으로 이르는 말.

횃대 밑에 더벅머리 셋이면 날고뛰는 놈도 별수가 없다
자식이 셋이나 딸리면 그 치다꺼리에만 얽매여 꼼짝도 할 수 없다는 말.

횃대 밑에서 호랑이 잡고 나가서 쥐구멍 찾는다
집 안에서는 큰소리치고 밖에 나가서는 사람들에게 창피만 당하는 사람을 비유적으로 이르는 말.

횃대에 동저고리 넘어가듯
걸리는 데 없이 후딱 넘어가는 모양을 비유적으로 이르는 말.

회오리밤 벗듯
남이 시비할 여지가 없이 사람됨이 원만하다는 말.

효부 없는 효자 없다
며느리가 착하고 시부모께 효성스러워야 아들도 효도하게 된다는 말.

효성이 지극하면 돌 위에 풀이 난다
효성이 극진하면 어떤 조건에서도 자식 된 도리를 다할 수 있다는 말. [비] 효성이 지극하면 돌 위에 꽃이 핀다.

효자가 악처만 못하다
아무리 못된 아내라도 효자보다 낫다는 뜻으로, 세상을 살아감에 있어 남자에게는 자식보다 아내가 더 중요하다는 말.

효자 끝에 불효 나고 불효 끝에 효자 난다
세상의 모든 일에는 흥망성쇠가 있다는 말.

후처에 감투 벗어지는 줄 모른다
후처에게 반하여서 체면도 돌보지 아니함을 비꼬는 말.

후추는 작아도 진상에만 간다
작은 사람이 똑똑하여 훌륭한 구실을 함을 비유적으로 이르는 말.

후추를 통째로 삼킨다
1. 속 내용은 모르고 겉 형식만 취하는 어리석은 행동을 비꼬는 말. 2. 속을 파헤쳐 보지 아니하고서는 속내를 알 수 없다는 말.

훈장 똥은 개도 안 먹는다
애탄 사람의 똥은 매우 쓰다는 데에서, 선생 노릇이 매우 힘들다는 말.

흉가도 지닐[지낼] 탓
아무리 볼썽사나운 것이나 손댈 수 없을 만큼 틀어진 일이라도 손질하고 다루는 솜씨에 따라 고칠 수 있다는 말.

흉 각각 정 각각
1. 상벌이 분명함을 이르는 말. 2. 정으로 말미암아 그 사람의 잘잘못을 분간 못해서는 안 된다는 말.

흉년에 밥 빌어먹겠다

일을 하는 데 몹시 굼뜨고 수완이 없는 사람이나 그런 처사를 비난조로 이른 말.

흉년에 배운 장기
장기를 둘 때 자꾸 남의 말을 먹으려고만 드는 경우를 이르는 말.

흉년에 어미는 굶어 죽고 아이는 배 터져 죽는다
1. 흉년이 들어 식량이 모자라게 되면 울며 보채는 아이들만 먹이게 되므로 아이들은 배부르게 먹어도 어른들은 굶음을 비유적으로 이르는 말. 2. 먹을 것이 넉넉하지 못할 때 보채는 사람은 많이 먹고 그렇지 아니한 사람은 잘 얻어먹지 못함을 비유적으로 이르는 말.

흉년에 윤달
빨리 지나가야 할 흉년에 윤달이 들어 어려움이 그만큼 계속된다는 뜻으로, 불행한 일을 당하고 있는 중에 또 좋지 못한 일이 겹쳐 일어난 경우를 비유적으로 이르는 말.

흉년에 한 농토 벌지 말고 한 입 덜라
흉년에는 하나라도 군식구를 덜어 적게 쓰는 것이 많이 벌려고 애쓰는 것보다 좋다는 말.

흉년의 곡식이다
물건이 적을 때에는 다른 때보다 귀하게 여기게 된다는 말.

흉년의 떡도 많이 나면 싸다
귀한 물건이라도 많이 나면 천해진다는 말.

흉 없는 사람 없다
결함이 없는 사람은 없으니 어떤 결함을 너무 과장하지 말라는 말.

흉이 없으면 며느리 다리가 희단다
시어머니가 며느리에게 공연히 생트집을 잡는다는 뜻으로, 말도 되지 아니하는 생트집을 잡아서 남을 흉보는 경우를 비유적으로 이르는 말.

흉충이 반흉
보기 싫은 사람이 더 미운 짓을 하고 못되게 구는 경우를 비유적으로 이른 말.

흐르는 물은 썩지 않는다
고인 물이 썩지 흐르는 물은 썩지 아니한다는 뜻으로, 사람은 언제나 일하고 공부하며 단련하여야 시대에 뒤떨어지지 아니하고 또 변질되지 아니함을 비유적으로 이르는 말. [비] 물은 흘러야 썩지 않는다.

흑각 가로보기라
어느 쪽이 이로울까 이리저리 따져 보는 경우를 비유적으로 이르는 말.

흘러가는 물 퍼 주기
아쉬울 것이 없이 마음대로 인심을 씀을 비유적으로 이르는 말.

흥정도 부조다
흥정도 잘해 주면 부조해 주는 셈이 된다는 말.

흥정은 붙이고 싸움은 말리랬다
좋은 일은 도와주고 궂은일은 말리라는 말.

희기가 까치 배 바닥 같다
말이나 행동을 희떱게 하는 모양을 비유적으로 이르는 말.

흰 것은 종이요 검은 것은 글씨라
무식하여 글을 알아보지 못함을 놀리는 말.

흰 술은 사람의 얼굴을 누르게 하고 황금은 사람의 마음을 검게 한다
술과 돈은 사람에게 해가 될 수 있으니 경계하여야 한다는 말.

흰죽 먹다 사발 깬다
한 가지 일에 재미를 붙이다가 다른 일에 손해를 보는 경우를 이르는 말.

흰죽에 고춧가루
격에 맞지 아니함을 비유적으로 이르는 말.

힘과 마음을 합치면 하늘을 이긴다
여러 사람이 힘을 모으면 못 할 일이 없다는 말.

힘 모르고 강가 씨름 갈까
자기 힘을 스스로 알아야 한다는 말.

힘센 놈의 집에 져다 놓은 것 없다
힘이 세다는 것을 믿고 게으름을 부린다는 말.

힘쓰기보다 꾀쓰기가 낫다
힘으로 우겨 달려들기보다 꾀를 써서 처리함이 손쉽다는 말.

◼ 편저 권 순 우 ◼

▎ (고대 · 중세 · 근세 · 근대 4세대로 구분된) 서양 고사성어로의 여행
▎ (중국 대표 사상가들에의해 쓰여진) 중국 사상으로의 여행
▎ (중국의 문화를 한권으로 알 수 있는) 중국 고사성어로의 여행
▎ 손자병법
▎ 평생 활용하는 철학의 지혜(황금 열매)
▎ 한국 민담 지식 지혜 라이브러리
▎ 한국 속담 지식 지혜 라이브러리

한국 속담 지식 지혜 라이브러리

2판 인쇄 2022년 10월 20일
2판 발행 2022년 10월 25일

편 저 권순우
발행인 김현호
발행처 법문북스 (일문판)
공급처 법률미디어

주소 서울 구로구 경인로 54길4(구로동 636-62)
전화 02)2636-2911~2, 팩스 02)2636-3012
홈페이지 www.lawb.co.kr

등록일자 1979년 8월 27일
등록번호 제5-22호

ISBN 978-89-7535-965-1 [03700]

정가 28,000원